# NOBILIAIRE
## UNIVERSEL
# DE FRANCE

OU RECUEIL GÉNÉRAL

## DES GÉNÉALOGIES HISTORIQUES

DES MAISONS NOBLES DE CE ROYAUME

PAR

M. DE SAINT-ALLAIS

AVEC LE CONCOURS

DE MM. DE COURCELLES, L'ABBÉ DE L'ESPINES, DE SAINT-PONS

ET AUTRES GÉNÉALOGISTES CÉLÈBRES

---

TOME SEPTIÈME

PREMIÈRE PARTIE

PARIS

LIBRAIRIE BACHELIN-DEFLORENNE

3, QUAI MALAQUAIS, 3

MDCCCLXXIV

# NOBILIAIRE UNIVERSEL
## DE FRANCE.

# NOBILIAIRE UNIVERSEL

## DE FRANCE,

OU

# RECUEIL GÉNÉRAL

## DES GÉNÉALOGIES HISTORIQUES

## DES MAISONS NOBLES

### DE CE ROYAUME,

*Faisant suite au* DICTIONNAIRE DE LA NOBLESSE DE FRANCE, *qui paraissait avec* PRIVILÉGE DU ROI, *avant la révolution;*

Par M. DE SAINT-ALLAIS, auteur des Généalogies historiques des Maisons souveraines de l'Europe.

DIEU ET LES BOURBONS.

## TOME SEPTIÈME.

A PARIS,

Au Bureau du NOBILIAIRE UNIVERSEL DE FRANCE,
rue de la Vrillière, n° 10.

*Réimprimé en 1873-1874,*
A LA LIBRAIRIE BACHELIN-DEFLORENNE.
3, Quai Malaquais.

IMPRIMERIE DE E. CORNILLAC
A CHATILLON-SUR-SEINE (CÔTE-D'OR)

# PRÉFACE.

L'ABONDANCE des matières me forcera à ne plus admettre dorénavant que des *articles généalogiques* dans le Nobiliaire universel ; et toutes les listes de présentation à la cour, celle des chevaliers de Malte, et tous objets particuliers, se publieront et se vendront à part. De cette manière, le Nobiliaire restera entièrement consacré aux généalogies.

Le public doit remarquer avec satisfaction que les trois quarts des généalogies mentionnées dans les sept volumes qui ont déjà paru, sont extraites du *Cabinet des ordres du Roi ;* c'est-à-dire que les maisons qui les ont fournies avaient toutes fait leurs *preuves de la cour*.

Je me suis fait un devoir, dans le cours de cet ouvrage, de rappeler au respect et à la reconnaissance de la nation les actes éclatants qui se sont multipliés, depuis vingt ans, de la part des gentilshommes français ; c'était une justice d'autant plus grande à leur rendre, qu'ils sont autant de monuments à élever à la gloire et à l'illustration de leurs familles. Après une révolution aussi funeste que celle que nous venons d'éprouver, il est juste que chacun mette au jour la conduite publique qu'il a tenue, afin que les amis sincères de la dynastie qui nous gouverne, se reconnaissent tous dans cet ouvrage, comme dans un miroir historique destiné à réfléchir leur fidélité et leur dévoûment envers le Prince et la Patrie ; de cette manière la noblesse sera présentée sous le véritable aspect qui lui convient.

J'avais pensé donner cet ouvrage sous la forme de *dictionnaire ;* mais plusieurs membres de la noblesse m'ayant fait observer que les familles dont les noms commencent par les dernières lettres de l'alphabet, se trouveraient rejetées à une époque trop éloignée, je me suis déterminé à le faire paraître sans aucun égard pour l'ordre alphabétique. On sentira effectivement que, de cette manière, l'ouvrage marchera plus rapidement, puisque chaque famille pourra y être mentionnée dès aujourd'hui, sans attendre le tour qui lui aurait été irrévocablement assigné s'il eût fallu suivre l'ordre des lettres de l'alphabet. Et comme à la fin de chaque volume il y aura une table indicative des noms des familles qui s'y trouveront relatées, et que l'ouvrage sera en outre terminé par une autre table générale, cela remplira absolument le même but qu'un dictionnaire. Le prix de l'insertion de chaque article est de 20 francs, 30 francs, 40 francs, plus ou moins, selon qu'il est considérable. Le prix du volume, qui est de 7 fr. 50 c., se paye à part quand on le livre.

Je préviens aussi Messieurs les gentilshommes que j'ai acheté les papiers qui composaient le cabinet de feu M. LACHENAYE DES BOIS, *auteur de l'ancien Dictionnaire de la noblesse ;* ceux de M. BADIER, qui en a été le continuateur, et tout ce qui restait du cabinet de l'infortuné comte de Waroquier. Cette précieuse collection, qui intéresse plus de vingt mille familles, me met à même de fournir des enseignements utiles à tous les membres de la noblesse de France ; car il est peu de chefs de maisons nobles dont je ne possède actuellement des mémoires, et sur lesquels je n'aye des documents de la plus haute importance.

Leurs Majestés l'empereur de Russie, l'empereur d'Autriche, la famille royale de France, le roi de Prusse, le prince de Condé, madame la duchesse douairière d'Orléans, et plusieurs autres princes et princesses de l'Europe, ont honoré cet ouvrage de leur souscription ; et tout récemment encore (4 octobre 1815), Son Altesse Royale Monseigneur le duc d'Angoulême a daigné me faire écrire qu'il voyait avec intérêt l'entreprise que j'ai formée.

Les mémoires, titres et renseignements doivent être adressés, *port franc*, rue de la Vrillière, n.° 10, à M. de Saint-Allais, auteur des Généalogies historiques des maisons souveraines de l'Europe, et du Nobiliaire universel de France.

# NOBILIAIRE UNIVERSEL,

OU

# RECUEIL GÉNÉRAL

## DES GÉNÉALOGIES HISTORIQUES

# DES MAISONS NOBLES

## DE FRANCE,

Formant les matériaux du DICTIONNAIRE UNIVERSEL de la NOBLESSE.

---

ABOVILLE (D'), famille ancienne, originaire de Normandie, où elle existe encore de nos jours. Elle a une de ses branches établie en Picardie, et une autre en Lorraine. Elle a fourni de temps immémorial des officiers au service du roi; elle compte plusieurs de ses membres qui ont eu de la célébrité.

Michel D'ABOVILLE, chevalier et baron de Lahaye et Champeaux, capitaine d'une compagnie d'ordonnance sous le roi Jean, fut tué à la bataille de Poitiers, en 1356. Il avait épousé Isabelle de Longueil, fille du connétable de Normandie, dont sortit :

Nicolas D'ABOVILLE, qui épousa Adrienne de Covert, duquel mariage est issu :

Jefroy D'ABOVILLE, qui épousa N..... de Suarde.

I. Pierre D'ABOVILLE, chevalier de l'ordre du Roi, seigneur de Douville, de Montagu, de Cosville, et patron desdits lieux, eut pour fils :

II. Benoît D'ABOVILLE, écuyer, seigneur de Ruvilly. Il vivait en la paroisse de Gonneville, pays de Cotentin, et laissa :

III. Thomas D'ABOVILLE, écuyer, seigneur de Ruvilly, lequel eut six fils de son mariage avec demoiselle Jeanne Husay, tous six dits *écuyers*, et maintenus en leurs titres et priviléges de noblesse comme nés, extraits et procréés *d'ancienne race et de famille noble*, par lettres-patentes données sous le grand sceau, à Lyon, le 5 février 1456. Ces six fils furent :

1.° Guillaume, qui a eu quatre fils : 1.° Pierre, 2.° Jean, 3.° Jean, et 4.° Guillaume. Jean d'Aboville, écuyer, laissa : Martin d'Aboville, écuyer, qui se maria le 17 octobre 1583 ;
2.° Gilles, dont l'article suit;
3.° Jacques, qui fonda la branche rapportée ci-après ;
4.° Thomas d'Aboville;
5.° Jean, qui laissa pour fils François d'Aboville, écuyer, qui quitta la paroisse de Gonneville pour habiter celle de Sagny, vicomté de Bayeux;
6.° Michel, qui se trouvait à Bordeaux lors de la mort de son père; il envoie sa procuration, en date du 10 novembre 1475, pour être compris dans le partage de la succession.

IV. Gilles D'ABOVILLE, écuyer, fut père de :

1.° Guillaume, mort sans postérité ;
2.° Jean, I^er^ du nom, qui suit;
3.° Jean, écuyer, mort sans postérité.

V. Jean D'ABOVILLE, I^er^ du nom, écuyer, épousa Michelle Hubert. De ce mariage est issu :

VI. Pierre D'ABOVILLE, écuyer, qui, en 1559, épousa Martine le Coq, et de ce mariage sortit :

VII. Guillaume D'ABOVILLE, écuyer, marié, en 1587, à Florence Gosman. De ce mariage est issu :

VIII. Nicolas D'ABOVILLE, écuyer, qui, en 1629, épousa Marie Pinabel. De ce mariage sont nés :

1.° François d'Aboville, sieur Desjardin, marié, en 1671, à Françoise Duval Neuve;
2.° Thomas d'Aboville, écuyer, qui suit :

IX. Thomas D'ABOVILLE, écuyer, sieur Duvigney, épousa, en 1675, Jeanne Truffer. De ce mariage sont issus:

1.° Antoine d'Aboville, écuyer, né en 1675, capitaine d'infanterie, nommé chevalier de Saint-Lazare en 1722; il mourut après douze campagnes dans les troupes du roi;

2.° N.... d'Aboville, écuyer, tué à la bataille de Luzara, en 1702;

3.° N.... d'Aboville, écuyer, tué à la bataille de Ramillies, en 1706;

4.° N.... d'Aboville, } écuyers, morts à Gonneville,
5.° N.... d'Aboville, } étant au service du roi;

6.° Bernardin d'Aboville, dont l'article suit;

7.° N.... d'Aboville, sieur de Douville, capitaine au régiment du marquis de Vibray, dragons, tué au siége de Fribourg, en 1744; il était en sa quarantième année de service,

8.° Julien d'Aboville, né à Gonneville, près Valognes, le 11 avril 1687; lieutenant-général des armées du roi, chevalier de l'ordre royal et militaire de Saint-Louis, premier inspecteur général de l'artillerie et lieutenant du grand-maître Louis-Charles de Bourbon, pour le département de Flandre, jouissant du droit de *committimus* en la grande chancellerie, et autres priviléges et exemptions, et droits des officiers commensaux de la maison du roi, il servait de la manière la plus brillante depuis 1704, soit en Italie, en Espagne, en Flandre ou en Allemagne; ayant fait toutes les campagnes jusqu'en 1757, pendant lequel temps il s'est trouvé à trente-quatre siéges, plusieurs batailles et grand nombre d'affaires où à plusieurs reprises il fut blessé. Il avait eu, pendant plusieurs campagnes, le commandement en chef de l'artillerie des armées, sous le maréchal de Saxe, dont il reçut une lettre de félicitation autographe que la famille conserve, et dont copie est en note ci-après. Il avait épousé en 1739, noble dame Jeanne Duchenne, veuve du sieur de Rohault, lieutenant de roi, commandant à la Fère, mourut sans enfants, dans cette place, en 1773

(Voyez le Mercure de France, mois d'avril 1739, page 810).

9.° Marie-Thérèse d'Aboville, qui fut mariée à noble homme N... de Breuilly, écuyer, et dont sortirent Louis-Charles de Breuilly, officier d'artillerie et chevalier de l'ordre royal et militaire de Saint-Louis, et Pierre-François de Breuilly, également officier d'artillerie et chevalier de l'ordre royal et militaire de Saint-Louis, qui mourut en émigration, ainsi que les deux fils qu'il avait eus de noble dame N.... de Ronty, fille de N.... de Ronty, chevalier de l'ordre royal et militaire de Saint-Louis, seigneur de Richecourt, près la Fère. Ces deux fils, morts à Sainte-Lucie en...., servaient dans la légion de Bussy. Charles de Breuilly, dont il est parlé ci-dessus, eut une fille qui fut mariée au comte de Flavigny, officier supérieur des gardes-du-corps, qui périt à Paris en 1794, victime du tribunal révolutionnaire.

X. Bernardin D'ABOVILLE, écuyer, né à Gonneville, près Valognes, entré au service dans le grade d'officier, en 1705, mourut en 1730; il était alors chevalier de l'ordre royal et militaire de Saint-Louis et commissaire provincial d'artillerie à Brest; ce qui équivalait au grade de colonel. Il avait épousé, en 1729, Marie-Anne de Bonnemet, fille de noble homme César de Bonnemet, sieur de Penanru. De ce mariage naquit :

XI. François-Marie D'ABOVILLE, né à Brest le 24 janvier 1730, actuellement existant, avec titre de comte et de pair de France, commandeur de l'ordre royal et militaire de Saint-Louis, grand officier de la Légion d'honneur, chevalier de l'ordre de Cincinnatus, membre de plusieurs académies savantes; entré au service en 1744, il s'est trouvé entre autres batailles à celles de Fontenoy et de Lawfeld. Etant alors aide-de-camp de son oncle Julien d'Aboville, commandant en chef l'artillerie des armées aux ordres du maréchal de Saxe (1), il eut plu-

---

(1) *Copie d'une lettre écrite de la main du maréchal de Saxe, à M. d'Aboville.*

A Gand, le 5 novembre 1745.

J'ai reçu, Monsieur, la lettre que vous m'avez fait l'honneur de

sieurs fois occasion d'admirer l'extrême tranquillité de ce célèbre guerrier au moment des actions les plus vives; commandant en chef l'artillerie de l'armée de M. le comte de Rochambeau, dans la guerre de 1780, il eut la plus grande part à la paix de 1783, par la prise de la place de Yorck (1), où l'armée anglaise s'était retirée; ce qui fit dire au lord Cornwalis qui commandait cette armée, que c'était au colonel d'Aboville qu'il avait remis son épée (2). Nommé brigadier des armées du roi en

---

m'écrire le 2, dans laquelle vous me faites celui de me communiquer les ordres que vous avez reçus de S. A. S. monseigneur le comte d'Eu, pour le licenciement des officiers et de l'équipage d'artillerie qui a été pendant cette campagne à vos ordres; je vois aussi par la même lettre que M. de Labinant reste à Gand, et le nombre des officiers que vous destinez au service des vingt-cinq pièces que nous gardons pendant l'hiver. Je ne puis, au reste, vous exprimer, Monsieur, combien je suis content de la façon dont l'artillerie a servi pendant cette campagne; on s'attend toujours à de grandes choses de la part d'un corps aussi respectable et en possession depuis long-temps de bien servir le roi; mais on peut dire qu'il s'est surpassé cette campagne, et que tous les éloges qu'on pourrait donner à MM. les officiers qui ont été employés à nos opérations, sont au-dessous de la distinction avec laquelle ils ont servi. Je leur rendrai toujours, avec beaucoup de plaisir, ce témoignage, trop heureux si le bien que je me propose d'en dire peut leur être bon à quelque chose; quant à vous, Monsieur, vous savez la façon distinguée dont je pense sur votre compte, et la justice que je rends à vos talents et à votre expérience : vous me ferez un vrai plaisir de me mettre à même de vous donner des preuves de ces sentiments et du parfait attachement avec lequel j'ai l'honneur d'être, Monsieur, votre très-humble et obéissant serviteur. *Signé*, M. DE SAXE.

(1) *Copie d'une lettre du Ministre de la guerre à M. le comte de Rochambeau, en date du 5 décembre 1781.*

Le roi a été on ne peut pas plus satisfait, Monsieur, de la valeur et du zèle avec lequel le corps royal de l'artillerie a servi sous vos ordres au siége d'Yorck. Sa Majesté rend à cet égard justice aux officiers et soldats qui y ont été employés; je vous prie de vouloir bien le leur témoigner de sa part aux uns et aux autres. Elle a accordé à quelques-uns des officiers les grâces dont je joins ici l'état : vous y trouverez M. d'Aboville compris pour le grade de brigadier d'infanterie, comme la récompense de la distinction avec laquelle il a dirigé les travaux de l'artillerie pendant le siége. J'ai l'honneur d'être, etc. *Signé*, SÉGUR.

(2) *Copie d'une lettre du Ministre de la guerre, à M. d'Aboville, commandant l'équipage d'artillerie à l'armée de Rochambeau.*

A Versailles, le 26 novembre 1781.

M. le duc de Lauzun m'a remis, Monsieur, la lettre que vous m'avez

1781, il fut fait maréchal de camp en 1788, lieutenant-général en 1792; il commandait en chef l'artillerie à la bataille de Valmy, et l'on sait que cette arme a décidé le succès de cette journée. Rappelé de l'armée en octobre 1793, et incarcéré comme noble, ainsi que presque tous les membres de sa famille, dont plusieurs furent alors victimes du régime révolutionnaire, il ne quitta la maison de réclusion où il se trouvait, à Soissons, que pour aller diriger les travaux de l'artillerie pour la reprise des places de Valenciennes, Condé, Landrecy et le Quesnoy, qui étaient tombées au pouvoir des Autrichiens; après quoi il fut chargé de parcourir toutes celles de la Belgique et de la Hollande, pour y inspecter l'artillerie. De retour en France, il fut nommé président du comité central de l'artillerie. La charge de premier inspecteur général fut rétablie pour lui. M. de Gribauval, mort en 1789, en avait été le dernier pourvu; elle équivalait à celle des anciens grands-maîtres de l'artillerie, dont les deux derniers étaient des princes de la famille royale. M. d'Aboville, passé au sénat en 1802, fut en 1803 l'un de ses vice-présidents, et, la même année, titulaire de la sénatorerie de Besançon et grand-officier de la Légion d'honneur. En 1804, il remplit la mission honorable d'aller jusqu'à Alexandrie, en Piémont, au-devant du pape Pie VII, pour recevoir Sa Sainteté à la frontière, et l'accompagner jusqu'à Paris. En 1807, il se rendit à Brest en qualité de gouverneur, ayant sous ses ordres toutes les troupes de terre et de mer, ainsi que les gardes nationales. Entre autres voyages dans sa sénatorerie, il en fit un, en 1811, pour l'installation de la haute cour de justice à Besançon. En 1809, il se rendit en Belgique, où il eut le commandement d'une réserve destinée au secours du port d'Anvers, menacé par les Anglais. A la restauration, en 1814, le roi, prenant en considération

---

fait l'honneur de m'écrire le 20 du mois dernier, pour m'informer du détail des travaux de l'artillerie pendant le siége d'Yorck; leur succès garantit assez l'intelligence avec laquelle ils ont été dirigés par vous, ainsi que le zèle et la valeur avec lesquels ils ont été exécutés par les officiers et par les détachements du corps royal qui y ont été employés sous vos ordres. Le roi a vu avec beaucoup de satisfaction le compte que je lui ai rendu de l'unanimité des témoignages de l'armée sur la manière dont ils ont servi et sur la distinction particulière que vous vous y êtes personnellement acquise. J'ai l'honneur, etc. *Signé*, SÉGUR.

les longs services de M. le comte d'Aboville, Sa Majesté daigna le nommer à la chambre des pairs et lui accorder le grade de commandeur dans l'ordre royal et militaire de Saint-Louis. François-Marie d'Aboville a épousé, le 16 mai 1771, demoiselle Angélique-Gabrielle Martin de Vraine, fille de Etienne - Firmin Martin de Vraine, écuyer, seigneur de Brandousy en Thiérache, et de demoiselle Marie-Anne-Gabrielle de Poix de Clairant de la Motte, fille du sieur de Poix de Clairant dc la Motte, seigneur de Brandousy, chevalier de l'ordre royal et militaire de Saint-Louis, commandant de roi à Guise. De ce mariage sont nés :

1.° Augustin-Gabriel, dont l'article suit;

2.° Augustin-Marie, dont l'article viendra après celui de son frère;

3.° Jeanne-Gabrielle, née à la Fère le 29 juin 1772, mariée, le 20 avril 1795, à François Lemaistre, alors commissaire des poudres et salpêtres, depuis inspecteur général dans le même service, aujourd'hui conseiller de préfecture du département de l'Aisne, et commandant de la garde nationale à la Fère. Il prit part à la défense de cette place en 1814, et fut, cette même année, nommé par le roi chevalier de la Légion d'Honneur; en 1815, il a coopéré de nouveau et a eu la plus grande part à la défense de la Fère que les habitants, entièrement dévoués au roi, ont conservée à Sa Majesté. Il est né deux filles de ce mariage, savoir : Uranie Lemaistre, née à la Fère, le 19 février 1796, et Clarice Lemaistre, née aussi à la Fère, le 2 novembre 1798.

XII. Augustin-Gabriel d'Aboville, né à la Fère le 20 mars 1774, entré au service, avec grade de lieutenant à la suite, dans le régiment de Toul, artillerie, en mars 1789, capitaine en 1792, chef de bataillon en 1800, colonel en 1804, maréchal de camp le 14 mars 1809, a fait toutes les campagnes; depuis le commencement de la guerre de 1792, hors la dernière de 1815, et une interruption de onze mois dans ses services, temps qu'il passa en réclusion, sous le règne de la terreur. Peu de temps après la bataille de Marengo, il fut directeur général des parcs d'artillerie de l'armée d'Italie; il fut chargé, à la reprise des hostilités, en l'an 1800, de jeter le premier pont de bateaux qui servit à l'armée française pour le passage de l'Adige à Bussolengo, en présence et malgré la résistance de l'armée autrichienne; peu de jours après il prit part aux siéges des châteaux de Véronne; à la signature de la paix, il fut chargé de diriger les épreuves qui se firent à Milan sur le tir des boulets creux. Son rapport a été inséré au Moniteur. Envoyé en Zélande en 1803, pour en armer les places et les côtes, il mit l'île de Walcheren, et particulièrement la place de Flessingue, dans le plus bel état de défense; ce qui lui valut des lettres de satisfaction du ministre de la guerre et du premier inspecteur général de l'artillerie. Appelé en l'an 12 à la direction générale des parcs d'artillerie de l'armée francaise en Hollande, il fait en Allemagne la brillante campagne d'Austerlitz; chargé de faire conduire de Vienne en Autriche un matériel considérable d'artillerie pour l'armement des places d'Italie, il reste en ce dernier pays, où il commande l'artillerie du deuxième corps; appelé à l'expédition de Portugal, sous le général Junot, il prend la part la plus active à tous les événements militaires de cette campagne, à la suite de laquelle il fut fait maréchal de camp; il commande ensuite l'artillerie du huitième corps, en Espagne; fait une nouvelle campagne en Portugal, après la prise de la Corogne et du Férol, où il prit part, et se trouvant ensuite enfermé dans la place de Thuy avec la plus grande partie du matériel d'artillerie de l'armée, il se maintient contre des forces très-supérieures et contre la place de Valencia, située à un quart de lieue, et dominant beaucoup celle de Thuy. Il se conduisit dans cette circonstance de manière à mériter une lettre de félicitation du général en chef, qui voulut bien lui attribuer la conservation de la place de Thuy et le salut d'une partie de l'armée et de presque tout son matériel, dont la perte avait été regardée comme inévitable. Passé au commandement de l'artillerie du premier corps, sous M. le maréchal duc de Bellune, ce fut cette artillerie, composée de trente-huit bouches à feu, qui, à la bataille de Talavera, fit éprouver une perte considérable à l'armée anglaise, commandée par Wellesley, aujourd'hui Wellington; ayant joint au commandement de l'artillerie du premier corps, lorsque l'armée eut fait la conquête de l'Andalousie, celui de la même arme au siége de Cadix, ce fut lui qui prit le fort de Matagorda, ce qui lui valut le grade de commandant de la Légion d'honneur, et qui eut la plus grande part au salut de six cents officiers et de neuf cents soldats français prisonniers de guerre sur des pontons espagnols mouillés en rade de Cadix; il fut blessé légèrement et renversé du même coup de canon qui tua le lieutenant-général Senarmont, officier général de la plus grande distinction, le colonel de Gennes et le capitaine Pinondèle, officier d'artillerie de beaucoup de mérite; il commanda l'artillerie au siége de Tarifa, en 1811; en 1813, il fut directeur général de l'artillerie en Espagne: il a été assez heureux, lors de l'évacuation de ce royaume, pour sauver une soixantaine de bouches à feu qui sont arrivées à Baïonne après la malheureuse affaire de Victoria, résultat qui lui a coûté le sacrifice de ses propres équipages, et qu'il n'eût point obtenu s'il se fût retiré la veille de la bataille, conformément à la nature de ses fonctions et au désir du général en chef. Il perdit dans cette circonstance des mémoires et papiers fort intéressants, et notamment toutes ses lettres de service, du nombre desquels se trouvaient plusieurs témoignages flatteurs de satisfaction du ministre de la guerre et de MM. les généraux en chef sous lesquels il a servi. A la restauration de 1814, il s'empressa de se rendre à Calais, pour y jouir du bonheur de voir notre auguste monarque au moment de son retour en France. C'est alors que Sa Majesté daigna lui adresser des paroles si flatteuses pour lui et sa famille, qu'on croit devoir les rapporter ici: « M. d'Aboville, avez-» vous encore M. votre père? — Oui, Sire; il est, je » crois, le doyen des généraux qui se trouvent en France, » et peut-être le seul encore existant qui se soit trouvé » aux batailles de Fontenoy et de Lawfeld. — Je le sais, » dit le Roi, et je n'ignore pas non plus que vous mar-» chez sur ses traces; *bon chien chasse de race:* ce dire » est populaire, mais il est juste, il rend bien ma pen-» sée, et je suis persuadé, M. d'Aboville, que vous ne » le prendrez pas en mauvaise part. » Indépendamment des grades dans l'armée, Augustin-Gabriel d'Aboville a reçu plusieurs autres récompenses de ses services: il fut officier de la Légion d'honneur dès l'institution de cet ordre, nommé commandant dans ladite légion le 23 juin

1810; il avait été fait chevalier de la Couronne de Fer en 1807; il fut nommé chevalier de l'ordre royal et militaire de Saint-Louis en juin 1814. Il se trouve employé aujourd'hui, dans son grade de maréchal de camp, en qualité de commissaire du roi près la régie générale des poudres et salpêtres. Il avait, en 1808, reçu le titre de baron; mais sa présence continuelle aux armées et son éloignement de France, ne lui a permis qu'en 1814 de faire les démarches nécessaires pour l'obtention de ses lettres-patentes que le Roi voulut bien lui faire délivrer.

XII. Augustin-Marie D'ABOVILLE, frère puiné du précédent, né à la Fère, en Picardie, le 12 avril 1776, reçu élève sous-lieutenant d'artillerie au printemps de 1792, est entré, en octobre de la même année, en qualité de lieutenant dans le septième régiment d'artillerie. C'est à cette époque qu'il a commencé à servir dans les armées, où il a fait toutes les campagnes, hors la dernière de 1815, et une interruption de onze mois de réclusion sous le régime de la terreur; capitaine en 1795, chef de bataillon en 1803, major du deuxième régiment d'artillerie à cheval en 1804; il eut, en 1805, le commandement de l'artillerie d'une expédition sous les ordres de M. le lieutenant-général comte de Lauriston, qui partit de Toulon pour la Martinique. Au retour de l'expédition, l'escadre soutint un combat à trois cents lieues environ au sud du cap Finistère, contre l'escadre anglaise commandeé par l'amiral Calder. Il eut, pendant l'action, le commandement de la batterie de 36 du vaisseau le *Bucentaure* qu'il montait. Colonel d'artillerie en 1806, il fut, en 1808, appelé au commandement de l'artillerie à cheval de la garde. C'est dans cette fonction, et ayant sous ses ordres une batterie de trente bouches à feu, qu'il eut le bras et l'épaule du côté droit emportés d'un boulet de canon à Wagram; il fut nommé maréchal de camp sur le champ de bataille. Il avait été fait officier de la Légion d'honneur pour avoir, dans la campagne de 1807, sur les bords de la Passarge, sauvé le parc de réserve d'artillerie du sixième corps, au moment où il allait tomber au pouvoir d'un parti de cosaques. Le 29 mars 1814, on lui donna le commandement de l'artillerie de la défense de Paris. L'ennemi parut le soir même. Malgré le peu de temps pour faire les dispositions, et le défaut de moyens suffisants, il a éprouvé une plus forte résistance qu'on aurait pu le croire Nommé au commandement de l'école d'artillerie à la Fère, il empêche, le 10 mars 1815, cet établissement de tomber au pouvoir d'une conspiration qui malheureusement n'a pu, à cette même époque, être étouffée sur d'autres points de la France. Le roi lui adressa à ce sujet une lettre de satisfaction, seule récompense qu'il ambitionnait; mais Sa Majesté voulut bien y ajouter l'envoi du grand cordon de l'ordre royal et militaire de Saint-Louis; plus, l'avis d'une pension de 2000 fr. par an, sur la cassette particulière de Sa Majesté. Il reçut à cette même occasion des lettres de félicitation de S. A. R. monseigneur le duc de Berri et de S. E. le ministre de la guerre, et le conseil de préfecture du département de l'Aisne prit un arrêté pour lui décerner une épée. Au retour de l'usurpateur, le ministre de la guerre refusa sa démission; il fut envoyé dans les places, pour en presser l'armement, et il calcula qu'en les mettant à l'abri de tomber au pouvoir des alliés, qui n'en avaient pas besoin pour rétablir Louis XVIII sur le trône, il servirait également et son roi et la patrie. Il se trouve compris aujourd'hui dans l'ordonnance relative aux retraites, comme militaire amputé.

## SECONDE BRANCHE, en Normandie.

IV. Jacques d'Aboville, écuyer, troisième fils de Thomas, fut maintenu dans sa noblesse par arrêt du 29 mars 1486, sous le règne de Charles VIII. Il fut père de :

V. Pierre d'Aboville, confirmé par arrêt de la même cour, le 20 février 1519, sous le règne de François I^er^. Il épousa Perrette Pinel. De ce mariage sortit :

VI. Jean d'Aboville, écuyer, qui épousa Agnès de Beaufils, et de ce mariage vint :

VII. Pasquet d'Aboville, écuyer, qui, en l'année 1573, épousa Jeanne le Canu, et l'année suivante, en 1574, fut marié en secondes noces à Guillemette de Meaux de la Marche. De ce deuxième mariage vint :

VIII. Martin d'Aboville, écuyer, qui fut maintenu, ainsi que son père, par arrêt de la cour des aides de

Normandie, en date du mois de juin 1613 et du 19 décembre 1615. Il avait épousé, 1.° Tassine Maret; 2.° en 1605, Michelle Galis.

*Enfants du premier lit :*

1.° Guillaume, dont l'article suit ;
2.° Julien, qui fut père de Perrette d'Aboville, mariée à Charles Martin ;
3.° et 4.° Berthelot et Pierre;

*Enfants du second lit :*

5.° Barthélemy, qui fonda la branche établie en Lorraine, rapportée ci-après.

IX. Guillaume D'ABOVILLE, écuyer, marié à Jacquette Pinabel, de laquelle il laissa :

1.° Bernardin, qui suit ;
2.° Jean ; 3.° Nicolas.

X. Bernardin D'ABOVILLE, écuyer, lequel épousa Marie le Carpentier, qui le fit père de :

XI. Charles D'ABOVILLE, écuyer, gendarme de la garde, qui se trouva à la bataille de Malplaquet, et devint officier des gardes-côtes. Il épousa Marie de Mésenge, de laquelle il eut :

1.° Charles, dont l'article suit;
2.° Michel-Nicolas d'Aboville, souche de la troisième branche, rapportée plus bas.

XII. Charles D'ABOVILLE, écuyer, gendarme de la garde, s'est trouvé au siége de Philisbourg, et devint capitaine des canonniers-gardes-côtes, chevalier de l'ordre royal et militaire de Saint-Louis. Il épousa Françoise-Jacqueline de Hennot, de laquelle il laissa :

1.° Louis-François-Charles, dont l'article suit ;
2.° Charles-Alexandre, mort au service du roi, dans l'arme de la cavalerie ;
3.° Nicolas-Stanislas, mort lieutenant de vaisseau :
4.° Guillaume-Timothée, mort aussi lieutenant de vaisseau ;
5.° François-Gabriel d'Aboville, écuyer, ancien officier de la marine royale, aujourd'hui chevalier de l'ordre royal et militaire de Saint-Louis;
6.° et 7.° deux filles.

XIII. Louis-Charles-François D'ABOVILLE, écuyer, ancien lieutenant des vaisseaux du roi, chevalier de l'ordre royal et militaire de Saint-Louis, a été député de la noblesse aux états-généraux de 1789.

TROISIÈME BRANCHE, EN NORMANDIE.

XII. Michel-Nicolas D'ABOVILLE, écuyer, 2e fils de Charles d'Aboville et de Marie de Mésenge, rapporté ci-dessus, fut capitaine des canonniers-gardes-côtes, et épousa Bonne-Marie-Susanne de la Mer. De ce mariage vinrent :

1.° Bernard-Alexandre;
2.° Bon-Charles-Michel, tous deux officiers au service de S. M. l'empereur d'Autriche, tués aux combats de Charleroi, en juin 1794;
3.° Auguste-Nicolas, dont l'article suit :

XIII. Auguste-Nicolas D'ABOVILLE, écuyer, né le 12 juin 1772, ancien officier au service d'Autriche, est actuellement lieutenant de vaisseau au service de S. M. le roi de France, et attaché au port de Cherbourg. Il a épousé, le 9 février 1806, Sophie-Olympe-Elzéarine de Fulconis, fille d'Antoine-Elzéar de Fulconis, capitaine de vaisseau, chevalier de l'ordre royal et militaire de Saint-Louis. De ce mariage sont issus :

1.° Auguste-Eugène-Elzéar, né le 4 juillet 1810;
2.° Eugénie-Augustine-Elzéarine-Anne, née le 24 juillet 1707.

*Branche établie en Lorraine.*

IX. Barthélemi D'ABOVILLE, écuyer, fils de Martin d'Aboville et de Michelle Galis, épousa, le 25 novembre 1642, Anne Cabart, fille de noble homme Louis-Cabart, sieur de Denneville. Il eut de ce mariage :

X. Etienne D'ABOVILLE, écuyer, né en 1663; il épousa, le 20 septembre 1706, Antoinette-Charlotte Roger, fille du maire de Commercy, en Lorraine. De ce mariage naquirent :

1.° Léopold-Clément d'Aboville, qui fut prêtre et chanoine à Commercy;

2.° Etienne d'Aboville, écuyer, qui est entré, en qualité d'officier, au service d'Autriche;

3.° Charles d'Aboville, écuyer, né à Lunéville en 1732, dont la descendance suit.

XI. Charles D'ABOVILLE, écuyer, reçu dans la compagnie des cadets gentilshommes du roi de Pologne, Stanislas, duc de Lorraine, et depuis est entré au service d'Autriche. Il épousa, en 1764, Marie-Thérèse Brigeat de Lambert, fille de Claude Brigeat de Lambert, seigneur de la Borde, en Champagne, et de Catherine Barrat. De ce mariage sont nés :

1.° Alexandre d'Aboville, entré dès son enfance à l'école militaire de Brienne ; il servit ensuite, en qualité d'officier, dans le régiment de Brie, infanterie ; devenu capitaine à l'époque de la révolution, sa bonne conduite et la bravoure qu'il montra dans les premières actions de la guerre de 1792, lui avaient procuré un avancement rapide. Il commandait un bataillon de grenadiers à l'avant-garde de l'armée du Nord, lorsqu'il fut arrêté, mis en jugement et condamné à mort, comme fauteur de royalisme, ayant conservé et portant encore l'habit blanc qui venait d'être proscrit;

2.° Charles-Etienne d'Aboville, lieutenant au régiment de Brie, arrêté en même temps que son frère, incarcéré avec lui, d'abord quatorze mois à Béthune, puis transféré à la conciergerie à Arras, lieu destiné pour les victimes. Il éprouva une révolution, tomba en faiblesse lorsqu'on vint prendre son frère pour le conduire au supplice ; transporté à l'hospice, il fut mis trois jours après au nombre des morts, et traîné dans un caveau, parmi des cadavres : cependant il vivait encore, et il n'échappa à la mort la plus affreuse que par l'intérêt qu'il avait inspiré au médecin ;

3.° Nicolas-Clément, dont l'article suit.

XII. Nicolas-Clément D'ABOVILLE, né le 21 novembre 1767, contrôleur principal des impôts indirects, marié, en 1793, à Marie-Thérèse Gilliot, fille de Joseph Gilliot, juge de paix du canton de Benfeld. Il a eu trois enfants de ce mariage, qui sont :

1.° Charles-Joseph-Edouard d'Aboville, né à Schelestat le 17 mai 1798;

2.° Charles-Joseph-Eugène, né à Schelestat le 10 décembre 1799;

3.° Adèle-Thérèse-Clémentine d'Aboville, née à Schelestat le 15 décembre 1800.

*Armes:* De sinople, an château crénelé d'argent, maçonné, ouvert et ajouré de sable.

---

GANAY (DE): ancienne noblesse, originaire de la province de Nivernais, qui tire son nom de la châtellenie de Ganay, l'une des 24 qui forment ce duché-pairie, et qui, par corruption, est connue sous le nom de châtellenie de Gannat. Cette famille, qui a donné un chancelier de France, et qui n'est pas moins distinguée dans la robe que dans les armes, remonte, selon du Chêne, en son *Histoire des chanceliers de France*, à Girard, par lequel Moréri en commence la généalogie.

I. Girard DE GANAY, vivant en 1300, est qualifié *chevalier*, dans l'inventaire manuscrit des titres de la maison de Nevers. Il eut de sa femme, dont on ignore le nom:

II. Guillaume DE GANAY, Ier du nom, qualifié *écuyer* dans le même inventaire, *et fils de Girard de Ganay*, chevalier, qui rendit aveu pour sa maison de Corray, l'an 1335, et fut père de:

III. Jean DE GANAY, Ier du nom, chevalier, procureur du duc Philippe-le-Hardi, aux bailliages d'Autun et de Montcenis, en 1373, lequel rendit aveu, l'an 1376, pour la Grange de Chaumont, au nom d'Odette, sa femme, de laquelle il laissa:

1.° Jean, dont l'article suit;

2.° André, mort sans alliance.

IV. Jean DE GANAY, IIe du nom, seigneur de Savigny, rendit aveu, l'an 1406, pour la terre de Chaumont, et la moitié de celle de Chassenay, en Nivernais. Il avait acquis la terre de Savigny en 1381, et avait été conseiller du comte d'Armagnac et de Charolais. Il épousa, 1.° Colombe Gruac; 2.° Sibille de Saint-Pètre. Ses enfants furent:

*Du premier lit:*

1.° Guichard, dont l'article suit;

*Du second lit:*

2.° Jean, chanoine de l'église d'Autun en 1428;
3.° Guy ou Guyot de Ganay, auteur de la seconde branche, rapportée page 19.

V. Guichard DE GANAY, seigneur de Savigny, licencié ès lois, conseiller et auditeur des causes d'Appeaux, au duché de Bourgogne en 1401; envoyé, en 1420, par la duchesse de Bourgogne vers la comtesse de Nevers; créé conseiller en la chambre du conseil de Philippe-le-Bon, duc de Bourgogne, lors de son établissement, le 24 juillet 1422; en prêta le serment le 18 août suivant; fut retenu juge du pays et comté de Charolais, par lettres données à Châtillon le 28 janvier 1423, et mourut en 1424. Il avait épousé, le premier juin 1410, Guillemette Banchereau, fille de Guillaume, capitaine de Paray-le-Monial. De ce mariage vinrent:

1.° Nicolas, dont l'article viendra;
2.° Jean, tige de la quatrième branche, rapportée ci-après;
3.° Guillaume de Ganay, seigneur de la Tour, de Savigny, de Belmont et de Montauglan, conseiller du duc de Bourgogne et son avocat à Paris, lequel fut retenu par Louis XI, à son avènement au trône, pour son avocat au parlement, par lettres du 8 septembre 1461, charge qu'il exerça jusqu'à sa mort, arrivée au mois de juillet 1483. Il avait été commis, au mois de février 1477, pour recevoir, au nom du roi, l'investiture du comté de Boulogne. Il avait épousé Catherine Rapioust. Des mémoires lui donnent pour femme Marie de Montigny, fille de N....., seigneur de Montigny-le-Comte, en Nivernois, et font mention d'un hommage rendu pour la terre de Belmont, le 23 décembre 1481. Il eut pour enfants: a. Jean, chevalier, seigneur, de Persan, de la

Bussière, de Belmont et de Montauglan, dont on voit encore le nom en lettres d'or dans la chapelle qu'il fit bâtir et qu'il fonda dans l'église de Saint-Méry à Paris, au bas d'un ancien tableau de la mosaïque, où il est écrit: *Dominus Joannes de Ganay, præsidens Parisiensis, primus adduxit de Italiâ Parisium hoc opus mosaicum.* Il fut d'abord avocat au parlement, en 1478, puis conseiller en la cour des généraux des aides, le 30 octobre 1481, et reçu quatrième président au parlement le 27 juin 1490. Ce fut par son sage conseil que le roi Charles VIII donna un heureux commencement à ses conquêtes de Naples, où il accompagna ce prince qui le choisit, avec le sire de la Trémoille, pour aller faire entendre ses intentions au pape. N'ayant pas eu d'abord le succès qu'il attendait, il obtint, dans une seconde députation, l'entrée triomphante du roi dans Rome, et ensuite dans tout le royaume de Naples, où il fut établi chancelier. Il revint avec le roi, et, après la victoire de Fornoue, il fut employé pour traiter de la paix avec le duc de Milan et les autres princes d'Italie. Le roi le nomma, en 1505, à la charge de premier président du parlement de Paris, et deux ans après à celle de chancelier de France, vacante par le décès de Guy de Rochefort, par lettres données à Blois le 31 janvier 1507. Il assista en cette qualité à l'acte du serment fait par le roi, en 1508, pour l'observation du traité de Cambray, et mourut à Blois avant le mois de juin 1512, d'où son corps fut apporté à Paris, et inhumé, le 4 du même mois, dans sa chapelle, en l'église de Saint-Méry. Il avait épousé, avant 1481, Jeanne de Boilesve, dame de Chauvry et de la basse forêt de Montmorency, fille de Mesmin de Boilesve, général de finances, et de Marguerite de Louviers, de laquelle il n'eut point d'enfants;

b. Germain, chanoine de Bourges, doyen de Beauvais, conseiller-clerc au parlement de Paris, reçu le 13 juillet 1485; évêque de Cahors en 1509, qui fit, comme héritier de son frère, hommage de la seigneurie de Persan, le 18 juin 1512, et fut évêque d'Orléans en 1514; il fit le serment de fidélité le 29 juillet de la même année, et mourut le 8 mars 1520;

c. Philippe, mariée à Nicolas Tuleu, seigneur de Cely;

d. Antoinette, morte en septembre 1522, femme de Pierre Barthomier, seigneur d'Olivet, auditeur des comptes à Paris;

e. Denise, morte sans alliance;

f. Perrette, veuve, le 8 juin 1493, de Jean Guillart, auditeur des comptes;

g. Blaise, veuve, en 1521, de Bertrand Regnier, aussi auditeur des comptes. Elle donna aveu et dénombrement du fief Jean-Jouel, comme héritière du chancelier, le 3 septembre de la même année;

4.° Jeannette, mariée à Henri de la Forêt, en Nivernais, suivant le partage du 15 avril 1441;

5.° Alix, qui eut en partage la maison de Soche;

6.° Mariote ou Marguerite, mariée à Philibert Chopart, de la ville de Nevers, suivant le partage du 15 avril 1441;

7.° Marie de Ganay, mariée, en 1441, à Autun, avec Pierre-Etienne de Montholon. Elle fut mère de François de Montholon, seigneur de Vivier, garde des sceaux de France.

VI. Nicolas de Ganay, Ier du nom, licencié ès lois, seigneur d'Azy et de Mancray en Berri, où il se retira; fut échevin de Bourges en 1474, et conseiller au parlement de Bordeaux. Il eut pour fils:

VII. Pierre de Ganay, seigneur d'Azy, bailli de Berri, lequel vivait le 21 novembre 1490. Il laissa de Renaude Burdelot, sa femme:

1.° Nicolas, dont l'article suit;

2.° Marie, femme de Jean Salat, seigneur de Viry et de Nuisement, président au parlement de Bordeaux en 1506, maître des requêtes et ambassadeur vers le roi d'Ecosse en 1508.

VIII. Nicolas DE GANAY, II^e du nom, seigneur d'Azy, de Mancray et de Corbeil, élu maire de Bourges en 1532, docteur en droit, fut pourvu d'un des quatre offices de conseiller au grand conseil nouvellement créés, puis conseiller honoraire le 6 juillet 1553, et mourut en 1554. Il avait épousé Marie Brinon, dont il eut :

1.° N..... de Ganay, duquel on ignore la postérité ;
2.° Jeanne, dame d'Azy et de Corbeil en Berri, mariée à Henri le Maréchal, seigneur de Corbeil, maire de Bourges, général des finances en Berri ;
3.° Marie de Ganay, alliée avec Martin de Fradet, seigneur de Pigny, maître des requêtes de la reine de Navarre, duchesse de Berri.

Nicolas de Ganay, II^e du nom, eut encore de Marie Mussion, sa maîtresse, un fils naturel, Nicolas, bâtard de Ganay, procureur au siége présidial de Bourges, qui obtint des lettres de légitimation au mois de juillet 1570, et était âgé de vingt-huit ans en 1571. Il épousa Marie Sausseron, fille de Guillaume Sausseron, procureur-fiscal de la justice de Saint-Palais, et de Marie Guimonet, dont vint Marie de Ganay, née vers 1571.

## SECONDE BRANCHE.

V. Guy ou Guyot DE GANAY, écuyer, seigneur de Chassenay, troisième fils de Jean de Ganay, II^e du nom, et de Sibille de Saint-Pètre, fut attiré par Guichard, son frère aîné, au service du duc de Bourgogne, et fut pris par les gens du roi Charles VII. Il obtint sa rémission, sur ce qu'il remontra qu'*il était gentilhomme d'extraction et d'ancienne noblesse du pays de Nivernois*, et sur la promesse qu'il fit de ne plus servir le duc en armes. Il s'établit à Autun, en Bourgogne, où sa nièce avait épousé Etienne de Montholon, et s'allia avec N..... Belasson, dont sont issus :

1.° Jean, dont l'article suit ;
2.° Lancelot, } mineurs en 1510 ;
3.° Alès, }
4.° Marie, alliée à Jean de la Vallée, écuyer.

VI. Jean DE GANAY, III^e du nom, écuyer, seigneur de Chassenay et de la Vesvre-sous-Roussillon, par acquisition du 9 septembre 1560, procureur du roi au bailliage d'Autun, épousa, 1.° en 1535, Louise de Bussières, avec laquelle il est rappelé dans le partage fait le 17 août 1569, de leurs biens entre leurs enfants; 2.° le 9 octobre 1565, Anne de Saumaise, fille de François de Saumaise, seigneur de Chasan, et d'Etiennette Jaqueron, et sœur de Marie de Saumaise, laquelle, par le même contrat, épousa Antoine de Ganay, fils dudit Jean. Du premier lit sont sortis :

1.° Antoine, dont l'article suit;
2.° Jean, vierg ou maire d'Autun;
3.° Baptiste, } mineurs en 1569;
4.° Nicolas, }
5.° Jeanne, femme d'André d'Andozille.

VII. Antoine DE GANAY, écuyer, seigneur de Velée, de la Vesvre, de Bussy, de Sancery, de Dron, de Perron, etc., procureur du roi au bailliage d'Autun, épousa, comme on l'a dit précédemment, le 9 octobre 1565, Marie de Saumaise, fille de François de Saumaise, seigneur de Chasan, et d'Etiennette Jaqueron. Il eut de ce mariage :

VIII. Jean DE GANAY, IVe du nom, écuyer, seigneur de Velée, qui se destina à occuper la charge de procureur du roi à Autun, et fut avocat, et qui traita en cette qualité, le premier juillet 1601, tant pour lui que pour damoiselle Marie de Saumaise, veuve de noble Antoine de Ganay, sa mère, avec François de Ganay, conseiller au bailliage de Semur. Il épousa damoiselle Jeanne Brunet, fille de noble Bernardin Brunet, maire de Beaune, et de damoiselle Françoise Rauvial. Leurs enfants furent :

1.° Jacques, dont l'article viendra;
2.° Bernardin, qui fut officier au service de Gustave, roi de Suède, et servit ensuite sous le général Bannier. Ayant reçu plusieurs blessures, il se retira du service et embrassa l'état ecclésiastique; il fut prêtre, puis chanoine et grand-archidiacre;
3.° Françoise de Ganay, mariée à Etienne Cortelot;
4.° Marie de Ganay, alliée à Claude Jacquinot;

5.° Antoinette,
6.° Marguerite,
7.° Jeanne,
8.° Anne de Ganay,
} religieuses professes.

IX. Jacques de Ganay, écuyer, seigneur de Velée, de Bussy, de Sancery, de Dron, de Domancy, de Vaumignon, des Champs, de Lévault, des Olières, etc., officier d'infanterie, commanda les gentilshommes de l'Autunais à l'arrière-ban, en qualité de maréchal-des-logis, commme il appert par une enquête que Bernardin son fils fit faire au bailliage d'Autun. Il épousa, le 26 juillet 1626, damoiselle Jeanne Sallonier, fille de noble homme Jean Sallonier, seigneur de Champion, et de Claude de Navarre. De ce mariage vinrent:

1.° Claude, qui servit à l'arrière-ban de la noblesse d'Autun, en 1674;
2.° Bernardin, qui suivit aussi la carrière des armes, et qui laissa d'Anne de Morey, sa femme, un fils, Jacques de Ganay, chevalier d'honneur à la chambre des comptes de Bourgogne, par lettres du 12 février 1696;
3.° Antoine de Ganay;
4.° Jacques de Ganay;
5.° Jean, qui était officier au régiment de Navarre en 1653, et fut tué devant Lille en 1667;
6.° Nicolas de Ganay;
7.° Jérôme, dont l'article suit;
8.° Jeanne, mariée à Étienne des Jours, écuyer;
9.° Marie de Ganay.

X. Jérôme de Ganay, seigneur de Visigneux et de Leraut, ancien capitaine au régiment Dauphin, fut maintenu dans ses priviléges de noblesse d'ancienne extraction, conjointement avec Claude, Bernardin et Nicolas, ses frères, par jugement de M. Bouchet, intendant de Bourgogne et de Bresse, de l'an 1670. Il épousa, 1.° le 25 novembre 1674, damoiselle Lazare de Bourg, fille de messire François de Bourg et de dame Jeanne Boudot; 2.° en 1711, Anne Vêtu. Ses enfants furent:

*Du premier lit:*

1.° Nicolas, dont l'article suit;

2.° Lazare, mariée à Louis Nuguet, écuyer, seigneur de Baugis;
3.° Thérèse,
4.° Jeanne, } religieuses professes;
5.° Rose,

*Du second lit* :

6.° Jacques-Antoine-François-Xavier, né le 12 mai 1713, marquis de Ganay, seigneur de Leraut, brigadier des armées du roi et gouverneur d'Autun.

XI. Nicolas DE GANAY, écuyer, seigneur de Visigneux, des grands et petits Jours, de Marault et Magny, de Lusigny, de Beaune, du Pavillon, etc., capitaine au régiment Dauphin, infanterie, chevalier d'honneur à la chambre des comptes de Bourgogne, par lettres du 31 janvier 1744, commissaire vérificateur, puis commissaire-alcade à la chambre de la noblesse de Bourgogne en 1739 et 1742, avait épousé, par contrat du 9 septembre 1715, Jeanne Sallonier, fille de Guillaume Sallonier, écuyer, seigneur du Pavillon, et de Jeanne-Marie Pelet. De ce mariage vinrent:

1.° Guillaume-Lazare, } morts en bas-âge;
2.° Jacques de Ganay,
3.° Louis-Paul, dont l'article suit;
4.° Lazare-Guillaume, souche de la branche des comtes de Lusigny, rapportée ci-après;
5.° Nicolas, chevalier, seigneur du Pavillon, né en 1732, lieutenant au régiment de Rouergue, marié avec N..... de Hérisson, dont il n'a eu que trois filles;
6.° Anne-Marie-Jacqueline de Ganay, religieuse.

XII. Louis-Paul, marquis DE GANAY, chevalier, seigneur de Visigneux, né en 1723, capitaine au régiment de Lorraine, gouvernenr d'Autun, chevalier de l'ordre royal et militaire de Saint-Louis, a épousé Anne-Thérèse Gravier de Vergennes, de laquelle il a eu :

1.° Charles-Antoine, dont l'article viendra;
2.° Constance de Ganay;
3.° Caroline de Ganay.

XIII. Charles-Antoine, marquis DE GANAY, chevalier, ancien officier de cavalerie, sous-lieutenant des mousquetaires gris en 1814, colonel de la légion du département de l'Yonne, nommé par le département de Saône-et-Loire membre de la chambre des députés en 1815, chevalier de l'ordre royal et militaire de Saint-Louis, et officier de la Légion d'honneur. Il a épousé Françoise-Bonne de Virieux, fille de feu Nicolas-Alexandre de Virieu, officier-général, premier gentilhomme de Monsieur, et de Claudine de Malteste. De ce mariage est né :

Charles de Ganay.

## TROISIÈME BRANCHE.

### *Dite des comtes de Lusigny.*

XII. Lazare-Guillaume DE GANAY, né en 1725, comte de Lusigny, seigneur de Grammont, des Levées, de la Sarrée, de Thorey-sous-Charny, de Veilly et de Visigneux en partie, officier au régiment de Gâtinois; chevalier d'honneur en la chambre des comptes de Bourgogne et de Bresse, par provisions du 24 mars 1751, charge qu'il exerça jusqu'en 1779, qu'il obtint des lettres de vétérance du 24 février, par lesquelles le roi lui conserva les titres, droits et prérogatives dudit office, fit son testament le 5 février 1777. Il avait épousé: 1.° par contrat du 24 mai 1756, Louise-Henriette de Méun de la Ferté, fille de messire Jacques-Alphonse de Méun de la Ferté, chevalier, et de dame Françoise de Pâris de Pretichy; 2.° par contrat du premier octobre 1762, damoiselle Henriette-Gabrielle de Contaud de Coulanges, fille de messire Jean-Baptiste de Contaud, baron de Coulanges, et de dame Marguerite de Polastron. Ses enfants furent :

*Du premier lit :*

1.° Anne-Philippe, dont l'article suit;
2.° Jacques-Marie de Ganay, institué héritier des biens provenants de Louise-Henriette de Méun la Ferté, sa mère, par testament de son père, du 5 février 1777;
3.° Louis-Paul de Ganay, mort en bas âge;

*Du second lit :*

| | |
|---|---|
| 4.° Louise-Marguerite, née en 1763,<br>5.° Françoise-Jeanne-Marie, née en 1764,<br>7.° Jacques-Françoise, } nées en<br>6.° Anne-Luce, } 1766,<br>8.° Gabrielle-Luce de Ganay, née en 1769. | reçues chanoinesses au chapitre noble de Leigneux, le 22 septembre 1770, sur leurs lettres de noblesse. |

XIII. Anne-Philippe de Ganay, chevalier, comte de Lusigny, seigneur dudit lieu, de la Sarrée, des Levées, de Grandmont, de Thorey-sous-Charny et de Veilly en partie, né le 26 octobre 1757, sous-lieutenant au régiment de Colonel-général, cavalerie, puis capitaine au régiment Dauphin, cavalerie, par commission du 8 février 1782, lieutenant-colonel du même régiment, chevalier de l'ordre royal et militaire de Saint-Louis, mort en 1807. Il avait épousé : 1.° Eléonore de Migieu, fille du marquis de Migieu, capitaine aux Gardes-Françaises, chevalier de l'ordre royal et militaire de Saint-Louis ; 2.° Marie-Thérèse Eugénie de Wall, fille du comte de Wall, lieutenant-général des armées du roi, commandeur de l'ordre royal et militaire de Saint-Louis, et de N..... de Vaudrey. Il eut :

*Du premier lit :*

1.° Anne-Antelme-Edouard, dont l'article suit ;

*Du second lit :*

2.° Albert de Ganay, lieutenant de cavalerie ;
4.° Caroline de Ganay.

XIV. Anne-Antelme-Edouard, chevalier, comte de Ganay, né en 1785, a épousé, en 1808, Etiennette-Ernest Marquet de Monbreton. De ce mariage :

1.° Ernest ; 2.° Gabrielle ; 3.° Marthe.

## QUATRIÈME BRANCHE, éteinte.

VI. Jean DE GANAY, Ier du nom de sa branche, damoiseau, seigneur de la Vesvre-sur-Arroux, second fils de Guichard, et de Guillemette Banchereau, partagea avec ses frères et sœurs le 15 avril 1441, fit un échange avec Guillaume, son frère, le 18 mai 1455, et lui céda la seigneurie de Savigny. Il vivait encore le 5 mai 1473, et sa femme, Jeannette de Charolles, était veuve en 1474. Ses enfants furent:

1.° Claude, dont l'article suit;
2.° Catherine de Ganay.

Claude DE GANAY, seigneur de la Vesvre, transigea à l'occasion d'une maison à Charolles, le jeudi pénultième mai 1476, et fit un échange, par contrat passé à Paris, le 7 juillet 1484, avec Jean de Ganay, son cousin-germain, depuis chancelier de France, dans lequel ils rappellent leurs pères et aïeuls; sa tante, Alix de Ganay, lui avait fait une donation le 25 janvier précédent. Guillaume de Martigny, fils de Jean, et de Guillemette Banchereau, son aïeule, lui fit don, le 26 février 1488, du droit de nommer et présenter à la chapelle de Saint-Etienne, dans l'église de Saint-Nizier de Charolles, lieu de la sépulture de ceux du nom de Ganay, *de toute ancienneté*. Il vivait encore le 8 juin 1498, et avait épousé, par contrat passé à Charolles, le 2 avril 1486, Denise Couroy, fille d'Antoine, et de Marguerite de Montaguillon. De ce mariage vinrent:

1.° François, dont l'article viendra;
2.° Louis, religieux et grand-prieur à l'abbaye d'Aisnay, après la mort duquel son frère aîné acheta de l'abbé les droits de la succession, le 13 février 1526;
3.° Antoine, licencié ès lois, seigneur en partie de la Vesvre, qui fit donation de tous ses biens à François, son frère aîné, s'en réservant l'usufruit, par acte du 26 avril 1518; il est qualifié seigneur du Biay et du Sachaut, dans une quittance qu'il donna, le 12 novembre de la même année, aux deux frères de sa femme, et à Véronne et Edouarde, ses deux sœurs. Il épousa, par contrat du 2 juillet

1539, Elisabeth Ferrières, fille de Jean de Ferrières, écuyer ;

4.° Louise, mariée à Denis Geoffroy, seigneur du Petit-Bois ;

5° Jeanne, femme, par contrat du 2 février 1513, de Jean Thiard, écuyer, seigneur de Marchiseul, lieutenant-général au bailliage du Mâconnais en 1514 ;

6.° Véronne, mariée et morte sans enfants, avant le 14 mars 1528 ;

7.° Edouarde, morte en 1557.

VIII. François DE GANAY, seigneur de la Vesvre, de Bomblais, de Tremblay, transigea pour lui, son frère et ses deux sœurs, le dernier février 1520, avec Nicole de Montholon, conseiller du roi, lieutenant en la chancellerie de Bourgogne, François et Jean de Montholon, ses frères, petit-fils de Marie de Ganay. Il acquit, le 13 février 1526, les droits de la succession de Louis de Ganay, son frère, et le roi François I^er^ le nomma, le 18 novembre 1541, lieutenant au bailliage du Charolais; il fut aussi pourvu de la même charge par l'empereur Charles-Quint, comte de Charolais, le 25 juin 1545, ce que le roi Henri II confirma le 22 septembre 1548. Il mourut le 17 octobre 1550, et avait épousé, par contrat du 16 août 1523, Philiberte de Loisie, fille de Jean, avocat et conseiller du roi au parlement de Dijon, laquelle fut nommée, le 13 décembre 1550, tutrice de ses enfants qui furent :

1.° Jean, dont l'article suit ;

2.° Claude, seigneur de la Vesvre et de Fontenay, qualifié, dans une généalogie manuscrite, lieutenant-général en Charolais. Il épousa, 1° N... de Chisseret; 2° N... Laurens, et eut pour enfant :

a. Françoise, femme de Philibert-Emmanuel Dormont, seigneur de Fontenay, lieutenant au bailliage de Charolais;

b. Catherine, mariée à Denis Girard, seigneur de Lavaux, de la Vesvre-sur-Arroux, et de Sesmoulins-sur-Aubin, lieutenant-général au bailliage de Charolais.

3.° François, lieutenant à Cussery, où il se maria;

4.° Marie, alliée, par contrat du premier septembre 1557, à Antoine Malteste, lieutenant-général au bailliage de Charolais ;
5.° Emerie, femme de Jean de Cez ou Decèz ;
6.° Jacqueline de Ganay, mariée à François d'Agonneau, avocat du roi.

IX. Jean de Ganay, IIe du nom, seigneur de la Vesvre, partagea, avec ses frères, le 4 février 1565, fit un second partage, avec Claude, son frère, le 30 décembre 1606, et obtint, le 13 décembre 1613, des lettres de relief de noblesse, dans lesquelles il rapporte ses ancêtres à la branche de Jean de Ganay, chancelier de France. Dans l'acte de partage de ses enfants, du 19 septembre 1613, il est qualifié lieutenant-général au bailliage du comté de Charolais. Il avait épousé, 1.° le 13 novembre 1566, Jeanne de Presle, fille de Jacques, conseiller du roi, maître des eaux-et-forêts du bailliage de Dijon et de Jacquette Frouaille; 2.° le 8 août 1574, Marguerite de Nat, veuve de Claude le Lièvre, sieur de Martrois. Ses enfants furent :

*Du premier lit :*

1.° Jacques, nommé procureur fiscal au comté de Charolais, le 15 février 1522. Il eut cinq filles :
a. Marguerite, femme de Jean de Grandylan, lieutenant-criminel à Charolles ;
b. Marie, alliée à Hector de la Place, seigneur de Fournie, enseigne des gendarmes du prince de Condé ;
c. Catherine, mariée à N.... de Pesora, avocat à Charolles ;
d. Deux autres filles, religieuses.
2.° Guichard, mentionné dans l'acte de partage de son père ;

*Du second lit :*

3.° Claude, dont l'article suit ;
4.° Pierre, seigneur de Montaguillon, enseigne d'infanterie dans le régiment de du Bourg, qui servit pendant les troubles au siége d'Amiens et au voyage de Savoye, et mourut en 1605.

X. Claude de Ganay, seigneur de Fautronne, eut pour

son partage la maison où il demeurait avec son père, à Charolles, le domaine de la Vernelle, les seigneuries de Fautronne, de Saul, ce qu'il avait de la seigneurie au village de Monceau, la seigneurie de Montaguillon, dont il fit l'acquisition le 3 novembre 1621 ; il fut pourvu de la charge de trésorier de France et général des finances en Bourgogne et en Bresse, le 2 juin 1628, et mourut le 23 juin 1633. Il avait épousé, le 10 septembre 1605, Marie Catherine, fille de Guy Catherine, seigneur de Chevannes, conseiller au parlement de Bourgogne, et de Marie David. De ce mariage vinrent :

1.° Jean-David, qui suit ;
2.° Claude,
3.° Guy,
4.° Nicolas, } dont on ignore la destinée ;
5.° François, écuyer, seigneur de Genelard en 1650, qui assista aux états de Bourgogne ;
6.° Pierre, religieux à Saint-Bénigne de Dijon ;
7.° Gaspard, seigneur de Montaguillon, capitaine au régiment de Conti, qui testa, le 13 novembre 1650, institua son héritier universel François, son frère, et élut sa sépulture dans la chapelle de Ganay, en l'église de Saint-Nizier de Charolles ;
8.° et 9.° Fortune et Claude de Ganay.

XI. Jean-David DE GANAY, écuyer, seigneur de Montaguillon, de Laugère, de Genelard, etc., pourvu de la charge de trésorier de France par le décès de son père, le 23 juin 1633 ; obtint, avec ses frères, de nouvelles lettres de relief de noblesse dans lesquelles il rappelle celles qu'avaient obtenues Claude de Ganay son père et Jacques son oncle, en 1615. Ces dernières furent registrées au parlement de Dijon, *pour en jouir, par les impétrants, comme nobles et issus de noble race, et leur postérité*, suivant l'arrêt du 9 juillet 1642, rendu à la chambre des comptes de Bourgogne le 13 août de la même année, et au bailliage de Charolais le 15 novembre 1543. Il testa le 30 août 1653, léguant à son fils unique, qui suit, 30,000 liv. sur son office de trésorier de France, ses livres et armes ; élut sa sépulture dans la chapelle de Notre-Dame de l'église des Cordeliers de Dijon ; mourut le 21 novembre 1661, et fut enterré à Saint-Nizier de Charolles. Il avait épousé, le 28 août 1636, Catherine

Pérard, fille d'Etienne, maître des comptes à Dijon, et de Claude Bretagne. Il laissa de ce mariage :

1.° Etienne, dont l'article suit;
2.° Marie, léguée, par le testament de son père, de 15,000 liv., et alliée, par contrat du 21 novembre 1661, à Charles Damas, comte de Marcilly, fils d'Antoine et de Madeleine Remont ;
3.° Claude, femme de Jean-Léonor Noblet, chevalier, seigneur de Chenelette, morte au château de Chenelette, en Beaujolais, le 15 juillet 1722;
4.° Catherine, } qui vivaient en 1663.
5.° Perrette, }

XII. Etienne DE GANAY, Ier du nom, écuyer, seigneur de Montaguillon, de Genelard, de Laugère, de Fautronne et de Seul, institué héritier par Marie-Catherine, son aïeule, le 30 octobre 1663 ; fut admis aux états de Bourgogne dans la chambre de la noblesse, en 1671, 1674, 1676, 1679 et 1685 ; il fut nommé maréchal-des-logis de la noblesse de Charolais le 4 septembre 1689 ; fut nommé, en 1690, pour commander l'arrière-ban de la même noblesse, et eut pour concurrent le comte de Saint-Sernin-Busseuil. L'affaire fut portée devant les maréchaux de France, qui condamnèrent le comte de Saint-Sernin, le premier avril de la même année (1690), à lui faire excuse, et à 400 liv. de dépens. Il fut déchargé des francs-fiefs par les élus des états de Bourgogne, le 8 juin 1694, et maintenu dans sa noblesse par M. Ferrand, intendant de la province, le 23 février 1699, sur la production de ses titres, remontant, par filiation suivie, à Girard de Ganay, qui vivait en 1300. Il avait épousé, le 2 août 1671, Jacqueline-Bernard de Montessus, fille de Melchior, écuyer, seigneur de Montessus, de Balore et de Bellefond, gouverneur des ville et château de Beaune, gentilhomme ordinaire de la chambre du roi, et de Jacqueline de Thiard. De ce mariage vinrent :

1.° Pierre, enseigne au régiment de Piémont, tué à la bataille de Nerwinde, en 1693 ;
2.° Melchior, majeur en 1710, mort sans alliance ;
3.° Etienne, dont l'article suit ;
4.° Catherine, majeure en 1710 ;

5.° Marie, femme, lors du partage de la sucession de sa mère, le 4 avril 1710, de Robert de Servinge, chevalier, seigneur de Sevelinge.

XIII. Etienne DE GANAY, II^e du nom, seigneur de Bellefond, fut déchargé des francs-fiefs par M. de la Brifte, intendant de Bourgogne, le 28 novembre 1723, avait été cornette au régiment de Bissy, cavalerie, en 1703, capitaine en 1707, major en 1714, et mestre-de-camp de cavalerie en 1721. Il épousa, le 13 avril 1713, Anne-Marie de Truchis, fille de Pierre, écuyer, seigneur de Lais, et de Charlotte Cointot, dont :

1.° N..., quisuit ;
2.° Nicole-Etiennette,
3.° Marie-Françoise,
4.° Catherine-Guillemette ; } vivantes en 1729.

XIV. N.... DE GANAY, seigneur de Bellefond, dit le marquis de Ganay, colonel en second au régiment de Forez, infanterie, chevalier de l'ordre royal et militaire de Saint-Louis, obtint du roi, le 25 mai 1752, le gouvernement de la ville d'Autun, en Bourgogne ; il servit dans l'état-major de l'armée et dans celle commandée par le maréchal duc de Richelieu, pour la conquête de l'île de Minorque, achevée le 28 juin 1756, par la prise du fort Saint-Philippe, en qualité d'aide du maréchal-général-des-logis de l'armée. *Cette branche est éteinte.*

*Armes :* « D'or, à l'aigle mornée de sable. »

---

GOULAINE (DE), en latin DE GOLENA, l'une des plus anciennes et des plus illustres maisons de Bretagne, alliée, dès les premiers siècles de la monarchie française aux plus anciennes maisons du royaume, et même à la maison souveraine de Bretagne (1).

La seigneurie de Goulaine fut érigée en marquisat par le roi Louis XIII, au mois d'octobre 1621, en faveur de

---

(1) Cette généalogie est établie sur celle qui a été dressée par messire Gui Autrec, chevalier, seigneur de Missirieu et de Lesergné, chevalier de l'ordre du Roi, sur les titres qui lui furent communiqués en 1660.

Gabriel de Goulaine, qui forme le degré XVII de cette généalogie. Il dépend de la terre de Goulaine plus de deux mille hommages, dont un grand nombre valaient, vers 1660, plus de 5,000 livres de rentes; elle s'étend en dix-sept paroisses, savoir: Haute-Goulaine, Basse-Goulaine, le Loroux-Bottreau, la Chapelle-Bassemer, la Renaudière, Vallet, la Chapelle-Heulin, le Pallet, la Haye, Saint-Fiacre; et dans celles de Verton, Saint-Sébastien, Saint-Julien, de Concelles, Mouzillon, Gorges, Monnières et Maidon.

Dans les dix premières, le seigneur de Goulaine était patron et fondateur; elles comprenaient dix châtellenies, dont la plupart furent terres de bannerets.

Les armoiries de la maison de Goulaine sont les armes d'Angleterre et de France, qui lui ont été accordées par les souverains de ces deux puissances, et sa devise est: *A cetuy-cy à cetuy-là, j'accorde les couronnes.* Le fameux Abeillard, qui prit naissance au Pallet, dans la seigneurie de Goulaine, a renfermé le sens de cette devise dans le distique suivant:

*Arbiter hic ambos reges conjunxit amore,*
*Et tenet illustris stemma ab utroque domus.*

Pour bien entendre cette concession, nous allons en rapporter les circonstances. Les Nantais, en 1158, chassèrent Hoël, leur comte, et se donnèrent à Geoffroy, comte d'Anjou, frère de Henri II, roi d'Angleterre, et, quoique Conan, dit *le Petit duc de Bretagne*, eût recouvré le comté Nantais, le roi d'Angleterre, héritier de son frère, se préparait à lui faire la guerre; le différend s'apaisa par le mariage de Geoffroy, troisième fils de Henri, et de Constance, fille unique et héritière présomptive de Conan. Ce dernier délaissa au roi d'Angleterre, tuteur de son fils, le comté Nantais, dont celui-ci prit possession en 1159, au nom de son fils, et le mariage s'étant accompli en 1165, il prit possession de tout le duché.

Conan étant mort en 1171, Henri, roi d'Angleterre, revint en Bretagne, reçut les hommages des barons, et gouverna le duché jusqu'à la majorité de Geoffroy et de Constance. Geoffroy étant mort à Paris, d'une chute qu'il fit dans un tournoi, le 19 août 1189, laissant la duchesse sa femme, grosse d'Arthur, son fils posthume, le roi Henri d'Angleterre s'en rendit encore tuteur, jusqu'à son décès, arrivé aussi en 1189.

On voit que Henri, roi d'Angleterre, posséda le comté Nantais depuis l'an 1158, et le duché de Bretagne depuis l'an 1165, jusqu'à l'an 1189. Il établit capitaine de la ville de Nantes, dès l'an 1158, *Jean*, seigneur de *Goulaine*, lequel, pour gage de sa fidélité, donna Mathieu de Goulaine, son fils unique, au roi d'Angleterre. Ce monarque le fit élever auprès du jeune prince Geoffroy, son fils, mari de la duchesse Constance. Mathieu se rendit si agréable à Geoffroy, qu'il en fut parfaitement aimé, et eut plusieurs emplois et ambassades en France et en Angleterre, pendant son règne. Le duc Geoffroy, par son testament, recommanda Mathieu de Goulaine à la duchesse Constance, qui, dans la suite, ne terminait aucune affaire importante sans son avis. La plupart des chartes, traités et fondations qu'elle fit, sont signés de ce seigneur, et autr'autres la charité de dix muids de sel, qu'elle accorda à l'hôpital de Saint-Jean d'Angers, en 1194.

Pendant que le roi Henri d'Angleterre gouvernait le duché de Bretagne, au nom de son fils Geoffroy, il y eut diverses reprises de guerre entre lui et les rois de France Louis VII et Philippe II; l'an 1169 ils armèrent l'un l'autre, et étaient aux termes d'en venir à une bataille sanglante, lorsqu'entr'autres seigneurs Mathieu de Goulaine, non moins valeureux au fait des armes, que prudent et habile dans les négociations, parvint à apaiser les deux partis, et réussit avec tant de bonheur dans ce traité, qu'il parvint à faire accorder le mariage de Henri, fils aîné du roi d'Angleterre, et frère de Geoffroy, duc de Bretagne, avec Marguerite, fille de Louis VII.

Après la mort du roi Louis VII, arrivée en 1179, les chrétiens de Syrie, assiégés par les Sarrasins, envoyèrent demander du secours au nouveau roi de France, Philippe II, et à Henri, roi d'Angleterre. Le roi de France aurait bien voulu secourir les chrétiens, mais il craignait que le roi d'Angleterre ne fît une invasion dans son royaume, pendant qu'il serait dégarni de gens de guerre. Dans ce temps, Mathieu de Goulaine se trouvait à Rome, comme ambassadeur de Geoffroy d'Angleterre, duc de Bretagne. Le pape Urbain III, qui connaissait le mérite et les lumières de ce gentilhomme estimé des deux rois, le pria de voir ces deux princes et d'apaiser leur différend ; ce qu'il fit, du consentement du duc de Bretagne, son maître ; et, par son entremise, les rois de France et d'Angleterre reçurent les légats que le pape leur envoya, et la paix fut conclue en 1185. Mathieu de Goulaine n'ayant voulu accepter aucune récompense des peines et dépens de tant de voyages, le roi Henri II lui accorda le privilége, pour lui et ses succeseurs, de porter les armes d'Angleterre. Philippe-Auguste, roi de France, instruit de cette disposition, accorda à Mathieu de Goulaine la même faveur, et lui permit, et à ses descendants, de porter mi-parti d'Angleterre et de France, armes des plus honorables, que cette maison porte encore de nos jours.

La filiation suivie des sires de Goulaine commence, par titres, à Jean, qui suit. Il vivait en 1149 ; mais avant cette époque cette maison devait être déjà considérable, puisqu'en 1130 Marcis de Goulaine fit une donation à l'abbaye de Saint-Martin de Vertou, dans l'acte de laquelle est aussi nommé Geoffroy de Goulaine. Ils le sont encore tous deux dans un accord fait entre le prévôt de Vertou et le recteur de Sainte-Radegonde de Goulaine, de l'an 1160. Guillaume de Goulaine est rappelé dans une transaction qu'il fit avec les moines de Vertou, de l'an 1189.

I. Jean DE GOULAINE, Ier du nom, est dénommé dans un titre latin de l'an 1149, portant fondation faite par Hoël, comte de Nantes, se disant duc de Bretagne, à l'abbaye de Saint-Sulpice, et dans un autre du mois d'août de la même année, comme témoin, avec les évêques de Nantes et de Dôle, les seigneurs de Machecoul et de Rezai, de la donation faite par ledit Hoël de son manoir près Nantes, pour fonder le prieuré des Coets. Il fut établi gouverneur de la ville de Nantes, en 1158, au nom du duc Geoffroy et de Constance sa femme, et fonda une chapellenie en l'église paroissiale de Sainte-Radegonde de Goulaine.

II. Mathieu DE GOULAINE, Ier du nom, fils du précédent, vivait en 1170 et 1186, et mourut en 1202. Il est dénommé en diverses chartes et fondations accordées par la duchesse Constance. Ce fut lui qui, employé par le pape Urbain III, moyenna la paix entre Henri II, roi d'Angleterre, et Philippe-Auguste, roi de France, et en reçut, comme il a été dit, le privilége de porter réunies les armes de France et d'Angleterre par moitié. Le mariage de Mathieu n'est pas connu; mais les actes apprennent qu'il eut un fils nommé aussi Mathieu.

III. Mathieu, seigneur DE GOULAINE, IIe du nom, vivait en 1210, 1223, 1240, comme font foi des actes de ces dates. Il rendit plusieurs services à la duchesse Constance et à Gui de Thouars, son troisième mari; et après le décès de ladite Constance, il prit les armes, avec Ascot, sire de Retz; Etienne, sire de Ponchâteau; Bonabis, sire de Rougé; Hervé de Blain, vicomte de Donges; Armand de Machecoul et autres seigneurs du comté Nantais, pour venger la mort du duc Arthur, fils de Constance. Il servit depuis en diverses occasions, le duc Pierre de Dreux. On ne connaît pas non plus le nom de sa femme; mais beaucoup de titres justifient qu'il fut père de Pierre de Goulaine qui suit:

IV. Pierre DE GOULAINE, Ier du nom, varlet, ainsi qualifié dans plusieurs titres, vivait en 1260 et 1280. Il rendit plusieurs services au duc Jean Ier, dit *le Roux*, et mourut vers 1292, laissant d'une femme, dont le nom ne se trouve pas dans les titres, Pierre II, qui suit.

V. Pierre, seigneur DE GOULAINE, IIe du nom, varlet, vivait en 1297 et 1310; le nom de sa femme est inconnu, mais il est prouvé par beaucoup de titres qu'il fut père de Guillaume de Goulaine, qui suit, et de Catherine de Goulaine, qualifiée fille de Pierre, par acte de 1323.

VI. Guillaume DE GOULAINE, Ier du nom, seigneur de Goulaine, vivait de 1315 à 1321. Le nom de sa femme est inconnu, mais il est prouvé par titres qu'il fut père de Pierre de Goulaine, qui suit:

VII. Pierre DE GOULAINE, IIIe du nom, qualifié seigneur dans tous les actes, fit plus de soixante acquisitions (dont les titres existent au trésor de Goulaine), depuis 1328 jusqu'en 1340. Il épousa Isabeau de la Jaille, qui transigea avec Guillaume de Goulaine, son fils, pour son douaire, en 1345, fille de messire Yvon de la Jaille, chevalier, seigneur de la Jaille et du Pordic, et d'Isabeau de Coesme.

VIII. Guillaume DE GOULAINE, II^e^ du nom, vivait en 1342 et 1346. Il suivit le parti du duc Charles de Blois, et lui rendit plusieurs services. Il fut tué à la bataille de la Roche-Derien, en 1347, avec les seigneurs de Rohan, de Laval, de Château-Briant, de Retz, de Machecoul, de Rostrenen et de la Jaille. Il avait épousé Amable de la Quellen, fille de Jean, seigneur de Machecoul, et sœur d'un autre Jean, seigneur de Machecoul, tué à ladite bataille de la Roche-Derien. De ce mariage vint :

IX. Guillaume DE GOULAINE, III^e^ du nom, qualifié fils de Guillaume, et petit-fils de Pierre, mineur jusqu'en 1353. Il suivit, comme son père, le parti du duc Charles de Blois, et fut grièvement blessé à la bataille d'Aurai, en 1564. Il prit ensuite le parti du duc Jean de Montfort le Conquérant, ce qui fut cause que la terre de Goulaine fut pillée par le parti contraire, qui força le duc Jean de se retirer en Angleterre. Il épousa Marie de Rougé, fille de messire Jean de Rougé, sire de Rougé et de Derval, tué à la bataille de la Roche-Derien. Ils eurent, entr'autres enfants:

1.° Guillaume de Goulaine, mort sans lignée;

2.° Jean, dont l'article suit;

3.° Conet de Goulaine, qui fut, par la suite, curateur des enfants de Jean de Goulaine, son frère aîné, en 1420 et 1430;

4.° Gui de Goulaine, capitaine renommé, qui suivit en France le connétable Olivier de Clisson, eut divers emplois aux armées sous le roi Charles VI. Il épousa la marquise de Laval, fille d'André de Laval, seigneur de Châtillon, et d'Eustache de Beaussay;

5.° Peronelle de Goulaine, épouse de Jean, seigneur de Bigeart, en Poitou, en 1380.

X. Jean, seigneur DE GOULAINE, II^e^ du nom, vivait en 1376 et 1388. Ce duc Jean lui octroya des foires en la ville de Goulaine, par lettres du 20 juillet 1384. Il épousa, 1.° Marguerite de Lesnerac, sœur de Pierre de Lesnerac, qui ratifia la paix de Guerarde, à Tours, le 30 mai 1381; 2.° Jeanne de Ramé, fille de messire Guillaume de Ramé, chevalier, seigneur des Vignes, et de Marguerite de la Forêt. De ce dernier mariage sont issus:

1.° Jean, dont l'article suit;
2.° Maurice de Goulaine;
3.° Louise, femme de Robert, seigneur de Sesmaisons.

XI. Jean DE GOULAINE, IIIe du nom, seigneur de Goulaine et de la Tour-Gosselin, qualifié sire de Goulaine, vivait en 1400, et mourut en 1428. Il avait épousé, en 1389, Jeanne Eder, fille de messire Guillaume Eder, seigneur de la Haye, et sœur de messire Pierre Eder, chevalier, seigneur de la Haye, chambellan et ministre d'état du duc Jean VI, et de Guillaume Eder, évêque de Saint-Brieux. Ils eurent pour enfants:

1.° Jean, dont l'article suit;
2.° Edouard de Goulaine, sieur de la Beriere, en la paroisse de la Chapelle-Basse-Mer. Il épousa, 1.° Gervaise Hamon, sœur de messire Olivier Hamon, chevalier, seigneur de Bonnet; 2.° Aimée Pantin, fille de Pierre Pantin, seigneur de la Hamelinière, et de Marguerite Garnier. De son premier mariage il eut René de Goulaine qui mourut jeune; et de son second mariage il eut Marguerite de Goulaine, qui épousa Guillaume, seigneur de Sesmaisons, dont une nombreuse postérité;
5.° Ermangarde de Goulaine, qui épousa Jean de Saint-Aignan, chevalier, seigneur des Montix-Fernisseaux.

XII. Jean DE GOULAINE, IVe du nom, décéda avant son père, qui lui avait donné, en avancement d'hoirie, la terre de la Hardouinière, par acte du 21 mai 1415. Il avait épousé Héliette de Polhoy, dame de Polhoy et de la Ruffelière, dont il eut:

1.° Jean, dont l'article suit;
2.° Gilles, qui fonde la branche de Laudouinière, rapportée ci-après;
3.° Anne de Goulaine, qui se remaria, le 17 juin 1430, avec messire Robin de la Touche;
4.° Marie de Goulaine, qui épousa, le 13 août 1430, messire Jean Goheau, seigneur de Saint-Aignan.

XIII. Jean V, sire de GOULAINE, par lettres-patentes données à Josselin le 10 juillet 1433, obtint de Jean VI, duc de Bretagne, à cause de ses bons services et ceux de ses ancêtres, une île dans la Loire, vis-à-vis le bourg de Saint-Sébastien, pour une paire de gants de rente à la mi-août. Il rendit de notables services aux ducs de Bretagne Jean VI, François Ier, Pierre-Arthur et François II, et mourut en 1463. Il avait épousé dame Marguerite de Saint-Gilles, fille aînée de messire Guillaume de Saint-Gilles, chevalier, seigneur de Pardo, et de dame Marie Kermon. Il en eut les enfants suivants :

1.° Christophe, dont l'article suit ;

2.° Anne de Goulaine, qui épousa, le 9 mai 1475, messire Pierre de Carné.

XIV. Christophe de Goulaine, Ier du nom, vivait vers 1464, et mourut en 1492, après avoir rendu divers services au duc François II. Il épousa dame Louise de la Jumelière, fille de Guillaume de la Jumelière, seigneur de Montaigu, de Martigné-Briant et de la Guerche en Anjou, et de Marquise de Bellosac, dame de la Houdinière. Leurs enfants furent :

1.° Christophe, dont l'article suit;

2.° Rose, qui épousa : 1.° le 11 janvier 1488, messire Guillaume le Porc, seigneur de Larchatz ; 2.° le 16 janvier 1495, messire Jean de Beaumont, chevalier, seigneur de Glinay, et du bois de Sansay.

XV. Christophe de Goulaine, IIe du nom, seigneur de Goulaine, de la Ruffelière, de la Guerche-Saint-Aubin, du Pallet, de la Houdinière, du Blaison, du Chatellier, de la Tour-Gosselin, etc., gentilhomme ordinaire de la chambre du roi Louis XII et de François Ier, épousa, 1.° Renée Amenard, fille et unique héritière de messire Jacques Amenard, seigneur du Mil-de-Cauzay, et de dame Catherine le Roux, dame des Aubiers; 2.° Claude de Montejean, fille de haut et puissant Louis, seigneur de Montejean, et de dame N..... du Châtel, fille et unique héritière de haut et puissant Tangui du Châtel, grand-maître de Bretagne et grand-écuyer de France, et sœur de René de Montejean, maréchal de France. Ses enfants furent :

*Du premier lit :*

1.° Renée de Goulaine, qui épousa, en 1521, Mathurin de Montrelais, chevalier, baron de Roucelles, seigneur de Chambellai ;
2.° Marquise de Goulaine, mariée, le 22 novembre 1522, avec Renaud de la Touche, seigneur de la Touche-Limousinière ;
3.° Louise de Goulaine, mariée, le 17 septembre 1528, avec Gui, sire d'Epinai, du Plessis, etc. ;

*Du second lit :*

4.° René de Goulaine, mort sans enfants ;
5.° François, sire de Goulaine, qui fut tué en 1557, à la bataille de Saint-Quentin, commandant une compagnie de gendarmes. Il avait épousé Gabrielle de Rochechouart, de la maison de Mortemart, qu'il laissa veuve sans enfants ;
6.° Baudouin de Goulaine. Il avait été abbé commendataire de Saint-Gildas-du-Bois, qu'il abandonna lorsqu'il devint aîné par la mort de son frère. Il épousa, 1.° le 23 septembre 1560, Antoinette Giraud ; 2.° Claude des Hayes, dame des Fontenelles, veuve de René de Montecler. De ses deux femmes il ne laissa aucun enfant. Il fut tué par des soldats, à deux lieues du Mans, en 1574 ;
7.° Claude, dont l'article suit ;
8.° Jean de Goulaine, qui fut chevalier de Malte, et tué à la bataille de Jarnac, en 1569 ;
9.° Jeanne de Goulaine, femme Maurice, seigneur de Kerman, chevalier, seigneur de Bouillac, dont elle eut beaucoup d'enfants ;
10.° Philippote de Goulaine, morte religieuse.

XVI. Claude DE GOULAINE, qualifié seigneur de Pomerieux du vivant de ses frères aînés, devint, par leur mort, seigneur de Goulaine. Il vivait en 1569, mourut le 24 avril 1579, et avait épousé : 1.° en février 1539, Jeanne de Bouteville, dame de Favouet, vicomtesse de Coëtguenan, morte le 13 juillet 1572, fille de Jean de Bouteville, seigneur de Favouet, et de Renée de Carné ; 2.° en 1574, Jeanne Pinard, de la maison de la Noueverte, fille de Roland Pinard et de Catherine Taillard. Ses enfants furent :

*Du premier lit :*

1.° Gabriel, dont l'article suit ;

2.° Jean de Goulaine, baron du Favouet, né en 1565. Il eut en partage la seigneurie de la Ruffelière, en Poitou ; il fut signalé partisan du duc de Mercœur pendant la Ligue, maréchal de camp de ses armées et son lieutenant-général aux évêchés de Cornouailles et de Léon. Il épousa dame Anne de Ploüer, fille aînée de Vincent, sire de Ploüer et du Timeur, et de Anne du Châtel, dont il eut :

a. Gabriel de Goulaine, baron du Favouet et de la Ruffelière, qui épousa Claude de Nevet, fille de Jacques Baron de Nevet, et de Françoise de Trial, et mourut sans laisser d'enfants ;

b. Claude de Goulaine, qui épousa Jean du Hai, seigneur de Berti et de Launai, conseiller au parlement de Bretagne.

3.° Moricette de Goulaine, née en 1561, qui épousa Vincent de Ploüer, seigneur du Timeur et du Châtel ;

4.° Louise de Goulaine, née en 1564, femme de Claude de Kerguesai, seigneur de Kergomard et de Kermornai, en l'évêché de Tréguier ;

5.° Marie de Goulaine, née en 1570, épouse de Pierre, seigneur de Lemaiou, en l'évêché de Tréguier ;

*Du second lit :*

6.° Françoise de Goulaine, qui épousa Jean, sire de Carné de Cohignac. Elle lui porta la baronnie de Blaison et la vicomté de Chemillé, en Anjou.

XVII. Gabriel, Ier du nom, seigneur DE GOULAINE, né le 25 novembre 1563, fut le plus considéré seigneur de Bretagne, du parti du duc de Mercœur. Pendant la guerre de la Ligue, il fut maréchal de camp des armées dudit duc, qui, en diverses occasions, comme chef de la Ligue, lui donna plus de trente commissions, lesquelles se voient encore aux archives de Goulaine, et particulièrement par lettres données à Nantes, le 25 février 1590, il l'établit lieutenant-général de l'Union aux provinces d'Anjou et de Poitou. S'étant engagé dans ce parti, il s'y conduisit avec une résolution qui passa jusqu'à l'opiniâtreté, n'ayant pas voulu écouter les propositions du roi Henri IV, dont il pouvait espérer un bâton de maréchal de France, s'il n'eût plus considéré l'honneur d'une fidélité inviolable à son parti, que le profit qu'il en pouvait tirer en l'abandonnant.

Le duc de Mercœur ayant été le dernier à faire sa paix, et étant abandonné de M. du Maine, et de tous les autres chefs du parti de l'Union, fut obligé de le faire honteusement et précipitamment, sans y faire comprendre les capitaines de son parti que d'une manière générale, de sorte que le seigneur de Goulaine fit son traité particulier à Angers, le 13 mars 1598, qui porte que le roi lui donne une abolition générale pour lui et le seigneur du Favoüet (son frère), et tous ceux qui auraient été sous leur commandement; nomme ledit de Goulaine pour être fait chevalier du Saint-Esprit, à la première promotion, lui accorde la lieutenance de la compagnie d'hommes d'armes du duc de Vendôme, et au seigneur du Favoüet, son frère, la continuation de sa charge de capitaine des arrière-bans de Cornouailles et de Léon. En conséquence, ayant prêté serment de sa charge de lieutenant du duc de Vendôme, le 5 mai 1598, entre les mains du maréchal de Retz, il tint les montres de cette compagnie à Redon, le 5 août 1599. Le rôle porte que Gabriel de Goulaine est lieutenant; le comte de Tessé, enseigne; Charles de Cambout, baron de Ponchâteau, guidon; Hélie de Goulaine, seigneur de Landigère (c'est Laudouinière), maréchal des logis. Le rôle porte en outre les noms des cent hommes d'armes, la plupart gentilshommes de bonnes familles, parmi lesquels on remarque Henri de Gassion; le seigneur de Kerleau-Perin; Guillaume Perin, seigneur du Bois-Guérin; Louis du Cambout, seigneur de Biffay; Jean du Cambout, chevalier de Malte; Claude de Kerveno, seigneur de la Piplais; Isaac du Plessis, seigneur de Kergariou; Jean du Houx, seigneur du Couëdic; Pibon René de Keralso, seigneur de Cordelan, etc.

Gabriel de Goulaine épousa, 1.° en septembre 1577, Susanne de Bot-Louis, fille de Roland de Bot-Louis, seigneur de Crathalet, et de Jeanne Pinard, dont il n'eut point d'enfants ; 2.° au mois de septembre 1585, Marguerite de Bretagne, fille d'Odet de Bretagne, comte de Vertus, premier baron de Bretagne, seigneur d'Avaugour, baron de Goello, et de Renée de Coesme, fille de Charles, sire de Coesme, baron de Tuer et de Bonnestable, au Maine, et de Gabrielle d'Harcourt. Elle lui porta en mariage la vicomté de Saint-Nazaire, et mourut le 17 novembre 1599. Gabriel mourut en son château de Goulaine le 26 janvier 1607, laissant de son second mariage :

1.° Gabriel, dont l'article suit ;

2.° Marie de Goulaine, née le 2 septembre 1594 ; qui épousa François le Porc de la Porte, seigneur, baron de Vezins et de la Tour-Landri, en Anjou ;

3°. Charlotte de Goulaine, née le 30 juin 1596, qui épousa Jacques de la Voue du Pré, proche Montmirail, au Perche.

XVIII. Gabriel DE GOULAINE, II° du nom, né le 14 mars 1598, marquis de Goulaine, seigneur du Favouet, du Loroux, etc., fut pendant sept ans sous la curatelle de Jean de Goulaine son oncle. Etant au camp devant Montauban, en 1621, il obtint du roi, par lettres du mois d'octobre, registrées au parlement le 19 juillet 1622, l'érection de sa terre de Goulaine en marquisat, avec l'annexe de cinq autres châtellenies et neuf juridictions. Lesdites lettres portent que c'est pour de grands services rendus par ses ancêtres, auxquels il a été permis de porter moitié des armes de France et d'Angleterre. Il épousa : 1.° le 19 janvier 1613, Barbe de Ruélan, fille de Gilles de Ruélan et de Françoise Miolans ; 2.° Claude Cornulier, fille aînée de Claude Cornulier, seigneur de la Touche, général des finances de Bretagne, et sœur de messire Pierre de la Haye et de la Touche-Cornutier, président au parlement de Bretagne. De ce dernier mariage sont issus :

1.° Louis, comte de Goulaine, qui prit l'habit de jésuite à Paris, en 1654 ;

2.° Yolande de Goulaine, mariée, en 1647, avec Claude du Châtel, marquis du Châtel et de Mesle, baron d'Ancenis, vicomte de Saint-Nazaire, fils d'Omfroy du Châtel, seigneur de Mesle, et de Renée de la Marche ;

3.° Marie de Goulaine, religieuse ursuline à Nantes ;

4.° Louise de Goulaine, morte jeune ;

5.° Charlotte de Goulaine, aussi religieuse ursuline ;

6.° Anne de Goulaine, qui devint seule héritière de son frère aîné, et épousa Sébastien de Rosmadec, dont elle a eu, entre autres enfants :

a. N.... de Rosmadec, marquis de Goulaine, mort fort âgé, à Paris, en 178.... ;

b. Jeanne-Geneviève de Rosmadec, qui épousa Samuel de Goulaine, seigneur de Laudouinière.

## SECONDE BRANCHE.

### *Seigneurs de Laudouinière.*

XIII. Gilles de Goulaine, seigneur de Laudouinière, paroisse de Viellevigne, second fils de Jean de Goulaine, IVe du nom, et de Héliette de Polhoy, et frère puîné de Jean V de Goulaine, épousa Jeanne Maillard de la Maillardière. Il eut, en partage de son frère aîné, la terre de Laudouinière, par deux transactions des 6 octobre 1445 et 12 novembre 1456, confirmées par une autre de 1460. Il fut père de :

XIV. Robert DE GOULAINE, Ier du nom, seigneur de Laudouinière, qui épousa Marie d'Apelvoisin, dont est né :

XV. Robert DE GOULAINE, IIe du nom, seigneur de Laudouinière. Il épousa Françoise Ragout, dame de la Touche-Ragout, et fut père de :

XV. Jean DE GOULAINE, Ve du nom, seigneur de Laudouinière. Il épousa Hélène du Chaffaut, fille de Jean du Chaffaut et de Anne de Saint-Marsant. Il eut de ce mariage :

XVII. Jean DE GOULAINE, VIe du nom, seigneur de Laudouinière ; il épousa : 1.° le 21 janvier 1554, Barbe de Machecoul, dont il n'eut point d'enfants, fille de Jean de la Lande, dit de Machecoul, seigneur de Viellevigne, et de Françoise Châtaigner, dame de Bougon ; 2.° Françoise Gatinaire, fille du seigneur de la Preuille près

Clisson, issue de la maison de Gatinaire en Piémont. Il fut de ce second mariage :

1.° Hélie, dont l'article suit ;

2.° Enoch, seigneur de Mortier-Garnier et de la Branourdière. Il épousa Marie Amiaud, dont il eut :

a. Gabriel de Goulaine, seigneur de Mortier-Garnier, qui laissa de son mariage, contracté le 17 février 1627, avec Louise le Maître, fille de Guillaume, chevalier, seigneur de la Garelais, et de dame Madeleine de Chezilles, 1.° Louis ; 2.° Henri ; 3° Gabriel de Goulaine ; 4° N...., femme, 1° de M. Buor de la Lande, 2.° de M. Genvre de la Bouchetière ; 5° N... de Goulaine, mariée à M. de l'Espinay de la Ruffelière ;

b. David de Goulaine, qui eut de son mariage avec Suzanne de Machecoul de Saint-Etienne, 1.° Gilles, seigneur de la Touche-Gerbaud, qui épousa Judith de Clervaux, dont il eut Gabriel de Goulaine ; 2.° René de Goulaine, seigneur des Marais ;

c. René, seigneur de la Brosse, marié avec Louise de la Forêt dont, entre autres enfants : 1.° Gaspard ; 2° David ; 3.° Benjamin de Goulaine ;

d. Jean de Goulaine, seigneur de la Simounière ;

3.° Pierre, qui forme la branche de la Paclais, rapportée plus loin ;

4.° Jean, seigneur du Barbin, qui épousa N.... du Plantis de la Guyonnière, dont il eut François de Goulaine, seigneur du Chatellier, qui fut marié avec Jeanne de la Barre, qui le rendit père de : 1.° Enoch de Goulaine ; 2.° Eleazar de Goulaine. Cette branche s'éteignit en 1750 ;

5.° René, tige de la branche des seigneurs des Mesliers, rapportée en son rang ;

6.° Anne de Goulaine.

XVIII. Hélie DE GOULAINE, seigneur de Laudouinière, épousa Olympe Garreau, de la maison de la Drolivière, près Saint-Fulgent, et fut père de :

1.° Samuel, dont l'article suit ;

2.° Hélie de Goulaine, seigneur du Fief.

XIX. Samuel DE GOULAINE, seigneur de Laudouinière, qui épousa Charlotte Merveilland de Laudouinière de Courlay. De ce mariage vint :

XX. François DE GOULAINE, Ier du nom, seigneur de Laudouinière et du Châtenai, qui parut comme nominateur à la tutelle des enfants de Benjamin de Goulaine, seigneur de la Sauvagère et de la Paclais, et de Renée du Tertre. Il fut père de :

XXI. Louis-Samuel DE GOULAINE, seigneur de Laudouinière, qui épousa : 1.° Geneviève de Rosmadec; 2.° Marguerite-Françoise-Jacques de Chiré. Ses enfants furent :

*Du premier lit :*

1.° N.... de Goulaine, mort jeune ;
2.° Marie-Yolande-Armande-Marguerite de Goulaine, mariée, 1.° à M. de Bruc ; 2.° à M. de Baillache ;

*Du second lit:*

3.° Charles-Jacques, dont l'article suit ;
4.° Charlotte-Polixène de Goulaine, femme de Henri Gédéon de Bouis de Mesneuf, morte sans enfants ;
5.° Anne de Goulaine, mariée à messire Esprit-Baudri-d'Asson, seigneur de Loudelière ;
6.° Yolande de Goulaine, mariée avec M. Jouslard-d'Airon, de Poitiers, morte sans enfants.

XXII. Charles-Jacques DE GOULAINE, seigneur de Laudouinière, épousa N.... Dubois de la Ferronnière, dont il a eu :

1.° Charles-Emmanuel de Goulaine, page de Louis XVI, seigneur de Laudouinière, mort à Quiberon, sans postérité de demoiselle Tardyeu de Mallassye, sa femme ;
2.° François, dont l'article suit ;
3.° Henri de Goulaine, mort à Quiberon ;
4.° N.... de Goulaine, religieuse à Sainte-Elisabeth, à Nantes ;
5.° Yolande de Goulaine, mariée avec M. d'Espinasseau, dont elle a laissé des enfants.

XXIII. François de GOULAINE, IIe du nom, épousa

Hortense Bréthé, dame de la Guibretière. Ses enfants sont :

1.° Alphonse, dont l'article suit ;

2.° Joséphine de Goulaine, épouse de M^r. Clément Moraud de Callàc.

XXIV. Alphonse DE GOULAINE, est garde-du-corps du roi en 1815.

TROISIÈME BRANCHE.

*Seigneurs de la Paclais.*

XVIII. Pierre DE GOULAINE, seigneur de la Herprie, troisième fils de Jean VI et de Françoise Gatinaire, épousa Anne Giraud, dame de la Paclais; et fut père de :

1.° Samuel de Goulaine;

2.° Charles de Goulaine ;

3.° Benjamain, dont l'article suit.

XIX. Benjamin DE GOULAINE, seigneur de la Sauvagère et de la Paclais, épousa Renée du Tertre, fille de René du Tertre, seigneur de la Paclais et du Bignon, et de Renée Giraud. Il fut père de :

1.° Paul-Alexandre de Goulaine, mort sans postérité ;

2.° Samuel de Goulaine, qui suit ;

3.° Benjamin de Goulaine ;

4.° Anne de Goulaine ;

5.° Charlotte de Goulaine, qui épousa N..... Bouhier de la Brejolière.

XX. Samuel DE GOULAINE, seigneur de la Paclais, épousa Jeanne Françoise de Goulaine sa cousine, de la branche des Mesliers, fille et héritière de René de Goulaine, seigneur des Mesliers, et de Jeanne de Mai, dame de la Garde. Il eut de ce mariage :

1.° Louis, seigneur de la Paclais, qui n'eut qu'une fille de son mariage avec Jeanne-Françoise de Rieux de la Joliverie, nommée Jeanne-Ursule de Goulaine, dame de la Paclais, des Mesliers et de la Garde, mariée au mois de mai 1752, à Louis-Richard de Régon, seigneur de la Rauconnière, du Simon, etc., dont sont issus : 1.° Louis-Benigne-Jean de Régon, 2.° Ursule - Susanne - Véronique de Régon, mariée à Augustin-Joseph de la Roche Saint-André ;

2.° Alexandre, dont l'article suit ;

3.° Jeanne de Goulaine, épouse de M...... de Tingui de la Nolière, morte sans enfants ;

4.° Ursule de Goulaine, épouse de M...... de Tingui, frère de M. de la Nolière, morte sans enfants;

5.° Susanne-Aimée de Goulaine, morte au couvent de Montaigu en 1774.

XXI. Alexandre DE GOULAINE, épousa dame N.... Chevalier du Boischevalier, dont est issu :

XXII. Charles-Benjamin DE GOULAINE, seigneur de la Grange Barbâtre, qui a épousé dame N... Colin de la Biochaye, vivants en 1815.

## QUATRIÈME BRANCHE.

### *Seigneurs des Mesliers.*

XVIII. René DE GOULAINE, seigneur de la Ville-du-Bois, cinquième fils de Jean VI et de Françoise Gatinaire, épousa Jeanne Minaud, dame des Mesliers, fille de Pierre Minaud, seigneur des Mesliers et de la Groslière, et de Renée Chataigner, dont sont issus :

1.° David de Goulaine, qui suit ;

2.° Enoch de Goulaine ;

3.° Charles de Goulaine ;

4.° Alexandre de Goulaine ;

5.° René de Goulaine ;

6.° Et plusieurs filles.

XIX. David DE GOULAINE, seigneur des Mesliers et de la Ville-du-Bois, épousa Madeleine Bidé. Ils eurent pour enfants :

XX. René DE GOULAINE, II° du nom, seigneur des Mesliers, qui épousa Jeanne de Mai, qui, après la mort de son mari René de Goulaine, se remaria en secondes noces avec Philippe Tingui, seigneur de la Garde, lequel étant mort sans enfants, elle eut pour ses reprises la terre de la Garde près Rocheservierre, qu'elle porta à ses enfants du premier lit, qui furent :

1.° Jeanne-Françoise de Goulaine, dame des Mesliers, qui épousa Samuel de Goulaine, seigneur de la Paclais, fils de Benjamin de Goulaine, seigneur de la Sauvagère et de la Paclais, et de Renée du Tertre;

2.° Jeanne-Aimée de Goulaine, dame de la Garde, morte sans enfants : 1.° de Balda Bejarry, seigneur de la Grignonière ; 2.° de N . . . Brethé, seigneur de la Guibretière.

« *Armes :* mi-parti, au 1 d'Angleterre, qui est de » gueules, à trois léopards l'un sur l'autre d'or ; au 2 de » France, qui est d'azur, à trois fleurs de lys d'or. L'écu » timbré d'un casque tarré de front, sommé d'une cou- » ronne à hauts fleurons d'or ; cimier, une aigle issante » de sable ; supports, deux aigles du même. Devise : » *A cetuy-ci, à cetuy-là, j'accorde les couronnes.* »

---

GAUDRION (de), famille ancienne, originaire de Bretagne, où elle réside encore de nos jours.

Jacques de Gaudrion, sieur du Poullamon et du Monteau, fut maintenu en la qualité de noble par réformation générale de Berri, en l'an 1559.

Louis de Gaudrion, sieur du Monteau et du Chaillon, épousa, en 1553, Marie le Forestier, fille de Roland le Forestier, sieur de Coubleaux.

Jean de Gaudrion, sieur du Chaillon et de Faverolles, épousa, 1.° en 1610, Madeleine du Hallot, fille de Jean du Hallot, sieur d'Ormeville ; 2.° en 1621, Hélène de Champ, fille de Jean de Champ, sieur de Bonrignes, et d'Esther d'Alonville. Du second lit vint :

Jacques de Gaudrion, sieur de Faverolles, épousa, en l'an 1654 Marguerite de Saint-Meleuc, dame de Saint-Germain. De ce mariage sont issus :

1.° Malo-Pelage de Gaudrion ;
2.° François-Georges de Gaudrion, dont l'article suit ;
3.° Jacques de Gaudrion.

François-Georges de Gaudrion, écuyer, eut pour fils :

Jean-Alexis-Prosper de Gaudrion, né le 10 janvier 1699, qui épousa Judith-Madeleine de Couaspelle, de laquelle il eut :

Jean-Julien-Judith de Gaudrion, né en 1739, ancien officier de dragons, qui émigra en 1791, et fit la campagne de 1792 avec ses trois fils aînés. Il épousa damoiselle Mathurine-Françoise de Saint-Pair, de laquelle il eut :

1.° Jean-Malo de Gaudrion, émigré en 1791, et mort à l'armée des princes ;
2.° Victor-Pierre-Jean, dont l'article suit ;
3.° Louis-François, émigré en 1791, mort en Angleterre ;
4.° Ferdinand, chef de bataillon, sous-directeur d'artillerie, chevalier de l'ordre royal et militaire de Saint-Louis; il a émigré en 1791, fait les campagnes de 1792, et a servi en Angleterre jusqu'en 1814, rentré avec Sa Majesté la même année, et a fait la campagne de Gand comme maréchal-des-logis d'artillerie des gardes du corps ;
5.° Henri de Gaudrion, mort en Angleterre ;
6.° Maclovie de Gaudrion.

Victor-Pierre-Jean de Gaudrion, est né le 29 juin 1771, et baptisé dans l'église de Plouer.

*Armes :* « D'or, au chevron d'azur, accompagné de » six coquilles du même, trois en chef et trois mal- » ordonnées en pointe. »

---

COLAS, famille établie à Orléans dès le quatorzième siècle; des emplois honorables, des services importants rendus à nos rois et à l'état, lui assurent la considération de ses concitoyens, dont elle a toujours joui. Sans chercher son origine dans des temps obscurs, on ne remontera pas plus haut que Nicolas Colas, qui suit :

I. Nicoles ou Nicolas Colas, chef de cette famille, naquit à Paris, et vint s'établir à Orléans. Il fut conseiller de monseigneur Philippe de France, duc d'Orléans. Il vivait en 1360, et 1370 et possédait plusieurs terres et seigneuries dans la Beauce. Le nom de son épouse est inconnu. Il eut pour fils :

II. Jean Colas fut, comme son père, conseiller de monseigneur le duc d'Orléans. L'an 1380, il épousa Jeanne de Marolles, fille aînée et principale héritière de Philippe de Marolles, écuyer, seigneur du lieu de Marolles, paroisse de Traucrainville, en Beauce, comme le prouve un aveu rendu par le dit Philippe de Marolles au seigneur du Puiset. Le samedi, 25 juin 1389, Jean Colas fournit aveu au duc d'Orléans, pour les terres qu'il possédait mouvantes en plein fief de la tour et châtellenie de Janville. Il mourut en 1410 ; ses enfants furent :

1.° Jean Colas, qui continue la postérité ;
2.° Pierre Colas, tige de la branche des seigneurs d'Orme et de Pontournois ;
3.° Jeanne Colas, épouse de Jacques Pasté, suivant des titres de 1442. Elle vivait encore en 1488, et était plus qu'octogénaire.

III. Jean Colas, IIe du nom, seigneur de Marolles, conseiller au parlement de Paris, dès l'an 1436, épousa Marie de la Salle, de laquelle il eut les enfants qui suivent :

1.° Colin, ou Nicolas Colas, qui continue la postérité ;
2.° Gilles Colas, chef de la branche retirée à Montélimart ;
3.° Claude Colas ;
4.° Isabeau Colas, dame de Marolles, laquelle épousa N. de Ligneret, écuyer.

IV. Colin, ou Nicolas Colas, IIe du nom, seigneur de La Borde, des fiefs d'Andeglon et des Francs, échevin de la ville d'Orléans, en 1479 et 1480, épousa Marguerite Laurens, fille d'Hervé Laurens, seigneur des Francs, et de Marie Boilleve. Il eut de ce mariage :

1.° Jean Colas, échevin en 1501 et 1502, qui épousa Madelaine L'Huillier, de laquelle il n'eut point d'enfants mâles ;
2.° François Colas, qui continue la postérité ;
3.° Louis Colas, échevin en 1519 et 1520 : il avait épousé, avant 1500, Marie le Berruyer, fille de Pierre le Berruyer, écuyer, seigneur de la Corbillière, et de Claudine Hilaire. Louis Colas épousa

en secondes noces, et avant 1509, Marie Ogier, fille de Pierre Ogier, et de Marguerite Nuyart ; il décéda sans laisser d'enfants de l'un et de l'autre mariages ;

4.° Jacquette Colas, qui épousa, en 1480, Guillaume Levassor ;

5.° Marie Colas, qui épousa, en 1488, Jean Guyot ;

6.° Hervette, ou Henriette Colas, mariée à Guyon Ogier ;

7.° Marguerite Colas, femme de Guillaume de Brie, seigneur des Bordes.

V. François Colas, seigneur de la Borde, des Francs et de Poinville, fut échevin en 1503, 1504, 1511, 1512, 1521, 1522, 1531 et 1532. Il avait épousé, par contrat reçu le 21 janvier 1511, par Philippe Caperon, notaire au châtelet d'Orléans, Madelaine Bourgoing, fille de Michel Bourgoing, écuyer, seigneur de Coucire, et d'Anne le Maire. François Colas décéda avant son épouse, laissant un fils unique qui continue la postérité.

VI. François Colas, IIe du nom, seigneur des Francs, de Poinville, de la Borde, de Malmusse, de Jouy, de Senneville et autres lieux, fut l'un des citoyens les plus estimables de la ville d'Orléans ; et sa mémoire sera toujours précieuse à quiconque saura conserver un cœur français. Le respect, l'amour, la fidélité pour ses souverains, furent les vertus qui le caractérisèrent. Il sut, en les inspirant à ses concitoyens, dissiper les troubles, réprimer les factions, et maintenir l'autorité royale dans une ville qui lui avait fait l'honneur de le choisir pour la gouverner. Echevin dans les années 1543, 1544, 1553, 1554, 1559, 1560, 1567 et 1568 ; maire en 1575, 1580 et 1581 ; il mérita dans ces différentes places, par ses talents supérieurs, et par l'excellent usage qu'il en fit, l'estime de ses rois, l'amour et la confiance des citoyens. Charles IV lui faisait l'honneur de l'appeler son père. Non moins utile à Henri III, il en reçut des lettres pleines de bonté, qui sont la preuve de ses services. Henri IV, dans une lettre qu'il adressait à Michel Colas, fait l'éloge de son père, François Colas ; on peut voir dans *Lemaire* jusqu'où allait le dévoûment des Orléanais pour leur vertueux compatriote, et quelle réputation il s'était acquise.

Dès l'an 1530, par contrat du 16 juillet, reçu par Provenchère, notaire au châtelet d'Orléans, François Colas avait épousé Jeanne Durant, fille de François Durant, écuyer, seigneur du Bignon, et de Jeanne de la Saussaye. Il mourut dans un âge très-avancé, le 26 octobre 1598, et fut inhumé dans l'église de Saint-Paul, sa paroisse, sépulture de ses pères, dit M. *de Challudet*, en l'aile dite de Saint-Michel, derrière l'œuvre : c'est encore celle de ses descendants. Il avait eu de son mariage, les huit enfants qui suivent :

1.° Robert Colas, qui continue la postérité;
2.° Michel Colas, chef de la branche des Colas de la Borde;
3.° François Colas, chef de la branche des Colas de Marolles, d'Anjouan et de Rocheplatte;
4.° Claude Colas, chef de la branche des Colas de Malmusse;
5.° Jacques Colas, chef de la branche des Colas de Jouy;
6.° Gilles Colas, chef de la branche des Colas de Jenneville;
7.° Anne Colas, laquelle épousa, le 30 mars 1559, Jean Lemaire, seigneur des Muids et d'Erdeville;
8.° Marguerite Colas, épouse de Mathieu Buyer, conseiller du roi, auditeur de sa chambre des comptes de Paris.

VII. Robert Colas, seigneur de Chanterenne, épousa, par contrat du 6 mars 1563, reçu par Langlois, notaire au châtelet d'Orléans, Anne Martin, fille de Christophe Martin, écuyer, seigneur de Villeneuve, et d'Anne Compaing. Robert Colas décéda avant son père, laissant de son mariage :

1.° François Colas, décédé le 26 octobre 1598, les mêmes jour et an que son aïeul;
2.° Mathurin Colas, qui continue la postérité;
3.° Robert Colas, chef de la branche des Colas de Mondru;
4.° Anne Colas, épouse de Jean Lambert.

VIII. Mathurin Colas, seigneur des Francs, épousa, le 16 avril 1600, Michelle le Masne. Elle survécut à son mari, et épousa en secondes noces, Jean Cardivet, seigneur du Grand-Mornay. Mathurin Colas avait eu de son mariage :

1.° Mathurin Colas, décédé en 1628, sans avoir formé d'alliance ;

2.° Robert Colas, qui continue la postérité.

IX. Robert Colas, IIe du nom, seigneur des Francs, épousa, le 10 juin 1629, par contrat reçu par Lasne, notaire au châtelet d'Orléans, Françoise Guignace, fille de Michel Guignace, et de Marie de la Guelle. Leurs enfants furent :

1.° Pierre Colas, seigneur des Francs, qui épousa Anne Boudet ; il décéda le 16 février 1686, laissant de son mariage deux filles. L'aînée, Marie Colas, épousa le 19 septembre 1688, Nicolas le Normant. La cadette, Anne Colas, religieuse au monastère de la Madeleine-lès-Orléans ;

2.° Robert Colas, prêtre de la Congrégation de l'oratoire, décédé en la maison de Montmorency, le 24 novembre 1711 ;

3.° Jacques Colas, qui continue la postérité ;

4.° Marie Colas, laquelle a épousé, le 10 janvier 1650, Michel Humery ;

5.° Françoise Colas, laquelle épousa, le 23 octobre 1656, Jacques Péteau ;

6.° Anne Colas, décédée sans avoir contracté d'alliance.

X. Jacques Colas, seigneur des Francs, échevin de la ville d'Orléans en 1693 et 1694, maire en 1695 et 1696, avait épousé, par contrat du 10 janvier 1661, reçu par Vaillant, notaire au châtelet d'Orléans, Catherine de Saint-Mesmin, fille de Louis de Saint-Mesmin, et de Claude Thias. Jacques Colas décéda le 18 juillet 1698, et fut inhumé le lendemain en l'église de Saint-Paul. Catherine de Saint-Mesmin décéda le 26 septembre 1724, et fut inhumée le 27, en la même église. De leur mariage naquirent :

1.° Louis Colas, prêtre, chanoine de l'église royale de Saint-Aignan d'Orléans, décédé le 29 juin 1731 ;

2.° Jacques Colas, décédé en bas âge ;

3.° Robert Colas, qui continue la postérité ;

4.° Jacques Colas, chef de la branche des Colas de Brouville ;

5.° Anne Colas, qui épousa, par contrat du 1er avril 1687, reçu par Maugas, notaire au châtelet d'Orléans, François Sarrebourse, gentilhomme ordinaire de la grande fauconnerie ;

6.° Catherine Colas, qui épousa, par contrat du 5 avril 1693, reçu par Nicolas le Normant, notaire au châtelet d'Orléans, Laurent Hazard ;

7.° Thérèse Colas, qui épousa, par contrat du 19 janvier 1698, François Hazon ;

8.° Madelaine Colas, qui épousa, par contrat du 18 mai 1702, reçu par Guindel, notaire au châtelet d'Orléans, Pierre Jogues ;

9.° Claude Colas, décédée sans alliance.

XI. Robert Colas, IIIe du nom, seigneur du Puchesse, épousa, par contrat du 9 septembre 1693, reçu par Brimbœuf, notaire au châtelet d'Orléans, Claude-Madelaine Foucault, fille d'Eusèbe Foucault, et de Marie Blanchard. Robert Colas fut échevin de la ville d'Orléans, en 1719 et 1720, et décéda en 1724 ; il fut inhumé, le 8 mars, en l'église de Saint-Paul. Claude-Madelaine Foucault est décédée le 30 janvier 1757, et a été inhumée en la même église. De leur mariage sont nés :

1.° Robert Colas, qui continue la postérité ;

2.° François Colas, chef de la branche des Colas des Francs ;

3.° Jean-Baptiste Colas, décédé le 13 décembre 1778, sans avoir contracté d'alliance ;

4.° Pierre Colas, décédé sans avoir contracté d'alliance ;

5.° Claude-Marie-Madelaine Colas, laquelle épousa, par contrat du 16 août 1714, reçu par Boucher, notaire au châtelet d'Orléans, Pierre Sinson, écuyer, sieur de Sevestreville. Elle est décédée le 24 mars 1776 ;

6.° Catherine Colas, laquelle a épousé, par contrat du 27 octobre 1721, reçu par Boucher, notaire au châtelet d'Orléans, Charles Boyetet, écuyer, maréchal des logis du roi. Elle est décédée le 15 juillet 1780 ;

7.° Maire-Madelaine Colas, laquelle a épousé, par contrat du 23 novembre 1721, reçu par Boucher, notaire au châtelet d'Orléans, Gabriel Baguenault, écuyer, seigneur de Puchesse. Elle est décédée en sa terre de Puchesse, et a été inhumée en l'église paroissiale dudit lieu;

8.° Elisabeth Colas, laquelle a épousé, par contrat reçu par Boucher, notaire au châtelet d'Orléans, le 26 janvier 1725, Jacques Levassor, écuyer, seigneur de Frouville. Elle est décédée au commencement de l'année 1726;

9.° Marie Colas, qui a obtenu le 9 novembre 1776, jugement contradictoire de M. de Cypierre, intendant de la généralité d'Orléans, commissaire de cette partie, portant décharge du droit de francs-fiefs, à elle demandé par contrainte du 21 juin précédent. Marie Colas était sans alliance en 1784, âgée de 79 ans.

XII. Robert Colas, IVe du nom, a épousé avec dispense, et par contrat du 18 septembre 1724, reçu par Boucher, notaire au châtelet d'Orléans, Elisabeth Colas de Brouville, sa cousine germaine, fille de Jacques Colas de Brouville, seigneur de Lumeau, en Beauce, et d'Elisabeth Vaudebergue. Robert Colas a été échevin en 1751, 1752 et 1753; maire en 1760, 1761 et 1762. Il est décédé le 18 mars 1780. Elisabeth Colas de Brouville est décédée le 15 juillet 1796. De leur mariage sont nés les enfants qui suivent:

1.° Robert-Jacques-Eusèbe Colas, décédé en bas âge;

2.° Adrien-Pierre-Gabriel Colas, décédé en bas âge;

3.° Jean-Pascal Colas, décédé en bas âge;

4.° Louis Colas, qui continue la postérité;

5.° Alexandre-Charles-Michel Colas, décédé en bas âge;

6.° Elisabeth Colas, laquelle a épousé, par contrat du 13 février 1748, reçu par Prévost, notaire au châtelet d'Orléans, Claude Guillaume Boillève. Elisabeth Colas, est décédée le 25 mai 1775;

7.° Claude Colas, décédée en bas âge;

8.° Thérèse-Félix Colas, laquelle a épousé, par contrat reçu par Prévost, notaire au châtelet d'Orléans, Joseph-Jacques Tassin, écuyer;

9.° Marie-Claude Colas, laquelle a épousé, par contrat du 2 juin 1755, reçu par Prévost, notaire au châtelet d'Orléans, Aignan-Joseph Isambert;

10.° Louise Colas, décédée en bas âge;

11.° Olympe-Rosalie Colas, laquelle a épousé, par contrat du 17 janvier 1763, reçu par Prévost, notaire à Orléans, Remi Boucher;

12.° Victoire Colas, décédée en bas âge.

XIII. Louis Colas, a épousé, en premières noces, par contrat du 7 janvier 1760, reçu par Bordier, notaire au châtelet d'Orléans, Madeleine-Claude Germon, fille de Louis-Antoine Germon, et de Marie-Madeleine Seurrat. Madeleine-Claude Germon est décédée le 6 novembre 1764.

En secondes noces, par contrat du 20 janvier 1766, reçu par Pisseau, notaire au châtelet d'Orléans, Louis Colas a épousé Marie-Louise-Charlotte d'Archambault, fille de Louis-Charles-Alexandre d'Archambault, chevalier, l'un des chevau-légers de la garde du roi, et de Marie Françoise de Selve. Ses enfants furent:

*Du premier lit :*

1.° Robert Colas, qui a épousé, en premières noces, par contrat du 28 août 1786, reçu par Cabart, notaire à Orléans, Catherine-Solange Miron, fille de François Miron, et de Catherine Marcaudier. Catherine-Solange Miron est décédée à Paris, rue Notre-Dame-des-Victoires, le 8 avril 1795.

En secondes noces, par contrat du 7 août 1799, reçu par Cabart, notaire à Orléans, Robert Colas a épousé Adélaïde Barbot, fille de Denis-Charles Barbot, écuyer, et de Marguerite Hudault.

*Enfants du premier lit :*

a. Robert Colas, décédé en bas âge;
b. Aignan Colas, décédé en bas âge;
c. Philippine Colas, née le 11 août 1787, qui a

épousé, par contrat du 27 décembre 1809, reçu par Néron, notaire à Orléans, François-Honorat Savard, fils de François-Honorat Savard, et de Rose-Marguerite Couislard ;

b. Agathe Colas, décédée en bas âge ;

e. Félicité Colas, née le 25 novembre 1793 ;

*Enfants du second lit :*

f. Adélaïde Colas, décédée en bas âge ;

g. Louise Colas, née le 19 juillet 1802 ;

h. Elisabeth - Philippine Colas, née le 29 avril 1806 ;

2.° Robert-Louis Colas, qui continue la postérité ;

3.° Madeleine Colas, décédée en bas âge ;

*Du second lit :*

4.° Adélaïde-Marie Colas, décédée sans avoir contracté d'alliance.

XIV. Robert-Louis Colas, né le 16 février 1762, a épousé, par contrat du 24 juillet 1786, reçu par Drufin, notaire au châtelet d'Orléans, Françoise-Eléonore Morand, fille de Pierre-Paul Morand, et d'André-Jacques-Eléonore Foucher. De ce mariage sont nés :

1.° Paul - Etienne-Robert Colas, qui continue la postérité ;

2.° Edouard Colas, né le 2 juin 1795 ;

3.° Athanase Colas, né le 1er mai 1798 ;

4.° Hélène Colas, née le 24 juin 1789 ;

5.° Julie-Sophie Colas, née le 29 juin 1792.

XV. Paul-Etienne-Robert Colas, fils aîné de Robert-Louis Colas, né le 29 janvier 1788, a épousé, par contrat du 21 septembre 1713, reçu par Cabart, notaire à Orléans, Eugénie-Marie-Madeleine Raguenet, fille d'Aubin Raguenet, et de Marie-Madeleine de Laâge. De leur mariage sont issus :

1.° Eugénie-Marie-Madeleine Colas, née le 23 août 1814 ;

2.° Robert-Marie-Louis, né en octobre 1815.

*Branche des Colas d'Orme et de Pontournoi.*

III. Pierre Colas, second fils de Jean Colas, et de Jeanne de Marolles, vivait l'an 1450; il se maria, et eut les enfants, qui suivent :

1.° Jean Colas, qui vivait en 1478; il épousa Catherine Dangeau, et eut :

a. Jean Colas, qui épousa, par contrat du 20 avril 1489, Marion Marie. Ils n'ont point laissé d'enfants ;

b. Pierre Colas, décédé en 1488 ;

c. Jeanne Colas, épouse de Pierre Compain, avant l'an 1487 ;

d. Marion Colas, laquelle épousa, la même année, Jean Blandin. Elle vivait en 1508 ;

2.° Pierre Colas, seigneur de la Dixme sur le lieu de la Trasne, paroisse de Poilly, près Beaugency, en 1487. La même année, il acheta la terre d'Orme, près Pluviers-le-Vieil, et fut aussi seigneur de Pontournoi, en ladite paroisse. Echevin de la ville d'Orléans en 1495 et 1496. Il épousa Perrette Lamyrault, fille de Jean Lamyrault, seigneur de la Touche, et de Catherine Hue. Il vivait en 1508 et 1530 ; il eut pour enfants :

a. Catherine Colas, dame d'Orme, épouse de Claude de Sanscère, seigneur de Rosières : elle était veuve en 1536, année dans laquelle elle partagea avec sa sœur cadette, les biens délaissés par leur père ;

b. Marie Colas, dame de Pontournoi, épouse de Jacques-Martin, seigneur de Villeneuve, et veuve en 1536, temps où elle partagea avec sa sœur aînée, les biens de leur père.

3.° Guillaume Colas, nommé dans un acte de 1477, et dans un autre de 1487. Il eut pour épouse Marguerite Lamyrault, fille de Jean Lamyrault, seigneur de la Touche, et de Catherine Hue ; Marguerite était sœur de Perrette Lamyrault, épouse de Pierre Colas, seigneur d'Orme et de Pontournoi ; de leur mariage naquit une fille unique : Catherine Colas, épouse de Jacques Cormereau.

4.° Louis-Colas, sous-chantre de l'église collégiale de Saint-Siphard de Meung en 1487, chanoine de l'église d'Orléans en 1488, décédé en 1502 ;

5.° Catherine Colas, épouse de Colas Mocquet, échevin de la ville d'Orléans en 1467 et 1468 ; l'un et l'autre étaient décédés avant 1508.

*Branche des Colas retirés à Montélimart.*

IV. Gilles Colas, second fils de Jean Colas, seigneur de Marolles, conseiller au parlement de Paris, et de Marie de la Salle, étudia en l'université d'Orléans ; se retira à Montélimart, s'y maria, et eut les enfants qui suivent :

1.° Gilles Colas, décédé sans postérité ;

2.° Claude Colas, qui continue cette branche ;

3.° François Colas, mort ainsi que son frère, sans postérité.

V. Claude Colas, vice-sénéchal de Montélimart, et l'un des citoyens les plus distingués de cette ville, eut pour enfants :

1.° Jean Colas, vice-sénéchal de Montélimart, gouverneur, et ensuite comte de la Fère en Picardie ; il fut dans sa jeunesse disciple de Cujas. L'usage qu'il sut faire de ses talents, sous ce maître célèbre, lui mérita la place de recteur de l'université de Valence. Il accompagna Jean de Montluc, évêque de la même ville, en son ambassade en Pologne. A son retour il s'unit au duc de Mayenne, qui dans la suite lui confia le gouvernement de la Fère pour la Ligue. Le roi d'Espagne connut la valeur et l'expérience du gouverneur ; et profitant, pour se l'attacher, des mécontentements qu'il avait reçus du duc de Mayenne, il lui donna en propriété le comté de la Fère, avec dix mille écus de pension, qu'il devait lui continuer, jusqu'à ce qu'il l'eût rendu paisible possesseur du comté de la Fère et de celui de Marle. Henri IV avait déja fait proposer à Jean Colas de rentrer au service de la France, lui laissant la Fère, et ajoutant à ce don des avantages supérieurs à ceux qu'il pouvait se promettre de la cour d'Espagne. Le vice-sénéchal, quoiqu'infiniment sensible aux offres de son souverain, crut devoir les refuser, et consacrer le reste de ses jours anx intérêts du monarque espagnol. On doir le blâmer de n'avoir pas écouté, dans cette circonstance, la voix du devoir et de la patrie; mais l'erreur qui le séduisit, fut peut-être moins la sienne, que celle de son siècle. Henri-le-Grand s'étant rendu maître de la Fère, après un siége de six mois, accorda à Colas la capitulation la plus honorable. En 1598, Jean Colas accompagna l'archiduc Albert, qui allait épouser l'infante d'Espagne. Après avoir rempli les premières places de l'état en Flandres, et donné les plus grandes preuves de valeur, il fut blessé à la bataille de Nieuport, en 1600, et mourut à Ostende, où il avait été transporté. Il avait épousé Antoinette, d'Angennes, de laquelle il eut un fils, qui mourut avant lui. Antoinette d'Angennes avait épousé, en premières noces, Jean de Morais, chevalier, seigneur de Jaudrais; en secondes noces, François, seigneur du Plessier; ce fut en troisièmes noces qu'elle épousa Jean Colas. Elle était, lorsqu'elle mourut, dame d'honneur de l'infante Isabelle, épouse de l'archiduc Albert;

2.° Jacques Colas, qui continue la postérité;

3.° Jeanne Colas, épouse de N..., baron de Chalost-l'Argentière, en Vivarais;

4.° Marie Colas, épouse de N..., conseiller au parlement de Grenoble.

VI. Jacques Colas, second fils de Claude Colas, vice-sénéchal de Montélimart et frère-puîné du comte de la Fère, fut sept fois premier consul de la ville de Montélimart. Il eut, entr'autres enfants, les deux qui suivent:

1.° Jacques-Colas, comte de la Fère, après la mort

de son oncle, qui l'avait élevé; ce fut aussi par son crédit qu'il obtint successivement les grades de commissaire général, et de mestre-de-camp de cavalerie, en Flandres;

2.° Jean Colas mestre- de-camp de cavalerie, qui jouit, avec son frère aîné, de la pension accordée à leur oncle, par sa majesté catholique (1).

*Branche des Colas de la Borde.*

VII. Michel COLAS seigneur de la Borde, second fils de François Colas, IIe du nom, seigneur des Francs, de Poinville, de la Borde, de Malmusse, de Jouy, de Senneville, et autres lieux, et de Jeanne Durant, fut échevin de la ville d'Orléans en 1584 et 1585. Aussi accrédité que zélé pour le bien de l'état, il jouit, comme son père, de l'estime et de la confiance de nos rois Les lettres que Henri III et Henri IV lui firent l'honneur de lui adresser, prouvent son attachement à leurs personnes, et sa fidélité à leur service. L'an 1570, le 10 septembre par contrat reçu par Vivien, notaire au châtelet d'Or-

---

(1) L'on n'a pu, jusqu'en 1788, être instruit de la postérité des Colas de Montélimart ni de celle des Comtes de la Fère. M. de Challudet, qui écrivait en 1646, assure qu'il y avait pour lors à Montélimart des Colas qui y occupaient les premières places et jouissaient de la plus grande considération.

L'auteur des preuves pour François-Félix du Plessis-Châtillon-Saint-Hilaire, vient à l'appui de cette assertion, et ce sera d'après lui que nous allons indiquer deux démoiselles Colas, en faisant connaître les alliances qu'elles ont contractées.

Quant aux comtes de la Fère, M. de Challudet nous les laisse entièrement ignorer; ce qui nous porte à croire que les neveux de Jean Colas n'ont point contracté d'alliance ou que leur postérité s'est bientôt éteinte.

Françoise Colas, fille d'Antoine Colas, président au parlement d'Orange, avait épousé Louis de Langes, seigneur de Montaivail, doyen des conseillers du même parlement, qui testa le 21 février 1619.

Constance Colas, fille de Jean-Louis Colas, qui testa le 13..... 1686, et de Marie Lataud, épousa, par contrat reçu par André, notaire à Montélimart, le 18 juin 1678, Jean d'Urre-Bretin, seigneur de Pavis, Guimiane, Saint-Nazaire, marquis de Montanèque en Diois, et gouverneur du Pont-Saint-Esprit, d'une maison très-ancienne, qui tire son nom de la terre d'Urre, située au diocèse de Valence, qu'elle possédait avant le douzième siècle.

léans, il épousa Rose Hue, dame de Champgrand, fille d'Antoine Hue, écuyer, seigneur de Secourai et de la Brosse, et d'Anne Aubry. L'an 1577, le 17 février, Michel Colas épousa, en secondes noces, Marguerite Lhuillier, fille de Jacques Lhuillier-le-Milloin, écuyer, seigneur de la Frauville, et de Léonarde Touchet. Michel Colas mourut fort âgé, et fut inhumé en l'église de Saint-Paul. Ses enfants furent :

*Du premier lit :*

1.° Michel Colas, qui continue la postérité ;
2.° Noël Colas, qui décédaen bas âge ;

*Du second lit :*

3.° François Colas, qui embrassa l'état ecclésiastique, fut pourvu d'un canonicat de l'église de Chartres, et mourut encore jeune ;
4.° Gilles, décédé à l'âge de quinze ans ;
5.° Marguerite Colas, laquelle épousa, le 18 août 1596, Claude Pineau, écuyer ;
6.° Marie Colas, laquelle épousa Toussaint Rousseau, écuyer, seigneur d'Imonvilliers. Elle était décédée en 1627 ;
7.° Anne Colas, épouse de Jacques du Coing, écuyer, seigneur dudit lieu du Coing.

VIII. Michel Colas, II$^{e}$ du nom, seigneur de Champgrand, de Sepuis, et de la Borde, entra dans le service dès son bas âge, fut commissaire ordinaire des guerres, et échevin de la ville d'Orléans en 1613 et 1614. Il ne fut jamais homme plus aimé dans sa patrie, dit M. *de Challudet*, et qui mérita mieux de l'être. Bon, affable, libéral, ses soins et ses aumônes lui acquirent la précieuse dénomination de père des pauvres. L'an 1600, il épousa Madeleine le Rebours, dame de Pormoraut et du Bic, fille unique de Germain le Rebours, écuyer seigneur de Morfontaine, de Villiers, de Chaussy, de la Leu, du Bic, etc., et de Madeleine Brachet.

Michel Colas, ayant justifié de sa noblesse de race, obtint, par sentence rendue le 13 novembre 1640, par les commissaires subdélégués de messieurs les commissaires-généraux nommés par le roi, pour l'exécution de sa déclaration du dernier février même année, main-levée des saisies et arrêt, faits sur ses terres, pour droit de francs-fiefs. Il mourut le 27 août 1645, âgé de soixante-quatorze ans, et voulut être enterré en l'église de Saint-Pierre-Ensentelée de la ville d'Orléans. Il eut pour enfants :

1.° Michel Colas, mort jeune;

2.° Claude Colas, volontaire dans l'armée d'Italie, commandée par le connétable de Lesdiguières. Il y mourut, et fut inhumé dans la ville d'Ast;

3.° Alexandre Colas, seigneur de Pormoraut, abbé commendataire de l'abbaye de la Madeleine de Pleine-Selve. Il mourut le 17 septembre 1671, en la paroisse de Saint-Marceau d'Orléans, et fut inhumé le lendemain dans le chœur de cette église;

4.° Madeleine Colas, qui épousa, par contrat du 12 février 1613, Henri Lamyrault, écuyer, sieur de Plissay, de Marchais-Lambert, de la Saugerie, de Pierrefitte et de Lormoye. Elle partagea, le 5 mai 1646, les biens de la succession de Michel Colas, son père, et eut de son partage la terre de la Borde. Elle mourut le 21 février 1668, et fut inhumée en l'église de Saint-Paul;

5.° Anne Colas, religieuse ursuline à Paris;

6.° Rose Colas, qui épousa, par contrat du 27 novembre 1618, Charles Dijon, chevalier de l'ordre du roi, seigneur de Fluxeaux et du Rosay, exempt des gardes du corps, prévôt-général de messieurs les maréchaux de France en la province d'Orléans, et lieutenant-général des chasses du même duché; fils de Louis Dijon, écuyer, seigneur de Maresville et du Rosay, conseiller du roi, commissaire de l'artillerie de France, et premier valet de chambre de monseigneur fils de France, duc d'Anjou, et de Marie Touchard, dame du Larry. Charles Dijon décéda en 1626, en son château de Fluxeaux, près Meung-sur-Loire, et fut inhumé en l'église des Cordeliers de la même ville. Rose Colas décéda à Orléans en la paroisse de Saint-Paul, le premier avril 1675, et fut inhumée en l'église de Saint-Pierre-Ensentelée;

7.° Michelle Colas, qui entra dans la communauté des religieuses ursulines d'Orléans, y fit ses vœux, et fut supérieure en 1646;

8.° Marie Colas, décédée à 22 ans, sans avoir contracté d'alliance.

*Branche des Colas de Marolles, d'Anjouan et de Rocheplatte.*

*Colas de Marolles.*

VII. François Colas, IIIe du nom, troisième fils de François Colas, IIe du nom, seigneur des Francs, de Poinville, de la Borde, de Malmusse, de Jouy, de Senneville et autres lieux, et de Jeanne Durant, épousa, le 19 mai 1573, par contrat, reçu par Jean de Dinan, notaire ès paroisses d'Authon, Saint-Escobille-le-Bréaut, Richarville, et ès environs, sous le principal tabellion royal de la ville et duché d'Estampes, Marie Paulmier, dame de Marolles, et d'Anjouan, fille de Claude Paulmier, écuyer, avocat en parlement, et de Jeanne Namois. De ce mariage sont nés :

1.° François Colas, qui continue la postérité ;

2.° Antoine Colas, chef des Colas d'Anjouan ;

3.° Jeanne Colas, épouse de Guillaume Vaillant, écuyer, seigneur de Champvallins, conseiller du Roi en son grand-conseil; l'un et l'autre étaient décédés en 1627;

4.° Françoise Colas, épouse de Charles de Fera, chevalier, seigneur de Rouville, gentilhomme ordinaire de la chambre du roi ; leur contrat est du 15 septembre 1611. Françoise Colas était décédée le 5 mai 1635, et Charles de Fera mourut à Rouville, le 20 mai 1648;

5.° Claude Colas, dame d'Anjouan ; elle était décédée en 1637, sans avoir contracté d'alliance, âgée de 46 ans.

VIII. François Colas, IVe du nom, seigneur de Marolles, conseiller du roi, auditeur en sa chambre des comptes à Paris, épousa, par contrat du 3 décembre 1618, reçu par Simon Moufle et Pierre Doujat, notaires à Paris, Isabelle Hubert, fille de François Hubert, écuyer, conseiller du roi, auditeur en la même chambre des comptes, et d'Elisabeth le Bonvalet. François Colas était décédé en mai 1631. Isabelle Hubert épousa, en secondes noces, Florisel de Drouin, chevalier, seigneur de Bouville, lieutenant des gendarmes de monseigneur le duc de Valois, gouverneur de la ville et château de Pithiviers. Isabelle Hubert était décédée le 26 mars 1653. François Colas avait eu de son mariage.

1.° François Colas de Marolles, l'un des cent mousquetaires du roi (Louis XIV), puis capitaine dans le régiment de Picardie, tué près Saint-Cloud, avant 1667, sans avoir contracté d'alliance ;

2.° Claude Colas de Marolles, chanoine régulier-profès de l'ordre de Saint-Augustin, dès 1643. Pourvu en 1652, étant pour lors âgé de vingt-huit ans, du prieuré-cure de Lailly près Beaugency, diocèse d'Orléans ; il y est décédé le 12 mai ;

3.° Thomas Colas de Marolles, qui continue la postérité ;

4.° Jean-Baptiste Colas de Marolles, qui servit d'abord en qualité de lieutenant dans le régiment de Picardie ; ayant ensuite embrassé l'état ecclésiastique, il fut pourvu d'un canonicat, et mis en possession du doyenné de l'église royale de Notre-Dame de Cléry, le 18 mars 1663, et y est décédé le 21 mai 1678 ;

5.° Pierre Colas de Marolles, chef des Colas de Rocheplatte.

IX. Thomas Colas, seigneur de Marolles, servit dans l'armée d'Italie, commandée par le maréchal du Plessis, en 1646, 1647 et 1648 ; il obtint successivement une lieutenance dans le régiment de Picardie, et une compagnie dans celui de Piémont. Appelé entre les nobles du bailliage d'Orléans, il fut par eux député pour assister aux Etats-Généraux convoqués à Tours ; trésorier de France en la généralité d'Orléans, le 19 mars 1654, gentilhomme ordinaire de la chambre du roi, le 10 mars 1660, conseiller d'état, le 12 août de cette année ; il prêta serment en cette qualité, le 1er décembre suivant.

Le 23 mars 1666, par arrêt contradictoire, rendu en la cour des aides, Thomas Colas fut renvoyé de l'assignation à lui donnée, à la requête de monsieur le procureur général ; ce faisant, déclaré noble, et issu de noble race et lignée ; ordonné que lui et sa postérité, née et à naître, jouiraient des priviléges attribués aux autres nobles du royaume.

Interpellé, par acte de sommation du 13 avril 1667, de produire les titres de la famille, pour en aider Charles Colas, sieur d'Anjouan, et des Sablonnières, assigné à la requête de Mathurin de Lorme, commis à la recherche des usurpateurs de la noblesse, il y satisfit; et, par jugement du 27 des même mois et an, rendu par Monseigneur de Machault, intendant de la généralité d'Orléans, et commissaire en cette partie, il fut donné acte à Thomas et Charles Colas, de la représentation de leurs titres et papiers justificatifs de leur noblesse, pour par eux jouir de tous les priviléges accordés aux nobles, et être inscrits et compris dans l'état qui en sera dressé.

Enfin, Thomas Colas de Marolles, et Charles Colas d'Anjouan, contraints à intervenir dans l'instance que suivaient au conseil, Pierre Colas, sieur de Mondru, et Charles Colas, sieur de Malmusse, contre le même Mathurin de Lorme, furent de nouveau confirmés dans la noblesse d'extraction, par arrêt du 30 juillet 1668.

Dès le 6 octobre 1648, Thomas Colas avait épousé Anne Pochon, fille d'Hector Pochon, écuyer, seigneur de Beauregard, et d'Aimée le Petit. Leur contrat fut reçu par Gervaise, notaire au châtelet d'Orléans. De ce mariage naquirent les enfants qui suivent:

1.° François Colas de Marolles, décédé sans avoir contracté d'alliance:

2.° Paul Colas de Marolles, mort jeune;

3.° Henri Colas de Marolles, qui continue la postérité;

4.° Anne Colas de Marolles, épouse de Joseph Bailly, écuyer, seigneur de Montou.

X. Henri Colas de Marolles, page de Monsieur, frère unique du roi (Louis XVI), puis mousquetaire, accompagna le comte de Guiche au passage du Rhin en 1672, fut blessé dans cette campagne, et au siége de Maestricht qui se fit l'année suivante; nommé lieutenant de frégate, il fit un voyage en Amérique: rentré dans le service de terre, il se distingua pendant le cours de la campagne d'Aire, en 1676, de façon à mériter une compagnie dans le régiment de Piémont, ensuite dans les Carabiniers. Il fit dans ce corps des actions de valeur, et reçut plusieurs blessures. Le 6 mai 1685, il fut pourvu de la charge de trésorier de France, en la généralité d'Orléans, qu'avait possédée son père. Il épousa Geneviève Bacle, fille de Jean Bacle, écuyer, seigneur de l'Orme-Neuville. Il eut pour enfants :

1.° Henri-Charles Colas de Marolles ;
2.° Alexandre Colas de Marolles ;
3.° Anne Colas de Marolles ;
4.° Marie Colas de Marolles ;
5.° Isabelle Colas de Marolles.

*Colas d'Anjouan.*

VIII. Antoine Colas, seigneur de Boissy, des Sablonnières, puis d'Anjouan, conseiller-magistrat au bailliage et siége présidial d'Orléans, second fils de François Colas, IIIe du nom, et de Marie Paulmier, dame de Marolles et d'Anjouan, fut échevin de la ville d'Orléans, en 1641 et 1642. Dès le 18 juillet 1627, par contrat reçu par Salas, notaire au châtelet d'Orléans, il avait épousé Cécile Cardinet, fille de Claude Cardinet, seigneur de Poinville, et de d'Anne le Masne. Antoine Colas était décédé en 1655, et avait eu de son mariage les enfants qui suivent :

1.° Charles Colas d'Anjouan, qui continue la postérité ;

2.° Claude Colas, sieur du Mesnil et des Sablonnières, capitaine au régiment du Plessis-Praslin, qui épousa par contrat du 20 juillet 1670, reçu par Legent, notaire au châtelet d'Orléans, Claude Lhuillier, fille de Jacques Lhuillier, écuyer, seigneur de Charensois et de Villecante, gentilhomme de son altesse royale, et de Marie Levassor. Charles Colas décéda en 1694, fut inhumé dans l'église de Saint-Paul de la ville d'Orléans, laissant de son mariage :

a. Claude Colas des Sablonnières, décédé sans avoir contracté d'alliance ;

b. Jean-Antoine Colas des Sablonnières, capitaine au régiment de Bouville, dragons, il avait épousé par contrat, passé en la ville d'Oléron, le 4 juin 1714, Jeanne de la Salle d'Yssus. De ce mariage est née une fille unique, Claude Colas des Sablonnières, épouse de N... de Nogués, baron d'Ossat, conseiller au parlement de Pau;

c. Claude Colas des Sablonnières, qui a épousé, par contrat recu par Fieffé et de Beausse, notaires au châtelet d'Orléans, le 12 janvier 1694, Daniel de la Lande, écuyer, seigneur de Lumeau en Beauce, fils de Jacques de la Lande, écuyer, seigneur de Lumeau, de Lavau, de la Mothe, de Vienne, conseiller au bailliage et siége présidial d'Orléans, docteur-régent en l'université, et maire de la ville d'Orléans, en 1691 et 1692, et de Marguerite d'Avezau.

d. Cécile Colas des Sablonnières, qui épousa, en 1706, Hervé-Théophile Bury, écuyer, sieur de Marolles;

c. Anne Colas des Sablonnières, qui a épousé, en premières noces, Louis Rousseau, écuyer, sieur de Grandmaison; en secondes noces, elle s'est alliée, avec dispense, à Michel-Jacques de Chaumontois, chevalier de l'ordre royal et militaire de Saint-Louis, lieutenant-colonel au régiment d'Anjou, cavalerie. Anne Colas est décédée en janvier 1774, et a été inhumée le 8 en l'église de Saint-Maurice de la ville d'Orléans;

3.° François Colas, né en 1630, décédé sans alliance;

4.° Claude Colas, qui épousa, le 15 février 1649, Pierre le Maire, écuyer, seigneur de la Gohière;

5.° Anne Colas, épouse de François Regnard, écuyer, seigneur du Châtelet;

6.° Cécile Colas, qui épousa, en 1656, Pierre Bougars, écuyer, seigneur de Moron, commissaire ordinaire des guerres, fils de Guillaume Bougars, écuyer, seigneur de Villedare et d'Anne Fongeu des Cures.

IX. Charles Colas, sieur d'Anjouan, des Sablonnières et de Boissy, conseiller-magistrat au bailliage et siége présidial d'Orléans, épousa, en premières noces, par contrat du 14 février 1656, reçu par Laurent Bordes, notaire au châtelet d'Orléans, Geneviève Guyon, fille de Charles Guyon, écuyer, sieur de Bois-Roger, et d'Anne Colas, fille de Robert Colas, seigneur de Poinville, et d'Anne le Maire. En secondes noces, par contrat du 16 janvier 1668, reçu par Antoine Fieffé, notaire au châtelet d'Orléans, il épousa Madeleine Bailly, fille de Jean Bailly, écuyer, et de Jacqueline Sevin.

Par jugement du 27 avril 1667, rendu par monseigneur de Machault, intendant de la généralité d'Orléans et commissaire en la recherche de la noblesse, il avait été donné acte à Charles Colas et à Thomas Colas de Marolles, de la représentation des titres et papiers justificatifs de leur noblesse, pour, par eux, jouir de tous les priviléges accordés aux nobles, et être inscrits et compris dans l'état qui en serait dressé; ce qui fut ordonné de nouveau par arrêt du conseil d'état du roi, du 30 juillet 1668.

Charles Colas décéda le 16 mars 1702, et fut inhumé dans l'église de Saint-Paul de la ville d'Orléans. Ses enfants furent:

*Du premier lit :*

1.° N..... Colas, dit le père d'Anjouan, de la compagnie de Jésus, décédé au collége d'Orléans;
2.° Geneviève Colas, épouse de N.... Nouel de Tourville, sieur des Elus; elle a été inhumée le 30 mai 1700, en l'église de Sainte-Catherine;
3.° Claude Colas, née en 1666, et baptisée en la même église de Sainte-Catherine, le 11 février, qui épousa François Jaupitre, écuyer, seigneur de la Fraugerie:

*Du second lit :*

4.° Charles Colas, qui continue la postérité;
5.° Madeleine Colas, épouse de François Longuet, chevalier, seigneur de l'Ecluse, conseiller honoraire au bailliage et siége présidial d'Orléans;
6.° Marie-Anne Colas, épouse de Jean-Baptiste de la Lande, écuyer, seigneur de Mazaires, trésorier de France au bureau des finances de la généralité de Bourges.

X. Charles Colas, II^e du nom, sieur d'Anjouan, conseiller-magistrat au bailliage et siége présidial d'Orléans, échevin en 1729 et 1730, maire en 1730, 1740 et 1741; avait épousé, par contrat du 25 janvier 1712, reçu par Faucher et Godeau, notaires à Orléans, Claude Rousseau, fille de Michel Rousseau, écuyer, gentilhomme ordinaire de son altesse royale monseigneur le duc d'Orléans, et de Madeleine Lamyrault. Charles Colas est décédé doyen des conseillers, le 29 mai 1750, et a été inhumé le jour suivant, dans l'église de Saint-Paul. De son mariage sont nés :

1.° Charles Colas, qui continue la postérité ;

2.° Marie-Anne Colas, laquelle a épousé, par contrat du 18 octobre 1739, reçu par Poullin et Chassinat, notaire à Orléans, Alexandre-Pierre du Gaignau de Château-Morand, écuyer, seigneur de Champvallins, fils d'Alexandre du Gaigneau, écuyer, seigneur de Champvallins, et de Madeleine Simonot de Choiseau.

XI. Charles Colas, IIIe du nom, sieur d'Anjouan, conseiller-magistrat au bailliage et siége présidial d'Orléans, a épousé, par contrat du 13 juin 1744, reçu par Chassinat et Lion, notaires au châtelet d'Orléans, Marie-Angélique Charpentier de Modonville. Charles Colas est décédé en 1746, et a été inhumé en l'église de Saint-Paul. Il n'a point laissé de postérité.

## *Colas de Rocheplatte.*

IX. Pierre Colas de Marolles, seigneur de Rocheplatte, cinquième fils de François Colas, IVe du nom, sieur de Marolles, conseiller du roi et auditeur en la chambre des comptes à Paris, et d'Isabelle Hubert, fut capitaine-lieutenant des gardes de Monsieur, frère unique du roi (Louis XIV). Il servit en Italie, en qualité de capitaine dans le régiment du maréchal du Plessis ; se trouva en 1648, au siége de Crémone, à celui de Valence, puis d'Etampes, en 1552. Cette même année, à la fameuse journée de Saint-Antoine, il eut le roi pour témoin de ses actions et de ses blessures ; enfin, en 1658, il reçut au siége de Dunkerque, un coup de pistolet dans la joue. Il épousa N.... de Sorcy, et en eut :

1.° N..... Colas de Marolles, capitaine au régiment d'Orléans, cavalerie, décédé sans avoir contracté d'alliance ;

2.° N..... Colas de Marolles, qui eut, après la mort de son frère, la compagnie qu'il avait possédée et mourut aussi sans avoir contracté d'alliance ;

3.° Pierre Colas de Marolles, qui suit.

X. Pierre COLAS DE MAROLLES, comte de Rocheplatte (1), major des gardes de son altesse royale, brigadier des armées du roi, et lieutenant pour sa majesté en la province de la Marche, épousa, le 9 mai 1733, au château de Ris, Marie-Anne Goujon de Gaville, fille de Prosper Goujon, écuyer, seigneur de Gaville et de Ris, maître des requêtes et ci-devant intendant de la généralité de Rouen, et d'Anne Faucon de Ris. Pierre Colas mourut au Palais - Royal, le 18 mars 1754, âgé de soixante-neuf ans, et fut inhumé à Rocheplatte. Il n'a point laissé de postérité.

*Branche des Colas de Malmusse.*

VII. Claude COLAS, seigneur de Malmusse, quatrième fils de François Colas, IIe du nom, seigneur des Francs, de Poinville, de la Borde, de Malmusse, de Jouy, de Senneville et autres lieux, et de Jeanne Durant, successivement homme d'armes dans la compagnie de M. d'Entragues, gouverneur d'Orléans; capitaine d'une compagnie de deux cents hommes de pied, pour le service de Henri III; prévôt de nosseigneurs les maréchaux de France, en la province et bailliage d'Orléans; capitaine d'une compagnie de troupes légères, lieutenant du prévôt des maréchaux de France à Romorantin. Il avait épousé, en premières noces, par contrat du 10 avril 1575, reçu par Guillaume Chaussier, notaire au châtelet d'Orléans, Catherine Stample, fille de François Stample, écuyer, seigneur de Villemesme, et de Guillemette Hureau. En secondes noces il épousa, par contrat du 9 novembre 1594, Claude de la Place, fille de Pierre de la Place et d'Anne Ruau. Ses enfants furent:

*Du premier lit :*

1.° Catherine Colas, laquelle épousa, le 5 mai 1602, par contrat reçu le même jour par Dubois, notaire au châtelet d'Orléans, Jacques de Boute-

(1) Les lettres de sa majesté portant érection en titre de comté, en faveur de Pierre Colas et de ses enfants mâles, de la terre d'Aunay et autres, sous le nom de Rocheplatte, sont du mois de juillet 1724; elles ont été enregistrées au parlement le 16 juillet 1725, et à la chambre des comptes le 28 juin 1736.

gourd. En secondes noces, elle eut pour mari Jacques Maubert, écuyer, seigneur de la Maisonfort, conseiller-magistrat au bailliage et siége présidial d'Orléans ;

*Du second lit :*

2.° Claude Colas, qui continue la postérité.

VIII. Claude Colas, IIe du nom, seigneur de Malmusse, Bazoches et Douville en partie, docteur ès droits, avocat en parlement, obtint une chaire en l'université d'Orléans. Il épousa par contrat du 29 septembre 1630, Françoise Morisset, fille de Jacques Morisset et de Foi Gauthier ; leur contrat reçu par Cahouet, notaire au châtelet d'Orléans. Claude Colas mourut le..... 1667, laissant quelques ouvrages qui ont pour objet l'éclaircissement de plusieurs lois. Ses enfants furent :

1.° Claude, qui continue la postérité ;

2.° Jacques Colas, qui prit, en janvier 1660, l'habit religieux, au couvent des Augustins d'Orléans, y fit profession le 2 février 1661, et est décédé au couvent de Chinon ;

3.° Françoise Colas, épouse de Jacques Berry, écuyer, sieur des Châtelliers ;

4.° Claude Colas, laquelle a fait profession au monastère de la Visitation d'Orléans, le 10 octobre 1652 ; envoyée à Auxerre avec quelques autres religieuses, pour y former une maison, elle y est décédée onodeur de sainteté ;

5.° Marie Colas, laquelle épousa Claude Salomon, sieur de Villermont ;

6.° Jeanne Colas, qui était encore sans alliance en 1666.

IX. Claude Colas, IIIe du nom, seigneur de Malmusse, né en 1638, et baptisé en l'église Saint-Pierre, le-Puellier le 19 juin, embrassa dans sa jeunesse l'état ecclésiastique, et étudia en l'université d'Orléans. Il était avocat en parlement lorsqu'il épousa, par contrat du 24 janvier 1666, reçu par Leroi, notaire au châtelet d'Orléans, Barbe Gallibourg, fille de noble homme David Gallibourg, avocat en parlement, et de Marie Hazon.

Par arrêt contradictoire du conseil d'état du roi, du

30 juillet 1668, Claude Colas fut maintenu et gardé ainsi que ses successeurs, enfants et postérité, en sa qualité de noble et d'écuyer.

Claude Colas eut de son mariage les enfants qui suivent:

1.° Claude Colas, IV$^e$ du nom, seigneur de Malmusse et de la Bigautière, paroisse de Luz en Dunois, qui entra dans l'état ecclésiatique, et fut pourvu d'un canonicat de l'église royale de Saint-Aignan d'Orléans, le 6 mars 1681, qu'il résigna en 1689. Rentré dans le monde, il épousa, en premières noces, Marie Bruere de Beauvais; en secondes noces, il s'allia, par contrat du 12 mai 1726, reçu par Daupeley, notaire à Nogent-le-Rotrou, à Charlotte de Parseval, fille majeure de feu Alexandre de Parseval et de Marie Léonard. Claude Colas n'eut point d'enfants de l'un et l'autre mariage;

2.° François Colas de Malmusse, seigneur de Menainville, Boucharville et autres lieux, qui épousa, par contrat du 17 mars 1709, reçu par Givert, notaire à Châteaudun, Catherine Geslain, fille majeure de Marc Geslain, lieutenant-général des eaux et forêts du comté de Dunois, et Savonies de Freteval et Marchenoir, et de Marie-Louise Courtin. De ce mariage sont nés:

a. Françoise-Catherine-Julie Colas de Malmusse, laquelle a épousé, par contrat du 14 avril 1749, reçu par Meusnier, notaire à Châteaudun, François-Charles-Joseph du Plessis-Châtillon, chevalier, seigneur de Saint-Hilaire, la Gravelle, les Détraits et autres lieux, ci-devant (en 1725), premier page de la reine, fils majeur et aîné de François du Plessis-Châtillon, chevalier, seigneur de Saint-Hilaire, la Gravelle, les Détraits et autres lieux, et de Madeleine Nouel de Tourville. François-Charles-Joseph du Plessis-Châtillon est décédé en 1761;

b. Marie-Louise Colas de Menainville, qui a épousé, par contrat du 18 mars 1750, reçu par Bourdellier, notaire au châtelet d'Orléans, Etienne-Henri Brachet, chevalier, seigneur du Bouchet et autres lieux, ancien capitaine au régiment de Soissonnais, infanterie, chevalier de l'ordre royal et militaire de Saint-Louis. Etienne-Henri Brachet est décédé en 1762;

3.° Nicolas Colas qui continue la postérité;

4.° Marie Colas qui se retira au monastère des religieuses Ursulines de Vendôme, et y fit profession le 25 février 1685, âgée de dix-huit à vingt ans; elle y est décédée sous-prieure, le 4 juillet 1760.

X. Nicolas Colas, III^e du nom, sieur de Malmusse, troisième fils de Claude Colas, III^e du nom, sieur de Malmusse et de Barbe Gallibourg, embrassa dans sa jeunesse l'état ecclésiastique, et fut mis en possession le 29 octobre 1689, d'un canonicat de l'église royale de Saint-Aignan d'Orléans, qui lui avait été résigné par son frère aîné, Claude Colas de Malmusse. Il abdiqua dans la suite ce bénéfice; et étant rentré dans le monde, il fut pourvu d'une charge de maître des eaux et forêts à Tours. Il épousa Françoise des Landes, dont il eut un fils unique qui forme le degré suivant.

XI. Julien-Nicolas Colas de Malmusse, seigneur de la Bigaudière, fut légataire universel des biens de Claude Colas de Malmusse, IV^e du nom, son oncle. Il épousa N... Jouan, de laquelle il eut une fille unique qui suit.

1.° Anne Colas de Malmusse, épouse de N... de Marescot, écuyer, exempt des gardes-du-corps du roi.

*Branches des Colas de Jouy.*

VII. Jacques Colas, seigneur de Jouy, cinquième fils de François Colas, II^e du nom, seigneur des Francs, de Poinville, de la Borde, de Malmusse, de Jouy, de Senneville et autres lieux, et de Jeanne Durant; fut échevin de la ville d'Orléans en 1588, 1589, 1606, 1607, 1610 et 1611; maire en 1622 et 1623. Il épousa Charlotte Lhuillier, fille de Jacques Lhuillier-le-Miloin, écuyer, seigneur de la Franville, et de Léonarde Fouchet. Charlotte L'huillier était sœur de Marguerite, seconde épouse de Michel Colas, seigneur de la Borde, frère du seigneur de Jouy. Jacques Colas vivait en 1629, et eut pour enfants:

1.° François Colas, qui continue la postérité;

2.° Jacques Colas, qui embrassa l'état religieux ; il était en l'abbaye de Ferrières en 1615, et fut pourvu ensuite du prieuré de la Ferté-Hubert ;

3.° Charlotte Colas, épouse de Jean Bugy, écuyer, seigneur du Moulinet ;

4.° Anne Colas, épouse de Claude Bugy, écuyer, seigneur de Bellevue, frère du précédent. Anne Colas était décédée en juillet 1627.

VIII. François COLAS, IIIe du nom, seigneur de Jouy, épousa Anne le Semeslier, fille de Robert le Semeslier, et de Jeanne Amaujon. De ce mariage naquit une fille unique :

1.° Jeanne Colas, laquelle épousa, le 26 mai 1633, Jacques du Coing, écuyer, seigneur de la Porte et l'Aumônière, conseiller du roi en ses conseils, président trésorier de France en la généralité d'Orléans, fils de Jacques du Coing, écuyer, seigneur du Coing et de la Porte, et d'Anne Colas, fille de Michel Colas, seigneur de la Borde, et de Marguerite Lhuillier. Jeanne Colas était décédée en 1671. Par son alliance, la terre de Jouy a passé dans la famille du Coing.

*Branche des Colas de Senneville.*

VII. Gilles COLAS, seigneur de Senneville, sixième fils de François Colas, IIe du nom, seigneur des Francs, de Poinville, de la Borde, de Malmusse, de Jouy, de Senneville et autres lieux, et de Jeanne Durant, fut successivement conseiller en la cour des aides à Paris, et maître des requêtes ordinaire de l'hôtel du roi.

Il épousa, en premières noces, Marie Amaujon, fille de Jacques Amaujon, et de Renée Saint : de ce mariage, il n'eut point d'enfants.

En secondes noces, il épousa, par contrat du 17 octobre 1587, reçu par Doujat et de Thierroir, notaires au châtelet de Paris, Marie Chambon, fille de Regnaud Chambon, et de Jeanne Vallet. Il eut un fils qui continue la postérité.

VIII. Regnaud COLAS, seigneur de Senneville, conseiller du roi en sa cour de parlement à Paris, y fut reçu le 30 juin 1618. Il épousa Marie Brandon, fille d'Antoine

Brandon, conseiller du roi, maître ordinaire en sa chambre des comptes. Regnaud Colas, était décédé dès 1621, laissant un fils unique, nommé Antoine COLAS, qui mourut en bas âge.

*Branche des Colas de Mondru.*

Robert COLAS, IIe du nom, seigneur de Poinville, second fils de Robert Colas, seigneur de Chanterenne, et d'Anne Martin, épousa, en premières noces, le 20 août 1604, Anne le Maire, dame du Crost, fille de Charles le Maire, écuyer, seigneur du Crost, et d'Anne Maucler : en secondes noces, par contrat du 23 octobre 1611, reçu par Bourdin, notaire et tabellion royal à Montargis, il épousa Jeanne Guyon, fille de Thomas Guyon, écuyer, sieur des Fontaines, et de Jeanne Berthier. Ses enfants furent :

*Du premier lit :*

1.° Anne Colas, dame de Crost, laquelle épousa, en premières noces, Claude Salomon, sieur du Fresne; elle était veuve en 1629. En secondes noces, elle épousa, le 2 août 1633, Charles Guyon, écuyer, sieur de Bois-Roger, fille de Thomas Guyon, écuyer, sieur des Fontaines, et de Jeanne Berthier ; ledit Thomas Guyon, fils de Thomas Guyon, écuyer, sieur de Bois-Roger, et de Jeanne Brisson ;

*Du second lit :*

2.° Robert Colas, mort jeune;
3.° Pierre Colas, qui continue la postérité;
4.° Michel Colas, qui fit profession dans l'ordre des Barnabites;
5.° Marie Colas, épouse de René Bois-Courjon, ancien avocat du roi au siége présidial de Montargis;
6.° Jeanne Colas, religieuse bénédictine, à Paris.

IX. Pierre COLAS, sieur de Mondru, épousa, en premières noces, le 19 avril 1654, Claude Foucault, veuve de Christophe Angrand, sieur de la Grange, doyen des docteurs-régents de l'université d'Orléans, fille de Louis Foucault, et de Jeanne Lhuillier de Brion. En secondes noces, par contrat du 28 novembre 1658, reçu par Laurent Bordes, notaire au châtelet d'Orléans, il épousa Marie Houmain, fille de Michel Houmain, écuyer, sieur de Courbeville, conseiller du roi, lieutenant criminel au bailliage et siége présidial d'Orléans, et de Marie Celant.

Le 30 juillet 1668, par arrêt contradictoire du conseil d'état du roi, Pierre Colas, fut maintenu et gardé, ses successeurs, enfants et postérité, en la qualité de nobles et d'écuyers ; et le 4 février 1674, il obtint un nouvel arrêt contradictoire du conseil d'état du roi, qui le déchargeait du droit de francs-fiefs. Ses enfants furent :

*Du premier lit :*

1.° Pierre Colas, qui continue la postérité.

*Du second lit :*

2.° Michel-Jacques Colas, sieur de Chaumontois, chevalier de l'ordre royal et militaire de Saint-Louis, lieutenant-colonel au régiment d'Anjou, cavalerie, qui a épousé, avec dispense, Anne Colas des Sablonnières, veuve, en premières noces, de Louis Rousseau, écuyer, sieur de Grand-Maison. Michel-Jacques Colas est décédé en la paroisse de Saint-Pierre-Ensentelée, et n'a point laissé de postérité ;

3.° Alphonse Colas, qui embrassa l'état ecclésastique, et fut chanoine de l'église d'Orléans, en 1677 ; prévôt d'Herbilly en l'église royale de Saint-Aignan, l'an 1717 ; puis prévôt de Tillay en la même église en 1721. Il est décédé en 1724.

4.° Marie Colas, décédée en bas âge ;

5.° Marie Colas, épouse d'Etienne Carré, sieur de la Versandière.

X. Pierre Colas, II° du nom, sieur de Mondru, épousa, par contrat du 17 février 1685, Catherine Bogelet. De ce mariage est né un fils unique, qui forme le degré suivant.

XI. Pierre-Edouard Colas, sieur de Mondru, échevin de la ville d'Orléans en 1740, 1741 et 1742. Maire en 1745, 1746, et 1747 avait épousé le 8 janvier 1713, par contrat, reçu par Roux, notaire au châtelet d'Orléans, Marie-Thérèse Perdoux, fille de Thomas Perdoux, écuyer, seigneur de Busoult. Pierre-Edouard Colas est décédé le

20 mai 1753, et a été inhumé en l'église de Saint-Pierre Ensentelée. Il n'avait point eu d'enfants de son mariage.

*Branche des Colas de Brouville.*

XI. Jacques Colas, IIe du nom, sieur de Brouville, seigneur de Lumeau en Beauce, quatrième fils de Jacques Colas, seigneur des Francs, et de Catherine de Saint-Mesmin, épousa, avec dispense, par contrat du 4 mars 1695, reçu par Pasquier, notaire au châtelet d'Orléans, Elisabeth Vandebergue, fille de Georges Vandebergue, et de Marie Guignace. Jacques Colas est décédé le 14 août 1746, et a été inhumé le 16, en l'église de Saint-Paul à Orléans. Il était né le 13 janvier 1672. Elisabeth Vandebergue est décédée le 6 juin 1751, et a été inhumée le 8, en la même église. De leur mariage sont nés:

1.° Jacques Colas de Brouville, né le 27 novembre 1695, lequel a épousé, par contrat du 13 juin 1729, reçu par Jullien aîné, notaire au châtelet d'Orléans, Thérèse Boilleve, fille de Claude Boilleve, échevin de la ville d'Orléans, en 1722, 1723, 1724 et 1725; maire en 1729 et 1730; et de Marie-Anne Nogace. Jacques Colas est décédé le 8 mai 1756, et a été inhumé le 10, en l'église de Saint-Paul. Thérèse Boilleve est décédée le 1er août même année, et a été inhumée le lendemain en la même église. De leur mariage sont nés:

a. N... Colas de Brouville, décédée en bas âge;
b. Marie-Thérèse Colas de Brouville, née le 19 janvier 1731, décédée en 1808, sans avoir contracté d'alliance;

2.° Michel Colas de Brouville, conseiller du roi et de son altesse sérénissime monseigneur le duc d'Orléans, leur procureur au siége de la maîtrise des eaux et forêts, né le 28 décembre 1696, décédé le 9 janvier 1786, sans avoir contracté d'alliance;

3.° Louis Colas de Brouville, décédé en bas âge;

4.° Robert Colas de Brouville, décédé en bas âge;

5.° Pierre Colas de Brouville, conseiller du roi, receveur des tailles en l'élection de Blois, né le 17 février 1702, qui a épousé par contrat du 15 décembre 1743, reçu par Léonard Vallon, notaire à Blois, Marie Simart, fille de Christophe Simart. Pierre Colas est décédé le 18 août 1761, et Marie Simart est décédée le 3 janvier 1775. De leur mariage sont nés :

a. Marie-Catherine Colas de Brouville, laquelle a épousé, avec dispense, Louis Colas de Brouville, son cousin-germain. (Voyez ci-après, le treizième degré de cette branche.)

b. Louise-Félicité Colas de Brouville, née le 18 juin 1746, a épousé, par contrat du 26 février 1770, reçu par Gelhay, notaire à Blois, Jacques-Françoise Héritte, écuyer, sieur de la Ganterie;

6.° Georges Colas de Brouville, né le 14 mars 1703, a épousé, le 4 septembre 1735, Louise Girollet, fille d'Adrien Girollet, écuyer, seigneur de Bois-Regnaud, et de Catherine Mangeau; leur contrat a été reçu par Chottard, notaire à Tours. Georges Colas est décédé le 26 novembre 1776, et a été inhumé le lendemain, au grand cimetière d'Orléans. De leur mariage est issu :

a. Adrien-Georges-Guillaume Colas de Brouville, décédé en bas âge;

7.° Pierre Colas de Brouville, décédé en bas âge;

8.° Louis Colas de Brouville-Malmusse, qui continue la postérité;

9.° Pierre Colas de Brouville, né le 11 avril 1718, qui n'a point contracté d'alliance;

10.° Elisabeth Colas de Brouville, née le 13 juillet 1704, qui a épousé, avec dispense, Robert Colas, son cousin-germain. (Voyez le douzième degré de la directe ;)

11.° Claudine Colas de Brouville, décédée en bas âge;

12.° Louise Colas de Brouville, née le 14 mai 1707, mariée par contrat reçu par Boucher, notaire au châtelet d'Orléans, le 20 janvier 1732, à Louis Mahy de Bois-Martin, chevalier, seigneur de Pontchardon, procureur-général en la chambre des comptes de Blois;

13.° Claude-Madeleine Colas de Brouville, née le

4 juillet 1713, qui a épousé, par contrat reçu par Odigier, notaire au châtelet d'Orléans, le 9 février 1738, Marie-Jean-Baptiste de la Lande, écuyer, seigneur de Mazaires, ancien officier au régiment Royal, infanterie, fils de Jean-Baptiste de la Lande, écuyer, capitaine au régiment de Conflans, infanterie, et de Marie-Anne-Colas d'Anjouan;

14.° Madeleine Colas de Brouville, décédée en bas âge.

XII. Louis Colas, sieur de Brouville-Malmusse, né le 13 janvier 1715, huitième fils de Jacques Colas, II° du nom, sieur de Brouville, seigneur de Lumeau en Beauce, et d'Elisabeth Vandebergue, a épousé, avec dispense, et par contrat du 27 mai 1743, reçu par Poullin, notaire au châtelet d'Orléans, Claude-Marie-Pierre Vandebergue, sa cousine issue de germain, née le 18 avril 1724, de Michel Vandebergue, écuyer, échevin de la ville d'Orléans, en 1741, 1742, et 1743, 1745, 1746 et 1747, et d'Elisabeth Féel.

Le 23 juillet 1776, par arrêt contradictoire du conseil d'état, le roi, faisant droit sur le renvoi porté par l'ordonnance du sieur intendant de la généralité d'Orléans, du 29 novembre 1773, a ordonné que Louis Colas de Brouville-Malmusse demeurera déchargé, comme étant noble d'extraction du droit de francs-fiefs, qui lui est demandé pour raison des biens nobles dont il est propriétaire; fait, sa majesté, défenses à l'adjudicataire général des fermes, ses commis et préposés, de former à l'avenir de pareilles demandes contre ledit Louis Colas de Brouville- Malmusse, tant qu'il vivra noblement et ne fera acte dérogeant à sa qualité de noble.

Claude-Marie-Pierre Vandebergue était décédée dès le 14 janvier 1788, et fut inhumée le 16, dans l'église de Saint-Paul. Louis Colas de Brouville-Malmusse est décédé le 23 juillet 1793, et a été inhumé au cimetière de la paroisse de Saint-Marceau d'Orléans. De leur mariage sont nés :

1.° Louis Colas de Brouville, qui continue la postérité;

2.° Michel-Jacques Colas de Brouville, né le 12 mars 1746, marié, par contrat du 29 décembre 1774, reçu par Jullien, notaire au châtelet d'Orléans, avec Josephe-Marguerite-Reine Isambert, fille de Jean-Jaques Isambert, demeurant à Rouen, et de feue dame Anne-Geneviève le Mesle. De leur mariage est née une fille unique :

Geneviève-Julie Colas de Brouville, née le premier avril 1776, mariée, par contrat du 29 décembre 1794, reçu par Cabart, notaire à Orléans, à Louis-Marie-Joseph Tassin, écuyer, fils de Charles-François Tassin, écuyer, seigneur de Charsonville, Lorges, Rosette, Arpilly et autres lieux, grand-maître enquêteur et réformateur des eaux et forêts de France, au département d'Orléans, et de Marie-Madeleine-Clémence Chénard;

3.° Jacques Colas de Brouville, décédé en bas âge;

4.° Pierre Colas de Brouville, chef de la branche des Colas de Brouville-Malmusse;

5.° Charles Colas, sieur des Ormeaux, né le 19 novembre 1753, dont la postérité suivra celle de ses deux frères ainés;

6.° Etienne Colas, sieur de la Noue, né ainsi que son frère Charles, le 19 novembre 1753, et dont la postérité suivra celle de ses trois frères aînés;

7.° Robert Colas de Brouville, conseiller du roi et de son altesse monseigneur le duc d'Orléans, et leur procureur au siége de la maîtrise des eaux et forêts du duché d'Orléans né le 26 juin 1755, marié, par contrat du 30 avril 1786, reçu par Jullien, notaire à Orléans, avec Anne-Geneviève Jogues, fille de Pierre-Augustin-Anastase Jogues et de Thérèse Guyot. De leur mariage sont nées :

a. Victor Colas de Brouville, née le 2 janvier 1790;

b. Félicité Colas de Brouville, née le 24 mai 1787 ;

c. Adélaide Colas de Brouville, née le 5 mai 1796, décédée dans la même année;

8.° François-Xavier Colas, sieur de la Borde, né le 4 juillet 1761, qui a épousé, par contrat du 28 avril 1783, reçu Jumeau, notaire au châtelet d'Orléans, Marie-Julie Douville, fille de Jacques-François Douville et de Madeleine-Julie Pryvé. François-Xavier Colas est décédé le 31 mai, et a été inhumé le 2 juin 1783, en l'église de Saint-Paul, à Orléans ;

9.° Marie-Victoire, dit mademoiselle de Brouville, née le 5 février 1749 ; elle n'a point contracté d'alliance ;

10.° Elisabeth-Sophie Colas, décédée en bas âge ;

11.° Alélaïde Colas, née le 12 octobre 1751, qui a épousé, par contrat du 28 novembre 1769, reçu par Jullien, notaire au châtelet d'Orléans, Michel-Charles Meusnier, échevin de la ville d'Orléans en 1789 ;

12.° Françoise-Henriette Colas, née le 3 juillet 1757, qui a épousé, par contrat du 9 juillet 1776, reçu par Jullien, notaire au châtelet d'Orléans, François-Luc-Pierre Jacque, sieur de Mainville ;

13.° Marie-Anne-Justine Colas, dite mademoiselle de Malmusse, née le 26 septembre 1759, décédée le 12 décembre 1811, sans avoir contracté d'alliance ;

14.° Marie-Elisabeth Colas, née le 23 août 1769, est décédée le 30 avril 1795, sans avoir contracté d'alliance.

XIII. Louis Colas de Brouville, II° du nom, fils aîné de Louis Colas de Brouville-Malmusse et de Claude-Marie-Pierre Vandebergue, né le 31 mai 1744, secrétaire de l'assemblée de l'ordre de la noblesse du bailliage d'Orléans en 1789, a épousé, avec dispense, et par contrat du 19 juin 1769, reçu par Jullien, notaire au châtelet d'Orléans, Marie-Catherine Colas de Brouville, sa cousine-germaine, fille de Pierre Colas de Brouville, conseiller du roi, receveur des tailles en l'élection de Blois, et de Marie Simart. Elle est décédée le 26 octobre 1779, et a été inhumée en l'église de Saint-Paul, à Orléans. De leur mariage sont nés :

1.° Louis Colas de Brouville, décédé en bas âge ;

2.° Michel Colas de Brouville, né le 8 juillet 1774, qui a épousé, par contrat du 10 septembre 1796, reçu par Bertels, notaire à Paris, Cécile Plumard, fille de Siméon Plumard, écuyer, sieur de Rieux, et de Marie-Jeanne Geslin. Cécile Plumard est décédée le 2 février 1803, et a été inhumée au cimetière Saint-Jean de la ville d'Orléans. De ce mariage sont nés :

a. Marie-Antoinette Colas de Brouville, née le 18 juillet 1767 ;
b. Pauline-Octavie Colas de Brouville, née le 10 octobre 1790 ;

3.° Jacques Colas de Brouville, qui continue la postérité ;

4.° Marie-Charles Colas de Brouville, né le 19 mai 1777 ;

5.° Albin ou Aubin Colas de Brouville, né le 21 octobre 1779, décédé le 7 novembre suivant, et inhumé en l'église de Saint-Paul ;

6.° Marie-Pauline Colas de Brouville, née le 22 octobre 1772, mariée, par contrat du 16 août 1792, reçu par Jullien, notaire à Orléans, à Jacques Tassin, fils de Prosper-Guillaume Tassin, écuyer, seigneur de Villession en Beauce, ci-devant intendant des finances de monseigneur le duc d'Orléans, et d'Anne-Suzanne-Andrée le Clerc de Douy.

XIV. Jacques Colas de Brouville, second fils de Louis Colas de Brouville et de Marie-Catherine Colas de Brouville, né le 31 août 1775, a épousé, par contrat du 7 février 1799, reçu par Brochot et son confrère, notaires à Orléans, Flore-Elisabeth Mingre, fille de Benjamin-François Mingre, écuyer, sieur de Noras, et de Flore-Elisabeth-Thérèse Baguenault. De ce mariage sont issus :

1.° Louis-Jacques Colas de Brouville, décédé en bas âge, le 24 avril 1800;

2.° Paulin-Michel Colas de Brouville, né le 28 août 1802 ;

3.° Louis-Eusèbe-Zoïle Colas de Brouville, né le 27 décembre 1805 ;

4.° Léonce Colas, né le premier février 1808 ;

5.° Marie-Albertine Colas de Brouville, née le 6 mai 1801.

*Branche des Colas de Brouville-Malmusse.*

XIII. Pierre Colas, sieur de Brouville-Malmusse, quatrième fils de Louis-Colas de Brouville-Malmusse, et de Claude-Marie-Pierre Vandebergue, né le 9 novembre 1752, a épousé, par contrat reçu par de Sroudat, notaire à Nantes, le 1er octobre 1784, Marie-Marguerite-Catherine-Jacques Chancerel d'Ardaine, fille de Charles Chancerel, écuyer, seigneur d'Ardaine, évêché de Nantes, et de dame Marie-Marguerite le Meilleur. Leur mariage a été célébré le 5 octobre 1784 dans la chapelle du château d'Ardaine. Ils ont eu les enfants qui suivent :

1.° François Colas, qui continue la postérité ;

2.° Thomas Colas de Brouville-Malmusse, né à Nantes, le 30 août 1790 ;

3.° Timothée Colas de Brouville-Malmusse, né à Nantes, le 23 février 1794, reçu garde du corps de Sa Majesté, compagnie de M. le duc de Grammont, le 7 novembre 1815 ;

4.° Émérance Colas, née à Nantes, le 20 juin 1788, décédée le 6 décembre 1790 ;

5.° Adélaïde Colas de Brouville-Malmusse, née à Nantes, ainsi que sa sœur, le 20 juin 1788, a épousé, par contrat reçu par Cabart, notaire à Orléans, le 5 octobre 1804, François Chervaux, fils de François Chervaux, conseiller du roi, maître des eaux et forêts du duché d'Orléans, et de Marie-Rose-Céleste du May.

XIV. François Colas, Ve du nom, sieur de Brouville-Malmusse, fils aîné de Pierre Colas de Brouville-Malmusse et de Marie-Marguerite-Catherine-Jacques Chancerel d'Ardaine, né à Nantes, le 19 août 1785, a épousé, par contrat du 27 juin 1808, reçu par Rabelleau, notaire à Orléans, et son confrère, Geneviève-Pauline Crignon, fille d'Antoine-Edouard Crignon, écuyer, sieur des Ormeaux, maire de la ville d'Orléans, et de dame Thérèse-Susanne de Besançon. Leur mariage a été célébré le même jour dans l'église paroissiale de Sainte-Croix d'Orléans. De ce mariage est issue :

1.° Athénaïs Colas de Brouville-Malmusse, née le 15 mai 1809.

*Branche des Colas de Brouville des Ormeaux.*

XIII. Charles Colas de Brouville, sieur des Ormeaux, cinquième fils de Louis Colas de Brouville-Malmusse, et de Claude-Marie-Pierre Vandebergue, né le 19 novembre 1753, a épousé, avec dispense, et par contrat du 12 novembre 1779, reçu par Rou, notaire au châtelet d'Orléans, Julie Boillève, fille de Claude-Guillaume Boillève, ancien échevin de la ville d'Orléans, et d'Elisabeth Colas. Ses enfants sont :

1.° Charles Colas de Brouville des Ormeaux, qui continue la postérité ;
2.° Louis Colas de Brouville des Ormeaux, décédé en bas âge ;
3.° Charles-Stanislas Colas de Brouville des Ormeaux, décédé à Paris, âgé de cinq ans ;
4.° Mélanie Colas de Brouville des Ormeaux, née le 30 juillet 1782, qui a épousé, par contrat du premier janvier 1803 reçu par Cabart, notaire à Orléans, Augustin-François Mercier, écuyer, seigneur d'Inville, fils de Joseph-Jacques Mercier, écuyer, et d'Angélique-Louise-Geneviève de Lobel ;
5.° Marie-Clémence Colas de Brouville des Ormeaux, née le 6 novembre 1789.

XIV. Charles Colas de Brouville des Ormeaux, né le 27 août 1780, a épousé, par contrat du 1er mai 1803, reçu par Bruère, notaire à Orléans, Catherine-Marie-Thérèse de Loynes de Morett, fille de Louis de Loynes, chevalier, seigneur de Morett et de Villedare, brigadier des armées du roi, chevalier de l'ordre royal et militaire de Saint-Louis, et de Marie Tassin.

*Branche des Colas de Brouville de la Noüe.*

XIII. Etienne Colas de Brouville, sieur de la Noüe, sixième fils de Louis Colas de Brouville-Malmusse, et de Claude-Marie-Pierre Vandebergue, né, ainsi que son frère Charles, le 19 novembre 1753, nommé par le roi chevalier de la Légion d'honneur, en 1815, a épousé, en premières noces, et par contrat du 7 février 1779, reçu par Morat, notaire à Issoudun, Marie-Anne Gaignault de Beaulieu, fille de Denis Gaignault, et de Marie Soulet.

Marie-Anne Gaignault est décédée à Orléans le 8 mai 1785, et a été inhumée le 10, à Saint-Marceau.

En secondes noces, Etienne Colas de Brouville de la Noüe, a épousé, par contrat du 30 avril 1786, reçu par Fougeron, notaire au châtelet d'Orléans, Marie-Anne Seurrat, fille de Jacques-Isaac Seurrat, écuyer, seigneur des Grandes Verelles, Villecoulou, et autres lieux, juge-magistrat au bailliage et siége présidial d'Orléans, et de Marie-Anne-Renée Renault. Marie-Anne Seurrat est décédée le 16 février 1787, et a été inhumée le 11, au cimetière de Saint Marceau. Il a eu pour enfants:

*Du premier lit :*

1.° Etienne Colas de Brouville de la Noüe, né le 13 août 1780, décédé quelques jours après sa naissance;

2.° Jeanne-Céleste Colas de Brouville de la Noüe, née à Issoudun le 10 octobre 1781, morte le 11 mars 1783, et inhumée en la paroisse de Saint-Cyr d'Issoudun ;

*Du second lit :*

3.° Jacques, dont l'article suit :

XIV. Jacques Colas de Brouville de la Noue, né le 8 février 1787, a épousé, avec dispense, et par contrat du 19 mars 1811, reçu par Courmont, notaire à Orléans, Thérèse-Edwige Vandebergue, fille de Claude Vandebergue, écuyer, sieur de Champguérin, et de Natalie Miron de Saint-Germain.

Jacques Colas de Brouville de la Noüe, a été nommé par le roi, le 15 juillet 1814, conseiller-magistrat à la cour royale d'Orléans ; il a été reçu en cette qualité, le 13 août suivant. Leurs enfants sont :

1.° Jacques-Gustave Colas de Brouville de la Noüe, né le 16 février 1812;

2.° Louis-Ernest Colas de Brouville de la Noüe, né le 26 septembre 1814.

*Branche des Colas des Francs.*

XIII. François Colas des Francs, seigneur de Villession en Beauce, second fils de Robert Colas, seigneur de Puchesse, et de Claude-Madeleine Foucault, né le 2 juillet 1701, a épousé, par contrat du 26 janvier 1725, reçu par Boucher, notaire au châtelet d'Orléans, Marie-Anne Haudry, fille de Pierre Haudry, sieur des Graviers, et de Marie-Anne Sergent. François Colas est décédé en mai 1747, et a été inhumé le 23 du même mois, en l'église de Saint-Paul. Ils eurent pour enfants :

1.° Pierre-François Colas, qui continue la postérité;

2.° Marie-Anne Colas des Francs, née le 3 octobre 1727, mariée par contrat du 14 décembre 1749, reçu par Godeau, notaire au châtelet d'Orléans, à Charles-François Tassin, écuyer, seigneur de Charsonville, L'orges, Rosette, Arpilly, et autres lieux : grand-maître enquesteur et réformateur des eaux et forêts de France au département d'Orléans, fils de Charles Tassin, écuyer, secrétaire du roi, maison et couronne de France, échevin de la ville d'Orléans en 1747, 1748 et 1749; maire en 1754, 1755 et 1756, et de Marie-Madeleine Jousse ;

3.° Claude Colas des Francs, née le 25 juin 1729, décédée le 13 avril 1745.

XIII. Pierre-François Colas des Francs, né le 2 février 1733, a épousé, en premières noces, par contrat du 22 octobre 1759, reçu par Godeau, notaire au châtelet d'Orléans, Madeleine-Avoie Pinchinat, fille de François Pinchinat, écuyer, secrétaire du roi, maison et couronne de France, et d'Avoie Seurrat.

Madeleine-Avoie Pinchinat est décédée le 8 avril 1761, et a été inhumée le 10 suivant, en l'église de Saint-Paul.

En secondes noces, Pierre-François Colas des Francs, a épousé, par contrat du 21 décembre 1767, reçu par Jullien, notaire au châtelet d'Orléans, Marie-Thérèse Miron, fille de Pierre Miron, écuyer, conseiller, secrétaire du roi, maison et couronne de France, et d'Elisabeth-Thérèse Jacques du Coudray. Ses enfants furent :

*Du premier lit :*

1.° Marie-Anne-Mélanie Colas des Francs, née le 11 février 1761, reconnue pour noble d'extraction, par sentence rendue sur les conclusions du procureur du roi, par le lieutenant-général au bailliage et siége présidial d'Orléans, le 4 novembre 1776; elle a épousé, par contrat du 16 février 1778, reçu par Pion, notaire au châtelet d'Orléans Léon-Hector Patas, écuyer, seigneur de Mesliers, lieutenant-criminel au châtelet d'Orléans, fils de Jean Patas, écuyer, seigneur du Bourgneuf, doyen de messieurs les trésoriers de France au bureau de la généralité d'Orléans, et de Susanne-Charlotte Charpentier de Mesliers.

Marie-Anne-Mélanie Colas des Francs, est décédée en septembre 1782, et a été inhumée à Orléans, le 17 du même mois.

*Du second lit :*

2.° Pierre-Charles Colas des Francs, qui continue la postérité;

3.° Albin-Gabriel-Jules Colas des Francs, dont la postérité suivra celle de son frère aîné ;

4.° Marie-Thérèse-Josephe Colas des Francs, née le 24 mars 1769, qui a épousé, par contrat du 6 mars 1786, reçu par Jullien, notaire au châtelet d'Orléans, Honoré-François Lambert, chevalier, sieur de Rosai, capitaine au régiment Royal Picardie, cavalerie, fils d'Honoré-François Lambert, chevalier, lieutenant-colonel de cavalerie, chevalier de l'ordre royal et militaire de Saint-Louis, et de Marie Bouvart;

5.° Elisabeth-Zoé Colas des Francs, née le 3 août 1778, mariée, par contrat du 20 novembre 1793, reçu par Bruère et Jullien, notaires à Orléans, avec Alexandre-Jean-Louis Anne de Loynes, écuyer, seigneur du Houlley, de Mazaires, et autres lieux.

XIV. Pierre-Charles Colas des Francs, fils aîné de Pierre François Colas, sieur des Francs, et de Marie-Thérèse Miron, né le 29 juillet 1771, a épousé, par contrat du 12 avril 1798, reçu par Bottet, notaire à Orléans. Lucie-Olive Montaudouin, fille de Jean-Gabriel Montaudouin, écuyer, et de dame Catherine-Olive Hay, demeurant à Nantes. De ce mariage sont issus :

1° Pierre-Alfred Colas des Francs, né le 20 février 1799;
2.° Zarbel Colas des Francs, né le 9 juillet 1800 ;
3.° Paul Colas des Francs, né le 14 août 1801 ;
4.° Albert Colas des Francs, né le 14 octobre 1806 ;
5.° Lydie Colas des Francs, née le 17 février 1803, décédée le 17 septembre de la même année ;
6.° Félicie Colas des Francs, née le 22 juin 1804 ;
7.° Amélie Colas des Francs, née le 13 septembre 1808 ;
8.° Lucie-Olive-Natalie Colas des Francs, née le 7 mars 1810;
9.° Caroline Colas des Francs, née le 14 janvier 1812;
10.° Lydie Colas des Francs, née le 3 mars 1815.

XIV. Albin-Gabriel-Jules Colas des Francs, second fils de Pierre-François Colas, sieur des Francs, et de Marie-Thérèse Miron, né le 10 octobre 1781, a épousé, par contrat du 7 février 1803, reçu par Cabart, notaire à Orléans, Anne-Aglaé Tassin, fille de Pierre-Augustin Tassin, écuyer, sieur de Moncourt, et de Félicité-Aglaé le Clerc de Douy. De ce mariage sont issus :

1.° Gabriel Colas des Francs, né le 31 juillet 1805;
2.° Albin Colas des Francs, né le 6 juin 1808;
3.° Catherine-Elvire Colas des Francs, née le 18 juin 1804;
4.° Thaïs Colas des Francs, née le 8 octobre 1806, et décédée le 26 mai 1808 ;
5.° Thaïs Colas des Francs, né le 20 novembre 1809;
6.° Louise Colas des Francs, née le 28 novembre 1811 ;
7.° Delphine Colas des Francs, née le 16 octobre 1815.

*Armes :* « D'or, au chêne de sinople, terrassé de sable,

« au sanglier du même, brochant sur le fût de l'arbre.
« Devise : *ulterius ardet.* »

MM. Colas de Marolles, d'Anjouan et de Rocheplatte, portaient « Ecartelé : au 1 et 4 d'or, au chêne de sinople, « terrassé de sable ; au sanglier du même, qui est de « Colas ; au 2 et 3, de sable, à trois barbots d'argent, « surmontés de trois annelets du même, qui est de Ma- « rolles. »

---

PONTAUBEVOYE (DU), très-ancienne maison, dont l'origine se perd dans la nuit des temps. Elle paraît originaire de Touraine ; les branches existantes sont établies en Anjou et au Maine, depuis près de cinq siècles. Les titres de cette maison ont été produits en originaux en différents temps, soit pour l'ordre de Saint-Jean de Jérusalem, devant les commissaires réformateurs de la Noblesse, pour les entrées aux Etats, l'admission aux Pages du Roi, à la Maison royale de Saint-Cyr, à l'Ecole royale militaire, etc., pardevant M. d'Hozier de Sérigny, Warroquier, dom de Villevielle, et pardevant M. Chérin, généalogiste du Cabinet des ordres du Roi, pour les preuves de la cour. La filiation suivie de cette ancienne maison, d'après les titres précités, remonte à

I. Emery DE PONTE OU DU PONT, Ier du nom, vivant en 1147 et 1160, qualifié *miles* dans un rôle en latin et en parchemin des seigneurs tourangeaux, partant pour la seconde croisade en la Terre-Sainte. Il eut pour fils :

II. Michel DU PONT, qualifié *miles* dans des titres de 1189 1202, 1207 et 1214 existants dans les archives des abbayes de Bourgueil, de Saint-Florent, de Saumur et de Marmoutier, et produits. Il assista à la troisième croisade, et combattit à Bouvines. Il fut père de :

III. Emery DU PONT, IIe du nom, vivant en 1246, et qualifié *miles*, suivant un acte de 1259, en latin, par lequel il fait don d'une rente à l'abbaye de Marmoutier. Il eut pour fils :

IV. Guillaume DU PONT, Ier du nom, chevalier, vivant en 1270, employé pour le Roi à Blois, suivant le dénombrement qui fut fait des officiers militaires de la couronne, sous Philippe-le-Hardi. Il fut père de :

V. Jean du Pont, Ier du nom, qui servit au ban et arrière-ban de la province de Touraine, sous Philippe-le-Bel, jusqu'en 1304, suivant les archives de l'abbaye de Marmoutier. Ses enfants furent :

1.° Jean, dont l'article suit ;

2.° Guillaume, cité dans une enquête du 13 avril 1329, faite en exécution de la lettre de Philippe de Valois, pour prouver que l'héritier de la Comté de Blois pouvait posséder son fief à quatorze ans. Dans le nombre des seigneurs et écuyers du Blaisois et de la Touraine, présents à cette enquête, sont cités Jean de Chambours, Jean de Limery, Guillaume du Pont ;

3.° Regnaud, qui reçut de Philippe de Valois, en considération de ses services militaires une somme de quatre cents livres, au mois d'août 1330.

VI. Jean du Pont, IIe du nom, chevalier, seigneur d'Aubevoye, en Anjou, et de plusieurs grandes terres près de l'Isle-Bouchard en Touraine et frontières du Berri, vivait en 1334, est cité dans un acte où il se présente avec un écuyer de sa maison, et mourut en 1350. Il eut pour fils :

1.° Emery, dont l'article suit ;

2.° Thibaud, chevalier, qui servit dans les ordonnances du roi Charles V. Il accompagna Louis, frère du roi, et le duc d'Anjou avec d'autres gentilshommes angevins, manceaux et bretons dans la guerre contre les Anglais, et au siége de Bergerac en 1375. Il est fait mention de lui dans l'ancienne Histoire chronologique des comtes et ducs d'Anjou, imprimée en 1529, et au recto CXIX.

3.° Jean, auteur de la seconde branche, ou des seigneurs d'Aubevoye, rapportée ci-après.

4.° Thomas du Pont, qui partagea avec ses frères en 1350. Il est compris au nombre des écuyers commandés par Bertrand du Guesclin à la Bastide, devant Conches en 1371 ; et a cette qualité dans un arrêt du parlement de Paris, rendu à son profit en 1408, et existant en original dans ses archives.

VII. Emery du Pont, IIIe du nom, chevalier, seigneur de la châtellenie de la Motte du Pont (aujourd'hui la Motte-Beuvron), de Négron près Tours, du Pont, de la Beaucraye, de la Roche-Huon, servit dans les compagnies d'ordonnance du roi Charles V, partagea noblement avec ses frères en 1350, et épousa Jacqueline de Fontenay, sœur d'Ambroise de Fontenay, baron de Saint-Gratien. De ce mariage vinrent :

1.° Jean, seigneur de Motte-du-Pont, de Négron, du Pont, de la Roche-Huon, de la Grange-aux-Moines, de Beaupuy, et autres terres et fiefs situés dans la paroisse de Panzoust en Touraine, lequel vendit la terre de la Motte-du-Pont pour payer les rançons de son père, de Jean, dit Jacques, et de Petit-Jean, deux de ses frères, qui avaient été faits prisonniers avec Jeanne d'Arc, dite la Pucelle d'Orléans, au siége de Compiègne, en 1430. Leur rançon fut fixée à 2000 angelots. Il avait épousé Anne le Roux de la Roche des Aubiers, dont il eut :

*a.* N... du Pont, mort jeune ;

*b.* Jeanne, mariée à Pierre de Négron ;

2.° Jean, dit-Jacques, dont l'article suit;

3.° Pierre, *chevalier de Rhodes et de Saint-Jean de Jérusalem ;* l'origine de ses preuves de noblesse existe à Gallerande, près la Flèche en Anjou, dans les archives de la maison de Clermont. — Deux des témoins pour certifier les preuves furent : Jean, sire de Clermont; Jean de la Boutaille.

4.° Jean, dit Petit-Jean, mort sans alliance.

VIII. Jean, dit Jacques DU PONT, III^e^ du nom, seigneur de la Corbinière, de la Fourmendière et du Barreau, fait prisonnier au siége de Compiègne, et créé chevalier, avec Jean, dit Petit-Jean, son puîné ; s'était trouvé à la bataille de Verneuil, donnée contre les Anglais en 1424. Il avait épousé : 1.° Agnès de la Hachelonière ; 2.° Anne Freneau de Créans. Ses enfants furent :

*Du premier lit:*

1.° Deux fils, morts jeunes;

2.° Agnès, mariée à Olivier Moreau, seigneur de la Poissonnière, au Maine ;

*Du second lit:*

3.° Bertrand, dont l'article suit ;

4.° Jean, seigneur de la Courtoisie, marié avec Gillette de Thiard, fille de N... de Thiard, seigneur de la Roche-Gautron et de Perrette de la Bataille;
5.° Catherine du Pont, mariée à Pierre de la Roche, seigneur de la Touche-Meigné.

IX. Bertrand du Pont, seigneur de la Huchelonnière, commandant pour le roi à Mirebeau, et gouverneur du Mirabalais sous Charles VII, testa en 1460. Il avait épousé Jeanne de Marquière, sa pupille, dame de la Roche-Huon, qui descendait de Jeanne du Pont et de Pierre Négron. Il eut de ce mariage:

1.° François, dont l'article suit;
2.° Pierre, prieur de Chevelle.

X. François du Pont, seigneur du Pont, de Négron, de la Roche-Huon, épousa, par contrat passé en la cour du Plessis, aux Moines, en 1490, Renée de la Rivière, qui le rendit père de:

1.° Antoine, dont l'article suit;
2.° René, protonotaire du Saint-Siége, chanoine de l'église de Saint-Gratien, archi-prêtre de l'Isle-Bouchard, et prieur de Sélontène;
3.° Françoise, mariée à Jacques Selarier, seigneur des Petits-Bois;
4.° Jeanne du Pont, mariée à Guillaume de l'Eperonnière, seigneur de la Safranière.

XI. Antoine du Pont, chevalier, seigneur du Pont, de la Roche-Huon, etc., fit toutes les guerres de Louis XII et de François I^er^, en Italie, et contre les Vénitiens, et mourut sans postérité.

SECONDE BRANCHE.

*Seigneurs d'Aubevoye.*

VII. Jean du Pont, III^e^ du nom, écuyer, troisième fils de Jean II, partagea, en 1350, avec Emery, Thibaud, et Thomas, ses frères, et eut pour sa part la terre et seigneurie d'Aubevoye, en Anjou. Il épousa Jeanne de Fréde, dame de la Fréderie, dont il eut:

VIII. Guillaume du Pont, II^e^ du nom, chevalier,

seigneur D'AUBEVOYE, grand-veneur de la reine de Naples et de Sicile, de la maison d'Anjou, et qualifié tel dans l'acte de provisions de ladite charge en 1423 ; il servit au siége de Carentan, en 1430. Il avait épousé Jeanne de la Fosse, qui le rendit père de :

1.° Thomas, dont l'article suit ;
2.° Jean, mort sans postérité.

IX. Thomas DU PONT, Ier du nom, seigneur D'AUBEVOYE, capitaine-gouverneur des ville et château de Baugé, en Anjou, par provisions de l'an 1442, est qualifié de *principal héritier* de noble Guillaume du Pont, et de Jeanne de la Fosse, ses père et mère, dans un acte original du 5 mai 1437, concernant une assiette de douaire sur les lieux de la Fréderie, de la Hamardière, et du Châtelet, dépendants de la terre d'Aubevoye, donnée à Agnès, veuve de noble Jean du Point, son frère puîné. Il avait épousé Jeanne Guy, d'une illustre maison de Touraine. De ce mariage vinrent :

1.° Jean, dont l'article suit ;
2.° René du Pont, } morts sans postérité.
3.° Guillemine, }

X. Jean DU PONT, IVe du nom, écuyer, seigneur d'Aubevoye, servit dans les ordonnances du roi jusqu'en 1496 ; il partagea *noblement* avec ses frères et sœurs le 13 sepembre 1481, la succession de Thomas, leur père ; fit acquisition, le 3 novembre 1487, conjointement avec Jeanne Guy, sa mère, des terres et seigneurie de Courbran, paroisse de Coulongé, au Maine, et le 9 août 1488, le duc d'Alençon leur fit don des ventes qui lui revenaient de ladite seigneurie, mouvante de son fief de Valségré, en faveur *des services que lui et ses prédécesseurs lui avaient rendus et aux siens*. Il épousa Michelle de Richomme, fille et héritière du seigneur de la Gouberie, près Baugé, en Anjou, dont il eut :

1.° Pierre, dont l'article suit ;
2.° Martin, ecclésiastique, en 1538 ;
3.° Jean, qui fut père de Pierre du Pont, seigneur du Mesnil, qui n'eut que deux filles.

XI. Pierre DU PONTAUBEVOYE, écuyer, seigneur d'Aubevoye, de la Gouberie, de Courbran, servit dans la compagnie du comte de Saint-Pol jusqu'en 1530, rendit hommage le 22 septembre 1522 et 30 juillet 1530, pour raison de sa terre d'Aubevoye, en tant qu'il y en a au pays du Maine. Il obtint, sous le règne de François Ier, le 19 janvier 1535, des lettres de relief d'appel contre le sénéchal d'Anjou ; et le 29 novembre 1538, il partagea *noblement* la succession de son père avec ses frères, et même ceux de leur mère encore vivante, mais de son consentement. Il donna à ses puînés en propriété le lieu fief et domaine de la Touche, et le fief de Valségré ; et retint pour son droit d'aînesse le domaine de Courbran, celui de la Créonnière, et la terre et seigneurie d'Aubevoye, nom qui depuis ce temps a toujours été *lié à celui de du Pont*, en vertu d'une ordonnance de Charles IX de 1570, enregistrée, même année, à la cour des aides de Paris. Il avait épousé Marthe Collins, dont il eut :

1.° Thomas, dont l'article suit ;
2.° Vincent, mort sans lignée ;
3.° N...., mariéé à noble René de Gourdault ;
4.° Marthe, femme de René de Pontemy, écuyer, seigneur de Saint-Lambert ;
5.° Renée du Pontaubevoye, mariée à noble Vincent de Menard, seigneur du Tertre.

XII. Thomas DU PONTAUBEVOYE, IIe du nom, chevalier, seigneur d'Aubevoye, rendit hommage au comte du Lude, pour raison de sa terre d'Aubevoye et pour ses fiefs de Courbran et de la Créonnière, le 22 octobre 1589, et partagea *noblement* avec ses puînés le 9 juin 1576. Il avait été pourvu de la charge de conseiller au parlement de Bretagne, le 17 mars de la même année, eut des lettres de conseiller d'honneur au même parlement le 26 novembre 1598 ; acquit la terre de la Roussière, en Anjou, paroisse d'Echemiré, par acte du 11 septembre de la même année, de Charles le Bigot, écuyer, seigneur de Linières. Il avait épousé, 1.° par contrat du 7 juillet 1575, Marie-Laurent de Pontfou, fille de noble René Laurent, seigneur de Pontfou, et de Marie de Rennes ; 2.° Marie de Gordon, morte sans enfants. Ceux du premier lit furent :

1.° Charles, dont l'article suit ;

2.° Charles, dit le Jeune, auteur de la branche des seigneurs de la Roussière et de Launay-Baffert, rapportée ci-après ;
3.° Marthe, mariée par contrat du 13 juillet 1599, à noble Pierre le Gros, seigneur de Cratigny, conseiller au grand conseil du roi ;
4.° Claudine du Pontaubevoye, religieuse à l'abbaye de Bonlieu, ordre de Cîteaux, au Mans.

XIII. Charles DU PONTAUBEVOYE, écuyer, seigneur d'Aubevoye, de Courbran et de la Créonnière, né le 9 avril 1576, partagea noblement avec ses puînés le 6 novembre 1619, fut maintenu dans sa *noblesse d'ancienne extraction* le 5 octobre 1607, successivement lieutenant-général en la sénéchaussée et siége présidial de la Flèche, avocat général au grand conseil et conseiller d'état le 1er juin 1623, dans laquelle charge il fut confirmé par lettres du 11 mars 1631 ; et ambassadeur pour le roi à Venise ; avait épousé par contrat du 7 août 1603, Jeanne de Montortier ; 2.° par contrat du 23 février 1620, Marie Choart, fille de noble Philbert Choars et de Marie Chauvelin. Ses enfants furent :

*Du premier lit :*

1.° Jeanne, mariée par contrat du 23 août 1628, à messire Léonor de Rémefort, seigneur de la Grillière, conseiller d'état ;

*Du second lit :*

2.° Léonor, dont l'article suit ;
3.° Anne du Pontaubevoye, mariée par contrat du 20 juin 1649, à Jean-François le Boultz, seigneur de Chizé, conseiller au parlement de Paris, à qui elle porta la terre d'Aubevoye, rentrée dans cette maison en 1750; entr'autres enfants elle eut Luc le Boultz, *chevalier de Malte*, sur preuves faites en 1681. — Les témoins pour vérifier l'ancienne noblesse d'Anne du Pontaubevoye furent le maréchal d'Estrades et le marquis de Caillebot-Lasalle.

XIV. Léonor du PONTAUBEVOYE, chevalier, seigneur d'Aubevoye, fut conseiller au parlement de Metz en

1655, conseiller au grand conseil en 1662, mourut sans alliance en 1680.

## TROISIÈME BRANCHE.

*Seigneurs de la Roussière Oysonville et de Launay Baffert.*

XIII. Charles du PONTAUBEVOYE, Ier du nom, chevalier, seigneur de la Roussière et de la Noue, second fils de Thomas du Pontaubevoye, IIe du nom, et de Marie de Laurens, né le 20 juillet 1577, fut fait, en considération de ses services militaires, capitaine de cent hommes d'armes dans le régiment de Lavardin, par commission du 18 octobre 1615; servit au ban et arrière-ban des gentilshommes de la province, suivant un certificat de M. de Beaumanoir, baron de Lavardin, du 7 août 1633; fut fait gentilhomme de la chambre du roi par lettres données à Saint-Germain-en-Laye le 13 avril 1640; fut maintenu dans sa noblesse ancienne le 15 janvier 1636, et mourut le 2 novembre 1653. Il avait épousé, le 31 janvier 1614, Marguerite du Gué, dame de la Chénaye, veuve de noble Jacques Belossier, seigneur de Méfossé, fille de Jacques du Gué, écuyer, seigneur de l'Epinay, et de la Chénaie au Maine. De ce mariage vint :

XIV. Charles du PONTAUBEVOYE, IIe du nom, né le 20 mai 1615, chevalier, seigneur de la Roussière, de la Chénaye; il fut déchargé de la taxe des francs-fiefs, par arrêt de la cour-des-aides rendu à Paris le 31 janvier 1657, sur le vû et l'exposition des titres et partages nobles qu'*il produisit* depuis 1350 ainsi que l'*acte en original des partages nobles de* 1350, lesquels furent énoncés dans cet arrêt; et fut maintenu dans sa noblesse d'ancienne extraction le 15 mars 1665. Il mourut en 1698, et avait épousé, par contrat du 14 février 1643, Gabrielle du Grez, fille de noble Mathieu du Grez, seigneur de la Tremblaye, maître des requêtes ordinaires de Monsieur, frère du roi, et de Françoise Cupif. Leurs enfants furent :

1.° Charles, dont l'article suit ;
2.° Mathieu, auteur de la branche des seigneurs de Lauberdière, rapportée ci-après ;
3.° Anne du Pontaubevoye, mariée par contrat du

13 août 1664, à messire René le Bigot, chevalier, seigneur de Linières-Garguesalle.

XV. Charles DU PONTAUBEVOYE, III$^e$ du nom, chevalier, seigneur de la Roussière et de la Moussenaudière, né le 3 mars 1643, servit dans la seconde compagnie des mousquetaires de la garde du roi, comme il appert d'un congé qui lui fut donné par M. Colbert de Vandières, capitaine-lieutenant de ladite compagnie; fut compris au ban et arrière-ban des gentilshommes de l'Anjou, suivant des certificats des 26 mars, 30 avril et 24 octobre 1675. Il fut maintenu dans sa noblesse d'extraction, ainsi qu'André-René, son petit-fils, rapporté ci-après, par ordonnance de M. Chauvelin, intendant de la généralité de Tours et commissaire réformateur, le 24 juillet 1715. Il avait épousé à Paris, par contrat du 9 février 1670, Renée de Baigneux Courcival, dame de la Championnière, au Maine, fille de René de Baigneux, chevalier seigneur de Courcival, et de Marthe Joubert. Il mourut le 2 février 1728, laissant de son mariage:

1.° René, dont l'article suit;

2.° Jacques du Pontaubevoye, chevalier de la Roussière, seigneur d'Aubevoye, par acquisition de 1750, de Louis le Boultz, dans la maison duquel cette terre était passée en 1649; capitaine au régiment de Lautrec, dragons, mort en décembre 1754; il avait épousé: 1.° par contrat du 10 mars 1716, dame Marie le Jumeau, fille de messire Toussaint le Jumeau, chevalier, seigneur des Perrières, baron de Blou, et de dame Claude le Roux de la Roche-des-Aubiers; 2.° par contrat de 1739, Marie-Anne-Jacquine Richer de Montheard; dont une fille unique, Marie-Anne-Renée-Jacquine du Pontaubevoye, née le 8 janvier 1741, dame de la Roussière et d'Aubevoye, mariée, en mars 1757, à Henri-Louis d'Espaigne, chevalier, marquis de Vénevelles, lieutenant-colonel d'infanterie, chevalier de Saint-Louis, dont est issu Charles d'Espaigne, marquis de Vénevelles, fils unique, marié, en 1782, à demoiselle Poute de Nieul, desquels sont issus:

1.° Charles, né en 1783, colonel d'infanterie en 1814;

2.° Édouard, né en 1791, officier supérieur des gardes du corps de la garde du roi, compagnie de....

XVI. René du Pontaubevoye, chevalier, seigneur de la Roussière et de la Championnière, né le 11 novembre 1670, servit dans la compagnie des gentilshommes Angevins à Tournay où il fut admis le 29 mars 1689, et obtint un certificat de M. de Mesgrigny, gouverneur de la citadelle de cette ville le 13 avril suivant; fut nommé sous-lieutenant dans le régiment de Soissonnais, infanterie, le 15 janvier 1690, lieutenant le 30 avril suivant, et capitaine au même régiment par commission du 17 novembre 1693. Il mourut en 1708, et avait épousé, par contrat du 11 mars 1704, passé au château de Launay-Baffert, en Anjou, Marie-Marguerite de Gennes, fille aînée et principale héritière de défunt messire Hector de Gennes, chevalier, seigneur de Launay-Baffert, et de la châtellenie de Chavaignes, et de dame Marguerite de Chambes-Montarreau; dont

XVII. André-René du Pontaubevoye, chevalier, seigneur de la Roussière, de Launay-Baffert, de Chavaignes, de Poésieux, de la Giraudière, de Bonnette, etc., né le 30 novembre 1707. Il fut maintenu par les réformateurs de la noblesse, avec Charles du Pontaubevoye, III^e^ du nom, son oncle, le 24 juillet 1715, et mourut le 29 avril 1754. Il avait épousé, par contrat du 25 janvier 1734, Geneviève-Claude Briçonnet, fille et héritière, après la mort de ses frères, dont l'aîné fut tué en 1734, à la bataille de Parme, de feu François-Bernard Briçonnet, chevalier, marquis d'Oysonville, seigneur de Congerville, de Gaudreville, de Geurville, d'Ézeaux, de Lasse et du Bouchet, ancien colonel d'un régiment de son nom, et de Marie de Sèves dame de Gommerville.

La terre d'Oysonville, en Beauce, fut *érigée par Louis XIV en marquisat*, par lettres-patentes données à Saint-Germain-en-Laye, au mois de mars 1664, en faveur de Paul le Prévost, baron d'Oysonville, « pour » récompense des services qu'il lui avait rendus, ainsi » qu'au roi Louis XIII, son père, et *pour le titre*, (aux » termes des lettres-patentes) en *être transmis à ses* » *descendants légitimes mâles et femelles* ». *Il ne laissa qu'une fille*, Françoise le Prévost, marquise d'Oysonville, mariée à Bernard de Briçonnet, chevalier, seigneur de la Chaussée, d'une maison ancienne et illustrée de Touraine, *dont*, en vertu des lettres-patentes d'érection, *la postérité dans la maison du Pontaubevoye subsiste avec le titre de marquis d'Oysonville*; leurs enfants furent,

1.° René-Jacques-Claude, dont l'article suit;

2.° Henri-Charles, dont l'article suit, après celui de son frère;

3.° Anne-Charlotte-Geneviève, morte sans alliance, le 5 décembre 1765;

4.° Marie-Renée du Pontaubevoye, jumelle de la précédente, morte le premier juin 1774, religieuse bénédictine au couvent de la Fontaine Saint-Martin, au Maine.

XVIII. René-Jacques-Claude du PONTAUBEVOYE, chevalier, seigneur de la Roussière, marquis d'Oysonville, seigneur de Launay-Baffert, de Chavaignes, de Poisieux, etc.; né le 11 novembre 1734; page de la petite écurie du roi, le 1er juillet 1750 jusqu'au 1er juillet 1753; lieutenant au régiment de Saint-Jal, devenu Vogué, cavalerie, dans lequel il a fait les campagnes d'Allemagne, et a eu un cheval tué sous lui à la bataille de Minden, en 1759; servit jusqu'en 1768. Il épousa, par contrat du 10 juillet 1763, Marie Bouet de la Noue, fille de Claude-François Bouet de la Noue, chevalier, seigneur de Saint-Georges, de Paintrey, de Lussant et de Cré, ancien capitaine de grenadiers au régiment de Bourbonnais, chevalier de l'ordre royal et militaire de Saint-Louis, et de dame Louise Douineau, dont il n'a point d'enfants;

XVIII. Henri-Charles du PONTAUBEVOYE, chevalier, comte d'Oysonville, seigneur de la châtellenie, de Lasse, du Bouchet et autres lieux, né le 15 janvier 1738, frère du précédent, fut capitaine au régiment de Grenoble, artillerie, obtint le brevet de lieutenant colonel d'artillerie, chevalier de l'ordre royal et militaire de St-Louis, mort en septembre 1812; il avait épousé en juillet 1780, Louise-Françoise du Pontaubevoye de Lauberdière, sa cousine, fille de Charles-Mathieu du Pontaubevoye, chevalier, seigneur, marquis de Lauberdière, et de Louise-Jeanne-Claire le Gros de Princé ; de ce mariage sont issus :

1.° Henri-Louis-Jacques, dont l'article suit ;

2.° André-Charles-Théodore du PONTAUBEVOYE d'Oysonville, né le 7 mai 1784, capitaine de frégate de la marine royale, chevalier de l'ordre royal et militaire de Saint-Louis, et de la Légion d'honneur ; il a fait dans les mers de l'Inde et aux Iles de la Sonde, et dans celles sur les côtes d'Afrique, de la Guyanne, du golfe du Mexique, aux Antilles et dans l'Océan européen, les campagnes à bord des vaisssaux de guerre de l'Etat, depuis 1802 ;

3.° Marie-Thomas-Eugène du PONTAUBEVOYE d'Oysonville, né à Nimègue le 24 juillet 1794, entré dans le 1<sup>er</sup> régiment de chasseurs à cheval en qualité d'officier, en 1813 ; capitaine adjudant-major dans le 7<sup>e</sup> régiment d'hussards, dit d'Orléans, passé capitaine avec rang de chef-d'escadron dans le régiment des Lanciers de la garde du roi, membre de la Légion-d'honneur ; il a servi en Pologne et en Allemagne en 1813 et 1814, et a suivi le roi à Gand en mars 1815

4.° Geneviève-Emilie du PONTAUBEVOYE, née le 24 mai 1781, mariée, le 4 novembre 1806, à Henri Odart, chevalier, marquis de Rilly, officier supérieur dans la première compagnie des Mousquetaires de la garde du roi, dont elle a, 1.° Paul, né en 1812 ; 2.° Caroline, née en 1809 ; 3.° Constance, en 1810 ; 4.° Eugénie, en 1814.

XIX. Henri-Louis-Jacques du PAUTAUBEVOYE, chevalier, comte d'Oysonville, lieutenant-colonel d'infanterie, chevalier de l'ordre royal et militaire de Saint-Louis, membre de la Légion d'honneur, né le 7 août 1782, a fait deux campagnes dans le royaume de Naples et en Calabre ; les campagnes d'Espagne et trois campagnes dans le nord de l'Allemagne, de 1806 à 1814.

## QUATRIÈME BRANCHE.

### *Seigneurs de Lauberdière.*

XV. Mathieu du Pontaubevoye, chevalier, seigneur de Lauberdière, de la Chenaye au Maine, etc., né le 25 juillet 1655, second fils de Charles du Pontaubevoye, IIe du nom, et de Gabrielle du Grez, servit dans le régiment de Navarre, depuis 1673 jusqu'en 1689, qu'il fut fait capitaine dans le régiment de Desclos ; servit au ban et arrière-ban avec les autres gentilshommes de la province du Maine et Anjou, suivant plusieurs certificats de l'année 1695 ; fut maintenu par jugement de M. Hue de Miromesnil, commis réformateur de la noblesse, intendant de la généralité de Tours, du 24 juillet 1698, et mourut en 1724. Il avait épousé, par contrat du 15 juillet 1687, Renée-Marie de Villiers Lauberdière, des seigneurs de l'Ile-Adam. Après la mort de ses frères, elle fut héritière de la branche aînée du rameau de cette maison établie en Anjou depuis plusieurs siècles, et dame de Lauberdière, terre linéalement et héréditairement descendue sans interruption depuis 1381, jusqu'à elle, et dont, aux mêmes droits, la quatrième branche de la maison du Pontaubevoye, a pris le nom distinctif. Elle était fille de François de Villiers, chevalier, seigneur de Lauberdière et de la Haye, et de Gabrielle Petit de la Guierche. De ce mariage vinrent :

1.° François-Charles, dont l'article suit ;
2.° Charles-Mathieu, mort sans postérité, capitaine de cavalerie ;
3.° Une fille, morte religieuse cordelière à Sablé.

XVI. François-Charles du Pontaubevoye, chevalier, seigneur de Lauberdière, de la Chenaye, de la Haye, etc., né le 22 juillet 1690, servit dès 1708 et fut blessé à la bataille de Malplaquet en 1709, entra ensuite au régiment de Saint-Chaumont, dragons, par brevet du 2 février 1712, lieutenant réformé dans celui de Lautrec, par ordre du 20 mars 1715, passa capitaine au régiment de Goesbriant, dragons, par lettres du 19 août 1720. Il épousa, par contrat du 6 janvier 1723, Louise-Marguerite-Charlotte Giroust-du-Tronché, fille unique et héritière de Jean Giroust, seigneur de Miré et de

Vaucor. Il mourut le 20 septembre 1774, laissant de son mariage :

1.° François-Charles-Mathieu, dont l'article suit ;

2.° François - Louis, qui fonde une branche en Bretagne, et rapportée plus bas ;

3.° Marie - Jacquine-Françoise, mariée à Charles-Louis-Thibaut Giroust de Marcilli, ancien garde du corps du roi, capitaine des troupes de la colonie de Saint - Domingue, au quartier de Port de Paix ;

4.° Marguerite - Louise - Gabrielle du Pontaubevoye, née en avril 1750, mariée, le 28 décembre 1754, à Louis-Henri-Charles-René, comte de Faudoas-Barbazan et de Sérillac, dont trois garçons :

a. N..... comte de Faudoas, né en 1755 ;
b. N..... chevalier de Faudoas, né en 1757, reçu chevalier de Malte, suivant ses preuves de noblesse de père et de mère, en 1777 ;
c. N..... baron de Faudoas, né en 1758.

XVII. François-Charles-Mathieu du Pontaubevoye, chevalier, seigneur de Lauberdière, du grand Mandon, de la Chénaye, de la Gouberie etc. ; né le 12 octobre 1723 ; mort en octobre 1795 ; entré dans la seconde compagnie des mousquetaires de la garde du roi en 1738, capitaine de cavalerie par commission du 12 juin 1753, chevalier de l'ordre royal et militaire de Saint-Louis, le 13 juillet 1755, avait épousé, par contrat du 16 novembre 1750, comme fils aîné et principal héritier, Jeanne-Claire Legros de Princé, morte en 1787, fille de messire Louis-Paul Legros de Princé, chevalier, seigneur de Princé, de la Bourrelière, etc., chevalier de l'ordre royal et militaire de Saint-Louis et d'Anne-Jeanne Begon. De ce mariage sont issus :

1.° Louis-François Bertrand, dont l'article suit ;

2.° Marie - Louise - Françoise, née le 1er novembre 1755, mariée, le 2 juillet 1780, à Henri - Charles du Pontaubevoye, comte d'Oysonville, son cousin ;

3.° Claire-Henriettte-Charlotte du Pontaubevoye de Lauberdière, née le 4 décembre 1757, admise en la maison royale de Saint-Cyr, sur ses preuves faites le 1er novembre 1769, décédée en 1812.

XVIII. Louis-François-Bertrand du Pontaubevoye, comte de Lauberdière, né le 27 octobre 1759, présenté à la cour en avril 1789, sur ses preuves faites par devant M. Chérin, généalogiste des ordres du Roi. — Entré à l'école royale militaire à Paris en septembre 1773, et dans le régiment de Saintonge en 1776. — Capitaine de cavalerie, le 15 avril 1780. — Aide maréchal-général des logis des armées en décembre 1786 ; et en 1788, aide maréchal général des logis de l'armée, sous Monseigneur le prince de Condé. — Conservé colonel, adjudant général en 1791. — A fait les quatre campagnes d'Amérique, sous le général, depuis maréchal, comte de Rochambeau, son oncle à la mode de Bretagne; et les campagnes de l'armée française de 1803 à 1815 en Souabe, Bavière, Autriche, Prusse, Pologne, Prusse ducale, Espagne, et Nord de l'Allemagne.

Il est lieutenant général des armées du Roi, par brevet du 27 août 1814. — Commandant de la Légion d'honneur ; chevalier de l'ordre royal et militaire de Saint-Louis en octobre 1790. — Chevalier de l'ordre militaire de Maximilien-Joseph de Bavière, et de Cincinnatus d'Amérique. — Il a été sans interruption de 1803 à 1815, élu et réélu un des membres de la chambre des députés au corps législatif, pour le département de Maine et Loire.

Il a épousé, avec l'agrément du Roi, le 16 juin 1790, Caroline Macnamara Hussey, née le 28 décembre 1772, d'une famille ancienne et distinguée en Irlande et en Angleterre; et dont deux branches sont élevées à la pairie du royaume uni de la Grande-Bretagne et d'Irlande, sous les titres de comte de (*Earl*) Beaulieu; et de vicomte (*Lord Viscount*) de Laval.

*Rameau établi en Bretagne.*

XVII. François-Louis de Pontaubevoye, chevalier de la Roussière de Lauberdière, né en avril 1730, qui s'établit en Bretagne où il a produit, pour entrer aux États, ses titres de noblesse qui ont été en 1764, enregistrés au catalogue des nobles de cette province, et au greffe de la cour du parlement de Rennes. Il fut successivement lieutenant au régiment d'Aunis en 1748, et capitaine dans le régiment de Bourbon, en 1755, reformé sous son nom. En 1763, major des troupes gardes-côtes de Bretagne, capitainerie de Saint-Nazaire, et chevalier de l'ordre royal et militaire de Saint-Louis. Il épousa, par contrat du 29 septembre 1759, Marie-Anne-Gabrielle Michiel, dame du Deffais et de Condest, au comté Nantais, fille de messire N...... Michiel, chevalier, seigneur du Deffais et de Condest, et de dame N.... de Guillermeaux. Leurs enfants furent :

1.° François-Louis Bertrand, dont l'article suit:
2.° Claude-François-Marie, chevalier du Pontaubevoye, né le 27 octobre 1763 ;
3°. Félicité, née le 23 septembre 1760 ;
4.° Claire-Françoise-Marie, née le 14 novembre 1762 ;
5.° Marie-Louise du Pontaubevoye, née le 26 août 1765 ;

XVIII. François-Louis-Bertrand du PONTAUBEVOYE né le 13 septembre 1761, lieutenant des vaisseaux du roi avec rang de major, mort victime d'un jugement révolutionnaire en 1793; il avait épousé N..... de Tréneuil, dans le comté Nantais, qui s'est remariée en secondes noces au comte de la Rochefoucault; du premier mariage vint :

XIX. a. Un garçon, né en 1790;
b. Une fille vivante;

*Armes* : « D'argent, à deux chevrons de geules; supports, deux lions ; devise : *virtute* et *labore*.

---

GIRONDE (DE), maison connue et établie dans cette province dès le dixième siècle, avec la qualité de comtes, marquis et barons (toparcha). Elle a possédé la terre de son nom, Grosbourg, situé sur la Gironne, près de la ville de la Réole, jusques en l'an 1318, que Giraude, dame de Gironde, héritière de la branche aînée, porta cette terre dans la maison d'Albret, par son mariage avec Bernard d'Albret, dont était Jeanne d'Albret, mère de Henri IV, roi de France, qui réunit à la couronne la terre de Gironde, qui a donné son nom à cette ancienne maison. Les guerres presque continuelles entre les rois de France et d'Angleterre, les ravages, les incendies et les troubles fréquents qu'elles occasionnèrent, ont détruit la plupart des monuments qui servaient à constater toute la grandeur et l'illustration de la maison de Gironde; cependant il s'en est échappé assez pour démontrer non-seulement qu'elle est une des plus anciennes de cette province, mais encore que les seigneurs de Gironde s'y sont tellement rendus recommandables, que les rois d'Angleterre ont eu plusieurs fois recours à leur crédit et à leur puissance particulière, pour se maintenir en Guienne. Depuis l'entière expulsion des Anglais de cette province, les seigneurs de la maison de Gironde, et particulièrement ceux de la branche de Montclera, ne s'y sont pas moins distingués par leurs services signalés, que par leur attachement et leur fidélité inviolable envers les rois de France, qui les ont souvent honorés de grades militaires les plus importants, et décorés du collier de leurs ordres (1). La noblesse de la maison de Gironde jette un nouvel éclat, quand on la considère du côté de ses alliances (2), qui ont toujours été des plus considérables.

Un puîné de cette maison, séparé dans le onzième siècle, passa en Italie, l'an 1100, sous Tancrède, comte d'Attaville; ses descendants s'établirent à Catanzaro, ville de Calabre, où ils possèdent la baronnie de Saint-Vito. Jean de Gironda, fils puîné du baron de Saint-Vito, passa à Monopoli, ville de la province de Bari, et y épousa la fille de Jacques Passarelli, prince de Montrone, dont il reçut en dot la baronnie de Caneto, qui depuis l'an 1480, a été possédée par ses descendants, établis à Naples et à Baris. Ces seigneurs ont toujours joui en Italie de la plus grande considération, et y ont obtenu les privilèges les plus distingués. L'empereur Frédéric accorda, l'an 1190, à Reinaldo de Gironda, son général, celui de mettre l'aigle impériale couronnée, dans la partie supé-

(1) Henri IV écrivit à François de Gironde, seigneur de Montclera, une lettre en date du 2 avril 1581, par laquelle ce prince le prie, lui et ses vassaux, de ne pas prendre d'autre parti que le sien.

(2) Sa généalogie a été établie d'après plus de 300 actes, par M. Clabault, auteur du Tableau généalogique de la maison royale de France. Elle est en partie dans l'Histoire généalogique et chronologique de la maison royale de France, par le père Anselme, tome 8, page 596. Ce fut un Gironde qui fut envoyé par Henri II, comme commissaire, pour terminer les différents qui s'étaient élevés entre les riverains de la Dordogne et ceux de la Garonne, qui se disputaient pour savoir laquelle des deux rivières conserverait son nom à leur réunion. Il ne les mit d'accord qu'en faisant donner son nom, que depuis cette rivière a toujours conservé.

rieure de l'écusson de ses armes, que ce monarque déclara être d'azur, au lion d'or, accompagné de trois fleurs de lys du même, et que cette branche porte encore de nos jours.

Ugon et Jean de Gironda furent déclarés familiers, et admis à la table de la reine Jeanne, en 1400; Jean de Gironda, général et vicaire pour la même reine au royaume de Naples, retint le privilége de plusieurs fiefs à Burgenzatico

Pierre de Gironda était, en 1436, président du saint Château.

François de Gironda fut commandant de Salerne. Dans la ville de Squilaci, sur un ancien édifice, on lit au-dessous des armes de cette maison, le vers suivant:

*Romanæ gentes, gentem colvere Gerundam.*

et sur la porte d'un palais des seigneurs de Gironda, dans la même ville, on lit aussi cette épigramme:

*Improbe sexcentos annos Gerunda propago*
*Producta est itidem : permanet usque decus.*

La maison de Gironda a encore fourni depuis l'an 1594 à l'ordre de Malte un grand nombre de chevaliers, et un grand amiral de cet ordre, depuis grand prieur de Messine.

Armand de Gironde vivait en 1080, suivant le Nobiliaire d'Auvergne, par dom Col, religieux bénédictin de la congrégation de Saint-Maur.

I. Arnaud, Ier du nom, seigneur DE GIRONDE, chevalier, le premier seigneur de cette maison auquel on puisse remonter la succession généalogique, issu en ligne directe du seigneur de Gironde, qui, suivant une charte de Gombaud, évêque de Bazas, et du comte Sance, son frère, de l'an 980, touchant les coutumes des habitants de la Réole, tenait en fief du prieur du même lieu, la justice et juridiction de la foire ou marché, ayant seul le pouvoir de donner sauf-conduit aux allants et venants de ce marché, donna, en 1167, à l'abbaye et aux religieux de Grandselve, ordre de Cîteaux, le domaine de Barsac, et assista comme témoin à d'autres donations que les rois de France et d'Aragon firent à cette abbaye. Il avait épousé Fine, présente avec ses enfants à la donation faite par son mari en 1167. De leur mariage vinrent :

1.° Arnaud, dont l'article suit;
2.° Pierre, qui voua ses biens et sa personne au couvent de la Réole, en 1154;
3.° Braïde de Gironde.

II. Arnaud, II° du nom, seigneur DE GIRONDE, chevalier, présent à la donation faite par son père à l'abbaye de Grandselve, en 1171, fut du nombre des seigneurs et comtes (toparcha) qui contribuèrent, avec les rois d'Angleterre, au rétablissement de l'abbaye de la Réole, ruinée par les Normands. Il prend la qualité de *chevalier* dans des donations qu'il fit à la première de ces abbayes, en 1199 et 1208. Ses enfants furent;

1.° Arnaud, dont l'article suit;
2.° Guillaume, qui fonde la seconde branche rapportée ci-après, page 109.;
3.° Raimond de Gironde, religieux, chevalier de l'ordre de Saint-Jean de Jérusalem. Il dota le grand prieuré de Toulouse en 1224.

III. Arnaud, III° du nom, seigneur DE GIRONDE, chevalier, fut l'un des seigneurs gascons qui reçurent ordre du roi d'Angleterre de se rendre à Pont, avec chevaux et armes, le jeudi après la Pentecôte de l'an 1242, ainsi qu'à Saint-Baseille, le jour de la fête de saint Mathieu de la même année. Le prieur de la Réole adressa contre lui, à l'abbé de Floirac, qui avait l'autorité et l'inspection sur ce prieuré, une plainte en l'an 1246, touchant le refus qu'il faisait de rendre à ce prieur la foi et hommage de son grand et noble fief (*de magno et nobili feudo*), qu'il tenait de toute antiquité (*ob omni antiquitate*) du couvent de la Réole. Il eut pour fils :

IV. Arnaud, IV° du nom, seigneur DE GIRONDE, chevalier, qui fit son testament le 3 janvier 1281, lequel testament est rappelé dans une vente faite en 1310, par Marguerite de Gironde, sa fille. Il fut un des témoins et des ôtages des traités faits en 1288, entre les rois d'Angleterre et d'Aragon. Il est nommé dans le testament de Marguerite dite de Turenne, dame de Bragerac, mère de sa femme, du 7 des calendes de février de l'an 1289, par lequel elle lui fait un legs de 50 livres de rente; fit un échange en 1293 avec le seigneur de Lomenex, dans l'acte duquel il est dit fils et héritier d'Arnaud, seigneur de Gironde; vivait encore le 29 juin 1294, que le roi d'Angleterre, par ses lettres, lui demanda du secours contre le roi de France, pour recouvrer la Gascogne. Il ne vivait plus le 3 août suivant, lors du mariage de son fils. Il fut inhumé dans l'église des frères mineurs de la Réole, suivant le testament de Marguerite de Gironde, sa fille. Il avait épousé Giraude de Pons, fille de Renaud, III^e du nom, sire de Pons, et de Marguerite, dite de Turenne, dame de Bragerac. Leurs enfants furent :

1.° Arnaud, dont l'article suit :

2.° Marguerite de Gironde, à qui Marguerite, dame de Bragerac, son aïeule maternelle, fit un legs de 25 livres de rente, par son testament de l'an 1289. Elle fut mariée, par contrat du 28 octobre 1310, à Pons, seigneur de Castillon en Médoc, auquel, entr'autres choses, elle apporta 150 livres de rente. Son mari fit son testament le 5 juillet 1313, et elle le 30 mai 1370.

V. Arnaud, V^e du nom, seigneur baron DE GIRONDE, damoiseau, fut substitué à Hélie Rudel, sire de Pons, à Geoffroi de Pons, et à Raimond, vicomte de Turenne, par le testament de Marguerite, dite de Turenne, dame de Bragerac, de l'an 1289. Il acquit, le mercredi avant la fête de saint Simon saint Jude, de l'an 1300, un certain péage de Bertrand de Caumont, son beau-père; fit son testament le 10 octobre 1310, et ne vivait plus le 18 novembre suivant. Il avait épousé, par contrat du 30 août 1294, Talaise de Caumont, fille de Bertrand, seigneur de Caumont, et d'Indie de l'Isle-Jourdain. Leurs enfants furent :

1.° Isabeau, dame de Gironde, qui était avec ses autres sœurs sous la tutelle de Pierre de Gaverel, vicomte de Béarn, son oncle paternel, lorsqu'elle fut mariée par contrat du dernier janvier de l'an 1310, avec Bernardet d'Albret, vicomte de Tartas, fils d'Amanjeu VII, sire d'Albret et de Rose du Bourg, dame de Verteuil. Elle était morte sans enfants le 2 février 1318;

2.° Indie, morte sans alliance en 1318;

3.° Giraude, dame de Gironde après la mort de ses sœurs, mariée, par contrat du 2 février 1318, avec Bernard d'Albret, seigneur de Verteuil, son beau-frère, dont elle laissa postérité ;

4.° Marguerite de Gironde, qui eut 50 liv. de rente annuelle, 100 liv. en deniers et 100 liv. pour son harnais, par le testament de son père du 10 octobre 1310.

## SECONDE BRANCHE.

### *Seigneurs de Luzech, de Thédirac et de Montclera.*

III. Guillaume de Gironde, second fils d'Arnaud II, (voyez page 107), fut un des témoins qui souscrivirent à la concession faite à Bazas, par le roi d'Angleterre, à Edouard, son fils, le 14 février de l'an 1254. Plusieurs fois et hommages prouvent qu'il eut pour femme N.... Amalvin, fille de Guillaume Amalvin, seigneur de la baronnie de Thédirac. Leurs enfants furent :

1.° Amalvin, dont l'article suit ;

2.° Pierre, qui fonde la branche des comtes de Buron, éteinte en la personne de Louis-Victor-Amédée, comte de Buron, vicomte d'Embrief, seigneur de Gironde et d'Auriac, dans la haute Auvergne; d'Ecury, de Neronde, de Mesmin, de Faye, de Longregard, de la mairie d'André-de-Soissons, baron de Châteauneuf; né le 8 mai 1725, lieutenant-général pour le roi au gouvernement de l'Ile de France, dont il a été pourvu par la démission de son père au mois de juillet 1757. Il avait épousé, par contrat du 18 juin précédent, Adélaide-Geneviève-Marguerite d'Assé, fille unique du premier lit, d'Armand d'Assé, chevalier, marquis de Montfaucon, et de Geneviève de Montmorin de Saint-Herem, dont un fils mort en bas âge ;

3.° Bernard, chevalier, commandeur de l'ordre de Saint-Jean de Jérusalem. Il dota le grand-prieuré de Toulouse, dès l'an 1284, et vivait encore en 1324, qu'il assista à une assemblée de son ordre à Toulouse, en qualité de commandeur de Cornabarie.

IV. Amalvin DE GIRONDE, Ier du nom, chevalier, seigneur de Thédirac, vivait encore en 1301, qu'il reçut, après la Nativité de N. S., de Guillaume Pratz, habitant de Thédirac, une reconnaissance de ses héritages, assis audit lieu, et le mercredi après la conception, en mars 1308, qu'il reçut aussi de Guillaume et Hademar Pabarel, frères, habitants de Thédirac, leur reconnaissance pour leurs héritages, assis à Thédirac, dans lesquels actes, Amalvin de Gironde, a la qualité de chevalier. Il avait épousé N..... de Luzech de Creissac, fille d'Hugues-Arnaud de Creissac, seigneur de Luzech. De ce mariage vinrent:

1.° Izarn, dont l'article suit;

2.° Bertrand, chevalier, seigneur de Thédirac, ainsi qualifié dans des actes du dernier juin 1306 et du 6 novembre 1307. Il eut pour fils Amalvin de Gironde, seigneur, baron de Thédirac, chevalier, mineur le 6 novembre 1317, et marié le même jour avec Armande d'Arragon, fille d'Hugues d'Arragon, damoiseau. Il vivait encore au mois d'août 1350, et mourut sans postérité.

V. Izarn DE GIRONDE, damoiseau, seigneur du château de Luzech, rendit foi et hommage, et prêta serment de fidélité, le 28 décembre 1329 à Bertrand, évêque de Cahors, pour raison de sa portion de la baronnie de Luzech, qu'il tenait en fief de ce prélat, comme légitime administrateur de Guillaume Amalvin de Gironde, son fils. Il mourut avant l'an 1347, et avait épousé N..... de Comart, sœur d'Arnaud de Comart, seigneur de Montclera, qui institua pour son héritier Amalvin de Gironde, son neveu, par les descendants duquel la terre de Montclera a toujours été possédée. Il eut de ce mariage:

1.° Guillaume Amalvin, dont l'article suit;

2.° Amalvin de Gironde, chevalier, seigneur de Creissac, qui vivait le 2 mai 1350.

VI. Guillaume-Amalvin DE GIRONDE, seigneur, baron de Luzech, puis de Thédirac, après la mort d'Amalvin de Gironde, son cousin germain, est rappelé dans des actes des 5 mars 1345 et 25 avril 1347, et fit, le 16 janvier 1352, un traité avec Pierre de Gontaut, chevalier, baron de Biron, et autres seigneurs, touchant la reddition de la place de Souillac. Il est encore mentionné dans des actes des 20 janvier 1372, 8 mai 1373, 5 et 8 mai 1375, 5 février 1376, 9 et 10 janvier 1377, et ne vivait plus l'an 1389. Il avait épousé Gaillarde de Castelnau, morte avant le 20 janvier 1372, que son mari paya à Armande du Bosq, pauvre fille de Luzech le legs qu'elle lui avait fait par son testament. Leurs enfants furent :

1.° Guillaume-Amalvin, seigneur, baron de Luzech, rappelé dans des actes du 5 décembre 1389, et du 30 mars 1397. Il ne vivait plus le 18 juin 1401. Ses enfants furent :

a. Philbert, dont la postérité subsista jusqu'en l'an 1600, sous le nom de Luzech;

b. Guillaume de Gironde ;

2.° Amalvin, dont l'article suit.

XII. Amalvin de Gironde, IIe du nom, seigneur de Montclera, co-seigneur de Luzech, de Creissac et de Thédirac, seigneur de Berlay, de Castelfranc et de Becut, fit, le 16 janvier 1365, une transaction avec Bernard de Guiscard, damoiseau ; se joignit aux comtes, d'Armagnac, de Périgord, de Carmain, de Comminges, au sire d'Albret, au captal de Buch, au vicomte de Rochechouart et autres seigneurs de marque qui suivirent le prince de Galles en son expédition pour le rétablissement de Pierre-le-Cruel, sur le trône de Castille, et se trouva à la fameuse bataille donnée le 4 avril 1367, entre Nagerre et Novarrette, qui par la défaite de l'armée espagnole, remit la couronne de Castille sur la tête de Pierre-le-Cruel. Au mois de mars 1368, il obtint de Louis de France, duc d'Anjou, et lieutenant pour le roi en Guienne, des lettres par lesquelles, il fut confirmé, en qualité d'héritier d'Arnaud de Comart, son oncle ; et à cause de sa fidélité inviolable au service du roi de France, dans la donation faite au même Arnaud de Comart, par Philippe, roi de France, aïeul du duc d'Anjou, de la justice haute et basse du lieu de Montclera, et ses appartenances, ainsi qu'en avait toujours joui Arnaud de Comart, damoiseau, et ses prédécesseurs, et dont Amalvin de Gironde avait été dépouillé par le prince de Galles, dès son avénement au duché d'Aquitaine. Charles V, roi de France, par lettres du mois de juillet 1370, le confirma de nouveau dans la justice de Montclera, et par d'autres lettres du mois de juillet de la même année, exempta ledit Montclera et ses habitants, de la taille, et autres subsides, en reconnaissance de leur fidélité à sa personne. Il est rappelé dans différents actes des années 1372, 1373, 1374, 1375, 1376, 1386, 1387, 1391. Il avait épousé, par contrat du dimanche, après la fête de la Madeleine de l'an 1364, en présence du seigneur de Luzech, son père, Peronne de la Marche, damoiselle, fille de noble Pierre de la Marche, damoiseau. Leurs enfants furent :

1.° Jean, dont l'article suit ;
2.° Amalvin de Gironde, damoiseau, mentionné dans trois reconnaissances d'héritages de l'an 1407.

VIII. Jean DE GIRONDE, I^er^ du nom, seigneur de Montclera, fit, le 14 mars 1401, un arrentement à bail à nouveau fief, au profit d'Arnaud de Musat, habitant de Montclera, d'une pièce de terre assise au même lieu, au canton de la Croix de Comart, et ne vivait plus en 1416. Il avait épousé N....., dame de Saint-Julien (1), dont :

1.° Bernard, dont l'article suit ;
2.° Jean de Gironde, seigneur de la Guiemma, rappelé dans des actes du 17 novembre 1427, 12 juin 1439, et 7 décembre 1448. Il avait épousé Regine de Ramefort, dont la postérité n'est pas connue.

IX. Bernard DE GIRONDE, I^er^ du nom, damoiseau, seigneur de Montclera, de Saint-Julien, de Floiras, d'Angla, de Bellaye, etc., prit souvent dans ses actes le nom de Saint-Julien, du chef de sa mère, avec celui de Gironde. Il passa diverses transactions, et est rappelé dans diverses reconnaissances des années 1416, 1423, 1427, 1439, 1440, 1444, 1446, 1447, 1450, 1451,

(1) Il y avait dans ces temps des seigneurs de Saint-Julien dans la maison de Gontaut, ce qui paraît faire croire que cette dame de Saint-Julien, épouse de Jean de Gironde, était de cette maison.

1452, 1453, 1454, 1456, 1457, 1459, et ne vivait plus le 17 janvier 1461. Il avait épousé, le 29 mai 1423, Jeanne de Guiscard, dame de Beslaye, fille de Sellebrun de Guiscard, et d'Albariale de Brugnales. Ses enfants furent :

1.° Jeanne, dont l'article suit ;
2.° Hugues, prêtre, recteur de Fraissinet, rappelé dans des actes de 1492, 1493 et 1495 :
3.° Catherine de Gironde, mariée avant le 18 décembre 1469, à noble Baraton de Tayac.

X. Jean DE GIRONDE, II^e du nom, seigneur, baron de Montclera, seigneur de Saint-Etienne, de Cazals, de Floiras, de Saint-Caprès, etc., et est rappelé dans différents actes, transactions, hommages, reconnaissances et autres, des années 1448, 1455, 1457, 1458, 1459, 1460 ; fut confirmé dans la justice haute, moyenne et basse de sa terre de Montclera, par sentence du 24 mai 1461, dont avaient joui ses prédécesseurs ; paraît encore dans des actes des années 1462, 1463, 1465, 1469, 1470, 1471, 1472, 1474, 1476, 1478, 1480, 1481, 1482, 1483, 1484, 1485, 1486, 1487 ; fit son testament le 11 avril 1488, et ne vivait plus en 1492. Il avait épousé N..... de Tilhet, suivant le testament de Jeanne, sa fille, du 4 mars 1497. Ses enfants furent :

1.° Bertrand, dont l'article suit ;
2.° Antoine, rapporté dans des actes des années 1482, 1488, 1492, 1493, 1497, qui vivait encore le 17 mars 1502 ;
3.° Jeanne, mariée à noble Arnaud Delpech, avec lequel elle vivait encore le 4 février 1498 ;
4.° Raimonde de Gironde, mariée à N ..... de Pelavessi, dont elle eut deux filles, qui, avec elle, sont léguées par le testament de Jeanne de Gironde, sa sœur, du 4 mars 1497.

XI. Bertrand DE GIRONDE, II^e du nom, seigneur, baron de Montclera, de Saint-Etienne, de Saint-Caprès, de Floiras, etc., est rappelé dans divers arrentements, hommages et reconnaissances des années 1472, 1475, 1485, 1486, 1488, 1489, 1490, 1491 ; fit son testament le 4 avril 1492, et ne vivait plus le 5 avril 1493. Il avait épousé, par contrat du 18 avril, noble Munde de

Bauza de Belcastel, fille de noble Antoine de Bauza, seigneur de Belcastel, et de N..... de Gontaut de Biron. De ce mariage vinrent :

1.° Jean, dont l'article suit ;
2.° Jean, dit le Jeune, protonotaire du Saint-Siége apostolique, le 3 janvier 1532, archi-prêtre de Besloy ;
3.° Marguerite, qui par le testament de son père, fut léguée de 800 livres tournois ;
4.° Péronne, } léguées aussi de 800 livres, par le
5.° Jeanne, } même testament du 4 avril 1492.
6.° Madeleine, mariée par contrat du 28 octobre 1507, à François de Bénavent, I^er du nom, chevalier baron de Mels, seigneur de Savignac, descendant des comtes de Rodèz, fils de Guidon de Bénavent, chevalier, seigneur et baron de Mels, et de Catherine de Belveser.

XII. Jean DE GIRONDE, III^e du nom, chevalier, seigneur de Montclera, de Cazals, de Besloy, de Marminiac, de Floiras, de Saint-Etienne, de Gindou, etc., fut d'abord capitaine des gardes de Charles, duc d'Alençon, puis l'un des cent gentilshommes de l'hôtel du roi, gouverneur des ville et château de Domme, dans le haut Périgord ; il est rappelé dans divers actes, transactions, reconnaissances, hommages, etc., qu'il fit et qu'il reçut, des années 1495, 1498, 1499, 1500, 1501, 1502, 1503, 1504, 1505, 1510, 1512, 1513, 1515, 1516, 1517, 1518, 1519, 1530, 1531, 1537, 1540, 1542, 1545, 1547, et du 9 janvier 1548, qu'en qualité de gouverneur des ville et château de Domme, il fit commandement aux habitants de la paroisse de Gaulejac, d'apporter au château de la même ville leurs armes offensives et défensives. Il avait fait son testament le 14 mars 1535, par lequel il choisit sa sépulture dans l'église de Montclera, au tombeau de ses prédécesseurs, et avait épousé, 1.° par contrat du 6 décembre 1505, François de Champagne, fille de Brandelis de Champagne, sénéchal du Maine, chambellan du roi, capitaine de cent hommes d'armes, et de Renée de Varie ; 2.° par contrat du 10 mars 1534, Catherine de Lustrac, veuve du seigneur de Touyouse, et cousine germaine de Catherine de Lustrac, femme du maréchal de Saint-André, dont il n'eut point d'enfants.

Ceux du premier, énoncés dans son testament, furent :

1.° Brandelis, dont l'article suit ;

2.° François, chevalier, de Saint-Jean de Jérusalem, légué par le testament de son père, de 500 livres tournois ;

3.° Jean, auteur de la branche des seigneurs de Castelsagrat, rapportée plus loin ;

4.° Léonard, seigneur de Castelsagrat, chevalier des Ordres du Roi, qui reçut deux lettres d'Henri d'Albret, roi de Navarre, des 27 septembre 1532 et 16 janvier 1533, touchant le refus fait par les consuls et habitants d'Agen et de Condom, de recevoir une garnison de vingt hommes d'armes ; avec ordre de faire fournir par les mêmes consuls, les vivres, le logement et autres choses nécessaires à quarante hommes d'armes ; il était enseigne de la compagnie de quarante lances formée des ordonnances du roi, sous la charge du seigneur de Sancy, le 28 juillet 1535 ; fit son testament le 15 août 1570 et mourut sans postérité de Fleurette de Beauville, sa femme ;

5.° Morquet, chevalier de Saint-Jean de Jérusalem, commandeur de Condat, de Canavière et de la Ville-Dieu, mort avant 1566 ;

6.° Jean, dit le Petit, seigneur doyen de Rupeyroux, abbé d'Aubeterre, mort le 7 mai 1566 ;

7.° Raimond, seigneur d'Abaniac et de Rupeyroux, en Rouergue, en 1563. Il vivait encore en 1573 ;

8.° Raimond, dit le jeune, religieux de l'abbaye de Saint-Maurin en Agenois, en 1535 ;

9.° Armande, religieuse à Espagnac, en 1536 ;

10.° Jeanne, mariée 1.° à Charles de Leziers, chevalier, seigneur de Salveson, gouverneur de Casal en Italie, dont la vie est écrite dans les Hommes illustres de Brantôme ; 2.° Jean de Belcastel, seigneur de Campagnac, fils de N.... de Belcastel de Campagnac, et de Catherine de Cardaillac.

11.° Catherine, mariée à N... seigneur, de Rochebrunet en Auvergne ;

12.° Munde, dame de Saint-Martin, qui fit son testament le 10 octobre 1568 ;

13.° Armande, religieuse à la Dorade de Cahors, en 1535.

14.° Marguerite de Gironde, qui fut léguée de 2000 livres et d'habillements convenables à sa qualité, par le testament de son père, du 14 mai 1535. Elle fut depuis religieuse.

XIII. Brandelis DE GIRONDE, I^er^ du nom, chevalier seigneur de Montclera, de Touyouse, de Saint-Etienne, de Saint-Caprès, de Floiras, de Veilac, de Léomagnac, de Saint-Pez, de Cocabane, de la Garde, de Montguillem et autres lieux, chevalier de l'Ordre du Roi, gouverneur de Fronsac (1), et l'un des gentilshommes de l'hôtel de S. M., était homme d'armes de la compagnie du grand écuyer, le 18 mai 1533, et est rappelé dans divers actes, hommages, arrentements, transactions, etc., des années 1533, 1535, 1539, 1540, 1542, 1544, 1545, 1547, 1551, 1563, 1566, 1568, 1571. Il avait fait son testament le 10 mai 1566 (2), et avait épousé, par contrat du 10 mars 1534, Marie de Touyouse, dame dudit lieu et de Montguillem, fille de Bertrand, seigneur de Touyouse, et de Catherine de Lustrac. Ses enfants, nommés et légués dans son testament furent :

1.° François, dont l'article suit ;

2.° Brandelis, seigneur de la Mothe, des Aulaizis, etc., rapporté dans des actes de 1566, 1568, 1594, et 1613 ;

3.° Claude, tige de la branche des seigneurs Teyssonat, rapportée page 121.

4.° Jeanne, mariée à N...., seigneur de Ramponx, en Quercy ;

5.° Marquise de Gironde, mariée par contrat du 9 février 1570, à Pierre de Saunhiac, chevalier, baron de Belcastel, seigneur de la Mothe, de Castillonnès et de Verdon, etc., auquel elle apporta en dot la somme de 5000 livres.

---

(1) Le maréchal de Montluc, qui l'appelait à ses conseils, fait une honorable mention de lui dans ses mémoires.

(2) Le roi lui manda par ses lettres du 23 novembre 1568, qu'il l'avait choisi et élu en l'assemblée de son ordre de Saint-Michel, et qu'il donnait pouvoir au duc de Montpensier de lui en présenter le collier.

XIV. François DE GIRONDE, chevalier, seigneur baron de Montclera, de Floiras, de Loupiac, de Veilax, de Bastilles, de Cazals, de Marminiac, de Luzech et autres lieux, chevalier de l'Ordre du Roi, le 24 février 1578, gentilhomme ordinaire de sa chambre, capitaine de cinquante hommes d'armes, reçut une lettre du roi Henri IV, le 2 avril 1581, par laquelle ce prince le priait, lui et ses vassaux, de ne prendre d'autre parti que le sien. Ce monarque lui accorda, ainsi qu'à ses enfants, le 22 novembre 1599, la permission de chasser sur ses terres, aux loups, renards, oiseaux de rivière, et autres bêtes, et par sentence du 17 juillet 1607, il fut exempté des droits de franc fief et nombreux acquets, attendu son extraction noble. Il fit son testament le 4 mai 1610, dans lequel il ordonna sa sépulture dans l'église paroissiale de Montclera, et ne vivait plus au mois de mars 1613. Il avait épousé, 1.° par contrat du 8 octobre 1571, Françoise de Montesquiou de Devèse, fille de Bernard de Montesquiou, seigneur baron de Devèse, et d'Hélène de Voisins de Machat; 2.° par contrat du 23 mars 1599, Catherine de Foix, fille de Germain-Gaston de Foix, comte de Gusson, et de Marguerite Bertrands, marquise de Trans, dame de Mirabeau, qui lui apporta en dot 7200 écus; il n'eut de ce mariage qu'un enfant mort en bas-âge. Ses enfants du premier lit furent:

1.° Raimond, né en 1573;
2.° Hector, né en 1577;
3.° Jean, né en 1579;
4.° Brandelis, dont l'article suit;
5.° Manaud-Louis, qui a formé la branche des seigneurs de Floiras, de Montamel, d'Avignac, etc.; qui a contracté des alliances avec les maisons de Guerre-de-Montamel, d'Escoire de Ranconet, de Garric-de-la-Peyre, de Foucault-de-Pontbriant, de Testas de Folmont, de la Garde-de-Bonnecoste de Perons, de Soiris de Boiset, del Tronc de Saint-Germain, de Saint-Exupéry; cette branche s'éteignit en la personne de Louis-Laurent Balthazard, vicomte de Gironde, comte de Lavaur qu'il avait eu par contrat de mariage du marquis de Montclera, dernier du nom, et dont il était héritier universel, colonel de cavalerie et chevalier de l'ordre royal et

militaire de Saint-Louis, commandant de la noblesse de la coalition de Guienne, à l'armée de Monseigneur le duc de Bourbon, en 1792, mort en 1803, sans postérité. Il avait épousé Anne-Elisabeth de Gironde, fille de Jean, marquis de Gironde, seigneur de Pujet et de la Mothe-de-Ferronsue, et de Marie de Besson, dame de compagnie;

6.° Marquis, seigneur de Floiras, gentilhomme d'honneur de la reine, né en 1587, mestre-de-camp d'un régiment de gens de pied en 1613, marié; 1.° à Polixène de Durfort, qui vivait encore en 1621; 2.° à N... de la Voute, dont il eut une fille, mariée à N... de Beaumont, baron de Junies;

7.° Marie, née en 1571;

8.° Jeanne, née en 1575;

9.° Françoise, née en 1585, vivante en 1613;

10.° Marthe, née en 1611.

XV. Brandelis DE GIRONDE, II$^{e}$ du nom, chevalier, seigneur baron de Montclera, baron de Loupiac, de Lavaur, seigneur de Cazals, de Marminiac, de Gindon, de Floiras, de Veilax, de Maupos, et autres lieux, chevalier de l'Ordre du Roi, gentilhomme ordinaire de sa chambre le 14 juillet 1616, mestre-de-camp et capitaine d'une compagnie de cent hommes, puis d'un régiment de cinq cents hommes de pied, né en 1580, obtint, en raison de ses services et de ceux de ses prédécesseurs, l'érection en marquisat de la terre de Montclera, vicomté de Lavaur et dépendances, pour lui et ses hoirs, par lettre du roi Louis XIII, du mois de décembre 1616. Ce prince lui écrivit deux lettres, les 22 mars 1617 et 16 juin 1620, pour lui témoigner sa satisfaction de son zèle et de son affection à sa personne. Il fut pourvu, le 11 juillet 1620, de la commission de mestre-de-camp d'un régiment de gens de pied, composé de cinq compagnies de cent hommes chacune, et de capitaine particulier de l'une de ces compagnies; et le 21 septembre suivant, ayant servi en cette qualité aux dernières actions, sous le maréchal de Thémines, le roi lui accorda un passeport pour se rendre auprès de sa personne. Il fut blessé, en 1621, en un assaut au siége de Montauban, et mourut quelques jours après de ses blessures. Il était alors chargé de négocier au nom du roi, la capitulation de cette ville. Il avait été pourvu de la charge de *gentilhomme de la chambre du roi*, le 14 juillet 1615. Il avait fait son testament le 7 octobre 1615, par lequel il élut sa sépulture dans l'église de Montclera, au tombeau de ses prédécesseurs. Il avait épousé, par contrat du 26 septembre 1605, Louise de Gontaut de Biron, vicomtesse de Lavaur, en Périgord, fille d'Armand de Gontaut de Biron, maréchal de France, et de Jeanne d'Ornezan de Saint-Blancard. Leurs enfants furent :

1.° François, dont l'article suit ;

2.° Jean, dit le baron de Montclera, qui testa le 8 octobre 1652, et mourut sans enfants de Béraude de la Chapelle Sineul, sa femme ;

3.° Pons, baron de Lavaur, qui porta longtemps la cornette blanche et était premier capitaine du régiment Colonel de la cavalerie légère de France, le 15 mai 1652, qu'il obtint le brevet de maréchal-de-camp. Le roi Louis XIII lui écrivit en cette qualité, le 2 octobre 1652, et il en faisait les fonctions le 11 du même mois à l'armée de Guienne, sous le duc de Candalle. Il eut pour fils Armand de Gironde, page en la grande écurie du roi, mort en 1761, âgé de cent cinq ans, sans postérité de Marie de Fargues, nièce d'Honoré de Cosnac, archevêque d'Aix ;

4.° Brandelis, auteur de la branche des seigneurs de Marminiac, éteinte dans le dix-huitième siècle. Elle a formé des alliances avec les maisons de Saint-Gily de Péchauvigné, de Lambret, de Bouisson, de Fumel, de Martiloque, etc. ;

5.° Brandelise, mariée à Jean de l'Estrade, seigneur de la Touche, de Teboirac, sur la Dordogne, etc. ;

6.° Jeanne de Gironde, mariée par contrat du 15 avril 1640, avec Brandelis de Cugnac, seigneur de la Bastide.

XVI. François DE GIRONDE, II^e du nom, chevalier, marquis de Montclera, baron de Lavaur, seigneur et capitaine d'une compagnie de cent hommes de pied, puis mestre-de-camp d'un régiment français entretenu au service du duc de Savoie, obtint, le 14 juillet 1620, une commission de lever une des cinq compagnies de cent hommes chacune, du régiment de gens de pied, sous le commandement du marquis de Montclera, son père; est rappelé dans différents actes des années 1628, 1637, 1638, 1640, 1649, 1666, et fut maintenu dans sa noblesse, par sentence du 3 août 1667. Il fit son testament olographe le 16 avril 1677, dans lequel il élit sa sépulture dans la chapelle de l'église de Montclera, au tombeau de ses prédécesseurs, et avait épousé, par contrat du 6 janvier 1642, Blanche de Lespès de Lostelnau, fille de Jean de Lespès, seigneur de Lostelnau, baron de Roque-Coc, de la Garde, etc., capitaine et major au régiment des Gardes-Françaises, et de Jeanne de Guiton. Leurs enfants furent :

1.° Emmanuel-Joseph, dont l'article suit;
2.° Alexandre, qui périt dans la Dordogne;
3.° Jeanne, religieuse;
4.° Jeanne dit mademoiselle de Montclera;
5.° Marie, dite mademoiselle de Floiras;
6.° Isabeau, dite mademoiselle de Fontenilles;
7.° Blanche de Gironde, religieuse, morte avant l'an 1685.

XVII. Emmanuel-Joseph DE GIRONDE, chevalier, seigneur marquis de Montclera, de Lavaur, de Fontenilles, etc., page de la chambre du roi en 1680, commandant la noblesse à Fleurance, le 10 septembre 1692, que le duc de Crillon lui écrivit de Montauban en cette qualité pour faire la revue de cette noblesse, convoquée pour l'arrière-ban, fut maintenu dans sa noblesse sur la reproduction de ses titres, le 9 avril 1697, et fit son testament le 14 juin suivant, par lequel il ordonne sa sépulture au tombeau de ses ancêtres, en l'église de Montclera. Il avait épousé, par contrat du 25 mars 1688, Catherine de Peirac de Jugeals, fille d'Henri de Peirac de Jugeals, baron de Veilax, et de Jeanne du Saillant. Leurs enfants furent :

1.° Jean-François, dont l'article suit;
2.° Bertrand, dit le chevalier de Gironde, puis le comte de Montclera, capitaine de grenadiers au régiment Dauphin;
3.° Jean-François, dit le Jeune, baron de Montclera:
4.° Blanche, morte avant 1697;
5.° Jeanne de Gironde, léguée ainsi que ses deux derniers frères de la somme de 10000 livres, par le testament de leur père de l'an 1697.

XVIII. Jean-François DE GIRONDE, chevalier, seigneur marquis de Montclera, de Lavaur, de Floiras, de Fontenilles, etc., épousa, le 24 janvier 1710, Marie Guione d'Estresses, fille de Barthelemi d'Estresses, seigneur de Graulejac, et de Jeanne de Turenne. Il eut de ce mariage:

1.° Barthelemi, né le 13 décembre 1711, mort à Paris en 1729;
2.° Armand, né le 12 octobre 1714, qui se noya dans le Drot, étant garde de la marine;
3°. Jean-Octavien, dont l'article suit;
4.° Bertrand, né en 1720, mort la même année;
5.° Jean-Galiot, né le 27 janvier 1724, mort officier au régiment de Bourbonnais;
6.° Jean-François, né le 27 novembre 1728, tué à l'affaire de l'Assiette en 1747, au régiment de Bourbonnais;
7.° Jeanne de Gironde, née le 7 janvier 1716, morte le 14 janvier 1718.

XIX. Jean-Octavien DE GIRONDE, marquis de Montclera, baron de Lavaur et de Roquecoc, seigneur de Fontenilles et du Casteron, né le 8 mai 1718, capitaine au régiment du Roi, infanterie, en 1742, est mort en 1792, sans postérité, de Marie-Bertrand de la Mothe-Rouge, qu'il avait épousée en 1744, fille de N..... Bertrand, chevalier, seigneur de la Mothe-Rouge, et de N..... de Gironde de Segoniac.

## TROISIÈME BRANCHE.

### *Seigneurs de Teyssonat.*

XIV. Claude DE GIRONDE, *dit de Montclera*, fils puîné de Brandelis de Gironde, seigneur de Montclera, et de Marie de Touyouse (voyez page 116) eut en dot la somme de 2000 écus, par le testament de ses père et mère, du 10 mai 1566; fut présent à divers actes et transactions des années 1594, 1605 et 1613. Il avait épousé, par contrat du 13 mars 1574, Jeanne de Cours, dame de Teyssonat, fils d'Antoine de Cours, seigneur de Teyssonat, et de Marie de la Boissière, qui ne vivait plus en 1604. De ce mariage vint:

XV. François DE GIRONDE, seigneur de Teyssonat,

de Saint-Germain, qui fit son testament le 11 avril 1653, par lequel il ordonna sa sépulture dans le chœur de l'église de Teyssonat. Il avait épousé par contrat du 2 décembre 1664, Comtesse de Chaunac, fille de Jean de Chaunac, et de Jacquette del Peyrone. De ce mariage sont issus :

1.° Louis, dont l'article suit;
2.° Marc, auteur de la branche des seigneurs de Piquet, rapportée ci-après, page suivante;
3.° François, tige de la branche des seigneurs de Pilles, rapportée en son lieu;
4.° Jacquette, mariée à Joseph de la Fabrié, seigneur de la Silvestre;
5.° Françoise de Gironde, religieuse au couvent de l'Annonciade de Villeneuve, dont elle était vice-régente en 1653.

XVI. Louis DE GIRONDE, seigneur de Teyssonnat, de Saint-Germain, etc., épousa, par contrat du 27 novembre 1634, Anne du Maine, fille d'Isaac du Maine, seigneur baron du Bourg, de la Court, de Malherbe, etc., gentilhomme ordinaire de la chambre du roi, et de Marie de Durfort. Il eut de ce mariage :

1.° Isaac, dont l'article suit;
2.° Marc, prêtre, prieur de Tairac en 1665;
3.° Jean, seigneur de Vagasilly en 1665;
4.° Marguerite de Gironde, mariée, par contrat du 22 juin 1665, avec Jean de Couthier, seigneur de Sujent.

XVI. Isaac DE GIRONDE, seigneur de Teyssonat, de Saint-Germain, etc., épousa, par contrat du 2 août 1661, Marthe d'Elard de Castelgaillard, fille de Bertrand d'Elard, chevalier, seigneur de Castelgaillard, et de Jeanne de la Goutte de la Pousade, dame de Regoulières. Il eut de ce mariage :

1.° N..... de Gironde, mariée à N..... de la Cour, seigneur baron de Bosredon;
2.° N..... de Gironde, femme de N..... de Conty, seigneur de Poumiers;
3.° N..... de Gironde, alliée à N..... de Ramond, seigneur de Folmont;
4.° N..... de Gironde, femme de N..... de Gauthier.

## QUATRIÈME BRANCHE.

### *Seigneurs de Piquet.*

XVI. Marc DE GIRONDE, seigneur de Piquet, second fils de François de Gironde, seigneur de Teyssonat, et de Comtesse de Chaunac (voyez page 122), fit son testament le 22 juin 1651. Il avait épousé, par contrat du 18 novembre 1627, Catherine de Beaumont, dame de Piquet, fille de Jean de Beaumont, écuyer, seigneur du Chambon et de Piquet, et de Marguerite de Grignoles. De ce mariage vinrent :

1.° François, chevalier, rappelé dans les testaments de son père et de sa mère, des 10 et 11 avril 1653 ;
2.° Louis, dont l'article suit ;
3.° François, *dit le Jeune*, }
4.° Antoine-Reimond, }
5.° Comtesse de Gironde, }
6.° Françoise de Gironde. } nommés dans les testaments de leurs aïeuls paternels de l'an 1658.

XVII. Louis DE GIRONDE, seigneur de Piquet, de Maisonneuve, etc., capitaine au régiment de Guienne, fut maintenu dans sa noblesse par sentence de l'intendant de cette province, en 1668. Il avait épousé, par contrat du 22 décembre 1660, François de Saunhiac de Belcastel, fille de Bertrand de Saunhiac, chevalier, seigneur de Belcastel, de la Mothe-Verdon, etc., et de Marie du Bar de Mauzac. Il eut de ce mariage :

1.° Pierre-Jean-Louis, dont l'article suit ;
2.° Gui, capitaine au régiment de Nivernais ;
3.° François, garde de la marine en 1683.

XVIII. Pierre-Jean-Louis DE GIRONDE, chevalier, seigneur de Piquet, officier de cavalerie, lieutenant des maréchaux de France, en Agénois, épousa, par contrat du dernier mars 1694, Marguerite de Saunhiac de Belcastel, fille de Pierre-Jean-Louis de Saunhiac de Belcastel, seigneur de la Mothe-Verdon, lieutenant des gardes de monseigneur le prince de Condé, gentilhomme de sa chambre, et de Jeanne du Saillant. De ce mariage vinrent :

1.° Antoine, dont l'article suit;
2.° François, officier au régiment de Soissonnais ;

3.° Elisabeth, sans alliance en 1771 ;

4.° Catherine, religieuse au couvent de Villeneuve :

5.° Anne de Gironde, mariée à N...., seigneur de Bessou et du Mondiol, dont une fille mariée à Jean de Gironde de la Giscardie.

XIX. Antoine de GIRONDE, seigneur, marquis de Ferrensac, de la Mothé, de Piquet, etc., etc., lieutenant des maréchaux de France en Agenois, ancien officier de cavalerie, mourut sans alliance, et fit donation de tous ses biens à Jean de Gironde de la Giscardie, son cousin, seigneur après lui, marquis de Ferrenzac, brigadier des armées du roi, lieutenant des maréchaux de France, chevalier de l'ordre royal et militaire de Saint-Louis, en faveur de son mariage avec sa nièce Damarie de Bessou, dame de Campagnac, qu'il épousa, par contrat du 23 décembre 1758. Il mourut en 1793, laissant une fille mariée à Laurent-Baltazard, vicomte de Gironde de Montamel. Il est mort en 1803, sans postérité.

## CINQUIÈME BRANCHE.

### *Seigneurs de Pilles.*

XVI. François DE GIRONDE DE TEYSSONAT, chevalier, seigneur de Pilles, capitaine au régiment de Guienne, infanterie, par commission du 4 juin 1644, aide-de-camp des armées du roi, par brevet du 15 mars 1649, troisième fils de François de Gironde, seigneur de Teyssonat, et de Comtesse de Chaunac (voyez page 122, reçut par les testaments de ses père et mère la somme de 2000 liv. ; fut maintenu dans sa noblesse par jugement de M. Pitot, intendant de Guienne, en 1668, fit, le 28 avril 1670, son testament mutuel avec sa femme, par lequel il ordonna sa sépulture en l'église de Sainte-Catherine, au tombeau de ses prédécesseurs, et commandait une troupe de noblesse en Agénois, le 19 juin 1674, suivant un ordre du maréchal d'Albret, aux consuls de Sainte-Livrade de loger cette troupe ; le 2 juillet suivant, il reçut un ordre du même maréchal, touchant la marche de cette même troupe, et le lendemain, un autre ordre relatif à quelques contestations survenues entre les sieurs de Castella et des Bordes, servant dans ce même corps de noblesse. Il vivait encore le 18 octobre 1702, et avait épousé, par contrat du 10 novembre 1652, Marie de Guarrigues, veuve de Jean de Laval, écuyer, seigneur d'Auriol, et fille de Jean de Guarrigues, et de Louise Baratel. Leurs enfants furent :

1.° Jacques, dont l'article suit ;
2.° François, nommé dans le testament de ses père et mère, de l'an 1670.
3.° Marc, qui fonde la branche des seigneurs de la Giscardie, rapportée ci-après, page 126.
4.° Catherine, l'ainée, } Nommées au testament de leurs père et mère, de 1670.
5.° Catherine, la jeune, }

XVII. Jacques DE GIRONDE DE TEYSSONAT, chevalier, seigneur de Pilles, épousa, par contrat du 3 décembre 1686, Jeanne-Marie de Carbonnier, fille de Jean-Baptiste, chevalier, seigneur de Carbonnier, et de Gabrielle de Rouffignac. Etant veuve, elle transigea, le 18 octobre 1702, avec François de Gironde de Teyssonnat, père de son mari, lequel, en sa faveur, se démit de la puissance de tous ses biens, tant de son chef que de celui de Marie de Guarrigues, sa femme. Leurs enfants furent :

1.° Marc, dont l'article suit ;
2.° Plusieurs enfants mineurs en 1702.

XVIII. Marc DE GIRONDE, I^er^ du nom, chevalier seigneur de Pilles, de Saint-Quentin, de Valette, de la Mothe-Guérie, etc., mineur le 8 octobre 1702, épousa par contrat du 26 mai 1722, Paule de Luc, fille de Claude, comte de Luc, seigneur de Montlégier, et de Paule-Diane de Saint-Quentin de Bigot, comtesse de Plassac. Ses enfants furent, suivant son testament du 20 septembre 1737 :

1.° Marc, dont l'article suit ;
2.° Jean-François, mort en 1757 ;
3.° Marie Thérèse, mariée à messire de Melet ;
4.° Hyacinthe, mariée à messire François de Bideren ;
5.° Claire de Gironde, morte avant 1737.

XIX. Marc DE GIRONDE, II^e^ du nom, chevalier, seigneur de Pilles, de Saint-Quentin, de Valette, de la Mothe-Guérie, ancien officier au régiment du Roi, infanterie, épousa par contrat du 16 mars 1745, Jeanne-Paule de Luc, fille de Jacques, comte de Luc, et d'Anne-Marthe de Gondé. Il mourut sans postérité, en 1776, ayant disposé de ses biens en faveur de Gilbert, comte de Gironde, son cousin, à qui il fit épouser demoiselle Catherine de Caumont-la-Force, dont il sera parlé ci-après.

## SIXIÈME BRANCHE.

### *Seigneurs de la Giscardie.*

XVII. Marc DE GIRONDE, chevalier, seigneur de la Giscardie, troisième fils de François de Gironde, (Voyez page 125), seigneur de Pilles, et de Marie de Guarrigues, épousa par contrat du 4 juillet 1702, Marguerite de Raymond, dame de la Giscardie en Agénois, fille de Jean de Raimond, chevalier, seigneur de la Giscardie. De ce mariage vinrent :

1.° François, dont l'article suit;
2.° Jean, marquis de Ferrensac, par donation d'Antoine de Gironde, son cousin, marié le 23 décembre 1758, avec Marie Damarie de Bessou, dame de Campagnac; dont il n'eut qu'une fille, mariée à Laurent-Baltazard, vicomte de Gironde de Montamel;
3.° N... Jean, ecclésiatisque, prieur de Laurique.
4.° N... Marie de Gironde;
5.° Marie-Anne de Gironde;
6.° N... Marie,
7.° N... Marie,
8.° Marguerite,

} Religieuses au couvent de Ste.-Foi.

XVIII. François DE GIRONDE, chevalier, seigneur de Giscardie, officier dans le corps royal d'artillerie, mort en 1763, avait, par contrat du 24 janvier 1748, épousé Jacqueline de Carbonnières, comtesse de Gironde, fille de messire Gilbert, comte de Carbonnières, capitaine de cavalerie. De ce mariage vinrent :

Gilbert, comte de Pilles, qui entra au service en 1768, au régiment de la Reine, infanterie, où il fut fait capitaine, et qui monta dans les carrosses du roi, au mois de juillet 1779, d'après ses preuves de la cour ; colonel en second dans le régiment de Viennois, en 1784 ; chevalier de l'ordre royal et militaire de Saint-Louis ; mort sans enfants le 3 juillet 1813. Il avait épousé par contrat du 1er août 1779, signé par le roi et la famille royale, demoiselle Catherine de Caumont de la Force, fille de Bertrand-Nompar de Caumont, marquis de la Force, premier gentilhomme de la chambre du Roi, et de dame Adélaïde de Gallard de Brassac de Béarn, comtesse d'Agmet, gouvernante des enfants de monseigneur le comte d'Artois ;

2.° François - Gaston, vicomte de Gironde, qui entra au service le 2 juin 1769, dans le régiment de Picardie, fait capitaine le 12 juin 1782 ; il a émigré le 2 mai 1792, a fait toutes les campagnes de l'armée des Princes, la première à celle de monseigneur le duc de Bourdon, et les autres dans celle du prince de Condé ; s'est trouvé à toutes les affaires, où il s'est toujours distingué par son courage, et en donnant les meilleurs exemples. A l'affaire d'Oberkambach, ayant son cheval blessé, il prit un fusil, et fut se mettre dans les rangs des chasseurs nobles, dans le moment le plus vif de ce combat où il périt tant de gentilshommes ; fut fait chevalier de l'ordre royal et militaire de Saint-Louis en 1794, lieutenant-colonel en 1797, et obtint sa retraite en 1814, regrettant que son grand âge ne lui permît pas de consacrer à la cause des Bourbons les dernières années de sa vie ; mais dès qu'il apprit le retour de l'usurpateur, il fut un des premiers dans les rangs, comme simple cavalier du détachement des gardes-royaux que le département de Lot et Garonne envoya au duc d'Angoulême. On lui avait offert le commandement de ce détachement, qu'il refusa pour mieux prouver son dévouement, et pour inspirer plus de courage et de confiance à tous ses compatriotes ; et si depuis il n'a pu se rendre utile, il a voulu au moins contribuer au soulagement des maux de l'Etat, par un abandon de sa pension de retraite, prix de quarante-deux ans de service, tant qu'il serait nécessaire ;

3.° Bernard-Silvain, dont l'article suit ;

4.° Christine, morte en 1792 ;
5.° Marie de Gironde, morte en bas âge.

XIX. Bernard - Silvain, comte DE GIRONDE DE PILLES, est entré au service le 2 mai 1773, dans le régiment de Picardie, capitaine le 1er avril 1785, a émigré le 2 mai 1792 par ordre des princes, a fait les campagnes de l'émigration, la première dans l'armée de S. A. S. monseigneur le duc de Bourbon, et les autres dans celle du prince de Condé; s'est trouvé à toutes les affaires, notamment à celle de Constance, où, à la tête de deux cents grenadiers, il protégea avec le plus grand succès la retraite de l'armée, de cette ville, déjà occupée par l'ennemi, et fut le dernier à en sortir, après avoir fait jeter les planches du pont dans le Rhin, pour empêcher l'ennemi de le passer, ce qu'il tenta en vain Une recommandation particulière de Monsieur, maintenant S. M. Louis XVIII, est ainsi conçue :

« S. A. R. Monsieur, prenant intérêt à M. le chevalier » Silvain de Gironde, le recommande à tous ceux à qui il » pourra avoir recours, en attendant que S. A. R. puisse » le lui prouver particulièrement. »

A Dusseldorff, le 16 décembre 1792.

*Signé* LOUIS STANISLAS- XAVIER.

Il obtint cette faveur à la sollicitation de monseigneur le maréchal de Broglie, gouverneur de Metz, qui voulut bien reconnaître les services éminents qu'il avait rendus pour le maintien du bon ordre, lors des troubles qui s'élevèrent à Metz, au commencement de la révolution, dont le manquement de grains servit de prétexte. Il fut fait chevalier de l'ordre royal et militaire de Saint - Louis, le 4 avril 1796, a eu sa retraite avec une pension et le grade de major, en 1814. Il a épousé par contrat du 23 mai 1803, Louise-Susanne de la Chieze de Briance, fille d'Antoine-Philippe de la Chieze, et de Marguerite-Françoise de Gironde, héritière de Louis-Laurent Baltazard, vicomte de Gironde et de Montamel, comte de Lavaur, son oncle. Il a de ce mariage :

1.° Louis de Gironde ;
2.° Jules de Gironde ;
3.° Paul de Gironde ;
4.° Alexandre de Gironde ;
5.° Irma de Gironde ;
6.° Isore de Gironde.

## SEPTIÈME BRANCHE.

### *Seigneurs de Castelsagrat.*

XIII. Jean DE GIRONDE, dit la *Cambe* et de *Montclera*, seigneur de Castelsagrat, de Lopiac, de la Burgende, etc., troisième fils de Jean de Gironde, III^e du nom, seigneur de Montclera, et de Françoise de Champagne, est nommé dans le testament de son père du 14 mars 1535, par lequel il lui fait un legs de 5000 livres tournois, pour acquit duquel Brandelis de Gironde, seigneur de Montclera, son frère aîné, lui donna la terre de Lopiac, par acte du 4 novembre 1563. Il fut fait chevalier de l'ordre du Roi en 1568, gentilhomme de sa majesté, et gouverneur de Fronsac pendant les premières guerres de la religion, et était capitaine de cinquante hommes d'armes de ses ordonnances, en 1594. Il avait épousé, par contrat du 19 août 1563, Françoise de Beauville, dame de Castelsagrat, fille de Bernard de Beauville, chevalier, seigneur de Castelsagrat, et cousine germaine d'Isabelle de Beauville, femme en secondes noces du maréchal de Montluc. Leurs enfants furent:

1.° Brandelis de Gironde, dont l'article suit;

2.° Léonard, seigneur de la Burgende, rappelé dans le testament de sa mère du 28 octobre 1586, par lequel elle lui fait un legs de 2500 écus, mort sans postérité de Louise de Cardaillac de Peyre, qui se remaria à Géraud de Lomagne, dit de *Terride*, quatrième fils de Georges de Lomagne, vicomte de Terride et de Gimoez, laquelle embrassa avec son second mari la religion prétendue réformée, fit son testament dans son château de Terride, le 20 avril 1623, par lequel elle ordonna sa sépulture dans l'église réformée de Castelsagrat, auprès de Léonard de Gironde et de Géraud de Terride, ses deux maris;

3.° Marie de Gironde, femme 1.° en 1586, du seigneur de Madaillan; 2.° le 2 juillet 1595, de Jean-Marc de Gaulejac, vicomte de Puechaloet, en Périgord.

XIV. Brandelis DE GIRONDE, seigneur de Castelsagrat, de la Burgende, de Saint-Naufari, de la Bastide, de

Normandie, etc., capitaine de cent hommes d'armes en 1584, chevalier de l'ordre du Roi, gentilhomme ordinaire de sa chambre en 1594, reçut du roi Louis XIII et de la reine mère, une lettre du 8 mai 1614, par laquelle ils lui témoignent leur satisfaction de ses bons et loyaux services, et une autre du 26 septembre 1616, par laquelle le roi, lui envoyant le sieur de Camparnaud pour le voir et lui faire entendre les affaires présentes, le pria de s'employer autant qu'il le pourrait en tout ce qui se présenterait par delà pour le service de Sa Majesté. Il avait épousé, par contrat du 16 mai 1594, Olympe de la Tour, dame de la Bastide-Normandie, fille de Pierre de la Tour, chevalier, seigneur de Massalis, et d'Anne de Bonassier de Saint-Cyr. Elle vivait encore le 17 août 1630, et eut de son mariage:

1.° Léonel, dont l'article suit ;

2.° Julien, tige de la branche des seigneurs de Sigoniac, éteinte en la personne d'Henri de Gironde, seigneur de Sigoniac-la-Mothe, syndic de la noblesse de la *sénéchaussée* de Montauban qui eut quatre filles, sa mère était une Fénélon ;

3°. Louis, seigneur de Lissonac, qui eut acte de la présentation de ses titres de noblesse, le 8 mai 1668. Il fut marié, mais sa postérité n'est pas connue ;

4.° Scipion, tige de la branche des seigneurs de Bellegarde, éteinte en la personne de Paul-Scipion, seigneur de Bellegarde et de la Bastide-Normandie, capitaine d'infanterie, qui vendit ses terres le 30 juillet 1766, et mourut sans alliance ;

5.° Pierre de Gironde, seigneur dudit lieu, ainsi qualifié dans un acte du 17 août 1630. On ignore s'il laissa postérité.

XV. Léonel DE GIRONDE, Ier du nom, chevalier, seigneur de Castelsagrat, de Saint-Naufari, etc., mestre-de-camp par commission du roi en 1628, était capitaine d'infanterie en 1621, et fit son testament le 12 août 1660, par lequel il élut sa sépulture dans sa chapelle de l'église de Castelsagrat, au tombeau de ses prédécesseurs. Il avait épousé, 1.° par contrat du *30 novembre* 1611, Charlotte de Ségur, fille de Pierre de Ségur, chevalier, seigneur de Grand-Puech, vicomte de Cabannes, dont il n'eut point d'enfants; 2.° par contrat du 10 mai 1615, Antoinette de Léon de Guasque, fille de Jean de Léon, seigneur de Guasque, et de Catherine de Balzac. De ce mariage sont issus :

1.° Léonel, dont l'article suit;

2.° Jean-Louis, légué de la somme de 7000 livres par le testament de son père;

3.° Olympe, mariée à Jean de la Mothe;

4.° Jeanne, mariée au seigneur de Bossier;

5.° Françoise de Gironde, léguée de 5000 livres.

XVI. Léonel DE GIRONDE, II^e du nom, chevalier, seigneur, baron de Castelsagrat, de Guerre, etc., épousa, par contrat du 4 février 1657, Catherine du Tilhet, fille de Jean du Tilhet, seigneur, baron de Mauroux, d'Orgueil, de Touzac, de la Capelle, etc., et de Françoise du Luc de la Perède. Il eut de ce mariage :

1.° Jean, don, l'article suit;

2.° Jean-Louis, chevalier, seigneur de Saint-Amans, marié, par contrat du 11 décembre 1695, avec Marthe de Testas, fille de Jean de Testas, seigneur de Passaya, dont il eut Léon de Gironde, chevalier, seigneur de Saint-Amans, marié par contrat du 21 juillet 1720, avec Constance de Bardet, fille de N....., seigneur de Bardet, et de Marie de Saint-Pau de Balzac.

XVII. Jean DE GIRONDE, seigneur baron de Castelsagrat, de Guerre, de Montcorneil, du Blouet, de Launeberg, de Laumède, etc., fut maintenu dans sa noblesse le 18 décembre 1697; acquit le 11 mai 1714, la terre et seigneurie et baronnie de Montcorneil, et avait épousé, par contrat du 24 juin 1687, Marie-Anne Daurasse, fille de François Daurasse, et de Marie Caulet. Ses enfants furent :

1.° Balthazard, dont l'article suit;

2.° François, seigneur de Laumède, lieutenant au régiment de Mestre-de-camp-Général, dragons, par brevet du 15 mai 1718, chevalier de l'ordre royal et militaire de Saint-Louis, le 8 juin 1743, mort sans postérité le 28 mai 1764;

3.° Marie de Gironde, mariée, par contrat du 12

septembre 1708, à Jean-Francois d'Angos-Luc, seigneur de Bomaire.

XVIII. Balthazard de Gironde, baron de Montcorneil, de Launebeze, du Hibou, de Laumède, de Barran, etc., épousa, par contrat du 12 février 1720, Jeanne de Medrano de Vertus, fille de Laurent de Medrano, seigneur de Vertus, d'Arensan, etc., et de Marie de Sedirac.

De ce mariage vinrent:

1.° Pierre, dont l'article suit;
2.° Laurent, chanoine régulier de l'ordre de Saint-Augustin, prieur de Saint-Solume en 1766;
3.° Marie-Anne, mariée, par contrat du 20 août 1762, à Jean-François de Calomy, seigneur de Boncaiguere, chevalier de l'ordre royal et militaire de Saint-Louis;
4.° Elisabeth de Gironde, religieuse en 1757.

XIX. Pierre de Gironde, baron de Montcorneil, fut présent au contrat de mariage de Marie-Anne de Gironde: sa sœur, le 20 avril 1762, et institué héritier par moitié par le testament de François de Gironde, son oncle, du 17 février 1759. Il avait épousé, par contrat du 21 novembre 1757, Marie-Laurence de Sédillac de Saint-Léonard, fille de feu Alexandre de Sédillac, seigneur de Savognières et de Guerre, et de Claude de Maumechen-du-Lac. Elle mourut en 1767, laissant de son mariage:

1.° Octavien de Gironde, qui suit;
2.° Dominique de Gironde, prêtre, émigré, était avant chanoine d'Auch;
3.° N..... de Gironde, chevalier de Malte, page du duc d'Orléans, lieutenant dans un régiment d'infanterie, lors de l'émigration qu'il fut joindre les princes, et mourut après avoir fait la première campagne;
4.° Laurence de Gironde, victime de la révolution pour avoir caché un prêtre que l'on trouva chez elle;
5.° Julie de Gironde, morte religieuse.

XX. Octavien de Gironde, comte de Gironde, filleul et héritier particulier du marquis de Montclera, dernier du nom, entra au service comme sous-lieutenant dans le régiment de Royal-Picardie, cavalerie; se maria, en 1785, avec demoiselle de Marmiesse, fille de M. de Marmiesse, président à mortier du parlement de Toulouse, et de demoiselle la Barthe de Giscard, il était dès-lors seigneur de la baronie de Montcorneil, de Roquecor, et de plusieurs autres terres qu'il a perdues en émigrant, sa famille ayant été une des plus maltraitées, se trouvant tous émigrés ; fit la campagne de 1793 et 1794 en Espagne, premièrement comme adjudant-major dans le régiment de la Reine, infanterie, et puis comme capitaine dans Bourbon. Fait chevalier de l'ordre royal et militaire de Saint-Louis, en 1814, et dans le mois de novembre 1815, nommé chef de légion de la garde nationale, et au mois de mars, chef d'escadron des volontaires royaux du département, a cinq enfants, savoir :

1.° Marie-Jean-Octavien deGironde;

2.° Louis-Victor, vicomte de Gironde, chevalier de Malte en 1789, un an après sa naissance; l'usurpateur, qui voulait attirer à son service les maisons les plus distinguées de France, lui fit offrir un grade militaire, qu'il éluda en demandant d'être nommé auditeur, emploi qu'il refusa ensuite; ce qui l'exposa d'autant plus, qu'on vit bien dès ce moment qu'il ne voulait rien accepter du tyran. Il fut un des premiers de son département à partir comme simple cavalier dans les gardes royaux pour voler au secours du duc d'Angoulême ; a été nommé au mois d'août 1815, chef de bataillon de la garde nationale de Montauban. Il a épousé en 1809, demoiselle Angélique de l'Escure, fille de messire de l'Escure, ancien capitaine de dragons, et chevalier de l'ordre royal et militaire de Saint-Louis, et de dame Gaillard d'Heillimer ;

3.° Alphonse de Gironde, né en 1803 ;

4.° Pétronille de Gironde, mariée à messire de Saint-Gresse, ancien officier émigré ;

5.° Eugénie de Gironde, née en 1806.

*Armes :* «Ecartelé, au 1 et 4 d'or et trois hirondelles de « sable, les deux premières affrontées, la dernière au vol « étendu, qui est de GIRONDE; aux 2 et 3, de gueules, à la « croix vidée, cléchée et pommetée d'or qui est de TOU- « LOUSE. L'écu sommé d'une couronne de comte et entou-

« ré d'un manteau doublé, herminé et frangé ».(Par commission du roi Charles IX, du 5 avril 1672).

Il y a encore d'autres branches de Gironde sorties de celles de *Castelsagrat*, notamment celle des Gironde de Bernois, dont il existe plusieurs membres.

---

BETHUNE (DE), maison des plus anciennes et des plus illustres du royaume, qui a fourni les branches de *Bethune-Sully* et de *Charost*, si honorablement mentionnées dans l'Histoire de France, et celles de *Bethune-Hesdigneul* et de *Saint-Venant*, en Artois, également distinguées au service des rois d'Espagne et des empereurs d'Allemagne, dans les Pays-Bas.

La ville de Bethune, située dans l'ancienne province d'Artois, aujourd'hui département du Pas-de-Calais, a donné son nom à cette maison.

I. Robert, Ier du nom, surnommé *Faisseux*, par la grâce de Dieu, sire de Bethune, de Richebourg et de Carency, avoué ou protecteur d'Arras, né vers l'an 970, petit-fils d'Adalelme, dernier des anciens comtes souverains et héréditaires d'Artois, mort en 932, eut en apanage, comme prince cadet de sa maison, la baronnie de Bethune, et mourut en 1037. Ses enfants furent :

1.° Robert, dont l'article suit ;

2.° Baudouin, qui fonde la branche des comtes et princes de Bethune, marquis d'Hesdigneul, laquelle a pris d'abord le surnom de CARENCY, puis celui de DES PLANCQUES, rapportée plus loin.

II. Robert, IIe du nom, sire de BETHUNE, de Richebourg, etc., avoué d'Arras, est nommé dans les anciennes chartes, tantôt Robert, avoué, tantôt Robert de Bethune, et tantôt Robert d'Arras. Il fit achever l'église de Saint-Barthélemi de Bethune, que son père avait fait commencer, et y fonda six chanoines pour y chanter jour et nuit les louanges du créateur. Il se trouva, en 1039, avec le comte Baudouin et Adèle sa femme, à Tournay, lorsque Hugues, évêque de Noyon et de Tournai, confirma la fondation de l'abbaye de Falempin, faite par Lauvalon, châtelain de Lille. Il fit le voyage de Rome sous le pontificat de Clément IX, et, à son retour, il se rendit à la cour de Baudouin, comte de Flandres, et l'accompagna en diverses occasions. Après la mort du comte de Flandres, Robert prit le parti de la comtesse sa femme, contre Robert le Frison, qui se rendit maître des provinces de Flandres et d'Artois, et mourut en 1075. Ses enfants furent :

1.° Robert, dit *le Chauve*, qui suit ;

2.° Baudouin, qualifié frère de Robert-le-Chauve dans la pancarte de Saint-Barthélemi de Bethune, laquelle porte qn'il donna à cette église la troisième partie de sa terre de Rochot pour la fondation de deux nouveaux chanoines et de deux maisons auprès de la même église, pour leur demeure.

III. Robert DE BETHUNE, III$^{e}$ du nom, surnommé *le Chauve*, seigneur de Bethune, de Richebourg, etc., accompagna son père à Rome en 1054, lui succéda et fut le troisième seigneur de Bethune, avoué d'Arras. Il souscrivit aux lettres que Philippe I$^{er}$, roi de France, accorda à Robert-le-Frison, comte de Flandres, pour la confirmation des biens de l'église collégiale de Saint-Pierre d'Aire. Ce fut de son temps que l'avouerie d'Arras, partagée entre deux possesseurs, fut réunie sur sa tête, par la mort sans postérité de l'avoué Jean ; et c'est depuis ce temps que cette avouerie n'a plus été divisée et a été possédée par les seuls seigneurs de Bethune. Robert-le-Chauve, lors du voyage du comte de Flandres, de Godefroi de Bouillon et des autres princes chrétiens pour la Terre-Sainte, resta auprès de la comtesse de Flandres, pour l'assister de ses conseils. Il mourut, suivant le martyrologe de l'église de Saint-Barthelemi de Bethune, le 6 octobre 1101. Ses enfants furent :

1.° Robert, dont l'article suit ;

2.° Adam, qui accompagna Robert de Flandres à la Terre-Sainte, où, pour sa part des conquêtes faites par les chrétiens, il obtint la ville et baronnie de Bessan, située dans la province de Galilée, dont ses descendants prirent le nom ;

3.° Baudouin de Bethune, mort en bas âge.

IV. Robert DE BETHUNE, IV$^{e}$ du nom, surnommé *le Gros*, épousa, du vivant de son père, Alix, de l'ancienne maison de Péronne, dont elle demeura la principale héritière. Il servit utilement les quatre comtes de

Flandres, savoir; Robert le jeune, Baudouin-la-Hache, Charles de Danemarck et Guillaume de Normandie; chez lesquels il fut en très-grande estime et considération. Il laissa de son mariage :

1.° Baudouin, seigneur de Bethune, avoué d'Arras, nommé dans une charte de l'abbaye de Saint-Waast d'Arras, de l'an 1106, mort sans alliance;

2.° Guillaume, dont l'article suit;

3.° Robert de Bethune, mort sans postérité.

V. Guillaume DE BETHUNE, I^er^ du nom, seigneur de Bethune, de Richebourg et de Warneton, avoué d'Arras, épousa Clémence d'Oisy, fille aînée de Hugues, châtelain de Cambrai, seigneur d'Oisy et de Crevecœur, petite-fille d'Ade de Hainaut, fille de Baudouin, empereur de Constantinople, comte de Flandres et de Hainaut, par laquelle alliance Robert de Bethune, V^e^ du nom, son fils, se trouva proche parent de Louis VIII, roi de France, de Frédéric II, roi des Romains, depuis empereur; de Thibaut, quatrième comte de Champagne, et de nombre d'autres princes. Guillaume de Bethune donna à Gautier, abbé de Saint-Waast, une terre située proche la mer, en échange de la moitié de la terre de Richebourg, qui appartenait à l'abbaye et dont il devint entier possesseur; fit, à l'exemple de son père, plusieurs donations, du consentement de son épouse et de son fils, à l'abbaye du Mont-Saint-Eloy; fit rétablir la ville de Bethune qui avait été brûlée en 1137, et mourut en 1144. Ses enfants furent :

1.° Robert, dit *le Roux*, dont l'article suit;

2.° Benoît, nommé avec ses frères dans la pancarte de l'église collégiale de Saint-Barthélemi;

3.° Adam, qui contribua, avec Robert-le-Roux et Benoît ses frères, à la fondation de la troisième prébende de l'église collégiale de Saint-Barthélemi;

4.° Mahaut, mariée à Evrard II, dit Radoul, châtelain de Tournai, seigneur de Mortagne sur l'Escaut, qualifié *chevalier preux, bien famé et renommé*, fils d'Evrard, châtelain de Tournai, seigneur de Mortagne, et de Richilde de Hainaut;

5.° N..... de Bethune, mariée avec un seigneur de Mancicourt.

VI. Robert DE BETHUNE, V$^{e}$ du nom, surnommé *le Roux*, seigneur de Bethune, de Richebourg, de Warneton et de Choques, avoué d'Arras, suivit le comte de Flandres à la Terre-Sainte, fut ensuite son ambassadeur en Angleterre, où il retourna depuis visiter, avec le roi Louis-le-Jeune, le tombeau de Saint-Thomas, archevêque de Cantorbery; il accompagna encore le comte de Flandres dans la Palestine, lors de l'expédition de Philippe-Auguste, et mourut au siége de Ptolémaïde. Il avait épousé Adélaïde de Saint-Pol, petite-fille de Hugues, comte de Saint-Pol, dont il laissa :

1.° Robert, surnommé *le Jeune*, qui fit, avec son père, le voyage de la Terre-Sainte. Il était l'un des deux frères proposés en mariage à Sybille, sœur aînée de Baudouin IV, roi de Jérusalem, et héritière présomptive de ce royaume; mais ce mariage n'eut pas lieu, par la jalousie que les prélats et barons du pays conçurent contre les nouveaux seigneurs français qui venaient s'y établir, et il mourut sans postérité;

2.° Guillaume, dont l'article suit;

3.° Baudouin, comte d'Aumale, qui a fait branche en Ecosse;

4.° Jean, évêque de Cambrai et prince d'empire, qui se croisa contre les Albigeois, et mourut en Languedoc le 17 juillet 1219;

5.° Conon, seigneur de Bergues, un des chefs des croisés qui conquirent l'empire d'Orient en 1203. Il fut gouverneur de Constantinople et seigneur d'Andrinople, dont Baudouin son fils se qualifia roi. Après la mort de Pierre de Courtenay, empereur de Contantinople, Conon de Bethune fut nommé régent de l'empire;

5.° Anselme, nommé, dans une charte de l'abbaye de Clemarest, par laquelle Guillaume de Bethune, II$^{e}$ du nom, avoué d'Arras, le qualifie son frère;

7.° Clémence, mariée à Baudouin, châtelain de Bourbourg:

8.° Mahaut, mariée, 1.° à Gautier de Bourbourg,

fils de Henri, châtelain de Bourbourg, et de Béatrix de Gand, héritière du pays d'Alost; 2.° avec Hugues de Houdain, chevalier, seigneur de Choques en partie.

VII. Guillaume DE BETHUNE, II° du nom, surnommé *le Roux*, seigneur de Bethune, de Tenremonde, de Molembeque, de Locres, de Richebourg, de Warneton, etc., avoué d'Arras, fit, avec son père, le voyage de la Terre-Sainte, et épousa Mahaut, héritière de Tenremonde et de Molembeque, morte le 18 avril 1224. C'est de ce mariage que descend la branche de Bethune-Sully, rapportée tome 6, page 67 de cet ouvrage, et dont Guillaume, II° du nom, seigneur, de Bethune, forme le premier degré. Nous y renvoyons le lecteur, pour connaître sa descendance, et nous allons continuer celle des comtes et princes de Bethune, marquis d'Hesdigneul, qui a pris d'abord le surnom de *Carency*, puis celui de *des Plancques*.

*Comtes et princes de Bethune, marquis d'Hesdigneul.*

II. Baudouin DE BETHUNE, Ier du nom, sire de Carency, second fils de Robert, Ier du nom, surnommé *Faisseux*, sire de Bethune (voyez page 134), signa, l'an 1033, avec son père et Robert III de Bethune, son frère, la charte par laquelle Jean, seigneur de Bouvignies, donna à l'abbaye de Saint-Waast d'Arras sadite terre de Bouvignies. Ses enfants furent :

1.° Elbert, dont l'article suit;

2.° Manassès, qui souscrivit une charte de Baudouin-le-Jeune, comte de Valenciennes, donnée à Valenciennes en 1087, dans le cloître de l'église de Notre-Dame;

3.° Wagon, nommé dans divers titres de l'abbaye du Mont-Saint-Eloy, avec Elbert, seigneur de Carency, son frère aîné. Il eut deux fils, Hugues, dit de Carency, et Lobert, mentionnés dans les mêmes titres;

4.° Morens de Bethune, marié avec Ode, avec laquelle il donna quelques aleux à l'abbaye du Mont-Saint-Eloy.

III. Elbert de Bethune, Ier du nom, chevalier, sire de Carency et d'Ablain, assista à la ratification que Lambert, évêque d'Arras, fit de tous les biens accordés à l'abbaye du Mont-Saint-Eloy, par divers seigneurs de son temps. Ses enfants furent :

1.° Sicher, dont l'article suit ;

2.° Amaury, qui consentit aux dons qu'Elbert, sire de Carency, son père, fit à l'abbaye du Mont-Saint-Eloy ;

3.° Manassès, qualifié fils d'Elbert dans une charte que Robert IIIe du nom, seigneur de Bethune, avoué d'Arras, accorda à l'abbaye du Mont-Saint-Eloy, sous le règne de Philippe Ier, roi de France. Il mourut en 1109 ;

4.° Baudouin, nommé avec son frère dans une charte de l'avoué Robert ;

5.° Thierri, qui fut présent à une donation que Sicher, sire de Carency, fit à l'abbaye du Mont-Saint-Eloy, où lui et Simon de Bethune sont dits frères ;

6.° Simon de Bethune.

IV. Sicher de Bethune, chevalier, sire de Carency et d'Ablain, confirma les donations faites par son père à l'abbaye du Mont-Saint-Eloi, de concert avec Berthe, sa femme ; donna à Richard, abbé de cette abbaye, certaines terres situées à Lenoncourt, lesquelles étaient de l'héritage de Berthe, son épouse. Il est qualifié dans quelques chartes de *très-noble homme*. Ses enfants furent :

1.° Elbert, qui suit ;

2.° Robert, chanoine de l'église cathédrale d'Arras ;

3.° Manassès, } nommés avec Elbert dans une charte de Sicher, sire de Carency, leur père ;
4.° Girard, }

5.° Wallon, qualifié oncle d'Elbert III, sire de Carency, dans un titre de l'an 1195. Il eut un fils appelé Sohier. Jeanne, comtesse de Flandres, l'envoya au pays de Hainaut, au couronnement d'Isabeau d'Angleterre, femme de Frédéric II, empereur et roi de Sicile, suivant l'histoire manuscrite de Philippe Mousque, auteur de ce temps-là ;

6.° N..... de Bethune, mariée à Goscelin, chevalier.

V. Elbert DE BETHUNE, IIe du nom, dit DE CARENCY, chevalier, sire de Carency, souscrivit à deux chartes de Thierri, comte de Flandres : dans l'une il prend le surnom de Bethune, comme ses prédécesseurs, et dans l'autre qui fut expédiée en 1155, il prend celui de Carency. Ce fut sous ce nom qu'il fonda la vingt-unième prébende de l'église collégiale de Saint-Barthélemi, pour laquelle il mérita que les chanoines fissent un obit annuel pour lui, comme il est marqué dans leur martyrologe au 28 juin. Il laissa d'Adelyse sa femme :

1.° Elbert, seigneur de Carency, dont la postérité s'est éteinte dans la maison de Cayeux, au commencement du treizième siècle;

2.° Bauduin, dit des Plancques, chanoine de Saint-Barthélemi de Bethune, qui, sous le nom de Balduinus de Planca, a signé comme témoin dans trois chartes latines, dont l'une de l'an 1171, donnée par Robert, V° du nom, seigneur de Bethune, avoué d'Arras, et les deux autres de l'an 1202, données par Guillaume, seigneur de Bethune, aussi avoué d'Arras ;

3.° Guillaume, qui fut aussi ecclésiastique, seigneur d'Espréaux, fief qu'il donna, au mois d'avril 1227, à Hugues, IIe du nom, son neveu, fils aîné de Hugues Ier, son frère, et de Marie, sa femme, à charge de payer par lui, chaque année, aux pauvres du village de Hersin (1), deux muids de blé, pour qu'ils prient pour le repos des âmes du père de lui Guillaume et d'Adelyse sa mère, ladite rente rachetable moyennant 10 liv. parisis une fois payées ;

4.° Robert, dit Gualon, qui comparut dans les titres des années 1187 et 1190, cités au degré VI en qualité de frère et d'héritier apparent de Guillaume de Carency. Il donna son consentement, ainsi que Robert son fils à la donation du fief

(1) Le prince de Béthune possède encore (en 1815) ce fief d'Espréaux, situé au village de Hersin, près la ville de Béthune.

d'Espreaux, situé au village de Hersin, près Bethune, faite en 1227, à Hugues II, dit de Carency, son neveu. Il eut en partage la terre de Montbernanchon, située près Bethune, dont sa postérité, qui s'éteignit dans le quatorzième siècle, prit le surnom ;

5.° Amaury de Carency, chevalier ;

6.° Hugues, dont l'article suit.

VI. Hugues de Carency, Ier du nom, chevalier, seigneur des Plancques, terre et seigneurie qu'il eut en apanage, et dont sa postérité a pris indifféremment le surnom et celui de Carency, épousa, avant le mois de mai 1187, Marie de Saveuse, d'une ancienne maison de Picardie, fille d'Enguerrand, IIe du nom, sire de Saveuse. Duchêne ne dit rien de cette alliance ni des descendants de Hugues, parce que dans le temps qu'il a écrit l'histoire de la maison de Bethune, l'Artois était sous la domination de l'Espagne, et que les titres de cette branche, qui se sont conservés de père en fils, ne lui furent pas communiqués. Il a aussi ignoré la branche de Robert de Carency, frère dudit Hugues, qui prit le nom de Montbernanchon, et ne s'est occupé que des branches de la maison de Bethune qui existaient en France. Une foule de titres originaux et authentiques prouvent, non-seulement l'existence, mais encore l'alliance et les enfants de Hugues de Carency, Ier du nom. Dans un titre du mois de mai 1187, Elbert de Carency donne à Hugues, seigneur *des Plancques*, son fils cadet, quatre mesures de terres situées au village d'Hersin, entre Bethune et Arras, qui avaient été confisquées à son profit sur Simon de Berlette, son vassal, pour cause de félonie. Ledit Hugues étant alors absent, cette donation est acceptée par Marie, sa femme, en présence de Bauduin, Gualon et Amaury, tous trois qualifiés fils dudit Elbert de Carency; et au bas de ce titre pend son scel, où l'on voit une fasce. Ledit Hugues paraît encore avec ses frères dans une charte de 1190, imprimée dans Duchêne, page 372 des Preuves. Son mariage est prouvé par une donation en date du mois d'août 1203, faite à Marie de Saveuse par Philippe, seigneur de Saveuse, son frère, d'une maison située à Bethune, rue des Grands-Becqueraux, pour compléter sa légitime. Par lettres de l'an 1212, données par Guillaume, seigneur de Bethune, avoué d'Arras, en qualité de seigneur suzerain, on voit que ces deux conjoints ont acheté treize mesures et quarante verges de terres, tant en labour qu'en prairies, situées près du marais de Wendin, de Guillaume d'Annezin, chevalier, et d'Elisabeth sa femme. Enfin, ils paraissent encore tous deux dans une charte du mois de mai 1221, qui contient une donation de quatre journaux de terre situés à Prosnoy, village près de Saint-Pol en Artois, qu'ils font aux frères de la maison des lépreux, situés dans la ville de Saint-Pol, nommée aujourd'hui l'hôpital Saint-Ladre, ladite donation faite en présence des mayeur et échevins de ladite ville. Hugues de Carency, Ier du nom, seigneur des Plancques, était mort avant le mois d'avril 1229, que Marie de Saveuse, sa veuve, confirma la donation faite par son mari à Gilles, son second fils, en faveur de son mariage, des treize mesures et quarante verges de terre situées à Wendin, qu'il avait achetées de Guillaume d'Annezin, ainsi qu'il a été dit précédemment, et dont la moitié lui appartenait en propre; et cette donation est confirmée par Hugues, Bauduin et Jean, frères dudit Gilles, à condition que celui-ci renoncera à tous les autres biens à eux échus par la mort de leur père commun. Marie de Saveuse vivait encore en mai 1242, que dans un titre de cette date elle se qualifie veuve de *monseigneur Hues de Carency*, chevalier, et donne à Jean, son troisième fils, pour compléter son partage, les bois, terres et seigneuries des Plancques et dépendances, et ce du consentement de Hugues et Gilles, ses fils. Au bas de ce titre pend un sceau qui *représente cette dame tenant de la main droite un écusson aux armes de Bethune et de la gauche un autre écusson aux armes de Saveuse,* et pour contre-scel on voit *un écusson parti de Bethune et de Saveuse.* Leurs enfants furent :

1.° Hugues, seigneur d'Espréaux, par la donation que lui fit, en 1227, Guillaume de Carency, son oncle, qui le qualifie *son neveu, fils de son frère Hugues, et de Marie, sa femme.* Il comparaît encore dans les titres de 1229 et 1242, cités ci-devant, et mourut sans postérité;

2.° Gilles de Plancques, ainsi appelé par Marie de

Saveuse, dans les titres de 1229 et 1242. On voit par le premier qu'il avait été marié; il eut deux fils :

1.° Gilles, dit Barlet, et Robert de Carency: le premier a été tuteur de son neveu, à la mode de Bretagne, Roger, seigneur des Plancques, et il paraît en cette qualité dans un titre de 1279, mentionné plus bas;

3.° Bauduin des Plancques, nommé le troisième fils de Hugues, Ier du nom, dans le titre de 1229, et mort avant 1242. Il paraît avec le surnom des Plancques dans une charte du mois de novembre 1220, où il donne à l'abbaye de Saint-Bertin à Saint-Omer, un droit de dîmes qu'il possédait au village d'Annezin. Il laissa d'Alix, sa femme :

a. Bauduin des Plancques, seigneur de Helchin, qui confirma, en 1250, la donation de son père. A cette charte, ainsi qu'à celle de 1220, pendent *des sceaux traversés d'une fasce.* Il n'eut qu'un fils naturel, nommé Pierre, bâtard de Carency;

b. Elbert de Carency, dit Clucquet, ainsi nommé dans un titre du mois de janvier 1261, expédié sous son scel, où il est dit fils de Bauduin et de madame Alix, et où il promet de payer à la Saint-Jean suivante, à Jean, seigneur des Plancques, et d'Espréaux, son oncle, le relief dû à cause d'une certaine dîme, située en la paroisse de Vermeille et environs, mouvante du fief d'Espréaux, et qui avait été donnée à Bauduin, son père, par Hugues, seigneur d'Espréaux, son frère aîné. Il fit donation au mois d'avril 1271, à Pierre, bâtard de Carency, fils naturel de Bauduin des Plancques, son frère de l'usufruit de la susdite dîme, située à Vermeille, et de la propriété héréditaire de six mesures de terres, sises au terroir de Noeu, que sondit frère avait acquises de Jacques Haguet, laquelle donation il fit ratifier par Jean, seigneur des Plancques, son cousin et héritier apparent. Il mourut sans alliance;

4.° Jean, dont l'article suit.

VII. Jean DE CARENCY, Ier du nom, eut en partage la

seigneurie des Plancques, avec toutes ses dépendances, ainsi qu'on le voit par la donation que lui en fit sa mère, au mois de mai 1242, et il porta ainsi que sa postérité le nom de cette seigneurie. Il hérita du fief d'Espréaux, par la mort de Hugues, son frère aîné, et fit un testament en septembre 1249, dans lequel, du consentement de Jean, son fils aîné, il donne ses biens, situés à Wendin, et qui avaient composé sa légitime, à Michel, son second fils, et à ses descendants, avec stipulation expresse, que si ledit Michel venait à mourir sans postérité légitime, lesdits biens retourneraient sans partage à Jean, son fils aîné, ou à ses enfants légitimes, et enfin au défaut de ceux-ci, à Elbert, son troisième fils, à la charge par ce dernier, d'abandonner au profit de ses sœurs, les biens qu'il lui avait désignés en partage, sans doute par une disposition, pour lesdits biens être partagés entre elle également, sans droit d'aînesse; et pour rendre ses dispositions plus authentiques, il les fit sceller par Jean du Mont, Elbert de Carency, Pierre et Jacques de Béthune, ses cousins. Au bas de ce titre se voit son scel, qui est un écu traversé d'une fasce, surmontée d'un écusson de Saveuse, brisure que ses descendants ont conservée jusqu'à présent, et qu'ils portent encore. Il vivait encore en 1261, qu'au mois de janvier de la même année Elbert, dit Clucquet de Carency, son neveu, reconnaît tenir de lui, comme seigneur d'Espréaux, la dîme sise en la paroisse de Vermeille, et environs, qui avait été donnée à Bauduin, son père, par Hugues de Carency, seigneur d'Espréaux; il mourut peu après et avait épousé une fille du seigneur d'Ollehain, dont il eut:

1.° Jean, dont l'article suit;

2.° Michel des Plancques, chevalier, mentionné dans le testament de son père de l'an 1249. Il comparaît encore dans un titre de 1267, avec Jean, son frère. Il eut en partage le fief d'Espréaux, dont il est qualifié sire, dans une sentence arbitrale sur un procès mû entre lui et Jean, sire de Montbernanchon, son cousin, rendue au mois de juillet 1273, par Guillaume, châtelain de Saint-Omer, Guillaume, sire de Locres, et Gauthier de Locques, chevaliers, leurs parents et prochains de lignage. Il mourut sans postérité avant l'an 1279, et son fief d'Espréaux passa à Roger, seigneur des Plancques, son neveu;

3.° Elbert des Plancques, appelé dans le testament de 1249, aux biens assignés à ses frères, en cas de leur décès sans enfants : il mourut sans postérité avant le 20 décembre 1267;

4.° Marie des Plancques, femme de Robert, seigneur de Houchin, chevalier;

5.° Elisabeth des Plancques, mariée à Guillaume de Saint-Omer, chevalier, seigneur de Peene, des châtelains de Saint-Omer;

6.° Jeanne des Plancques, religieuse à l'abbaye noble de Messine, près Ypres, en 1313.

VIII. Jean, IIe du nom, chevalier, seigneur DES PLANCQUES d'Espréaux et de Wendin, est nommé l'aîné de ses frères dans le testament de son père de l'an 1249. Il lui avait succédé avant 1247; car par un titre daté de la veille de Saint-Thomas de ladite année, il confirme, ainsi que Michel, son frère, un accord fait par Jean, leur père commun, pour la construction d'un aqueduc dans la seigneurie des Plancques, et au bas de ce titre, on voit les restes du sceau dudit Jean II, seigneur des Plancques, où il est représenté à cheval, ayant un écu au bras, chargé des armes de Bethune, et brisé de celles de Saveuse. Il avait épousé Isabelle de Blanchicourt, ainsi qu'il paraît par un dénombrement servi par le Borgne de Berlette, chevalier, d'un fief relevant d'Espréaux, situé à Hersin, en date du lendemain de la Saint-Barthélemi de l'an 1279, où elle est dite veuve de Jean II, seigneur des Plancques, et tutrice de ses enfants, conjointement avec Gilles II, dit Bartel de Carency, son oncle à la mode de Bretagne. Elle vivait encore en 1290, et mourut peu après. Leurs enfants furent;

1.° Roger, chevalier, seigneur des Plancques et d'Espréaux, mineur en 1279, et lors seulement qualifié d'écuyer. Il était chevalier en 1294, qu'il confirma le partage fait à Hugues, son frère, par ses père et mère. N'ayant point eu d'alliance, on croit qu'il vendit la seigneurie des Plancques, car depuis lui, personne de sa maison ne l'a possédée;

2.° Hugues, dont l'article suit;

3.° Agnès des Plancques, mariée à Jean Ier, sire de

Monchy et de Mortagne, d'une ancienne maison, de chevalerie d'Artois.

IX. Hugues DES PLANCQUES, IIe du nom, chevalier, seigneur de Wendin et d'Espréaux, eut d'abord en partage la terre de Wendin, dont Roger, son frère, lui confirma la possession par lettres de 1294, moyennant lui payer sa vie durant, vingt livres de rente, au Noël de chaque année. Ledit Hugues créa, au profit de Jacques du Pire, par lettres de 1299, une rente de cinq livres parisis, qu'il hypothéqua sur la terre de Wendin, du consentement de Jeanne, sa femme. Au bas de ce titre pend son sceau aux armes de Bethune, brisé d'un lambel comme cadet de Roger des Plancques. Il créa encore, par lettres du mois de mars 1317, une rente de sept livres, au profit de Jeanne de Mailly, et fit reconnaître cette rente par Jean de Hersin et Michel de la Forte, écuyers, ses pairs. Cette rente fut remboursée le 30 mai 1381, par son petit-fils. Hugues des Plancques hérita vers la fin de sa vie, de Roger, son frère aîné, la terre d'Espréaux, car il est qualifié de chevalier, seigneur dudit lieu, dans un dénombrement qui lui fut fait, le premier juillet 1331, par Mathieu de Rebecque, chevalier. Il avait épousé, avant l'an 1294, Jeanne de Noyelles, fille du seigneur de Noyelles - Wion, en Artois, laquelle mourut en 1339. Leurs enfants furent :

1.° Hugues, dit Tristan, dont l'article suit ;
2.° Jean des Plancques, nommé avec tous ses frères et sœurs dans le titre de 1339 ;
3.° Martel des Plancques, qui servit dans les guerres de son temps, et est nommé parmi les chevaliers qui furent tués le 13 juin, au siége de Cognac et à la journée de Saint-Sauveur-le-Vicomte ;
4.° Jacques des Plancques, vivant en 1339 ;
5.° Robert des Plancques, seigneur de la Folie, marié avec Isabelle de Marckais, dont elle était veuve en 1355 ;
6.° Collart des Plancques, mort sans alliance ;
7.° Alix des Plancques, religieuse à l'abbaye de Flines ;
8.° Marie des Plancques, alliée à Guillaume Grenet, chevalier, morte en 1374.

X. Hugues DES PLANCQUES, IIIe du nom, dit *Tristan*,

chevalier, seigneur d'Espréaux et de Wendin, se qualifie fils aîné de monseigneur Huon des Plancques, chevalier, et de madame Jeanne de Noyelles, dans un titre du mois de juin 1339. En cette qualité, il rectifie le testament de sa mère, et assigne les partages de ses frères et sœurs qu'il nomme tous. Par d'autres lettres du mois d'août 1340, il cède à Jean et Martel des Plancques, ses frères, tous les biens qu'il possède au bailliage de Hesdin et au comté de Saint-Pol, à condition que s'ils viennent à mourir sans enfants, les susdits biens et toutes les améliorations et augmentations qu'ils auraient pu y faire, retourneront sans partage à son profit ou à celui de ses hoirs, à l'exclusion de ses autres frères et sœurs. Cette cession est faite du consentement d'Isabelle de Boubers, sa femme, et de Jean et Bauduin de Boubers, ses beaux-frères. Au bas de cet acte, ainsi que du précédent, pend le sceau dudit Hugues des Plancques, qui est ainsi que ses prédécesseurs, de Béthune, à un écu de Saveuse posé au premier canton. Sa femme ne vivait plus le 4 mars 1350, que Jean de Boubers, son frère, fit cession de plusieurs parties de biens réclamés par Tristan des Plancques, au nom de ses enfants, et provenant de la succession de Hugues de Boubers, aussi son frère. Leurs enfants furent :

1.° Jean, dont l'article suit ;
2.° Jacques des Plancques ;
3.° Collart des Plancques, marié avec Catherine du Maisnil, dont il eut un fils, nommé Nicolas, mort jeune ;
4.° Hugues des Plancques ;
5.° Jeanne des Plancques, religieuse de l'abbaye noble des dames d'Estrun, près Arras, dont elle mourut abbesse vers l'an 1380 ;
6.° Catherine des Plancques, vivante en 1350.

XI. Jean DES PLANCQUES, III^e^ du nom, chevalier, seigneur d'Espréaux, de Wendin, de Berlette, etc., qualifié fils aîné de Hugues des Plancques, III^e^ du nom, dit Tristan, dans le titre du 4 mars 1350, précité, remboursa, par acte du 30 mai 1381, la rente de sept livres constituée par Hugues II, son aïeul, en 1317. Il donna son aveu et dénombrement du fief d'Espréaux en 1381 et 1388, et comparut au contrat de mariage de Jean, son fils, comme veuf de dame Alix de Dours, sa femme, qui était fille de

Jean, dit Buridan, seigneur de Dours, chevalier, et de Béatrix de Crésécques. On ignore l'époque de la mort de Jean des Plancques, III^e du nom; l'on voit seulement qu'*il fut noble et puissant chevalier*, suivant les termes d'une sentence de maintenue de noblesse, rendue par l'élection d'Artois en 1461, en faveur d'un de ses arrière-petits-fils, où il est ajouté qu'*il portoit nobles armes comme avoient fait ses prédécesseurs, à savoir, un escu d'argent à une faische de gueules, et le cry estoit* BETHUNE, *ce démontrant qu'il estoit extrait anchiennement des advoués et autres seigneurs de Bethune, qui fut une des grandes et anchiennes seigneuries de la comté d'Artois.* Ses enfants furent :

1.° Jean, dont l'article suit ;

2.° Collart des Plancques, tué à la bataille d'Azincourt en 1415. Il eut en partage la terre et seigneurie de Berlette, et eut un fils nommé Jean des Plancques, marié avec Marie de Gaman, dont il eut Jean et Jacques des Plancques qui ne laissèrent aucune postérité.

XII. Jean DES PLANCQUES, IV^e du nom, écuyer, seigneur d'Espréaux et de Wendin, épousa, par contrat du 29 mars 1380, demoiselle Simonne d'Hesdigneul, fille unique et héritière de Jean d'Hesdigneul, écuyer, seigneur dudit lieu. Il est à remarquer que ce contrat de mariage a été passé à Béthune, en l'hôtel du seigneur de Wendin, père du contractant, situé rue des Grands Becquereaux, le même que Philippe, seigneur de Saveuse, donna, en 1203, à Marie, sa sœur, femme de Hugues de Carency. Jean des Plancques, IV^e du nom, servit dénombrement de sa terre d'Hesdigneul, du chef de sa femme, au comte de Namur, seigneur de Béthune, le 6 janvier 1407, et en reçut un à son tour, le 19 décembre de la même année, de Jean de Tonnel, possesseur d'un fief mouvant de la seigneurie d'Hesdigneul, et situé audit lieu. Ses enfants furent :

1.° Bauduin, dont l'article suit ;

2.° Michel des Plancques, seigneur de Wendin, terre qui lui échut en partage, située près de la ville de Béthune. Il épousa, 1.° Marguerite Mallet, fille de Jean, dit Hutin, écuyer, seigneur des Pretz, de

Coupigny, etc., et de Marguerite de le Candèle, 2.° Marguerite de le Candèle, dont il n'eut point d'enfants. Ceux du premier lit furent :

a. Jean, seigneur de Wendin, dont la postérité n'est pas connue ;

b. Jeanne des Plancques, mariée à Martin de Wailly, écuyer, d'une ancienne famille d'Artois ;

3.° Jean des Plancques, prieur du Saulchoy ;

4.° Catherine des Plancques;

5.° Jeanne des Plancques, alliée, vers 1430, à Louis de la Forge, chevalier, d'une ancienne famille de Picardie.

XIII. Bauduin DES PLANCQUES, II^e du nom, écuyer, seigneur d'Hesdigneul et d'Espréaux, né en 1399, entra de bonne heure dans le parti des armes, servit sous la bannière du seigneur de Noyelles-Blanc, son parent, et fut fait prisonnier à la bataille d'Azincourt en 1415, n'étant alors âgé que de seize ans, ainsi qu'il appert par la sentence de l'élection d'Artois de l'an 1461, citée plus haut. Il épousa, 1.° Marguerite de Nedonchel, veuve de Jean de la Haye, écuyer, et fille de Robert de Nedonchel, dit Aigneux, seigneur de Lievin, et de Marguerite de Baudart, dame d'Alloet; 2.° par contrat du 14 janvier 1441, Bonne de Berlette, dame d'Ysel-lès-Avesnes, fille de Gilles de Berlette, dit Constant, écuyer, seigneur de Vandelicourt et d'Ysel. Beauduin acquit conjointement avec sa seconde femme, par lettres du 2 novembre 1444, une maison à Béthune, tenue en rente du chapitre de cette ville, et fit son testament en présence de sa femme, le 2 décembre 1462, par lequel il ordonna sa sépulture dans l'église d'Hesdigneul, auprès de ses père et mère. Il fonda des messes pour le repos de leurs âmes, de la sienne et de celle de Marguerite de Nedonchel, sa première femme ; assigna les parts de chacun de ses enfants, et choisit pour exécuteurs testamentaires, Jean de Berlette, dit d'Esre, prieur du Saulchoy, son neveu, et Nicole de Hulen, curé d'Hesdigneul. A la fin de ce testament se trouvent deux codiciles des 4 et 5 décembre de la même année, le premier desquels contient l'acceptation dudit testament par ses deux fils aînés. Il mourut en 1465, n'ayant point eu d'enfants de sa première femme. Ceux de la seconde furent :

1.° Jacques des Plancques, dit Morlet, qui eut en partage, aux conditions exprimées par le testament de son père, toute la terre d'Hesdigneul, dont il servit le dénombrement le 24 août 1500. Il fit son testament le 19 juillet 1512, dans lequel il institua pour son héritière universelle, Perrine des Plancques, sa sœur, et mourut sans alliance;

2.° Jean, dont l'article suit;

3.° Guillaume des Plancques, qui par le testament de son père, eut onze quartiers de terre, situés à Rongeval; une autre pièce de terre, située à Béthune, derrière Saint-Waast; une pièce de prairie, située à Gosney, et quelques rentes foncières, dues par des héritages à Béthune. Il mourut jeune et sans alliance;

4.° Martin des Plancques, qui eut en partage deux cents livres, dont cent à prendre sur la terre d'Hesdigneul, et cent à recevoir d'Antoine de Berlette, qui les devait au testateur;

5.° Catherine des Plancques, qui eut en partage la somme de quatre cents francs, à prendre sur la terre d'Hesdigneul. Elle épousa le seigneur de Loine;

6.° Marie des Plancques, qui eut trois cents livres à prendre sur ladite terre d'Hesdigneul, morte jeune;

7.° Marguerite des Plancques, qui eut pour sa part 10 livres de rente viagère; elle mourut chartreuse au couvent des dames du Mont-Sainte-Marie, à Gosnay, près Béthune;

8.° Jacqueline des Plancques qui eut en partage sept livres de rente viagère, religieuse à Flines, près Douay;

9.° Perrine des Plancques, qni eut pour sa part, dans le testament de son père, deux cents livres, savoir: cent quatre-vingt livres à prendre sur la terre d'Hesdigneul, et vingt livres dues à son père, par Jean de Berlette, dit d'Esre. Ayant survécu à tous ses frères et sœurs, elle hérita, suivant le droit de la coutume d'Artois, de toute la terre d'Hesdigneul, après la mort de Jacques des Plancques, son frère aîné, qui en outre l'institua son héritière universelle, par son testament de 1512, comme on l'a dit ci-dessus; ainsi elle fut dame d'Hesdigneul, d'Ysel-lès-Avesnes, de Calonne sur la Lys, et d'Estrée en Cauchy. Cette dernière terre acquise par Jacques des Plancques, dit Morlet, le 2 avril 1599, de Jean de Panis, écuyer. Elle était alors fort âgée et sans alliance, ayant pour héritier principal, Michel des Plancques, son neveu, rapporté ci-après.

XIV. Jean DES PLANCQUES, V^e^ du nom, écuyer, seigneur d'Espréaux, fief qu'il eut en partage par le testament de son père, de l'an 1462, et dont il se mit en possession le 3 avril 1465, épousa, par contrat du 24 novembre 1473, Jeanne du Bois, de la maison de Fiennes, issue de celle de Luxembourg, fille unique de Pierre du Bois, écuyer, seigneur d'Avalette, et de Jeanne de France. Il mourut peu après 1500, et sa femme en 1522. Leurs enfants furent :

1.° Jean des Plancques, capitaine de chevau-légers, mort en Provence en 1512, sans avoir été marié.
2.° Pierre des Plancques, seigneur d'Espréaux, marié en 1516, avec Catherine de la Plancques, fille de Louis, écuyer, et d'Isabeau le Flamen, dont il eut Jeanne et Florence des Plancques, mortes jeunes; il ne vivait plus en 1523;
3.° Michel, dont l'article suit;
4.° Jacques des Plancques, chanoine de la collégiale de Saint-Barthelemi, à Béthune;
5.° Louis des Plancques, chanoine de la même collégiale, député de son corps à l'assemblée des états d'Artois, le 13 septembre 1516, mort le 19 novembre 1522;
6.° Guillaume des Plancques, qui fut comme ses frères, chanoine de la collégiale de Saint-Barthelemi, à Béthune.

XV. Michel DES PLANCQUES, écuyer, seigneur d'Hesdigneul, d'Espréaux, d'Ysel-lès-Avesnes-le-Comte, membre de la noblesse des états d'Artois, lieutenant-gouverneur des ville et château de Béthune; reçut la quittance d'un relief par lui payé le 17 décembre 1522, d'une maison sise à Béthune, à lui échue par la mort de Jeanne du Bois, sa mère, et paya, le 11 juin 1523, au domaine de

Béthune, un autre relief de la terre et pairie d'Hesdigneul, à lui échue par la mort de Perrine des Plancques, sa tante. Il épousa, par contrat du 20 juillet 1529, Antoinette de Bours, sœur de Jean de Bours, évêque et duc de Laon, pair de France, et fille de Pierre de Bours, écuyer, seigneur d'Yvregny, et d'Hélène de Bernieulles. Il fut nommé lieutenant-gouverneur des ville et château de Béthune, et prêta serment pour cette charge le 12 juillet 1536, fut convoqué aux états d'Artois, les 29 octobre 1546, et 11 décembre suivant, et mourut vers 1550. Antoinette de Bours se qualifie sa veuve et tutrice de ses enfants, dans une transaction passée à Béthune, le 24 mai 1554, entre elle et Jean de Soissons, échevin de ladite ville. Elle comparut encore dans le contrat de mariage de son fils aîné, du 26 septembre 1559, et mourut sans doute peu après. Leurs enfants furent :

1.° Pierre, dont l'article suit ;

2.° Ysembart des Plancques, seigneur des terres de Baraffle, en Artois, et de Cayeulx, en Santerre, gentilhomme ordinaire de la maison des rois de France, Henri II, François II, Charles IX et Henri III, maître d'hôtel de Charles, cardinal de Bourbon, député de la noblesse de Vermandois à l'asemblée des Etats généraux du royaume, tenus à Blois en 1576, et gouverneur d'Ivry en Normandie. Il donna une procuration, le 17 décembre 1577, à Pierre des Plancques, son frère aîné, pour administrer sa terre de Baraffle, voisine de celle d'Hesdigneul, son oncle, Jean de Bours, évêque et duc de Laon, l'ayant nommé son légataire universel, par son testament du 1^er^ janvier 1579, à la charge de payer quinze cents livres à Guislaine des Plancques, sa sœur. Il mourut sans alliance ;

3. Antoine des Plancques, seigneur de Cayeulx, par succession de son frère Ysembart, d'abord premier archi-diacre à l'évêché de Laon, en 1566, puis doyen de l'église collégiale de Saint-Quentin en Vermandois, en 1569, par résignation de Jean de Bours, évêque et duc de Laon, son oncle. Il mourut le 22 septembre 1596, suivant une inscription en cuivre existante en la cathédrale de Laon,

4.° Jean de Plancques, religieux à l'abbaye de Saint-Bertin à Saint-Omer, puis prieur de Saint-Prix-lès-Bethune, et de Sin-lès-Douai, mort le 16 janvier 1599;

5.° Guislaine des Plancques, mariée à Jean de Renty, chevalier, seigneur de Bouin, de Hupin et de Lettes, dont elle était veuve le 23 août 1590;

6.° Louise des Plancques, prieure du couvent du Mont Sainte-Marie, à Gosnay, en 1590, morte le 6 octobre 1622.

XVI. Pierre des Plancques écuyer, seigneur d'Hesdigneul, d'Espréaux, d'Ysel-lès-Avesnes, de Baraffle, d'Estrées-Cauchy, de Calonne sur la Lys, de Berlette, de Cayeulx, de Tencques, de Tencquettes, etc.; membre de la noblesse des états d'Artois, entra au service de Charles-Quint et de son fils Philippe II, roi d'Espagne, alors souverain. Il se trouva au sac de Thérouanne en 1553, aux batailles de Renty en 1554, de Saint-Quentin en 1557, et se distingua par sa valeur pendant tout le cours de la guerre qui fut terminée par le traité de Cateau-Cambrésis, signé le 3 avril 1559. Il épousa, par contrat passé à Béthune, le 26 septembre de la même année, Jacqueline le Hybert, fille unique de Jean le Hybert, VI^e^ du nom, chevalier seigneur de la Motte, de Beaurepaire, de Gonnehem, de Cunchy, etc., et d'Isabeau le Grault, sa seconde femme. Ils échangèrent, par acte du 31 janvier 1601, avec Louis de Moreuil, chevalier, seigneur de Tencques, de Bethencourt, de Sainthuin, de Raincheval, etc., la terre de Cayeulx en Santerre, contre celle de Tencques, située en Artois. Le dernier acte qu'on trouve d'eux est une procuration du 19 janvier 1606. Pierre mourut en 1616, ayant eu de son mariage :

1.° Gaston des Plancques, mort sans alliance en Italie, où il était au service du roi d'Espagne;

2.° Jean, dont l'article suit;

3.° Guislain des Plancques, seigneur de Baraffle, par partage réglé le 11 décembre 1600. Il épousa la même année à Cambray, Louise de Wancquetin, fille de Charles, seigneur de Wancquetin, de la Boucquerie, chevalier et grand bailly du Cambrésis, et de Jeanne Bricquet. Il fut revêtu de la charge de son beau-père, et mourut en 1620, sans laisser d'enfants;

4.° Georges, qui fonda la branche des comtes de Bethune-Saint-Venant, rapportée en son lieu, page 164.

5.° Charles des Plancques, seigneur de Cayeulx, page du cardinal de Bourbon, mort jeune et sans alliance en 1600;

6.° Antoinette, née en 1560, morte prieure du couvent des dames du Mont Sainte-Marie, le 8 janvier 1632;

7.° Barbe des Plancques, mariée à Antoine de Guiselin, écuyer, seigneur de Lossignole, de Loo, de la Vault, etc.;

8.° Marie des Plancques, mariée, par contrat passé au château d'Hesdigneul, le 23 août 1590, à Florent de Cornailles, écuyer, seigneur de la Bucaille, de Noyelles, des Wattrets, etc., prévôt héréditaire de Couchy, homme d'armes des ordonnances du roi, lieutenant-gouverneur de la ville de Saint-Omer;

9.° Hélène des Plancques, morte chartreuse au couvent de Gosnay.

XVII. Jean DE BÉTHUNE, dit *des Plancques*, VI° du nom, chevalier, seigneur d'Hesdigneul, d'Espréaux, d'Ysel, d'Estrée, de Tencques, de Tencquettes, etc., membre de la noblesse des états d'Artois, servit d'abord dans la compagnie colonelle d'Alexandre Farnèze, duc de Parme, gouverneur général des Pays-Bas, et généralissime des armées de Philippe II, roi d'Espagne, de laquelle compagnie, il fut d'abord enseigne, puis capitaine en chef; se trouva au siége et à la prise d'Anvers en 1584, au siége et à la prise de Nuys en 1586, au siége de Bergues-Op-Zoom en 1588, au secours de Paris, assiégé par Henri IV, à la bataille d'Aumale, à la prise de Neufchâtel et à celle de Caudebec, à la prise de Cambray en 1595, à celle de Calais et d'Ardres en 1596. En récompense de ses bons et fidèles services, l'archiduc Albert le créa chevalier, par lettres données à Bruxelles le 5 mars 1614. Il rendit foi et hommage du fief et pairie d'Hesdigneul, le 4 février 1617, et fit, le 3 janvier 1631, son testament conjonctif avec Françoise de Fléchin, sa femme, dame de Reclinghem, de

Baisieux, de l'Epinoy, de Hem, de Ramiche, de Boncourt, etc., qu'il avait épousée par contrat du 23 mars 1593, fille d'Adrien de Fléchin, chevalier, seigneur des mêmes lieux, et de Marguerite de Hérins, sa seconde femme. Elle mourut le 27 septembre 1632, et son mari le 18 janvier 1636, et ils furent enterrés tous deux dans le chœur de l'église d'Hesdigneul, où se voit encore leur épitaphe, sur une grande pierre bleue. Leurs enfants furent :

1.° Jean, dont l'article suit;

2.° Antoine de Béthune, né à Hesdigneul en 1607, mort jeune et sans alliance ;

3.° Adrien de Béthune, né à Hesdigneul le 7 septembre 1613, seigneur de Reclinghem, de l'Epinoy, de Hem, de Ramiche et de Boncourt, lieutenant d'une compagnie de chevau-légers au service du roi d'Espagne, mort sans alliance le 23 avril 1636 ;

4.° Madeleine de Béthune, mariée 1.° à Hesdigneul, le 4 mai 1630, avec Georges de Beaulaincourt, deuxième du nom, écuyer, seigneur de Baillelet, de Bellenville, de la Beuvrière, etc., mort en 1688, fils de Georges de Beaulaincourt, seigneur de Bellenville, et de Hélène de Mons ; 2.° à N. de la Glisœule, écuyer, seigneur de Campiaux ; 3.° à N. de Saint-Waast, seigneur de Fontenelles ;

5.° Barbe de Béthune, née à Hesdigneul, le 18 février 1600, morte sans alliance le 11 février 1620 ;

6.° Jacqueline de Béthune, née à Hesdigneul, le 16 mars 1604, chartreuse au couvent des dames du Mont-Sainte-Marie à Gosnay ;

7.° Guislaine de Béthune, née à Hesdigneul, le 28 janvier 1606, morte chartreuse au même couvent de Gosnay ;

8.° Hélène, de Béthune, née à Hesdigneul, le 7 octobre 1610, morte à Béthune, de la peste, le 20 août 1636.

XVIII. Jean DE BÉTHUNE, dit *des Plancques*, VII^e du nom, chevalier, seigneur d'Hesdigneul, d'Espréaux, de Tencques, de Tencquettes, d'Estrée, d'Ysel, de Reclinghem, de l'Epinoy, de Soison de Cocqueriamont, de Louvencourt, de Hem, de Ramiche, de Malbrencque, de Boncourt, de Saint-Jean, etc., membre des états d'Artois, lieutenant-capitaine commandant d'une compagnie d'hommes d'armes au service du roi d'Espagne, né à Hesdigneul, le 16 avril 1602, accepta et ratifia par acte du 30 mars 1633, le testament de ses père et mère du 3 janvier 1631 ; fit ses premières armes en qualité de guidon dans la compagnie d'hommes d'armes de Philippe de Lalaing, comte d'Hoogstraten. Philippe III, roi d'Espagne, le créa chevalier par lettres données à Madrid le 26 mars 1632, en considération de sa naissance, de ses services personnels et de ceux de ses ancêtres. Il fut nommé, par commission du 20 janvier 1635, lieutenant de la compagnie d'hommes d'armes de François-Philippe de Montmorency, prince de Robecque. Il épousa, 1.° par contrat du 10 février 1641, Marie-Charlotte de la Broye-Laval, fille de Louis de la Broye, chevalier, seigneur de Vieusailly et de Claire d'Havrech; elle mourut en couches en 1642, et son enfant deux jours après ; 2.° par contrat passé à Béthune, le 13 avril 1643, Marie de Cottrel, dame de la Mairie en Deullemont, fille de Jean-François de Cottrel, chevalier, baron de Saint-Martin, et d'Adrienne d'Havrech, dame de Walbecq. Il mourut en son château de Tencques, le 17 janvier 1660, et sa femme le 27 octobre 1662. Les enfants du second lit furent :

1.° Charles-Jacques-François, dont l'article suit;

2.° Marie-Madeleine-Françoise de Béthune, dame de l'Epinoy et de la Mairie, mariée, le 26 septembre 1663, à Jean-Philippe-René d'Yve, chevalier, baron d'Ostiche, vicomte de Bavay, seigneur de Warelles, etc., mestre-de-camp d'un régiment d'infanterie walonne, et gouverneur de Condé, pour Sa Majesté catholique, mort le 15 juin 1706, lieutenant-général des armées d'Espagne, gouverneur de Bruges et surintendant de la gendarmerie de Flandre ;

3.° Marie Florence-Antoinette de Béthune, religieuse-bénédictine en l'abbaye de la Paix à Arras, morte le 18 mars 1695.

XIX. Charles-Jacques-François DE BÉTHUNE, dit *des Plancques*, chevalier, marquis d'Hesdigneul, seigneur d'Espréaux, de Tencques, de Tencquettes, de Reclinghem, d'Estrée, d'Ysel, etc., membre de la noblesse des états d'Artois, premier capitaine au régiment Royal-

Wallon, cavalerie, naquit au château de Tencques, près Saint-Pol, le 20 décembre 1646; régla avec sa sœur, épouse du baron d'Yve d'Ostiche, le partage des biens de ses père et mère, par acte passé au château d'Hesdigneul, le 7 décembre 1671, et servit au mois de mars 1672, le dénombrement de la terre d'Hesdigneul. Il fut nommé premier capitaine de chevau-légers dans le régiment de Royal-Wallon, à la création de ce corps par Louis XIV, ainsi qu'il conste par sa commission, datée de Saint-Germain en Laye, le 27 février 1673, et mourut à Colmar, le 12 septembre de la même année. Il avait épousé, par contrat passé au château de Boncourt, le 20 septembre 1670, Marie-Marguerite-Françoise-Josephe de Noyelles-Marle, dame de l'Espesse, du Betvre, de Lewal, du Maraix, de Cracin, etc., fille d'Eugène de Noyelles, marquis de Lisbourg, comte de Marle et de Croix, vicomte de Nielles, baron de Rossignol, seigneur de Laires, de Cuhem, de Boncourt, de Flers, etc., et de Louise, comtesse de Noyelles-sous-Lens, sa première femme. Elle fit son testament le 7 avril 1726, et mourut le 27 novembre 1727. Leurs enfants furent :

1.° Eugène-François, dont l'article suit;

2.° Armand-Jean-Adrien de Béthune, seigneur de Reclinghem, né à Hesdigneul le 30 septembre 1672. Il eut pour parrain Armand de Béthune, duc de Charost, pair de France, baron d'Ancénis, son cousin paternel, mort en 1747, et pour marraine Adrienne-Thérèse-Marie-Eléonore de Noyelles, comtesse de Marle, sa tante maternelle. Il est mort à Paris en 1686;

3.° Marie-Alexandrine-Charlotte de Béthune, née à Béthune le 20 septembre 1673, reçue chanoinesse au chapitre noble de Sainte-Aldegonde, de la ville de Maubeuge, en Hainaut, le 13 mai 1679. La noblesse de ses quartiers paternels fut attestée le 12 janvier de la même année, par Armand de Béthune, duc de Charost, pair de France, dont nous avons déjà parlé, et la noblesse de ses quartiers maternels fut attestée le 3 janvier 1679, par Philippe-Marie de Montmorency, prince de Robecque, marquis de Morbecque, comte d'Estaire, vicomte d'Aire, etc. Elle épousa, par contrat passé au château d'Hesdigneul, le 14 mai 1691, Maximilien-François de Carnin, lors baron, ensuite marquis de Lillers et Nedonchel, seigneur de Ligny, de Guernes, de Gomecourt, etc., etc., sénéchal de Mallannoy, capitaine de chevau-légers, mort le 28 août 1710, et sa femme le 6 octobre 1746.

XX. Eugène-François, marquis DE BÉTHUNE et d'HESDIGNEUL, comte de Noyelles-sous-Lens, seigneur d'Espréaux, de Tencques, de Tencquettes, de Reclinghem, d'Ysel, d'Estrée, de l'Espesse, de Lewal, du Befvre, du Callois, de Lamery, etc., député général ordinaire en la cour de la noblesse des états d'Artois, naquit à Hesdigneul, le 11 novembre 1671; régla le partage des biens paternels avec la marquise de Lillers, sa sœur, par acte du 23 avril 1692, et épousa, par contrat du 22 février 1695, avec dispense du pape Alexandre VIII, Camille-Marie-Guislaine de Pietra-Santa, fille unique de François-Joseph Fabrice, comte de Pietra-Santa et de Cantu, seigneur de Robecco, major d'un régiment d'infanterie milanaise, au service du roi d'Espagne, et d'Adrienne-Thérèse-Marie-Eléonore de Noyelles, comtesse de Marle, vicomtesse de Nielles-lès-Boulonnais. Il fut député en cour de la part de la noblesse des états d'Artois, en 1699, en 1715 et en 1725, et fut aussi député général et ordinaire de son corps pendant les années 1712, 1713 et 1714. Il fit ses preuves complètes au chapitre de Denain, lors de la réception des demoiselles de Lillers, ses nièces, dont on lui donna acte le 13 janvier 1720, et les recommença la même année par devant l'élection d'Artois, juge sur le fait de la noblesse; il présenta à cette cour une requête par laquelle il établit et remonte sa filiation jusqu'à Robert, Ier du nom, sire de Béthune, vivant dans le dixième siècle, et en obtint une sentence en date du 18 mai 1720, où, d'après l'examen de ses titres, elle le déclare descendu en ligne directe du susdit Robert, seigneur de Béthune, avoué d'Arras. Sa femme mourut le 17 octobre 1760, et lui le 23 décembre 1761. Ils furent inhumés dans l'église des Jésuites Wallons de Saint-Omer. Leurs enfants furent :

1.° Joseph-Maximilien-Guislain, dont l'article suit;

2.° Marie-Françoise-Camille de Béthune, née à Hesdigneul le 31 août 1698, reçue chanoinesse au chapitre noble de Sainte-Aldegonde, à Maubeuge, le 28 mars 1708. Ses preuves de noblesse, du côté paternel, ont été attestées et jurées par Henri de Lorraine, duc d'Elbœuf, pair de France, et celles du côté maternel par Charles de Lorraine, comte de Vaudemont, prince souverain de Commercy; elle mourut sans alliance, à Maubeuge, le 16 mars 1715;

3.° Marie-Alexandrine de Béthune, née à Saint-Omer, le 1er mars 1702, reçue chanoinesse au même chapitre, le 10 juillet 1720, où elle mourut sans alliance, le 11 mars 1728;

4.° Marie-Philippine-Adrienne de Béthune, née à Saint-Omer, le 13 novembre 1708, reçue chanoinesse au même chapitre, à Maubeuge, le 10 juillet 1720, morte sans alliance, le 30 avril 1755;

5.° Antoinette-Eugène-Josephe de Béthune, née à St-Omer, le 29 décembre 1710, reçue chanoinesse du chapitre de Sainte-Remfroye à Denain, en 1725, mariée, par contrat passé au château d'Hesdigneul, le 20 juillet 1742, à Louis-Albert-François-Joseph, comte de Houchin, marquis de Longastre, baron de Broucq, vicomte de Hautbourdin, veuf de Marie-Andrée-Joseph de Berghes-St-Vinox, princesse de Roche. Il mourut sans enfants le 30 mars 1758;

6.° Pélagie, de Béthune, née le 13 mai 1713, morte le 27 novembre 1716.

XXI. Joseph-Maximilien-Guislain, marquis DE BETHUNE et D'HESDIGNEUL, comte de Noyelles, vicomte de Nielle, seigneur d'Espréaux, de Tencques, de Tencquettes, d'Ysel, de l'Espesse, de la Cliqueterie, de Baillenval, et autres terres, gouverneur des ville et château de Marle, en Thiérache, membre de la noblesse des états d'Artois, naquit au château d'Hesdigneul, le 3 août 1705; il obtint une commission de capitaine réformé à la suite du régiment de Béthune, cavalerie, donnée à Versailles le 28 avril 1723, gouverneur des ville et château de Marle, par provisions du 10 mars 1750; mourut subitement en son château de Neuville-Bosmont le 5 avril 1789. Il avait épousé, 1.° par contrat passé au château de la Bussière, le 18 septembre 1745, Jeanne-

Louise de Guernonval d'Esquelbecq, dame de Flechinel, de Havau, etc., fille de Philippe-Maximilien-Ernest de Guernonval, baron d'Esquelbecq, vicomte de Ledringhem, et de Jeanne-Madeleine Brunel de Montforant. Elle mourut en couches le 7 août 1746; 2.° par contrat passé au château de la Neuville-Bosmont, le 29 mars 1748, Madeleine de Fay d'Athies, comtesse de Cilly, dame de la Neuville, de Maucreux, d'Aoust-de-Lonny, de Rary, etc., fille unique d'André de Fay d'Athies, comte de Cilly, maréchal des camps et armées du roi, commandeur de l'ordre royal et militaire de Saint-Louis, gouverneur des ville et château de Marle, en Thiérache, et de Claude de Boham d'Aoust. Ses enfants furent :

*Du premier lit :*

1.° Eugène-François-Léon, dont l'article suit;

*Du second lit :*

2.° André-Maximilien-Guislain, baron de Béthune, né à Arras, le 9 avril 1749, guidon des gendarmes de la garde du roi le 28 décembre 1774, mort le 4 avril 1789. Il avait épousé, par contrat du 7 février 1786, Alexandrine-Elisabeth-Marie-Charlotte le Vavasseur, née le 23 août 1769, morte le 7 juillet 1799, fille unique de Charles-Nicolas le Vavasseur, seigneur de Villers, conseiller aulique de l'électeur de Trêves, et de Marie-Michelle de Barberin du Bost, dame de Chevaise, dont pour fille unique Joséphine-Marie-Caroline de Béthune, née le 21 avril 1787, mariée, le 30 juin 1807, avec Armand-Louis-Jean de Jehannot, marquis de Bartillat, comte de Selles, né le 23 novembre 1776, colonel de cavalerie, sous-lieutenant des gardes du corps du roi;

3.° Claude-François-Guislain, vicomte de Béthune, né à Arras, le 19 décembre 1750, chevalier de l'ordre de Saint-Jean de Jérusalem, gentilhomme d'honneur de Monsieur, frère du roi, en 1783, maréchal-de-camp le 5 octobre 1792; marié, par contrat du 27 octobre 1789, avec Marie Joseph Enlart de Grandval, née le 11 septembre 1769, morte le 4 septembre 1803, fille de Grégoire-Joseph-Marie Enlart, chevalier, seigneur de Grandval, procureur-général du conseil d'Artois, et d'Anne-Julie-Josephe de Levacq, dame de Berle-au-Bois, dont pour fille unique Madeleine-Josephe-Elisabeth de Béthune, née le 1er septembre 1792, morte sans alliance, le 3 janvier 1810;

4.° Guislain de Béthune, né le 8 juin 1752, mort le 5 février 1755;

5.° Marie-Josephe-Julie de Béthune, née à Arras, le 24 mars 1754, mariée, le 12 février 1782, à Charles-Joseph-Casimir Caissotti, marquis de Verdun, comte de Sainte-Victoire, etc., grand'croix de l'ordre de Saint-Maurice de Savoye, mort à Turin sans enfants, le 20 mars 1799.

XXII. Eugène-François-Léon, prince DE BÉTHUNE, marquis D'HESDIGNEUL, comte de Noyelles, vicomte de Nielles, etc., né le 30 juillet 1746, chambellan de l'empereur d'Allemagne en 1776, chevalier du Lion-Blanc palatin en 1780, créé prince héréditaire par l'empereur d'Allemagne le 6 septembre 1781, chevalier des ordres de l'Aigle-Blanc et de Saint-Stanislas de Pologne en 1782; grand-croix et inspecteur-général de l'ordre chapitral de Limbourg, dans la langue d'Austrasie en 1784, maréchal-de-camp le 1er janvier 1793, a épousé 1.° par contrat du 1er juin 1772, Albertine-Josephe-Eulalie le Vaillant, née le 20 juin 1750, dame de l'ordre impérial et royal de la Croix-Etoilée en 1781, grand'croix de l'ordre chapitral de Limbourg en 1784, morte le 21 mars 1789, fille unique de Pierre-Jean-Joseph-Guislain le Vaillant, baron, de Bousbecque et de Waudripont, membre de la noblesse des états du Hainaut, et de Marie-Françoise-Hyacinthe Imbert de la Bazecque; 2.° par contrat du 7 mars 1791, Charlotte-Louise-Elisabeth Bidal d'Asfeldt, née le 10 mai 1757, dame de l'ordre impérial et royal de la Croix-Etoilée en 1792, fille de Claude-Etienne Bidal, marquis d'Asfeldt et du royaume de Castille, libre baron de Suède, maréchal-de-camp, etc., et d'Anne-Louise Pajot-de-Villeperot. Les enfants du prince de Béthune, sont:

*Du premier lit:*

1.° Maximilien-Guillaume-Auguste, marquis de Béthune, née le 17 septembre 1774, grand'croix de l'ordre chapitral de Limbourg en 1784, chambellan du roi de Prusse en 1797, lieutenant-colonel de cavalerie en 1814. Il a épousé, le 18 août 1802, Adélaïde-Octavie le Desnays, née le premier janvier 1781, fille de Jean-Baptiste-Louis le Desnays, marquis de Quemadeuc, colonel de cavalerie, chevalier des ordres royaux militaires et hospitaliers de Saint-Louis, de Saint-Lazare et de Notre-Dame du Mont-Carmel, etc., et de Louise-Elisabeth Charlet. Il a de ce mariage :

Léonie-Louise-Augustine de Bethune, née le 28 avril 1804;

2.° Albert-Marie-Joseph-Omer-Charles-Eugène-Maximilien, comte de Bethune, baron de Waudripont, né le 7 mars 1776, grand'croix de l'ordre chapitral de Limbourg en 1784, colonel de cavalerie, sous-lieutenant des gendarmes de la garde du Roi en 1814, colonel des cuirassiers de la Reine en 1815. Il a épousé, le 17 novembre 1807, Denise-Renée-Joséphine des Courtils, née le 18 octobre 1783, fille de Louis-René, comte des Courtils, colonel d'infanterie, grand-bailli du Beaujolais, etc., et de Geneviève-Joséphine-Emilie le Moyne de Belle-Isle. Il a de ce mariage :

a. Albert-Maximilien-Joseph, comte de Bethune, né le 11 janvier 1809;

b. Henri-Maximilien-Joseph-Amauri, comte de Bethune, né le 30 novembre 1811;

3.° Marie-Amé-Bernard-Antoine-Joseph-Eugène-Maximilien, comte de Bethune, baron de Bousbecque, seigneur de la Lys, né le 2 juillet 1777, chevalier de Saint-Jean de Jérusalem, chambellan du roi des Pays-Bas en 1815. Il a épousé, par contrat du 18 juin 1797, Marie-Joséphine de Steenhuys, comtesse d'Hust et du Saint-Empire, née le 13 avril 1773, fille d'Antoine-Bruno-François baron de Steenhuys, de Hernen et d'Elverdingen, et de Marie-Victoire-Félicité-Josephe, marquise d'Ennetières, comtesse d'Hust et du Saint-Empire, dame de l'ordre impérial et royal de la Croix-Etoilée. Il a de ce mariage :

a. Eugène-Adolphe, comte de Bethune, né le 19 mars 1798, officier de cavalerie en 1815;

b. Maximilien-Guillaume-Auguste-Albert, comte de Bethune, né le 20 mars 1802;

c. Josephe-Georgine-Antoinette de Bethune, née le premier avril 1800.

4.° Philippe - Joseph - François- Eugène-Maximilien, comte de Bethune, seigneur de Bauvoir, né le 14 janvier 1780, capitaine de la garde nationale de Compiègne en 1805. Il a épousé, le 16 décembre 1805, Lucie de Lancry, née le 16 octobre 1786, fille unique de Jacques-Charles-François de Lancry, chevalier, seigneur de Rimberlien, lieutenant de roi de Compiègne, chevalier de l'ordre royal et militaire de Saint-Louis, et d'Anne-Françoise-Thérèse de la Myre. Il a de ce mariage :

a. Léon - Maximilien - Maurice de Bethune, né le 15 janvier 1810 ;

b. Gaston- Maximilien-Louis-Eugène de Bethune, né le 15 septembre 1813;

c. Eulalie - Charlotte-Julie de Bethune, née le 16 mars 1808 ;

d. Albine-Charlotte-Gabrielle de Bethune, née le 27 janvier 1811 ;

5.° Félix-Ferdinand-François-Philippe, comte de Bethune, seigneur de Colbra, né le 5 décembre 1783, chevalier de Saint-Jean de Jérusalem. Il a épousé, le 21 septembre 1805, Marie-Justine-Catherine Taetz-van-Amerongen, née à Breda le 12 décembre 1781, chanoinesse en Hollande, fille de Gérard-Arnould, baron Taetz - van - Amerongen, membre de l'ordre équestre des états d'Utrecht, directeur de la compagnie des Indes orientales, etc., et de Caroline, baronne de Vandes-Duyn. De ce mariage est issue :

Eugénie-Caroline-Marie-Félicité de Bethune, née le 14 août 1806, morte le 11 mars 1807 ;

6.° Marie-Josephe-Charlotte de Bethune, dame de Menival, née le 22 mars 1773, grand'croix de l'ordre chapitral de Limbourg en 1784, chanoinesse-comtesse de Neuville en 1785, mariée, le 16 avril 1795, à Louis-Gabriel-Théodose, comte de Beaurepaire, né le 16 octobre 1765, lieutenant-colonel d'infanterie, fils unique de Louis-Narcisse-Marc-Antoine, marquis de Beaurepaire, seigneur d'Amblainville, etc., et de Charlotte-Gabrielle-Camille comtesse d'Oillamson, dont postérité;

7.° Joséphine-Félicité-Adélaïde-Julie-Clotilde-Sophie de Bethune, dame de Moriempré, née le 25 avril 1782, grand'croix de l'ordre chapitral de Limbourg en 1784, chanoinesse comtesse de Neuville en 1785, mariée le 2 mai 1807, à Auguste Hubert-Marie le Clément, baron de Taintegnies, né le 14 juillet 1779, fils de Philippe-Marie-Joseph le Clément, baron de Taintegnies, ancien capitaine au régiment Royal-Suédois, infanterie, et de Marie Thérèse-Louise Blondel de Drouhot, dont postérité.

*Branche des comtes de Bethune de Saint-Venant, vicomtes de Lierres, seigneurs et possesseurs actuels du duché de Sully.*

XVII. Georges DES PLANCQUES, seigneur de Berlette, quatrième fils de Pierre des Plancques, seigneur d'Hesdigneul et de Jacqueline le Hybert (voyez page 154), épousa par contrat passé à Ypres, le 22 janvier 1606, Hélène de Zillebecq, fille de Ferdinand, seigneur de Zillebecq, de la Cessoye, du Fresnoy, de Herentalles, etc., et de Florence de Pennin. Ils testèrent mutuellement le 20 janvier 1617, et eurent pour enfants :

1.° Jean dont l'article suit;
2.° N..... de Bethune, seigneur de Baraffle, mort sans alliance;
3.° Florence de Bethune;
4.° Louise-Antoinette de Bethune, mariée à Philippe de Coupigny, écuyer, seigneur de Salaer.

XVIII. Jean DE BETHUNE, dit DES PLANCQUES, VIe du nom, chevalier, seigneur de Pennin, de Berlette, de Huzoy, de Louvaincourt, de Baraffle, etc., fut commis par justice curateur aux personnes et biens des enfants mineurs de Charles-Jacques-François de Bethune, marquis d'Hesdigneul, qui forme le XIX$^{e}$ degré de la branche précédente. Il laissa d'Anne-Catherine de Gherlode, sa femme :

1.° Antoine-Joseph de Bethune, seigneur de Berlette, mort sans alliance, au service du roi, en Allemagne ;

2.° Jean - Philippe de Bethune, religieux et abbé de Saint-Bertin de Saint-Omer ;

3.° Georges-Louis de Bethune, ecclésiastique ;

4.° Charles - Lambert de Bethune, seigneur de Baraffle, mort sans alliance, au service du roi ;

5.° Léopold-Joseph de Bethune, religieux de Saint-Waast d'Arras, et prévôt de Gohorte ;

6.° Adrien-François, dont l'article suit ;

7.° Léon-Philippe de Bethune, chanoine de Saint-Omer ;

8.° Marie de Bethune, religieuse aux dames de l'abbaye d'Arras ;

9.° Lamberte-Scholastique de Bethune, religieuse au même monastère ;

10.° Caroline-Philippine, religieuse à l'hôpital royal des dames d'Oudenarde ;

11.° Antoinette-Eugène de Bethune, religieuse et abbesse des dames de Bourbourg.

XIX. Adrien - François DE BETHUNE, dit DES PLANCQUES, chevalier, seigneur de Pennin, de Baraffle, de Louvaincourt, etc., épousa Marie - Madeleine - Gilles de Lierres, fille aînée de Maximilien de Lierres, comte de Saint - Venant, baron du Wal, seigneur d'Auchel, de Westrehen, de Medon, de Malfiance, etc., gouverneur pour S. M. Catholique des ville et château de Saint-Omer, et de Françoise de Fiennes. Par cette alliance toutes les susdites terres sont entrées dans la maison de Bethune. Leurs enfants furent :

1.° Maximilien-Marin de Bethune, mort sans alliance, au service du roi ;

2.° Léopold-Louis de Bethune, mort aussi sans alliance ;

3.° François-Eugène, dont l'article suit,

4.° Adrien-François de Bethune, ancien capitaine au régiment du Roi, né en 1694, maréchal de ses camps et armées en 1759, mort en 1789;

5.° Marie-Jacqueline de Bethune, femme d'Alexandre de Tramecourt, chevalier, seigneur de Tramecourt, d'Everchen, de Beaurepaire et d'Azincourt;

6.° Marie-Charlotte de Bethune, religieuse et abbesse de l'abbaye de Bourbourg;

7.° Marie-Eugène de Bethune, mariée au baron de Neuville, au pays de Liége.

XX. François-Eugène, comte DE BETHUNE et de SAINT-VENANT, vicomte de Lierres, seigneur de Liérette, de Nedon, d'Auchel, de Westrehen, de Malfiance de Pennin, etc, né le 19 mai 1693, capitaine au régiment du Roi, infanterie député général ordinaire et en cour par la noblesse des états d'Artois, mort le 13 août 1760, avait épousé, 1.° par contrat du 21 novembre 1724, Françoise-Louise de Croix, veuve de Charles-Alexandre, marquis de Beauffremez, baron d'Esne, etc., et fille de Charles-Adrien, comte de Croix et d'Oyembourg, baron de Pottes, etc., et de Marie-Philippine, comtesse de Croix-Wasquehal; 2.° le 28 août 1727, Marie-Ernestine-Josephe de Houchin, chanoinesse de Maubeuge, née en 1714, morte le 6 septembre 1764, fille de Louis-François-Joseph de Houchin, marquis de Longastre, vicomte de Hautbourdin, seigneur d'Annezin, de Feuquereulles, etc., et de Marie-Josephe-Thérèse-Guislaine de Thienne-Berthe. Ses enfants furent :

*Du premier lit :*

1.° Louis-Eugène-Ernest, comte de Bethune et de Saint-Venant, né le 18 avril 1731, capitaine au régiment du Roi, mort le 20 mai 1790, sans alliance;

2.° Adrien-Joseph-Amélie, *dont l'article suit;*

3.° Marie-Ernestine-Françoise de Bethune, née le premier août 1729, chanoinesse de Maubeuge, morte victime de la révolution, à Arras, le 9 mars 1794. Elle avait épousé, le 9 septembre 1758, Charles-Gabriel de Raymond, marquis de Modène et de Pomerols, mort le 20 janvier 1785;

4.° Marie-Antoinette-Eugène de Bethune, née le 15 novembre 1733, mariée, le 19 mars 1763, à Louis-Auguste, marquis, puis duc de la Viefville, comte de Watton, baron de Streenwoorde, chevalier de Saint-Jean de Jérusalem, né le 28 février 1723, mort à Arras, victime de la révolution, le 23 avril 1794.

XXI. Adrien-Joseph-Amélie, comte DE BÉTHUNE et DE SAINT-VENANT, vicomte de Lierres baron de Berneville, né à Arras le 3 août 1736, mestre-de-camp d'une brigade de carabiniers en avril 1768, maréchal des camps et armées du roi, le premier janvier 1784, mort à Arras, victime du tribunal révolutionnaire, le 12 février 1794, avait épousé, par contrat du premier juin 1767, Marie-Josephe-Françoise de Bernard-de-Calonne, née le 5 février 1753, morte le 31 mai 1779, fille de François-Eugène de Bernard, comte de Calonne-Ricouart, doyen de la noblesse des états d'Artois, et de Jeanne-Josephe-Florence de le Val. De ce mariage sont issus:

1.° Marie-Louis-Eugène-Joseph, dont l'article suit;

2.° Louis-Philippe-Eugène, comte de Bethune, né le 20 janvier 1778, mort le 25 février 1809. Il avait épousé, 1.° le 20 novembre 1797, Julie-Loüise de Raulin-de-Belleval, née le 5 octobre 1777, morte le 14 novembre 1801, fille de Louis-César-François-Désiré de Raulin, marquis de Belleval, capitaine de cavalerie, etc., et de Jeanne-Gabrielle de Gaudechard-de-Querieu; 2.° le 28 mai 1802, Anne-Josephe-Claude de Cardon-de-Vandleville, fille de Jean-Joseph-Antoine de Cardon, comte de Vidampierre et de Vandleville, etc., et de Marguerite Floquet. Il n'a eu qu'une fille unique, née du premier lit, le 28 mars 1801;

3.° Marie-Amélie-Eugénie-Ernestine-Françoise de Bethune, née le 28 novembre 1768, chanoinesse à Maubeuge, mariée, le 22 mars 1791, à Georges-Léonard-Bonaventure, marquis de Tramecourt, né le 7 janvier 1776, membre de la chambre des députés en octobre 1815;

4.° Marie-Adrienne-Aldegonde de Béthune, née le 28 mai 1773, chanoinesse à Maubeuge, mariée, le

25 septembre 1794, à Louis-Alexandre de Morgan, né le 3 septembre 1759, maire d'Amiens et membre de la chambre des députés en octobre 1815;

5.° Marie-Josephe-Françoise-Ernestine de Béthune, née le 8 juin 1774, chanoinesse de Maubeuge, non mariée en 1816.

XXII. Marie-Louis-Eugène-Joseph, comte DE BÉTHUNE et DE SAINT VENANT, vicomte de Lierres, seigneur de Pennin, baron de Sully, par donation du 29 mai 1808, marquis de Lens, comte de Montgommery, etc., (voyez la note détaillée à la fin de cet article), né le 13 juin 1771, lieutenant-colonel, en Portugal en 1800, mort le premier mars 1812, avait épousé, 1.° par contrat du 28 septembre 1791, sa cousine germaine, Isabelle-Claire-Eugénie-Françoise de la Viefville, née en 1772, morte à Arras, victime de la révolution avec son père, le 23 avril 1794, (voyez le 21e degré); 2.° par contrat du premier juin 1800, Anne-Albertine-Josephe-Marie de Montmorency-Luxembourg, née en 1790, fille d'Anne-Christian, comte de Montmorency-Luxembourg, duc de Beaumont, pair de France, prince de Tingri, etc., et de Armande-Louise-Marie de Bec-de-Lièvre, marquise de Cany. Du second lit sont issus:

1.° Maximilien - Léonard - Marie - Joseph, comte de Béthune-Sully, né le premier février 1810;

2.° Charles-Louis-Marie-François, comte de Béthune, né le 20 janvier 1812.

*Extrait de la donation des terres de Sully, de Béthune, de Lens et de Montgommery, faite en 1808; à M. le comte de Béthune-Saint-Venant, formant le 22e degré ci-dessus:*

Maximilien-Alexandre DE BÉTHUNE, duc de Sully, né le 20 avril 1784, (fils unique de Maximilien-Gabriel Louis de Béthune, duc de Sully, pair de France, comte de Béthune, et de Montgommery, marquis de Lens, etc., et d'Alexandrine Bernardine-Barbe-Hortense d'Espinay-Saint-Luc), étant mort le 20 septembre 1807, sans alliance et dernier rejeton de sa branche, sa mère hérita de tous ses biens, dont elle fit donation à Marie-Louis-

Eugène-Joseph de Béthune, ci-dessus, dans le contrat de mariage dudit, avec mademoiselle de Montmorency-Luxembourg, passé le 29 mai 1808, par devant Serize et Hua, notaires à Paris. Voici l'extrait de l'article VI dudit contrat de mariage :

ART. VI.

« Par ces présentes madame veuve de Sully, succes-
» sivement privée d'un époux et d'un fils dont la perte
» a fait passer dans ses mains des biens qu'il lui tarde
» de replacer dans leur maison comme un gage de ses
» sentiments pour eux, et encore dans l'espoir de voir
» revivre et perpétuer le nom de Sully, ne voyant rien
» qui s'oppose, (en se conformant aux lois), à la con-
» dition qu'elle va imposer à M. de Béthune, futur époux,
» de faire toutes les démarches et de solliciter toutes les
» autorisations nécessaires pour avoir la faculté d'ajouter
» à son nom celui de Sully, a fait et fait par le présent
» contrat de mariage et d'après les considérations sus-
» exprimées, donation entrevive et irrévocable, et en la
» meilleure forme que donation puisse valoir à mondit
« sieur Marie-Louis-Eugène-Joseph de Béthune-Pennin,
» ce acceptant avec reconnaissance, des biens immeubles
» et rentes dépendants des ci-devant duché-pairie de
» Sully, comtés de Béthune et de Montgommery, et
» marquisat de Lens, détaillés et énoncés, ainsi que
» la propriété desdits biens en la personne de madame
» de Sully dans un état dressé..... et demeuré annexé
» à la minute des présentes, après avoir été d'elle et de
» M. de Béthune, signé et paraphé, *ne varietur*, en pré-
» sence des notaires soussignés......, cette donation ainsi
» faite parce que telle est la volonté de madame de Sully,
» et en outre à la charge par M. de Béthune qui s'y
» oblige, mais pour ce cas seulement et non autre-
» ment où il en obtiendrait l'autorisation, d'ajouter à
» son nom de Béthune, celui de Sully, de prendre et
» porter ensuite les susdits noms dans tous les actes ci-
» vils et autres qu'il pourrait passer, promettant mondit
» sieur de Béthune de faire incessamment toutes les de-
» mandes, pétitions et démarches nécessaires pour ob-
» tenir cette autorisation, etc., etc. »

*Armes :* « D'argent, à la fasce de gueules, qui est de
» BÉTHUNE; pour brisure, au premier canton un écusson

» de gueules, à la bande d'or, accompagnée de six bil-
» lettes du même, qui est de Saveuse; en mémoire de
» l'alliance contractée avec cette illustre maison en 1187,
» par Hugues de Carency, I^er du nom, seigneur des
» Plancques. Supports, deux sauvages armés de mas-
» sues ».

*Mémoire d'Armand-Joseph de Béthune, duc de Charost, pair de France, présenté au Roi, en 1789, par M. de Villedeuil, ministre de la maison du Roi, concernant M. le prince de Béthune-Hesdigneul.*

» La seule branche de la maison de Béthune qui existe » en pays étranger, a pour chef Eugène-François-Léon, » prince de Béthune-Hesdigneul, chevalier des ordres du » roi de Pologne, et père d'une nombreuse famille. Le » duc de Charost désire infiniment de la voir établie en » France, afin que toutes les branches de sa maison se » trouvent réunies dans ce royaume, et que pénétrées » d'amour et de respect pour leur Roi, elles soient à » portée de lui marquer leur zèle pour son service et le » bien de l'Etat.

» C'est dans ces sentiments que le duc de Charost a fait » des tentatives auprès du prince de Béthune pour l'en- » gager à se fixer entièrement en France avec ses enfants » et y réaliser sa fortune. Le prince de Béthune lui a paru » disposé favorablement à suivre ce conseil; mais l'intérêt « qu'il prend à sa famille, les honneurs et le rang dont il » jouit en Allemagne, tant par sa naissance que par les » titres dont il est décoré, avantages assurés à toute sa » postérité, lui font espérer que Sa Majesté voudrait bien » dans ce cas et pour lui donner un témoignage de sa sa- » tisfaction et de bienveillance, daigner lui accorder par » brevet les honneurs du Louvre pour lui et sa femme, et » les aînés mâles de sa branche et leurs femmes.

» Le duc de Charost s'est chargé de solliciter de la » bonté du Roi, cette grâce qui rejaillira sur toute la mai- » son de Béthune, et en réunira dans son royaume toutes » les branches qui n'oublieront rien pour lui marquer leur » respectueuse reconnaissance, leur attachement et leur » fidélité. »

Nota. *Ce mémoire est écrit en entier de la main de M. le duc de Charost.*

*Acte souscrit par le chef de la maison de Béthune, concernant les branches de Béthune-Hesdigneul et de Saint-Venant.*

« Nous, Maximilien-Antoine-Armand de Béthune, » duc de Béthune et de Sully, pair de France, premier » baron de l'Orléanais, baron d'Angillon, de Saint-Gon- » don, de Coullons, et de Senuely, vicomte de Breteuil, » de Francastel et autres lieux ; certifions,

» 1.° Que les branches des marquis de Béthune-Hes- » digneul, et comte de Béthune-Saint-Venant, établis en » Artois et dans la Flandre autrichienne, sont vérita- » blement et incontestablement les branches puînées de » notre maison, ainsi que les preuves en ont été établies » par titres originaux et authentiques.

» 2.° Que lesdites branches ont pour auteur commun » avec les nôtres, Robert, premier de Béthune, sire, » par la grâce de Dieu, de Béthune, Carency, Riche- » bourg, et autres grandes terres, sises en Artois; pro- » tecteur et avoué de Saint-Vaast d'Arras, cinquième fils » d'Adalelme, dernier des comtes souverains de ce pays, » mort en 1037.

» 3.° Qu'en conséquence lesdites branches doivent jouir » des honneurs et distinctions usités en France, et dont » est en possession la maison de Béthune, ainsi que toutes » celles qui peuvent établir une filiation directe et non » interrompue de mâle en mâle qui les font remonter à » une origine souveraine, lesquels honneurs et distinc- » tions consistent en particulier dans les décorations de » leurs armoiries, tel que l'écu des armes surmonté d'une » couronne ducale fermée par une toque ou espèce de » bonnet de velours rouge, en mémoire et signe représen- » tatif de l'ancienne souveraineté.

» Qu'indépendamment de cette marque de distinction » due à son origine, lesdites branches pourraient en con- » séquence de l'usage établi en Flandre, et suivi par de » certaines maisons dont les branches aînées sont déco- » rées de titres de grandesse d'Espagne, ou de principauté » de l'Empire, placer leurs écussons sur un manteau » ducal, herminé avec les revers du manteau armorié, » puisque la branche aînée de la maison de Béthune, » ainsi qu'une autre de cette maison établies en France,

» jouissent toutes les deux de la dignité auguste de duc et
» pair de France, la première et la plus éminente de ce
» royaume.

» En foi de quoi et pour servir aux besoins desdites
» branches de Béthune-Hesdigneul et de Béthune-Saint
» Venant, nous avons signé le présent certificat à titre
» d'aîné de cette maison, fait icelui contresigner par
» notre secrétaire et sceller du cachet de nos armes.

» Fait, à Paris, le treize du mois de février mil sept cent
» soixante et dix-sept.

» *Signé* Maximilien duc DE BÉTHUNE.

» (*L.S.*) Par Monseigneur,

» *Contre-signé* MOLLIER. »

» Jean-François-Charles de Boullemont, conseiller de
» Sa Majesté l'Empereur et Roi, son secrétaire aulique
» actuel et official major du département des Pays-Bas,
» déclare et certifie que la présente copie est exactement
» conforme à l'original qui se trouve aux archives de ce
» département; en témoignage de quoi, j'ai signé la pré-
» sente et j'y ai apposé le scel secret de Sa Majesté.

» Fait à Vienne, ce douze septembre mil sept cent
» quatre-vingt-un.

« *Signé* J. DE BOULLEMONT. »

---

CASTELBAJAC (1), Castelbayac, Castelbayard, Châtel-Bayac, Châtel-Bayard, Castrum-Boayacum et Castro-Bayaco; sont les noms, suivant les différents temps et les divers idiômes, d'une noble, ancienne et autrefois très-puissante maison, qu'elle tire de l'antique baronnie de Castelbajac en Bigorre, et dont l'origine se perd dans

---

(1.) La présente généalogie est extraite des preuves faites le 12 décembre 1782, par Jean-Baptiste Gaston de Castelbajac, marquis de Castelbajac, baron d'Espon, seigneur des Barats, Gourgues, Ricaud, pour entrer dans le corps de la noblesse des Etats de la province de Bigorre, et de celles faites par le même, en juin 1780, au cabinet des ordres du Roi, pour avoir l'honneur de monter dans les carrosses de Sa Majesté et de la suivre à la chasse, et d'après les actes et les titres originaux compulsés de cette famille.

l'obscurité des temps : c'est une tradition ancienne dans cette famille qu'elle est issue d'Énéco Arista, qui fut comte de Bigorre et Ier roi de Navarre, qu'il conquit sur les Sarrasins vers l'an 829, et qui d'après le témoignage des anciens historiens Espagnols de M. de Marca, Turquet de Mayerne et autres, prit pour armes *d'azur à la croix d'argent :* armes que les rois de Navarre et ceux d'Aragon issus de lui ont toujours portées et conservées avec soin, ainsi que les barons de Castelbajac en Bigorre, qui prétendent en descendre comme on le voit dans leurs anciens sceaux, depuis l'an 1280, et dans leurs vieux châteaux et monuments où elles sont gravées et peintes : et effectivement M. de Thou dit formellement dans son Histoire « que les rois de Castille, » de Navarre et d'Aragon sont venus d'une illustre fa- » mille de Bigorre ».

Ce qui paraît donner quelqu'appui à cette tradition de la maison de Castelbajac sur son origine, c'est sa haute antiquité, le rang qu'elle a toujours tenu parmi la plus haute noblesse du pays, le nombre et l'étendue de ses possessions et la dignité de ses terres.

Cette maison est connue dès environ l'an 1000, ce qui la rapproche beaucoup du temps où vivait Enéco Arista, dont elle prétend descendre : le titre que les seigneurs de cette maison ont si souvent pris et qu'ils prennent encore de premiers barons de Bigorre, paraît autant fondé sur l'antiquité de la sirerie et baronnie de Castelbajac que sur le rang qu'elle tenait autrefois aux états de la province de Bigorre.

« Les seigneurs de Castelbajac dont l'origine se perd » dans les temps les plus reculés, dit la Chenaye des » Bois, dans son Dictionnaire de la noblesse, ne parais- » sent suivant les plus anciens actes que dans un rang » supérieur à la plus grande partie des nobles de Bi- » gorre ». Bernard de Castelbajac, baron de Castelbajac, est qualifié du titre de prince par Centulle, comte de Béarn et de Bigorre, dans un acte de l'an 1080 : ce même Bernard de Castelbajac, dans l'acte de consécration de l'église de Saint-Pé de Générés, est nommé immédiatement après les princes, comtes et vicomtes du Béarn, de Bigorre, de Fezensac et de Tursan, et précède tous les autres seigneurs et barons de Gascogne au nombre de plus de cinquante. Sanche d'Aure, vicomte de la

Parthe et des quatre Vallées, ayant été forcé par les armes du comte de Bigorre, de rendre hommage à celui-ci et à ses successeurs, s'obligea suivant M. de Marca, dons son Histoire de Béarn, en 1078, à subir jugement à l'avenir pour cette mouvance au *château de Castelbajac*, preuve sensible du point de grandeur et de considération dont jouissait alors cette maison.

Les barons de Castelbajac étaient pairs du comté de Bigorre et ne pouvaient être jugés que par leurs pairs et compagnons, présidés par le comte; et ce qui rend encore plus vraisemblable l'opinion de son illustre origine, c'est qu'il n'y avait qu'elle seule et les comtes de Bigorre descendants d'Enéco Arista, qui eussent, suivant un plaidoyer conservé aux archives du château d'Ossun, des juridictions et hommages. Huit seigneurs relevaient d'eux et leur rendaient hommage dans la seule viguerie de Goudon, et ils avaient la haute justice dans toutes leurs terres de Bigorre, si ce n'est à Séméac.

Enfin ils sont qualifiés dans les plus anciens actes des titres de grands barons, de sires de Castelbajac, de monseigneurs, de bannerets, de magnifiques, et de hauts et puissants seigneurs: les seigneurs de cettte maison ont possédé en divers temps et dans leurs diverses branches neuf baronnies, une vicomté ou viguerie, deux marquisats, et plus de quatre-vingt-dix terres ou châteaux dont il serait trop long de faire l'énumération.

Les seigneurs de cette maison n'ont jamais suivi le parti de l'erreur, et ont toujours été fidèles à leur religion et à leur roi; et durant les longues guerres des anglais dans les provinces méridionales, ils n'ont jamais voulu se soumettre à eux, quoiqu'ils pillassent et ravageassent leurs possessions, qu'ils assiégeassent, prissent et brulassent leurs châteaux; ils n'ont jamais cessé de leur faire la guerre.

I. Jean dit aussi *Jeannotus* DE CASTELBAJAC, chevalier, baron de Castelbajac, vicomte ou viguier de Goudon, capitaine de cent hommes d'armes, vivait, l'an 1000 et l'an 1030. Le roi l'ayant fait appeler à sa cour, il refusa de s'y rendre, alléguant qu'il lui était dû 2500 florins d'or pour les appointements de sa compagnie d'hommes d'armes et des troupes qu'il commandait. Le roi, sur son refus, fit saisir sa viguerie de Goudon, et finit par lui pardonner et lui donner la main-levée de cette saisie que des témoins de l'enquête de Castelbajac faite d'autorité du parlement de Bordeaux de l'an 1547, déclarent avoir vue et lue en original. Il fut vraisemblablement père du suivant :

II. Arnaud-Raymond DE CASTELBAJAC, chevalier, baron de Castelbajac, qui vivait en 1050 et 1060, et qui fit hommage de ses terres en 1078, à Centulle, comte de Bigorre, à qui il donna pour caution, Guillaume-Arnaud de Castelbajac, son frère, et plusieurs autres seigneurs. Il paraît être le père de Bernard-Tord de Castelbajac et de Bernard qui suit :

III. Bernard DE CASTELBAJAC, chevalier, baron de Castelbajac, qualifié de prince du pays dans l'acte d'union que Centulle, comte de Bigorre, fit le premier d'avril 1080, de l'abbaye de Saint-Savin de Lavedan à la congrégation de Saint-Victor de Marseille : fut aussi un des seigneurs qui assistèrent à la dédicace de l'église de Saint-Pé de Générés, le 14 octobre 1096, où il tint un des premiers rangs, et est nommé immédiatement après les princes, comtes et vicomtes de Gascogne, et précède tous les autres seigneurs et barons au nombre de plus de cinquante. Il fut père de Bernard, qui suit :

IV. Bernard, IIe du nom, chevalier, seigneur DE CASTELBAJAC, baron et pair de Bigorre, rendit hommage à Etiennette, comtesse de Bigorre, en 1164. Il paraît comme témois dans un acte de l'an 1186, et suivant M. de Marca eut des discussions avec Arnaud de Béarn, vicomte de Montaner, à qui il fit la guerre qui fut terminée cette même année 1186. Bernard de Castelbajac donna pour caution de la paix entre les mains d'Etiennette, comtesse de Bigorre, Bernard-Tord de Castelbajac son oncle, les vicomtes de Tartas, de Rivière, d'Aster, et environ cinquante autres seigneurs ou barons de Gascogne nommés dans l'acte conservé aux archives du château de Pau. Il paraît être père d'Arnaud-Raymond, qui suit :

V. Arnaud-Raymond, IIe du nom, chevalier, baron de CASTELBAJAC, fut présent aux privilèges que Gaston, comte de Bigorre, donna aux habitants des Landes situés sur les frontières de Béarn et de la Ligorre, le 4e jour avant les ides de mars de l'an 1214.

VI. Bernard, III^e du nom, chevalier, seigneur et baron DE CASTELBAJAC, fut l'un des quatre barons que Pétronnille, comtesse de Bigorre, donna pour caution des engagements qu'elle prit dans son contrat de mariage de l'an 1214 avec Gui de Montfort, fils de Simon, comte de Montfort, duc de Narbonne et comte de Toulouse. Il paraît avoir eu pour fils le suivant :

VII. Arnaud-Raynaud DE CASTELBAJAC, III du nom, qualifié de noble et puissant baron; il fut présent à la confirmation des coutumes du Bigorre par Gaston, comte de Béarn et de Bigorre, en 1244; paraît dans un acte d'échange de l'an 1274; eut des différends et la guerre avec les habitants de la ville de Tarbes au sujet des limites de sa terre de Séméac; elle fut terminée par sentence d'Esquivat, comte de Bigorre, assisté de toute sa cour, du premier septembre 1281, et dans laquelle ce prince lui donne les titres *d'En*, de monseigneur, de chevalier, et de sire et baron de Castelbajac : ce même comte lui fit don en 1282 de la terre et seigneurie d'Ourleix, près de Tarbes qui, suivant la Chenaye des Bois fut cédée dans la suite à un seigneur de la Roche-Fontenilles pour la dot d'une demoiselle de Castelbajac, mariée à ce seigneur. De sa femme, dont le nom est ignoré, il eut entr'autres enfants :

1.° Arnaud-Raymond, qui suit;
2.° Pierre, qui fonde la branche des seigneurs de Cabanac, de Lubret, de la Garde, de la Cassagne, barons de Barbazan, rapportée plus loin.

VIII. Arnaud-Raymond DE CASTELBAJAC, IV^e du nom, chevalier, seigneur de Castelbajac, Burc, Montastruc, Séméac, et qualifié dans les actes de noble et puissant baron et de sire de Castelbajac, reconnut par un acte du premier septembre 1283, Constance de Béarn comme comtesse de Bigorre; lui prêta serment de fidélité et scella cet acte du sceau de ses armes représentant une croix pleine; écrivit le 9 octobre 1292 au roi Philippe-le-Bel, pour attester les droits de cette princesse sur ce comté et scella cette lettre du même sceau de ses armes; servit ainsi que ses ancêtres dans les guerres contre les Anglais en 1272 et 1280; suivit en 1283 Esquivat, comte de Bigorre, en Navarre, où ce prince mena plusieurs compagnies d'hommes d'armes pour le service du roi Philippe-le-Bel; accompagna ce même roi dans la guerre contre les Flamands en 1296, 1297 et 1298; reçut le 11 février 1309 treize cent quarante-trois livres sur ses gages et ceux de trente-neuf écuyers de sa compagnie « *pour visiter et chevaucher les frontières de Bigorre* », et scella cette quittance du sceau de ses armes comme ci-dessus, et est qualifié dans cette quittance de chevalier, de sire de Castelbajac, et de sénéchal et gouverneur de Bigorre. De sa femme, dont le nom est ignoré, il eut Bernard qui suit:

IX. Bernard DE CASTELBAJAC, IV^e du nom, chevalier, qualifié de noble et puissant baron, seigneur de Castelbajac, Burc, Montastruc, Séméac, Bonrepaux, et stipula dans des actes de 1318 et 1320; fit paréage avec le roi pour sa terre de Saint-Luc, l'an 1326, en scella l'acte de son sceau; rendit hommage au comte d'Armagnac la veille de la Toussaint 1327, pour ses terres de Sarragassies, Feranet, Sion et Beaulat, situées dans le Fézensac et l'Armagnac, et qui furent l'apanage de son second fils Bernard de Castelbajac. Il eut pour femme Blanche de Comminges, de la lignée des princes et comtes de Comminges, et fille de Bernard de Comminges, chevalier, sire de Forgues et de Pins; elle parait être petite-fille ou arrière-petite-fille de Bernard, VI^e du nom, comte de Comminges qui, en 1296, donna à Odon de Pins ou du Pin, plusieurs terres aux environs de Muret, en échange de celle de Pins ou du Pins, qui avec celle de Forgue fut l'apanage d'un de ses fils cadets, grand-père ou père de Blanche de Comminges. Ce mariage porta d'illustres alliances dans la maison de Castelbajac, puisque parmi les aïeules paternelles de Blanche, presque toutes issues de maisons souveraines était Laurence de Toulouse, femme d'Odon dit aussi Bernard, comte de Comminges, laquelle était fille de la reine Constance de France, sœur du roi Louis le Jeune, et veuve d'Eustache de Blois, roi d'Angleterre. Blanche de Comminges était veuve et tutrice de ses enfants en 1326, et testa la veille de la Saint-Pierre de l'an 1340. Leurs enfants furent:

1.° Arnaud-Raymond, qui suit;
2.° Bernard, auteur de la branche des seigneurs de

Rouède, de Bernet, de Panassac, de Ferrabouc, de Ricaud, marquis de Castelbajac, Burc, Montastruc, et premiers barons de Bigorre, rapportée plus loin;

3.° Condorine de Castelbajac, légataire de sa mère en 1340, et qui fut mariée à Bertrand, chevalier, baron d'Esparros, qui transigea en 1365, pour les restes de la dot de sa femme.

X. Arnaud-Raymond, V^e du nom, qualifié dans les actes des titres de monseigneur, de banneret, de sire et baron de Castelbajac, était sous la tutelle de Blanche de Comminges, sa mère, le mardi avant la fête de la Vierge 1326; fit, dans les années 1348, 1349 et suivantes, diverses quittances pour frais de guerre, tant pour ses gages de banneret que pour ceux des écuyers, hommes d'armes et sergents à pied et à cheval de sa compagnie, et pour les troupes qu'il commandait dans les guerres contre les Anglais, et les scella de son sceau représentant une croix pleine; est compris dans les lettres de convocation du ban et arrière-ban du royaume, du 23 août 1350, rapportées par Larroque, sous le titre de sire de Castelbajac; fut retenu, le 26 novembre 1359, avec trente-neuf hommes d'armes, trente sergents à cheval et cinquante à pied de sa compagnie, pour la garde et défense du château et ville de Puymirol, en Agenois, dont il fut gouverneur; reçut, le 8 janvier 1346, le don de la viguerie de Goudon que lui fit Jean, duc de Normandie, lieutenant-général pour le roi en Guienne, en récompense de ses services militaires. Devenu roi, le même duc de Normandie lui confirma, en 1350, le même don, en lui donnant en outre des rentes sur Castillon, et les droits que le roi percevait sur Montastruc et Burc. Ce même roi lui fit don, en 1349, pour les mêmes motifs, du château et forteresse situés dans le lieu d'Ourleix. Il laissa de sa femme, dont on ignore le nom :

1.° Arnaud-Raymond, qui suit;

2.° Pierre de Castelbajac, chanoine des églises cathédrales d'Auch et de Tarbes, prévôt de Saint-Justin, qualifié haut et puissant seigneur dans une transaction de l'an 1365. Il reçut, le 8 novembre 1371, 100 francs d'or de la pension d'un mois à lui ordonnée pour la garde du château et forteresse de la Cede de Tarbes; il avait déjà donné au trésorier des guerres du roi autre quittance de 500 fr. pour frais de guerre, et scella ces deux quittances de son sceau, représentant une croix pleine.

XI. Arnaud Raymond DE CASTELBAJAC, VI^e du nom, qualifié dans les actes de monseigneur, de chevalier banneret, de sire et baron de Castelbajac, fut envoyé en 1355, par le duc d'Anjou, avec mille hommes d'armes et deux cents sergents à pied, pour aller commander en Bigorre contre les Anglais ; y fut de nouveau envoyé devant Moissac, par le comte d'Armagnac, qui commandait les armées du roi en Guienne et Languedoc, avec cent hommes d'armes et deux cents sergents; reçut un ordre du roi, donné au Louvre le 25 novembre 1361, rapporté dans Rimer, de livrer au roi d'Angleterre la ville et le château de Lourde, en conformité du malheureux traité de Bretigny; fut blessé et fait prisonnier de guerre avec les comtes d'Armagnac dont il soutenait le parti, le sire d'Albret, le comte de Pardiac, les vicomtes de Fezensaquet de Terride, à la bataille de Launac, que Gaston-Phœbus de Foix livra au comte d'Armagnac le 5 décembre 1362 ; reçut le 12 avril 1369, en vertu des lettres du duc d'Anjou, lieutenant pour le roi en Languedoc, 3000 florins d'or pour la solde des troupes qu'il commandait, et pour la défense de vingt-deux places, forteresses et châteaux dont il était chargé ; était mort en 1376, et eut pour femme Gaussionde de Jussan, fille d'Arnaud de Jussan, chevalier, sire de Jussan et sœur de Bertrande, femme de Sanche d'Aure, chevalier, vicomte de Larboust, et de Bertrand de Jussan, chevalier, sénéchal de Bigorre. Leurs enfants furent :

1.° Armand-Raymond, qui suit ;

2.° Bernard de Castelbajac, chevalier, qui servait, le 13 février 1395, dans la compagnie des gens d'armes de l'hôtel de Vallerand-de-Luxembourg, comte de Ligni et gouverneur de Gênes. Il fut établi sénéchal et gouverneur du Périgord et des châteaux de Domme et Bigarogue, par lettres du 25 novembre 1399, et, fut choisi par le fameux maréchal Boucicault, en 1400, parmi les principaux et les plus vaillants seigneurs de la cour du roi Charles VI, avec le sire d'Albret, connétable de France, les sires de Châtelmorand, de Torcy etc., pour être des treize chevaliers de l'ordre de la *Dame blanche à l'écu vert*, qu'il venait d'instituer. Bernard signa, avec les autres douze chevaliers, les statuts de cet ordre de chevalerie rapportés en entier dans la vie du maréchal de Boucicault, par un auteur contemporain, dans la Vie de ce maréchal, par d'Aubigny, et dans l'Histoire de Charles VI, par l'abbé de Choisi. Bernard de Castelbajac mourut sans enfants de Maralde de Terride, fille de Bernard, chevalier, seigneur, vicomte de Terride et du pays de Gimois, et d'Eléonore de Levis- Mirepoix, et sœur de Marguerite de Terride, femme de Jourdain, dernier comte de l'Isle-Jourdain;

3.° Arnaud de Castelbajac, auteur de la branche des seigneurs de Clarac, éteinte vers la fin du seizième siècle;

4.° Constance de Castelbajac, mariée, par contrat du 5 octobre 1359, à Genses de Montesquiou, chevalier, baron de Montesquiou et de toute la baronnie d'Angles. D'elle sont descendus le maréchal de Montesquiou et tous les Montesquiou existants. Constance se remaria en secondes noces à Manaud de Bénac, II^e^ du nom, chevalier, baron de Lannes et du Castera.

XII. Arnaud - Raymond, VII^e^ du nom, seigneur DE CASTELBAJAC, qualifié de magnifique et puissant baron, de chevalier banneret, sénéchal et gouverneur du comté de Bigorre, baron de Castelbajac Burc, Montastruc, Seméac, Aspin, Campistrous, etc., servait, en 1376, Gaston-Phœbus, comte de Foix et de Béarn, avec sa compagnie d'hommes d'armes; il était, en 1383 et années suivantes, sénéchal et gouverneur de Bigorre, et servait sous les ducs d'Anjou et de Bourgogne; il rendit, le 9 janvier 1389, étant encore sénéchal et gouverneur de Bigorre, hommage au roi pour sa baronnie de Castelbajac et quinze autres terres, châteaux et seigneuries, toutes à haute-justice; il déclara dans cet hommage que ses terres, châteaux et forteresses de Cazenove, de Bernède, de Bouilhe, de Forgues, d'Astugues, etc., « avaient été

» détruites et ravagées par les Anglais, en haine de son » grand attachement au roi de France, et des grands » dommages qu'il leur avait causés ». Il continua de servir contre les Anglais, et ne vivait plus en 1404. Il avait épousé Jeanne de Barbazan, fille de Menaud, chevalier, baron de Barbazan, sénéchal et gouverneur du Quercy, maréchal de l'armée du roi de France en Guienne et Languedoc, et de Rose de Magnaut, sa femme. Jeanne était sœur du fameux Arnaud-Guilhem de Barbazan, surnommé *le chevalier sans peur et sans reproche*, l'un des plus grands généraux des armées du roi Charles VII, et qui est enterré à Saint-Denis, à côté de ce prince. De ce mariage sont issus:

1.° Bernard, dont l'article suit;
2.° Monoo ou Manaud de Castelbajac, qui servait dans la compagnie d'hommes d'armes de son père le 2 août 1376;
3.° Anglésie de Castelbajac, mariée, par contrat du 11 octobre 1400, à Jean de Montesquiou, chevalier, baron de Marsan;
4.° Sibille ou Sibillie de Castelbajac, mariée, par contrat du premier avril 1417, à Bernard de Coaraze chevalier, baron de Bérat.

XIII. Bernard DE CASTELBAJAC, V^e^ du nom, qualifié dans les actes de chevalier banneret, de noble et puissant baron, de sire de Castelbajac de conseiller et chambellan de monseigneur la régent Charles de France et du roi Charles VII, et de sénéchal et gouverneur de Bigorre; servit toute sa vie, ainsi que son oncle maternel, le chevalier sans reproche, contre les Anglais. Les nombreuses quittances qu'il donna pour frais de guerre, et dont les originaux se trouvaient au cabinet des ordres du roi, en font foi. Il en donna entre autres une, le 10 septembre 1420, à Guillaume Charries, trésorier des guerres du roi, de certaine somme que monseigneur le Dauphin, régent, lui avait accordée « pour les frais et » dépenses qu'il lui convenait de faire pour le service » du roi, notamment à Montargis, où il l'envoyait en » garnison avec ses gens pour la défendre contre les » ennemis du roi », et scella cette quittance de son sceau, représentant une croix; donna quittance au trésorier des guerres, le 22 septembre 1442, d'une autre somme de 3000 liv. que le roi lui avait accordée « pour » ses services en ses guerres notamment à Vendôme et » à Beaugency », et la scella du même sceau de ses armes. Il épousa Bertrande d'Aure, fille de Sanche-Garcie d'Aure, vicomte de Larboust et baron de Cardaillac, et sœur de Sanche-Garcie d'Aure, auteur de la branche des vicomtes d'Aster, ducs de Gramont, l'un des ancêtres paternels des maréchaux et ducs de Gramont. De ce mariage vinrent :

1.° Arnaud-Raymond, qui suit ;

2.° Bertrand de Castelbajac, damoiseau, seigneur de la Busquère en 1462 ;

3.° Pierre-Arnaud de Castelbajac, chevalier, auteur du rameau des seigneurs de Saint-Paul, de Nestes et d'Arduge, fini dans son fils Pierre-Arnaud, qui testa le 25 juillet 1536, sans laisser de postérité de Jeanne de Massas, sa femme ;

4.° Gaussionde de Castelbajac, qui épousa Bertrand de Montesquiou, chevalier, baron de Montesquiou ; elle fut mère de Jean, qui continua la branche aînée d'Amandon, qui forma celles de Campanès et de Bertrand de Montesquiou, auteur de celle de Poylobon ;

5.° Autre Gaussionde de Castelbajac, mariée à Bertrand de Barège, chevalier seigneur de Galaiz et de Galaizet ;

6.° Sebillie de Castelbajac mariée, par contrat du 16 février 1453, à Jean de Pardailhan, chevalier, seigneur, vicomte de Juilhac et de la baronnie de Pardailhan ;

Et un fils naturel, nommé le bâtard de Castelbajac qui, le 24 novembre 1422, fut gratifié, par monseigneur le Dauphin, régent, de la somme de 2000 livres tournois, pour les pertes qu'il avait faites au service du roi et à la reddition de Melun, ayant été détenu prisonnier de guerre par les Anglais, une année entière, ainsi que son grand-oncle Arnaud-Guillaume de Barbazan, qui y fit une si belle et si mémorable défense.

XIV. Arnaud-Raimond DE CASTELBAJAC, VIII^e du nom, qualifié dans les actes de haut et puissant seigneur, de baron de Castelbajac, Burc, Montastruc, etc., servit dans les guerres de Guyenne et de Languedoc, contre les Anglais, avec sa compagnie d'hommes d'armes et se trouva aux siéges de Dax et de Saint-Sever, en 1442; fut gratifié, le 6 janvier 1422, par monseigneur le Dauphin, de 2000 livres tournois, tant pour les bons services rendus au roi, que pour ses gages, perte des chevaux et autres biens, par le feu, etc., et d'autres 300 livres « pour ses grands et notables services, notamment à la bataille de Beaugé »; donna quittance, le 27 mai 1430, à Jean Sauline, trésorier des guerres, de 150 livres pour ses gages et ceux de dix-neuf écuyers de sa chambrée, pour frais de guerre *à l'encontre d'aucuns routiers*, et la scella de son sceau représentant une croix pleine; fit montre de sa compagnie à Nîmes, le 25 mai 1431, et on ignore le nom de sa première femme. Il épousa en secondes noces Anne de Montlezun, fille de Jean, chevalier, baron de Saint-Lary, de Teule, Betplan, etc., et de Jacquette de Landorre, des vicomtes de Caders, en Quercy. Ses enfants furent :

*Du premier lit :*

1.° Bernard de Castelbajac, chevalier, baron de Castelbajac, qui assista, le 16 février 1453, au contrat de mariage de Sibillie de Castelbajac, sa tante, avec Jean, baron de Pardailhan et vicomte de Juilhac, et lui constitua en dot la somme de 2000 florins d'or. Il fut, suivant Duclos, dans son *Histoire de Louis XI*, et autres historiens l'un des principaux officiers de l'armée française que le comte de Foix mena au secours du roi d'Aragon, contre ses sujets révoltés, en 1462; fut tué, avec le vicomte de Lavedan, devant Villefranche de Panadès, en Catalogne. Mayerne Turquet dit, dans son *Histoire d'Espagne*, que le roi d'Aragon fut tellement irrité de la mort de ces deux braves officiers, qu'il fit périr beaucoup d'habitants de cette ville révoltée, et la livra au pillage. Il avait épousé Blanche-Flore d'Aure, dame baronne de Hèches, Héchette et Rebouc, fille de Menaud d'Aure, vicomte de Larboust, et de Marguerite d'Antin; cette dame, fille d'Arnaud, baron d'Antin et de Bonefont, et de Jeanne de Castelbajac, de la branche des seigneurs de Rouede et de Bernet. De ce mariage vinrent un fils et une fille, morts en bas âge. Leur mère se remaria, en 1466, avec Antoine de Montlezun, chevalier, baron de Saint-Lary et de Betplan;

*Du second lit :*

2.° Pierre-Arnaud, dont l'article suit.

XV. Pierre-Arnaud DE CASTELBAJAC, chevalier, hérita de tous les biens et de toutes les terres de la branche aînée de la maison de Castelbajac, après la mort de Bernard, son frère aîné, et de ses enfants, et fut seigneur et baron de Castelbajac, Burc, Montastruc, Seméac, etc., baron de Héchés et Héchettes et Rebouc, vicomte ou viguier de Goudon, etc., conseiller et chambellan du roi de Navarre, comte de Bigorre, et sénéchal et gouverneur de cette province, et de la ville et château de Lourde; était, le 8 juin 1469, de la compagnie d'hommes d'armes de Gaston du Lion, chevalier, sénéchal de Toulouse, et le 10 mars 1474 de celle de Gilbert de Chabanes, seigneur de Curton et amiral de France; servit avec distinction dans les guerres d'Espagne et dans les démêlés que Gaston-Phœbus et Catherine, roi et reine de Navarre, eurent avec le vicomte de Narbonne et ses partisans; fut témoin du testament fait à Pampelune, par Gaston-Phœbus, roi de Navarre, qui mourut le même jour 3 août 1483; et tint un des premiers rangs aux funérailles de ce prince; bailla ce fief le 27 juillet 1491, aux habitants du bourg de Campan, chef-lieu de la belle vallée de ce nom, les bois, ports et montagnes de Massanaü et de Porucaü dans les Pyrénées, moyennant certaines redevances et sous la condition de servir et aider en armes, lui et ses successeurs, barons de Castelbajac par toute sa baronnie et même par toutes ses terres, quand ils en seraient requis, et mourut vers l'an 1469. Il avait épousé Antoinette de Lavedan, fille de Raimond Garcie, chevalier, seigneur de Castelloubon, et du pays et vicomté de Lavedan, et de Bellegarde de Montesquiou-Fezensac, d'une maison illustre et puissante fondue successivement dans celles du Lion, de Bourbon, de Bénac, d'Orléans-Rothelin, et de Rohan-Rochefort. Leurs enfants furent :

1.° Gaston, qui suit;

2.° Jeannot, dit aussi Jean de Castelbajac, surnommé l'Ecuyer, qui épousa, avant l'an 1331, Catherine de Forgues, dame baronne de Lizos, Caussade et Perheuil. De ce mariage naquit Bernard de Castelbajac, chevalier, baron de Lizos, qui, suivant Olhagaray, dans son Histoire de Foix, convoqua le 20 mars 1569 les états de la province de Béarn, comme mari de l'héritière de la terre de Navailles, première baronnie de Béarn, et se trouva avec les troupes qu'il commandait, au siége que le vicomte de Terride, lieutenant pour le roi en Béarn, mit devant Navarrins; ils furent faits l'un et l'autre prisonniers de guerre par le comte de Montgommery qui était venu au secours de cette place assiégée en 1569. Il mourut sans laisser de postérité de Marie de Navailles, fille et héritière d'Antoine, baron de Navailles, Hontau et Labatut-Figuères : sa sœur et son héritière Antoinette de Castelbajac porta la baronie de Lizos à son mari, Jean-Arnaud de Josseries, seigneur de Gonnés;

3.° François-Bernard de Castelbajac, reçu chevalier de Rhodes ou de Malte, vers l'an 1490, et qui était à Rhodes en 1510, six ans avant la prise de cette île par les Turcs, en qualité de procureur fondé et d'envoyé de la langue de Provence;

4.° Arnaud-Guillaume de Castelbajac, chevalier, seigneur de Gaussan, qui testa le 28 octobre 1508, et institua pour héritier général Pierre-Bernard de Castelbajac, son fils : les droits réservés à Souveraine de Castelbajac, sa fille;

5.° Raimond-Garcie de Castelbajac, protonotaire du Saint-Siége et abbé commandataire de l'abbaye de Saint-Orens de la Réole, mort en 1530;

6.° Pierre de Castelbajac, mort sans postérité, vers l'an 1500, de Jacquette d'Estaing, dame de Dours, Chis et Becas, fille d'Arnaud, sénéchal de Bigorre et de Catherine de Faudoas-Barbazan, qui se remaria en secondes noces à Jean d'Isalguier, chevalier et chambellan du roi de Navarre;

7, 8, 9 et 10.° Plusieurs filles; Antoinette, mariée au seigneur de Saureac, qui obtint des indulgences du pape Léon X; et Catherine, et autre Antoinette, Bernardin et Marie de Castelbajac; et 11.° peut être, Siville de Castelbajac, dame de la Salle, en Béarn, qui, le 3 mai 1505, transigea avec dame Jeanne de Béon, femme de Raimond Garcie de Béon, chevalier.

XVI. Gaston DE CASTELBAJAC, chevalier, baron de Castelbajac, Burc, Montastruc, Campistrous, Seméac, et seigneur de la viguerie de Goudon, baron de Héches, Héchettes et Rébouc, sénéchal et gouverneur de Bigorre, était, le 24 avril 1492, dans la compagnie d'hommes d'armes du comte de Foix; il servit dans l'armée que le roi Charles VIII mena en Italie en 1494, et dans les guerres d'Espagne. Il fut un des principaux officiers que Jean d'Albret, roi de Navarre, mena en Espagne pour reconquérir son royaume. Dupleix, dans son Histoire de France, dit « qu'il périt dans cette expédition deux braves cheva» liers de Guienne, Menaud de Noailles, et Gaston de » Castelbajac ». Il mourut devant la ville de Tudella, en Navarre en 1513, entre les bras de Bernard de Castelbajac, son fils aîné, âgé de seize ans, et de Jean d'Isalguier, chevalier, baron de Dours, et chambellan du roi de Navarre, son ami; il avait épousé, par contrat du 28 août 1492, Marie de Montlezun, fille d'Antoine de Montlezun, chevalier, baron de Saint-Lary, et de Blanche-Flore d'Auré. Leurs enfants furent :

1.° Bernard, dont l'article suit;
2.° Manaud de Castelbajac, chevalier, seigneur d'Astugue;
3.° Autre Manaud de Castelbajac, dit le Baron, qui fut baron de Campistrous, gentilhomme de la chambre du roi de Navarre. Ils moururent l'un et l'autre sans laisser de postérité;
4.° Guillaume de Castelbajac, né en 1503, protonotaire du Saint-Siége, chanoine de Tarbes, prieur de Saint-Vincent et de Saint-Martin, seigneur d'Aurieux, et après la mort sans enfants de son frère aîné, baron de Castelbajac et de toutes les terres de la branche aînée;
5.° Louise de Castelbajac, dame d'honneur de la reine de Navarre et élevée dans sa maison. Elle devint héritière de la maison de Castelbajac, après la mort sans enfants de ses frères et sœurs. Elle épousa, par contrat du 16 septembre 1524, Jean

de Durfort-Duras, chevalier, seigneur de Rozan, Pujols et Civrac: elle testa, étant veuve, le 8 janvier 1556, laissant deux fils; l'aîné a continué la postérité des marquis, puis ducs de Durfort-Civrac; et le cadet, celle des marquis de Durfort-Castelbajac; Gaston de Castelbajac eut plusieurs enfants naturels, entr'autres Jeannot, dit le Premier, ou le grand Bâtard de Castelbajac, seigneur de Burc, né en 1486, mort en 1545: laissant de sa femme Françoise de Jussan, fille de Gaston de Jussan, chevalier, baron de Bourg et d'Espieilh, un fils, Bernard de Castelbajac, chevalier, seigneur de Burc, marié en secondes noces à Gabrielle de Marestaing, fille de N.... de Marestaing, baron de la Garde, dont la maison a fondu dans celle de Massencôme-la-Garde-Montluc, marquis de la Garde, dans celle d'Astarac-Fontrailles. De ce mariage, naquit Gaspard de Castelbajac, seigneur de Burc, Luc et Bégole, qui transigea, le 23 mai 1574, avec Jacques de Durfort-Duras de Castelbajac, baron de Castelbajac. Gaspard mourut sans laisser de postérité; sa sœur Catherine de Castelbajac fut son héritière, et plaidait en 1619 contre Marie de Gontaut-Saint-Geniés, Catherine de Bégole, vicomtesse de Lavédan, Marguerite de Bourbon et Gaston d'Armagnac.

XVII. Bernard DE CASTELBAJAC, VI^e^ du nom, chevalier, conseiller et chambellan du roi de Navarre, baron de Castelbajac, de Mont-d'Oléron et de Héches, seigneur de la viguerie de Goudon, de Seméac, Campistrous, Jussan, Asque, Aspin, etc., accompagna son père à la guerre d'Espagne, n'étant âgé que de quinze à seize ans; servit ensuite dans la compagnie d'hommes d'armes du roi de Navarre, où il est porté sur le rôle, sous le titre de baron de Castelbajac; ensuite il fut enseigne de la compagnie d'hommes d'armes de Jean de Bourbon, vicomte de Lavédan, son cousin, avec lequel il défendit contre les Anglais Braye-sur-Somme et Corbie: ils furent tous les deux faits prisonniers de guerre à la bataille de Pavie en 1525. Il épousa, 1.° Marguerite d'Espagne, fille de Galaubie d'Espagne, seigneur de Seisses et de Panassac, et d'Annette de Lévis-Mirepoix, de l'illustre maison d'Espagne et d'une branche fondue dans la maison des maréchaux et ducs de Noailles, par le mariage de Jeanne-Germaine d'Espagne, dame de Seisses et de Pannassac, avec Henri de Noailles qu'elle épousa par contrat du 22 juin 1572; 2.° Claire de Laval de Vabres, fille de Michel de Laval et de Marguerite Dumaine; celle-ci était d'une ancienne et noble maison qui a produit un maréchal de France, dans la personne du maréchal Dubourg, du nom Dumaine. Claire de Laval de Vabres, était sœur de N...... de Laval de Vabres, chevalier, seigneur de Castelnau-Destretefonds, baron des états de Languedoc, et sénéchal de Toulouse. Bernard de Castelbajac mourut sans laisser de postérité de sa première et de sa seconde femme.

Louise de Castelbajac, sa sœur, recueillit après sa mort et celle de Guillaume de Castelbajac, son autre frère, son hérédité et toutes les terres de la branche aînée de la maison de Castelbajac: elle eut, comme on l'a dit, de son mari Jean de Durfort de Duras, seigneur de Civrac, deux enfants: le premier continua la postérité des marquis, puis ducs de Durfort-Civrac; et Jacques, le second, fut institué héritier de sa mère, par son testament du 8 janvier 1556, et fut l'auteur de sa branche des marquis de Castelbajac, premiers barons de Bigorre, dont il prit le nom et les armes; il testa le premier novembre 1771, et eut, entr'autres enfants, de Catherine de Castelnau-Chalosse...... Charles de Durfort-Duras de Castelbajac, marquis de Castelbajac, Burc, Montastruc, etc., premier baron de Bigorre, qui épousa, en premières noces, Marthe d'Ossun, et en secondes noces, Corisande de Montaut-Benac: il eut pour successeur son fils aîné....... Godefroi de Durfort-Duras de Castelbajac, marquis de Castelbajac, etc., qui fut marié, le 23 février 1622, à Isabeau d'Astarac-Fontrailles, et eut, entr'autres enfants Roger de Durfort-Duras, marquis de Castelbajac, Burc, Montastruc, etc., premier baron de Bigorre, etc., qui de Jeanne d'Astugue de Corné, eut, entr'autres enfants..... Godefroi de Durfort-Duras de Castelbajac, marquis de Castelbajac, Burc, Montastruc, etc., baron de Fontrailles, Bidou, Lapeyre, etc., premier baron de Bigorre; qui de son mariage avec Marie-Anne de Castelbajac, fille de Bernard de Castelbajac, chevalier, seigneur de Bernet, Cuélas, la Nine et Samouillan, et de Jeanne de Mauléon-d'Urban qu'il avait épousée par contrat du 17 août 1693, n'eut qu'un fils unique ....... Joseph de Durfort-Duras de Castelbajac, marquis de Castelbajac, Burc, Montastruc, et premier baron de Bigorre, seigneur de Sentous, baron de Fontrailles, etc., mort sans laisser de postérité de Louise-Françoise de Serignac de Belmont. Bernard de Castelbajac, chevalier, seigneur de Mauvesin et de la Goute, frère de Bernard de Castelbajac, seigneur de Bernet, grand père maternel de Joseph de Durfort, recueillit son hérédité comme son plus proche parent, ainsi qu'il sera dit autre part; et c'est ainsi que les terres de la maison de Castelbajac qui étaient sorties de cette famille, par le mariage de Louise de Castelbajac, y rentrèrent par le mariage de Marianne de Castelbajac, et la mort sans postérité de son fils Joseph de Durfort Castelbajac.

## SECONDE BRANCHE.

*Seigneurs de Rouède, Bernet, Panassac, Ferrabouc, Ferranet, Sarragassies, Saint-Arroman, Maneh, Bezües, etc., marquis de Castelbajac, Burc, Montastruc, etc., barons d'Espon, Gourgue, Ricaud, etc.*

X. Bernard DE CASTELBAJAC, V^e^ du nom, chevalier, qualifié dans les actes du titre de monseigneur, de chevalier, de seigneur de Sarragassies, Ferranet, Sion Beaulat, etc., second fils de Bernard, IV^e^ du nom, sire et baron de Castelbajac, et de Blanche de Comminges, son épouse, eut en partage des biens de la succession de son père, les terres de Sarragassies, Sion, Beaulat, etc., dans le comté de Fezensac, dont son père rendit hommage au comte d'Armagnac, le 31 octobre 1321, et Arnaud-Raimond de Castelbajac, seigneur de Rouède, Bernet et Panassac, son petit-fils, en 1418; il fut fait légataire particulier de Blanche de Comminges, sa mère, en 1340: quoique brouillé avec le comte d'Astarac, dont il relevait à cause des terres de Rouède, de Bernet et de Panassac appartenantes à sa femme; et quoique parent de très-près, par sa mère, de la maison des comtes de Comminges, néanmoins, par une preuve rare de fidélité, il joignit les troupes qu'il commandait à celles du comte d'Astarac qui avait la guerre contre celui de Comminges, en 1342 « ce qui fut la cause (dit Don Brugelle, dans ses

» Chroniques du diocèse d'Auch) de la victoire que rem-
» porta le comte d'Astarac, et de la réconciliation et par-
» faite amitié qui régna depuis entre ce comte et Castel-
» bajac »: il servit dans les guerres contre les Anglais, dans la compagnie d'hommes d'armes du baron de Castelbajac, son frère aîné, dont la revue fut faite à Puymirol, en Agénois, le 26 novembre 1352. Il donna des lois et coutumes aux habitants de Panassac, conjointemeut avec Galaubie de Panassac, chevalier, oncle de sa femme en 1356; était mort en 1361. Il avait épousé Jeanne de Panassac, fille et héritière de Galaudie de Panassac, chevalier, seigneur de Panassac, Rouède, Bernet, Manent, Bezües, etc., et de Solimane de Rivière-Labattut, et sœur de Comtesse de Panassac, épouse d'Auger d'Ossun, chevalier, seigneur d'Ossun en Bigorre; l'une des aïeules paternelles de Pierre d'Ossun, surnommé le Brave, et de M. marquis d'Ossun, ambassadeur, d'abord à Naples, puis à Madrid, chevalier des Ordres du roi et grand d'Espagne: elle est qualifiée dans la donation qu'elle fit à Bernard de Castelbajac, son fils, le 28 octobre 1361, de très-haute et puissante dame Madame Jeanne de Panassac. Ses enfants furent :

1.° Bernard de Castelbajac, qui suit;
2.° Blanche de Castelbajac, qui fut substituée à la donation faite à son frère par leur mère, en 1361;
3.° Anglaise ou Angelise de Castelbajac, également substituée à son frère et à sa sœur, dans la donation de 1361.

XI. Bernard DE CASTELBAJAC, VI^e^ du nom, chevalier, seigneur de Rouède, Berner, Bères, Panassac, Sarragassies, Ferranet, Ferrabouc, Saint-Cosque, Pujomont, etc., reçut la donation qui lui fut faite par sa mère, le 28 octobre 1361, des terres et châteaux de Panassac, de Rouède, de Bernet et de Bezües; était encore mineur et sous la tutelle d'Auger d'Ossun, son oncle, le 24 juin 1367; que ce dernier rendit hommage, pour son pupille, des terres de Rouède, Bernet et Panassac, à Jean, par la grâce de Dieu, comte d'Astarac; servit dans les guerres contre les Anglais, en 1369 1372 et 1377, transigea le 27 mars 1392, au sujet de la terre de Ferrabouc; rendit hommage au comte d'Armagnac, comme procureur fondé de sa seconde femme, des châteaux, terres et forteresses de Ferrabouc, de la Molère et de Pujomont, le 24 septembre 1393; fit un accord, le 14 juin 1496, avec Guillaume-Garcie d'Orbessan, chevalier, son beau-frère, touchant la dot d'Oudine d'Orbessan, sa première femme, morte sans enfants; assista au contrat de mariage d'Anglaise de Castelbajac, fille de Bernard, baron de Castelbajac, son cousin, avec Jean de Montesquiou-Fezensac, baron de Marsan, etc.; fit son testament le 23 novembre 1404; il était mort le 18 juin 1412, que sa veuve fit le sien. Il avait épousé, 1.° Oudine d'Orbessan, fille de Bernard, baron d'Orbessan, d'Ornézan et d'Aurade, morte sans enfants en 1392; 2.° Mondine de Ferrabouc, autrement Saint-Cosque, fille et héritière de Bernard de Saint-Cosque, chevalier, seigneur de Saint-Cosque, de Ferrabouc et de Pujomont; elle testa au château de Rouède, le 9 juin 1412. De ce second mariage vinrent:

1.° Arnaud-Raymond, qui suit;

2.° Jeanne de Castelbajac, légataire de ses père et mère en 1404 et 1412, et héritière particulière de Jeanne de Castelbajac, dame d'Antin, sa sœur;

3.° Jeanne de Castelbajac, légataire de ses père et mère en 1404 et 1412. Elle fut mariée à Arnaud d'Antin, IIe du nom, chevalier, baron d'Antin et de Bonefont, d'où sont descendus, par femmes, les ducs d'Antin; elle testa le 31 octobre 1415, en faveur de Jeanne et de Marguerite d'Antin, ses filles, et fit des legs à son frère et à sa sœur.

XII. Arnaud-Raymond DE CASTELBAJAC, V[e] du nom, chevalier, seigneur de Rouède, de Bernet, Panassac, Ferranet Ferrabouc, Sarragassies, Bères, Bezües, Briscos, etc., rendit hommage au comte d'Armagnac des terres et châteaux de Sarragassies et de Ferranet, en 1418 et 1423, et des terres, châteaux et forteresses de Ferrabouc, Pujomont et la Molère, en 1423; servit dans les guerres contre les Anglais, en 1427, 1428, 1429, 1430 et 1431; se trouva aux siéges de Dax, de Saint-Sever, de Bayonne et de la Réole; émancipa, le 22 juin 1458, Arnaud de Castelbajac, son second fils, et lui donna les terres et châteaux de Bernet et de

Bères, etc., et mourut vers l'an 1468. Il avait épousé Marguerite de Comminges, fille de N..... de Comminges, chevalier, sire et baron de Roquefort, Saint-Antoine, Guitaut et de Mascarosse de Jussan, mariée, par articles du 2 juin 1411, et rédigés en contrat le 2 février 1412; elle était sœur de Pierre de Comminges, chevalier, baron de Roquefort, Saint-Antoine, Guitaud, etc., sénéchal et gouverneur du comté de Comminges, qui, ayant voulu s'emparer de ce comté sur Mathieu de Foix, mari de la comtesse Marguerite de Comminges, sa parente et sa cousine, maltraitée et détenue prisonnière par Mathieu, fut assiégé par ce prince dans son château de Roquefort, qui fut pris et rasé, et lui même fait prisonnier de guerre. Ce comte le fit enfermer et garder dans des prisons durant l'espace de dix-sept ans, ainsi qu'on peut le voir dans l'Histoire de Foix d'Olhagaray et dans celle de Languedoc, par don Vaissette. La postérité de Pierre de Comminges, baron de Roquefort, finit, quant aux aînés, vers la fin du seizième siècle; mais elle se conserva dans les cadets, comtes de Comminges et de Guitaut, dont étoit François de Comminges, comte de Guitaut, capitaine des gardes du corps de la reine Marie-Anne d'Autriche, et chevalier des ordres du Roi, gouverneur de Saumur et du Saumurais, mort en 1661; et Gaston-Jean-Baptiste, connu à la cour sous le nom du comte de Comminges, capitaine des gardes du corps de la reine mère, gouverneur de Saumur et du haut Anjou, chevalier des ordres du Roi, mort en 1670. Il avait commandé, en qualité de lieutenant-général, les armées du roi en Guienne, en Italie et en Catalogne. Ses enfants furent :

1.° Bernard, dont l'article suit ;

2.° Arnaud de Castelbajac, auteur des seigneurs de Bernet, Bères, Traversères, Tajan, etc., marquis de Castelbajac et baron de Ricaud, qui seront rapportés ci-après en leur rang ;

3.° Jean de Castelbajac, qui forma le rameau des seigneurs de Manent, de Bezües et de Briscos, fondu dans une branche des seigneurs de la Barthe-Giscaro, par le mariage de Demengette de Castelbajac, dame desdites terres, avec Bernard de la Barthe-Giscaro, chevalier, en 1526 ;

4.° Guillaume-Garcie de Castelbajac, qui épousa, par contrat du 13 juillet 1465, Bourguine de Bezoles, fille de Jean, chevalier, seigneur de Bezoles et de Beaumont. C'est de cette noble maison qu'était Catherine de Bezoles, mère du maréchal de Roquelaure et l'une de aïeules paternelles des ducs de ce nom ;

5.° Pierre de Castelbajac, nommé évêque de Pamiers en 1483, lequel fit bâtir l'église de Bernet, où l'on voit plusieurs formes d'écusson à ses armes, mort en 1497 ;

6.° Marguerite de Castelbajac, dite la belle d'Aune ou la belle dame, qui fit donation de ses biens, le 27 avril 1478, à son frère Arnaud de Castelbajac, seigneur de Bernet et de Bères.

*Enfants naturels :*

Denis de Castelbajac, vivant en 1483, et Marguerite de Castelbajac, qui épousa noble Gilles de la Barthe, et paraît dans la procuration que Denis, son frère naturel, donna le 2 novembre 1483.

XIII. Bernard DE CASTELBAJAC, dit aussi Bernard-Jourdain, chevalier, seigneur de Panassac, Rouède, Saint-Arroman, Ferabouc, la Molère, etc., servit dans les guerres contre les Anglais, assista au contrat de mariage d'Arnaud, son frère, seigneur de Bernet, du 5 mars 1458 ; consentit une quittance le 15 mars 1436, est rappelé dans des sentences arbitrales des années 1470 et 1473, et dans des arrêts du parlement de Toulouse, des années 1477 et 1508. Il épousa Marthe de Saint-Arroman, dame de Saint-Arroman, dont il eut :

XIV. Arnaud DE CASTELBAJAC, seigneur de Rouède, Panassac, Ferrabouc, Saint-Arroman, etc. ; il paraît dans des actes de 1469 et autres, dans les sentences arbitrales des années 1470 et 1473, et dans un arrêt du parlement de Toulouse, du 6 mars 1477, qui lui adjuge les terres et châteaux de Rouède, Panassac, Ferrabouc, la Molère, etc., à l'exclusion de ses oncles et de sa tante Marguerite de Castelbajac, dite la belle dame. Il épousa Floriane de Serres, fille de Fortaner de Serres, chevalier, seigneur de Rieucases en Béarn, sénéchal et gouverneur du Nébouzan, et sœur de Jeanne de Serres, dame baronne de la Roche-Fontenilles, de Marguerite, épouse de Hugues de Lordat, chevalier, seigneur de Cazenave, Saint-Victor et du pays de Lordanois, et de Rose de Serres, dame de Gelas de Bonas. De ce mariage vint :

XV. Bernard de Castelbajac, chevalier, seigneur de Rouède, Panassac, Saint-Arroman, Ferrabouc, la Molère, etc., qui servit dans les guerres de son temps, fut témoin, avec Bernard de Comminges, Philippe de Marestain, Gérard de Mauléon, chevaliers et damoiseaux, à un contrat d'échange du 5 mai 1492, fait entre Aimeri de Comminges, chevalier, vicomte de Peguilhan, et Bertrand de Saint-Pastour, damoiseau, baron de Bonrepos. Il épousa, vers l'an 1490, Marie d'Espagne, fille d'Arnaud, chevalier, seigneur d'Anizan et de Lodez, sénéchal de Carcassonne, et de Marguerite de Foix, des comtes de Foix-Rabat. De ce mariage vinrent :

1.° Jean, qui suit ;

2.° Autre Jean de Castelbajac, protonotaire du Saint-Siége, chanoine de l'église cathédrale de Tarbes, et seigneur de la Bastide, en Astarac, nommé par Bertrand de Montlezun, chevalier, seigneur de Saint-Jean et Séailles, son exécuteur testamentaire le premier juin 1531 ; il paraît, dans un acte du 20 août 1540, en qualité de tuteur de Menaud de Montlezun, etc.

XVI. Jean de Castelbajac, chevalier, seigneur de Rouède, Saint-Arroman, Ferrabouc, etc., dénombra, en 1540, ses terres de Ferrabouc et de la Molère, etc., était mort en 1546, année dans laquelle Marie de Montlezun, fille de Menaud, chevalier, baron de Saint-Lary, et de Marguerite de Montesquiou, sa veuve, passa, en qualité de mère et tutrice de Jeanne de Castelbajac, leur fille, plusieurs actes, le 7 juillet 1546, 9 mai 1548, etc. ; donna quittance finale de sa dot à Jean de Montlezun, chevalier, baron de Saint-Lary, Teulé et Betplan, son frère consanguin, le 11 mars 1553. On croit que Jeanne de Castelbajac, leur fille, épousa un Béon ou un Timbrune-Valence, à qui elle porta en dot les terres de Rouède et autres biens, de sa branche.

## TROISIÈME BRANCHE.

*Seigneurs de Bernet, Bères, Traversères, Cuelas, Cantau, Tajan, etc., marquis de Castelbajac, barons de Ricaud, etc.*

XIII. Arnaud DE CASTELBAJAC, chevalier, seigneur de Bernet et de Bères, second fils d'Arnaud-Raymond de Castelbajac, chevalier, seigneur de Rouède, Bernet, Panassac, Ferrabouc, etc., et de Marguerite de Comminges, fut émancipé le 22 juin 1458 par son père, qui, par le même acte, lui fit donation des terres et châteaux de Bernet et de Bères; partagea avec ses frères, sœurs et neveux, le 10 octobre 1470 et 24 janvier 1473, et conserva les terres de Bernet et de Bères, d'après les deux sentences arbitrales de ces deux années, prononcées au château de Rouède par Menaud d'Aure, vicomte de Larboust; Arnaud, baron d'Antin; Aymeri de Comminges, vicomte de Peguilhan, et Arnaud d'Antin, baron de Poussan-Soubiran, chevalier; Bernard de la Roche, baron de Fontenilles, Bernard de Saint-Pastour, seigneur de Bonrepos, damoiseaux arbitres, tous parents et alliés des parties. Ils adjugèrent à Arnaud de Castelbajac, fils de Bernard-Jourdain, seigneur de Saint-Arroman et petit-fils d'Arnaud-Raymond, seigneur de Rouède les terres et châteaux de Rouède, de Saint-Arroman, de Panassac, de Ferrabouc, de la Molère, de Sarragassies et de Ferranet; audit Arnaud de Castelbajac, second fils d'Arnaud-Raymond, les terres et châteaux de Bernet et de Bères, et à Jean de Castelbajac, troisième fils d'Arnaud-Raymond, celles de Manent, Bezues et Briscos. Ces sentences furent confirmées par arrêt du parlement de Toulouse du 16 mars 1477. Il servit dans la compagnie d'hommes d'armes de Gaston du Lyon, chevalier, sénéchal de Toulouse, dont la montre fut faite à Montpellier le 10 septembre 1475; fut un des arbitres des différends élevés entre le baron de Castelbajac, son parent, et les habitants de ce lieu, terminés par sentence du 14 mars 1480; assista, le 28 août 1492, au contrat de mariage de Gaston, baron de Castelbajac, son cousin;

servit à la conquête du Milanais. Il avait épousé, par contrat du 22 juin 1458, Marguerite de Lavardac, fille de Bernard, chevalier, seigneur d'Aumeusan, d'une maison qui avait eu des alliances avec la maison souveraine d'Albret. De ce mariage sont issus :

1.° Bernard de Castelbajac, chevalier, seigneur de Bernet et de Bères, capitaine de trente hommes d'armes et de soixante archers des ordonnances du roi, gouverneur des villes et châteaux, d'abord de la Réole, puis de Pescaire, alors l'une des plus fortes places de l'Italie. Il est connu dans l'histoire sous le nom du *baron Vert* et du *chevalier Vert*; il obtint un arrêt au parlement de Toulouse, le 25 juillet 1508, dans lequel est mentionnée sa généalogie et filiation depuis Bernard de Castelbajac, seigneur de Rouède et Mondine, de Ferrabouc, Saint-Cosque, ses bisaïeul et bisaïeule; était, le 11 août 1498, de la compagnie d'hommes d'armes du sénéchal de Toulouse; se distingua dans les guerres du Milanais; défendit avec Fontrailles, qui fut colonel-général des Albanais, Imbert de Romanieu et le chevalier Blanc, la ville de Trévi. Ils y furent faits tous quatre prisonniers de guerre; mais Louis XII, prévoyant la bataille prochaine, et ne voulant pas se priver du secours de ces braves capitaines, les racheta de suite. Il se distingua aussi de nouveau à la bataille d'Aignadel et à la prise de Pescaire. Le roi Louis XII, pour le récompenser *de ses grands et notables services*, le fit gouverneur de cette place, qu'il répara et défendit jusqu'au 21 juillet 1510, qu'il y mourut, à la suite des fatigues et des soins qu'il s'était donnés pour la réparer et la défendre. Il avait épousé Florette de Montesquiou-Fezensac, fille de Jean, baron de Mansac et de Deveze, dont il n'eut qu'une fille, Anne de Castelbajac, mariée à N..... d'Ozon, chevalier, seigneur de Ponsan et de Tournon. Florette de Montesquiou étant veuve, se remaria en secondes nôces à Jean Lupé, chevalier, seigneur de Créméni, vers l'an 1515; en troisièmes noces, à Jean, vicomte de Corneillan, en 1517, et se remaria en quatrièmes noces avec Gui de Pardailhan-Gondrin ;

2.° Jean de Castelbajac, qui suit :

XIV. Jean DE CASTELBAJAC, Ier du nom, chevalier, seigneur de Bernet, Bères et Traversères, capitaine de trente hommes d'armes des ordonnances du roi ; servit, avec son frère, dans les guerres d'Italie ; fut institué par celui-ci son héritier universel, au préjudice d'Anne de Castelbajac sa fille, ainsi qu'il conste de la sentence prononcée à Trie par Jean de Larroche, juge et commissaire, le 18 janvier 1516, qui, après avoir fait citer Bernard, baron de Castelbajac, comme proche parent et chef du nom et armes de la maison de Castelbajac, et autres parties intéressées, et avoir entendu les auditions de plusieurs gentilshommes, hommes d'armes de Bernard de Castelbajac, qui avaient assisté à sa mort à Pescaire, et auxquels il avait déclaré ses dernières intentions, par sa sentence dudit jour 18 janvier 1516, déclara Jean de Castelbajac héritier de son frère Bernard de Castelbajac, chevalier, gouverneur de Pescaire. Il consentit un accord, le 23 juillet 1515, avec Florette de Montesquiou, alors remariée avec Bertrand de Lupé, chevalier, seigneur de Créméni, stipula dans une infinité d'actes qu'il serait trop long de rapporter, et fut nommé, en 1522, exécuteur testamentaire de Bernard de Castelbajac, chevalier, baron de Castelbajac, son parent, et testa lui-même, dans son château de Bernet, le 21 juillet 1531. Il avait épousé Marguerite d'Isalguier-Clermont, fille de Jean, chevalier, baront de Clermont, de la Barthe, de Pompiac, d'Aureville et de Miramamonde de Montaut-Bénac, petite-fille de Jacques d'Isalguier, baron de Clermont, et d'Anne de Foix. Marguerite d'Isalguier était mère d'Antoinette d'Isalguier, première femme du maréchal de Montluc, et tante de Marie d'Isalguier, qui porta tous les biens de cette branche à son mari Jacques de Rochechouart. D'elle sont descendus les marquis et les comtes de Rochechouart-Faudoas et de Clermont. Marguerite d'Isalguier se remaria en secondes noces à Jean de Béon, chevalier, vicomte de Béon-Sère, testa en 1547, et mourut en 1563. Ses enfants du premier lit furent :

1.° Jean, qui suit ;

2.° Philippe de Castelbajac, écuyer, légataire de ses père et mère en 1534 et 1547;

3.° Autre Jean de Castelbajac, chevalier, qui servit dans les guerres d'Italie, dans la compagnie d'hommes d'armes de Paul de la Barthe de Termes, depuis maréchal de France, mourut des blessures qu'il avait reçues dans un combat à Pignerol, en Italie, où il testa le premier avril 1554;

4.° Marguerite de Castelbajac, mariée, par contrat du 10 novembre 1540, à Aimeri de Béon, seigneur du Massès chevalier de l'ordre du Roi, capitaine de cinquante hommes d'armes des ordonnances et gouverneur de Pignerol en Italie; elle fut mère de Pierre de Béon, qui continua la branche des aînés, seigneur du Massès, et de Bernard de Béon, chevalier, baron de Bouteville, lieutenant-général des provinces de Saintonge, Aunis et Angoumois, chevalier de l'ordre du Saint-Esprit, etc., qui épousa Louise de Luxembourg, comtesse de Brienne et est auteur de la branche des Béon-Luxembourg, marquis de Bouteville. Il eut de Louise de Luxembourg Charles de Béon, qui continua sa postérité, et Louise de Béon, qui eut en partage le comté de Brienne. D'elle descendent les comtes de Brienne, du nom de Lomenie.

XV, Jean DE CASTELBAJAC, II^e^ du nom, qualifié dans les actes de haut et puissant seigneur, chevalier, etc., seigneur de Bernet, Bères et Traversères, fut institué héritier de ses père et mère par leurs testaments des années 1534 et 1547, servit avec distinction dans les guerres d'Italie et de Picardie. On croit qu'il commandait pour le duc d'Epernon à Boulogne-sur-Mer, où il déjoua tous les projets des ennemis, et força le duc d'Aumale, par la défense qu'il fit dans cette place, d'en lever le siége en 1588. Le roi Henri III, dans une lettre qu'il écrivit au maréchal de Matignon, et qui est rapportée dans la vie de ce dernier, avoue « qu'il doit la conser- » vation de cette importante place au seigneur de Ber- » net ». Il testa le 24 février de cette même année, et avait épousé, par contrat du 23 juin 1525, Françoise de Ver, fille de Jean, chevalier, seigneur de Coutens et de

Soulert, et d'Anne de Boyrans. Elle testa le 2 octobre 1580. De ce mariage sont issus :

1.° Jean, qui suit ;
2.° Corbeyrand de Castelbajac, chevalier, seigneur de Bères, gentilhomme ordinaire de la chambre du roi Henri III, servit dans les guerres de la ligue, et transigea avec son frère aîné le 25 septembre 1591 ;
3.° Pierre de Castelbajac, mort avant son père ;
4.° Gabrielle de Castelbajac, qui testa en 1619, en faveur de Pierre de Castelbajac, seigneur de Bernet, son neveu ;
5.° Jeanne de Castelbajac, dame de Saint-Mézard ;
6.° Claude, mariée à Philippe de Saint-Martin, chevalier, seigneur de Lambejac, nommée, ainsi que sa sœur Jeanne, légataire de leurs père et mère, en 1580 et 1588.

XVI. Jean de Castelbajac, III^e du nom, chevalier, seigneur de Bernet, Bères, Cuélas et Traversères, fut institué héritier universel de ses père et mère en 1580 et 1588, transigea avec Corbeyrand son frère, le 25 novembre 1591, et lui donna pour ses droits la terre de Bères et la moitié de celle de Traversères; testa le 8 février 1593.

On ignore si c'est Jean de Castelbajac ou Corbeyrand son frère, qui, en 1610, sous Henri IV, leva le régiment de Castelbajac, depuis Aunis, et Gondrin, etc., et qui se trouva au fameux siége de la Rochelle, sous Louis XIII, et fut mis en garnison dans cette ville. Jean III épousa, par contrat du 18 février 1582, Germaine de Béon, qui testa le 27 avril 1622, fille de Jacques, chevalier, seigneur-vicomte de Béon-Sere, et de Philiberthe de Béon-Massès, sa première femme; elle était petite-fille de Bernard de Béon et de Miramonde de Montaut-Bénac, de la maison des ducs et maréchal de Navailles. De ce mariage vinrent :

1.° Pierre, dont l'article suit;
2.° François de Castelbajac, chevalier, seigneur du Cantau, marié, en 1620, à Françoise de Rossin de Montault, dont vint Bertrand, seigneur du Cantau, maintenu dans sa noblesse d'extraction

par jugement de M. Pelot, intendant de Guienne, de l'an 1666;

3.° Jean de Castelbajac, chevalier, gentilhomme ordinaire de la chambre du roi, gouverneur de la citadelle de la Fère en Picardie, qui testa en 1668;

4.° Hippolyte de Castelbajac, marié, en 1619, à Agnès de Faudoas-Labattut;

5.° Claude, dame de Tournier de Saint-Mont; 6.° Marguerite; 7.° Jeanne; 8.° autre Marguerite de Castelbajac toutes nommées légataires de leur mère, le 27 avril 1622;

9.° Philiberthe de Castelbajac, aussi légataire de sa mère, et que la Chenaye-des-Bois, d'après l'abbé de Seguenville, dit avoir été mariée à Octavien du Rouzet, seigneur de Vivès, et avoir été mère d'Octavien du Rouzet, chevalier de Malte, non profès, marié à Marguerite de Faudoas, et d'autre Octavien du Bouzet, aussi chevalier de Malte et commandeur de Nice.

XVII. Pierre DE CASTELBAJAC, chevalier, seigneur de Bernet, Bères, Cuélas, Tajan, etc., servit dans la compagnie de cinquante lances de M. de Candalle, dont la montre fut faite à Rieux en Languedoc, le premier septembre 1572; eut procès avec Louise de Luxembourg, comtesse de Brienne, veuve de Bernard de Béon, son grand-oncle, relativement à la succession de son oncle Corbeyrand de Castelbajac, procès qui fut terminé par arrêt du parlement de Toulouse, du 20 juin 1630, rapporté par Dolive, dans ses œuvres; reçut, cette même année 1630, la cession que ladite Louise de Luxembourg lui fit; reçut aussi le serment de fidélité de ses vassaux de Bernet en 1615, et leur donna des priviléges et des coutumes; assista au contrat de mariage de François son frère, en 1620, et à celui de Jean son fils, en 1642. Il épousa, 1.° Jeanne de la Roche-Nébouzan, fille de Hugues, seigneur de la Barthe-Magneac, de la maison des anciens seigneurs de la Roche, premiers barons du Nébouzan, et de celle de la Roche-Fontenilles, morte sans enfants; 2.° par contrat du 27 septembre 1608, Dominguette de Binos, fille de Pierre, chevalier, seigneur de Binos, et de Trechets. Elle confirma les clauses du contrat de mariage de Jean de Castelbajac, seigneur de Tajan, son fils aîné, le 8 janvier 1667. De ce dernier mariage sont issus :

1.° Jean, dont l'article suit ;
2.° Aimeri de Castelbajac, légataire de Germaine de Béon, son aïeule, en 1622, mort jeune, avant son père ;
3.° Autre Jean de Castelbajac, lieutenant au régiment d'Anjou ;
4.° Pierre de Castelbajac ;
5.° Anne de Castelbajac, mariée, le 10 novembre 1651, à Jacques de Mora, chevalier, seigneur de Mazeroles.

XVIII. Jean DE CASTELBAJAC, IVe du nom, chevalier, seigneur de Bernet, Tajac, Cuélas, Montlaur, etc., gentilhomme ordinaire de la chambre du roi, d'abord capitaine au régiment du comte de Béon-Sere, son cousin, par brevet du 2 janvier 1637 ; fut témoin d'un accord passé en 1664, entre le marquis de Durfort-Duras de Castelbajac et le marquis de Montaut-Bénac, ses parents ; fut nommé, par ordonnance de M. le maréchal de Saint-Luc, gouverneur de Guienne, du 22 novembre 1663, pour fixer le jour et le lieu où devaient s'assembler les arbitres qu'il avait choisis pour terminer les différends qui existaient entre le vicomte d'Uzer et le baron de Durfort-d'Astugue, d'une part, et le marquis de Durfort-Castelbajac, d'autre ; reconnut en 1671, conjointement avec Bernard de Castelbajac, son fils aîné, partie de la dot et des bijoux portés par Jeanne de Mauléon-d'Urban, femme de ce dernier ; fut maintenu dans sa noblesse d'extraction par le subdélégué de M. Pellot, intendant de Guienne, qui remonte sa noblesse à Bernard de Castelbajac et à Mondine de Ferrabouc, en 1392. Il épousa Jeanne d'Aurout, fille de Pierre-Aimeri d'Aurout, seigneur de Tournon et de Poussan, et de Jacquette de Brunet. Leurs enfants furent :

1.° Bernard de Castelbajac, chevalier, seigneur de Bernet, Tajan, Montlaur, etc., mort en 1682, qui de Jeanne de Mauléon-d'Urban, dame de la Nine et de Samouilhan, sœur des comtesses de Béon-la-Palu, de la Mothe-Isault et de la Marquise de la Roche-Fontenilles, qu'il avait épousée par contrat du 24 mai 1679, n'eut que trois filles : 1.° Marie-Anne de Castelbajac, dame de Bernet, mariée, par contrat du 17 août 1693, à Godefroi de Durfort-Duras de Castelbajac, marquis de Castelbajac, Burc, Montastruc, etc., premier baron de Bigore, dont elle n'eut qu'un fils unique, Joseph de Durfort, marquis de Castelbajac, mort sans postérité, et dont Bernard de Castelbajac, oncle de sa mère, recueillit l'hérédité, comme son plus proche parent ; 2.° Marie-Elisabeth de Castelbajac, dame de Samouillan, mariée à Georges d'Obessan, chevalier, capitaine au régiment du roi, cavalerie, et chevalier de l'ordre royal et militaire de Saint-Louis; elle testa au château de Samouillan, le 18 septembre 1731 ; 3.° Jeanne-Françoise de Castelbajac, dame de la Nine en Comminges, mariée à Paul de Timbrune, comte de Valence ;

2.° Autre Bernard de Castelbajac, dont l'article suit ;

3.° Jean, dit l'abbé de Castelbajac, seigneur de la Hagède ;

4.° Jeanne de Castelbajac, mariée par contrat du 6 août 1707, à Jean de Monk, chevalier, vicomte d'Uzer et de Cabanac, fils aîné de Philippe, vicomte d'Uzer, et de Gabrielle de Montlezun-Saint-Lari.

XIX. Bernard DE CASTELBAJAC, VII° du nom, chevalier, seigneur de Mauvesin et de la Goute, puis seigneur, marquis de Castelbajac, Burc, Montastruc, Fontrailles, Bidou, la Peyre et Mazoncères, et premier baron de Bigorre ; transigea, le 8 mars 1686, avec Bernard de Castelbajac, son frère aîné, sur ses droits légitimaires, et par police sous seing-privé, du 16 juillet 1698, avec Jeanne de Mauléon-d'Urban, sa veuve ; assista au contrat de mariage de Marie-Anne de Castelbajac sa nièce, avec Godefroi de Durfort-Duras, marquis de Castelbajac, le 17 avril 1697 ; fut nommé lieutenant dans le régiment de Foix, par brevet du 20 juin 1690 ; servit dans la compagnie des fusiliers à cheval du roi, sous le titre de Flandres ; présenta, le 20 juillet 1695, une requête au nom de dame Jeanne de la Barthe-Giscaro, sa belle-mère, pour se faire payer de ce qui lui était dû sur les biens de messire Louis de la Barthe-Giscaro, seigneur de Valentine, Tarassi et d'Ussol, son père; testa, conjointement avec sa femme, le 11 janvier 1712; survécut à ce testament; fut reçu, par arrêt du parlement de Toulouse, du 20 septembre 1732, à recueillir l'hérédité de Joseph de Durfort-Duras, marquis de Castelbajac, son neveu; obtint un autre arrêt relatif à cette hérédité, contre Françoise d'Angosse, veuve de Louis de Durfort, baron d'Astugue, le 6 décembre 1734; mourut vers l'an 1736; est rappelé dans le contrat de mariage de Bernard de Castelbajac, son fils aîné, du 15 mars 1745, et y est qualifié de très-haut et très-puissant seigneur, marquis de Castelbajac, premier baron de Bigorre, et sa femme, de très-haute et très-puissante dame madame Catherine de Cardailhac. Il épousa Catherine de Cardailhac-Lomné, fille et héritière de Louis de Cardailhac, chevalier, seigneur de Mauvezin et de la Goute, et de Jeanne de la Barthe-Giscaro, issue des anciens et puissants vicomtes de la Barthe et des quatre Vallées, alliés à plusieurs maisons souveraines de l'Europe, et de la même branche dont était sorti Paul de la Barthe de Termes, maréchal de France. Leurs enfants furent :

1.° Bernard, chevalier, marquis de Castelbajac, Burc, Montastruc, etc., baron de Fontrailles, Bidou, la Peyre, etc., seigneur de Sentous, Tournon, etc., premier baron de Bigorre, premier capitaine des grenadiers au régiment d'Eu, chevalier de l'ordre royal et militaire de Saint-Louis, etc., fit un testament le 15 mai 1735, et un codicile militaire le 13 juin 1743. Il fut reçu dans le corps de la noblesse des états de Bigorre, comme baron des états, pour son marquisat de Castelbajac, et présida cette même année ces états en l'absence de monseigneur l'évêque de Tarbes, président né, et des autres membres du clergé. Il défendit, à la tête des grenadiers de son régiment, la première redoute du bois de Bary, à la bataille de Fontenoy; fut blessé à la bataille de Parme, à celle de Guastalla et à celle d'Ettingen, et fut tué, le 18 août 1745, à la tranchée, au siége d'Ostende, venant d'obtenir la permision de lever un régiment d'infanterie qui devait porter son nom. Il avait épousé, par contrat du 15 mars 1745, où il est qualifié de très-haut et très-puissant seigneur, Anne-Nicole des Lyons, fille de Charles-Adolphe des Lyons, comte d'Espaux Saint-Germain, Beau et autres places, colonel d'un régiment de dragons de son nom, et d'Antoinette de Potier de Novion. Le marquis de Castelbajac mourut sans laisser de postérité; sa veuve se remaria au marquis de Champlais, en Bretagne;

2.° Louis, dit le chevalier de Castelbajac, capitaine au régiment d'Eu, tué par un parti de hussards anglais deux jours avant la bataille de Rocoux;

3.° Jean, dont l'article suit;

4.° Jeanne de Castelbajac, mariée, 1° par contrat du 30 octobre 1714, avec Pierre de Bordenave, baron d'Espon, Gourgue et Ricaud; 2.° Jacques d'Avéjan, capitaine au régiment du Saillant et chevalier de l'ordre royal et militaire de Saint-Louis;

5.° Marie-Anne de Castelbajac, dame de Tauboux-Grésian, morte le 30 octobre 1777;

6.° Marie de Castelbajac, morte le 27 juin 1784.

XX. Jean de Castelbajac, Ve du nom, chevalier, marquis de Castelbajac, Burc, Montastruc, etc., en Bigorre, baron de Fontrailles, Bidou, Lapeyre, etc., en Astarac; seigneur de Sentous, d'Eousmets, Trouley, etc.; premier baron de Bigorre, dit d'abord l'abbé de Castelbajac: quitta le petit collet, après la mort de ses frères, et se maria pour soutenir son nom, ayant plusieurs bénéfices considérables, et étant abbé de Mont-de-Marast; donna procuration le 10 février 1746, en qualité d'héritier de feu Bernard marquis de Castelbajac, son frère aîné; reçut, le 3 mai 1748, la signification d'une requête et ordonnance, obtenue par messire Jacques de Castelbajac, chevalier, seigneur de la Cassagne, Casteljaloux, Rabastens, etc., son parent, pour faire compulser une enquête de la maison de Castelbajac, des années 1544, 1545, et 1547, et autres titres de leur maison, et fut requis d'y avoir à assister, comme chef de la branche aînée de la maison de Castelbajac; nomma, le 5 du même mois et an, par procuration spéciale, le sieur Clarens, notaire, pour assister en son nom auxdits compulsoirs, retirer lesdits titres, et les remettre dans les archives de son château de Montastruc ; fut reçu, en novembre 1751, dans le corps de la noblesse des états de la province de Bigorre et au rang des barons, pour sa baronie et marquisat de Castelbajac ; fut nommé dans ces mêmes états, commissaire de la noblesse, pour vérifier les preuves de messire Cyprien de Bouilh, afin d'être reçu dans le corps de la noblesse de cette province, pour sa terre d'Auleac : nomma, le 15 novembre 1752, le sieur Soulé, avocat, procureur juridictionnel de la haute justice de son marquisat de Castelbajac, et mourut le 9 juillet 1753, au château de Montastruc, âgé d'environ cinquante-cinq ans ; son corps fut porté et enseveli le lendemain dans l'église de Castelbajac, au tombeau de ses ancêtres. Il avait épousé Marie de Thoron, fille unique et héritière de Joseph-Gratien de Thoron, chevalier, seigneur de Boulin et de Lannes, par articles du premier mars 1750 ; elle fit procéder, le 27 septembre 1753, à l'inventaire des meubles et effets délaissés par feu son mari ; obtint le 7 décembre 1757, en qualité de mère et tutrice de ses enfants, un arrêt de main-levée du parlement, chambres des comptes et finances de Navarre qui ordonne la main-levée de la saisie féodale, mise sur le marquisat de Castelbajac et terres dépendantes, faute par elle d'avoir rendu, en sadite qualité, l'hommage et le dénombrement desdites terres. Leurs enfants furent :

1.° Jean, dont l'article suit ;
2.° Jeanne de Castelbajac, } mortes en bas âge.
3.° Gratienne de Castelbajac, }

XXI. Jean DE CASTELBAJAC, VI<sup></sup>e du nom, nommé aussi dans les actes Jean-Baptiste Gaston, chevalier, marquis de Castelbajac, baron d'Espon, seigneur de Gourgue, Ricaud, Lousbarats, etc., né au château de Montastruc, le 24 octobre 1753 ; a été reçu dans le corps de la noblesse des états de la province de Bigorre, d'après ses preuves de noblesse remontant à l'an 1300 ; a rendu hommage au roi, le 8 octobre 1784, pour la baronie d'Espon et pour la terre de Gourgue, situées dans le pays de Nebouzan, et pour celle de Ricaud, en Bigorre ; a fait dans le mois de juin 1780 ses preuves de noblesse, au cabinet des ordres du roi, devant M. Chérin, généalogiste de ses ordres, et qui remontent à Arnaud-Raimond, sire et baron de Castelbajac, en l'an 1050, pour avoir l'honneur de monter dans les carrosses du roi et de le suivre à la chasse. Il a épousé, par contrat du 30 janvier 1780, retenu par Roc, notaire de Toulouse, Anne-Louise de Cazalès, fille de messire Simon de Cazalès, chevalier, seigneur de Lastours, d'abord mousquetaire de la garde du roi, ensuite conseiller au parlement de Toulouse, et de dame Françoise de Mauri, et sœur de feu messire Jacques de Cazalès, chevalier, seigneur de Lastours, capitaine de dragons au régiment de Jarnac, nommé député de la noblesse de Rivière-Verdun aux états généraux; l'un des plus zélés défenseurs du trône, et qui s'est acquis une célébrité, si bien méritée par son amour pour ses souverains, son courage, ses talents et ses vertus. De ce mariage sont issus :

1.° Barthelemi-Jacques-Dominique-Armand de Castelbajac, dit le marquis Armand de Castelbajac, né au château de Ricaud, le 12 juin 1787, maintenant (1815), colonel du régiment des chasseurs à cheval d'Angoulême, officier de la Légion d'honneur et chevalier de l'ordre royal et militaire de Saint-Louis. Il est entré au service, en 1807, comme officier au cinquième régiment des Hussards ; a fait les campagnes de 1807 en Pologne, de 1808 et 1809 en Espagne, de 1809 en Allemagne, de 1812 en Russie, de 1813 en Saxe, de 1814 en France, et de 1815 aussi en France dans l'armée du Midi, sous les ordres de S. A. R. monseigneur le duc d'Angoulême ; a été blessé aux batailles de Wagram, de la Moskowa et de Brienne, et a reçu deux blessures graves aux environs de Mende, département de la Lozère, dans une expédition importante dont monseigneur le duc d'Angoulême l'avait chargé ; il a été fait chevalier de la Légion d'honneur le 19 décembre 1809, officier du même ordre en décembre 1813, et reçu chevalier de l'ordre royal et militaire de Saint-Louis le 4 novembre 1814, par S. A. R. Monsieur, frère du Roi ; nommé major par S. A. R. monseigneur le duc d'Angoulême, à Valence en Dauphiné, le 28 mars 1815 ; le même prince l'a fait colonel de son régiment de chasseurs à cheval le 23 juillet 1815;

2.° Joseph-Gratien-Catherine-Louis-Raimond, surnommé Adolphe de Castelbajac, dit le vicomte Adolphe de Castelbajac, maintenant (1815), officier au régiment des chasseurs à cheval d'Angoulême, dont le marquis de Castelbajac, son frère, est colonel; né dans la ville de Grenade, près Toulouse, le 14 août 1795. Il a été se ranger sous les drapeaux des Bourbons, et était membre de la garde royale à cheval de S. A. R. monseigneur le duc d'Angoulême dès l'arrivée de ce prince à Bordeaux, le 12 mars 1814.

## QUATRIÈME BRANCHE.

*Seigneurs de Cabâne, de Lubret, de la Garde de la Cassagne, barons de Barbazan.*

VII. Pierre, DE CASTELBAJAC, Ier du nom, chevalier, viguier de Goudon à vie, seigneur de Laguyan et de Caumont en Pardiac, second fils d'Arnaud-Raimond de Castelbajac, IIIe du nom (Voyez page 176), est denommé dans un acte du premier septembre 1283, et qualifié ainsi qu'Arnaud-Raimond, VIe du nom, son frère aîné, dans une enquête faite en 1300, sur l'état et la valeur du comté de Bigorre, de chevalier et baron de cette province. Ils furent du nombre des seigneurs qui écrivirent au roi en faveur de Constance, comtesse de Bigorre. Pierre eut pour fils :

IX. Raimond-Arnaud DE CASTELBAJAC, damoiseau, seigneur de Lubret et de Cabanac. Il eut différend, et transigea, en 1326, avec Arnaud-Raimond de Castelbajac, son cousin, au sujet des armoiries qu'il portait pleines et sans brisure. Le baron prétendait que les seigneurs de Lubret, comme cadets de sa maison, dont il était le chef, devaient les briser par quelque pièce ou changement d'émaux, suivant l'usage et les règles du blason. Il épousa Brunissande de Cabanac, qui le rendit père de :

X. Pierre DE CASTELBAJAC, IIe du nom, seigneur de Lubret et de Cabanac, qui servit dans les guerres de Gascogne contre les Anglais, et donna, le 6 juillet 1338, à Pierre de Salla, sergent de la ville de Marmande et trésorier des guerres, quittance qu'il scella de son sceau, où l'on voit un lambel en chef, qui est sans doute la brisure qui fut stipulée par son père avec le baron de Castelbajac, dans la transaction de 1326. Il épousa Miremonde de Mun, dont il eut :

XI. Arnaud DE CASTELBAJAC, écuyer, seigneur de Lubret, né vers l'an 1345, qui servit dans toutes les guerres de Gascogne contre les Anglais, avec Pierre de Castelbajac, sous le gouvernement du duc d'Anjou. Il épousa Ossette de Villepinte, dont il eut :

XII. Gaillard, dit GAILLARD DE CASTELBAJAC, écuyer, seigneur de Lubret, qui donna, en 1424, quittance de la dot de son épouse ; servit dans toutes les guerres contre les Anglais avec Barthelemi de Montesquiou, Bernard de Castelbajac, et autres seigneurs du pays. Il laissa de son mariage, contracté avec Catherine de la Rocan :

XIII. Jean DE CASTELBAJAC, Ier du nom, chevalier. seigneur de Lubret, présent avec Gaillard, son père, à un acte de vente du 7 février 1433 ; servit dans les guerres contre les Anglais avec Georges de Montesquiou et le seigneur de la Barthe, dans la compagnie du sénéchal de Toulouse. Il épousa Jeanne de Lavédan, sœur d'Arnaud-Guillaume de Lavédan, capitaine-commandant du château comtal de Bigorre. Il eut de ce mariage :

1.° Odet de Castelbajac, chevalier ;
2.° Bertrand, dont l'article suit.

XIV. Bertrand DE CASTELBAJAC, chevalier, seigneur de la Garde-Gayen, de la Peyre et de Saint-Ladry, capitaine-gouverneur du château de Bigorre, né vers l'an 1444, servit avec Odet, son frère, dans la compagnie de quatre-vingt-quinze lances et demie de M. le comte de Roussillon, dont la revue fut faite à Pontoise, le 10 novembre 1475, et dans celle de Gilbert de Chabannes, seigneur de Curton, dont les revues furent faites à Mézières sur Meuse, le 10 mars 1474, et à Melun, le 16 novembre 1475. Il continua de servir en 1484 et 1485, suivant un rôle signé du roi, le 3 janvier 1486 ; il servit encore à la conquête du Milanais en 1489 et années suivantes. Il avait épousé, le 23 janvier 1477, Marie de Sales, fille de Jacques de Sales, seigneur de la Garde, de laquelle il laissa entr'autres enfants :

XV. Jean DE CASTELBAJAC, II^e du nom, chevalier, seigneur de la garde Gayan, Sainte-Lary, capitaine-commandant du château de Bigorre, rapporté dans divers actes des années 1506, 1508, 1519, 1530, 1535, 1545, etc. Il avait épousé, vers l'an 1510, Isabeau d'Arnaudet, dont entr'autres enfants:

XVI. Pierre DE CASTELBAJAC, III^e du nom, chevalier, seigneur de la Garde, en partie de Casteljaloux, Mingot et Coé, seigneur de Buros, qui servit dans les guerres d'Italie, dans la compagnie d'hommes d'armes du roi de Navarre, dont la montre fut faite à Condom, le 13 septembre 1559, et le 8 novembre 1562; et dans la compagnie du duc d'Anjou, dont la montre fut faite au camp du Blanc, en Berry, le 28 mai en 1569. Il avait épousé, le 4 mai 1567, Jeanne de Bruyères Calabre, fille de Gabriel, chevalier, seigneur d'Estampes, laquelle apporta pour dot à son mari, la terre de Casteljaloux, Mingot. De ce mariage vint entr'autres enfants:

XVII. Pierre DE CASTELBAJAC, IV^e du nom, chevalier, seigneur de la Garde, de Casteljaloux, de Mingot, etc., qui servit avec la noblesse de Guienne en 1639. Il avait épousé, le 12 septembre 1615, Jacquette de Pardaillan Gondrin, fille de noble Gui, seigneur de la Serre et de la Rivière, et de Marguerite de Verduzan de Miran. Il laissa entr'autres enfants:

XVIII. Jean-Gabriel DE CASTELBAJAC, chevalier, seigneur de la Garde, de Casteljaloux, Mingot, qui donna quittance de la dot de Paule-Madeleine de Montesquiou Massencomme-Montluc, son épouse, les 12 décembre 1650 et 19 février 1654, et fut tué dans un combat particulier, au mois de juillet de la même année, et laissa pour son successeur, son fils Manaud de Castelbajac, qui suit:

XIX. Manaud DE CASTELBAJAC, chevalier, seigneur de Casteljaloux, de Mingot de Carolle Bouilh, la Cassagne, de la ville de Rabastens et de Condaux, qui servit longtemps dans le régiment de Navarre, avec le grade de capitaine. Il épousa, le 24 septembre 1681, Marie d'Asson, fille de Jean, seigneur d'Argelès, Castillon et autres lieux, de laquelle il laissa entr'autres enfants:

1.° Paul, chevalier, tué à la bataille d'Hochstet;
2.° Jacques, dont l'article suit.

XX. Jacques DE CASTELBAJAC, chevalier, seigneur de Casteljaloux, Mingot, Rabastens, Oléac et la Cassagne, né le 10 avril 1695, épousa, en 1715, Catherine d'Armagnac, fille de noble François d'Armagnac, seigneur d'Oléac, et de Marie de Gascor. Il laissa de ce mariage :

1.° Barthélemi, dont l'article suit ;

2.° Paul de Castelbajac, chevalier, né le 19 août 1718, d'abord mousquetaire dans la deuxième compagnie de la garde du roi, puis chevalier de l'ordre royal et militaire de Saint-Louis, et major d'infanterie; il fit les guerres d'Allemagne et de Portugal, et mourut sans alliance, en décembre 1787.

XXI. Barthélemy DE CASTELBAJAC, chevalier, comte de Castelbajac, Barbazan, Foucs, Lanzac, Calavanté, la Cassagne, Rabastens, Condaux, etc., né le 24 août 1716, servit plusieurs années dans les mousquetaires du roi, et fut marié à demoiselle Louise de Monda, fille de Louis de Monda, chevalier, seigneur de Monzan et d'Ost, ancien capitaine de cavalerie au régiment de Villeroi, dont il eut pour fils, Louis Gaston de Castelbajac, qui suit :

XXII. Louis-Gaston DE CASTELBAJAC, chevalier, appelé marquis de Castelbajac, baron de Barbazan, et, en cette qualité, l'un des anciens barons des états de la province de Bigorre, seigneur de la Cassagne, Casteljaloux, Mingot, Rabastens, Mansan, etc., né le 8 février 1746; il a fait la campagne de Portugal, en qualité de volontaire dans le régiment de Royal-Cantabre; est entré, en 1760, dans la deuxième compagnie de Mousquetaires à cheval de la garde du roi, où il a servi jusqu'en 1768 : il a fait, en 1785, ses preuves au cabinet des ordres du roi, pour monter dans les carrosses de Sa Majesté et le suivre à la chasse. De son mariage avec Marie-Françoise-Christophe de Percin sont nés :

1.° Arnaud-Raymond de Castelbajac, dit le comte de Castelbajac, d'abord page de Monsieur, maintenant Louis XVIII, puis sous-lieutenant au régiment des carabiniers; a servi, pendant l'émigration, dans la légion de Béon, et est maintenant breveté de colonel, et chevalier de l'ordre royal et militaire de Saint-Louis. Il a épousé Eléonore de Cabarus, nièce du comte de Cabarus, ministre des finances en Espagne, dont il a plusieurs enfants;

2.° Marie-Barthélemi de Castelbajac, chevalier, seigneur de Lauret, Casteljaloux, etc., dit le vicomte de Castelbajac, né le premier juin 1776, reçu chevalier de Malte de minorité, le premier juin 1783 ; a été choisi, le 22 août 1815, par le départemeut du Gers, pour le représenter à la chambre des députés des départements. Il a épousé N. de Rey de Saint-Géry, d'où sont nés plusieurs enfants. (Voyez la généalogie et filiation de cette branche, dans le tome III du présent ouvrage, page 246.)

*Armes anciennes*: « D'azur, à la croix d'argent ». C'est ainsi qu'on les voit sculptées et peintes dans tous les anciens châteaux, monuments et sceaux des seigneurs de cette maison, depuis l'an 1200. C'étaient là les armes que prit Eneco-Arista, premier roi de Navarre, dont la maison de Castelbajac se croit issue.

*Armes actuelles, de concession*: « D'azur, à la croix » d'argent, surmontée de trois fleurs de lys d'or posées » 2 et 1.

» *Supports*: Deux lions, et quelquefois, dans les » vieux monuments, deux anges.

» Couronne de marquis.

» *Cimier*: Une tête humaine, barbue et chevelée.

» C'est ainsi que le portait Arnaud-Raymond V, baron » de Castelbajac, en 1343, 1349, 1359 et années sui- » vantes.

» *Devise*: *Lilia in cruce floruere*.

» *Cri de guerre*: On croit que le cri de guerre de » cette maison était *Bigorre! Bigorre!* » Suivant le père Monet, dans sa Pratique des armoiries, « c'était » celui des anciens rois de Navarre et de Sobrave, » descendants d'Eneco-Arista, par lequel cri de guerre » (ajoute-t-il), ils témoignaient la source de leur race ».

C'est en vertu de la concession faite par lettres du 10 mai 1443, par le roi Charles VII au fameux Arnauld-Guilhem de Barbazan et aux descendants de ses deux sœurs, de porter les armes de France ou de les ajouter aux leurs, que les seigneurs de Castelbajac, descendants de l'une de ses deux sœurs, ont ajouté les trois fleurs de lys à leurs armes primitives. Les Rochechouart-Faudoas et les Rochechouart-Clermont, qui sont descendus de l'autre sœur d'Arnaud-Guilhem de Barbazan, portent aussi, en vertu de cette concession, de France plein sur le tout de leurs armes. Cependant il paraît que les seigneurs de la maison de Castelbajac n'ont constamment usé de cette concession que depuis environ deux siècles.

---

LESTRANGE (DE), en Saintonge, famille ancienne, originaire du Limosin.

I. Falcon DE LESTRANGE, vivait vers l'an 1350, sous le roi Jean; il était seigneur de la terre de Lestrange, en Limosin. Ses enfants furent:

1.° Raoul, dont l'article suit;

2.° Guillaume de Lestrange, archevêque de Rouen, nonce du pape Grégoire XI près du roi de France Charles V. Ce roi le députa au-devant de l'empereur Charles de Luxembourg et de son fils Venceslas, lorsqu'ils vinrent le trouver à l'abbaye de Saint-Denis, vers la fin de 1377; il fut fait conseiller d'état en 1378, et le roi lui donna séance au parlement de Rouen; en 1381, il fut envoyé à Boulogne, pour traiter de la paix avec les Anglais. Le Dauphin Charles VII fut baptisé par cet archevêque, il tint sur les fonts de baptême un enfant du roi, en 1384, et il fonda la chartreuse de Rouen, où il fut inhumé. Par son testament, il institua son frère aîné Raoul son héritier et exécuteur testamentaire; fit plusieurs legs à Falcon son père et à son frère l'évêque de Saintes, etc., et nomma pour exécuteur honoraire le chancelier de France.

II. Raoul DE LESTRANGE vivait en 1375, sous Charles V, était seigneur de Lestrange en Limosin et de Garezon en Vivarais; fut envoyé par le pape Grégoire XI, son parent (le nom de ce pape était Roger, seigneur de Rosdère et de Chambon en Limosin; cette maison est la tige commune des seigneurs de Beaufort-Canillac, et Turenne), pour traiter de la délivrance de Roger de Beaufort, neveu de ce pape, et de Jean de la Roche, son cousin ; il fut aussi choisi pour arbitre en 1390, sous Charles VI, par le vicomte de Turenne, son parent, dans la guerre qu'il faisait, sur les bords du Rhône, au pape Clément VII. La terre de Garezon fut achetée par Raoul de Lestrange en 1390, de Louis de Poitiers, seigneur de Valentinois. Dans le contrat, Raoul de Lestrange est qualifié de haut, puissant et magnifique seigneur. Ses enfants furent :

1.° Guillaume, dont l'article suit ;

2.° Hélie de Lestrange évêque du Puy, qui était de l'assemblée que Charles VI fit tenir contre Benoît XIII, en faveur de Boniface IX. L'évêque du Puy refusa de se soustraire à l'autorité de Benoît, et comme il prit ses intérêts avec beaucoup de chaleur, le duc de Berri eut ordre de se saisir du temporel de l'évêque. Hélie était du concile de Constance en 1417 ; il est le fondateur des cordeliers du Puy.

III. Guillaume DE LESTRANGE vivait sous Charles VI ; il épousa, en 1394, Algave de Thunère, dame de Marengeot. Il eut, en 1427, un procès au parlement de Toulouse contre Louis de Beaufort, son parent. Ses enfants furent :

1.° Guinot de Lestrange, Ier du nom, vivait sous Charles VII ; il épousa, en 1430, Jeanne de Joyeuse, dont il eut :

a. Antoine de Lestrange, dont la branche s'éteignit dans son arrière-petite-fille, qui, par son mariage, porta dans d'autres maisons une partie des biens, le nom et les armes de Lestrange (entre autres dans celles d'Hautefort, de Senneterre et de Crussol) ;

b. Louis de Lestrange ;

c. Tannequin de Lestrange, } morts sans postérité ;
d. Raoul de Lestrange, }

e. Catherine de Lestrange, mariée à Antoine de Bonneval ;

f. Gabrielle de Lestrange, mariée à Jean de Bonneval;

2.° Mondon, qui continue la postérité;

3.° Jeannede Lestrange, mariée à Begon d'Estaing;

4.° Dauphine de Lestrange, mariée à N..... de Jonchère.

IV. Mondon DE LESTRANGE épousa, en 1440, Marguerite de Duras, dont il eut:

1.° Jean, dont l'article suit;

2.° Gabrielle de Lestrange, mariée à Foucaud de Bonneval en 1477;

3.° Louise de Lestrange, mariée à Jean Dupuy de Maulmont.

V. Jean DE LESTRANGE épousa, en 1460, Françoise de Blanchefort, fille de Guy de Blanchefort, chambellan de Charles VII, et de Souveraine d'Aubusson, sœur du grand-maître Pierre d'Aubusson. De ce mariage vinrent:

1.° Guinot, dont l'article suit;

2.° Gabrielle de Lestrange, mariée à Jean de Montvert.

VI. Guinot DE LESTRANGE, IIe du nom, capitaine de cent hommes d'armes en 1516, épousa Catherine de la Roche. De ce mariage sont issus:

1.° Louis, dont l'article suit;

2.° Françoise de Lestrange, mariée à François de Lamothe Malaurent.

VII. Louis DE LESTRANGE, seigneur de Magnac, chevalier des ordres du Roi, épousa, en 1545, Rose des Hoteix. Il fut fait, par Charles IX, lieutenant-général au gouvernement de la haute et basse Marche. Les lettres-patentes portent que c'est en considération des services recommmandables que lui a rendus, au fait de ses guerres, ledit Louis de Lestrange, seigneur de Magnac, *en suivant les traces et vestiges de ses ancêtres*. Il fut nommé gentilhomme ordinaire de la chambre du roi en 1570. Ses enfants furent:

1.° François, dont l'article suit;

2.° Gilbert de Lestrange, qui était chevalier de Malte en 1551.

VIII. François DE LESTRANGE, seigneur de Magnac, capitaine-gouverneur de la ville de Felletin, épousa, en 1573, Louise Brachet de Peyrusse. De ce mariage vinrent :

1.° René, dont l'article suit ;
2.° Jean de Lestrange, chevalier de Malte en 1580;
3.° Guy de Lestrange, marié à N..... de Rochedragon, avec laquelle il fonda la branche de Lestrange du Lery, éteinte.

IX. René DE LESTRANGE, seigneur de Magnac, épousa, en 1613, Anne de Bonneval, arrière-petite-fille de Marguerite de Foix ; il fut capitaine de cent hommes de guerre, et, en 1626, chevalier des ordres de Notre-Dame du Mont-Carmel et de Saint-Lazare de Jérusalem. Ses enfants furent ;

1.° Annet-Marie, dont l'article suit ;
2.° Jean de Lestrange, chevalier de Malte en 1647 ;
3.° Gabrielle de Lestrange, mariée, par contrat du 7 février 1644, avec Anselme de Chabannes, seigneur de Nozerolles, fils puîné de François de Chabannes, IIe du nom, et d'Hélène de Daillon du Lude, sa seconde femme.

X. Annet-Marie DE LESTRANGE, baron de Magnac et de Montvert, avait fait, en 1635, par commission du roi, une compagnie de cent hommes de guerre. Il épousa, en 1636, Anne d'Arfeuille. Il reçut une lettre de Louis XIV, en date du 31 août 1649, dont la suscription était : *A M. le baron de Magnac*, par laquelle Sa Majesté lui mandait qu'ayant été averti que plusieurs gentilshommes levaient des troupes sans ordre, ce qui était contraire aux ordonnances et très-préjudiciable à son service; *que, faisant bon état, par expérience, de son affection à son service,* et ne doutant pas qu'il lui en donne volontiers des preuves dans une occasion de cette conséquence, il lui faisait cette lettre pour lui dire qu'il eût à assembler tous les gentilshommes de ses amis et tous ceux qui dépendaient de lui, pour se joindre, avec toute diligence possible, au sieur de Saint-Germain-

Beaupré, son lieutenant-général dans la haute et basse Marche, et lui aider à lui faire rendre l'obéissance qui lui était due, et châtier exemplairement ceux qui oseraient prendre les armes au préjudice de ladite défense, l'assurant qu'il tiendrait à parfaite considération le service qu'il lui rendrait à cette occasion. Cette lettre est signée Louis. Ses enfants furent :

1.° Henri, dont l'article suit;
2.° Michel de Lestrange, chevalier de Malte en 1693.

XI. Henri DE LESTRANGE, baron de Magnac et de Montvert, épousa, en 1680, Anne-Marguerite de Lasaigne Saint-Georges. De ce mariage vint :

XII. Joseph, I^er^ du nom, marquis de LESTRANGE, baron de Magnac et de Montvert, qui était, en 1702, colonel d'un régiment d'infanterie de nouvelle levée. En 1710, il épousa Anne-Catherine de Soudeilles; en 1734, un ordre du roi réunit sous ses ordres, comme colonel les deux bataillons de milice du Bourbonnais, qui prirent le nom de régiment de Lestrange. Ses enfants furent :

1.° Joseph, dont l'article suit;
2.° Alexis de Lestrange, chevalier de Malte en 1732, successivement commandeur, maréchal de l'ordre, et mort bailly de Lyon en 1788;
3.° Marie-Henriette de Lestrange, abbesse du chapitre noble de Laveine, en Auvergne. A l'érection de ce chapitre, en 1782, Louis XVI avait daigné accorder à perpétuité à la femme du fils aîné de la maison de Lestrange, branche de Magnac, le droit de porter la croix et le cordon du chapitre de Laveine.

XIII. Joseph, II^e^ du nom, marquis de LESTRANGE, baron de Magnac et de Montvert, capitaine dans le régiment de Lestrange en 1734, épousa, en 1742, Philotée de Blair, dont il eut :

XIV. Charles-Alexandre, marquis de LESTRANGE, marié, en 1770, à Gabrielle de Montaignac. Il était capitaine de dragons à l'époque de la révolution. Il eut pour fils :

XV. Joseph, III^e^ du nom, comte de LESTRANGE, qui s'est

dévoué, dès le commencement de sa carrière, à la cause de son roi. En 1791, il a joint en Allemagne les princes français, et a servi dans le corps de la coalition d'Auvergne. Il a épousé, en 1796, Catherine Green de Saint-Marsault. Ses enfants sont :

1.° Alfred de Lestrange;
2.° Ferdinand de Lestrange.

*Armes* : « De gueules, au léopard d'argent, et deux » lions adossés d'or, mal-ordonnés. Couronne de comte, » tenants, deux satyres. Devise : *Vis virtutem fovet* ».

---

HAUTECLOCQUE (1), en Artois, au comté Saint-Pol, anciennement Haulteclocque, comme on voit encore dans nombre de vieux titres, et dans les anciens coutumiers de la province.

Famille d'ancienne chevalerie, dont le nom a été reçu de temps immémorial dans les chapitres nobles des Pays-Bas, et dont l'ancienneté se justifie par chartes, donations et traités de mariage, originaire d'Artois, du lieu appelé Hauteclocque, duquel elle prend son nom, marque de son ancienneté, puisque, suivant les historiographes, les familles anciennes et illustres ont donné leur nom à leurs terres, ou l'ont reçu d'elles. La terre et seigneurie d'Hauteclocque a été possédée par cette famille, jusques en 1536. Les aînés de cette famille ont de tout temps été admis dans le corps de la noblesse des états de leur province.

I. Wilbert de Hauteclocque est qualifié chevalier dans une charte de l'abbaye de Saint-Jean d'Amiens de 1177 ; il donna avec ses frères des biens à l'abbaye de Cercamps au moins d'avril 1179, suivant une charte de ladite abbaye. Il eut pour fils :

II. Aléaume de Hauteclocque, seigneur dudit lieu, qui épousa Sara, dont on ignore le nom de famille, mais que quelques mémoires disent avoir été fille du seigneur

---

(1) Voyez le dictionnaire géographique de M. Vosgien.

de Humières. Elle vivait encore, et était veuve en 1208. Leurs enfants furent :

1.° Wautier, dont l'article suit ;
2.° Bauduin de Hauteclocque ;
3.° Helvide de Hauteclocque, femme d'Odon de Hauteclocque.

III. Wautier DE HAUTECLOCQUE, I^er du nom, seigneur Dehauteclocque (orthographié aussi Auteclocque, dans nombre de titres), comparaît avec sa mère, Bauduin son frère, Helvide et Ode ses sœurs, et Odon, mari de ladite Helvide, pardevant le doyen official de Saint-Pol en 1208, et reconnurent que c'était injustement qu'ils inquiétaient l'abbaye d'Estrun, pour la huitième partie de la dîme de Penin et le champ de Rietz-Obert, qu'Aléaume de Hauteclocqué avait donné à ladite abbaye. Ils promirent de ne plus l'inquiéter à ce sujet, et lui confirmèrent la donation en présence de plusieurs chevaliers. Wautier eut pour fils :

IV. Guyon DE HAUTECLOCQUE, seigneur de Hauteclocque, nommé dans une donation faite de six journaux de terre, dit le champ d'Ingel, à l'abbaye de Cercamps, par Alexis de Séricourt, en avril 1224, y ayant consenti, parce que lesdites terres relevaient de lui en partie. Ses enfants furent :

1.° Mathias de Hauteclocque, qui suit ;
2.° Tassart de Hauteclocque, écuyer, présent au brûlement d'Oisy, l'an 1258, sous le seigneur de Lisques, suivant un rôle de la noblesse d'Artois, auxdites chartes.

V. Mathias DE HAUTECLOCQUE, écuyer, seigneur dudit lieu, vendit à l'abbaye de Cercamps, par charte de ladite abbaye, du mois de janvier 1265, avec Mahaut sa femme que l'on croit fille du seigneur de Boubers, dix-huit journaux de terre, situés entre Séricourt et les Cressonnières, et céda quatre setiers de blé qu'il avait droit de prendre par an, dans la grange de Mont-Joi, tenus en fief de Ansel de Cayeux. Il eut pour fils :

1.° Wautier, dit Wassart de Hauteclocque, qui suit ;
2.° Pieron de Hauteclocque, qui fit avec son frère le

voyage de la Terre-Sainte, et fut présent comme homme de fiefs du comté de Saint-Pol, à la vente que fit son frère, en 1322, à Jean de Vignacourt, auquel acte pend son scel qui représente une croix chargée de cinq coquilles, et un lambel de quatre pendants. Il vivait encore fort âgé le 7 août 1333, comme le prouve une transaction faite à cette époque avec Robert, abbé de Cercamps.

VI. Wautier DE HAUTECLOCQUE, IIe du nom, écuyer, seigneur dudit lieu, fit le voyage de la Terre-Sainte. Il épousa Maroye, que l'on croit fille du seigneur de Cayeux. Il vendit, au mois d'août 1322, Jean de Wignacourt, vingt-un journaux de terre séant à Ellencourt, tenus en fiefs de Mathieu, sire de Heilly. Il eut pour fils :

VII. Tassart DE HAUTECLOCQUE, seigneur dudit lieu et de Seninghem, qui consentit, comme fils de Wautier, à la vente de 1322. Ses fils furent :

1.° Jacques, dont l'article suit ;
2.° Brogniars de Hauteclocque, chevalier, seigneur de Seninghem, qui se trouva en 1340, suivi de deux écuyers, à la bataille qu'Eudes, duc de Bourgogne, livra à Robert d'Artois (1) près Saint-Omer, ainsi qu'il appert par les quittances de ses juges de ladite année, auxquelles pend son sceau.

VIII. Jacques DE HAUTECLOCQUE, écuyer, seigneur dudit lieu, épousa Jeanne de Hallin, avec laquelle il fit donation à Peronne leur fille, par acte du 26 avril 1366, et du consentement de Walles leur fils, d'un fief situé à Hauteclocque, dont :

1.° Walles, dont l'article suit ;
2.° Péronne de Hauteclocque.

IX. Walles DE HAUTECLOCQUE, écuyer, seigneur de Hauteclocque, était capitaine de la forteresse de Foucquesolles, sous Jean de Bournouville, chevalier, seigneur de Foucquesolles. Selon montre du 1er mars 1382, et quittance du 20 juin de la même année, ledit Jean de

---

(1) Voyez Floris Vanderhaër, dans son livre des Châtelains de Lille. — Louvel, dans son ouvrage de la Noblesse du Beauvoisis.

Bournonville, reçut le dernier avril 1383, 46 livres en prêt sur les gages dudit sieur de Hauteclocque, d'un autre écuyer de sa compagnie. Il servit jusqu'au 15 juin 1384. Il eut pour enfants :

1.° Colart, dont l'article suit ;
2.° Jean de Hauteclocque, tué à la prise de Saint-Denis par les Français, qui escaladèrent cette ville en 1430 (1).
3.° Bauduin de Hauteclocque, écuyer, qui épousa Marie de Bernieulles, veuve de Robert de Haine, écuyer. Il fit un accord en qualité d'époux de la dite Marie de Bernieulles, le 24 décembre 1417, avec Jacotin Crespin, pardevant les échevins d'Arras.

X. Colart DE HAUTECLOCQUE, seigneur dudit lieu, paraît par titres des années 1400 et 1435. Il épousa Florence de Gaësbecq, vivant avec lui en 1400. De ce mariage vint :

XI. Regnault DE HAUTECLOCQUE, écuyer, seigneur dudit Hauteclocque, qui épousa Jeanne de Bristel-Bryas, fille de Pierre et de Marguerite Humbert, avec laquelle il vivait en 1446, suivant des titres de cette année. Ils laissèrent :

XII. Adrien, dit *Gavin* DE HAUTECLOCQUE, Ier du nom, seigneur dudit lieu. Il épousa Bonne de Harlin, fille d'Adophe, écuyer, et d'Alix de Framezelles ; il paraît avec ladite Bonne dans un titre de l'an 1487. Leurs enfants furent :

1.° Adrien, dont l'article suit ;
2.° Martin, dont on ignore la destinée ;
3.° Marie de Hauteclocque, femme, en 1487, de Jean Descordes, écuyer, sieur de la Chapelle, dont un fils nommé Louis, qui épousa, en 1528, Jeanne de Montmorency (2).

XIII. Adrien, dit aussi *Gavin* DE HAUTECLOCQUE, IIe du nom, écuyer, seigneur de Hautecloque, était homme de fiefs du comté de Saint-Pol, le 5 juin 1487. Il acquit

---

(1) Voyez Monstrelet, tom 2, fol. 53.

(2) Voyez l'Histoire du Cambrésis, par Carpentier, tom. 2, fol. 324.

de Brogniars de Neuville, le fief de Brogniars, situé audit Hauteclocque, et tenu de la seigneurie d'Havernas dans sa vieillesse. Il fut résider à Lallain, et y mourut le 12 mars 1507 : il avait épousé Jeanne de Sains, qui paraît par titres de 1498, où elle est prouvée fille de Jean de Sains, chevalier, seigneur de Guyencourt, Gaveron, Viel-Vendin, surnommé l'Aigle de Sains, et de Jeanne de Belle-Forière. Ladite Jeanne hérita de la seigneurie d'Havernas, par la mort de Jean, écuyer, seigneur de Sains, en Ternois, son frère. De ce mariage vinrent :

1.° Jean, qui suit ;
2.° Jean, dit Jeannet, qui forme la seconde branche, rapportée ci-après.

XIV. Jean de Hauteclocque, écuyer, seigneur de Hauteclocque, d'Havernas et d'Ellencourt, donna en 1511, à la comtesse de Vendômois, le dénombrement de trois fiefs situés à Hauteclocque, tenus du château de Saint-Pol, et en 15..... il servit de rapport de la terre de Hauteclocque, tenue de Blangerval, et fit partage à tous ses enfants, par acte passé à Saint-Pol le dernier de février 1512, et expédié sous le scel du prévôt de Doullens. Il épousa Marie Coulon, dame de Wail et de Guignies, fille de Jean, écuyer, seigneur de Wail et de Guignies. Ladite Marie se remaria en secondes noces à Wallerand-le-Franc, dit la personne Verloing, seigneur d'Ecoivres. De ce mariage vinrent :

1.° Wallerand, dont l'article suit ;
2.° Pierre, dit *Petrus*, écuyer, seigneur de Hauteclocque et d'Havernas, céda à son frère Wallerand ladite seigneurie d'Havernas, pour se décharger d'une rente qu'il lui devait, et d'autres prétentions qu'il avait sur la terre de Hauteclocque, et transigea, en 1536, avec le chapelain de Saint-Ladre, à Saint-Pol, au sujet du droit de terrage qu'il avait, et vendit, la même année 1536, la terre et seigneurie de Hauteclocque à Jean Herlin, bourgeois d'Arras (1), à condition

(1) Jean Herlin, bourgeois d'Arras, porta la terre de Hauteclocque chez Pierre Payen, avocat fiscal au conseil d'Artois, qui la possédait encore en 1582. (Voyez Recueil de la Noblesse des Pays-Bas, par Le

d'en jouir sa vie durant, et sa femme, de la moitié, après sa mort. Il mourut le 26 avril 1542, sans postérité, de Catherine de Ricametz sa femme, morte au mois de novembre 1552 ;

3.° Nicolas de Hauteclocque, mort sans postérité ;

4.° Robert de Hauteclocque, écuyer, seigneur des Cogeux, qui épousa Claure de Hannedouche, fille d'Adrien, seigneur de Hunotun, et de Jeanne Lepetit. Il mourut sans postérité ; mais il laissa un fils naturel, dont les descendants s'établirent à Merville ;

5.° Adrien de Hauteclocque, écuyer, mort sans alliance ;

6.° Catherine de Hauteclocque, qui épousa Artus de Ricametz, seigneur dudit lieu, et de Fouffelin, avec postérité ;

7.° Marie de Hauteclocque, qui épousa Mathieu Grébert ;

8.° Marguerite de Hauteclocque, mariée, 1.° à Nicolas de Licques, écuyer ; 2.° en 1507, à Pierre Maillot.

XV. Wallerand DE HAUTECLOCQUE, écuyer, seigneur de Wail et d'Havernas, lieutenant du capitaine des ville et château de Bapaume en 1550, épousa Marie de Vérité, fille de Jean, seigneur de Quatrevaux, et de Marguerite le Brasseur. De ce mariage sont issus :

1.° Robert, dont l'article suit ;

2.° Wallerand de Hauteclocque, qui suivit l'état ecclésiastique, dans lequel il s'acquit une grande réputation par la dignité de légat *à latere* dont il fut honoré des souverains pontifes ;

3.° Hugues de Hauteclocque, écuyer, seigneur d'Havernas, par accord avec son neveu, passé à Saint-Omer en 1580 ; il vendit ladite seigneurie, et laissa de Jeanne de Cadigues sa femme, une fille unique nommée Louise, qui épousa François de la Garde ;

4.° Jeanne de Hauteclocque.

---

Roux, pag. 57.) Et la famille des de Bertoult l'a maintenant en possession, par alliance contractée avec les Payen.

XVI. Robert de Hauteclocque, écuyer, seigneur de Wail et de Quatrevaux, épousa Marguerite de Beauffort, fille de Jean, seigneur de Bullecourt, Beaurains, du Saulchoy, etc., et de Madeleine de Sacquespée; elle mourut en 1599, et est enterrée dans l'église de Saint-Géry d'Arras, où se voit encore son épitaphe; elle était veuve en premières noces de Jean de Baudard, écuyer, seigneur de Bondus. De son second mariage vinrent :

1.° François, dont l'article suit;
2.° Michelle de Hauteclocque, qui épousa Sébastien de Hannedouche, écuyer, fils de N.... de Hannedouche, seigneur de Hunetun, chef du magistrat de Douay, mort le 5 décembre 1628, âgé de soixante quatorze ans, et sa femme le 17 décembre 1632, âgée de soixante dix ans. Ils gisent en l'église de Saint-Amé, à Louay, où se voient leurs huit quartiers. Ils eurent une fille, unique héritière, nommée Marie, qui épousa Ermice d'Omalun, baron de Gléau-Omalun, chevalier de l'ordre de Calatrava, gentilhomme de la chambre de l'empereur Ferdinand, lequel mourut en 1639, et sa femme en 1641;
3.° Isabelle de Hauteclocque, chanoinesse et ensuite abbesse de la noble abbaye d'Estrun-lès-Arras, laquelle fit bâtir l'église de ladite abbaye;

XVII. François de Hauteclocque, écuyer, seigneur de Wail et de Quatrevaux, épousa, en 1585, Antoinette de Caverel, fille de Jean, écuyer, seigneur de Neuville-au-Cornet, et de Marie l'Ecuyer de Doullens. De ce mariage vinrent :

1.° Philippe, dont l'article suit;
2.° Robert de Hauteclocque, qui mourut sans postérité de Sosine de la Tour, avec laquelle il vivait en 1618;
3.° Jeanne, religieuse, puis abbesse, après sa tante, à la noble abbaye de Estrun;
4.° Marguerite de Hauteclocque;
5.° Jeanne de Hauteclocque;
6.° Marie de Hauteclocque;
7.° Claude de Hauteclocque;

XVIII. Philippe de Hauteclocque, écuyer, seigneur

de Wail, de Quatrevaux, de Neuville-au-Cornet, fut tué par un parti espagnol, près de Cercamps, en 1636. Il avait épousé, en 1632, Marguerite de Belvalet, dame dudit lieu et de Flines en Auberchicourt, fille de Jean, seigneur desdits lieux, et d'Anne Vignon, laquelle se remaria à François Haccart, lieutenant-colonel d'un régiment de Haut-Allemand au service du roi d'Espagne. Elle fit son testament en 1687 et 1690, et mourut le 23 mars 1698, âgé de quatre-vingt-quinze ans, et est enterrée en l'église des Récolets du Valentin à Wail. De son premier mariage vinrent :

1.° Philippe-François, dont l'article suit;

2.° Anne-Françoise de Hauteclocque, dame de Neuville-au-Cornet, mariée à Jean de Créquy, chevalier, seigneur de Montorgueil, du Bus, etc., fils de François de Crequi, vicomte de Langle, et de Geneviève du Bus, dame dudit lieu et de Saucourt.

XIX. Philippe-François DE HAUTECLOCQUE, écuyer, seigneur de Wail, de Quatrevaux, de Belvalet, de Flines en Auberchicourt, etc., épousa, 1.° Marguerite de Berghes, fille de Jean de Berghes, chevalier, seigneur de Mourietz, et d'Anne de Ricametz, vicomtesse d'Arleux, la dernière de son nom; 2.° le 5 juillet 1683, Marie-Anne Desmarays, fille d'Antoine, écuyer, seigneur de Lannoy, et d'Isabelle de Sélos. Elle fit son testament en 1711, et mourut la même année, et son mari le 4 mai 1686; il gît en l'église de Wail. Ses enfants furent:

*Du premier lit :*

1.° Charles-François, écuyer, mort sans alliance le 27 mars 1683, et inhumé en l'église des Récolets d'Arras;

2.° N.... de Hauteclocque, mort en bas âge;

*Du second lit :*

3.° Jean-Baptiste, dont l'article suit.

XX. Jean-Baptiste, DE HAUTECLOCQUE, écuyer, seigneur de Wail, de Quatrevaux, de Belvalet, de Flines en Auberchicourt, etc., mourut âgé d'environ trente-quatre ans, le 19 avril 1719, et gît en l'église de Wail.

Il avait épousé, 1.º en 1705, Valentine Boudart, fille de Joseph Boudart, chevalier, seigneur de Couturelle et de Warlincourt, et de Valentine du Bus; 2.º en 1708, Anne-Marie de la Forge, fille de Lamoral de la Forge, seigneur d'Herman, et de Marie-Antoinette du Mont-Saint-Eloy. Elle s'est remariée à Artus de Magenis; gentilhomme irlandais, capitaine au régiment de Buckley. Ses enfants furent :

### Du premier lit :

1.º Marie-Anne-Josephe-Valentine de Hauteclocque, dame de Ligny-Saint-Flochel, qui épousa, en 1727, Adrien-Philippe du Carieul, chevalier, seigneur de Fiefs-Bauquesne, fils de Jacques, chevalier, seigneur desdits lieux, et de Marie-Jeanne-Valentine de Lattre-d'Ayette;

### Du second lit:

2.º Charles-François, dont l'article suit ;
3.º Jean-Baptiste-Joseph-Dominique-Eugène, mort jeune;
4.º Louis-Hector-Constantin de Hauteclocque, chevalier, seigneur de Belvalet, chevalier de l'ordre royal et militaire de Saint-Louis, capitaine au régiment de la marine, marié, en novembre 1756, avec Marie-Anne-Philippine de Langhe, dont il n'eut point d'enfants. Il vendit, par contrat passé à Beauquesne le 26 janvier 1758, la terre et seigneurie de Belvalet, à Jules-César-François de Raulin, capitaine de cavalerie ;
5.º Une fille, morte en bas âge.

XXI. Charles-François DE HAUTECLOCQUE, chevalier, seigneur de Wail, de Quatrevaux et de Flines en Auberchicourt, fut créé chevalier, avec son frère, par lettres-parentes expédiées à Versailles, au mois de décembre 1752, avec la permission de surmonter leurs armes d'une couronne de comte. Il épousa, le 25 janvier 1744, Marie-Yolande-Josephe le Caron, fille unique de Louis-Dominique, écuyer, seigneur du Rollois, et d'Anne-Marie de Torcy, petite-fille de messire Philippe de Torcy, comte de la Tour-Linguebœuf, lieutenant-général des armées du roi, gouverneur des ville et cité d'Arras. De ce mariage sont issus :

1.° Adrien-François-Marie de Hauteclocque, chevalier, seigneur de Wail, de Quatrevaux, de Flines en Auberchicourt, de Vacquerie lès-Hesdin, etc., chevau-léger de la garde ordinaire du roi, né le 7 novembre 1744, marié avec Marie-Josephe-Placide-Désirée de Bassecourt, dame de Crupilly. Il mourut sans postérité, le 9 mai 1792;

2.° François-Louis-Joseph, dont l'article suit;

3.° François-César-Auguste, mort le 27 mars 1754;

4.° Marie-Yolande-Philippine, née le 25 août 1745, morte sans alliance au mois de novembre 1800;

5.° Marie-Agnès-Josephe, morte en bas âge, le 8 août 1745;

6.° Jeanne-Louise, morte en bas âge;

7.° Védastine-Valentine-Victoire de Hauteclocque, née le 21 juillet 1758, mariée, 1.° à Philippe-Léopold-Marie-Joseph le Caron de Sains, écuyer, seigneur des Marais-Maselines, capitaine au régiment de Chartres, infanterie, chevalier de l'ordre royal et militaire de Saint-Louis; 2.° à Louis le Dué, ancien officier d'infanterie.

XXII. François-Louis-Joseph DE HAUTECLOCQUE, chevalier, seigneur de Wail, de Quatrevaux, de Flines en Auberchicourt, de Vacquerie-lès-Hesdin, etc., ancien officier d'infanterie, né le 15 avril 1755, a épousé, 1.° le 12 juillet 1785, Reine-Védastine-Marie-Amélie de Lassus, fille de Florent-Joseph, écuyer, et de dame Marie-Josephe-Augustine de Beugny; 2.° le 2 février 1796, Catherine-Philippe-Julie de Monet de Lamarck (1), fille de Louis-Philippe, chevalier, seigneur de Bazentin, page de la chambre de sa majesté Louis XV, capitaine au régiment de Cambise, chevalier de l'ordre royal et militaire de Saint-Louis et de Catherine-Elisabeth-Julie de Wasservas. Ses enfants sont:

---

(1) Elle avait épousé, en premières noces, Ferdinand-Evrard de Wasservas, baron du Saint-Empire, chevalier seigneur d'Haplaincourt, tombé sous la hache révolutionnaire de Joseph Lebon, à Arras, comme membre du corps de la noblesse des États d'Artois.

*Du premier lit :*

1.° Stanislas-François-Joseph, chevalier, né le 14 avril 1786, capitaine au corps royal du génie, nommé en 1815, par M. le comte de Bourmont, à l'armée royale du Nord, comme commandant du génie ;

2.° César-Louis-François-Joseph, chevalier, né le 24 août 1787, capitaine d'infanterie. Il a commandé, au mois de mars 1815, les volontaires royaux de la ville d'Arras, et a été attaché à l'armée royale du Nord, à l'état-major de M. le comte de Bourbon-Busset, commandant le département du Pas-de-Calais, et est maintenant chef de bataillon capitaine au sixième régiment d'infanterie de la garde royale ;

3.° Constantin-Gabriel, chevalier, né le 9 août 1788, nommé en 1815 commissaire des guerres provisoire à l'armée royale du Nord ;

*Du second lit :*

4.° Alphonse-François-Philippe, chevalier, né le 19 juillet 1797, gendarme de la garde ordinaire du roi. Il a servi, en 1815, S. M. Louis XVIII en Belgique, puis au mois de juillet 1815 ;

5.° Léopold-Valentin-François, chevalier, né le 19 juillet 1797.

SECONDE BRANCHE.

*Seigneurs des Moniaulx.*

XIV. Jean, dit Jeannet DE HAUTECLOCQUE, écuyer, seigneur des Moniaulx, second fils d'Adrien, dit Gavin, II^e du nom, écuyer, seigneur d'Hauteclocque, et de Jeanne de Sains, paraît, par titres des années 1500 et 1507, du mois de mars 1518 et 18 juin 1524. Il épousa, par contrat du 12 mai 1505, Gamete d'Oresmieulx, fille de Robert et de Catherine de Wailly. Leurs enfants furent :

1.° Robert, homme d'armes des ordonnances de l'empereur Charles-Quint ;

2.° Antoine de Hauteclocque, écuyer, seigneur des Moniaulx, marié à N....Descordes de Watripont, mort sans postérité ;

3.° Hugues, dont l'article suit.

XV. Hugues DE HAUTECLOCQUE, écuyer, seigneur des Moniaulx, homme d'armes des ordonnances, sous la charge du marquis d'Havré, épousa Anne de Miraumont, sœur de Claude, seigneur de Simencourt, de Mouchiez-lès-Authie, etc., Il eut de ce mariage :

XVI. Antoine DE HAUTECLOCQUE, écuyer, seigneur des Moniaulx, mort en 1614. Il avait épouse Madeleine des Moncheaux, fille de Jean, écuyer, seigneur de Froideval, et de Jeanne Dubois des Fiennes. Il eut de ce mariage :

Jeanne de Hauteclocque, dame des Moniaulx et de Froideval ; elle épousa François de Genevières, seigneur de Waudricourt, dont un fils, mort sans alliance, capitaine de dragons au régiment d'Artois, et une fille, mariée au sieur Duval de Berles.

Indépendamment des ouvrages cités, on peut encore consulter sur cette ancienne noblesse le Dictionnaire général des Gaules ; le Dictionnaire de la noblesse de France, par M. de Lachenaye-des-Bois ; les Mémoires manuscrits de dom le Pèz, religieux de l'abbaye de Saint-Waast, à Arras ; l'Histoire de la province d'Artois par dom Devienne ; *idem*, par Hennebert ; l'Histoire d'Amiens, par la Morlière.

*Armes* : « D'argent, à la croix de gueules, chargée » de cinq coquilles d'or. Couronne de comte. Supports, » deux sauvages ».

BEAUREPAIRE. Plusieurs familles portent en France ce nom, soit comme nom de famille, soit comme nom de terre. Celle qui fait le sujet de cet article est d'une ancienne noblesse de Normandie. Son nom primitif était Gauthier.

I. Salomon GAUTHIER, écuyer, le premier qu'on connaisse, vivait en 1236. Il eut pour fils :

II. Roland GAUTHIER, écuyer, qui vivait encore en 1318. Il fut père de :

III. Guillaume GAUTHIER, écuyer, qui vivait en 1337. Il eut pour fils :

IV. Pierre GAUTHIER, écuyer, seigneur du Rou, vivant en 1412. Il fut père de :

V. Philippot GAUTHIER, écuyer, seigneur du Rou, qu'il vendit en 1440, et de Pierrefitte en la paroisse de Vandœuvre, dont il servit le dénombrement au roi, le 8 juin 1461. Il eut pour fils :

VI. Jean GAUTHIER, I^er^ du nom, seigneur de Pierrefitte, de Gort, de Saint-Lambert, de Coulombelle, de Poille, etc. Il fut déchargé comme noble du droit de franc-fief, par jugement du 20 janvier 1516, et avait épousé par contrat du 6 septembre 1497, à charge de prendre les noms et armes de sa femme ainsi que ses descendants, Jacqueline de Beaurepaire, fille d'Ambroise Chevalier, seigneur de Beaurepaire, et de Joué du Bois, capitaine-gouverneur du Mont-Saint-Michel. De ce mariage vinrent :

1.° Jean qui continua la branche de Vandœuvre ;

2.° Gratien, qui suit.

VII. Gratien DE BEAUREPAIRE, écuyer, seigneur de Pierrefitte et de Jort, homme d'armes de la compagnie du roi, quitta entièrement le nom et armes de sa famille pour prendre celui de sa mère, à quoi il fut maintenu par lettres-patentes du roi Charles IX, du 25 janvier 1561. Il épousa en 1530, à Montpinçon, vicomté d'Argentan, Anne de Thernois, qui testa le 9 mars 1578, fille de Jean, seigneur de Hauterive, procureur du roi à Argentan, et de Renée Jodon, dont :

1.° Robert, qui continua la branche de Louvagny-Beaurepaire ;
2.° Maurice, qui suit.

VIII. Maurice DE BEAUREPAIRE, seigneur de Pierrefitte, épousa, par contrat du 24 mai 1571, Stevenote Donezy, fille d'Agnan, seigneur de Sassy, Hollendon, et de Françoise de Montagu. De ce mariage sont issus :

1.° Julien, qui continua la branche de Pierrefitte-Beaupaire ;
2.° Siméon, qui suit :

XI. Siméon DE BEAUREPAIRE, écuyer, seigneur de Cauvigny Perrière, homme d'armes de la compagnie de Soissons, né en 1575; épousa par contrat du 25 juillet 1619, Jeanne de Lesvezac, veuve de Thomas de Seran, seigneur de Saint-Loup, et fille de Charles, écuyer, seigneur de Carcy, le Boullon, Laugrane, et d'Adrienne de Merle, dont :

1.° Julien, qui suit ;
2.° François, reçu chevalier de Malte, le 22 avril 1645 ;
3.° Marc-Antoine, écuyer ordinaire du roi, seigneur de Bailleul.

X. Julien DE BEAUREPAIRE, chevalier, seigneur de Beaurepaire Perrière, né en 1620, capitaine au régiment d'Harcourt en 1642 ; épousa à Perrière, le 4 août 1648, Marie Romère, née, à Paris, fille de Ferdinand, écuyer, et d'Agnès de Chalou. Il eut de ce mariage :

1.° René, qui suit ;
2.° Marc-Antoine, né en 1652 ;
3.° Bernard, né en 1656 ;
4.° Jacques-Aimé, né en 1659 ;
5.° Siméon, né en 1660 ;
6.° Joseph, seigneur de Boisfontaine, né en 1663.

YI. René DE BEAUREPAIRE, chevalier, seigneur dudit lieu, et de Perrière, écuyer ordinaire du roi, né en 1651. Epousa à Couches, par contrat du 14 septembre 1681, Marie-Catherine de Romère, fille de Jacques, chevalier, seigneur de Villers en Ouche, Sotteville, et de Catherine de l'Emperière, dont :

1.° Théodore-Eugène, seigneur de Perrière, mort sans enfants;
2.° Antoine-Marc, qui suit;
3.° Amédée-Bernard;
4.° Marc-Antoine;
5.° Emmanuel-Victor, seigneur de Villers en Ouche mort sans alliance;
6.° Marie de Beaurepaire.

XII. Antoine-Marc DE BEAUREPAIRE, chevalier seigneur de Damblainville, mort en 1744, épousa à Ailly, le 29 mai 1731, Madeleine-Geneviève Aubert, fille de Toussaint, chevalier, seigneur d'Ailly et de Sacy, et de Madeleine de Saint-Laurent, et en eut:

1.° Louis-Marc-Antoine, qui suit;
2.° Toussaint-Hyppolite-Philogène, capitaine au régiment de la Reine, mort sans alliance;
3.° Amédée- Bernard - Amable- Marc- Antoine, capitaine de vaisseau, mort dans l'émigration en Portugal; il a eu deux enfants;
4.° Louis-Emmanuel, capitaine au régiment de la Couronne, décédé;
5.° Marie-Madeleine-Rose-Aimée, mariée le 7 juin 1772, à Louis-François de Brasdefer, écuyer, capitaine de cavalerie, chevau-léger de la garde, fils de François-Auguste, chevalier, seigneur de Morteaux, et de Louise-Charlotte de Brasdefer.

XIII. Louis-Marc-Antoine, marquis DE BEAUREPAIRE, seigneur de Damblainville, Perrière, Villers en Ouche, Mesnil-Soleil, né à Damblainville, le premier avril 1734, mort le 2 août 1785, avait épousé, 1.° par contrat du 10 août 1764, Charlotte-Gabrielle-Camille d'Oilliamson, fille de François Hardouin, marquis de Courcy, vicomte de Couliboeuf, seigneur de Naufle, Cordey, Ollaignes, Saint-Loup, Fribois et d'Anne Gabrielle d'Oilliamson; 2.° le 2 décembre 1772, Michelle de Faudoas, morte victime du tribunal révolutionnaire, le 13 juillet 1794, fille de Marie-Charles-Antoine, marquis de Faudoas, baron de Canisy, du Hommet, lieutenant de roi de Basse-Normandie, gouverneur d'Avranches, et de Marie-Thérèse de Loran de Castilly. Du premier lit est issu:

XIV. Louis-Gabriel-Théodore, comte DE BEAUREPAIRE,

seigneur de Damblainville, du Mesnil-Soleil, Perrière, né au Mesnil-Soleil, le 16 octobre 1765; d'abord officier au corps des carabiniers de Monsieur; puis capitaine au régiment d'Hompesh, hussards, en 1794; chevalier de l'ordre royal et militaire de Saint-Louis. Epousa à Zell, électorat de Hanovre, le 16 avril 1795, Marie-Josephe-Charlotte, princesse de Béthune-Hesdigneul, fille d'Eugène-François Léon, prince de Béthune-Hesdigneul, maréchal des camps et armées du roi de France, chevalier des ordres de Pologne, et d'Albertine-Josephe-Eulalie le Vaillant, baronne de Bousbecque. De ce mariage sont issus:

1.° Alfred-François-Joseph, né à Saint-Germain-en-Laye, le 18 avril 1806;
2.° Marie-Eugénie-Emilie, née le 4 septembre 1799, à Londres.

*Armes:* « De sable, à trois gerbes d'argent; supports, » deux sauvages, armés de massues ».

---

HARGENVILLIER ou ARQUINVILLIER. Cette maison originaire de Picardie et d'une ancienne noblesse de cette province, a été quelquefois désigné, sous la nom d'Arquinvillier; cette différence était venue de la prononciation que lui donnait l'idiôme du pays.

I. Charles-Henri D'HARGENVILLIER, chevalier, vivait à Montlhéri en 1561, ainsi qu'il appert par plusieurs actes de cette année. Il avait pour frère Louis-Joseph, qui fut prieur, seigneur dudit Montlhéri, et dont fait mention l'abbé Leroi, dans l'histoire qu'il a composée de ce prieuré. Charles-Henri d'Hargenvillier eut deux fils:

1.° Charles, dont l'article suit;
2.° Joseph, qui embrassa l'état ecclésiastique et succéda à son oncle dans le prieuré seigneurial de Montlhéri.

II. Charles D'HARGENVILLIER suivit la carrière des armes et s'y étant distingué dans plusieurs occasions, il obtint du roi Henri III, le gouvernement d'Abbeville; après la mort de ce prince, il resta attaché au légitime souverain Henri IV, et fit pour son service les plus grands sacrifices ; il vendit la plus grande partie de ses biens pour la levée de plusieurs compagnies dont il renforça sa garnison. Plusieurs lettres de la main de ce grand roi, qui ont été conservées, consacrent la reconnaissance de ce prince. D'Hargenvillier fut tué devant la ville de Dourlens, au secours de laquelle il menait un corps de troupes, en 1595. (Voyez de Thou, d'Avila et autres historiens). De son mariage avec Anne de Marteil il ne laissa qu'un fils.

III. Pierre d'Hargenvillier, Ier du nom, qui épousa Julie-Louise de Firmont, et mourut jeune, laissant :

1.° Jean-Joseph, dont l'article suit ;
2.° Louis, qui survécut peu à son père.

IV. Jean-Joseph d'Hargenvillier, capitaine de cavalerie, eut de son mariage avec Marie de Boisber :

1.° Pierre, dont l'article suit ;
2.° Deux filles religieuses.

V. Pierre d'Hargenvillier, IIe du nom, servit aussi dans la cavalerie; il épousa Catherine-Henriette du Bois, dont il eut trois fils :

1.° Pierre, qui s'établit à Auch où il épousa N..... de Roque Taillades. Les derniers de cette branche qui est éteinte, étaient Etienne d'Hargenvillier, capitaine de dragons dans Lanau ; François-Joseph, chanoine d'Auch, et Jeanne-Marie qui avait épousé le marquis de Clermont Gallerande, colonel d'Auvergne, tué au siége de Prague, et qui se remaria ensuite avec le président d'Arparens ;

2.° Etienne d'Hargenvillier, qui épousa N..... de la Tour, dont il eut un fils nommé Jean. Celui-ci passa à Rome, et de son mariage avec Catherine-Lucrèce de Benin-Casa, il eut trois fils : 1.° Pierre, mort sans postérité; 2.° Nicolas, chanoine de St-Jean de Latran ; 3.° Clément, d'abord chanoine du même chapitre, membre du noble collége des avocats consistoriaux, et enfin décoré de la pourpre par Benoît XIV, qui le créa cardinal du titre de Sainte-Marie-du-Mont, le 26 novembre 1753 ;

3.° Esprit, dont l'article suit;
4.° Catherine-Françoise d'Hargenvillier.

VI. Esprit d'Hargenvillier, capitaine d'infanterie, s'établit à Villeneuve de Berg en s'y mariant avec Marie de la Sagne, dont il eut :

1.° Jacques, qui suit;
2.° Pierre, qui fut officier d'infanterie ; ayant passé avec l'agrément de la cour au service des Vénitiens, il fut tué au siége de Négrepont;
3.° Jean-Baptiste, capitaine au régiment de Toulouse; tué à la bataille de Steinkerque, laissant un fils qui servit dans le même régiment de Toulouse, fut chevalier de l'ordre royal et militaire de St-Louis et mourut sans enfants;
4.° Antoine, capitaine dans le régiment de Toulouse, estropié à la même bataille que son frère, ne fut point marié. Il embrassa l'état ecclésiastique et se retira ensuite à Sept-Fonds, dont il devint abbé;
5.° Joseph d'Hargenvillier.

VII. Jacques d'Hargenvillier, fut d'abord garde de la marine, mais ne pouvant supporter la mer, il fut contraint de quitter ce service et entra dans un régiment levé par la province de Languedoc ; il y commandait un bataillon lorsqu'il fut tué au combat de Vaguas contre les religionnaires. Il avait eu deux fils de son mariage avec Françoise-Marie de Brun :

1.° Esprit-Timoléon, qui ne laissa que deux filles;
2.° Joseph-Jacques, qui suit :

VIII. Joseph-Jacques, chevalier d'Hargenvillier, fut lieutenant-colonel du régiment d'infanterie de Toulouse, ensuite Penthièvre, chevalier de l'ordre royal et militaire de Saint-Louis, et fut blessé au siége de Prague. Il épousa N..... de Boudon, dont il eut deux fils :

1.° Esprit-Timoléon, dont l'article suit;
2.° Joseph-Antoine-Martin, chevalier d'Hargenvillier, lieutenant des maréchaux de France et chevalier de l'ordre royal et militaire de Saint-Louis; il fut une des victimes de la révolution,

et ne laissa qu'un fils tué au siége de Saragosse, et une fille mariée à M. le comte de Lézat.

IX. Esprit-Timoléon d'Hargenvillier, a servi dans le même régiment que son père, et en est également devenu lieutenant-colonel et chevalier de l'ordre royal et militaire de Saint-Louis, veuf de Louise O'Rourke; il n'en a eu qu'un fils qui suit.

X. Joseph-Etienne-Timoléon d'Hargenvillier, maréchal de camp, chevalier de l'ordre royal et militaire de Saint-Louis et de la Légion d'honneur; a épousé Adélaïde-Sophie-Perrette de Thomas de Labarthe. De ce mariage sont issus :

1.° Félix-Aimar-Timoléon d'Hargenvillier, lieutenant de cavalerie;
2.° Adélaïde-Joséphine-Honorine d'Hargenvillier;
3.° Sophie-Louise-Mathilde d'Hargenvillier.

*Armes* : « D'hermine papelonné de gueules. Couronne » de comte ».

---

BROISE (de la), famille ancienne, originaire de Normandie, province où elle réside encore de nos jours. Elle s'est divisée en plusieurs branches, dont quelques-unes se sont répandues dans le Maine. Les seigneurs de la Broise étaient barons d'Ardevon, et jouissaient des priviléges au Mont-Saint-Michel, et des droits honorifiques, en qualité de chevaliers.

I. Guillaume de la Broise, Ier du nom, chevalier, seigneur-baron d'Ardevon, vivait, avec Robert de la Broise, chevalier, son frère, dans le commencement du treizième siècle. Il eut pour fils :

II. Richard de la Broise, écuyer, seigneur de la Broise, en la paroisse du Mesnil-Adelée et du fief de la Broise en Ardevon. Il épousa damoiselle Jeanne de Cervon, sœur de messire Robert de Cervon, chevalier, et en eut :

1.° Jean, dont l'article suit;
2.° Jacques de la Broise, mort sans hoirs.

III. Jean DE LA BROISE, I^er du nom, écuyer, sieur de la Broise, épousa N.... du Bois-Turpin, du pays de Maine, dont est issu :

IV. Guillaume DE LA BROISE, II^e du nom, écuyer, seigneur de la Broise, en la paroisse du Mesnil-Adelée, au ressort d'Avranches. Il épousa damoiselle Olivette Roussel, fille et héritière en partie de feu Olivier Roussel, écuyer, sieur de la Pasturelière, du Mesnil-Rayfray et autres terres, ainsi qu'il appert par l'acte passé devant Jean le Cordier, tabellion royal, le 29 avril 1349. De ce mariage est né :

V. Thomas DE LA BROISE, I^er du nom, seigneur dudit lieu, marié avec damoiselle Yvette du Bois, dame et héritière de la seigneurie de Sainte-Marie du Bois, qui passa depuis dans la maison du Valbourel. De ce mariage vinrent :

1.° Pierre, dont l'article suit;
2.° Thomas de la Broise, écuyer, marié à Yvonne Allard, fille de Jean Allard, sieur de la Tourrelle et de la Rousselière. De ce mariage vinrent, 1.° Nicolas de la Broise, curé de Saint-Pair; 2.° Jean de la Broise; 3.° Robert; 4.° Pierre de la Broise, sieur de la Graverie, marié le 3 juin 1503, à Jacqueline Malherbe.

VI. Pierre DE LA BROISE, I^er du nom, écuyer, seigneur de la Broise, partagea, avec Thomas de la Broise, son frère puîné, les biens, rentes et meubles de leurs père et mère, par acte passé devant Jean le Marchand, tabellion royal à Mortain, le 2 mai 1433, et fut maintenu avec lui dans leur qualité de gentilshommes, sur la production de leurs titres, par sentence de l'élection d'Avranches, du 24 février 1464. Il eut pour fils :

1.° Jean de la Broise, qui a continué une branche;
2.° Michel, dont l'article suit.

VII. Michel DE LA BROISE, I^er du nom, écuyer, seigneur de la basse Broise, consentit des actes en 1492 et 1503. Il mourut avant l'an 1505; il avait épousé Anceline Cheminart, dame de Launay, de laquelle il eut;

1.° Pierre, dont l'article suit;

2.° Thomas, curé de Periers, qui consentit des actes en 1505;
3.° Gilles de la Broise, qui eut un fils;
4.° Jean, compris dans le partage de ses frères, en 1505;
5.° René, écuyer, compris dans le même acte;
6.° Françoise, qui épousa N.... Hamelin;
7.° Jeanne, mariée à N.... Fortin.

VIII. Pierre DE LA BROISE, II^e du nom, écuyer, seigneur de la basse Broise, consentit plusieurs actes en 1492, 1505 et 1514. Il était mort avant 1535, laissant de son épouse dont le nom est inconnu, plusieurs enfants, parmi lesquels on distingue:

1.° Jean, qui fut prêtre;
2.° Jacques, dont l'article suit;
3.° Michel, qui consentit des actes en 1535 et 1542; on le croit mort dans le célibat;
4.° Julienne, mariée vers 1549.

IX. Jacques DE LA BROISE, écuyer, consentit des actes en 1519 et 1535. Il était mort dès 1549, laissant de Jeanne de la Houssaye, qu'il avait épousée le 25 avril 1512, les enfants qui suivent:

1.° Jean, qui fit des actes en 1549;
2.° François de la Broise;
3.° Guillaume, dont l'article suit;
4.° Julien, qui commandait les ville et forteresse de Domfront en 1597, ainsi qu'il conste par une commission du duc de Bourbon;
5.° Marie, mariée à Martin Quinement, avec lequel elle passa un acte le 20 mars 1550.

X. Guillaume DE LA BROISE, III^e du nom, écuyer, seigneur de la basse Broise, rendit un aveu de fief le 24 septembre 1566, et consentit des actes en 1575, 1582, 1584, 1586 et 1597. Il mourut le 6 mars 1600, laissant de Marguerite Fortin, sa seconde femme, morte le 10 mars 1587:

1.° Julien, qui suit:
2.° Jacques de la Broise;
3.° Guillaume de la Broise.

XI. Julien DE LA BROISE, Ier du nom, écuyer, mentionné dans tous les actes de son père ; épousa, par contrat passé à Mortain le 2 janvier 1582, Yolante de Corbon. Il fut homicidé le 28 octobre 1589, laissant de son mariage :

1.° Julien, qui suit ;
2.° Jacques ; 3.° Guillaume ; 4.° une fille.

XII. Julien DE LA BROISE, IIe du nom, écuyer, sieur de la Chapelle-Urré, fut baptisé le 10 octobre 1589 ; il fut député de la noblesse aux États généraux de 1614. Il épousa, le 23 février 1614 Charlotte de la Chambre ; il mourut le 6 janvier 1623 ; son épouse le suivit au tombeau trois jours après, laissant, entre autres enfants :

1.° Jean, qui suit ;
2.° Julien, enseigne dans le régiment de Canisy, en 1640, tué à l'armée, sans postérité.

XIII. Jean DE LA BROISE, IIe du nom, écuyer, sieur de la Chapelle-Urré, épousa, 1.° le 18 décembre 1644, par contrat passé à Mortain, Françoise Fauvel, et 2.° Antoinette Ernault ; il fut maintenu dans sa noblesse d'extraction par jugement du 14 septembre 1667. Ses enfants furent :

*Du premier lit :*

1.° Julien-François, dont l'article suit ;

*Du second lit :*

2.° Thomas de la Broise ;
3.° Claude de la Broise ;
4.° Jean, sieur du Boullevert, servit aussi dans la compagnie des gentilshommes de Normandie, en 1674 ;
5.° Alexandre de la Broise.

XIV. Julien-François DE LA BROISE, écuyer, sieur de la Chapelle-Urré et du Boullevert, servit dans la compagnie des gentilshommes du Cotentin, commandée par M. le marquis de Gratot, en 1689. Il avait épousé en premières noces Marie Chupin, et en secondes noces Marie de Vaumel. Du premier lit vinrent :

1.° Jean-Alexandre, dont l'article suit ;

2.° Alexandre, sieur de la Guitonnière, qui épousa Charlotte-Françoise Larcher, de laquelle il eut deux filles, dont l'une épousa M. Galerie de la Tremblais de Mantilly, l'autre M. Touri de Roulour, écuyers.

XV. Jean-Alexandre DE LA BROISE, écuyer sieur de la Chapelled-Urré et du Boullevert, épousa Françoise-Jeanne Cochard, de laquelle il eut :

1°. Jean-François-Marie, tué sur les côtes d'Espagne, dans un combat naval contre les Anglais ;
2.° Jacques-Baptiste dont l'article suit ;
3.° Georges-Louis Marie, tué dans la Vendée, où il servait dans l'armée royale en 1795, marié à N.... Jeuslin, de laquelle il a eu :
a. Michel de la Broise, garde du corps du roi en 1814 ;
b. Louise, mariée à N.... de la Graverie.

XVI. Jacques-Baptiste DE LA BROISE, écuyer, seigneur de la Chapelle-Urré et du Boullevert en Normandie, capitaine commandant dans le régiment de Monsieur, infanterie, chevalier de l'ordre royal et militaire de Saint-Louis ; en 1759, au siége de Munster ; il défendit avec cinquante hommes la redoute de Saint-Maurice, où il fut attaqué pendant la nuit par dix mille ennemis qui ne purent parvenir à l'envelopper. Cette action lui valut une lettre de félicitation du roi et une récompense. Il fut député de la noblesse aux états généraux de 1789. Il a épousé Marie-Jeanne-Charlotte de la Goulande. De ce mariage :

1.° Jean-Jacques-François, dont l'article suit ;
2.° Georges-Louis-Marie de la Broise, écuyer, sous-lieutenant dans l'armée royale de Normandie, depuis 1795 jusqu'en 1800 ; marié à demoiselle Gombert de la Tesserie ;
3.° Jeanne-Alexandrine de la Broise, mariée à Jean Alexandre Chauvière.

XVII. Jean-Jacques-François DE LA BROISE, écuyer, élève de l'école royale et militaire de Beaumont en Auge, a servi dans l'armée royale de Normandie, en qualité de lieutenant, depuis 1795 jusqu'en 1800 inclusivement, chevalier de la Légion d'honneur en 1814, et garde du corps de Sa Majesté, marié à Anne-Louise-Eugénie Mochón de la Rogeardière. De ce mariage :

1.° Charles-Louis-Adolphe, élève de l'école militaire de la Flèche, en 1814 ;
2.° Jacques-Baptiste-Camille ;
3.° Anaïs de la Broise.

*Armes :* « D'azur, à deux fasces d'or ; au chevron brochant sur le tout, accompagné de trois molettes » d'éperon, le tout du même ».

Cette famille a fourni les branches de Rezeu, de Chaillant, de la Haye, qui existent encore dans le Maine ; et en Normandie celle de Saint-Léger, seigneur de Grandville et autres lieux, et celle de Beauficelle, qui est éteinte.

---

GILLET. Famille noble, originaire des États du duc de Savoie, roi de Sardaigne, établie depuis deux siècles dans les province et duché de Bourgogne ; elle a des alliances avec les maisons des Beauvau, de Bourdeille, de Pully, les marquis d'Ivry, et de Beligny, les comtes de la Rochepot et d'Archiac, et avec les familles les plus distinguées de la Bourgogne et de l'Alsace ; elle a fait ses preuves devant les généalogistes du roi, MM. d'Hozier et Cherin, pour entrer dans les diverses écoles militaires.

I. Pierre GILLET, l'un des auteurs de cette famille, était châtelain-royal de Bourg en Bresse, en 1625, place qu'il occupait depuis plusieurs années. Voyez le Dictionnaire de Moréri, lettre G où se trouve l'article qui le concerne. Sa femme se nommait Antoinette de Bavoux, d'extraction noble, ainsi que lui, des États du duc de Savoie. Ils eurent plusieurs enfants, parmi lesquels je citerai :

1.° Jean, dont l'article suit ;
2.° Hélène Gillet.

II. Jean GILLET, prit le parti de venir s'établir à Beaune, l'une des principales villes du duché de Bourgogne, et y contracta mariage avec Jeanne Poyen, de laquelle il eut :

III. Jacques Gillet, qui épousa demoiselle Marguerite Lobot. De ce mariage sont issus :

1.° Jacques Gillet de Chalonge, fils de Jacques et de Marguerite Lobot, né à Beaune le 6 octobre 1687, chevalier de l'ordre royal et militaire de Saint-Louis, capitaine au régiment infanterie de Tournaisis, a été tué dans la sortie faite sur les ennemis par la garnison française de Prague, le 22 août 1742 ; décédé sans avoir pris d'alliance ;

2.° Pierre, dont l'article suit.

IV. Pierre Gillet, frère unique du précédent, écuyer, maire perpétuel de la ville de Beaune, puis élu des états généraux de la province et duché de Bourgogne, pourvu ensuite de l'état et office de conseiller du roi, maître ordinaire en la chambre et cour des comptes, aides, domaines et finances du comté de Bourgogne, dont les provisions datées et expédiées de Compiègne, le 10 août l'an de grâce 1736, lui furent accordées avec éloge de ses services précédents ; a épousé, par contrat du 29 octobre 1703, Jeanne Richard de Grandmont, fille de Pierre Richard, écuyer, seigneur de Grandmont, et de Jeanne Segaud. De ce mariage sont issus :

1.° Pierre-Philibert, qui a continué la postérité ;

2.° Joseph-Marie-Beaune, lequel a été lieutenant au régiment de Tournaisis, qui, de son mariage avec Pierrette Guy de Lesval, n'a point laissé de postérité.

V. Pierre-Philibert Gillet, écuyer, seigneur de Grandmont, du chef de sa mère, né à Beaune, le 2 septembre 1705, a épousé, par contrat du 4 novembre 1735, Marie-Anne-Pierrette Blancheton de Thorey, fille de Jean-Baptiste Blancheton, écuyer, seigneur de Thorey, Buisson-sur-Ouche, etc. ; lieutenant-colonel du régiment de Tournaisis, chevalier de l'ordre royal et militaire de Saint-Louis, nommé brigadier des armées du roi, le 11 juin 1735, et de Marguerite Bourrée de Corberon. De ce mariage sont issus :

1.° Jean-Baptiste-Marie-Thérèse ;

2.° Pierre-Anne-Jean, qui forme la seconde branche dite de Grandmont, rapportée plus bas ;

3.° Jacques-Antoine-Bénigne, qui forme la troisième branche dite de Chalonge, rapportée aussi plus bas;

4.° Nicolas-Marie-Philibert, né à Beaune, le 22 août 1751, lieutenant au régiment de Champagne, infanterie; il a émigré en 1791, jusqu'au licenciement, et est mort en 1812. Il avait épousé en 1784, Antoinette Barolet, de laquelle sont nées, 1.° Anne, mariée à M. de la Folie de Joux, écuyer; 2.° Edmée, née en 1807;

5.° Anne-Marguerite-Jeanne-Balsamie Gillet de Grandine, née le 14 novembre 1749, mariée par contrat du 3 janvier 1767, à Gérard-François-Henri Parigot de Santenay, chevalier, conseiller du roi au parlement de Metz, seigneur du marquisat de Santenay, au bailliage de Beaune, son cousin issu de germain; duquel mariage sont issus deux filles décédées en bas âge, et deux fils, qui sont, savoir : Pierre Parigot de Santenay, écuyer, décédé à l'âge de vingt-un ans, sans avoir pris d'alliance, et victime des malheureux événements qui ont été la suite du siége de Lyon; et Henri Parigot de Santenay, écuyer, seigneur de Santenay, ancien officier au régiment infanterie de la Sarre, mariée à N..... Languet de Sivry.

VI. Jean-Baptiste-Marie-Thérèse Gillet de Grandmont, écuyer, seigneur de Thorey, Buisson-sur-Ouche, du chef de sa mère, ancien commissaire de la marine, né le 20 mai 1743; a épousé en premières noces, par contrat passé devant Mathey, notaire royal à Autun, le 17 février 1772, Rose Blanchet, fille de Charles-François Blanchet, écuyer, seigneur du Puis, près Autun, et de Françoise Bureau; et en secondes noces, Marie-Anne-Françoise-Elisabeth de Müller, née le 13 janvier 1764, fille de Joseph-Antoine-Jean-Chrisostôme-François-Xavier de Müller, écuyer, conseiller du roi au conseil souverain de la province d'Alsace, et préteur royal de la ville de Colmar, et de Marie-Anne-Elisabeth d'Anthès.

*Du premier lit :*

1.° Léonard-Anne, né à Autun, le 29 novembre 1772, décédée le 27 décembre suivant ;

2.° Charles, dont l'article suit ;

*Du second lit :*

1.° Charles-Adolphe, né à Beaune, le premier mars 1792, officier de cavalerie en 1814 ;

2.° Elisabeth-Virginie, née en ladite ville, le 3 octobre 1794, décédée le 2 novembre 1795;

3.° Elisabeth-Caroline-Antoinette, née audit Beaune, le premier avril 1797 ;

4.° Henriette-Amélie-Madelaine, née en la même ville, le 21 septembre 1799.

VII. Charles Gillet de Thorey, né à Autun, le 20 septembre 1794, a été nommé par le roi à une place d'élève de Sa Majesté à l'école royale militaire de Pont-à-Mousson, au mois d'août 1784, où il est resté jusqu'à la dissolution de cet établissement au mois de décembre 1791. Il avait obtenu de MM. Cherin et d'Hozier, les certificats qui prouvaient qu'il avait la noblesse nécessaire pour entrer au service de Sa Majesté; a émigré en 1791, d'abord comme volontaire dans la légion de Mirabeau, et a fait les campagnes de 1792 et 1793, à l'armée d'outre-Rhin dans une compagnie noble commandée par M. le comte de Prédelys, maréchal des camps et armées du roi, son parent. Il fut ensuite nommé commissaire des guerres, puis admis et reçu à l'ordre royal et militaire de Saint-Louis par S. A. R. Monsieur, frère du roi, pendant son séjour à Dijon, le 5 septembre 1814. Il a épousé, par contrat du 13 février 1798, Nicole Belot, fille de Bernard Belot, écuyer, secrétaire du roi, maison, couronne de France, etc., et de Nicole le Noir. De ce mariage sont issus :

1.° Bernard-Prosper, né à Dijon, le 12 décembre 1798;

2.° Charles, né à Dijon, le 13 janvier 1800, décédé à Châlons-sur-Saône, en 1801.

SECONDE BRANCHE, dite de GRANDMONT.

VI. Pierre-Anne-Jean, né à Beaune sur la paroisse Saint-Pierre, le 25 décembre 1745, second fils de Pierre-Philibert Gillet, écuyer, seigneur de Grandmont, et de Marie-Anne-Pierrette Blancheton de Thorey, a été nommé en 1774, capitaine au régiment infanterie Royal-Roussillon. Il a épousé par contrat du 4 avril 1775, Marie-Ignace-Julie Claverie, créole de Québec. De ce mariage sont issus :

1.° Jean-Baptiste-Marie-Thérèse, dont l'article suit;

2.° Pierre-Nicolas-Augustin, né le 20 juillet 1779, lieutenant, en 1814, au quatrième régiment de hussards;

3.° Marie-Anne-Henriette-Julie, née en 1776, mariée à François de Zur, officier au régiment autrichien Archiduc-Ferdinand, fils de François de Zur, général auditeur à Prague, et de Jeanne Logdman d'Aueu, duquel mariage sont issus trois fils et une fille;

4.° Claudine-Eléonore, née en 1781, mariée en 1799, à M. Pralon, dont plusieurs enfants.

VII. Jean-Baptiste-Marie-Thérèse Gillet de Grandmont, né le 13 juin 1779, a épousé, en 1796, demoiselle Dédiot, dont il a:

Pierre-Anne-Jean-Alfred, né à Saulieu, en 1798.

TROISIÈME BRANCHE, dite de CHALONGE.

VI. Jacques-Antoine-Bénigne Gillet de Chalonge, troisième fils de Pierre-Philibert Gillet de Grandmont, et de Marie-Anne-Pierrette Blancheton de Thorey, né à Beaune, le 18 janvier 1747; a épousé en 1777, Claude-Antoinette-Pierrette, fille de Claude de la Folie de Lorcy, écuyer, et de Marie-Anne Chesnard de Layé. De ce mariage sont issus :

1.° Jean-Baptiste-Augustin, dont l'article suit;

2.° Gérard-Henri-Lazare, qui forme la quatrième branche, rapportée plus bas.

VII. Jean-Baptiste-Augustin GILLET DE CHALONGE, né à Beaune, le 28 août 1779; a épousé, en janvier 1810, Elisabeth Richard d'Ivry, fille de Nicolas, marquis de Richard d'Ivry, chevalier de l'ordre royal et militaire de Saint-Louis, ancien capitaine de cavalerie, et de N... de Ganay, dame du Pavillon, duquel mariage sont issus;

1.° Amédée, né en 1811;

2.° Charlotte, née en février 1813.

## QUATRIÈME BRANCHE.

VII. Gérard-Henri-Lazare GILLET DE CHALONGE, second fils de Jacques-Antoine-Bénigne, et de Marie-Anne Chesnard de Layé, est né en 1784. Il a épousé, en février 1813, Caroline Berbizotte, de laquelle il a :

1.° Gustave, né en 1814.

*Armes* : « Parti, au 1 de gueules à la croix tréflée » d'argent, cantonnée de 4 molettes d'éperon d'or; au » 2 d'azur, au lion d'argent; à la bande de gueules, » brochante ».

---

MAURY DE LA PEYROUSE (DE), famille ancienne, originaire de Lavaur, dans le Haut-Languedoc, maintenant établie à Saint-Hippolyte-le Fort, dans les Cévennes. Elle a été maintenue dans sa noblesse, par jugement de M. de Bezons, intendant du Languedoc, lors de la recherche des usurpateurs de sa noblesse ordonnée par Louis XIV, du 4 janvier 1671, lequel jugement en remonte la filiation à noble Gilles de Maury qui suit :

I. Gilles DE MAURY, écuyer, mourut en 1572, ayant pour fils noble :

II. Pierre DE MAURY, Ier du nom, écuyer, marié, en 1560, avec Cécile de Raymond, dont est issu noble :

III. Raymond DE MAURY, écuyer, qui épousa, en 1600, Jeanne du Marc. De ce mariage vint, entr'autres enfants, noble :

IV. Pierre DE MAURY, IIe du nom, écuyer, seigneur

de Seran, marié, en 1642, avec Catherine de Bonnefoy. Il en eut, entr'autres enfants, noble :

V. Pierre DE MAURY, III^e du nom, écuyer, seigneur de Seran, qui fut maintenu dans sa noblesse, par le jugement précité, du 4 janvier 1671, conjointement avec Omar de Maury, seigneur de la Gasquerie, et Marc-Antoine de Maury, comte d'Ayroux. Il épousa, en 1672, Fleurance de Sabathier, dont est issu :

VI. André DE MAURY, chevalier, seigneur de la Peyrouse capitaine au régiment de Charolais ; il épousa, en 1715, Elisabeth Dortet, dont il eut :

1.° Joseph-Gabriel, dont l'article suit ;
2.° N... de Maury de la Peyrouse, officier au régiment le Maréchal de Turenne ;
3.° N.... de Maury de la Peyrouse, officier au même régiment ;
4.° N...... de Maury de la Peyrouse, officier au régiment de la Reine, infanterie.

VII. Joseph-Gabriel DE MAURY DE LA PEYROUSE, chevalier, ancien capitaine au régiment d'Eu, commandant de Marsillargues, chevalier de l'ordre royal et militaire de Saint-Louis, naquit le 18 février 1717, et mourut le 29 décembre 1781, après avoir servi pendant trente-trois ans, et joui d'une pension de retraite. Il avait eu trois oncles paternels capitaines, le premier dans le régiment de Forez, le second dans le régiment d'Angoumois, et le troisième dans celui de Charolais. Il a eu encore trois cousins qui ont servi le roi avec distinction, savoir : André de Maury d'Ayroux, retiré capitaine du régiment de Condé ; le comte de Maury d'Ayroux, retiré mestre-de-camp de cavalerie du Corps royal des Carabiniers ; et enfin N... de Maury d'Ayroux, retiré officier du régiment de Maréchal de Turenne. Il avait épousé, en 1760, Marie-Madeleine de Moreau de Champlois, fille de noble N.... de Moreau de Champlois, chevalier de l'ordre royal et militaire de Saint-Louis, lieutenant-colonel au régiment de Forez, mort au siége de Fribourg. De ce mariage sont issus :

1.° Laurent-Etienne-Joseph, dont l'article suit ;
2.° Louis-Gabriel-Marie-Antoine de Maury de la Peyrouse, né le 16 novembre 1767, lieutenant au

régiment de Touraine, mort en émigration, au service de la maison de Bourbon;

3.° Jean-Louis-Edouard de Maury de la Peyrouse, né le 25 juillet 1769, lieutenant au régiment de Vintimille, mort au service des princes, en émigration;

4.° Alexandrine-Madeleine-Victoire, née le 14 mars 1771.

VIII. Laurent-Etienne-Joseph DE MAURY DE LA PEYROUSE, chevalier, né le 16 février 1766; fut forcé par les circonstances de prendre du service, pour soustraire sa famille aux persécutions que l'on faisait éprouver à ceux dont les parents avaient émigré. Il fit sa première campagne en Espagne, en qualité de capitaine dans un bataillon du département du Gard. S'étant distingué dans plusieurs occasions par ses connaissances et ses talents militaires, il fut promu quelque temps après au grade de lieutenant-colonel, attaché à l'état-major du général de Frégeville, avec lequel il fut fait prisonnier de guerre. Arrivés au camp ennemi, le général espagnol permit au lieutenant-colonel de Maury de la Peyrouse d'aller à Perpignan pour faire venir les équipages du général de Frégeville, n'ayant d'autre garantie de son retour que sa parole d'honneur qu'il ne viola pas. Après quatre campagnes, il se retira dans ses foyers, où peu de temps après son retour, il fut nommé maire de la ville de Saint-Hippolyte, emploi qu'il a exercé jusqu'en 1814, que le dérangement de sa santé le força de suspendre ses fonctions; il est mort le 5 octobre 1815, et avait épousé, le 23 octobre 1788, Rosalie de Malzac, fille de noble Simon de Malzac, ancien brigadier dans les gardes du corps, chevalier de l'ordre royal et militaire de Saint-Louis. De ce mariage sont issus :

1.° Raoul, qui suit;

2.° Adeline, née le 12 novembre 1789;

3.° Fortunée, née le 23 décembre 1797.

IX. Raoul DE MAURY DE LA PEYROUSE, chevalier, né le 12 janvier 1793, marié, en 1813, avec Félicité de Dortet de Tessan, fille de noble François de Dortet de Tessan, ancien chevau-léger, maintenant sous-préfet à Lodève. Il a de ce mariage :

1.° Louis-Ernest-Jean-Rodolphe de Maury de la Peyrouse, né le 21 août 1814;

2.° François-Etienne-Alphonse de Maury de la Peyrouse, né le 5 septembre 1815.

*Armes*: « D'or, à une montagne de six coupeaux de » sinople, mouvante de la pointe de l'écu, surmontée de » deux têtes de maure de sable, tortillées d'argent».

---

FONTANGES (DE). Cette maison tient depuis six siècles un rang distingué dans l'ordre de la noblesse de chevalerie d'Auvergne par ses services et ses alliances. Elle a pris son nom d'une terre située au diocèse de Saint-Flour.

La branche aînée s'est éteinte dans la personne de Guillemine, dame de Fontanges et autres terres situées en Auvergne et en Rouergue, qu'elle porta en dot, en 1616, à Louis de Scorailles, aïeul de Marie-Angélique de Scorailles, duchesse de Fontanges, morte en 1681.

Les autres branches actuellement existantes, se distinguent par les noms des terres qu'elles possèdent ou possédaient avant la révolution, telles que Cousans, la Fauconnière, le Chambon, la Clidelle, Hauteroche. Fortunié; l'aînée est celle de Velzic, dont tous les biens situés dans les environs d'Aurillac, ont été vendus, par suite de l'inscription de Justin, marquis de Fontanges, dernier propriétaire, sur la liste des émigrés. La marquise de Fontanges avait acheté, par contrat du 6 mai 1789, les rentes seigneuriales des terres de Fontanges et de Salers; mais cette acquisition se trouve illusoire par la suppression des rentes et seigneuries. Cette branche est représentée, 1.° par Louis de Fontanges, né le 8 mai 1766, et baptisé le 30 juin de la même année, ayant pour parrain monseigneur le prince de Bourbon, comte de Clermont, dont la procuration est datée du 3 mai 1766, pour marraine son altesse sérénissime madame la princesse de Conti douairière, dont la procuration est du 5 mai 1766. Il a embrassé l'état ecclésiastique; 2.° Justin de Fontanges, né le 8 juillet 1767, sous-lieutenant au régiment du Roi, infanterie, à l'époque de la révolution, qui a eu l'honneur de monter dans les carrosses de Sa Majesté, le 7 mai 1787, et d'être nommé chevalier de l'ordre royal et militaire de Saint-Louis, le 5 octobre 1814. Sa fille unique est mariée à M. Georges Onslow, petit-fils de milord Onslow, pair d'Angleterre et l'un des douze gentilshommes de la chambre. Louis et Justin, sont fils de Louis-Marie, marquis de Fontanges, seigneur de Velzic, Lapeyre et autres lieux, chevalier de l'ordre royal et militaire de Saint-Louis, lieutenant des gardes-du-corps du roi, maréchal de camp, mort en 1781, et de dame Jeanne-Françoise de Barral, fille de Charles-Gabriel-Justin de Barral, marquis de Montferrat, seigneur de Rochechinard et autres lieux, doyen des conseillers du parlement du Dauphiné.

Jean-Baptiste-Joseph de Fontanges, comte de Brioude et évêque de Lavaur, mort en 1764, était leur oncle.

La branche de Masclas s'est éteinte en la personne de Jean-Pierre, marquis de Fontanges, colonel d'infanterie, écuyer de madame la princesse de Conti douairière, mort en 1755. Il avait épousé mademoiselle Anne de Fontaine, dame d'honneur de madame la princesse de Conti douairière.

Celle de la Fauconnière est représentée par : 1.° Amable, marquis de Fontanges, capitaine du régiment de Poitou, infanterie, chevalier de l'ordre royal et militaire de Saint-Louis, marié en 1767, avec mademoiselle de Saint-Quentin, morte sans enfants. 2.° François, vicomte de Fontanges, chevalier de l'ordre royal et militaire de Saint-Louis, commandant à l'époque de la révolution les parties du sud et du nord de Saint-Domingue, ensuite maréchal de camp au service d'Espagne, puis lieutenant-général des armées du roi de France, qui a épousé, en 1782, mademoiselle Caroline le Fevre, fille d'un capitaine de milices de Saint-Domingue, laquelle a eu l'honneur d'être présentée au roi, le 17 mars 1787, et dont il a un fils, Amable de Fontanges, major du cinquième régiment d'infanterie de la garde royale.

L'un et l'autre sont frères de François de Fontanges, qui a été successivement aumônier de la reine, évêque de Nancy, archevêque de Toulouse, député aux états-généraux, et depuis la révolution archevêque-évêque d'Autun, où il est mort le 26 janvier 1806, victime de sa charité, et 2.° de Marie-Marguerite de Fontanges, reçue en 1778, chanoinesse du chapitre noble de Neuville, nommée en 1785, coadjutrice de l'abbaye de Noire-Dame de Bouxières, morte en 1811.

*Armes* : « De gueules, au chef d'or, chargé de trois » fleurs de lys d'azur. Tenants, deux anges. Devise : » *Tout ainsi Fontanges* ».

---

CAVÉ D'HAUDICOURT, famille originaire de Picardie, province où elle réside encore de nos jours.

Pierre Cavé d'Haudicourt, conseiller et doyen en la cour des monnaies, eut pour fils Pierre-Claude Cavé d'Haudicourt, maître des requêtes, qui fut père de :

1.° Etienne-Claude-Louis, qui suit ;
2.° Antoine-Claude-Jean Cavé d'Haudicourt, né le 25 novembre 1782.

Etienne-Claude-Louis Cavé d'Haudicourt, né le premier janvier 1779, commandant de la garde nationale d'Amiens, marié, le 20 novembre 1799, avec Joséphine-Louise-Marie-Henriette Witasse, fille de Jacques-Marie-Joseph Witasse, chevau-léger de la maison militaire du roi et de Henriette-Julie Sacquespée, de laquelle sont issus ;

1.° Alfred-Louis-Joseph Cavé d'Haudicourt, né le 15 avril 1810 ;
2.° Zoé-Stéphanie-Henriette Cavé d'Haudicourt, née le premier mars 1811.

*Armes* : « De gueules, à trois étoiles d'argent ».

Cette famille se trouve mentionnée dans divers nobiliaires.

---

GITTARD, famille noble, originaire du Roussillon.

Les syndics de Perpignan ont fait dresser, en 1743, une liste des citoyens nobles de cette ville et de ceux originaires du Roussillon, dont les enfants ont quitté la ville, du nombre desquels est la famille Gittard. Nous ne remontons la généalogie de cette famille, établie sur titres, qu'à :

I. Daniel GITTARD, ingénieur en chef à Belle-Isle-en-Mer, architecte du roi et de son académie, qui épousa, en 1655, Marie Dupré. De ce mariage vinrent :

1.° Pierre Gittard, dont l'article suit ;
2.° Daniel Gittard, mort sans postérité ;
3.° Marie-Anne Gittard, célibataire;
4.° Catherine Gittard, mariée à Charles-Ambroise Guérin, avocat au parlement de Paris.

II. Pierre GITTARD, écuyer, capitaine en pied au régiment de Navarre en 1694, fut fait chevalier de l'ordre royal et militaire de Saint-Louis en 1703, nommé en 1722 commandant pour le roi au fort Saint-Sauveur de Lille en Flandres, est mort en 1746, ingénieur en chef et directeur des fortifications des ville et citadelle de Lille. Il avait épousé, en 1687, Catherine-Lucie Richard, fille de Claude Richard, écuyer, commissaire des guerres, morte à Lille en 1722. De ce mariage vinrent :

1.° Joseph-Léon Gittard, dont l'article suit ;
2.° Claude-Louis Gittard, écuyer, né à Senlis en 1688, capitaine au régiment de Navarre en 1720, chevalier de l'ordre royal et militaire de Saint-Louis en 1728, mort le 29 novembre, 1746, ingénieur en chef à Maubeuge, et directeur des fortifications des villes et places nouvellement conquises. Il avait épousé, en 1732, Catherine-Joseph Godfroy, fille de messire Jean Godfroy, sieur de Maillard, de laquelle il ne laissa pas de postérité ;
3.° Thérèse-Julie Gittard, religieuse au monastère de la Présentation de Notre-Dame de Senlis, morte en 1768.

III. Joseph-Léon GITTARD, écuyer, né à Chantilly en 1697, seigneur des Barres et de Brannay, élection et diocèse de Sens, ingénieur en chef, commandant pour le roi à Bouchain, chevalier de l'ordre royal et militaire de Saint-Louis en 1744, nommé capitaine réformé à la suite du régiment de Piémont en 1747, mort en 1758, à son château de Brannay. Il avait épousé le 4 mars 1737, Marguerite-Richardine Carpentier, fille de Hugues-Hermenegilde Carpentier, écuyer, morte à Boulogne-sur-Mer en 1772. De ce mariage vinrent :

1.° Joseph-Pierre Gittard, né le 19 février 1738, mort le 19 mars suivant;
2.° Joseph-Antoine-Léon, dont l'article suit.

IV. Joseph Antoine-Léon Gittard de Brannay, écuyer, né à Sens le 28 juin 1742; entra fort jeune au service, en qualité de sous-lieutenant dans le régiment de Wierset; passa avec ce corps (où il fut nommé capitaine de grenadiers), en 1762, au service de la maison d'Autriche; donna sa démission et revint en France; il a été pourvu, en 1771, de la charge de contrôleur général de la chambre, aux deniers et écuries de S. A. R. monseigneur le comte de Provence, aujourd'hui roi de France; il est mort le 8 juillet 1806. Il a épousé, en 1782, Marie-Françoise-Charlotte Beauvisage de Villers, fille d'Adrien Beauvisage de Villers, garde du corps du roi, aujourd'hui sa veuve. De ce mariage vint :

V. Marie-Joseph-Antoine Gittard, écuyer, né le 8 mai 1783.

*Armes :* « Coupé d'azur et de sable, au cheval gai » effaré d'or, brochant ».

---

RIVIÈRE de VAUGUÉRIN, famille originaire de Bretagne, qui a fourni depuis la révolution :

Alexandre-Emmanuel Rivière de Vauguérin, lieutenant au régiment provincial de Nantes, qui a émigré en 1791, et a servi dans l'armée royale, dans les compagnies des gentilshommes bretons, commandées par M. le marquis de la Moussaye, et fut encadré ensuite sous les ordres de M. le prince de Léon. Il est décédé à Jersey le 7 juin 1796. Il avait épousé Catherine-Elisabeth-Georgette des Landes, de laquelle il laissa :

1° Alexandre-Honoré-Guillaume Rivière de Vauguérin, né le 9 septembre 1781, commissaire des guerres dans l'armée royale de la Bretagne en

1815, sous les ordres de M. le chevalier d'Andigné ;

2.° Emmanuel-César Rivière de Vauguérin, né le 10 décembre 1782, officier dans l'armée royale de la Haute-Bretagne et du Bas-Anjou, en 1799 et 1800, sous les ordres de M. le comte de Chatillon; marié en 1808, à Pélagie-Catherine de Sanctos, de laquelle il a :

Emmanuel-Gustave Rivière de Vauguérin, né le 26 mars 1813.

*Armes* : « D'or, flanqué de deux rivières au naturel ».

---

BOESSIÈRE CHAMBORS (DE LA). Guillaume de la Boëssière, seigneur de la terre et seigneurie de la Boëssière, près de Quimper, en Basse-Bretagne, reconnu noble d'extraction, tirait son nom de cette terre. Il se trouva en 1421 à Mantoue, en qualité d'un des écuyers de la compagnie du seigneur de la Hunaudaie-Tournemine, lors de la revue qui en fut faite. Il en est parlé dans les preuves de l'histoire de Bertrand du Guesclin, page 430.

Le duc François I^er^ lui fit don, en 1445, d'une coupe d'argent pesant trois marcs, ainsi qu'il est employé au compte de Guyon de Carné. Voyez les preuves de l'histoire de Bretagne, par Dom Gui Alexis Lobineau.

Maurice DE LA BOESSIÈRE, son petit-fils, étant sorti de Bretagne pour s'attacher au roi Louis XI, fut revêtu, en 1491, d'une des charges de maître d'hôtel ordinaire de Charles VIII.

YVES DE LA BOESSIÈRE, son fils, fut pourvu d'une charge d'écuyer de la reine Anne de Bretagne.

Guillaume DE LA BOESSIÈRE, III^e^ du nom, fils dudit Yves, fut écuyer tranchant du roi François I^er^ et du dauphin François, duc de Bretagne. Il épousa, en 1528, une héritière de la maison de Trie, dame de la terre et seigneurie de Chambors, dans le Vexin français, où il fixa sa branche. Il eut de ce mariage :

1.° Yves, II^e^ du nom, mort sans alliance en 1574,

étant gouverneur du château de Vioreau, près de Châteaubriant en Bretagne ;

2.° Jean qui suit ;

3.° Marie, qui épousa Claude d'Orléans, bâtard de Longueville.

. Jean DE LA BOESSIÈRE, Ier du nom, seigneur de Chambors, acquit une portion de la seigneurie de la ville de Gisors, biens que ses descendants n'ont perdu qu'en 1792.

Il servit six rois en qualité de maître d'hôtel; savoir: Henri II, François II, Charles IX, Henri III, Henri IV et Louis XIII, n'étant mort qu'en 1624, âgé de quatre-vingt-onze ans; il survécut à tous ses enfants, dont deux furent tués en 1590, à la bataille d'Ivry, officiers de la compagnie des Gendarmes de la garde du roi ; un troisième, chevalier de l'ordre de Malte, fut tué au siége d'Amiens en 1597, étant capitaine au régiment de Navarre, et le quatrième,

Jean DE LA BOESSIÈRE CHAMBORS, IIe du nom, mourut à l'âge de trente ans en 1611. Il laissa :

1.° Jean, IIIe du nom, enseigne aux Gardes françaises, tué à l'attaque des Barricades de Suze, en 1629;

2.° Guillaume, dont l'article suit;

Guillaume DE LA BOESSIÈRE, IVe du nom, dit le comte de CHAMBORS, capitaine d'une compagnie de cent chevau-légers en 1636, maître d'hôtel du roi Louis XIII en 1638, et mestre-de-camp du régiment de cavalerie du cardinal Mazarin en 1645. Il avait acquis la réputation d'un des meilleurs hommes de guerre de son temps. Il fut tué à la bataille de Lens en 1648, âgé de trente-neuf ans, étant parvenu au grade de maréchal de camp. Il eut de son mariage, avec Françoise le Tenneur de Goumiers, fille d'un conseiller d'état, sous Louis XIII :

1.° Louis, page de la grande écurie, capitaine au régiment de Picardie, tué à Arleux en Flandre, en 1651, âgé de seize ans ;

2.° Guillaume, qui suit :

Guillaume DE LA BOESSIÈRE, Ve du nom, dit le comte

de CHAMBORS, page de la chambre du roi Louis XIV en 1643, enseigne au régiment des Gardes francaises en 1648, puis capitaine de cavalerie, et lieutenant des cent suisses de la garde ordinaire du roi en 1653, fut blessé à la bataille de Rhétel en 1650, et au combat de Saint-Antoine à Paris, en 1652. De son premier mariage, contracté, en 1659, avec Madeleine Sevin de Miramion, il eut deux fils, morts sans postérité : l'aîné fut capitaine de cavalerie au régiment Colonel-Général et membre de l'Académie royale des inscriptions et belles-lettres de Paris ; et le second, capitaine de dragons au régiment Mestre-de-camp.

Il épousa en secondes noces, en 1688, Catherine-Louise de la Fontaine Solare, d'une famille qui a produit douze chevaliers de Saint-Jean de Jérusalem, dont un grand prieur de France en 1563, un ambassadeur de l'ordre de Malte en France, plusieurs commandeurs, un grand-maître des cérémonies et un gouverneur de Paris en 1584. De ce mariage est né, en 1691 :

Joseph-Jean-Baptiste DE LA BOESSIÈRE-CHAMBORS, ancien écuyer de Sa Majesté, crée comte de Chambors, par brevet d'accord, le 21 août 1755, pour lui et ses enfants et pour ses descendants mâles ; il a servi dix-sept ans, en qualité de capitaine au régiment d'infanterie de Bretagne, et s'est distingué en plusieurs occasions, notamment à la prise du fort de Scarpe en 1712, où il eut la principale part ; il est mort, en 1767, chevalier de l'ordre royal et militaire de Saint-Louis ; il avait épousé 1.° en 1717, Marie-Anne-Angélique de la Fontaine Solare, sa cousine germaine, sœur de la comtesse de Mornay, et tante de la marquise de Sesmaisons ; 2.° en 1730, Geneviève Hinselin, du nom et armes du marquis de Myenne ; 3.° en 1739, Brigide de Sarsfield, d'une ancienne maison d'Irlande, décorée deux fois de la pairie ; il n'a point eu d'enfants de ces deux derniers mariages. Du premier lit, sont issus :

1.° Yves-Jean-Baptiste, qui suit ;

2.° Henriette-Marie-Josephe de la Boessière Chambors, morte en 1796 ; elle avait été mariée, en 1750, à Pierre-François-Thomas de Borel, comte de Manerbe, commandeur de l'ordre royal et militaire de Saint-Louis, lieutenant-général des armées de roi, gouverneur de Joux et de Pontarlier, mort sans enfants, en 1762.

Yves-Jean-Baptiste DE LA BOESSIÈRE CHAMBORS, né en 1726, qualifié marquis de Chambors, dans son brevet d'écuyer ordinaire du roi, donné à Gand en 1745, a servi Sa Majesté pendant ses campagnes en Flandre, et est mort le 21 août 1755, des suites d'une blessure qu'il avait reçue par malheur à la chasse de la main du Dauphin, fils de Louis XV; il fut universellement regretté. Il avait épousé, en 1754, Marie-Thérèse le Petit d'Aveine, sœur de la marquise de Sommeri, d'une ancienne famille de Normandie et des mieux alliées, qui accoucha, le 13 janvier 1756, d'un fils posthune qui suit :

Louis - Joseph - Jean - Baptiste DE LA BOSSIÈRE CHAMBORS, dit le marquis de Chambors, qui fut tenu sur les fonts de baptême par Monseigneur le Dauphin et par Madame la Dauphine en personnes, père et mère de Leurs Majestés les rois Louis XVI et Louis XVIII ; après la mort de son aïeul, il prit le titre de comte de Chambors, et fut gentilhomme d'honneur de MONSIEUR, comte d'Artois, par brevet du 19 janvier 1777. Le roi a érigé pour lui et pour ses desceendants mâles la terre de Chambors en comté par lettres-patentes du mois de mai 1756.

Dans la révolution qui a souillé la France et terminé le dix-huitième siècle, sa fidélité envers Dieu et le Roi lui fit perdre la totalité de sa fortune, et de celle de sa famille; il était chevalier de l'ordre royal et militaire de Saint-Louis et maréchal-de-camp, lorsqu'il émigra et fit plusieurs campagnes en qualité d'aide-de-camp de MONSIEUR, il fut ensuite appelé avec le grade de brigadier au service de Portugal, où il parvint aussi à celui de maréchal-de-camp en 1815 ; le roi rétablit en sa faveur une partie des pensions qu'il tenait de la munificence de Monseigneur le Dauphin et des rois Louis XV et Louis XVI ; et MONSIEUR, comte d'Artois, le rappela à l'exercice de sa place de gentilhomme d'honneur.

*Il a épousé, en 1786,* Alexandrine-Constance-Gabrielle de Polignac, vicomtesse de Conserans, propriété qui lui était échue par une succession non interrompue des premiers comtes de Comminges, connus vers l'an 900 de l'ère chrétienne, et qu'elle possédait entre autres, comme seule héritière, d'une des branches de la maison de Mauléon, maison dont MM. d'Esclignac et de Montesquiou se font honneur d'être issus, et qui était elle-même une branche de celle des premiers rois de Navarre et d'Aragon; elle était fille de Louis-Alexandre, marquis de Polignac, et de Constance-Gabrielle-Bonne Le Vicomte de Rumain, dame d'honneur de Madame la duchesse d'Orléans; elle mourut à Lisbonne en 1799.

Madame de Polignac avait pour mère Constance-Simone-Flore-Gabrielle de Rouault, descendante du maréchal de ce nom, et pour sœur la marquise d'Usson, dame pour accompagner Madame Elisabeth, sœur des rois Louis XVI et Louis XVIII.

La comtesse de Chambors n'a laissé qu'une fille, Caroline-Marie-Thérèse-Constance, née en 1787 et tenue sur les fonts de baptême par Monsieur, frère du Roi, et par Madame duchesse d'Angoulême; elle a épousé, en 1811, Héracle-Charles-Alexandre, comte de Polignac, fils de Charles-Louis-Alexandre, comte de Polignac, maréchal-de-camp, et d'Adélaïde-Christine-Adolphe Sanguin de Livry, dame pour accompagner Madame, épouse du roi Louis XVIII. De ce mariage sont issus :

1.° Marie-Joséphine Adélaïde-Alexandrine-Berthe de Polignac, née le 28 janvier 1812;
2.° Marie-Gabrielle-Elisabeth-Xavière de Polignac, née le 26 avril 1814.

Les branches de la Boëssière Keret, de la Boëssière Kerazlouant, Lennuic, Rosveguer, Kergozon et autres ne sont jamais sorties de Bretagne, et il n'en reste plus que celle de Lennuic, dont le chef est :

Marc-Antoine, IV^e du nom, Marie Hyacinthe, marquis de la Boessière Lennuic, qui a été reconnu pour être issu d'ancienne noblesse de chevalerie par M. Chérin, généalogiste des ordres du roi, qui lui en a délivré certificat le 20 mars 1790.

Après avoir, pendant toute l'émigration, servi la cause du Roi de la manière la plus désintéressée, la plus active et la plus périlleuse, il fut, en 1815, un des principaux chefs du corps de l'armée royale de Bretagne, qui se forma dans le département de Morbihan.

Il se rendit de Bretagne par mer à Gand, pour y prendre les ordres de Sa Majesté, qui le promut au grade de maréchal-de-camp, par brevet du 9 mai 1815, et qui la nomma au mois d'août suivant commandant pour le Roi, dans le département d'Ille-et-Vilaine.

Il avait épousé, en 1800, Marie-Claire-Gabrielle de Tillar de Villeneuve, dont le père avait été premier veneur de MONSIEUR, comte d'Artois.

Elle est morte en 1812, laissant cinq enfants : Marc-Antoine, V$^e$ du nom, Marie-Jacques et trois filles.

Le marquis de la Boëssière a deux frères d'une autre mère que lui, et beaucoup plus jeunes.

1.° Marc-Hilaire-Bertrand-Thomas, comte de la Boëssière, marié, en 1799, à Charlotte-Marie-Josephe de Raison de Cleuziou, dont il a six garçons et quatre filles :

1.° Hilaire-Marie-Thomas-Jonathas ;
2.° Paul-Marie ;
3.° Alexis-Vincent-Marie ;
4.° Albert-Marie-Dominique ;
5.° Jonathas-Bertrand-Marie ;
6.° Bertrand-Marie ;
7.° Charlotte-Marie-Josephe ;
8.° Thomase-Marie-Marquette ;
9.° Alix-Marie ;
10.° Louise-Marie.

2.° Louis-Paul-Auguste, vicomte de la Boëssière, filleul du comte de Chambors, marié, en 1811, à Angélique-Marie de Mallier de Chassonville, fille de Daniel-Henri-Louis-Philippe-Augustin de Mallier, comte de Chassonville.

En 1815, le vicomte de la Boëssière entra volontaire dans les gardes-du-corps, dès que le retour de Bonaparte sur le sol de la France eut fait appréhender que la sûreté du Roi fût compromise. Après avoir escorté Sa Majesté jusqu'à la frontière, il accourut se réunir au corps des royalistes qui se forma dans le département des Côtes du Nord. Son zèle et sa capacité lui firent obtenir d'abord, en date du 28 juin de cette année, un brevet de capitaine de grenadiers dans cette armée, et ensuite un emploi de au cinquième régiment d'infanterie de la Garde royale. Il n'a qu'une fille :

Pauline-Antoinette-Marie, née le 31 juillet 1813.

*Armes :* « De sable au sautoir d'or ».

BOUILLÉ ou BOULIER du CHARIOL (1). La maison de Bouillé est aussi distinguée par son ancienneté que par ses alliances ; dès le temps des croisades, elle était dans la classe de chevalerie : on sait que cet honneur était alors le prix du sang et la récompense des services les plus signalés rendus à la patrie, comme aussi l'apanage distinctif de la noblesse de race. (Généalogie de la maison Bouillé sur titres originaux, par d'Hozier.)

Cette maison originaire du Maine, où elle a possédé des terres considérables et contracté de grandes alliances, est cependant considérée comme une des plus anciennes et des plus nobles de la province d'Auvergne. (Coutumes d'Auvergne, par Chabrol). Elle s'y trouve effectivement établie depuis le onzième siècle. (Preuves de la cour et du Saint-Esprit pour la maison de Bouillé, par Chérin). Par le mariage d'un Hugues de Bouillé ou Bouilhetz, venu du Maine avec l'héritière de la maison du Chariol, dont il prit les armes (qui sont de gueules à la croix ancrée d'argent), ainsi que le nom, qui longtemps y a été joint à celui de Bouillé, et quelquefois même entièrement substitué.

Noble Pierre de Bouillé, dit *nobilis Petrus vir Bouilhetz*, fut présent (Gall. Christ., tom. 2, page 399. Cartulaire de Montpeyroux), avec Pierre de Chabannes, et deux autres nobles, Hugues de la Bastisse et Guillaume de Montriannay (maisons aujourd'hui éteintes) comme témoins à un acte de 1155, concernant Thibaud, abbé de Montpeyroux en Auvergne.

Autre Pierre de Bouillé ou Boillier, III^e du nom, seigneur du Chariol, figure en 1328, au nombre des grands seigneurs de la province qui plaidaient avec le clergé. (Baruze, page 144 ; Coutumes d'Auvergne.) Et dans un acte de foi et hommage rendu par Louis de Bouillé, chevalier, seigneur du Chariol, le jeudi après la fête de Sainte-Foy, vierge, 1397, à Louis de Liste-

---

(1) Les titres anciens dénomment aussi cette maison Bouilhetz, Boillier et même Bothers conformément au nom latin qui est *Bolherii, Botherii, Boulherii*. L'usage actuel est d'écrire Bouillé ; cette particularité est commune à presque tous les noms de famille anciens, dont l'orthographe a changé par l'altération des temps. (Généalogie de la maison de Bouillé, par d'Hozier et Chérin.)

noix, chevalier, seigneur de Montaigu, et de la ville de Châteldon, pour les biens qu'il tenait de lui dans ladite ville et châtellenie, en Auvergne; il est dit qu'il les tenait, ainsi que l'avaient fait ses prédécesseurs de toute ancienneté. (*Et prædecessores suos ab antiquo*).

Cette maison a également formé en Auvergne d'illustres alliances, et elle y a possédé à diverses époques plus de trente terres seigneuriales, qu'elle perdit successivement au défaut des substitutions. (Preuves de la maison de Bouillé, par d'Hozier et Chérin).

Elle a eu des chevaliers de l'ordre de Saint-Michel, alors l'Ordre du Roi, sous Louis XI et sous François Ier; et du Saint-Esprit, sous Henri III et sous Louis XVI; des prélats de l'église, des comtes de Brioude et de Lyon; des commandeurs de l'ordre de Saint-Jean de Jérusalem, en 1351; et depuis un Christophe-Alexandre de Bouillé du Chariol (dit le commandeur du Chariol), qui se signala particulièrement à la défaite de la flotte turque aux Dardanelles. (Preuves de la maison de Bouillé, par d'Hozier.) Il eut la dignité de conservateur de l'ordre, et mourut chef d'escadre des armées navales.

La maison de l'Hermite ou l'Armite de la Faye, aussi très-distinguée (Procès-verbal de la Coûtume d'Auvergne), et dont était un des six nobles députés de la Basse-Auvergne, pour rédiger et signer la coutume (Baluze, tom. 2, page 221), est la même dans l'origine que celle de Bouillé. Cette branche avait quitté son nom pour prendre celui de sa terre, qui est un ermitage. L'Hermite de la Faye, chevalier, était chambellan du roi et sénéchal de Nimes et de Beaucaire en 1413.

En 1365, par contrat du 5 octobre, Jeanne de Bouillé, fille de Jean de Bouillé, seigneur de la Morelière (Histoire des grands officiers de la couronne. — Généalogie de la maison du Guesclin), fut mariée à Olivier du Guesclin, seigneur de Véruzé, cousin-germain du fameux connétable Bertrand du Guesclin.

Par contrat du 8 octobre 1534, haut et puissant seigneur messire Antoine de Bouillé, chevalier, seigneur du Chariol et de Camptoing, baron d'Oroze ou Aurouze, de Tinières et d'Alteret, fils de noble et puissant seigneur messire Gaspard de Bouillé, *aliàs* du Chariol, chevalier, seigneur dudit lieu et de Rochefort, et baron d'Oroze, de Tinières, et d'Alteret du chef de demoiselle Anne d'Urfé, sa femme (1); épousa, en secondes noces demoiselle Jeanne de Joyeuse, fille de haut et puissant seigneur messire Charles de Joyeuse, chevalier, vicomte dudit Joyeuse, et de dame Françoise de Meuillon. Elle était cousine-germaine de Guillaume, vicomte de Joyeuse, maréchal de France, mort en 1592, et tante, à la mode de Bretagne, d'Anne, duc de Joyeuse, pair et amiral de France, tué à la bataille de Coutras, et qui avait épousé, en 1581, Marguerite de Lorraine, reine de France, femme de Henri III; de François, cardinal de Joyeuse, mort en 1615, et de Henri, duc de Joyeuse, pair et maréchal de France, si connu sous le nom de Père Ange, mort en 1608.

Cet Antoine DE BOUILLÉ avait épousé, en premières noces, dame Catherine d'Estaing, veuve de Jean de Cardaillac, baron de la Capelle, gouverneur de Bayonne, commandant l'artillerie au voyage de Fontarabie sous l'amiral de Bonnivet, fille de Guillaume, dit Guillot

---

(1) Anne d'Urfé était nièce de Pierre d'Urfé, grand écuyer de France, fille de noble et puissant messire Jean d'Urfé, dit Paillart, chevalier, seigneur et baron d'Orlhac de Tinières, d'Oroze, de Beaulieu, etc. etc. Conseiller et chambellan du roi, et de dame Isabeau de Langheac, sa première femme, et sœur de ce vaillant chevalier, Gaspard d'Urfé, baron d'Oroze, qui fut l'ami et le frère d'armes de Bayard. (Histoire du chevalier Bayard.)

Il est intéressant de rectifier à l'occasion de cette alliance et de celle subséquente, entre Antoine de Bouillé et Jeanne de Joyeuse, une erreur qui se trouve dans l'histoire des grands officiers de la couronne à l'article de la maison d'Urfé, vol. 8, pag. 499, et aussi à l'article de la maison de Joyeuse, vol. 3, pag. 838. On y lit que Jeanne Joyeuse épousa Gaspard d'Urfé, baron d'Auroze, second fils de Jean d'Urfé, dit Paillart, baron d'Auroze et d'Isabeau de Langeac. Ce fait n'a pu être établi dans cet ouvrage que sur des mémoires infidèles, étant prouvé incontestablement par plusieurs actes authentiques, que cette Jeanne de Joyeuse fut mariée par contrat du 8 octobre 1534 (âgée alors de 15 ans) avec haut et puissant seigneur messire Antoine de Bouillé du Chariol, chevalier, seigneur dudit lieu; baron d'Aurouze et de Tinières. (Preuves de la maison de Bouillé, par d'Hozier et Chérin). Le contrat original de ce mariage a été produit en bonne et due forme. Gaspard d'Urfé était baron d'Orouze du chef d'Isabeau de Langeac, sa mère, et Antoine de Bouillé du Chariol, fils d'Anne d'Urfé, sœur dudit Gaspard, devint aussi baron d'Orouze du chef de celle-ci. On aura trouvé dans quelques mémoires, que Jeanne de Joyeuse était femme du baron d'Aurouze, et on lui aura donné mal-à-propos pour mari Gaspard d'Urfé d'Oroze.

d'Estaing, chevalier, seigneur de Murols, de Lugarde et de Valentine, baron d'Estaing, de Landorre et de Salmeich, vicomte de Cadars et de Cheilane, gouverneur du pays de Bodène, etc., etc., et de dame Anne d'Esparron.

Autre Antoine DE BOUILLÉ, III$^{e}$ du nom, seigneur de Coulanges et du Vialard, épousa, par contrat du 10 février 1548, demoiselle Catherine de Châlon, dont la maison possédait la principauté d'Orange, qu'elle porta par mariage dans celle de Nassau si illustre, et aujourd'hui souveraine du royaume des Pays-Bas.

René de BOUILLÉ fut marié au commencement du seizème siècle, avec Jacqueline d'Estouteville, comtesse de Créance en Normandie. — Madeleine de Bouillé, née de ce mariage, épousa, le 14 octobre 1657, Louis, vicomte de Rochechouart. (P. Anselme, Dictionnaire de la Noblesse. Coûtumes d'Auvergne).

La maison d'Estouteville, qui descendait des anciens rois de Hongrie, s'éteignit dans Adrienne, duchesse d'Estouteville, qui épousa, en 1534, François de Bourbon, comte de Saint-Pol, et fut mère de la duchesse de Longueville, qui mourut en 1600, et porta cet héritage dans la maison d'Orléans.

En outre des alliances dont il vient d'être fait mention, les différentes branches de la maison de Bouillé en ont contracté de directes avec celles de la Tour-d'Auvergne, de la Roche-Aimon, de la Roche-Briam, de Lastic, de la Fayette, Montrevel, Chabannes, Curton, d'Estaing, de Langéac, de la Rochefoucault, de Châteauneuf-Randon, de Pons-de-la-Grange, d'Aureilhe, de Lignerac, de Rochefort-d'Ailly, de Clavières-de-Saint-Agrève, de la Roue, Chovigny-de-Blot, de Laval, de Longue-Année, d'Alègre, de la Guiche-Saint-Geran, Dallet, du Prat, de Chavagnac, de Bourdeilles, de Guillaumanches, de Bosredon, etc., etc.,

La généalogie de cette maison dressée sur titres originaux, et certifiée véritable par le sieur d'Hozier de Sérigny, juge d'armes de la noblesse de France, se trouve inserée avec copie des preuves à l'appui au septième registre, tom. 11 de l'Armorial général du royaume. Elle a été reproduite également par le sieur Chérin, généalogiste des ordres du roi à diverses époques, en tr'autres en 1783, lorsque M. le marquis de Bouillé fut reçu chevalier du Saint-Esprit, et en 1785 et 1786, lorsque M. le comte et M. le vicomte de Bouillé firent leurs preuves pour monter dans les carrosses, conformément à l'ordonnance du roi, en date du 17 avril 1760.

Elle est aussi mentionnée dans les ouvrages suivants; 1.° Coutumes d'Auvergne, par Chabrol, tom. 4, pages 29, 74, 75, 203, 534, 538, 738, et suivantes, 749, 766, 775, 778, 787, 797, et 815; 2.° Dictionnaire de la Noblesse, article Bouillé; 3.° Histoire des grands officiers de la couronne, par le P. Anselme; 4.° Baluze; 5.° Gallia-Christiana; 6.° Histoire de l'ordre du Saint-Esprit, par Sainte-Foix, etc., etc.

La branche du Maine de cette maison, qui portait » d'argent à la fasce de gueules, frétée de sable, accom- » pagnée de deux burelles de gueules », (lesquelles armes sont originairement celles de la maison Bouillé), et qui avait eu un chevalier du Saint-Esprit sous Henri III, à la promotion de 1585, en la personne de René de Bouillé, comte de Créance, capitaine de cinquante hommes d'armes, conseiller d'état, gouverneur de Carlat et de Périgueux, s'est éteinte dans Renée-Eléonore de Bouillé, fille unique de René, marquis de Bouillé, comte de Créance, et femme de Henri de Daillon, duc du Lude, grand-maître de l'artillerie, premier gentilhomme de la chambre du roi, chevalier de ses ordres, mort en 1685, sans enfants.

Les terres qui appartenaient à cette branche dans le Maine et l'Anjou, et entr'autres, celle de Bouillé, érigée en marquisat sous Louis XIII, passèrent à diverses familles, qui par un abus trop souffert autrefois, en prirent les titres et même le nom.

Les branches auvergnates encore existantes, ont toutes pour tige commune :

Guillaume DE BOUILLÉ, Ier du nom, chevalier, seigneur du Chariol, vivant en 1254, ainsi qu'il est constaté, par un acte du mois de mars de cette année, par lequel il reconnaissait tenir en fief, entr'autres biens, toutes les dîmes qu'il possédait dans la paroisse de celle de cette même abbaye de Montpeyroux en Auvergne (Cartulaire de Montpeyroux, où cent ans auparavant, en 1155, noble Pierre de Bouillé, son aïeul, avait assisté comme témoin, ainsi que nous l'avons dit plus haut, à un acte concernant l'abbé Thibaud. Il avait épousé Edevine de Tournon.

Au neuvième degré de sa descendance, il se forma deux branches. L'aînée fut continuée par :

Noble et puissant seigneur Pierre DE BOUILLÉ, IVe du nom, chevalier, seigneur du Chariol et de Neyronde, conseiller et chambellan du roi, ainsi qu'il est constaté par plusieurs actes, et un entr'autres, d'une fondation de vicairie, du 19 mars 1475. Il avait épousé Catherine de la Roue (1).

Son frère Antoine DE BOUILLÉ, Ier du nom, dit du Chariol, chevalier, seigneur de Coulanges et du Vialard, gouverneur du château d'Usson, qualifié noble et puissant homme, fut auteur de la seconde branche. Il avait épousé demoiselle Agnès de Crestes.

L'aînée de ces deux branches est aujourd'hui représentée, ainsi qu'il suit, au dix-septième degré, par :

## PREMIÈRE BRANCHE.

XVII. François-Marie-Michel DE BOUILLÉ DU CHARIOL, comte de Bouillé, colonel, aide-de-camp de S. A. R. MONSIEUR, frère du roi, chevalier de l'ordre royal et militaire de Saint-Louis et de ceux de l'Etoile-Polaire et de Saint-Jean de Jérusalem, né le 13 janvier 1779, fils de feu haut et puissant seigneur messire Pierre-Christophe de Bouillé du Chariol, comte de Bouillé, seigneur d'Hauterive, etc., en son vivant colonel du régiment de Viennois, chevalier de l'ordre royal et militaire de Saint-Louis et de celui de Cincinnatus, et de demoiselle Marie-Camille-Angélique de Leyritz. De son mariage, accordé par contrat du 5 novembre 1804, avec demoiselle Marie-Louise de Carrère, il y a les enfants qui suivent :

1.° Jacques-Marie-Gaston, né à Paris le 21 octobre 1807;

---

(1) Ancienne et puissante maison, éteinte dans la personne de Jacques de La Roue, chevalier de l'ordre du Roi, capitaine de cinquante hommes d'armes de ses ordonnances en 1570.

2.° Louise-Caroline-Rose, née à Paris le premier mars 1815;

3.° Adèle-Amélie-Rose de Bouillé du Chariol, sœur de François-Marie-Michel, née le 18 février 1790, a épousé, par contrat du 25 février 1815, Arthur, comte de Pons de la Grange.

SECONDE BRANCHE.

Elle est représentée aujourd'hui, au dix-huitième degré, par :

XVIII. 1.° Francois-Gabriel DE BOUILLÉ DU TRONÇAY, baron de Bouillé, colonel, chevalier de l'ordre royal et militaire de Saint-Louis, né le 20 avril 1766, marié, par contrat du 7 avril 1797, avec demoiselle Elisabeth de Jay de Beaufort, dont une fille, née le 21 novembre 1806.

XVIII. 2.° Claude DE BOUILLÉ DU CHARIOL-D'AUTHÉRAT, vicomte de Bouillé, cousin-germain du précédent, né le 16 décembre 1756, chevalier de l'ordre royal et militaire de Saint-Louis, marié, en 1786, à Marie-Guillelmine Pinel du Manoir, de laquelle sont issus :

1.° François-Claude-Amour-René-Albert, né le 21 septembre 1787, marié, le 2 janvier 1812, à Rosalie-Pierrette de Forestier, dont une fille;
2.° Arthur-Philippe-Guillaume-Parfait, né le 18 février 1790, capitaine de cavalerie, aide-de-camp du maréchal duc de Reggio, et chevalier de la Légion d'honneur.

XVIII. 3.° Jean-Baptiste DE BOUILLÉ DU CHARIOL-D'AUTHÉRAT, abbé de Bouillé, né le 6 juin 1759, ancien aumônier de la Reine Marie-Antoinette d'Autriche, femme de Louis XVI, chanoine, comte de Vienne, etc.

TROISIÈME BRANCHE.

Au douzième degré de la seconde branche, Antoine de Bouillé du Chariol, IV$^e$ du nom, fils d'Antoine de Bouillé du Chariol, seigneur de Coulanges, et de Catherine de Châlon, fut auteur de la troisième branche. Il avait épousé, par contrat du 17 novembre 1590, demoiselle Claude de Saint-Geron, ou Saint-Giron, morte avant le 24 septembre 1623, fille de noble messire Michel de Saint-Geron ou Saint-Giron, chevalier, et de demoiselle Louise de Rochefort. Il eut de ce mariage :

XIII. Jacques DE BOUILLÉ DU CHARIOL, écuyer, seigneur de Saint-Geron, de Salles, de Balsat, de Rioux-Martin, de Cambe, d'Unin et autres lieux, qui fut marié, par contrat du 10 février 1630, avec demoiselle Charlotte Bourdeilles ou Bourdelles (1), fille de noble messire Charles de Bourdeilles ou Bourdelles du Pouget, écuyer, et de demoiselle Anne de Villatte, sa veuve. Il vint de ce mariage :

XIV. Antoine DE BOUILLÉ DU CHARIOL, Ve du nom, chevalier, baron d'Alteret, seigneur de Saint-Geron, de Vidières et des Chariols (2), qui épousa en premières noces demoiselle Charlotte de Ponteaux, et en secondes noces par contrat du 22 février 1694, demoiselle Marie-Madeleine de Motier de la Fayette de Champestières, fille de Charles de Motier de la Fayette de Champestières, chevalier, seigneur et baron de Vissac, et de dame Marie de Pons de la Grange. Il eut de ce second mariage les enfants qui suivent :

1.° Guillaume-Antoine de Bouillé du Chariol, qui continua la descendance ;
2.° Nicolas de Bouillé du Chariol, né en 1702, comte de Lyon en 1722, doyen de ce chapitre noble en 1754, premier aumônier du roi Louis XV en 1757, sacré évêque d'Autun en 1758, et conseiller d'état en 1761, mort en 1767.

XV. Guillaume-Antoine DE BOUILLÉ DU CHARIOL, comte de Bouillé, né en 1699, chevalier, baron d'Alteret, marquis de Cluzel-Saint-Eble, seigneur de Saint-Geron, de Vidières, etc., épousa en premières noces, par contrat du 10 mars 1725, demoiselle Marie-Albertine-Josephe-Amour de Clavières de Saint-Agrève, fille de Jean de Clavières, chevalier, seigneur et baron de Saint-Agrève dans le Haut-Vivarais, et de Clavières, et de

(1) Maison dont était Brantôme.

(2) Il ne faut pas confondre cette terre, avec l'ancienne seigneurie du Charriol possédée depuis si longtemps par la maison de Bouillé.

dame Marie d'Hamal; et se remaria, en 1745, avec demoiselle Anne-Marie Chevalier d'Enfrenel, fille de N...., chevalier, baron d'Enfrenel, et de demoiselle Anne d'Ailly. Ses enfants furent :

*Du premier lit :*

1.° François-Claude-Amour de Bouillé du Chariol, qui continua la descendance;

*Du second lit :*

2° Antoinette-Louise-Nicolle de Bouillé du Chariol, mariée, par contrat du 3 février 1768, à Maximilien, comte de Bosredon.

XVI. François-Claude-Amour DE BOUILLÉ DU CHARIOL, marquis de Bouillé, seigneur de Saint-Geron et de Brugeac, baron d'Alteret, marquis du Cluzel-Saint-Eble, etc., né le 19 novembre 1739, au château du Cluzel, en Auvergne; après s'être distingué par de brillants faits d'armes dans la guerre de sept ans, avait été fait successivement colonel d'un régiment d'infanterie de son nom, depuis Vexin, en 1761, chevalier de l'ordre royal et militaire de Saint-Louis, brigadier des armées du roi, gouverneur de la Guadeloupe en 1768, gouverneur général des Isles-du-Vent en 1777; maréchal des camps et armées du roi en 1778; il s'illustra par ses succès contre les Anglais pendant la guerre d'Amérique, et leur enleva les îles de la Dominique, de Tabago, Saint-Eustache, Saint-Christophe, Néris et Montserrat; fut lieutenant-général des armées du roi le 19 avril 1782, nommé chevalier des Ordres du Roi à la Pentecôte 1783, et reçu le premier janvier 1784, fut membre des deux assemblées des notables du royaume convoqués par Louis XVI en 1787 et 1788; commandant de la province des Trois-Evêchés en 1789, il joignit à ce commandement celui de la Lorraine, de l'Alsace et de la Franche-Comté; fut général en chef de l'armée de Meuse, Sarre et Moselle en 1790; gagna l'affaire de Nancy contre les rebelles, le 31 août 1790, et refusa alors le bâton de maréchal de France que le roi voulut lui donner, ainsi que la preuve en existe dans une lettre que lui écrivit à ce sujet M. le comte de la Tour-du-Pin, alors ministre de la guerre, de la part de Sa Majesté, alléguant pour motif de son refus, qu'il ne voulait point que les factieux pussent croire que son dévoûment au roi et ses services fussent achetés par cette grâce. Il fit un généreux effort pour sauver le roi Louis XVI le 21 juin 1791. Après la malheureuse issue de cette entreprise, il entra au service du roi de Suède Gustave III, comme lieutenant-général de ses armées, et mourut à Londres le 14 novembre 1800, dans la soixante-unième année de son âge. De son mariage, accordé par contrat du 6 juillet 1768, avec demoiselle Marie-Louise-Guillemette de Bêgue, il a eu les enfants qui suivent :

1.° Louis-Joseph-Amour de Bouillé du Chariol ;

2.° François-Guillaume-Antoine de Bouillé du Chariol ;

3.° Cécile-Emilie-Céleste-Eléonore, mariée, par contrat du 9 mars 1791, à François-Jules-Gaspard, vicomte de Contades, petit-fils du maréchal de ce nom, morte à Paris le 16 mai 1801.

XVII. 1.° Louis-Joseph-Amour DE BOUILLÉ DU CHARIOL, marquis de Bouillé, né le premier mai 1769, aide-de-camp du roi de Suède Gustave III, en 1791, ensuite colonel-propriétaire du régiment des Hullans britanniques en 1793, aujourd'hui lieutenant-général des armées du roi, chevalier de l'ordre royal et militaire de Saint-Louis et de celui de la Légion d'honneur. De son mariage, accordé par contrat du 30 avril 1798, avec demoiselle Anne-Marie-Robertine-Hélène Joséphine Walsh de Serrant, est issu :

Amour-Louis-Charles-René, né à Paris le 26 mai 1802.

XVII. 2.° François-Guillaume-Antoine DE BOUILLÉ DU CHARIOL, dit le comte François de Bouillé, né le 8 mai 1770, colonel de cavalerie, chevalier de l'ordre royal et militaire de Saint-Louis et de celui de Saint-Jean de Jérusalem. Il épousa, par contrat du 14 mai 1799, demoiselle Rose-Antoinette de Jorna, de laquelle est issu :

Jules-François-Amour, né le 16 mars 1800.

*Armes :* La maison de Bouillé, depuis son alliance

avec l'héritière du Chariol, a toujours porté : « De » gueules, à la croix ancrée d'argent.

» *Devises :* { *A vero bello Christi ;*
*Tout par labeur.*

» *Cri de guerre :* LE CHARIOL ».

---

PELLERIN DE GAUVILLE (LE), en Normandie, famille des plus anciennes de cette province :

Marc-Antoine-François LE PELLERIN, marquis DE GAUVILLE, lieutenant-général, commandant le second bataillon des Gardes-Françaises, gouverneur de Neuf-Brissac en 1761, marié, le 30 octobre 1740, à Madeleine le Gendre, nièce de madame Crozat, aïeule de la duchesse de Choiseul et de la maréchale de Broglie, a eu de ce mariage :

1.° Marc-Antoine, né le 22 août 1741, colonel du régiment de Cambrésis ;

2.° Marguerite, née le 13 juin 1743.

Charles-Nicolas LE PELLERIN, baron DE GAUVILLE, frère de Marc-Antoine-François, était seigneur de Neuillé, Pontpierre, Souzay, etc. etc., chevalier de l'ordre royal et militaire de Saint-Louis, capitaine au régiment de la Marine. Il avait épousé Marie-Louise Carré ; il est mort en 1793. Il a laissé :

1.° Antoine-Charles le Pellerin, marquis de Gauville, officier au régiment des Gardes-Françaises, puis mousquetaire noir; né le 17 juillet 1758 ; il est marié à Louise-Victoire de Perrochel, de laquelle il a : 1.° Antoine-Charles le Pellerin de Gauville, né le 9 mars 1787 ; 2.° Marie-Louise-Françoise-Amélie, née en janvier 1788 ; 3.° Louise-Charlotte-Antoinette, née le 30 janvier 1802 ;

2.° Antoine-Mathurin le Pellerin, baron de Gauville, chevalier de l'ordre royal et militaire de Saint-Louis, marié à Rouen, à mademoiselle Paix-de-Cœur, dont il a quatre enfants.

*Armes :* « D'or, au chevron de gueules, chargé de

» quatorze losanges d'argent, posées en deux chevrons ; » au chef de sable, chargé de trois coquilles du troisième » émail. Couronne de marquis. Supports, deux lions ».

---

PARC (DU). La maison du Parc, de Bretagne, dont l'origine se perd dans la nuit des temps, descend, selon plusieurs écrivains, des anciens souverains de cette province par les seigneurs d'Avaugour (1). Dom Lobineau le dit formellement dans la Vie du comte de Blois. La Chesnaye des Bois, le répète, et on y lit ce qui suit dans la généalogie de la maison de Lesquen.

» Il y avait alors en Bretagne deux branches issues de » la maison d'Avaugour connues, sous le nom de *du Parc*. » On voit dans ces mêmes temps un Pierre du Parc » marié à Jeanne de Dol : il était fils d'Henri du Parc » et de Jeanne de Brive. Il est dit qu'ils ont eu deux filles » Jeanne et Renée. La dot de Jeanne mariée à Guil- » laume de Lesquen était telle, qu'on n'en donnait de » pareilles qu'aux filles des maisons les plus distinguées : » ce qui donne à penser que cette Jeanne du Parc était » fille de Pierre du Parc de la maison d'Avaugour et » de Jeanne de Dol ». (Voyez la Chesnaye des Bois, tome 8, pages 637 et 638). Et ce qui prouve encore mieux l'identité des branches d'Avaugour et du Parc, c'est qu'Olivier Hersent signa le contrat de mariage de ladite du Parc Avaugour pour son cousin Thomas du Parc. (Voyez dom Morice, page 581).

On voit aussi cette descendance sur un tombeau dans l'église des Carmélites de Gisors en Normandie.

Voici ce que portent les registres de la noblesse de France (2e registre, pages 2 et 23). « Un des puînés » fut Guillaume d'Avaugour, seigneur du Parc (2), » qui prit le nom de cette terre, etc. C'est de là qu'est

---

La baronnie d'Avaugour, située en l'évêché de Tréguier, à deux lieues de Guingamp, est la première de cette province. Le duc François II la donna à son fils naturel François, qui forma une branche d'Avaugour de Vertus qu'il ne faut pas confondre avec les anciens d'Avaugour.

(2) Guillaume du Parc Avaugour, tué en 1372 à la bataille d'Aurai, ne laissa point de postérité.

» venu en Bretagne le proverbe *Où gît Avaugour du* » *Parc à son tour*, ce qui s'accorde avec la coûtume » de cette province, qu dit, art. 258, *qu'en ligne directe*, » *le mort saisit le vif*. Une preuve non moins certaine » est celle qui résulte des armes des maisons d'Avaugour » et du Parc. Les fiefs qui dans leur origine étaient des » bénéfices à vie, devinrent héréditaires sous Hugues » Capet. Par une suite de la propriété les seigneurs pri- » rent les noms de leurs terres dans l'onzième siècle. Ces » noms commencèrent à devenir propres aux familles » par succession de temps. Ce fut l'ouvrage de la ré- » volution qui se fit quand la possession précaire des fiefs » fut changée en propriété incommutable. Les armoiries » commençaient. Comme on était armé de toutes pièces » à la guerre, aux duels, aux combats judiciaires, aux » joutes et tournois, un homme armé de fer était mé- » connaissable. Pour le distinguer il fallut que chacun » prît des couleurs, des émaux, des métaux : de là vient » le blason. Les armoiries varièrent dans chaque fa- » mille. Elles ne furent pas d'abord plus certaines que » les noms. Les aînés fondés sur le gouvernement féodal » et sur l'indivisibilité des fiefs, exerçaient sur leurs » puînés une domination absolue. Elle ne se borna pas » alors à les réduire à de simples pensions et à bienfait » suivant l'assisse du comte Geoffroy. Ces aînés puissants » forcèrent leurs cadets à changer d'armes, à les briser ».

« D'Avaugour portait d'argent au chef de gueules avec » le cri de guerre *honour, honour à dou Parc Avau-* » *gour*. (Abrégé de Menestrier, édition de Lyon de 1673, » page 78. Science des armoiries, par Geliot, Paris 1661, » page 144). *Du Parc* porte d'argent à la triple jumelle » de gueules. Ces armes dénotent et démontrent la des- » cendance d'Avaugour. Les jumelles sont en effet une » double brisure à laquelle on reconnaît le deuxième fils » des descendants du premier sixième. (Chasseneux, Fa- » vier, et Geliot, *ibidem*, page 144). C'est ici une preuve » écrite et fondée sur les règles de l'art héraldique, » et sur la maxime constante, *signum retinet signum* ».

« Cette preuve indestructible est fortifiée par tout ce » ce qui la suit. Services militaires, emplois considéra- » bles, gouvernements, chevalerie, possession de grandes » terres, et alliances continuellement assorties depuis » plus de six siècles, à la splendeur tirée de l'origine

» des souverains de Bretagne ». (Généalogie de la maison du Parc, par M. Tatin des Rivierres).

Les aînés des seigneurs de la Motte du Parc (1), et précédemment de la Rochepagu, avaient d'abord porté d'argent au croissant de gueules, comme on le voit dans un vieux armorial breton. Il portèrent ensuite les trois jumelles, comme on le voit pour Bertrand du Parc; mais Charles du Parc, son frère, adopta les armes de l'ancienne maison de Paynel, en épousant une héritière de cette famille. D'or à deux fasces d'azur, accompagnées de neuf merlettes de gueules, 4, 3 et 2; qui furent prises après lui par la branche établie en Normandie; mais pour conserver la trace de son origine, cette branche, qui n'avait jamais quitté la devise *vaincre ou mourir*, ainsi que l'aigle et le lion pour supports, brisait ses armes d'un franc quartier de Bretagne, qui est d'hermine : ce qui réduit les merlettes à sept, comme on le voit à Cresnay, Avranches, etc. Les aînés avaient, à tort perdant quelque temps, quitté cette brisure honorable, comme on le voyait à Châteaugontier, Azé, Ingrande, etc. Les cadets revenus aînés l'ont conservée et ont fini par réunir aux armes des Paynel les trois jumelles qu'ont portées constamment les branches restées en Bretagne.

Les branches diverses de la maison du Parc ont fait à différentes époques leurs preuves de très-ancienne et très-noble extraction.

Bertrand du Parc, seigneur en partie de Cresnay près Avranches, fit ses preuves en 1463 sous Raymond Monfault, et comme il fallait qu'elles fussent au moins de quatre degrés, remontait donc ainsi à *Alain du Parc*, IIIe du nom, seigneur de la Motte du Parc en Bretagne, (Voyez à la biliothèque du Roi, les Recherches de Monfault, élection d'Avranches, sergenterie de Roussel, et le tableau généalogique de la noblesse, par le comte de Waroquier, tome 4, page 39.)

Nicolas du Parc, baron de Cresnay, fit ses preuves en 1541, tant pour lui que pour Adrien du Parc, chevalier

(1) Il est d'usage en Bretagne de mettre souvent le nom de la terre avant le nom de famille; ainsi, on dit *La Motte du Parc*, pour du Parc La Motte; La Motte Piquet, au lieu de Piquet la Motte.

de l'ordre du roi, baron d'Ingrande, etc., et François du Parc, grand doyen du Mans; seigneur de Beaumanoir, etc. Ses frères qui constataient que Guillaume du Parc, son quartaïeul en son vivant seigneur d'Availlis, la Rochelle, etc., fut conjoint en mariage avec demoiselle Guillemette de Romilly, près Fougères en Bretagne, d'une très-ancienne noblesse. Lequel Guillaume était sorti et issu de la maison de la Motte du Parc de Bretagne.

Lesdites preuves furent faites devant les élus de Mortain, commissaires de monseigneur le général de Normandie « pour la justification et vérification, de leurs » droits, libertés et priviléges de noblesse, et que leurs » prédécesseurs et eux de tous temps et ancienneté, sont » issus, procréés et descendus de noble ligne, joui et » usé dudit privilége de noblesse, et reçu noblement sui-» vant les armes ». (Une copie en forme desdites preuves est déposée à l'hôtel-de-ville de Bayreuth en Franconie).

Robert et Guyon du Parc, frères, seigneurs du Mesnil, Barville, etc., prouvèrent leur noble et ancienne extraction, et obtinrent des lettres de maintenue, le 18 septembre 1624.

Ledit Robert, baron du Mesnil, Cresnay, etc., obtint encore en 1641, comme ancien noble, des lettres de maintenue qui remontent sa filiation jusqu'à Jean du Parc, baron des Cresnays, Bernières, etc., son trisaïeul, et le déchargent du droit de franc-fief.

Enfin, le même Robert du Parc, fit encore ses preuves devant Chamillard, commissaire du roi, pour la vérification des titres de noblesse en Normandie, et obtint de lui en 1668, des lettres de maintenue dans lesquelles ledit commissaire certifie que Robert du Parc, est ancien noble et descend en ligne directe de Bertrand du Parc, baron d'Ingrande, Cresnay, etc.; son bisaïeul, et que ses ancêtres étaient nobles du temps de Monfault. (Voyez les Recherches de Chamillard, élection de Valogne, sergenterie du Val de Cères).

Le comte du Parc existant aujourd'hui et ayant pour trisaïeul ledit Robert du Parc, a produit les lettres de maintenue précitées dans les preuves qu'il a faites devant Chérin, généalogiste de la cour, et il a eu l'honneur de monter dans les carrosses du roi, et de suivre Sa Majesté à la chasse, le 11 avril 1788. (Voyez la Gazette de

France, du 18 avril 1788, et le Mercure de France, du 26 avril 1788); et la comtesse du Parc, née Caillebot la Salle, a été présentée par madame la duchesse de Mortemart, sa cousine, le 27 avril 1788. (Voyez la Gazette de France, du 2 mai, et le Mercure de France, du 10 mai 1788).

Parmi les individus qui, sous le nom du Parc, furent les plus illustrés par leurs services ou leurs emplois, on doit remarquer :

Alain du Parc et Robert son frère, capitaines d'hommes d'armes dans le treizième siècle, qui signèrent comme parents les partages faits en 1270 entre Alain, vicomte de Rohan, et ses puînés.

N.... du Parc (Alain), qui fut, en 1306, comme parent, un de exécuteurs du testament du duc Jean II.

Maurice du Parc, un des chevaliers du combat des trente, en 1351 (1). Sa valeur fut tellement reconnue, que le roi d'Angleterre partant pour aller délivrer Chizay, ses soldats voulaient tuer tous les Bretons, excepté le connétable, Maurice du Parc et Geoffroi Kerimet. Le combat de Chizay eut lieu le..... 1372. Alain de Beaumanoir et Maurice du Parc commandèrent l'aile gauche dans cette journée. (Dom Morice, tome 1, pages 242 et 243).

Henri du Parc, seigneur de la Rochejagu, grand et premier chambellan, capitaine d'hommes d'armes, qui fut un des conservateurs de la trêve conclue en 1414 entre l'Angleterre et la Bretagne. Il fut en 1420, comme parent, un des signataires du contrat de mariage de Louis

(1) Le combat des trente eut lieu au Chesne de Millevoye entre Josselin et Ploermel, le 27 mars 1351. Les trente chevaliers Bretons commandés par Baumanoir, étaient les Sires de Tintiniac, Guy de Rochefort, Yves Charruel, Robin Raguenel, Huon de Saint-Yvon, Caro de Bodegat, Olivier Arrel, Geoffroy du Bois, Jean Rousselet, Guillaume de Montauban, Alair de Tintiniac, Tristan de Pestivien, Alain de Kerenrais, Olivier de Keranrais son oncle, Louis Goyon, Geoffroy de la Roche, Guyon de Pontblanc, Geoffroy de Beaucorps, Maurice du Parc, Jean de Serent, les deux Fontenay, Geoffroy Poulard, Maurice et Geslin de Tronquidy, Guillaume de la Lande, Olivier de Monteville, Simon Richard, Guillaume de la Mache et Geoffroy Melon. (Voyez dom Morice, tome 1, page 273.)

d'Anjou avec Isabelle de Bretagne, dont il avait arrêté les articles en 1417. (Dom Morice.)

Charles et Bertrand du Parc, seigneurs de la Motte-du-Parc, frères, furent, dans le quatorzième siècle, capitaines d'hommes d'armes, chambellans, et ce dernier, en outre, maître de l'artillerie. Ledit Charles, qui était aussi capitaine de Jugon et de Fougères, fut tué en 1487, au poste de Guemené, et le duc, dit l'historien, *n'avait pas beaucoup d'officiers comme lui*. Ledit Bertrand, capitaine de Vannes et de Redon, fut envoyé par le duc, en 1462, comme ambassadeur, à Rouen, pour porter mille écus d'or à la reine détrônée d'Angleterre, et parmi les commissaires nommés par le duc en 1477, on remarque nos biens chers et amés *cousins* et féaux Bertrand du Parc. etc. (Voyez dom Morice, dom Lobineau, frère du Paz.)

Adrien DU PARC, chevalier de l'ordre du Roi, baron d'Ingrande, etc., était un des chefs du parti catholique sous Charles IX et Henri III. Guy du Parc, baron d'Ingrande, son fils, fut un des principaux seigneurs catholiques tués à la bataille de Jarnac, en 1569. (Voyez les Mémoires du marquis de Castelnau, tom. 2, pages 630, 638 et 639.) On trouve dans les ouvrages du père Monfaucon la lettre d'Henri III, alors duc d'Anjou, au baron d'Ingrande, sur la mort de son fils.

François DU PARC, marquis des Cresnays, baron des Biards, etc., chevalier de l'ordre du Roi, etc., fut tué à la bataille d'Ivry, en 1590, portant la cornette du duc de Montpensier. Il avait été envoyé comme ambassadeur pour traiter de la paix. (Voyez les Mémoires de Condé, de la Ligue.)

*Nota*. On voit qu'Adrien et François du Parc étaient chevaliers de l'ordre du Roi avant l'institution de l'ordre du Saint-Esprit, ce qui était alors en France la distinction la plus honorable.

La maison du Parc fut dans tous les temps fidèle à sa religion et à son souverain. Le nom du Parc qui, comme on l'a vu, figura avec honneur au combat des trente, en 1351, aux batailles de Jarnac et d'Ivry, a pu être encore remarqué au nombre des braves et zélés royalistes qui, le 31 mars 1814, arborèrent la cocarde blanche sur la place Louis XV, pour aller au-devant des alliés. On y compte quatre du Parc, le comte du Parc et ses trois fils, Maurice, Henri et Louis, ex-gardes du corps du roi, et ayant fait tous quatre la campagne de Bethune dans la compagnie écossaise.

L'histoire nous apprend qu'Henri, Ier du nom, troisième fils d'Etienne, comte de Penthièvre (1), et d'Avoise, comtesse de Guingamp, fut chef de la maison d'Avaugour. Il épousa en 1151, Mathilde de Vendôme, et mourut en 1190. Il eut deux fils : 1.° Alain, comte de Goello et d'Avaugour, qui forma la branche aînée ; 2.° Conan, comte de Bretagne, qui, selon frère du Paz, fut père d'Alain, lequel, selon de vieux mémoires domestiques, et selon les preuves de noble extraction et de grande fortune que fit, en 1637, Vincent du Parc, seigneur de Locmaria, pour l'enregistrement de ses lettres de marquis, fut chef d'une des deux branches de la maison d'Avaugour, qui, selon dom Lobineau, prirent le nom du Parc, et c'est à lui qu'on va commencer la filiation.

I. Alain D'AVAUGOUR, Ier du nom, seigneur DU Parc, dans la paroisse de Gourray (2), vivant en 1237, qualifié de chevalier dans un titre latin qui prouve que les dîmes de cette paroisse lui appartenaient en partie, était fils de Conan, comte de Bretagne. Il eut pour fils :

1.° Hugues, chevalier, marié, vers l'an 1270, avec Marie de Chauchix, dont il eut Derien du Parc, capitaine des Marches d'Anjou et du Maine, vivant en 1336. Il eut pour fils :

---

(1) *Etienne* était fils d'*Enclon*, comte de Penthievre, deuxième fils de *Goffroy*, comte de Rennes et de Bretagne, fils de *Conan* dit le Tort, fils de *Juhel Berranger*, fils de *Judicaël* tué en 890, fils de *Guervent*, comte de Rennes et de Goello, fils de *Nominoë*, vingt-sixième roi de Bretagne.

(2) La chatellenie de la Motte du Parc appartenant aujourd'hui à M. le marquis de La Motte de Broon et la chatellenie du Parc qui appartenait en 1790 à madame la marquise de Kerouartz, née de Cleu du Gage, dont l'aïeule paternelle était Marguerite-Marie du Parc, fille et héritière de Jean-Claude, comte du Parc, sont situées dans la paroisse du Gourray près Jugon à trois lieues de Lambale et furent partagées originairement entre les deux branches de cette maison.

a. Maurice du Parc, qui fut l'un des trente chevaliers bretons qui, en 1351, combattirent avec succès contre trente chevaliers anglais. Il fut capitaine de Quimper-Corentin et du pays de Cornouailles, chambellan du roi, gouverneur de la Rochelle, commandant, comme on l'a vu, l'aile gauche des Bretons au combat de Chezay, et d'une valeur qui avait fixé l'admiration même de ses ennemis. Il avait fait don et remise au duc de Bretagne (Charles de Blois) de cinq mille écus, sur la somme de dix mille qu'il lui devait, afin de contribuer au rachat du duc et de ses enfants ; et par une lettre de Nantes, du premier mars 1539, le duc ordonna de lui payer la somme restante de cinq mille écus. (Voyez dom Morice, tome 1, page 1352.) Il est cité, sous le nom de sire du Parc au nombre des seigneurs qui se trouvèrent, en 1372, à la prise d'Auray, et mourut sans enfants ;

b. Nicolas du Parc, chevalier, qui épousa, vers 1560, Tiphaigne de Lescoet, fille de Guillaume, dont il eut Jeanne du Parc, dame de Launay et de Crenolles, qui fut la première femme de René Madeuc, chevalier ;

c. Alain du Parc, chevalier, capitaine d'hommes d'armes, qui servit, en 1375, sous Olivier de Clisson. Il épousa N.... de la Rochejagu, dame de la Rochejagu et de Tronquidy, fille de Richard, sire de la Rochejagu, maison grande, ancienne et illustre qui avait porté le nom de Dinan, et de Garceline de Monfort, qui était fille de Raoul, sire de Monfort, de laquelle il eut ; 1.° Henri du Parc, chevalier, seigneur de la Rochejagu et Tronquidy, capitaine de Rennes et de Guérande, premier et grand-chambellan du duc, qui devait, en 1416, servir avec quatre chevaux de livrée. (Lobineau, page 531.) Le duc Jean V avait envoyé, en 1405, Henri du Parc au siége du Bourg ; il fut, en 1413, un des conservateurs de la trève de dix ans faite entre les Bretons et les Anglais ; il fut, le 17 octobre 1414, un des commissaires choisis par le duc pour traiter avec les commissaires du roi d'Angleterre, et, en 1419, un des capitaines qui accompagnèrent le duc Richard dans son voyage sur les frontières ; il signa en 1420, comme parent, le contrat de mariage de Louis, duc d'Anjou, avec Isabelle de Bretagne, dont il avait arrêté les articles en 1417; il fut un des ambassadeurs que la duchesse envoya au dauphin de France en 1420, avec le titre de chevalier; et dans l'Histoire de la Ligue, des premiers seigneurs, avec le duc de Bretagne, contre les Penthièvre, il est dit: « Sont comparus nos très-chers et bien amés *cousins* et féaux Henri du Parc, etc. ». (Dom Lobineau, tome 1.) Le duc Jean, par lettres-patentes données à Nantes le 13 juillet 1420, conféra les terres qu'il possédait dans les paroisses de Plonguiel et de Plougrescan (près Tréguier), confisquées, pour cause de félonie, sur Olivier de Blois, à son bien amé et féal chevalier Henri du Parc, seigneur de la Rochejagu, et à ses héritiers mâles de lui procréés, et en cas que ledit chevalier décède sans hoirs, à Alain du Parc, son frère-germain, et à ses enfants mâles, etc. ; et comme lesdits Henri et Alain moururent sans postérité, lesdites terres retournèrent au duc, qui, par des lettres-patentes du 5 mars 1439, à Dinan, les donna à l'église de Tréguier. Henri du Parc avait épousé N...., de laquelle il n'eut pas d'enfants, et qui se remaria, en 1458, à Olivier de Penhoel (Mémoires pour servir de preuves à l'histoire de Bretagne, tome 2, col. 1725), et il eut pour héritier Alain du Parc, son frère-germain ; 2.° Alain du Parc, chevalier, seigneur de la Rochejagu, Tronquidy, etc. etc., qui fut héritier de son frère Henri, et mourut sans enfants, vers 1439, laissant pour principal héritier son neveu Jean Péan. (Voyez frère du Paz, pages 615 et 734); 3.° N.... du Parc, qui épousa Roland Péan, père dudit Jean, qui, comme héritier d'Alain du Parc, devint seigneur de la Rochejagu et vicomte de Tronquidy;

2.° Alain, dont l'article suit;

3.° Robert, tige de la branche des seigneurs de Saint-Mirel;

4.° Gervais, chevalier seigneur du Plessis, qu'on croit aussi fils d'Alain, marié, en 1180, à Nicole de la Moussaye, fille de Roland, seigneur de la Rivière, descendant de Thibaut de la Moussaye, mort vers 990, et de Tiphaigne de Montauban.

II. Alain DU PARC, II$^{e}$ du nom, seigneur de la Motte-du-Parc, du Parc, etc., chevalier, capitaine de cent hommes d'armes, signa comme parent, en 1270, ainsi que son frère Robert, le partage entre Alain de Rohan et ses puînés. Par accord passé le jeudi devant la fête de Saint-Jacques de l'an 1271, Jean Rouzel, clerc, cède audit Alain du Parc le tiers de la dîme de l'Ariovée, dans la paroisse du Gourray, que ledit clerc, prétendait lui avoir été donnée; ce que niait Alain du Parc. Il épousa Agnès de Coetmen, dont il eut:

1.° Henri du Parc, chevalier, marié avec Jeanne de Brive, dont sont issus:

a. Pierre du Parc-Avaugour, chambellan du duc Jean III, capitaine de cinquante hommes d'armes, qui épousa Jeanne de Dol, de laquelle il eut: 1.° Jean du Parc, chevalier, curateur de Jean I$^{er}$, seigneur de Lesquen, son neveu, après la mort de Lesquen, père dudit Jean, au nom duquel il fit une justification aux plaids de la cour de Plancoet, le 18 septembre 1428, d'une sentence arbitrale rendue le 23 juin 1426. Il mourut sans postérité; 2.° Jeanne du Parc, femme de Guillaume de Lesquen, chevalier. Le mardi gras, après la mi-août 1364, son père, lui assigna 30 livres de rente sur les biens qu'il possédait dans les paroisses de Ploermel, Pladano, Dallean, Henou et Brehant au ressort de Rennes, et s'obligea encore à lui payer 200 écus d'or. Ce contrat fut passé à la cour de Rennes, et fut scellé de cinq sceaux. (Voyez la Chesnaye-des-Bois, tome 8, page 637, et 638.); 3.° Renée du Parc;

b. Olivier du Parc, vivait en 1379, mort sans postérité;

c. Hervé du Parc, vivant en 1371 et 1419, qui eut une fille, mariée en 1420, à Jehan, chevalier, seigneur de Pontbriant;

2.° Alain, dont l'article suit;

3.° Aliette du Parc, mariée, en 1295, à Geoffroi, chevalier, seigneur de Visdelou.

III. Alain du Parc, III<sup>e</sup> du nom, chevalier, seigneur de la Motte-du-Parc, du Parc, etc., cité comme un des exécuteurs, en 1306, du testament du duc Jean II, son parent; épousa demoiselle Judith de Beaumanoir, de laquelle il eut trois fils:

1.° Alain du Parc, qui suit;

2.° Guillaume du Parc, auteur des branches rapportées en Normandie;

3.° Thomas ou Alain du Parc, tige des marquis de Locmaria (1). (Voyez la Chesnaye-des-Bois, tome 8.)

IV. Alain du Parc, IV<sup>e</sup> du nom, chevalier, seigneur de la Motte-du-Parc, chef de la maison du Parc, capitaine de cinquante hommes d'armes, donna à Pontorson, le 18 mai 1371, la quittance suivante: « Sachant que je, » Alain du Parc, confesse avoir reçu d'Etienne Brague, » trésorier des guerres du roi notre sire, la somme de » 52 francs d'or et demi, en prêt sur les gages de moi » et de six autres écuyers de ma compagnie, desservie et » à desservir ès présentes guerres du roi, sous le gou- » vernement de M. le connétable de France ». (Dom Morice, tome I, page 1655.) Il se trouva au nombre des cinquante-deux seigneurs que le connétable s'associa en 1359, et qui ne le quittèrent plus (Lobineau, page 359); il servit encore dans son armée en 1370 (*id.*, page 395), et fut un des principaux témoins entendus en 1371, sur la vie et les mœurs de Charles de Blois, et il est qualifié *chevalier* (*id.*, page 399). Il épousa Jeanne de la Hunaudaye, fille de N.... la Hunaudaye, chambellan du

(1) La terre de Locmaria qui réunie au Guerrand fut érigée en marquisat en 1637, en faveur de Vincent du Parc, maréchal de camp, est située dans la paroisse de Plumagour près Guingamp et est passée par vente dans la famille Gourdan, qui la possède encore aujourd'hui.

duc Jean, VIe du nom, et capitaine de cinquante hommes de ses ordonnances. (Voyez du Paz, page 109.) De ce mariage est issu :

V. Jean DU PARC, chevalier, seigneur de la Motte-du-Parc, dont il rendit aveu en 1420, capitaine de cent hommes d'armes, qui fut maintenu dans les prééminences de l'église de Gourray, par acte du 2 avril après Pâques de l'an 1453, dans lequel il est qualifié de *messire* et de *chevalier ;* il fut aussi qualifié *chevalier* et compris au nombre des premiers seigneurs quand le duc assembla la noblesse à Dinan, en 1419, et se trouva encore, la même année, au nombre des premiers seigneurs auxquels le duc donna des compagnies d'hommes d'armes. (Lobineau, pages 558 et 559). Il épousa Olive du Buchon, dame et héritière du Buchon et du Plessis-Bude. (Voyez frère du Paz), de laquelle il eut :

1.° Charles du Parc, dont l'article suit;

2.° Bertrand du Parc, chevalier, seigneur de la Motte-du-Parc, capitaine de cinquante hommes d'armes, gouverneur de Redon, Fougères et Vannes, conseiller et chambellan du duc, maître de l'artillerie, qui, en 1462, fut envoyé par le duc de Bretagne, à Rouen, porter cent écus d'or à la reine d'Angleterre, épouse de Henri IV, après qu'ils eurent été détrônés; il fut, en 1431, ainsi que son frère, un des seigneurs chargés d'assembler la noblesse; il avait été, en 1474, capitaine de la montre des gens de guerre du duc (Dom Lobineau, pages 1325, 1343 et 1401); il fut commis, en 1481, par le duc, ainsi que le sire de Guemené, pour faire la montre des nobles de l'évêché de Vannes. Il épousa (voyez du Paz) Jeanne du Periel, dame de Kerdavy, veuve de Jean de Malestroit, sœur de Tristan du Perier comte de Quintin, et fille de Geoffroi du Perier et d'Isabeau de la Motte. Il mourut sans postérité, en 1482, et eut pour héritier son frère Charles, qui suit :

Charles DU PARC, chevalier, seigneur de la Motte du Parc, de Trébit, etc., chef de la maison du Parc (fils aîné de Jean), fut d'abord lieutenant de M. d'Avaugour, son cousin, ensuite capitaine de cent hommes d'armes, chambellan du duc François II, gouverneur de Jugon, de Vannes et de Fougères. Dès 1465, on le voit sous le nom de *Sire du Parc*, parmi les premiers seigneurs employés par le souverain, à la tête des compagnies de gens d'armes. Il était, en 1476, au nombre des principaux seigneurs de Bretagne, qui jurèrent la paix faite à Senlis, entre le roi de France et le duc de Bretagne (Lobineau, page 353). Il avait été en 1471, ainsi que son frère, un des seigneurs chargés d'assembler la noblesse. Il fut, en 1474, capitaine de la montre des gens de guerre du duc. Il reçut ordre, ainsi que son frère, en 1477, d'aller dans sa capitainerie. Il fut, en 1481, un des seigneurs chargés d'assembler la noblesse. Il reçut, en 1484, ainsi que son frère, un mandement comme commandant de place, et comme cette même année le duc croyait qu'on voulait envahir son duché, il donne les *premiers seigneurs* pour capitaines à sa noblesse, et Charles du Parc fut de ce nombre (Lobineau, tome 1, pages 743, 969).

Le duc François, par lettres-patentes données à Nantes le 21 décembre 1483, « fait savoir qu'en reconnaissance » et preuve de l'énumération des bons et agréables services que pardevant lui a fait, fait de jour à autre, et » espère que fasse de mieux en mieux, son bien amé et » féal chambellan Charles du Parc, son capitaine de Foulgière, à icelui, par ces causes et autres donné et octroyé » tout et tel droit des ventes Landes qui lui appartiennent » pour raison des contrats et acquets faits entre lui » Charles du Parc, Jean de Mallemelles et Jeanne de » Trecesson sa femme, de la terre seigneuriale de Trébit, » veut que sondit chambellan en use tout ainsi que lui » faire le pourrait ». Signé François. Charles du Parc, épousa demoiselle Marguerite Paynel, fille de Messire Nicole Paynel, seigneur de Briqueville, d'une très-ancienne famille de Normandie, et de Jeanne de Cambray, dame de Cajeul : il prit, comme on l'a vu, les armes de la maison Paynel que la branche de Normandie, conformément à ses intentions, adopta aussi après sa mort sans enfants mâles. Il fut tué en 1487, en défendant le poste de Guéméné, par les adversaires du duc qui n'avait pas encore d'officiers comme lui (dom Morice, tome 2, page 266). Il laissa pour fille unique : Jacquemine du Parc, qui fut dame de la Motte du Parc de Trébit, etc. ; elle épousa Charles de Beaumanoir, vicomte du Besso, qui fut chambellan du duc François II, et qui fut armé chevalier par le roi de France Charles VIII sur le champ de bataille à Fornoue en 1495 (Dictionnaire de Bretagne, par Ogé, tome 4, page 432). Elle eut trois enfants, 1.° François de Beaumanoir; 2.° Charles; 3.° Marguerite de Beaumanoir, qui épousa Hervé de Malestroit, chevalier, seigneur d'Urel, de la Soraye et du Marchais. Ledit Charles de Beaumanoir, que frère du Paz appelle Gilles, mourut en 1498, et Jacquemine du Parc, sa veuve, fut tutrice, et obtint la garde noble de ses enfants. Elle présenta en cette qualité, à la barre de Rennes, le menu de la terre de Mezière, tombée en rachapt, par le décès de son mari, à la date du 6 janvier suivant. Elle donna procuration, passée devant la cour de Trébit, le 9 janvier 1506, à François de Beaumanoir, son fils, vicomte du Besso et de Merdréac, pour transiger et terminer un procès pendant à la cour de Ploermel, entre elle et nobles gens Geoffroy de Coellogon et Louise du Parc, sa cousine, du quatrième au sixième degré, seigneur et dame de Coellogon (introduction de MM. de Coellogon, du 15 août 1673). Jacquemine du Parc, vivait encore en 1513. Elle est peinte, ainsi que son mari, sur les vitraux des églises du Bosso et de Mezière, près Rennes, et l'on voyait ses armes sur sa robe.

Nota. La terre et châtellenie de la Motte du Parc, dans la paroisse du Gourray, près Jugon, passa de la maison de Beaumanoir, dans celle de Quemadeuc, ensuite dans celle de Gayon la Moussaye, puis dans celle de Monbouchel, et enfin dans celle de Franquetot Coigny. M. le duc de Coigny, qui la possédait au droit de sa grande mère, née Monbouchel, l'a vendue en 1782 avec le marquisat de la Moussaye, à M. le comte de la Motte Vauvert qui la possédait encore en 1790.

C'est par erreur que Nicolas du Parc, baron des Cresnays, dans ses preuves de 1541, dit qu'elle était possédée à cette époque par le marquis de Lassay.

La terre de Trébit, est à cinq lieues de Saint-Brieu et à une lieue de Moncontour.

*Barons d'Ingrande, en Anjou.*

IV. Guillaume du Parc, chevalier, seigneur d'Availlis, la Rochelle, en Basse-Normandie, second fils d'Alain III^e et de Judith de Beaumanoir, servit sous le connétable du Guesclin qu'il suivit en Guienne, en Saintonge, en Périgord; suivit ensuite Louis, duc d'Anjou, à Naples, revint en France vers l'an 1385, et partit peu de temps après sous les ordres du duc de Bourbon, pour la guerre Sainte en Afrique, où il fut blessé dangereusement au siége de Carthage; mais c'est par erreur que dom Morice, tome 1, page 407, le met au nombre des seigneurs bretons tués devant cette place. Il acheta, en 1403, avec Robert du Parc, son fils, la terre de Bernières, près Vire. Guillaume du Parc avait épousé, vers l'an 1350, demoiselle Guillemette de Romillé ou Romilly, dame en partie de Cresnay, près Avranches, à cause du fief de Romilly, qu'elle y possédait, issue d'une maison très-ancienne et considérable en Bretagne et en Normandie, ayant pour armes d'azur à deux léopards d'azur couronnés d'or, posés l'un sur l'autre, lampassés et armés de gueules. Robert de Remilly qui accompagna, en 1366, Guillaume le Bâtard à la conquête d'Angleterre, était de cette maison (voyez Moréri).— Guillaume du Parc, mourut fort âgé, vers l'an 1404. Il avait rendu aveu, en 1401, au baron de Saint-Pair du fief de la Rochelle, assis en la paroisse de Berrières. (Histoire générale de la Noblesse du comté de Mortain, par M. de Saint-Jean. Il eut deux fils:

1.° Robert du Parc, qui suit;

2.° Robert ou Robin du Parc, seigneur de la Jobletière, qui demeurait au Mesnil-Thibaut. Il rendit aveu, en 1394 et 1401, à Henri de Husson, seigneur de Fontenay, du fief de la Gibecièrre ou la Jobletière, assis en la paroisse de la Bazoche. Il acheta une rente à Cresnay en 1393, et épousa demoiselle Jeanne de Gaunay, sœur de Robert de Gaunay, chevalier d'une ancienne maison du canton de Fougères, de laquelle il eut un fils, Bertrand qui fut tué au service du roi, et eut pour son héritier son cousin Jean du Parc.

V. Robert du Parc, chevalier, seigneur d'Availlis, la

Rochelle, Romilly, Bernières, etc., servit en Italie, sous le maréchal de Boucicault, se trouva au combat d'Azincourt en 1415, fut blessé en 1421, d'un coup de lance, au combat de Beaugé, et mourut des suites de cette blessure en 1426 en son château de Cresnay. Il est employé dans un rôle qui existe dans le cabinet de Fabre, rue des Billettes, à Paris, au nombre des chevaliers qui accompagnaient le duc de Touraine en Lombardie vers 1390, et reçut du duc, à cette occasion, cent livres en or pour le dédommager des frais du voyage, suivant un compte rendu le 14 février 1390.

Il avait acheté avec son père, en 1403, la terre de Bernières, et rendit aveu en 1412, au seigneur évêque d'Avranches, de celle de Cresnay. Il avait épousé, vers l'an 1390, noble demoiselle Guillemette de Verdun, dame de Verdun, en Brecey, près Avranches, d'une très-ancienne maison, sœur de noble seigneur Colin de Verdun, chevalier, de laquelle il eut deux fils :

1.° Martin du Parc, qui suit ;
2.° Bertrand du Parc qui fut tué, en 1450, au service du roi, sans avoir été marié.

VI Martin DU PARC, chevalier, baron des Cresnays, Bernières, Verdun, etc., combattit en 1423 à la journée de Crévant, en Dauphiné, fut blessé en 1426 à la bataille de Janville, en Beauce, et en 1430 au combat d'Authon, en Dauphiné. Il mourut vers 1458, et avait épousé, en 1416, noble demoiselle Jeanne de la Ferrière, d'une ancienne maison, fille de Jean, baron de la Ferrière, seigneur de Cuves, dans la vicomté de Domfront, et de Jeanne de Mallemains, et nièce de Jeanne de la Ferrière, qui avait épousé Michel de Froulay, chevalier, duquel est descendu le maréchal de Tessé. De ce mariage vinrent :

1.° Jean du Parc, qui suit;
2.° Bertrand, chevalier, seigneur de Cresnay, etc., qui rendit aveu le 8 mai 1460, au seigneur-évêque d'Avranches des fiefs de Saint-Georges et de Romilly, s'étendant aux paroisses de Notre-Dame et de Saint-Pierre des Cresnays. Il fit, en 1463, sous Raymon Montaut, ses preuves d'ancienne noblesse qui le faisaient remonter au moins au quatrième degré; c'est-à-dire, à Alain du Parc, son quart-

aïeul, seigneur du Parc, de la Motte du Parc, etc., et fut reconnu et maintenu comme ancien noble (Voyez lesdites Recherches à la Bibliothèque du Roi, ou dans Waroquier, tome 2, élection d'Avranches, sergenterie de Roussel). Il fut, dès 1471, chambellan du duc de Bretagne. (Voyez dom Lobineau, page 1325), et mourut sans enfants, laissant sa succession à Jean du Parc, son frère;

3.° Guy Ier, du Parc, abbé de Beaulieu les Mares, au Mans. (Voyez le Dictionnaire du Maine, tome 2, page 215). On y lit « Il vivait en 1308, et il avait » reconnu en 1481, aux assises publiques de Sillé, » que le baron de Sillé était fondateur de son ab- » baye, en présence d'Antoine de Beauveau, che- » valier, baron de Sillé ». Il fut tuteur de son neveu Bertrand du Parc, au contrat de mariage duquel on voit citer révérend père en Dieu, Monseigneur Guy du Parc, abbé de Beaulieu, son oncle;

4.° Jeanne du Parc, qui épousa noble seigneur Jean Sabine, chevalier, seigneur de la Hayepignol;

5.° Marie du Parc, qui épousa 1.° Jean de Percy, chevalier, seigneur de la Hougue, maison très-ancienne de Normandie, dont une branche établie en Angleterre, a pour chef le duc de Northumberland. Elle vivait encore avec lui en 1457, époque à laquelle Bertrand du Parc, son frère, lui fit donation de 10 livres de rente; 2.° Noble seigneur Vigor Vivien, chevalier, seigneur de Saint-Audin-la Vivienne, d'une ancienne maison de Normandie, comprise dans Monfault. Il était alors officier de la garnison du Mont-Saint-Michel, et vivait encore en 1481 et 1482.

VII. Jean du Parc, chevalier, baron des Cresnays, Bernières, le Patry, Menillet, Davaillis, la Rochelle, Bazoge, Verdun, la Jobletière, etc., fils aîné de Martin du Parc, réunit tous les biens de sa maison, par la mort sans postérité des trois Bertrand (son frère, son oncle et son cousin). Il combattit, en 1453, à la journée de Castillon, en Guienne, fut blessé en 1465 à la bataille de Montlhery, et fut nommé grand bailli d'épée de Vire, en 1477. Il avait épousé 1.° par contrat, passé sous les sceaux de la cour de Chennée, sur Sarthe, le 23 décembre 1468, demoiselle Roberde du Maz, seconde fille de noble seigneur Jean du Maz, chevalier, seigneur de Longchamp, la Vaizouzière en la paroisse du Bouere, au pays du Maine, d'une très-ancienne maison, et de Renée-Anne, fille aînée de noble homme messire Simon-Anne, chevalier, seigneur du Plessis Bourcan et de Broslay. Ledit Jean du Maz, était fils de René et de Marguerite de la Jaille, comtesse de Duretal, qui épousa en secondes noces Louis de Scepeaux, père de François Maréchal de Vieilleville, qui eut le comté de Duretal, sur lequel Adrien et Nicolas du Parc, petits-fils de ladite Roberde du Maz, eurent des reprises à exercer à ce titre; 2.° demoiselle Marie Dagon, d'une ancienne famille de Bretagne, et de laquelle il n'eut point d'enfants. Ceux du premier lit furent :

1.° Bertrand, dont l'article suit;
2.° Michelette du Parc, qui épousa noble seigneur Nicolas de Beauville, seigneur dudit lieu;
3.° Françoise du Parc, qui épousa noble Guillaume de Vigny, seigneur dudit lieu.

VIII. Bertrand IV, du Parc, chevalier, baron des Cresnays, Bernières, Mémillet, la Rochelle, d'Availlis, Verdun, Beaumanoir, Chénedolé, etc, qualifie dans plusieurs titres, *de noble et honoré seigneur*, devint en 1748 chef de sa maison, par la mort de Charles du Parc, seigneur de la Motte du Parc, son cousin; fut capitaine de cinquante hommes d'armes, gouverneur d'Avranches, suivit Charles VIII à la conquête de Naples, combattit le 16 juillet 1495 à la bataile de Fornoue, le 4 mai à la bataille d'Aignadel, où il fut blessé. Il se trouve au nombre des gentilshommes qui servirent en 1512, à la Hougue, et avait rendu aveu au roi, sous son domaine de Véri, en 1498 et 1499 de Bernières le Patzy. Il épousa, le 19 janvier 1501, par contrat passé à Bourgnouvel, remis le 24 juillet suivant aux tabellions d'Avranches, et reconnu par eux, noble demoiselle Renée des Escotais, qui devint baronne d'Ingrande, châtelaine d'Azé en Anjou, près Château-Gonthier, fille de haut et puissant seigneur Guyon des Escotais, baron d'Ingrande, d'une très-ancienne maison d'Anjou, qui subsiste encore aujourd'hui, et de noble demoiselle Jeanne de Marcillé, fille de Jean seigneur de Marcillé, et de Guillemette de Froulay, fille de Guillaume de Froulay, comte de Tessé, et de Marguerite le Sénéchal Kercado. Jeanne, (sœur dudit Guyon des Escotais) qui comptait, parmi ses mères du côté marternel, Jeanne d'Anjou, fille de Pierre d'Anjou et de Louise de Châteaubriant), avait épousé Jacques de Cochefilet, seigneur de Bellavilliers, duquel descendait Charlotte de Cochefilet, qui épousa, vers l'an 1680, Charles III, duc de Rohan, prince de Guémené : ce qui fait que par ce mariage, les maisons du Parc et des Escotais sont devenues alliées de celle de Rohan, ledit Guyon des Escotais, au droit de Jeanne d'Ingrande, son aïeule maternelle, partagea, le premier décembre 1502, les biens de Jean V, baron d'Ingrande, mort sans enfants, avec MM. de Cochefilet et de Fontenailles, ses beaux-frères, et pour son préciput des deux tiers, il eut la terre d'Azé et la baronie d'Ingrande.

Bernard du Parc échangea, le 9 décembre 1512, devant les tabellions des Cresnays, le fief d'Availlis, situé dans la paroisse du Mesnil-Thibaut, près Avranches, avec Guillaume Avenel, qui lui donna le fief de Haumanoir, assis en la paroisse des Cresnays. Availlis appartient à M. du Manoir Guesdon de Mortain, et l'on y voit encore les armes de la maison du Parc.

Bertrand du Parc et Renée des Escotais avaient, le premier septembre 1522, fait un accord avec Gilles des Escotais, frère de Renée, dont ils partagèrent la succession le 19 octobre 1524, prenant pour le préciput, ou les deux tiers, les baronies d'Ingrande et d'Azée, ainsi que le fief de Portepye à Biarné, en Anjou : ils donnèrent la terre des Escotais, située à Jubleins, au Maine, à Guillemette des Escotais, épouse de François, seigneur de Mondemer. — La seigneurie de Monjoubert, ou la vieille cour à Mazangé, au Maine, et la métairie de Fleuriage à Châtelain, près Château-Gontier, à Françoise des Escotais, épouse de Julien Rabaut, seigneur de Villeneuve, au Maine. — Le tiers en argent de la seigneurie des Escotais, et quelques métairies et vignes en la paroisse de Gennes, à Louise des Escotais, épouse de Guillaume Bachelot, seigneur de la Bachelotière, près Château-Gontier. Ils partagèrent aussi, le 12 janvier 1534, la succession de leur tante Anne des Escotais, épouse de Jean de Fontenailles, chevalier, seigneur de Mongenaud, avec Jeanne des Escotais, sœur de ladite Anne et épouse de M. de Cochefilet.

Bertrand et son épouse firent rebâtir un des grands clochers de l'église Saint-Maurice, cathédrale d'Angers. Bertrand mourut des suites de ses blessures en 1536, laissant de Renée des Escotais, sa femme, qui avait fait son testament à Azé, le 26 février 1559 :

1.° Adrien du Parc, dont l'article suit ;

2.° Nicolas du Parc, qui fonde la branche des marquis des Cresnays, barons de Biards, rapportée ci-après ;

3.° Guy du Parc, qui fut le dernier abbé de Beaulieu les Mares, au Mans; vers 1541. (Voyez le Dictionnaire du Maine, tome 2, page 215).

4.° François du Parc, chevalier, seigneur de Baumanoir, Chenedolé, etc. grand doyen du Mans, protonotaire du Saint-Siége qui assista à l'acte de tutelle d'Étienne du Parc, son neveu, le 27 juillet 1571. Étant mort en odeur de sainteté, en 1582, sa succession fut partagée entre son petit-neveu René du Parc, baron d'Ingrande, et son neveu François du Parc, marquis des Cresnays, aîné de sa branche;

5.° Françoise du Parc, qui épousa, le 17 octobre 1526, noble seigneur Robert de la Bigne, chevalier, seigneur de Lambosne, de la Rochelle, etc. ;

6.° N..... du Parc, qui épousa noble seigneur Jean de Clinchamp, seigneur de la Pigassière;

7.° Bertrande du Parc, religieuse, qui devint abbesse de Saint-Michel du Bost, près la Haye du Puits, en basse Normandie.

IX. Adrien du Parc, chevalier, chef de sa maison, baron d'Ingrande, châtelain d'Azé, en Anjou, seigneur de Chenière, en Charnie au pays du Maine, de Bernières le Patry, Mesnillet, la Rochelle, la Rocque-Chauvin, Beauvais Viessoye, etc. en basse Normandie, chevalier de l'ordre du roi, lieutenant du capitaine des gentilshommes du royaume et capitaine de la noblesse du Cotentin et pays de Mortain, qualifié dans plusieurs titres de haut et puissant seigneur, servit avec distinction en Savoye, sous l'amiral de Brion, en Provence; sous Anne de Montmorency, combattit, en 1544, sous le comte d'Enghien, à la Journée de Cerizolles, et sous le duc de Guise, à Kenti ; en 1577, à la bataille de Saint-Quentin, fut fait prisonnier au combat de Gravelines, par le prince d'Egmont ;

en 1558, et ayant été blessé en 1569, à la bataille de Jarnac, d'un coup de lance à la tête, et d'une mousquetade au bas ventre, il mourut quelque années après. Il assista, le 27 juillet 1571, à l'acte de tutelle d'Etienne du Parc, son neveu, dans lequel il est qualifié chevalier de l'ordre du roi. Il avait épousé, en 1530, noble demoiselle Guillemette de Pellevé, fille de haut et puissant seigneur Jacques de Pellevé, chevalier, seigneur de Cussy, Aubigny, Fontaine, etc., et de haute et puissante demoiselle Avoye de Clermont Gallerande, fille de René, chambellan du roi, vice-amiral de France, allié à la maison de Bourbon, par celle d'Etouteville : duquel mariage sortirent sept enfants :

1.° Jean du Parc, II° du nom, baron d'Ingrande, qui fut tué à Fontainebleau, par M. de Jervé, avant d'avoir été marié, ainsi qu'on le voit dans une généalogie qui existe au cabinet généalogique de la bibliothèque du roi ;

2.° René du Parc, baron d'Ingrande, qui fut fiancé à Anne d'Espinay, et mourut avant d'avoir été marié ;

3.° Guy, dont l'article suit ;

4.° Marguerite du Parc, qui épousa, en 1565, François du Breuil, chevalier, seigneur de Curcy, Conteil, le Mesnil-Hautbourg, etc., et mourut vers 1625. Elle devint baronne d'Ingrande (1), châtelaine d'Azé en Anjou, etc., comme on le verra, par la mort de René du Parc, baron d'Ingrande, son neveu ;

5.° Jacqueline du Parc, dame de Chemiré-en-Chamie, au pays du Maine, qui fut vendu par son fils au marquis de Tourzel-Sourches, dame de la Rocque Chauvin-Viessois, en Normandie. Elle avait épousé, le 20 juin 1565, noble seigneur Jean de Hennot, chevalier, seigneur de Théville,

---

(1) La baronnie d'Ingrande, située à Azé, et s'étendant dans Château-Gontier, en Anjou, où l'on voyait les armes de la maison du Parc, ainsi que dans l'église d'Azé, a été possédée successivement par les maisons d'Ingrande, des Escotais, du Parc, du Breuil et d'Ampoigni-d'Héliand, et elle a été vendue à cause de l'émigration de M. le comte d'Héliand, ancien capitaine aux Gardes-Françaises.

Cocqueville, etc., député par les trois ordres de la vicomté de Valognes pour aller aux états généraux tenus à Rouen en 1569, et duquel descendait le comte de Hennot d'Octeville, qui avait épousé la fille aînée du marquis de Thieuville, dernier rejeton d'une des plus anciennes maisons de Normandie, et duquel l'autre fille avait épousé le marquis de Thiboutot, lieutenant général, cordon rouge, etc. Le comte d'Octeville n'a laissé qu'une fille, qui a épousé le comte le Vicomte de Blangy, ancien officier supérieur des gardes du corps;

6.° Isabelle du Parc, qui devint dame de la Rochelle-Chesnedollé, et avait épousé, 1.° noble seigneur Richard le Scesne, conseiller du roi en ses conseils, grand-bailli d'épée pour le Cotentin, seigneur de Négreville, Pontrilly, etc., dont un fils, mort sans enfants; 2.° messire René de Vaubaye, chevalier, seigneur de Fleurimont, duquel elle n'eut point d'enfants;

7.° Bertrande du Parc, qui était religieuse à l'abbaye de Sainte-Trinité de Poitiers; et quand son neveu le baron d'Ingrande mourut, Jean de la Rocque, écuyer, avocat à Vire, ancien gentilhomme, parvint à la faire relever de ses vœux par le pape et par le parlement. (Voyez l'arrêt dans la Coutume de Normandie, par Beraut.) Elle épousa, par reconnaissance, ledit sieur de la Roque, qui lui fit recouvrer de grands biens, et comme elle n'eut pas d'enfants, elle donna à son mari les terres de Bernières, de Patry, Mesnillet, etc., qui passèrent à ses frères, desquels descendait le comte de la Rocque-Mesnillet, officier au régiment d'infanterie du roi, mort pendant la révolution, et la marquise de Menillet, née Gislain. Sa mère, qui a hérité de lui, a vendu, il y a quelques années, lesdites terres.

X. Guy du Parc, chevalier, baron d'Ingrande, chambellan du roi Charles IX, était, avec son père, à la tête du parti catholique; il fut pris et tué, le 18 mars 1569, à la bataille de Jarnac, où fut blessé son père; qui reçut, à l'occasion de la mort de son fils, une lettre de Henri III, alors duc d'Anjou, qu'on trouve dans les ouvrages du père Monfaucon, et qui finit ainsi : *Votre bon ami Henri*. On lit dans les Mémoires du marquis de Castelnau, rédigés par le Laboureur, tome III, pages 630, 638 et 639 : « Guy du Parc, baron d'Ingrande, l'un des » principaux du parti catholique qui furent tués en cette » journée de Jarnac, était un jeune gentilhomme de » grande espérance pour l'estime qu'il avait acquise, » pour les biens qu'il possédait et pour les alliances de sa » maison. Il était fils d'Adrien du Parc, baron d'In- » grande, et avait été marié l'année précédente avec » Anne d'Espinay, fille de Guy et de Louise de Goulaine, » et en eut un fils, tué contre les Huguenots ». Gui du Parc avait épousé, comme on le voit, le 13 mai 1567, noble et puissante demoiselle Anne d'Espinay, seconde fille de Guy, sire d'Espinay, d'une très-illustre et très-ancienne maison de Bretagne, et qui passa pour un des plus sages et des plus adroits gentilshommes de son siècle. Il fut aimé et respecté de la Bretagne entière, où il possédait douze terres considérables (Histoire de Bretagne, page 185), et de Louise de Goulaine, d'une maison très-ancienne et encore existante. Ladite Anne avait été fiancée à René du Parc, frère aîné de Guy, qui mourut avant d'avoir été marié. Elle eut de son mariage avec Guy du Parc, un fils, nommé René du Parc, baron d'Ingrande, qui suit, et elle se remaria au baron de Coulonges, chevalier de l'ordre du Roi, gouverneur des ville, château et vicomté de Vire, duquel elle n'eut point d'enfant.

*Nota*. On voit la mort dudit Guy du Parc dans l'Histoire des guerres civiles, par Davila, tome 1, page 255, et l'on trouve son mariage dans Moréri, article Espinay, ainsi que dans l'Histoire de Bretagne, par frère du Paz, page 308, et dans le Dictionnaire historique-généalogique de Bretagne, par Agé, page 183.

XI. René du Parc, chevalier, dernier baron d'Ingrande de son nom, châtelain d'Azé, seigneur de Bernières, etc., fils unique de Guy du Parc, baron d'Ingrande, et d'Anne d'Espinay, servit très-jeune dans l'armée du roi, avec son père et son grand-père, et fut tué à l'âge de vingt ans, au voyage de Guyenne, contre les Huguenots, en 1588, comme on le voit dans Castelnau, tome 2, p. 639, et dans frère du Paz, page 309. Dans la généalogie de la maison des Escotais, il est employé sous les noms de

René-Gilles, comme ayant épousé Suzanne Chamières, dont il n'eut point d'enfants. Ledit baron d'Ingrande, qui fut le seul héritier d'Adrien du Parc, son aïeul, eut pour tuteur Jean de Hennot, seigneur de Locqueville, mari de sa tante Isabelle du Parc. Il avait partagé, en 1582, la succession de François du Parc, son grand-oncle, grand-doyen du Mans, seigneur de Beaumanoir, etc., avec François du Parc, marquis des Cresnays, son oncle à la mode de Bretagne, et la riche succession dudit baron d'Ingrande fut partagée, en 1588, entre ses tantes. Marguerite-Jacqueline et Isabelle transigèrent, le 27 mars 1588, sur ladite succession, et obtinrent une sentence du bailli de Tinchebray, en date du 31 août suivant, pour la choisie des lots, contre laquelle protestèrent Bertrande du Parc et Jean de la Roque, son mari.

*Marquis des Cresnays, barons des Biards, en Normandie.*

IX. Nicolas du Parc, chevalier, baron des Cresnays, seigneur de Saint-Georges, Romilly, Haumanoir, Verdun, des Touches, la Gueripierre, etc.; deuxième fils de Bertrand et de Renée des Escotais, capitaine d'une compagnie d'ordonnance, gouverneur d'Avranches et de Fougères, servit en 1552, aux prises de Metz, Toul et Verdun, et en la même année sous François, duc de Guise, à la défense de Metz assiégé par Charles-Quint, en 1558 aux prises de Calais et de Thionville, en 1563 à celle du Hâvre-de-Grâce, et fut blessé dangereusemeut à la bataille de Saint-Denis, le 10 novembre 1567. Il fit ses preuves d'ancienne noblesse devant les commissaires du roi à Mortain, tant pour lui que ses frères Adrien du Parc, baron d'Ingrande, et François, seigneur de Beaumanoir, grand doyen du Mans, et constate que Guillaume du Parc, leur quartaïeul, était issu des seigneurs de la Motte du Parc en Bretagne. Il avait fait foi et hommage au seigneur et évêque d'Avranches, le 10 février 1561, des fiefs de Notre-Dame et de Saint-Pierre des Cresnays. Il reçut des aveux les 13 juillet 1553 et 21 octobre 1560, où il est qualifié de noble et puissant seigneur. Il reçut des quittances de la contribution au ban et arrière-ban, en date des 21 janvier 1567, 22 juin 1568 et 19 août 1569.

Ledit Nicolas du Parc, avait épousé par traité du 1er

avril 1534, noble demoiselle Jacqueline de Crux, d'une ancienne famille près Avranches, dame et patronne de Monfarville, Rauville-la-Place, Thibosville, dont son mari rendit aveu au roi, le 20 avril 1540, et dame, en partie du Mesnil-au-Val qui avait été érigé en fief en 1541, pour récompense de services militaires en faveur de Guillaume du Fou, gouverneur de Cherbourg, qui fit bâtir le château du Mesnil-au-Val. Ledit Guillaume du Fou d'une ancienne maison de Bretagne, ainsi que Gilette de Sucbria, son épouse. Il était oncle de Renée du Fou, dame de Montbazon, qui épousa Louis III de Rohan, seigneur de Guemené, duquel descendent messieurs les ducs de Rohan, Montbazon, avec lesquels la maison du Parc est encore alliée de cette manière. Il ne laissa qu'une fille Jenne du Fou, qui épousa le sieur Gisles de Belval, dont la fille unique Jeanne de Belval, dame de Ranville et du Mesnil-au-Val, épousa, 1.° François de Crux, chevalier, seigneur de Crux, Bellefontaine, la Giffardière, etc.; 2° Guillaume de Gouberville, en sorte que Jacqueline de Crux, fille dudit François, partagea le 19 juin 1539 avec sa tante Renée de Gouberville, la seigneurie du Mesnil qui resta ainsi divisée entre les maisons du Parc et Boudet de Crosville jusqu'en 1736, que cette dernière vendit sa portion à l'autre. Nicolas du Parc mourut en son château de Cresnay en 1571, et le 27 juillet de la même année, Jacqueline de Crux, sa veuve, fut déclarée tutrice d'Etienne du Parc, son fils cadet, et fut déchargée de la tutelle le 10 décembre 1590. Elle avait d'abord été dotée par Jacques et Antoine de Crux, chevaliers, ses frères d'un autre lit; elle fut assiégée en 1589, dans son château de Monfarville près Barfleur, par les ligueurs, à cause que ses deux fils servaient dans le parti du roi, et elle aurait péri ainsi que sa petite-fille et filleule Jacqueline du Parc, si ses vassaux n'étaient venus à son secours. La perte qu'elle éprouva fut estimée à plus de trente mille francs, ce qui était alors une somme très-considérable de laquelle ni elle ni ses enfants ne purent jamais obtenir aucun dédommagement. Du mariage de Nicolas du Parc et de Jacqueline de Crux, sortirent deux fils :

1.° François du Parc, qui suit;

2.° Etienne du Parc, qui fonde la branche des barons du Mesnil-Cresnay, marquis de Barville, comtes du Parc, rapportés ci-après.

X. François du Parc, chevalier, marquis des Cresnays, seigneur de Saint-Georges, Haumanoir, Beaumanoir, Chesnedolé, Verdun, des Touches, la Guéripierre, Monfarville, Thibosville, etc., qualifié dans plusieurs titres de haut et puissant seigneur, chef de sa maison en 1588, par la mort du dernier baron d'Ingrande, son neveu à la mode de Bretagne, chevalier de l'ordre du roi, nommé gentilhomme ordinaire de sa chambre, le 28 avril 1580, gouverneur des ville et château de Fougères le 8 octobre 1585, et d'Avranches le 12 février 1587, capitaine de cent hommes d'armes, fut blessé en 1570 sous le maréchal de Cossé, combattit le 15 octobre 1587 sous le maréchal de Joyeuse à la bataille de Coutras, et fut tué à la bataille de Saint-André d'Ivry en 1590, portant la cornette du duc de Montpensier. Il avait été envoyé comme ambassadeur à la Reine pour traiter de la paix. (Voyez les Mémoires de Condé, tome 4, pages 245 et 246). Il est cité sous le nom de Cresnay, comme un des personnages les plus distingués qui périrent à la bataille d'Ivry, dans l'Histoire de Normandie, par Masseville, tome 5, page 301; dans les Mémoires de la Ligue, tome 4, page 249, et dans l'Histoire d'Henri-le-Grand, par madame de Genlis, tome 1er, page 332. François du Parc, rendit un aveu le 13 mars 1572, au seigneur évêque d'Avranches, de la terre des Cresnays, dans lequel il est dit qu'il était fils de Nicolas qui l'était de Bertrand. Il avait fait bâtir le château de Cresnay, où l'on voyait ses armes, ainsi qu'à la cathédrale d'Avranches. On rapporta son corps à Cresnay, où on voyait cette épitaphe gravée en cuivre sur son tombeau dans l'église de Saint-Pierre de Cresnay.

« Ci gît François du Parc, seigneur, patron d'ici
» Et baron des Biards, gentihomme ordinaire
» De la chambre du roi, et chevalier aussi.
» Dans le champ Saint-André combattant l'adversaire,
» Un plomb faussa son chef, dont hélas ! il est mort.
» Le roi l'a regretté, le peuple le regrette;
» De l'un bon serviteur, de l'autre bon support. »

François du Parc avait épousé, le 7 mai 1573, noble dame Marie le Prevost, dame et baronne des Biards, des Cherits, Biville-la-Rivière, Gœuvres, Monguenaud, Aupégard, la Fontaine, Bellemare, Bernomesnil en Caux, etc., veuve de noble seigneur Jean de la Vigne, chevalier, seigneur d'Emondeville en Cotentin, fille et héritière de noble seigneur Jacques le Prevost, baron des Biards, de Biville, etc., et de noble dame Antoinette de la Motte, dame des Cherits, etc.; duquel mariage sortirent trois enfants :

1.° Jacques, dont l'article suit ;

2.° Antoinette du Parc, qui devint dame et baronne des Biards, des Cherits, Monfarville, du Rocher, Bellefontaine, et épousa le 6 janvier 1596, devant les notaires de Vire, très-haut et très-puissant seigneur Tanneguy, comte de Warignies, frère du marquis de Blainville, cordon bleu, chevalier, seigneur de la Boutellerie, Cabourg, conseiller du roi en ses conseils d'état et privé, capitaine de cinquante hommes d'armes de ses ordonnances, gentilhomme ordinaire de la chambre du roi, lieutenant pour Sa Majesté au bailliage de Caen et gouverneur de Lectoure ; duquel mariage descendent par les Despinay, le prince de Lorraine, Lambescq et le marquis d'Harcourt, existants aujourd'hui. (Voyez le Dictionnaire de Moréri, article Espinay, et l'Histoire de la maison d'Harcourt, tome 1er, page 954) ;

3.° Jacqueline du Parc, qui devint marquise des Cresnays, dame de Saint-Georges, Romilly, Haumanoir, Beaumanoir, Verdun, etc., et épousa haut et puissant seigneur Louis de Boulainvilliers, chevalier, baron de Courtenay, la Motte-aux-Aulnées, etc., dont plusieurs enfants, entr'autres Catherine de Boulainvilliers, fille d'honneur de la reine, qui épousa, le 29 avril 1621, Gédéon de Vic, comte de Furnes et d'Armenonville, maréchal-de-camp, dont postérité. Il était neveu du fameux Dominique de Vic, d'une très-ancienne famille de Guyenne, qui fut surnommé le capitaine Sarest, lequel avait une jambe de bois et était l'un des plus braves capitaines de l'armée d'Henri IV, qui permit à sa famille d'ajouter à ses armes, un petit écusson chargé d'une fleur de lys d'or (Voyez l'Histoire généalogique des grands officiers de la couronne, par le Père Anselme, tome 1er, page 464 ; et l'Histoire d'Henri-le-Grand par madame de Genlis, tome 1er, page 325). Ladite marquise des Cresnays obtint des lettres de chancellerie à Caen, le 3 janvier 1592, comme tutrice de son fils au nom duquel elle transigea ainsi que ses filles, le 12 décembre 1594, sur un procès avec Etienne du Parc, leur oncle.

XI. Jacques du Parc, chevalier, marquis des Cresnays, baron des Biards, seigneur de Biville, Monfarville, des Cherits, Verdun, chef de sa maison, fils unique de François du Parc, obtint des lettres de bénéfice d'âge, en 1591, comme ayant dix sept ans et mourut sans avoir été marié, laissant sa riche succession à ses deux sœurs, dont les époux, MM. le comte de Warignies et le baron de Boulainvilliers firent, en 1598, les partages qui se trouvaient, en 1790, entre les mains de M. de Saint-Martin-Don, demeurant près Vire, possesseur par acquisition des terres de Chesnedolé et Beaumanoir. La terre de Cresnay près Avranches, dont Jacques du Parc était le huitième seigneur de son nom, passa par vente, en 1666, dans la maison de Poilvilain qui la possède encore aujourd'hui, et la baronnie des Biards a passé dans celle de Williamson, par son alliance avec la maison de Pierrepont.

*Barons du Mesnil, Cresnay, marquis de Barville ; comtes du Parc, etc., en Normandie.*

X. Etienne du Parc, chevalier, baron du Mesnil, Cresnay, Rauville-la-Place, etc., chevalier de l'ordre du roi, gentilhomme ordinaire de la chambre de la reine Marguerite, devenu en 1598, par la mort du marquis des Cresnays, son neveu, chef de sa maison, fils puîné de Nicolas du Parc et de Jacqueline de Crux, se trouva beaucoup moins riche que son frère François ; parce que celui-ci comme aîné avait eu la plus grande part non-seulement dans les successions de ses père et mère, mais encore dans celle de François du Parc, grand doyen du Mans, leur oncle. Ledit Etienne du Parc eut d'ailleurs tant de procès à soutenir contre ses nièces mesdames de Warignies et de Boulainvilliers, et contre

MM. de Crosville, ses coseigneurs au Mesnil-au-Val près Cherbourg, qu'il ne lui resta que cette terre qu'il habita, et dont il fit foi et hommage le 4 février 1608, en la chambre des comptes de Rouen. Etienne du Parc suivit en Flandre, en 1581, le duc d'Anjou, fut pris et blessé en 1583, à la retraite d'Anvers, fut fait prisonnier de nouveau en 1591, sous le duc de Montpensier dans la ville de Craon, servit en 1597 sous le maréchal de Biron, à la prise d'Amiens, fut blessé en 1621 au siége de Montauban d'une balle qui lui cassa la jambe, et il mourut des suites de ses blessures, le 19 août 1628, au château du Mesnil-au-Val, âgé de cinquante-un ans. Il avait épousé, 1.° en 1584, noble demoiselle Jacqueline de Thilly, d'une très-ancienne famille de Normandie, fille et héritière de noble seigneur Christophe de Thilly, seigneur de la Hougue, et des fiefs et contreries d'Orglande, etc., et de demoiselle Marie le Capelain, de laquelle il n'eut point d'enfants; 2.° le 18 avril 1599, par contrat sous seing reconnu devant les notaires de Saint-Germain de Tournebut, le 10 décembre 1614, (ce mariage fut célébré le 25 avril 1599, à Cocqueville, par le curé de Monfarville), noble dame Jeanne Lhermite, dame de Brillevast, Boutron, Barville, fille de noble seigneur Richard Lhermite, chevalier, seigneur desdits lieux, et de noble demoiselle Catherine du Hommel de Mesnidurand, famille très-ancienne de Normandie. (Voyez Masseville, tome 3, page 55); et ladite Jeanne Lhermite qui devint héritière de noble seigneur Guillaume Lhermite, son frère, était veuve de noble seigneur Olivier de Hennot, chevalier, seigneur de Cocqueville, dont elle avait un fils Jean de Hennot, maison éteinte comme on l'a vu dans la personne de madame la comtesse de Blangy, et elle eut d'Etienne du Parc:

1.° Robert du Parc, qui suit;

2.° Guyon du Parc, appelé le chevalier du Mesnil, qui vendit la terre de Brillevast qui lui était échue en partage, et qui ayant été assassiné ainsi que son domestique, le 12 septembre 1651, dans le haut du Mesnil auprès de la fontaine de Grandcamp, où il passait pour aller à Tourlaville, mourut quelques jours après sans avoir été marié.

XI. Robert du Parc, chevalier, seigneur, baron du

Mesnil, Cresnay, Barville, etc., chef de sa maison, né au Mesnil-au-Val, le 12 août 1603, fit sa première campagne sous son père au siége de Montauban, suivit le roi en 1622 au siége de Royan, servit en 1626 et 1627 dans la compagnie du duc d'Angoulême au siège de la Rochelle, combattit le 20 mars 1623 à la bataille d'Avein sous les maréchaux de Brézé et de Châtillon, au combat de la Marfée en 1641 sous le duc d'Enghien, aux journées de Fribourg des 3 et 9 août 1644, et reçut en 1658 à la bataille des Dunes, un coup de feu qui lui cassa l'épaule et le força à quitter le service.

Ledit Robert rendit aveu au roi de la seigneurie du Mesnil-au-Val, le 22 mars 1679. Il avait partagé en 1635, les biens de sa mère avec son frère Germain Guyon du Parc, qui eut Brillevast, et Jean de Hennot son frère consanguin, qui fut seigneur de Boutron.

Le grand bailly du Cotentin délivra, en 1635, à Robert du Parc, seigneur du Mesnil, et à Guyon du Parc, seigneur de Brillevast un certificat qui constate qu'ils ont servi fidèlement le roi. Il obtint des lettres de maintenue comme ancien noble, ainsi qu'on l'a vu, le 18 septembre 1624 et 1641. Il fut aussi compris en 1668 dans la recherche de Chamillard, qui certifie qu'il descendait de Bertrand, son bisaïeul, et que ses ancêtres étaient nobles du temps de Monfault. Robert du Parc mourut le 26 novembre 1687 au château du Mesnil-au Val, âgé de quatre-vingt-quatre ans. Il avait épousé, par contrat passé devant les tabellions de Tourlaville, le 16 mars 1638 (ledit mariage fut célébré à Tourlaville), noble demoiselle Catherine de Quetil, qui hérita, avec ses deux sœurs, de noble seigneur Jean de Quetil, leur frère, décédé sans postérité légitime, et eut une partie de la seigneurie de Réville, qu'elle vendit à Madeleine de Quetil, sa sœur, qui épousa en secondes noces André Fouquet, aieul du marquis de Réville, mort en 1777 ; ladite Catherine, fille de noble seigneur Guillaume de Quetil, chevalier, seigneur de Réville, la Motte, le Vart, le Buisson-Hauteville, et de noble demoiselle Catherine de Tourlaville, duquel mariage sortirent :

1.° Pierre du Parc, dont l'article suit ;

2.° Etienne du Parc, jésuite, connu sous le nom de *père du Parc*, qui fut employé dans les ambassades de Suède et de Danemarck, avec le marquis de Villars, fut ensuite placé à la tête du collége de Rennes, et mourut à Paris le 4 mars 1708, supérieur de la congrégation de gentilshommes, justement regretté de son ordre et de sa famille ;

3.° Charlotte du Parc, qui, le 11 septembre 1670, épousa Jean Hervé du Prey, chevalier, seigneur de Senecey, capitaine au régiment de Normandie, tué en 1679, devant Fontarabie, bisaïeul de noble demoiselle Thérèse-Françoise du Prey le Senecey, aujourd'hui veuve de M. Gigault Belfont, d'une ancienne maison orginaire du Berri, qui a produit un maréchal de France sous Louis XIV ; elle a perdu quatre fils et son gendre (le chevalier de Feuardent d'Eculleville) au service du roi pendant la révolution, et le seul qui lui reste (Julien-François-Marin Gigault, comte de Belfont) a été blessé à l'armée de Condé, où il a constamment servi avec distinction jusqu'à l'époque du licenciement (1801) ; a été, avec M. de la Chapelle, son beau-frère, député, en avril 1814, pour aller à Jersey au-devant de monseigneur le duc de Berri, prier ce prince de descendre à Cherbourg, et il a été reçu chevalier de l'ordre royal et militaire de Saint-Louis, le 7 novembre 1814, par le comte du Parc, son cousin.

XII. Pierre du Parc, chevalier, baron du Mesnil-au Val, Barville, etc., chef de sa maison, né au château du Mesnil le 26 octobre 1639, fut d'abord mousquetaire du roi en 1656 ; fut pris en 1658, à la bataille des Dunes ; servit en 1664, sous le duc de Beaufort, à la prise de Gigeri en Afrique, et nommé par le prince de Condé pour un de ses aides-de-camp aux campagnes de la Franche-Comté et de la Hollande, en 1668 et 1672 ; fut blessé le 11 août 1674, à côté de ce prince, à la journée de Senef, d'une balle qui lui brisa la hanche droite, ce qui l'obligea à quitter le service quelque temps après ; il le reprit ensuite, et fut d'abord major-général, et ensuite capitaine-général des gardes-côtes du Val-de-Cères et chevalier de l'ordre royal et militaire de Saint-Louis. Pierre du Parc rendit aveu au roi de la seigneurie du Mesnil-au-Val le 15 mai 1688, et mourut au château du

Mesnil en 1728, âgé de quatre-vingt-neuf ans. Il avait épousé, par contrat passé devant les notaires de Sainte-Marie-du-Mont, le 27 juin 1671 (le mariage fut célébré à Brucheville), noble demoiselle Catherine-Guillemette Simon (ancienne maison de Normandie, ayant pour armes : D'azur, au croissant d'or, accompagné de trois fers de pieu aussi d'or, aujourd'hui éteinte), fille de noble seigneur Pierre Simon, chevalier, seigneur de la Haye-Saint-Sauveur en Brucheville, et de noble demoiselle Jacqueline Hue. Son frère Michel Simon, seigneur desdits lieux, étant mort sans postérité, elle partagea sa succession avec ses sœurs madame d'Osbers d'Agneaux, qui mourut sans enfants, et madame le Patou du Moley, de laquelle descendaient mesdames Hue de Sully, de Rouesville et Banage, qui ont laissé des enfants. Elle eut, pour sa part, comme aînée, le fief de la Haye, autrefois Silly en Brucheville, relevant de la baronnie de Briquebec, et madame du Moley eut le fief de Saint-Sauveur, aussi dans ladite paroisse, relevant du roi. Parmi les parents signataires au contrat de mariage de la demoiselle Simon, on remarque Jean-François de la Houssaye, baron d'Ourville, cousin-germain duquel descendent Mesdames de Vauquelin, Cussy-Mandeville et Sainte-Colombe, et leurs nièces mesdames d'Héricy-Vaucieux, nées la Houssaye. Geneviève-Simon de Franqueville, cousine de ladite Catherine, épousa noble seigneur messire Hervé-Eustache d'Anneville, duquel descend le baron d'Anneville de Valogne, chef d'une des plus anciennes maisons de Normandie. De ce mariage sont issus quatorze enfants, dont huit moururent jeunes. Ceux qui restèrent furent :

1.° Bon-Thomas du Parc, chevalier, marquis de Barville, seigneur du Mesnil-au-Val, Barville, la Haye, etc., né au château du Mesnil le 21 novembre 1678, chevalier de l'ordre royal et militaire de Saint-Louis et mestre-de-camp de cavalerie. Il entra d'abord au service, en 1693, comme mousquetaire gris ; fut nommé, en 1703, capitaine de cavalerie au régiment de Saint-Pouanges, qui devint ensuite régiment d'Aumont ; servit cette année-là aux siéges de Vieux-Brisach et de Landau ; fut blessé, le 17 août 1703, à la bataille de Spire, sous les ordres du marquis du Parc-Locmaria, son cousin, (alors maréchal-de camp, commandant une division de cavalerie, et depuis lieutenant-général), de deux coups de baïonnette au bras et à la main, en enfonçant l'infanterie ennemie ; combattit, en 1709, à la bataille de Malplaquet ; en 1713, au siége de Landau, à l'attaque des retranchements du général Vaubonne, et au siége de Fribourg ; en 1719, aux siéges de Fontarabie, Saint-Sébastien et d'Urgel, en Espagne ; en 1733, aux siéges du fort de Kell et de Philisbourg ; en 1742, aux actions de Deggendorf et de Landau ; en 1743, à celles d'Ingelfing et de Prailling ; et, de retour en France, où il ramena le régiment d'Aumont dont il était lieutenant-colonel, il obtint le grade de colonel et une pension, en faveur de l'ancienneté et de la distinction de ses services. Le marquis de Barville se trouvant, pendant le quartier d'hiver attaqué d'une fièvre continue et d'un flux de sang qui, après ses campagnes de Bavière l'avaient mis à la mort, fut obligé de quitter le service, et mourut à Paris, le 4 mars 1753, âgé de soixante-quinze ans, sans avoir été marié, et fut inhumé à Saint-Jacques-du-Haut-Pas. Le marquis de Barville, officier de cavalerie très-distingué, cultivait aussi les lettres et parlait sept langues différentes ; mais il avait une préférence tellement marquée pour le latin, qu'il exigea que l'aîné de ses neveux et son filleul, fût élevé en latin et ne parlât que cette langue dès sa plus tendre enfance, ce qui fut exécuté jusqu'a sa mort. Ce fut lui qui décida son frère à se marier, et lui céda à cette occasion ses biens, en se réservant seulement une pension ;

2.° François-Georges du Parc, qui fut religieux prémontré, et mourut prieur d'Avesnes, le 12 mai 1710, âgé de trente ans ;

3.° François du Parc, dont l'article suit ;

4.° Catherine du Parc, religieuse à la Visitation, à Caen ;

5.° Elisabeth, religieuse à Carentan ;

6.° Marie-Jeanne du Parc, morte en 1731, au château du Mesnil, âgée de quarante-huit ans, sans avoir été mariée.

XIII. François du Parc, chevalier, d'abord comte et ensuite marquis de Barville, devenu en 1753, par la mort de son frère aîné, chef de sa maison seigneur et patron du Mesnil-au-Val, du Chapitre, Barville, la Haye, Silly, Saint-Sauveur, etc., colonel d'infanterie, chevalier de l'ordre royal et militaire de Saint-Louis, né au château du Mesnil le 24 juin 1686, entra au service comme mousquetaire gris, en 1701, eut le bras droit cassé et son cheval tué sous lui à la bataille de Malplaquet, en 1709, ce qui lui fit obtenir, en 1714, une place d'enseigne au régiment des Gardes-Françaises; il fut un des trois premiers chevaliers de Saint-Louis nommés par Louis XV, devint sous-lieutenant au régiment des Gardes en 1718, lieutenant en 1731, et quitta en 1736, pour prendre du service dans les gardes-côtes; fut fait major-général et ensuite colonel-commandant sur les côtes du Val-de-Cères, et servit dans ce grade sous M le comte de Raymond, en 1758, au camp de Montepinguet, quand les Anglais descendirent à Cherbourg. François du Parc réunit la totalité de la seigneurie du Mesnil-au-Val, en retirant à droit féodal la moitié de ladite terre, le patronage et le fief du Chapitre, que M. le chevalier de Crosville avait vendus à M. le marquis de Bricqueville, par contrat passé à Tourlaville le 9 avril 1737, et il acheta, le 21 octobre 1750, devant les notaires de Bayeux, le fief de Saint-Sauveur en Brucheville, de M. Hue de Sully, qui le possédait au droit de demoiselle de Patou du Moley, son épouse.

Le marquis de Barville, son frère aîné, âgé de soixante-dix ans, lui ayant cédé ses droits pour le déterminer à se marier, il épousa, par contrat passé devant des Hayes, notaire à Paris, et son collègue, le 9 mai 1748 (le mariage fut célébré à Annebault-sur-Rille, en Normandie, le 25 juin suivant), noble demoiselle Marie-Adélaide Danican d'Annebault, née à Paris, paroisse Saint-Paul, le 16 janvier 1717, devenue en 1777 dame et marquise haute-justicière d'Annebault en Auge, fille aînée de noble seigneur Jean-Baptiste-Julien Danican d'Annebault, marquis d'Annebault-sur-Rille et en Auge, comte de Montfort, vicomte de Pont-Audemer et de Pontaulon, baron d'Aubigny, etc., ayant réuni en 1723 ces diverses terres, vendues par décret, et provenant de Madeleine d'Annebault, marquise de Saluces, fille unique du maréchal et amiral d'Annebault, ministre de François I^er^, acquisition qu'il fit au droit de son épouse mademoiselle de Tilly-Blaru, descendant par ses mères de Jeanne d'Annebault, sœur du maréchal, ladite Marie-Adélaïde aussi fille de haute et puissante demoiselle Claude-Charlotte de Tilly-Blaru ; qui fit ses partages avec ses frères, par acte devant Bouron, notaire à Paris, le 18 février 1733, et mourut à Paris le 14 mars 1764, après avoir fait son testament devant Belanger, notaire, le 3 mars précédent. Elle était d'une des plus anciennes maisons de Normandie, alliée à celles d'Harcourt, Mortemart, Nivernais, Brissac, Talaru, Conflans, Boufflers. Elle était sœur du marquis de Tilly-Blaru, lieutenant-général des armées du roi, commandeur de l'ordre royal et militaire de Saint-Louis, commandant d'escadron des gardes du corps, etc. ; elle était tante à la mode de Bretagne des duchesses de Nivernais et de Mortemart (Voyez Waroquier, tome 5, page 23) ; elle était fille de Charles de Tilly, marquis de Blaru, et de demoiselle Catherine de Manneville, très-ancienne maison de Normandie, dont les deux héritières ont épousé le duc de Mortemart et le marquis de Colbert-Maulevrier. Ladite Claude-Charlotte descendait, par les Darconna, de Clere, et les comtes de Meulan, au seizième degré du comte de Vermandois (Hugues-le-Grand), fils de Philippe I^er^, roi de France, et par les Macquerel, Beaussart, de Beu et les comtes de Dreux, au quinzième degré de Robert, comte de Dreux, dit le Grand, fils de Louis VI, dit le Gros, roi de France ; ce qui a procuré aux familles de Mortemart, Colbert, Rougé, Tilly, du Parc, une double alliance avec la maison de France.

François du Parc mourut au château du Mesnil-au-Val le 25 février 1771, âgé de quatre-vingt-quatre ans ; et sa veuve, devenue tutrice de ses enfants avec M. Gigault de Belfont, tuteur actionnaire, MM. le baron Damneville et du Praël de Maubrey, parents délégués, obtint, le 15 juin 1771, la garde noble royale de son fils, et elle mourut à Valogne le 6 avril 1797, âgée de quatre-vingt-un ans, après avoir subi plusieurs mois de détention, comme mère d'émigré. Son frère le marquis d'Annebault, ancien capitaine de dragons, était mort à Versailles le 15 février 1772, et sa sœur madame d'Annebault, prieure des dames Carmelites de Grenelle à Paris, est morte très-regrettée de son ordre, à Paris, le 3 juin 1798. De ce mariage sont issus :

1.° Auguste-Thomas du Parc, né au Mesnil-au-Val le ..... 1750, mort en pension à Paris, à l'âge d'environ sept ans ;

2.° Constantin-Frédéric-Thimoléon, comte du Parc, qui suit ;

3.° Céleste-Adélaïde, née le 26 juin 1752, et morte aux Carmelites de Gisors (où l'on voit son épitaphe), bienfaitrice de cette maison, le 27 janvier 1788 (Voyez le Mercure de France du 23 février 1788). On lit dans la circulaire imprimée que la prieure de Gisors adressa aux autres maisons de son ordre à l'occasion de cette mort : « Sa famille, » aussi ancienne qu'illustre, est originaire de » Bretagne, avec la prétention qu'elle conserve » encore aujourd'hui de descendre des anciens » souverains de cette province par la maison » d'Avaugour, dont elle est une branche cadette » ;

4.° Marie-Sophie du Parc, née au Mesnil le 25 novembre 1756, qui épousa, le 19 décembre 1779 (le mariage fut célébré au Mesnil-au-Val), Marie-Henri-Fortuné, comte le Forestier, seigneur et patron de Sideville, chevalier de l'ordre royal et militaire de Saint-Louis, ancien capitaine au régiment de Royal-Vaisseaux et lieutenant du roi, commandant à Cherbourg, d'une très-ancienne maison qui prétend descendre de celle de Flandre, dont elle porte les armes et dont il existe encore plusieurs branches sous les noms de comtes de Vandeuvre-d'Osseville, Mobecq, etc. Ils sont morts tous les deux à Valogne, sans postérité ; le mari le 7 février 1798, et sa veuve Marie-Sophie du Parc, le 27 septembre 1803, de la petite-vérole, ayant son frère pour héritier.

XIV. Constantin-Frédéric-Thimoléon, comte DU PARC, colonel de cavalerie, chevalier de l'ordre royal et militaire de Saint-Louis, membre de la chambre des députés de 1815, chef de sa maison, naquit au Mesnil-au-Val, le 13 décembre 1759, fut baptisé le lendemain, et nommé par le marquis de Tilly, devenu commandant d'escadron des gardes-du-corps, maréchal-de-camp et cordon rouge, père des marquis et comte de Tilly, existants aujourd'hui, cousin-germain de sa mère, et par madame la baronne Damneville, née Camprond, sa cousine paternelle. Comme il était mineur, à l'époque de la mort de son père, il resta sous la tutelle de sa mère qui obtint pour lui, le 15 juin 1771, des lettres de garde noble royale, de laquelle il ne fut relevé que le 5 décembre 1781.

Le comte du Parc rejoignit à Besançon, le 7 décembre 1776, le régiment d'infanterie du Roi, auquel il fut nommé second sous-lieutenant surnuméraire le 9 février 1777; fit, en 1779, la campagne d'Honfleur, où le régiment du Roi faisait partie de l'armée destinée à s'embarquer pour aller attaquer l'Angleterre; devint sous-lieutenant en pied le 3 juin 1780, lieutenant en second le 9 mai 1784, lieutenant en premier le 27 avril 1788. La révolution l'empêcha d'être proposé à une majorité en second, ainsi qu'il en avait obtenu la promesse écrite du ministre de la guerre, en date du 23 mai 1788. Il émigra avec sa famille le 22 janvier 1791, ce qui a fait vendre la totalité des biens qu'il possédait, et le tiers de ceux de sa mère. Il est allé se faire inscrire à Coblentz, chez M. le marquis de Miran, le 12 août suivant, avec ses beaux-frères le marquis et le chevalier de Caillebot la Salle; a rejoint le cantonnement d'Etelbruck, près Arlon, commandé par le général Klinglin le 20 mai 1792, et a fait cette campagne dans la compagnie des chasseurs à cheval de Franche-Comté, qui fit partie de la cavalerie de l'avant-garde de l'armée du centre aux ordres des Princes frères du Roi, au licenciement da laquelle il obtint de M. le maréchal de Broglie, un passeport pour aller à Rastadt, et y attendre des ordres des Princes frères du Roi. Nommé chevalier de l'ordre royal et militaire de Saint-Louis par Sa Majesté Louis XVIII, le 29 décembre 1795, avec MM. les comtes de Balay, Charles de Juigné, la Vallière et de Pont, il fut reçu à Constance, en Souabe, par le marquis de Caillebot la Salle, son beau-père le 9 janvier 1796. Il reçut quelque temps après, par M. le baron de Flachslanden, l'autorisation du Roi pour aller servir en Bretagne; mais les désastres de Quiberon empêchèrent son départ. Rentré avec sa famille en 1801, en France, il n'y a occupé aucune place, et le 31 mars 1814, il conduisit ses trois fils qui ne l'avaient jamais quitté, sur la place Louis XV et tous quatre furent au nombre des fidèles royalistes qui, après avoir arboré la cocarde blanche, allèrent au-devant des alliés, ayant le comte Thibaut de Montmorency à leur tête (Voyez le Journal des Débats, du 8 janvier 1815). Le comte du Parc alla avec ses enfants, le 12 avril, au-devant de Monsieur, au delà de la barrière de Pantin, et dans un quatrain (1) qu'il remit à ce Prince, offrait au Roi les services de ses trois fils. Il fut un des rédacteurs et des signataires du mémoire que les officiers du régiment d'infanterie du Roi firent présenter à ce monarque à son arrivée à Paris, pour renouveler à Sa Majesté leur serment de fidélité et la supplier d'accepter de nouveau leurs services et il se trouvait au nombre des anciens officiers de ce corps qui furent présentés au Roi, le 27 mai 1814, par le marquis de Balivière, alors maréchal-de-camp, leur ancien colonel en second.

Le comte du Parc eut l'honneur, le 13 mai, de présenter au Roi ses fils en disant : « Sire, je viens mettre aux » pieds de Votre Majesté les restes d'un soldat fidèle, et les » premiers services de ses trois fils ». Le Roi lui répondit avec cette bonté qui caractérise ce souverain : « Ce sont les petits fils du marquis de la Salle. » Le comte du Parc et ses fils faisaient partie de la noblesse de Bretagne, qui fut présentée au Roi, par M. le duc de Rohan Chabot, le 6 juin 1814.

Le comte du Parc, nommé par le Roi, le 20 octobre 1814, colonel de cavalerie, à prendre rang dans l'armée à dater du 18, s'est fait inscrire le 13 mars 1815, chez M. le duc d'Havré, comme volontaire de la compagnie écossaise dans laquelle servaient ses trois fils, et il y a fait la campagne de Béthune à pied avec son fils cadet ; les deux aînés qui l'ont faite dans l'escadron, ont passé avec les Princes le 24 mars 1815, et sont revenus avec le Roi. Il a été nommé membre de la chambre des députés, par le département de la Manche, le 22 août 1815.

---

(1) Sous le Corse souvent j'ai gémi d'être père ;
Maintenant je jouis de posséder trois fils,
Puisqu'aux yeux de la France entière
Je peux les offrir à Louis.

Le comte du Parc fit foi et hommage au Roi, en sa chambre des comptes de Rouen, le 25 février 1782, des fiefs du Mesnil-au-Val, du chapitre de Saint-Sauveur, Hautteville, comme relevant tous quatre du Roi ; il prit séance à cause desdits fiefs et ceux de la Haye et de Barville, etc., à l'assemblée de la noblesse du bailliage du Cotentin, à Coutances, le 16 mars 1789, pour élire des députés aux états généraux, et se trouve compris dans le rôle des gentilshommes, imprimé à cette époque à Coutances, voyez pages 19, 30, 54, 67.

Le comte du Parc obtint l'agrément du Roi, pour son mariage demandé par le duc de Mortemart, son cousin, le 30 mars 1788, et par contrat passé devant Brichard, notaire à Paris et son collègue, le 6 avril, et signé le même jour par le roi et la famille royale (voyez la Gazette de France du 11 avril, et le Mercure du 19 avril). Il épousa très-haute et très-puissante demoiselle Marie-Claudine-Elisabeth, marquise de Caillebot la Salle, fille aînée du seigneur Marie-Louis, marquis de Caillebot la Salle et de la Haye du Puits, en basse Normandie, seigneur et patron de Biville la Martel en Caux, duquel il avait hérité en 1778 (comme parent et légataire universel du dernier marquis de Marivaux, de l'illustre maison de Villiers l'Ile Adam), lieutenant-général des armées du roi, commandant en chef en Alsace, en l'absence de M. le maréchal de Contades, gouverneur et lieutenant-général de la province de la Marche, sénéchal et bailly d'épée du Puy et du pays de Vélay, et de sa seconde femme très-haute et très-puissante dame madame Marie-Charlotte de Clermont Chaste, comtesse de Roussillon, dame de Charpey et de l'Epine en Dauphiné, baronne de la Brosse et de Faye en Vélay, héritière de la branche connue sous le nom de Clermont Chaste, ayant pour armes les deux clefs d'argent en sautoir, et au haut de l'écusson une fleur de lys au champ d'azur (1), au lieu de la thiare que porte la branche aînée. Ladite branche de Chaste alliée aux maison de Joyeuse, Brancas, Descars de Bé-

(1) François de Clermont, baron de Chaste, obtint de porter une fleur-de-lys au champ d'azur, pour s'être signalé à la tête de la noblesse du Dauphiné, qu'il commandait en 1551, quand le duc de Guise défendait Metz assiégé par l'empereur.

renger, de Polignac, etc., a produit, en 1593, un grand maître de l'ordre de Saint-Lazare, Aynar de Clermont Chaste qui ouvrit à Henri IV, les portes de la ville de Dieppe, dont il était gouverneur, et mourut le 13 mai 1603. (Voyez l'Histoire des ordres du Mont-Carmel et de Saint-Lazare, tome premier, pages 414, 415, et l'Histoire d'Henri-le-Grand, par Madame de Genlis, tome premier, page 296); et un grand-maître de l'ordre de Malte, Anet de Clermont Chaste Jessan qui fut élu le 2 juin 1660, et mourut trois mois après, âgé de soixante-treize ans (voyez l'Histoire de Malte, tome 5, page 219). Ladite Marie-Charlotte de Clermont, fille du second lit de Charles-Balthazar de Clermont, comte de Roussillon, et de demoiselle Marie Butler, de la maison du duc d'Ortmond, pair d'Angleterre, hérita de ses frères du premier lit, le marquis et le comte de Chaste, maréchaux-de-camp. Elle est morte à Bayreuth, dans la Franconie prussienne, le premier décembre 1796, après avoir eu tous ses biens vendus.

Le marquis de Caillebot la Salle, d'une ancienne famille originaire du Perche, où existait d'abord le marquisat de la Salle, qui a été transféré sur la terre de Monpinchon près Coutances, était le troisième chevalier des ordres de sa maison; son père, Louis de Caillebot, marquis de la Salle, avait été reçu le 30 décembre 1688, et son aïeul Louis, marquis de la Salle, capitaine des gendarmes de la garde, lieutenant général des armées, nommé en 1682, était mort avant d'avoir été reçu. Il avait épousé 1.° demoiselle Benoize de laquelle il eut une fille unique, qui épousa le vicomte de la Montagu Beaune, lieutenant-général des armées du roi, et qui mourut en 1766 dame du palais de la reine, ne laissant qu'un fils, le marquis de Montagu, qui a épousé la quatrième fille du duc de Noailles d'Ayen, dont il a un fils et trois filles; et du deuxième lit le marquis de la Salle a eu, outre la comtesse du Parc, quatre autres enfants; le marquis de Caillebot, colonel, marié à mademoiselle de Vergers de Maupertuis, dont trois garçons et une fille; le chevalier de la Salle, maréchal de camp, aide de camp de MONSIEUR, frère du Roi; mademoiselle de Roussillon, morte à Paris le 18 avril 1805, sans avoir été mariée; et mademoiselle Pauline de la Salle non mariée.

Le marquis de la Salle, né au château de Renencourt,

à Villemeux, près Dreux, le 11 février 1716, est mort à Constance, en Souabe, le 3 février 1796; et presque tous ses biens ont été vendus.

Le comte du Parc, après avoir fait ses preuves devant M. Chérin, généalogiste de la cour, eut l'honneur de monter dans les carrosses de S. M. et de la suivre à la chasse, le 11 avril 1788 (voyez la Gazette de France du 18 avril et le Mercure du 26 avril), et la comtesse du Parc eut l'honneur d'être présentée par madame la duchesse de Mortemart, sa cousine, le dimanche 27 avril 1788. (Voyez la Gazette de France du 2 mai, et le Mercure du 10 mai 1788).

Le comte du Parc fit insérer dans la Gazette de Paris du 21 octobre 1791, sa profession de foi signée de lui, dans laquelle on remarque ces passages: « Voulant transmettre à mes descendants cette propriété précieuse, » (la noblesse), dans toute sa pureté, ainsi que je l'ai » reçue de mes pères, qui ne la tenaient que de Dieu et » de leur épée, et qui constamment fidèles à leur souverain et à leur patrie, n'oublièrent jamais un seul instant, quand ils furent assez heureux pour servir l'un et » l'autre, que la devise de leurs armes était *vaincre ou* » *mourir*, leur cri de guerre *honneur*. — Inviolablement » attaché aux descendants d'Henri IV, vraiment dignes » de ce héros, auquel nos pères ont dû autrefois la paix » et le bonheur, je leur ai voué à jamais les sentiments » d'amour et de respect que les vrais Français conservent » pour le sang de leurs rois. »

Le mariage du comte du Parc fut célébré à Paris, paroisse de Saint-Sulpice, le 8 avril 1788, comme on le voit dans le Journal de Paris du 9 avril, n° 100, page 446. Les témoins furent de son côté le duc de Mortemart, pair de France, son cousin maternel, et le marquis du Parc Locmaria, maréchal de camp, son cousin paternel, et du côté de mademoiselle de Caillebot la Salle, le vicomte de Montagu Beaune, lieutenant général des armées du Roi, son beau-frère, et le marquis de Monteynard, ancien ministre de la guerre, gouverneur et lieutenant général du royaume de Corse, son cousin paternel. Dudit mariage sont issus:

1.° Maurice-Henri-Frédéric, marquis du Parc, qui suit;

2.° Henri-Charles-Thimoléon, comte du Parc, qu'on verra ci-après.

3.° Louis-Paul-Maurice, comte du Parc, qu'on verra ci-après.

4.° Adélaïde-Louise-Nathalie du Parc, née à Paris, le 23 avril 1789, baptisée à Saint-Sulpice, et nommée par le marquis de Caillebot la Salle, son aïeul paternel, et madame la marquise du Parc de Barville, son aïeule maternelle. Elle a épousé par contrat passé le 4 août 1812, devant Denis, notaire à Paris, et son collègue, très-haut et très-puissant seigneur Louis-Gabriel-Auguste, comte d'Andigné de Mayneuf, ancien conseiller au parlement de Bretagne, membre de la chambre des députés de 1815, d'une très-ancienne maison d'Anjou, divisée en plusieurs branches, dont quelques-unes existent encore dans cette province; et les autres en Bretagne et dans le Maine; et de ce mariage sont déjà sorties deux filles, Marie-Charlotte-Elisabeth d'Andigné, née à Paris, le 20 juin 1813 (10ᵉ arrondissement), et Rosalie-Constance-Marie-Alix d'Andigné, née à Angers le 10 juillet 1814.

5.° Marie-Charlotte-Elisabeth du Parc, née à Paris, baptisée à Saint-Sulpice, et nommée par M. le duc de Mortemart, son cousin paternel, et madame la marquise de la Salle, son aïeule maternelle.

6.° Sophie-Louise-Pauline du Parc, née à Rastadt, dans le pays de Baden, le 29 décembre 1791, et morte à Constance en Souabe, le 18 juin 1814.

7.° Amélie. (Voyez le Mémoire.)

XV. Maurice-Henri-Frédéric, marquis du Parc, lieutenant de cavalerie, fils aîné de Constantin-Frédéric-Thimoléon, comte du Parc, né à Constance en Souabe autrichienne, le 1ᵉʳ octobre 1793, nommé par le comte le Forestier de Sideville, son oncle paternel, et la marquise de Caillebot, sa tante maternelle; fut avec son père et ses deux frères, au nombre des royalistes qui prirent la cocarde blanche sur la place Louis XV à Paris, le 31 mars, pour aller au-devant des alliés (voyez le journal des Débats du 10 janvier 1815); il fut présenté par son père au roi et la famille royale, le 13 mai suivant; a été reçu garde-du-corps de la compagnie écossaise, le 16 juin suivant; a été du premier guet qui ait fait le service auprès du Roi; a fait la campagne de Béthune à cheval, dans l'escadron de cette compagnie; a passé avec les princes le 24 mars 1815, et est revenu avec le roi; il a été du premier guet qui ait fait le service au retour de S. M. Il a été nommé le 12 novembre 1815, sous-lieutenant au premier régiment des grenadiers à cheval de la garde du roi.

XV. Henri-Charles-Thimoléon comte du Parc, chevalier de l'ordre de Saint-Jean de Jérusalem, lieutenant de cavalerie, deuxième fils de Constantin-Frédéric-Thimoléon, comte du Parc, né à Bayreuth, dans la Franconie prussienne, le 6 novembre 1796, nommé par le chevalier de Caillebot la Salle, et mademoiselle de la Salle Roussillon, ses oncle et tante maternels, se trouva avec son père et ses frères au nombre des royalistes qui le 31 mars 1814, prirent la cocarde blanche sur la place Louis XV, pour aller au-devant des alliés (voyez le journal des Débats du 10 janvier 1815). Il fut présenté au roi et à la famille royale par son père, le 13 mai suivant; fut reçu garde-du-corps de la compagnie écossaise, le 16 juin 1814; a été du premier guet qui ait fait le service auprès du roi; a fait la campagne de Béthune à cheval, dans l'escadron de cette compagnie; a suivi les princes le 24 mars 1815, et revenu avec le roi, il a été du premier guet qui ait fait le service à Paris, au retour de S. M., et a été nommé sous-lieutenant dans le régiment des dragons de la garde, le 13 novembre 1815. Il a obtenu par un bref donné *à latere*, le 10 mars 1815, la croix de dévotion de l'ordre de Saint-Jean-de-Jérusalem.

XV. Louis-Paul-Maurice, comte du Parc, chevalier de l'ordre de Saint-Jean-de-Jérusalem, lieutenant de cavalerie, troisième fils de Constantin-Frédéric-Thimoléon, comte du Parc, né à Bayreuth dans la Franconie prussienne, le 16 août 1799, nommé par le marquis de Caillebot la Salle, et mademoiselle Pauline-Eléonore de Caillebot la Salle, ses oncle et tante du côté maternel; fut avec son père et ses frères, au nombre des royalistes fidèles qui, le 31 mars 1814, arborèrent la cocarde blanche sur la place Louis XV, pour aller au-devant des alliés. A été présenté au roi par son père, le 13 mai suivant; est entré comme garde-du-corps de la compagnie écossaise, le 14 janvier 1815, et a fait la campagne de Béthune, avec le comte du Parc, son père, dans la partie de cette compagnie qui était à pied. Après la dislocation de l'infanterie qui eut lieu à Béthune, il est allé avec son père en Anjou, se mettre aux ordres de M. le général d'Andigné, commandant l'armée royale, et a rejoint les gardes-du-corps à Paris, le 24 juillet 1815.

*Armes :* « Ecartelé, aux 1 et 4 d'argent, à trois jumelles » de gueules, qui est de DU PARC ; aux 2 et 3 d'or, à deux » fasces d'azur, accompagnées de neuf merlettes de gueu- » les, quatre, trois et deux ; au franc-canton d'hermine, » qui est de PAYNEL. Supports, un lion et une aigle. De- » vise : *vaincre ou mourir*.

---

DUFOURC, famille ancienne de Bigorre, dont la noblesse a été constatée par plusieurs jugements souverains et relexes, entr'autres par jugement de M. de Lamoignon, intendant de la généralité de Guienne, du 15 mai 1716. Presque tous les membres de cette famille ont suivi la carrière militaire, dans laquelle un d'eux se signala de manière à recevoir une récompense digne de la munificence d'Henri-le-Grand, qui daigna faire mentionner dans le brevet qu'il lui fit délivrer, que c'était à raison des services considérables qu'il lui avait rendus.

Une branche de cette famille s'établit à Tarbes, et Jean-François Dufourc ayant voulu faire le retrait de la terre et seigneurie d'Antist en Bigorre, appartenante à la maison de Foix, dut prouver sa parenté, qui fut constatée par arrêt du parlement de Toulouse. Depuis l'acquisition de cette terre qui donnait l'entrée aux états de Bigorre, le chef de cette branche y siégeait dans l'ordre de la noblesse. Cette famille est aujourd'hui divisée en deux branches, représentées par :

BRANCHE AINÉE.

Jean-François-Charles DUFOURC D'ANTIST, écuyer, major de cavalerie, chevalier de l'ordre royal et militaire de Saint-Louis, membre du conseil général des Hautes-Pyrénées, a émigré en 1791, et a servi sous les ordres des princes. Il a épousé Claire de Magnol, fille de M. de Magnol, maréchal-de-camp et commandant du château de Lourde. De ce mariage sont issus :

1.° Jules Dufourc d'Antist, chef d'escadron des chasseurs à cheval de Marie-Thérèse, ou neuvième;

2.° Ernest Dufourc d'Antist.

## BRANCHE PUINÉE.

Jean-Alexandre Dufourc d'Antist, écuyer, né en 1770, brigadier des gardes du corps du roi, avec rang de chef d'escadron en 1814, a émigré en 1791 et a servi dans l'armée des princes. Il a épousé, en 1806, Catherine-Thérèse-Augustine Soulé. De ce mariage sont issues :

1.° Béatrix Dufourc d'Antist ;

2.° Caroline Dufourc d'Antist ;

3.° Rosette Dufourc d'Antist.

*Armes :* « Ecartelé, aux 1 et 4 d'azur, à trois croissants d'argent ; au chef d'or, chargé de trois glands de sinople; au 2 de gueules, à une montagne de six coupeaux d'argent, mouvante du bas de l'écu ; au chef du même, chargé de trois étoiles d'azur ; au 3 d'argent, à trois merlettes de sable. Couronne de marquis. Tenant et support, un sauvage et un lion ».

---

BELLEMARE, en Normandie, diocèse d'Evreux, ancienne noblesse dont parlent la Roque et plusieurs autres écrivains de Normandie. Un Bellemare passa dans la Terre-Sainte en 1214 avec saint Louis. Un autre Guillaume de Bellemare fut appelé à l'arrière-ban en 1242. Un autre Bellemare fut sergent de bataille et gouverneur de Sainte-Menehoult. On trouve aussi un Bellemare, chambellan du roi Charles VII ; un Bellemare, exempt des gardes du corps ; et un autre favori du grand Dauphin, fils de Louis XIV ( ce qui se prouve par plusieurs lettres de ce prince, que l'on conserve dans la famille ) mort au camp de Timéon à deux lieues de Charleroi, et inhumé le 23 mai 1675 dans l'église dudit village.

Cette famille a contracté des alliances avec les maisons de la Luzerne, Beuzeville, Blancmenil, la Fonds, Guitry, Chaumont, Merle, Rupièrre, Bonnet de la Tour, Nocey, le Roux-d'Esneval, Chambray, Nollent, Lieuray, Franqueville, etc., etc.

Il y a trois branches dans cette famille, la première est celle de Bellemare-Duranville, dont nous n'avons aucune connaissance, non plus que de la seconde, qui est de Bellemare-Thiebert, seigneur de Thiebert et autres lieux.

La troisième est celle de Bellemare-de-Saint-Cyr, dont nous allons donner la filiation suivant un mémoire qui nous a été envoyé.

*Branche des seigneurs de Bellemare-de-Saint-Cyr.*

I. Jean DE BELLEMARE, Ier du nom, écuyer, seigneur et patron de Borgueraux, vivait en 1300. Il eut pour fils :

II. Robert DE BELLEMARE, écuyer, marié en 1386, avec Jeanne de la Queze, fille de Guillaume de la Queze, écuyer. Il partagea les biens de Guillaume de la Queze avec la sœur cadette de sa femme en 1391 ; et les terres qu'il eut étaient encore dans la famille avant la révolution. De son mariage vint :

III. Jean DE BELLEMARE, IIe du nom, écuyer, qui épousa, par contrat passé devant Echallard, garde du roi en la vicomté d'Orbec, le 22 mai 1454, Guillemette de la Rivière, dont :

IV. Jean DE BELLEMARE, écuyer, IIe du nom, qui s'allia, par acte passé devant Guillaume et Michel de Bailhache, tabellions royaux, au Bourgtheroutte, le 19 octobre 1491, avec Jeanne le Muet, fille d'Artus le Muet, écuyer. De ce mariage vint :

V. Louis DE BELLEMARE, écuyer, qui se maria, par contrat passé devant les tabellions de Neuf-Bourg, le 4 octobre 1518, avec une des filles de Charles du Bosguyon, écuyer, sieur des Jardins. Leur fils fut :

VI. François DE BELLEMARE, Ier du nom, écuyer, qui épousa le 31 août 1556, Françoise Eudes, fille de Guillaume Eudes, écuyer, sieur de Norois. De ce mariage vint :

VII. Antoine DE BELLEMARE, écuyer, marié le 21 octobre 1601, avec Marguerite de Montgoubert, fille d'Antoine de Montgoubert, écuyer. Il fut père de :

VIII. Philémon DE BELLEMARE, écuyer, qui, par contrat passé devant les tabellions du Pont-de-l'Arche, le 6 février 1635, se maria avec Anne de Malhortie, dame de Neufvillette, fille héritière en partie de Marguerin de Malhortie, écuyer, sieur de la Garenne.

IX. François DE BELLEMARE, IIe du nom, écuyer, leur fils, fit alliance par acte passé devant les tabellions de Saint-Georges du-Vieuvre, le 24 février 1669, avec Anne des Perrières, fille de Jacques des Perrières, écuyer, dont :

1.° Philémon-François, qui suit ;

2.° Deux autres garçons, l'un tué à Malplaquet et l'autre dans un combat particulier.

X. Philémon-François DE BELLEMARE, marié en 1699, avec Françoise des Hayes-de-Gossard, fille de N.... des Hayes, écuyer, a eu pour enfants :

1.° Cyr-Sébastien-François, qui suit ;

2.° François, qui a servi très-long-temps dans l'infanterie, et dans les Indes Orientales. Il a épousé demoiselle des Perriers-de-Saint-Marc, dont sont issus deux garçons ;

3.° Nicolas, capitaine au régiment des Grassins, et chevalier de l'ordre royal et militaire de Saint-Louis. Il s'est trouvé au siége de Prague, à l'action de Mesle en Flandre, à la bataille de Fontenoy, et à celle de Lawfeld, où il reçut plusieurs blessures dont il est mort : sa bonne conduite et sa valeur l'ont fait regretter de ses officiers généraux ;

4.° Marc-Antoine, chevalier de l'ordre royal et militaire de Saint-Louis, appelé le chevalier de Saint-Cyr, brigadier des mousquetaires du roi dans la seconde compagnie, et gouverneur des ville et château de Conche ;

5.° Et quatre filles.

XI. Cyr-Sébastien-François DE BELLEMARE, écuyer, chevalier, seigneur et patron de Saint-Cyr et de Salerne, chevalier de l'ordre royal et militaire de Saint-Louis, et lieutenant de MM. les maréchaux de France, a épousé, par contrat passé le 15 novembre 1744, et déposé, devant les conseillers du roi, notaires au châtelet de Paris, le 4 avril 1745, Elisabeth de Canouville, fille de Georges de Canouville, laquelle lui a apporté en dot les terres, seigneuries et patronages des paroisses du Mesnil-au-Vicomte, Burcy, Louversey en partie, le Breuil, Poignard, et le Clos-Martin. De ce mariage sont nés :

1.° Nicolas, dont l'article suit ;

2.° Georges-Cyr-Marc de Bellemare-Saint-Cyr, chevalier des ordres de Saint-Louis et de Saint-Lazare, lieutenant-colonel d'infanterie. Il a épousé Marie-Thérèse Leger ; il n'a pas d'enfants ;

3.° Georgette-Elisabeth-Anne-Foi, mariée à Henri de Bellemare de Neuville son cousin, dont elle n'a pas eu d'enfants ;

4.° Elisabeth, élève de Saint-Cyr, mariée à M. de Marguerit Dufresne, dont elle a une demoiselle mariée à M. Alexandre de Guérout.

XII. Nicolas DE BELLEMARE-SAINT-CYR, écuyer, page de la reine, mousquetaire du roi dans la deuxième compagnie, en 1769, lieutenant des maréchaux de France à Lisieux, chevalier de l'ordre royal et militaire de St-Louis ; a épousé Antoinette-Julie Charlotte Thyrel de Boscbénard, de laquelle il a eu :

1.° Charles, dont l'article suit ;

3.° Antoine-Georges de Bellemare, a été tué à Œls, dans la dernière guerre ;

3.° Julie de Bellemare qui a épousé M. de Captot ;

4.° Antoinette de Bellemare.

XIII. Charles DE BELLEMARE-SAINT-CYR, écuyer, né le 16 septembre 1784, mousquetaire de la deuxième compagnie, en 1814; a épousé Elisabeth Canuel, de laquelle il a :

Elisabeth-Georgette de Bellemare-Saint-Cyr.

*Armes* : « De gueules, à la fasce d'argent, accom» pagnée de trois carpes contournées du même ».

---

CHAMBARLHAC DE L'AUBEPAIN (DE), en Velay, l'une des plus anciennes maisons du Languedoc, qui a fourni une quantité considérable d'officiers distingués au service de nos rois; et un comte au chapitre noble de Brioude en 1582.

Raymond de Chambarlhac, chevalier, fut présent à la fondation de la chartreuse de Bonnefoy, le 24 juillet 1179, par Raymond, comte de Toulouse. Dans cet acte, Raymond de Chambarlhac, prend la qualité de *Miles*.

On lit dans l'Histoire du département de la Haute-Loire (Velay), par M. du Lac de la Tour, imprimée au Puy, en 1813, que « Charles VI, visitant le Languedoc, » s'arrêta dans la ville du Puy, en 1394, et que ce mo» narque logea pendant trois jours dans la maison de M. » Pierre de Chambarlhac (1), chanoine de la cathédrale, » issu d'une famille illustre et ancienne, qui subsiste avec » l'éclat et la distinction qui sont inséparables du mérite ».

I. Hugon DE CHAMBARLHAC DE LHERM, damoiseau, vivait en 1326 qu'il rendit hommage, le 9 mars de la même année, au puissant seigneur et baron de Fay. Il fut père de :

II. Raymond DE CHAMBARLHAC DE LHERM, damoiseau, qui rendit hommage au baron de Fay, le 3 mai 1352. Il eut pour fils :

III. Pons DE CHAMBARLHAC DE LHERM, qui, au nom de noble Garianne de Truchet, sa femme, rendit hommage au baron de Fay. Il fut père de :

IV. Jean DE CHAMBARLHAC DE LHERM, Ier du nom, da-

---

(1) M. le baron de Chambarlhac de d'Aubepain, lieutenant-généra des armées du roi, possède encore cette maison.

moiseau, qui paraît dans une reconnaissance de la rente des Estreyts, du 29 mars 1400. Il eut pour fils :

V. Jean DE CHAMBARLHAC DE LHERM, IIe du nom, damoiseau, qui paraît dans une reconnaissance en sa faveur de la rente des Estreyts, le 10 septembre 1479. Il fut père de :

VI. Louis DE CHAMBARLHAC DE LHERM, qui vivait le 15 avril 1510, et donna une quittance générale à Pierre et Jean de Chambarlhac, père et fils, de la paroisse des Vostres, le 15 septembre 1524. Il eut pour fils :

1.° Jean, dont l'article suit;
2.° Antoine de Chambarlhac, dominicain.

VII. Jean DE CHAMBARLHAC, IIIe du nom, seigneur de Lherm, reçut quittance des biens paternels, d'Antoine de Chambarlhac, son frère, religieux dominicain, le 15 avril 1510. Il testa, le 20 décembre 1534, et eut pour fils :

1.° Antoine, dont l'article suit;
2.° Pierre, qui testa, le 15 juillet 1557;
3.° Autre Pierre, chanoine et comte de Brioude, en 1582;
4.° Louis de Chambarlhac, qui a fait branche.

VIII. Antoine DE CHAMBARLHAC DE LHERM, Ier du nom, écuyer, épousa, par contrat du 20 mai 1527, Colombe d'Estrées, et en eut :

IX. Claude DE CHAMBARLHAC DE LHERM, écuyer, marié, par contrat du 15 janvier 1557, avec Anne des Cours, qui étant veuve, fit une donation le 19 mai 1607, en faveur d'Antoine, dit le Jeune, l'un de ses fils, qui furent :

1.° Antoine, dit le Vieux, dont l'article suit;
2.° Antoine, dit le Jeune, qui a fait branche.

X. Antoine DE CHAMBARLHAC, IIe du nom, dit le Vieux, damoiseau, seigneur de Lherm, épousa, par contrat du 21 mai 1581, Marguerite Guillot, rendit hommage au seigneur et baron de Fay, le 16 mai 1601, et eut pour fils :

1.° Jean, dont l'article suit;
2.° Autre Jean, seigneur de Costechaude, qui a fait branche;

3.° Alexandre, qui, comme procureur fondé de noble Jean, son frère, rendit hommage au baron de Fay, le 17 août 1639, avec dérivation de l'hommage rendu en 1352, par noble Raymond de Chambarlhac ;

4.° Marguerite de Chambarlhac, mariée, par contrat du 4 octobre 1644, avec Pierre Blanc de Molines, seigneur de Champs.

XI. Jean DE CHAMBARLHAC DE LHERM, IVe du nom, écuyer, épousa, par contrat du 22 novembre 1654, Marie Blanc de Molines, et testa le 29 juin 1617. Il laissa de son mariage :

XII. Jean DE CHAMBARLHAC DE LA CHAUMETTE, Ve du nom, écuyer, marié, par contrat du 27 novembre 1698, avec Marie-Thérèse Allirand, dont il eut :

XIII. Jean-Antoine DE CHAMBARLHAC DE L'AUBEPAIN, Ier du nom, chevalier, marié, par contrat de 16 septembre 1723, avec Marie-Madeleine de Goyx. De ce mariage sont issus :

1.° Jean-Antoine, dont l'article suit ;

2.° Louis-Joseph de Chambarlhac, premier capitaine commandant au régiment d'Auvergne, chevalier de l'ordre royal et militaire de Saint-Louis.

XIV. Jean-Antoine DE CHAMBARLHAC DE L'AUBEPAIN, Ier du nom, chevalier, député à l'assemblée provinciale de la noblesse du Puy et du Vélay, épousa, par contrat du 21 novembre 1750, Isabeau de Sahuc. De ce mariage est issu :

XV. Jacques-Antoine, baron DE CHAMBARLHAC DE L'AUBEPAIN, né en 1754, ancien officier au régiment d'Auvergne, lieutenant-général des armées du roi, chevalier de l'ordre royal et militaire de Saint-Louis, commandant de la Légion d'Honneur ; ainsi que son oncle Louis-Joseph, et son père, il a été plusieurs fois député de la noblesse aux états provinciaux du diocèse du Puy et de Vélay. Il est père de :

1.° Jean-Antoine de Chambarlhac, lieutenant-colonel au premier régiment des chasseurs à cheval du Roi, chevalier de la Légion d'Honneur, admis aux pages de MONSIEUR, frère du Roi, d'après le certificat de M. le Maistre, généalogiste, du 9 mars 1786 ;

2.° Alexandre de Chambarlhac, lieutenant au 64ᵉ régiment de ligne ;

3.° Louis-André-Antoine de Chambarlhac.

*Armes :* « Ecartelé, aux 1 et 4 d'azur, au chevron » d'or, accompagné de trois colombes d'argent, becquées et membrées de gueules, qui est de CHAMBARLHAC ; au 2 d'or, à l'aubépin terrassé de sinople, qui » est de l'AUBEPAIN ; au 3 de sinople, à un camp de » trois tentes d'argent, celle du milieu supérieure ; » *Armes de récompense militaire* ».

Cette famille a été maintenue dans son ancienne noblesse, par jugement du 18 octobre 1669, de M Basin de Bezons, intendant de la province du Languedoc, et député par Sa Majesté pour la vérification des titres de noblesse.

NOTA. Le baron André de Chambarlhac, aussi lieutenant-général des armées du roi, en 1804, est d'une branche de la même maison.

---

FELIX (DE). Le lustre et la noblesse de la maison de Felix, originaire de Piémont, non-seulement ont toujours été reconnus par les auteurs qui ont traité de la noblesse de Piémont et de Provence, mais son ancienneté est encore constatée par les fiefs, les palais, les tombeaux, les armoiries et diverses autres marques d'honneur dont cette famille jouissait, principalement à Rivoli, lieu de son ancienne résidence (*G. Augusta Taurinorum*).

En effet, Pingon place la famille de Felix dans le Catalogue des nobles de la ville de Turin, *ab anno Christi* 700 (part. 2, p. 382).

L'évêque de Saluces, dans la Couronne royale de Savoie, la reconnaît très-noble et très-ancienne. Il dit qu'à Rivoli : *Nobilemente vivevano delli Felici-Chantempo sono stato, signori di villa Fociadæ dello Joconera, e Hoggidi, nobilemente vivano in provensa con focidi, e titolo honoratissimi et apparentati cun familie principali de qual paeze.*

Elle a possédé les fiefs de la Jaconière et de Villarfonchard, dont elle a prêté hommage aux ducs de Savoie les 4 février 1427, 19 octobre 1465 et 26 janvier 1643 ; un palais fortifié d'une grande tour, muni d'un pont-levis et attenant à celui du prince de Rivoli ; des tombeaux (1) dans la chapelle de la Stella, église principale de Rivoli, sur lesquels on lit ces mots : *Antiqui signori Felici* ; des armoiries (2) de cette famille se trouvent placées dans l'ancien presbytère de cette église qu'elle avait fait bâtir (3) et où elle avait droit de baldaquin, qui était de porter le premier bâton du poèle ou dais, le jour de la Fête Dieu et autres.

Amédée, IVe du nom, comte de Savoie, désirant reconnaître la fidélité des principaux habitants de Rivoli, leur accorda (4), par transaction du 4 septembre 1247, le droit d'entrée à l'avenir, et d'être les seuls juges et médiateurs des contestations qui pourraient naître entre lui, ses successeurs et les habitants de la ville de Turin; et il voulut que la famille de Felix portât trois F F F sur la bande de ses armes, qui signifient *Felices fuerunt fideles*.

L'origine de la maison de Felix de Provence, et son extraction de celle de Rivoli en Piémont, est confirmée par les jugements de la chambre souveraine des francs-fiefs, du 16 octobre 1616, et de la commission concernant la noblesse, du 22 septembre 1663, et par les preuves faites pour l'ordre de Malte en 1641, par Jean-Baptiste Felix de la Reynarde.

L'Ermite, le Mercure de France, Girard, Ségoing, Fournier, Boucher, Sébastien Fantoni, Nicolas Chorrier, l'abbé Robert et autres, reconnaissent unanimement dans les Felix de Provence et ceux de Rivoli la même noblesse et la même origine.

I. Jean-Richard Felici, vivant en 1320, était seigneur

---

(1) Enquêtes judiciaires faites par Ignacio Corrocio, fils d'Anne de Felix, du 18 juin 1648.

(2) *Ibid.*

(3) *Ibid.*

(4) Pingon, *Augusta Taurinor.*, page 45; l'évêque de Saluces, part. 1, pag. 176, et autres.

de la Jaconière, et résidait à Rivoli, ainsi qu'il appert par un acte reçu par Brati, notaire de cette ville, du 3 décembre 1380. Il eut pour fils :

1.° Jean, dont la branche resta en Piémont, possédant la seigneurie de la Jaconière, et qui s'éteignit dans Anne de Felix, dame de la Jaconière, mariée à Thomas Carrocio. Elle fut mère du premier président en la chambre des comptes de Savoie de ce nom, et ambassadeur de S. A. R. S. auprès du roi de France ;

2.° André, dont l'article suit :

II. André de Felix, épousa noble Anne de Fraxinello de Lignano, maison dont ils étaient sortis, suivant l'abbé de Saluces (part. 2, p. 210), le béatus Arducius de Lignano, compagnon de saint François, lequel mourut à Senegallo, près Lorette, le 13 octobre 1231, et sanctus Henricus de Lignano, de l'ordre des Humiliés, dont le corps est conservé à Saint-Christophe de Veracit. De ce mariage vint :

III. Antoine de Felix, mentionné dans le contrat de ratification de l'accord fait entre les familles de Rivoli, passé par Amédée de Savoie, prince d'Achaïe, du 21 octobre 1392, reçu par Martin Solène, notaire de Rivoli. Il épousa Louise de Guignes, dont il eut :

IV. Philippe de Felix, Ier du nom, né à Rivoli en Piémont, qui passa les monts et vint s'établir à Avignon où il fut mis au rang des gentilshommes italiens, par délibération du conseil de cette ville, l'an 1461 ; ayant hérité de Jacques de Fraxinello, son cousin-germain, succession qui lui occasionna divers procès avec le comte de Casal et le marquis de Montferrat, qu'il fit condamner au petit sceau de Montpellier, en 1466, et sur les difficultés de l'exécution, il obtint des lettres de représailles des rois Louis XI, Charles VIII et du roi René, en 1568 et 1483. Il acquit la terre de la Ferratière et avait épousé, dans la ville du Saint-Esprit, en Languedoc, par contrat du 13 janvier 1451, reçu par Lucius, notaire de ladite ville, Sybille d'Arduchio, fille de Pierre d'Arduchio, du lieu de Lans, diocèse de Turin, et de dame Englieu Despardieu. De ce mariage sont issus :

1.° Claude, dont l'article suit ;

2.° Aleman, qui servit le duc de la Trémouille en Bretagne, et fut tué à la bataille de Saint-Aubin ;

3.° Alexandrette, mariée, 1.° par contrat du 20 octobre 1487, avec noble Perrinet de Grilles, baron de Brissac et de Saint-Trivier; 2.° par contrats du 16 décembre 1497, et du 20 août 1515, avec noble Jean de Clapet, président de Bresse et ensuite chancelier de Savoie;

4.° Catherine de Felix, mariée, par contrat du 19 octobre 1495, avec noble Georges Meissonis.

V. Claude de Felix, né à Roignon, fut compris aux rôles de la noblesse de cette ville, en 1492 (1), et épousa, par contrat du 6 mai 1493, reçu par Poncet de Petra, notaire à Avignon, noble Isoarde de Pérussis, fille aînée de Rodolphe de Pérussis et d'Hélène de Fallet. Leurs enfants furent, suivant le testament d'Isoarde de Pérussis, du 9 février 1589:

1.° Pierre, dont l'article suit :

2.° Philippe, auteur de la branche des comtes du Muy, rapportée plus loin ;

3.° Pons, qui fut capiscol de Notre-Dame de Dons d'Avignon. Son nom et son portrait paraissent encore à côté de l'hôtel qui est la première chapelle du côté gauche en entrant dans l'église, avec cette inscription : *P Felix, præcentor et canocicus hujus ecclesiæ hoc opus ad laudem Dei omnipotentis fieri curavit* 18 *kalendis septembris* 1548 ;

4.° Olivier, qui fut secrétaire de Piolenc ;

5.° Alexandre de Felix, religieuse au monastère de Sainte-Claire d'Avignon ;

6.° Sybille, élevée près de la chancelière de Clopet, sa tante, et mariée avec François de Pelleterat de Tressort, gentilhomme de Bourg en Bresse ;

7.° Hélène, mariée à noble George Gaignon, d'Ast en Piémont, habitant à Avignon.

VI. Pierre de Felix, seigneur de la Ferratière, épousa, par contrat du 7 janvier 1542, reçu par Egidien Roberty,

---

(1) Fanton ; Histoire d'Avignon, tome 1, liv. 1.

notaire d'Avignon, Marie-Anne de Francico, dont il eut :

1.° Philippe, dont la postérité s'éteignit dans le commencement du dix-septième siècle. Elle a fait des alliances avec les familles de Loques, d'André, de Chaylan, de Mouriès, de Saint-Marc, etc. ;

2.° Henri, auteur de la branche des seigneurs de la Ferratière, qui forma des alliances avec les familles de Lopis, de Henrici de Chailus de Propia, de Greffet, de Saboulin, de Gérente la Bruyère, etc., et qui s'éteignit dans la personne de Pierre de Felix de Greffet, chevalier, comte de Villarfouchard, seigneur de la Ferratière, dont la fille unique, Clotilde-Adélaïde de Felix de Greffet, épousa, par contrat du 19 janvier 1751, Jean-Claude Palamède, marquis de Forbin Gardanne, seigneur de Saint-Marcel. Un rameau sorti de cette branche, et fixé à Avignon, s'est également éteint dans Anne-Charlotte de Felix, mariée à Joseph-Antoine de Brunet de Vacheres ;

3.° Olivier de Felix, qui a formé une branche qui s'est établie à Aix, et qui a formé des alliances avec les familles d'Eiguésier, d'Albert, de Gantès, d'Orcin, de Gaillard, de Raffelis-Granbois, etc. Elle subsiste encore dans les enfants de Joseph de Felix, chevalier, marié, par contrat du premier juillet 1754, avec Marie-Madeleine de Gantel-Guitton-Mazargues, fille de Nicolas de Gantel-Guitton, seigneur de Mazargues, et de Madeleine du Mont.

## SECONDE BRANCHE.

### *Comtes du Muy et de la Raynarde.*

VI. Philippe DE FELIX, II^e du nom, né à Avignon le 17 décembre 1510, second fils de Claude et d'Isoarde de Pérussis, se retira à Marseille, où il fut mis au rang des nobles de cette ville, le 7 juin 1541. Il avait épousé, en 1538, Madeleine de Bus, fille de Pierre de Bus et d'Anne de Sade-Saumane. De ce mariage vinrent :

1.° Louis, dont la branche s'éteignit après avoir fourni plusieurs personnages illustres ;

2.° Antoine, dont l'article suit;
3.° Anne, mariée à Antoine de Valbelle, seigneur de Beaumelles ;
4.° Isoarde de Felix, femme de Pierre d'Audiffret, des barons de Greoux.

VII. Antoine DE FELIX, contrôleur général de la marine, épousa, 1.° par contrat du premier mai 1576, reçu par Vivaud, notaire à Marseille, Louise de Huc, fille aînée et héritière de François de Huc, seigneur de la Reynarde, fief démembré de Saint-Marcel, et de Claudine de la Cépède. De ce mariage vinrent :

1.° Philippe, dont l'article suit;
2.° Pierre, commandeur de Beaulieu et de Raiffac, bailli et grand'croix de l'ordre de Saint-Jean de Jérusalem ;
3.° Isabeau, mariée, le 26 décembre 1593, à Nicolas de Bausset, fils de François de Bausset et de Claire de Bertrand ;
4.° Marguerite, alliée à Jean-Louis-Antoine de Glandevez, seigneur de Niozelle et de Mirabeau ;
5.° Michelle, femme de Gaspard-Antoine de Glandevez, seigneur de Niozelle et de Mirabeau, fils du président ;
6.° Marquise, femme de Nicolas de Vento, seigneur de la Baume et des Pennes, fils de Louis et de Madeleine d'Albertus de Villecrose ;
7.° Deux autres filles, alliées dans les maisons de la Cépède et du Revert.

VIII. Philippe DE FELIX, III^e du nom, seigneur de la Reynarde, élu premier consul de la ville de Marseille en 1628, et capitaine d'une des galères du roi, épousa, le 2 juillet 1612, Jeanne d'Arène, fille d'Antoine d'Arène, seigneur de Rousset, commissaire de la marine, et de Madeleine de Mouans, sa première femme, dont il eut :

1.° Antoine, mort capitaine de galères en 1644 ;
2.° Jean-Baptiste, dont l'article suit;
3.° Louis, qui fonde la branche des barons d'Olières, comtes de Grignan, rapportée ci-après ;
4.° Joseph, reçu chevalier de Saint-Jean de Jérusalem en 1639, mort grand-prieur de Saint-Gilles et chef d'escadre des armées navales du roi.

IX. Jean-Baptiste DE FELIX, I^er du nom, seigneur du Muy et de la Reynarde, épousa, le 19 juin 1654, Françoise de Valbelle, fille de Jean-Baptiste de Valbelle, seigneur de Baumelles, capitaine des galères, et de Françoise de Savournin d'Aiglun, dont :

1.° Jean-Baptiste, dont l'article suit ;
2.° Deux chevaliers de Malte ;
3.° Une fille, mariée à Palamède de Forbin, chevalier, seigneur de la Barben.

X. Jean-Baptiste DE FELIX, II^e du nom, chevalier, marquis du Muy, de Grignan et de la Reynarde, conseiller en la cour de parlement d'Aix, commandant en Provence, gouverneur du Dauphin, conseiller d'état d'épée, épousa Marguerite d'Armand de Mizon, gouvernante des enfants de France, fille de Charles d'Armand, marquis de Mizon et de Châteauneuf, et de Marquise Valbelle-Montfuron, De ce mariage sont issus :

1.° Joseph-Gabriel-Tancrède, dont l'article suit ;
2.° Louis-Nicolas-Victor de Felix, comte de Grignan, de Montségur, de Collouzelles, de Chantemerles, de Salles, de Chamaret, de Clansayes, de Reauville, etc., chevalier des ordres du roi, maréchal de France, gouverneur de Villefranche en Roussillon, menin de monseigneur le Dauphin, chevalier de Saint-Jean de Jérusalem, commandant de la Flandre, mort ministre de la guerre, le 11 octobre 1775.

XI. Joseph-Gabriel-Tancrède DE FELIX, marquis du Muy, comte de Reynarde, lieutenant-général des armées du roi, de la ville et fort d'Antibes, premier maître-d'hôtel, d'abord de madame la Dauphine, et ensuite de madame, comtesse de Provence, femme du roi régnant (1816) ; a épousé, le 13 mars 1744, Louise-Elisabeth-Jacqueline d'Alsace d'Hennin-Liétard, morte le 27 juin 1764, fille unique de Jean-Louis d'Alsace d'Hennin-Liétard, chevalier, marquis de Saint-Phal, seigneur de Cressentine, de Machy, de Pomery, de l'Etang, de Blaincourt, de Vautry et autres lieux, capitaine de gendarmerie, et de Marie-Elisabeth d'Anglebelmer, dame de Lagny, d'Haution et de Beaurepaire. Le marquis de Muy n'a eu qu'une fille unique qui a épousé le marquis de Créquy dont il n'y a point de postérité.

## TROISIÈME BRANCHE.

### *Barons d'Olières, comtes de Grignan.*

IX. Louis de Felix, troisième fils de Philippe, IIe du nom, et de Jeanne d'Arène, épousa, par contrat du premier juin 1665, Madeleine d'Agoult, fille de Joseph d'Agoult, chevalier, baron d'Olières, et de Marthe de Gaspari. Il acquit la moitié de la baronnie d'Olières, et laissa de son mariage :

1.° Philippe, dont l'article suit ;
2.° Deux chevaliers de Malte ;
3.° Trois filles, mariées dans les maisons d'Agoult d'Olières, de Gautier d'Aiguines et d'Audibert-Ramatuelle.

X. Philippe de Felix, IVe du nom, chevalier, baron d'Olières, épousa Marie de Salmon, fille de noble Vincent, écuyer, et de Marie de Grimaldi. De ce mariage sont issus :

1.° Philippe-Louis, dont l'article suit ;
2.° Lazarin, mort chevalier de Malte ;
4.° Anne de Felix, mariée, en 1743, avec noble Jean-André de Monyer de Melan de Châteaudeuil.

XI. Philippe-Louis de Felix, chevalier, marquis d'Olières, seigneur de Dauphin, de Saint-Maime et autres places, élu premier consul d'Aix en 1754, avait épousé, 1.° en 1742, Anne-Diane d'Albert de Sillans; 2.° le 22 septembre 1750, Madeleine de Tressemanes-Brunet. Ses enfants sont :

*Du premier lit :*

1.° Louis-Antoine de Felix, marquis d'Olières, né à Aix le 22 mai 1748, mort sans postérité ;

*Du second lit :*

2.° Jean-Louis-Philippe, qui suit ;
3.° Deux demoiselles, dont l'aînée veuve sans enfants de M. le marquis de Simiane, et la cadette, veuve de M. le marquis de Gueidan, dont elle a un fils.

XII. Jean-Baptiste-Louis-Philippe DE FELIX D'OLIÈRES, comte du Muy et du Grignan, lieutenant-général des armées du roi, pair de France, a épousé, le 21 décembre 1788, Candide-Dorothée-Louise de Vintimille du Luc, des comtes de Marseille.

*Armes :* « Ecartelé, aux 1 et 4 de gueules, à la bande » d'argent, chargée de trois F F F de sable ; aux 2 et 3 » de gueules, au lion d'or, à la bande d'azur brochante » sur le tout. Devise : *Felices fuerunt fideles* ».

---

WEISS OU D'ALBI (DE) ; (le premier nom n'étant que la traduction allemande du second) ; famille noble de Suisse, très-ancienne, originaire de France ; la généalogie des vicomtes d'Albi, remontant jusqu'à l'année 918, est insérée dans l'Histoire générale du Languedoc, tome II, page 579 ; et page 509 du même volume, il est dit : « Qu'après les comtes de Toulouse, c'était la plus puissante maison de la province, sinon en dignités, du » moins en domaines; qu'elle posséda les vicomtés » d'Albi, Nîmes, Rasez, Béziers, Agde et Carcassonne, » avec plusieurs châteaux et seigneuries dans le Toulousain, le Narbonnais, etc. ». Au rang des preuves de l'identité de la maison de Weiss, avec celle d'Albi, se trouvent des lettres-patentes et autres actes authentiques dans lesquels après le nom de Weiss, on voit toujours placé *aliàs* D'ALBI *Trencavel*, ou d'origine d'ALBI *Trencavel*.

I. Bernard, I^er^ du nom, vicomte en 918.

II. Aton, I^er^ du nom, vicomte d'ALBI ou d'Ambialet en 937 et 942 : épousa Diafronisse ; il avait pour frère Frotaire, évêque d'Albi en 942.

III. Bernard, II^e^ du nom, vicomte d'ALBI et de Nîmes en 956, 957 et 974 : épousa Gauciane. Son frère Frotaire fut évêque de Cahors en 957 et 961.

IV. Aton, II^e^ du nom, vicomte d'ALBI et de Nîmes : épousa Gerberge; mourut vers l'an 1032. Son frère Frotaire était évêque d'Albi en 972 et 975, ensuite évêque de Nîmes, depuis l'an 988 jusques vers l'an 1014.

V. Bernard-Aton, III^e^ du nom, vicomte D'ALBI et de

Nîmes, épousa Rangarde, et mourut vers l'an 1060. Avait deux frères : Sigarus et Frotaire II, évêque de Nîmes, depuis l'an 1027 jusqu'en 1077.

VI. Raymond-Bernard, surnommé *Trencavel*, vicomte d'ALBI et de Nîmes, épousa Ermengarde, fille de Pierre-Raymond, comte de Carcassonne, et héritière de Roger III, son frère, comte de Carcassonne et de Rasez, vicomte de Béziers et d'Agde. Il mourut vers l'an 1074.

VII. Bernard-Aton, IV^e du nom, vicomte D'ALBI, Nîmes, Carcassonne, Rasez, Béziers et Agde : épousa, en 1083, Cécile de Provence, et mourut en 1012 Avait pour sœur Guillemette, qui épousa 1.° en 1129 Pierre Aton, vicomte de Bruniquel ; 2.° vers l'an 1069, Hugues de la Roque.

Roger, I^er du nom, vicomte D'ALBI, de Carcassonne et de Rasez: épousa 1.° Adélaïde de Pons, 2.° en 1139, Bernardine de Comminges, et mourut sans enfants.

VIII. Raymond TRENCAVEL, vicomte de Béziers, succéda à son frère Roger I, dans les vicomtés d'Albi, Carcassonne et Rasez : épousa 1.° Adélaïde; 2.° Saure, et mourut en 1167. On lui connaît quatre sœurs; Manteline, qui épousa, en 1105, Arnaud de Béziers ; Ermengarde Trencavel, épousa, en 1110, Gauffred, comte de Roussillon ; Ermessinde épousa, en 1121, Rosating de Posquières ; Pagane, non mariée. Plus, un second frère Bernard-Aton V, vicomte de Nîmes et d'Agde : épousa Guillemette de Montpellier, et mourut vers l'an 1159.

IX. Roger, II^e du nom, vicomte D'ALBI, Béziers, Carcassonne et Rasez, épousa, vers l'an 1171, Adélaïde, fille de Raymond V, comte de Toulouse. Roger eut une sœur du premier lit, Cécile, qui épousa, en 1151, Roger-Bernard, comte de Foix ; et du second lit (duquel il était lui-même), Adélaïde qui épousa, en 1176, Sicard, vicomte de Lautrec ; Béatrix, épousa Raymond VI, comte de Toulouse. Plus, Roger eut un frère, Raimond Trencavel, duquel une variante historique fait descendre Marc qui suit : mais plus probablement ;

X. Marc-Raymond D'ALBI, était un des fils de Roger II, vicomte d'Albi, et d'Adélaïde, fille de Raimond V, comte de Toulouse. Les malheurs historiquement connus de sa famille et de son pays, obligèrent Marc-Raymond de se retirer en Italie vers l'année 1200. Il épousa Béatrix d'Alben, branche allemande de la même maison, déjà séparée en 1030, étant passée au service d'Henri III, avant qu'il fût élu empereur. Du susdit mariage naquit :

XI. Antoine Albi, né 1214, mort 1287 ; vivait à Pise : épousa Maxime Dolabella, duquel mariage :

XII. Jean d'Albi Trencavel, né en 1250, mort en 1312 ; fixé à Florence ; épousa Mathilde Cerqui, dame de Seravalla. Les troubles de la Toscane, divers exils pillages, arrestations, incendies, l'engagèrent à chercher la paix ailleurs. Il s'établit dans le Valais, en Suisse, l'année 1304, où sa descendance a résidé près de trois siècles. Du susdit mariage vinrent :

1.° Pierre Albi, qui suit :
2.° Walther in Alben, allié Tschoudi, grand banneret de Dizain de Viége, dès 1330 à 1356 : ce Walther fut la tige de la noble famille des In-Albons ;
3.° Mathieu d'Albi ou d'Alben, chevalier de Saint-Jean de Jérusalem.

XIII. Pierre d'Albi, né en 1280, tué à la chasse, en 1319 ; devint, par échange de ses propriétés en Toscane, co-seigneur de divers fiefs dans la Savoie, le Valais et le Val-d'Aoste, qui composaient le grand fief de Schalen ou Chalon, et fut le premier qui en porte le titre. Epousa Marie de Raron, duquel mariage :

XIV. Antoine Albi ou Weiss de Schalen, né en 1308, mort en 1356 ; sur-intendant des biens des chevaliers de Rhodes ou de Jérusalem dans le Valais. Figura dans le célèbre tournoi, donné par Amédée, comte de Savoie, en 1346. Epousa Anne de Chalon, ce qui compléta ses droits sur les terres et fiefs de même nom, dont la seigneurie de Salin faisait déjà partie. De ce mariage vint :

XV. Berchtold Weiss de Schalen, né en 1333 ; succéda aux emplois de son père, dissipa sa fortune, épousa Sabine de Werdenberg : duquel mariage :

1.° Jean Weiss de Schalen, commandeur de Rhodes ou Malte, à Biberstein dans l'Argovie, dès 1391 jusqu'en 1397 ;
2.° Henri, dont l'article suit :

XVI. Henri Weiss de Schalen, né en 1373, mort en

1436 ; se nommait en Allemagne d'Alben ; perdit son fils Max en duel ; épousa Ursule du Col de Réri. Duquel mariage naquit, avec autres enfants ;

XVII. Jean WEISS DE SCHALEN OU D'ALBI, chevalier, né en 1402, capitaine de deux cents hommes au service de Savoie, grand châtelain de Sion, de 1448 à 1468. Il épousa Marie de la Roche : duquel mariage naquit ;

XVIII. Georges WEISS D'ALBEN, maire du Dizain de Conches de 1501 à 1507, et grand banneret de 1491 à 1510. Il épousa Sara de Torrent, fille du dernier baron d'Aigle. Duquel mariage, avec autres enfants ;

XIX. Antoine WEYSS OU D'ALBI, seigneur de Salin, né en 1472 ; grand bailli du Valais en 1522, se distingua par ses talents et services rendus à l'Etat. Il eut trois femmes dont une, Marie d'Ouffhousen, duquel mariage, entre autres enfants, naquit :

XX. Thomas DR WEYSS DE SCHALEN, seigneur de Salin, servit en qualité de chef d'escadron, sous Charles-Quint ; blessé et retiré dans le Valais, devint grand châtelain de Sion en 1541 ; rentra au service impérial, où il fut tué en 1546. Il avait épousé une Hongroise, Eve de Tschokak : duquel mariage vint :

XXI. Bartholomé WEYSS DE SCHALEN OU D'ALBI, né vers 1529, mort en 1604, seigneur de Salin, grand châtelain de Sion en 1566, 1571, et 1578 : un des chefs du protestantisme après les massacres de la Saint-Barthélemi. Pour services rendus, fut gratifié en 1589 de la haute bourgeoisie patricienne de Berne, où il fixa sa résidence. Il avait épousé Marguerite du Col-de-Réri. De ce mariage :

XXII. Bartholomé-Antoine WEYSS D'ALBEN, barons de Salin, laquelle terre il céda à la ville de Sion, avec autres beaux droits, en 1601 ; bourguemestre en 1580 ; n'émigra qu'en 1604, pour cause de religion ; rentra dans le Valais et le catholicisme : fut réélu bourguemestre de Sion en 1615, sous le nom de Bartholomé de Albo ou de Albon, ces variantes étant jadis communes dans ce pays, par la diversité d'idiômes, et pour mieux distinguer les individus de même famille. Il épousa Catherine de Torrenté, duquel mariage :

XXIII. Samuel WEYSS DE SCHALEN, commissaire général du pays de Vaud en 1602; membre du conseil souverain de la république de Berne en 1612; auditeur-général des armées de Gustave-Adolphe, roi de Suède en 1624; président de son conseil de guerre en 1630, avec rang de général-major; se distingua en cette dernière qualité à la première bataille de Leipsick, à celle de Lutzen et autres; était aussi colonel d'un régiment suisse de son nom, au même service, qui fut presque entièrement détruit à Nordlinguen. Mort en 1638. Avait épousé en premières noces Marie de Bélissari, et en secondes, Marie de Louterneau, 1610. De ce dernier mariage est issu :

XXIV. Gabriel DE WEISS DE CHALON, seigneur de Mollens, né 1613, mort 1684; major au service de Suède 1639; membre du conseil souverain de la république de Berne 1645; commandant de l'Oberland 1655; bailli de Gessenay 1656; colonel d'un régiment suisse de son nom, au service de Venise 1658; sénateur de Berne 1660; bailli de Lausanne 1668; haut commandant du pays de Vaud 1672; envoyé à diverses reprises en ambassade à la cour de Turin, par les Cantons protestants; où il réussit comme dans d'autres missions importantes. Le colonel de Weiss épousa en premières noces 1642, Suzanne Sturler, fille du bailli de Bonmont; et en secondes noces 1665, Jeanne Steiguer, dame de Mont, fille de Jean de Steiguer, baron de Rolle. Du premier mariage naquit :

Madeleine de Weis de Mollens, qui épousa Samuel de Frischnig, avoyer ou consul de la république de Berne.

Du second mariage de Gabriel de Weiss, vinrent :

1.° Sigismond, qui suit;
2.° Georges-Albert, tué à la bataille d'Orbassens, sans postérité.

XXV. Sigismond DE WEISS, seigneur de Mollens et de Goumoens-le-Jux, né 1666, mort 1724; capitaine de cavalerie 1688; membre du conseil souverain de Berne 1710; bailli de Romainmotier 1717. Epousa Catherine de Villarmin, fille du baron de Montricher. De ce mariage vinrent :

1.° Bernard, seigneur de Mollens et Goumoens-le-Jux, né 1690, mort 1756; du conseil souverain de Berne 1735; bailli de Brandis 1740; avait épousé Salomé de Gingins de Chivilly, de laquelle il eut Rodolphe-Albert, tué en duel 1761, sans postérité, et Catherine, dame de Mollens, par le mariage de laquelle cette seigneurie passa dans la famille de Watterville;

2.° Albert, né 1702, capitaine en France 1733; lieutenant-colonel des gardes suisses en Hollande, et général-major dans le même service 1766; mort sans descendance mâle;

3.° Sigismond, qui suivra;

4.° Gabriel, né 1706, tué au service de France, sans postérité;

5.° Louis, né 1712, mort au service de Piémont, 1747, sans descendance.

XXVI. Sigismond, seigneur DE DAILLENS, né 1705, mort 1782, capitaine en Piémont, régiment de Diesbach 1738; lieutenant-colonel du régiment de Budé, service de Hollande 1748; du conseil souverain de la république de Berne, 1755; colonel en Suisse et membre du conseil de guerre 1759; bailli de Moudon 1763. Epousa en premières noces Suzanne Muller de Marnand, fille de Jean de Marnand, banneret de Berne, et de Salomé de Watterville; s'allia en secondes noces avec Esther de Lerber, sans descendance. De son premier mariage vinrent:

1.° François-Rodolphe, qui va suivre;

2.° Elisabeth, non mariée;

2.° Marianne, qui épousa le colonel L. de May, bailli d'Oron et de Brandis.

XXVII. François-Rodolphe DE WEISS DE DAILLENS, né 1732, mort 1803; colonel-commandant du régiment de Smissart-Vallon, service de Hollande 1779; du conseil souverain de la république de Berne 1775; seigneur bailli de Lentzbourg de 1788 à 1795. Epousa en premières noces Henriette de Rusillon, fille du capitaine Jean-Rodolphe, duquel un brevet signé par le roi Louis XV, dit: « Sa Majesté désirant traiter favorablement ledit sieur de » Rusillon en considération de ses services, de ceux de » son aïeul, de son père et de deux de ses oncles tués

» à son service... Sa Majesté a permis et permet audit » sieur de Rusillon, etc., sous date du 18 septembre » 1728 ». Le colonel de Weiss de Lentzbourg épousa en secondes noces Charlotte de Gross, (fille du chancelier), sans descendance. Du premier mariage naquit :

XXVIII. François Rodolphe DE WEISS, fils unique du précédent et dernier mâle en majorité de cette famille, les autres branches s'étant éteintes, né en 1751, servit d'abord comme officier en France et en Prusse ; fit de grands voyages, cultiva les sciences, fut reçu membre des académies de Rome, Naples, Nanci, Florence, etc. Il est auteur de plusieurs ouvrages, et entre autres des *Principes philosophiques, politiques et moraux*, qui ont obtenu l'honneur de la septième édition ; membre du conseil souverain de la république de Berne en 1785 ; vice-bailli de Zweysimme 1786 ; réforma, perfectionna les lois et droits particuliers du Haut-Simmenthal, avec l'approbation fortement prononcée du souverain, et la reconnaissance de ses ressortissants ; major de la ville de Berne et chef de ses gardes 1787 ; fut envoyé diverses fois en mission à Paris, où en février 1793, il contribua beaucoup à conserver la paix entre la France et la Suisse, ce qu'attestent la *Correspondance diplomatique, les Mémoires du général Dumouriez, l'Histoire philosophique de la Révolution, par Desodoards*, et nombre d'autres ouvrages marquants ; bailli de Moudon en 1793 ; colonel du régiment d'Arbourg 1794; commandant-général des troupes du pays de Vaud en janvier 1798 (époque de la révolution Suisse), mais trop tard. Trop faible en moyens pour obtenir le but proposé, trop philosophiquement humain pour faire répandre un sang inutile, il diminua le mal ne pouvant faire le bien. Le général de Weiss-Albi fut obligé d'émigrer, et deux ans après, de retour dans sa patrie, et mécontent du cours de la révolution, il se refusa à tous les emplois qui lui furent offerts; cependant il fut nommé malgré lui président de la commune d'Erihaut, dans la grande assemblée primaire de la ville de Berne, mars 1802, et le lendemain élu un des électeurs ou représentants de ladite capitale, avec plus de voix qu'aucun de ses concitoyens n'en ont obtenu. Il épousa en premières noces 1787, Sophie de Sinner, fille de Philippe, bailli de Lucens et de Marie de Graffenried, duquel mariage existaient en 1802, un fils et deux filles en bas âge. Les détails ultérieurs ne nous sont pas connus.

*Armes* : « D'azur, au pégase d'or ; anciennement écar- » telé aux 1 et 4 d'azur, au pégase d'or; aux 2 et 3 de » sable, à la croix de Toulouse d'or, couronne de vicomte. » Une des branches se distinguait en écartelant aux 2 et » 3 de gueules, à la croix d'or.

Cette généalogie a déjà été imprimée dans le tome 3 du Nobiliaire universel ; mais comme il s'y était glissé des fautes, et que l'imprimeur à beaucoup d'exemplaires avoit mis *Frencavel* pour *Trencavel*, j'ai cru devoir la rétablir ici.

---

BONADONA (DE), au Comtat-Vénaissin, ancienne noblesse originaire de Piémont. Les chartes et les chroniques de Piémont rendent hommage à l'ancienneté de cette famille Les chevaliers de ce nom suivirent Godefroi de Bouillon dans la Palestine, en 1099, avec plusieurs autres guerriers tant piémontais que savoyards. Un historien des plus exacts (1) s'exprime en ces mots: « *Della qual famiglia è stato Giovanni Druento di caza Prohana, ch'essendo andato alla guerra sacra con una compagnia di venturieri militando sotto Odoardo Pusterla valoroso condottore milanese, merito di recever la croce, e esser fatto cavaliere del gran Godofredo Buglione, e morendo esser sepulto nella chieza Sant' Anna (1135), fuori della città di Gierusalemme, ove, per molti anni apresso, si sono veduti l'armi di suo cazato, come referisce un manoscritto nel quali registrati si vedono gli epitaffi di quei cavalieri che, morendo in qual impressa, furono sepulti in detta città, come pure, delli Bonadona di Rivoli, Bellacomba d'origine Savoyardi*... Le même auteur, parlant de la famille de Felix, transplantée en Provence et à Avignon, dit : *In questo luogo* ( Rivoli ) *nobilimente vivevano alli Felici ch'un tempo sono stati*

---

(1) François-Augustin de la Chieza, évêque de Saluces, Hist. du Piémont, part. 11, chap. 19, p. 444.

*signori da Villafochiarda, e della Chiaconara, e Roggidi nobilmente vivano in Provenza con feudi titoli honoratissimi, e apparentati con famiglie principali di quel paese, e d'aquella delli Bonadona già signori d'Altessano inferiori, e da altre ch'in detto luogo hanno avuti cavalieri gierosolimitani, e fatta piu volte prova di nobiltà* ».

On trouve les seigneurs du bas Altessano du nom de Bonadona à l'hommage général rendu à Pierre, comte de Savoie (1), successeur du comte Boniface en 1256. Les seigneurs de Bonadona ont été compris dans les revisions générales et recherches de la noblesse faites en Piémont, par ordre de Charles et Charles-Jean-Aimé, ducs de Savoie, en 1485 et 1491.

Jeannin de Bonadona dont nous parlerons plus bas, est le premier auteur de cette famille dans le Comtat-Vénaissin, où il vint se fixer. Nous avons connaissance de quatre de ses frères : Conrad, Michel, Guillaume et Dominique de Bonadona.

Cette famille a contracté des alliances avec les maisons les plus distinguées de la Provence et du Comtat-Vénaissin, entr'autres avec celles de Rainoard, d'Andrée, de Cozeran, d'Anselme de Grugières, de Blégier, etc.

I. Jeannin DE BONADONA, chevalier, et D. et D. vicaire de Verceil, charge qui donne rang immédiatement après les princes, (la Chieza, Hist. de Piémont, part. I, chap. VII, pag. 448), est rappelé dans le testament de Conrad de Bonadona, son frère, prieur de Malemort, au diocèse de Carpentras, reçu par Martini, notaire de Ville, au Comtat-Vénaissin, le 3 septembre 1505, par lequel testament il fait des legs à Antoine, Antoinette et Catherine de Bonadona, enfants de Jeannin, son frère, à la condition qu'Antoine ne pourra demander autre chose à ses parents sur les biens du Piémont et du Montferrat. Il institue ses héritiers par égales portions, Gabriel, Martin et Mathieu de Bonadona, autres enfants de Jeannin, son frère. Il lègue aussi à ses frères, neveux et cousins, résidants en Piémont, tous les droits qu'il peut avoir sur les biens qu'ils possèdent dans tout

(1) Archives de Turin, livre des concessions et inventaires des cours camérales.

le Piémont, sa patrie ; il ordonna sa sépulture dans le tombeau de la chapelle qu'il avait fait construire dans l'église de Malemort, et où Jeannin de Bonadona, son frère, a été enseveli. Michel de Bonadona, leur frère, continua sa branche à Rivoli, éteinte depuis longtemps. Jeannin de Bonadona avait épousé, 1.° dame Jacobine; 1.° N..... 3.° Marguerite. Il mourut fort âgé, ayant eu :

*Du premier lit :*

1.° Pancrace de Bonadona qui sous l'autorité de son père fit donation, le 12 novembre 1445, acte reçu par Pierre Raynovius, notaire de Valangorio, en Piémont, dans la ville de Verceil, *et in palatio dicti loci; in camerâ cubiculari egregii legum doctoris et militis domini Jehannini de Bonadona, vicarii ipsius civitatis,* des biens de noble Jacobine sa mère, dont il promet ne jamais faire la demande à Antoine, Antoinette et Catherine de Bonadona, ses frères et sœurs consanguins et non utérins, ni aux enfants qui naîtront à l'avenir de noble Jeannin de Bonadona son père, *quâvis occasione et prætextu minoris ætatis* en faveur de ses frère et sœurs du second mariage de son père ;

*Du second lit :*

2.° Antoine de Bonadona, auteur de la branche aînée des seigneurs de la Buyre, éteinte à Pernas (1) en 1760, dans la personne de noble Catherine de Bonadona, veuve de messire Joseph de Chaylus, seigneur de Propiac. Antoine de Bonadona fut auteur de deux autres branches établies l'une à Marseille et l'autre à Pertuis, en Provence ; celle de Pertuis n'existe plus qu'en la personne de messire ....... de Bonadona, prêtre, curé de la Bastidona ; cette branche s'est alliée avec les maisons de Geoffroy, de Gautier, de Granbois, de Remeroille, de Saint-Chamart : celle de Marseille finit en la personne de noble Louise de Bonadona, femme de noble Jean de Meaulx. L'on voit dans

(1) Picton, Curt. t. 1, p. 170.

l'église RR. PP. Carmes, de la même ville, l'inscription suivante ;

*Divæ Mariæ montis Carmeli.*

*Votum ab illustri Dominâ nobili Ludovicâ de Bonadonâ, incomparabilis pietatis fœminâ, morum sanctimoniâ, omnibusque ornatâ virtutibus, nobilis Joannes de Meaulx per 26 dulces annos conjuge charissimâ quæ febri heu leviter ossibus inhærente et paulatim corpus absumente, post quindecim menses extabuit. Die ergo D. Andreæ ann. 1644, omnibus ecclesiæ sacramentis ritè munita; auditâ priùs devotè in cubiculo ubi jacebat ægrotans missâ, et sacro Christi corpore humiliter sumpto; gratiarum actione Deo postmodum factâ, constanter et quieta obdormivit in Domino, an. ætatis 48 et sex menses; relictis quinque liberis, quos curâ et sollicitudine ut maritum fide et observantiâ, parentes reverentiâ, fratres mutuâ benevolentiâ et propinquos omni officiorum genere sibi devinciebat. Ita quæ piè vixerat, tam sanctè moritur, non sine magno totius urbis Massiliæ planctu et admiratione.*

*Expectat carnis resurectionem in ligneo feretro clavis compacto, intra sepulchrum quod est juxtà veterem januam sacristiæ ecclesiæ RR. PP. Carmelitarum Massil.*

3.° et 4.° Antoinette et Catherine de Bonadona.

*Du troisième lit :*

5.° Gabriel de Bonadona, qui suit ;

6.°, 7.° et 8.° Martin, Mathieu et Marguerite de Bonadona, dont nous ignorons les destinées.

II. Gabriel DE BONADONA, cohéritier de son oncle Conrard, épousa demoiselle Antoinette-Lucie de Robin, fille de noble Etienne, seigneur de Gravaison, et de dame Marie de Posquieres. Il laissa un fils nommé :

III. Denis DE BONADONA, qui épousa demoiselle Antoinette Formari, dont sont issus :

1.° Louis, dont l'article suit ;

2.° Joseph de Bonadona, tige des seigneurs du Devencet, éteints dans ce siècle (1).

VI. Louis DE BONADONA, épousa demoiselle Françoise de Taverneri, fille de Louis; de laquelle il eut :

1.° Gabriel, qui suit ;
2.° Argentine de Bonadona, femme de Jean de Guiramand, seigneur d'Entrechaux.

V. Gabriel DE BONADONA, II° du nom, chevalier de l'ordre du Pape, reçut le bonnet de docteur en l'université de Macerata, et fut marié, 1.° par contrat du 5 janvier 1631, reçu par Bouquet, notaire d'Avignon, avec demoiselle Lucrèce de Savone, fille de Guillaume, sieur de Fontenille, et de noble Catherine de Tonduti; 2.° par contrat du 4 septembre 1634, reçu par Guillaume, notaire, avec demoiselle Françoise de Perrier, fille de noble Esprit, et de noble Catherine de Serre; 3.° par contrat du 24 novembre 1647, reçu par Denis Carcoli, notaire, avec demoiselle Elisabeth de Blégier, fille de noble Robert de Blégier, seigneur de la Vitasse, et de Pierre Grosse, mousquetaire du roi, et de noble Françoise de Rhodes; 4.° en 1650, par contrat reçu par Justramond, notaire de Boulena, avec noble Delphine de Breullelion de Combé, du bourg de Pierrelatte. Ses enfants furent :

*Du premier lit :*

1.° Jacques de Bonadona, qui suit ;

*Du quatrième lit :*

2.° Charles, }
3.° Joseph, } morts sans postérité ;
4.° Esprite-Madeleine de Bonadona, mariée à Alexan-

---

(1) Joseph, dit de Denis, Jean; Jérôme et Barthélemi de Bonadona furent notaires. Il y en a qui ont fait branche à Malemort et à Méthamis, et qui vivent dans l'obscurité; état dont ils pourront sortir un jour, en réclamant les titres et qualités de leurs ancêtres. Ils sont cités, pour qu'on ne les confonde pas.

Joseph de Denis, dont la branche est éteinte, fonda une chapellenie dans la paroisse de Malemort, et chapelle de la famille, sous le titre et invocation de la Sainte-Vierge et Saint-Joseph; il en réserve le patronage à ses héritiers, qui est échu, par succession immédiate, aux branches de Bonadona de Puygranier et de la Buyre.

dre de Joannis Amala mère ; elle n'eut qu'une fille, épouse du baron de Saunier, marquis de Gras, de la ville d'Orange, qui disposa de ses biens maternels en faveur de messire François-Thomas de Bonadona, chevalier du Vals, le 1er juin 1776.

VI. Jacques DE BONADONA, écuyer, seigneur du Vals, s'allia, au mois de novembre 1662, avec demoiselle Anne de Vincens, fille de noble Esprit et de dame Blanche de Pinay, petite-fille d'Arnould de Vincens, gentilhomme de Vicence, commandant de la garnison d'Arbitrech en Corse, et gouverneur de Maubec et Robion, et de Claudine de Calorera de Saint-Césaire. Il laissa de ce mariage :

1.° Jean-Raimond de Bonadona qui suit;

2.° Joseph-Dominique de Bonadona, dontnous parlerons après la branche de son frère ;

3.° Jean-Jacques de Bonadona, prieur de Fontarèche, au diocèse d'Uzès ;

4.° Marie-Anne, épouse de Barthelemi d'Anglesif de Cozéran.

VII. Jean-Raimond DE BONADONA, épousa par contrat du 15 novembre 1683, reçu par Fermin, notaire à Carpentras, demoiselle Marie de Bonadona, sa parente, fille de noble Jean-Joseph et de demoiselle Esprite d'Ambrun, de laquelle il eut :

1.° Hyacinthe-Henri, qui suit ;

2.° Joseph-Alexandre, dominicain ;

3°. Thomas, abbé de Bonadona ;

4.° Jean-Baptiste, docteur de Sorbonne, vicaire de l'inquisition à Carpentras.

5.° et 6.° Françoise et Esprite de Bonadona, religieuses à la Visitation Sainte-Marie, à Carpentras.

VIII. Hyacinthe-Henry DE BONADONA, écuyer, seigneur de Puygranier, épousa par contrat du 4 mai 1726, reçu par Floret, notaire à Carpentras, demoiselle Marie-Françoise de Sinetti, fille de noble Jean-Joseph, commissaire des guerres, et de dame Marthe de Ripert-la-Verrière de la ville d'Apt en Provence. Il a laissé de ce mariage une nombreuse postérité :

1.° Barthelemi-Joseph,
2.° Sébastien,
3.° Xavier,
} sourds-muets de naissance.

4.° Thomas-Jean-Hyacinthe de Bonadona d'Ambrun, ancien lieutenant d'infanterie, marié *invitis parentibus ;*

5.° Jacques, dont l'article suit ;

6.° Dominique de Bonadona, rapporté ci-après ;

7.° Françoise,
8.° Marie,
9.° Geneviève,
} Religieuses à la Visitation de Carpentras, et Marie à Sainte-Praxède à Avignon.

10.° Victoire, morte prétendante au même couvent de ses sœurs ;

11.° Marguerite, vivant demoiselle à Malemort ;

12.° Delphine, femme de François-Thomas de Bonadona, chevalier de Vals, son cousin.

XI. Jacques DE BONADONA, a épousé demoiselle Marguerite Bertrand, de laquelle il a :

Jean Raymond de Bonadona.

IX. Dominique de Bonadona, frère jumeau de Jacques, écuyer de Malemort, a épousé demoiselle Marie Rousset. Il a de ce mariage :

1.° Thomas-Dominique Hyppolite ;

2.° Marie, religieuse à St.-Louis d'Avignon ;

3.° Félicité de Bonadona, religieuse à l'abbaye de Sainte-Catherine de la même ville.

## SECONDE BRANCHE.

VII. Joseph-Dominique DE BONADONA, seigneur du Vals, second fils de Jacques et de dame Anne de Vincens, servit en 1684 dans la compagnie des cadets gentilshommes de Valenciennes, après avoir fait ses preuves. Il fut nommé officier au régiment de la marine au service de France, et ensuite capitaine d'infanterie au régiment du comté Venaissin, en 1708. Il épousa par contrat du 11 avril 1693, reçu par Cotton, notaire à Malemort, demoiselle Marie-Esprite de Bonadona, fille de Jean-Raimond, seigneur du Devancet ; 2.° en 1718, demoiselle Marie-Madeleine d'Orgon, fille de noble Pierre, coseigneur de Puymichel, dont il n'eut point d'enfants. Ceux de son premier mariage sont :

1.° Joseph de Bonadona qui suit ;

2.° Jean, chanoine théologal de l'église collégiale de Lorgues, au diocèse de Fréjus en Provence.
3.° François-Thomas, époux de Delphine de Bonadona, sa cousine;
4.° Joseph-Alexis, religieux de l'ordre de Saint-Dominique, à Sens, en Bourgogne;
5.° Françoise-Catherine-Madeleine, mariée avec Jean Baptiste Laval à Auvel.

VIII. Joseph de Bonadona, seigneur du Vals, lieutenant de la compagnie de son père, au service du pape en 1708, obtint après la paix entre le pape et l'empereur, une lieutenance dans le régiment de Tournaisis, dans lequel il servait lors de la bataille de Malplaquet; il alla servir ensuite dans l'armée des Vénitiens, en qualité de capitaine et de major, dans le régiment de Mazetti, en 1717, il se distingua dans plusieurs combats navals, dans l'un desquels il eut la gloire de sauver, en 1719, un vaisseau du naufrage, ce qui se justifie par des brevets et de certificats du comte de Schulembourg, généralissime des troupes de la république, et du comte de Villars, colonel d'un régiment d'infanterie étrangère. Il se maria par contrat du 31 mars 1737, reçu par Pierre Dunès, notaire de Cadenet, avec demoiselle Françoise d'Ode, fille de Joseph, ancien capitaine d'infanterie, pensionnaire du roi, et de dame Marie-Anne de Tulles. De ce marige sont issus :

1.° Charles-Henri de Bonadona qui suit;
2.° Joseph-Charles-César de Bonadona du Vals, garde de la marine, et successivement garde du pavillon amiral au département de Toulon, mort à Louisbourg dans le Canada, en 1758.

IX. Charles-Henri de Bonadona, chevalier, seigneur du Vals et de la Buyre, citoyen de Pernès, a épousé par contrat du 27 janvier 1765, reçu par Delacourt, notaire à Pernès, demoiselle Hyppolite-Gabrielle d'Anselme, fille de messire Gaspard, marquis de Grugières, et de dame Madeleine de Seguins-Cabassolle.

*Armes :* « D'azur, à la bande d'argent, accompagnée » de deux roses du même. Devise : *Hæc sunt bona virtutis dona.* »

PICHON (DE), famille originaire de Guienne, province où elle réside encore de nos jours, divisée en deux branches issues de Bernard de Pichon, président à mortier au parlement de Bordeaux, sous les rois Louis XIII et Louis XIV ; il était seigneur haut-justicier et baron de Parampuyre, baron de Longueville, seigneur de Carriet et autres lieux. Ces deux branches sont représentées par les fils mineurs du baron de Pichon, mort dans son château de Carriet ou de Pichon, près Lormont, au mois d'avril 1815, et par Joseph, baron de Pichon-Longueville, né en novembre 1748, marié au mois de mai 1784, avec Marguerite-Rosalie-Sophie-Félicité de Narbonne-Pelet d'Anglade, de laquelle sont issus :

1.° Raoul-Jacques-Albert-Paulin de Pichon-Longueville, officier de cavalerie, chevalier de la Légion d'honneur et décoré du Brassard ;
2.° Louis-Antoine-Bernard-Joseph de Pichon-Longueville, membre de la Légion d'Honneur et décoré du Brassard ;
3.° Sophie de Pichon-Longueville ;
4.° Virginie de Pichon-Longueville ;
5.° Gabrielle de Pichon-Longueville.

*Armes :* « D'azur, au chevron, accompagné en chef de » deux molettes d'éperon, le tout d'or, et en pointe d'un » croissant d'argent, surmonté d'un agneau du même ».

---

VAULCHIER (DE), noble famille de l'ancien comté de Bourgogne, qui a fourni plusieurs personnages distingués, et qui a fait des preuves chapitrales. On trouve :

Mathias VAULCHIER, écuyer, qui épousa en 1314, Huguette, d'Haquenay, et Viennot VAULCHIER, qui vivait en 1349 ; mais la filiation suivie de cette famille ne commence qu'à :

I. Jean DE VAULCHIER, Ier du nom, écuyer, et qualifié de noble dans son contrat de mariage, passé par les notaires commis par l'official de Besançon, le 18 septembre de l'an 1430, avec demoiselle Françoise de Bracon, fille de Robert de Bracon, écuyer. Dans cet acte,

Jean de Vaulchier est assisté de François de la Tour-Saint-Quentin, son oncle maternel, et Françoise de Bracon est assistée de Philippe d'Andelot, écuyer, beau-frère de Robert de Bracon ; François de Champagne et Louis de Thou, écuyer, ont signé cet acte comme témoins. De ce mariage est issu :

II. Henri DE VAULCHIER, écuyer, qui épousa, en 1460, Françoise de Chissey, de l'une des plus anciennes et des plus illustres maisons de la province. De ce mariage est issu :

III. Jean DE VAULCHIER, II^e^ du nom, écuyer. Il fit avec son fils Lierne, en 1543, une fondation à l'église du bourg d'Arlay. Il épousa, en 1490, Catherine de Vorne, et eut pour fils :

1.° Pierre, qui suit ;
2.° Philippe de Vaulchier, écuyer, qui fut député en 1531, par les états du pays, vers l'empereur Charles-Quint, et en obtint la déclaration la plus honorable et la plus avantageuse aux Francs-Comtois ; et il signa, en 1557, le traité que ce monarque fit avec François I^er^, roi de France ;
3.° Etienne, prieur de Ruffey, tuteur des enfants de Pierre son frère, qui suit.

V. Pierre DE VAULCHIER, écuyer, seigneur du Deschaux, épousa, en 1520, Claire le Goux de la Berchère, de laquelle il eut :

V. Philippe DE VAULCHIER, I^er^ du nom, seigneur du Deschaux, servit avec distinction dans les guerres de Flandres et de Hongrie. Il avait épousé, en 1552, Marguerite-Daniel de Molamboz, d'une famille noble de Besançon, de laquelle il eut :

VI. Etienne DE VAULCHIER, I^er^ du nom, écuyer, seigneur du Deschaux, qui suivit, ainsi que son père, le parti des armes, fut fait prisonnier en défendant les frontières du pays, et paya une grosse rançon pour sa liberté. Il épousa en secondes noces, en 1612, Anne de Bougne, dont il eut :

VII. Charles DE VAULCHIER, écuyer, seigneur du Deschaux, qui servit pendant vingt années en Italie, avec Adrien, son frère aîné du premier lit, qui y fut tué ; il périt lui-même, étant sergent de bataille au service de Sa Majesté. Il avait épousé, en 1655, Marie-Françoise Aymon de Montespin, fille de François Aymon, écuyer, seigneur de Montespin, et de Pierrette Motin de Courcelles. De ce mariage sont issus :

1.° François-Louis, dont l'article suit ;

2.° Gaspard, écuyer, seigneur de Grandchamp, capitaine au régiment de Poitiers, marié avec Louise-Marguerite du Parois, fille de Jean du Parois, écuyer, et de dame Anne-Marguerite Aymon de Montespin, dont est issu François-Louis de Vaulchier, seigneur de Grandchamp et de Maynal, qui servit longtemps dans le régiment de Champagne, et fut marié avec dame Judith-Aimée-Françoise du Saix d'Arnans, dont il eut Simon, comte de Vaulchier, mort sans postérité en 1798, et Claudine-Marie-Pétronille de Vaulchier, mariée à Antoine-Ferdinand, comte d'Amandre, dont est issu Louis-Henri d'Amandre.

VIII. François-Louis DE VAULCHIER, seigneur du Deschaux, épousa, en 1688, dame Claude-Nicole du Saix, fille de François-Marie du Saix, comte d'Arnans, et de dame Louise de Liobard. De ce mariage sont issus :

1.° François-Marie-César, dont l'article suit ;

2.° Pierre-Louis, capitaine, chevalier de l'ordre royal et militaire de Saint-Louis, qui servit pendant vingt ans dans le régiment de Poitiers ;

3.° Adrien-Dominique de Vaulchier, reçu en 1718, d'après ses preuves de seize quartiers de noblesse, au chapitre noble de Saint-Claude.

IX. Francois-Marie-César, marquis DE VAULCHIER, par lettres-patentes du mois de février 1755, seigneur du Deschaux, d'abord page du roi Louis XIV, en 1709, entré au régiment de Champagne, infanterie, dont il devint lieutenant-colonel ; fut fait brigadier des armées du roi, et mourut dans l'exercice de ce grade en 1766. Il avait épousé, en 1738, Françoise-Gasparine de Poligny, fille de Gabriel, comte de Poligny, et de dame Antoinette de Beaurepaire. De ce mariage sont issus :

1.° Georges-Simon, dont l'article suit ;

2.° N.... de Vaulchier, mort capitaine au régiment de Mestre-de--Camp-Général;

3.° Georges-Simon le jeune, reçu à Malte en 1749, mort commandeur de cet ordre en 1803, après avoir été capitaine au régiment de Champagne;

4.° Charlotte-Gasparine de Vaulchier, reçue à la maison royale de Saint-Syr, puis chanoinesse de Lons-le-Saulnier.

X. Georges-Simon, marquis DE VAULCHIER, seigneur de Deschaux, reçu d'abord chanoine de Saint-Claude en 1763, quitta le chapitre et fut ensuite chevalier de l'ordre de Saint-Jean de Jérusalem. Il épousa, en 1777, dame Charlotte-Félicie Terrier de Montciel, fille de Claude-François Terrier, marquis de Montciel, maréchal des camps et armées du roi et ministre plénipotentiaire de France près le duc de Wurtemberg, et de dame Thérèse de Raousset. De ce mariage sont issus :

1.° Louis-René-Simon, dont l'article suit;

2.° Louise-Marie-Simonne de Vaulchier.

XI. Louis-René-Simon, marquis DE VAULCHIER, aujourd'hui préfet du département de la Corrèze. Il a épousé, en 1807, Céleste-Guillemine-Gasparine de Montjustin, fille de Charles-François, baron de Montjustin, et de Marie-Françoise-Xavier de Laurencin. De leur mariage sont issus :

1.° Louis de Vaulchier, né en 1808;

2.° Charles-Marie de Vaulchier, né en 1812.

*Armes :* « D'azur, au chevron d'or, accompagné de » trois étoiles du même ».

---

THIÉRIET, en Lorraine, famille originaire de Rome.

I. Jean-Joseph THIÉRIET, épousa, en 1509, Catherine Mélian, d'une ancienne famille de Lorraine, et s'établit à Herbéviller, près Blamont. Il fut tué à la bataille de Marignan, en 1515, laissant de son mariage :

II. Jean THIÉRIET, I^er^ du nom, né en 1510. Ayant perdu son père à l'âge de cinq ans, et sa mère peu après, et n'ayant pu justifier suffisamment son origine de Rome, il fut contraint de recourir aux grâces de Charles III, duc de Lorraine, qui lui accorda, le 11 septembre 1549, de nouvelles lettres de noblesse, tant à cause de son mérite personnel, que des bons services qu'il avait rendus, lui et son père, à la maison de Lorraine, qu'en considération de ceux que ses cinq fils continuaient de rendre alors à la même maison dans les premières charges de l'état qu'ils occupaient à cette époque, suivant le contenu desdites lettres. Jean Thiériet avait épousé, en 1540, Alison Colini, d'une famille noble d'Italie, nièce de Didier Colini, abbé commandataire de l'abbaye de Saint-Léon de Toul, et fille de Bertrand Colini et d'Alison Bertrand, d'une ancienne famille de Lorraine. De ce mariage sont issus :

1.° Théodore, vicaire-général et official, chantre et conseiller du conseil privé du cardinal de Vaudémont, évêque de Toul, et secrétaire de sa chambre épiscopale. Il fut employé dans plusieurs commissions honorables, et fut abbé commandataire de l'abbaye de Saint-Léon, par la démission que lui en fit Didier de Colini, son grand-oncle. Après la mort du cardinal de Vaudémont, le chapitre de Toul l'élut pour évêque; mais cette élection n'eut point d'effet, le duc de Lorraine ayant fait nommer M. de la Vallée à cet évêché. Clément VIII ayant reconnu le mérite de Théodore, promit de lui donner l'évêché de Metz à la première vacance; mais étant mort en 1599, il ne profita point des promesses de ce souverain pontife. Il avait fait, le 20 avril 1598, un testament olographe dans lequel il rappelle tous ses frères et neveux. Il fut inhumé dans l'église cathédrale de Toul, où se voit encore son épitaphe et l'écusson de ses armes;

2.° Nicolas, chanoine de la cathédrale de Toul, archidiacre de Vosges et clerc de la chambre épiscopale, mort à Paris où il avait été envoyé pour les affaires de son chapitre, et inhumé dans l'église du Mont en 1597;

3.° Didier, conseiller et secrétaire d'état du grand-duc Charles III. Il épousa Christine de Villers, et mourut à Nancy, laissant de son mariage Henri de Thiériet, qui succéda à son père dans la charge de conseiller et secrétaire d'état, par lettres du grand-duc Charles, du 9 novembre 1598. Il mourut sans postérité de Nicole Bardin, fille de Jean Bardin, conseiller d'état ;

4.° Henri, dont l'article suit ;

5.° Jean, auteur de la seconde branche, rapportée ci après.

III. Henri THIÉRIET, Ier du nom, épousa Catherine Odam, d'une famille noble de Toul, et mourut en 1615, laissant de son mariage :

1.° Henri, dont l'article suit ;

2.° Françoise, femme de Didier Maillot ;

3.° Catherine Thiériet, femme de Claude Guichard, conseiller et secrétaire du grand - duc Charles, morte le 16 août 1634.

IV. Henri THIÉRIET, IIe du nom, écuyer, épousa, par contrat du premier août 1606, Marie d'Einville, fille de Nicolas d'Einville, chevalier, seigneur de Gueblange, et de Marie de Vigneulles. De ce mariage est issu :

V. Claude THIÉRIET, écuyer, qui s'établit à Vic où il épousa, le 15 juillet 1631, Barbe Dietreman, fille de Jean Dietreman et de Jeanne d'Abocourt. Il mourut à Vic en 1668, et fut inhumé aux Cordeliers, où l'on voit encore l'épitaphe qui lui fut donnée. De ce mariage sont issus :

1.° Jean - Claude, qui épousa Marie Mathieu, dont il eut :

a. Louis, tué à la bataille qui se donna près de Donawert, en 1703, étant lieutenant de la compagnie mestre-de - camp du régiment de Légal, cavalerie ;

b. Barbe, mariée, en 1698, à Jean - Louis - Bertrand de Marimont, écuyer, capitaine de cavalerie au régiment de Condé, dont elle eut entre autres enfants un fils qui fut chambellan de l'empereur Charles VI et lieutenant-colonel du régiment d'Estain, dragons ;

c. Catherine, qui épousa, 1.° Sébastien-Bertrand

de Marimont, officier au régiment de Rose, cavalerie; 2.° Ambroise de Remberviller, capitaine de dragons au régiment de Bellabre;

2.° Henri, dont l'article suit;

3.° Marie, femme, en 1655, de Nicolas Mesguin, écuyer, seigneur de Dorval;

4.° Barbe, morte sans alliance.

VI. Henri Thiériet, III$^{e}$ du nom, écuyer, servit d'abord dans le régiment de Picardie, puis dans celui de la Ferté, où il fut capitaine-lieutenant de la compagnie de mestre-de-camp. Il assista au siége de Lille, en qualité de volontaire. Accompagnant son colonel, avec quelques autres officiers, il reçut un coup de feu à la cuisse, en partant de camp de Charleroi. Il quitta le service en 1668, et se maria en 1670, avec Marguerite de la Serre, fille de Pierre de la Serre, seigneur de Marsanne et de Saint-Aubin, près de Toulouse. Il mourut à Vic le 7 mars 1714, et son épouse le 28 août 1728. De ce mariage naquirent treize enfants, dont sept morts jeunes; les autres furent :

1.° Jean-Joseph, dont l'article suit;

2.° Claude-Nicolas, né le 5 décembre 1690, qui entra au service en 1705, dans le régiment de Froulay, infanterie, et passa ensuite dans celui de Provence, où il prit le nom d'Oricourt, pour se distinguer de son frère aîné, capitaine au même régiment. Il donna des preuves de valeur en plusieurs occasions; fut fait capitaine en 1710; servit en cette qualité au siége de Landaw où il fut blessé, et au siége de Fribourg; à celui de Barcelone en 1734, et de Philisbourg. Il quitta le service en 1740, et mourut sans alliance;

3.° Barbe Thiériet, }
4.° Thérèse Thiériet, } mortes sans alliances.
5.° Marie Thiériet. }

6.° Marguerite Thiériet, religieuse de Saint-Augustin, à Vic.

VII. Jean-Joseph Thiériet, lieutenant-colonel du régiment de Provence, chevalier de l'ordre royal et militaire de Saint-Louis, entra au service en 1694, dans le régiment de Buoloben, allemand, et passa ensuite dans celui de Provence. Il se trouva à plusieurs batailles, entre autres à la seconde bataille d'Hochstet, où il donna des preuves de sa bravoure en enlevant un drapeau à un Anglais qu'il tua d'un coup de pistolet. Ayant été fait prisonnier, ensuite échangé, il fut fait capitaine, et assista en cette qualité à plusieurs siéges et actions. Il fut nommé, en 1722, gouverneur de la ville de Saint-Pol en Artois, et se trouva, en 1734, au siége de Philisbourg. Etant enfin parvenu au grade de lieutenant-colonel, il commanda souvent lui seul le régiment de Provence, soit en Westphalie, soit en Bavière ou en Bohême. Il passa dans la suite en Italie, et se trouva en 1746 à la bataille de Plaisance, où, ayant donné des marques de son courage et de sa capacité, il fut pris par les ennemis qui l'emmenaient prisonnier, lorsque quelques pandoures qui arrivaient le massacrèrent. Il avait épousé à Arras Marie-Joséphine Palissot, fille de Philippe-François Palissot chevalier, seigneur d'Emcourt, premier président du conseil souverain d'Artois, et de Barbe de Lelé. De ce mariage sont issus :

1.° Jean-Baptiste, capitaine au régiment de Provence, chevalier de l'ordre royal et militaire de Saint-Louis, mort en 1745 des blessures qu'il avait reçues en 1744, à l'attaque du Mont-Dauphin ;

2.° Alexandre-Claude, dont l'article suit :

VIII. Alexandre-Claude Thiériet, né en 1717, seigneur de Nedoncel, dont il a toujours porté le nom, pour se distinguer de son frère qui servait dans le même corps ; a été capitaine dans le régiment de Provence, ensuite chevalier de l'ordre royal et militaire de Saint-Louis et pensionnaire du roi. Sa branche s'est éteinte dans sa personne, n'ayant point contracté d'alliance.

## SECONDE BRANCHE.

III. Jean Thiériet, IIe du nom, cinquième fils de Jean Thiériet, Ier du nom, et d'Alison Colini, fut licencié en droit et conseiller d'état du grand-duc Charles III, qui l'avait pourvu de l'office de lieutenant-général au bailliage des Vosges le 8 juillet 1591. Il avait épousé, par contrat du 18 mars 1585, Marie des Combles, fille de Jean des Combles, seigneur de Taintouse, de Beauregard, de Chavoitel, de Maillote, etc. De ce mariage sont issus :

1.° Jean-Louis, dont l'article suit ;
2.° Jean, qui a fait branche ;
3.° Epvre, mort prêtre en 1626 ;
4.° Marie Thiériet, morte sans alliance en 1622.

IV. Jean-Louis Thiériet de Beauregard, épousa, en 1612, Marie de la Pointe, fille de Charles-François de la Pointe, écuyer, ancien capitaine au service d'Espagne, et de Christine Thyry, Jean-Louis Thiériet de Beauregard servit d'abord dans le régiment de Picardie, d'où il passa dans un régiment de dragons, puis dans les mousquetaires ; il se trouva dans ce dernier corps au siége de Montpellier, en 1622, sous le commandement du maréchal de Lesdiguières. Il fut envoyé, avec son corps, en expédition à la Valteline, en 1624, après que Montpellier eut capitulé ; repassa en Lorraine en 1626, au service du duc Charles IV, qui le reçut brigadier dans les chevau-légers de la garde ; fit plusieurs campagnes sous ce prince, et se retira du service en 1639, étant alors maréchal-des-logis des chevau-légers de la garde du duc de Lorraine, corps où son fils fut à la suite reçu brigadier. Il avait fait, en 1622, un acte de renonciation à son père, à raison de ce qu'il avait touché à peu près la part et portion qui lui revenait des successions tant directes que collatérales.

V. Jean-Thiériet, IIIe du nom, son fils, fut fait, en 1636, l'un des chevau-légers de la garde du duc Charles IV, et prit alors le nom de la Pointe, que portait sa mère ; il suivit ce prince à Bruxelles en 1636, ainsi que son père ; se trouva, en 1638, à l'affaire de Cernoy, où son corps donna des preuves de valeur ; en fut fait brigadier, avec rang de capitaine de cavalerie ; fit en cette qualité plusieurs campagnes, et fut tué à la bataille qui se donna près du village de Taverne, contre le maréchal de Créqui. Il avait épousé, en 1658, Anne le Poignant, fille de N..... le Poignant et de damoiselle Anne Harmand d'Odoncourt. De ce mariage est issu :

VI. Jean Thiériet, IVe du nom, receveur des domaines de S. A. R. à Dompaire. Il épousa, en 1696, Marie Renouard, fille du sieur Renouard, ancien grand-échevin de l'hôtel-de-ville de Remiremont, et de demoiselle Catherine Michel, de la même ville. De ce mariage sont issus entre autres enfants :

1.° Sébastien-Etienne, dont l'article suit ;

2.° Marie, femme du sieur Bigot, conseiller du roi au bailliage de Darney.

VII. Sébastien-Etienne Thiériet, avocat à la cour souveraine de Lorraine, lieutenant particulier en la prévôté d'Arches, puis conseiller du roi, son lieutenant particulier au bailliage de Remiremont, honoraire en 1785 ; avait épousé, par contrat du 6 février 1736, Marie-Thérèse Gourmier, fille du sieur Gourmier, ancien grand-échevin en l'hôtel-de-ville de Remiremont, et de demoiselle Barthélemi de la Mothe. De ce mariage sont issus treize enfants, entre autres :

1.° Joseph-Sébastien-Etienne, dont l'article suit ;

2.° Charles-Gabriel Thiériet, officier des maréchaux de France, juge du point d'honneur entre gentilshommes, marié, le 11 décembre 1776, avec Marie-Thérèse Maire, fille de Pierre-Léopold Maire, dont il n'a pas eu d'enfants ;

3.° Marie-Thérèse, mariée à Pierre-Nicolas Denizot, avocat célèbre au parlement de Nancy ;

4.° Marie-Anne Thiériet, morte sans alliance.

VIII. Joseph-Sébastien-Etienne de Thiériet, avocat au parlement, seigneur de Bancs, de Longchamps et autres lieux, reçu avocat à la cour de Nancy le 6 août 1770, a émigré le 2 février 1792, a été fait fourrier de la compagnie de Saint-Clair, premier régiment de cavalerie de la noblesse à l'armée de Condé, le 14 février de la même année ; a servi dix ans, jusqu'au licenciement ; est rentré en France le 2 septembre 1802 ; juge d'instruction au tribunal de Remiremont le 21 mars 1811 ; sous-préfet à Remiremont, par ordonnance du roi du 26 juillet 1814, décoré de la croix de l'ordre royal et militaire de Saint-Louis au mois de septembre suivant ; a épousé Marie-Hélène-Gertrude Doyette, dont il a :

1.° Charles-Sébastien-Ignace de Thiériet, émigré à l'âge de quatorze ans, avec son père, aujourd'hui chef d'escadron ;

2.° Joseph-Gabriel de Thiériet, receveur des impositions indirectes ;
3.° Marie-Joséphine de Thiériet.

*Armes :* « D'azur, à trois roses d'argent, pointées de » gueules ; au chef d'or, chargé d'un lion naissant du » troisième émail ».

---

CHEVIGNÉ (DE), maison établie depuis l'an 1130 dans le duché de Bretagne, qui tire son origine de la baronnie de Chevigné, située dans le duché de Lancastre en Angleterre, et aussi distinguée par ses services et ses alliances, que par son ancienneté. Elle a fait ses preuves en 1785, devant M. Chérin, généalogiste des ordres, pour être admise à jouir des honneurs de la cour, et pour l'ordre de Saint-Lazare. Elle a eu l'honneur, dans les guerres de la Ligue, de loger en la terre de la Sicaudais, l'une de ses possessions, le roi Henri IV, qui n'était alors que roi de Navarre.

I. François DE CHEVIGNÉ, Ier du nom, chevalier, passa en France du temps des troubles arrivés en Angleterre sous le règne de la reine Mathilde, et gagna la faveur de Conrad III, dit *le Gros*, duc de Bretagne, qui lui fit épouser Catherine de Châteaubriant, fille de Jean de Châteaubriant et de Jeanne de Coymes. De ce mariage vint :

II. Charles DE CHEVIGNÉ, Ier du nom, chevalier, seigneur de Coymes, marié avec Marguerite de Soubise. Il en eut :

III. Roland DE CHEVIGNÉ, Ier du nom, chevalier, seigneur de Coymes et autres places, qui épousa Perrine de Lannion, dont sont issus :

1.° Alix, dont l'article suit ;
2.° Morin, qui forme la seconde branche, rapportée ci-après.

IV. Alix DE CHEVIGNÉ, chevalier, qualifié noble et puissant, baron de Binandinant, seigneur de Coymes, de Tirze, de Noyal, du Lauroux, etc., commanda, en qualité de lieutenant du duc de Bretagne, les troupes entretenues au service du roi, lesquelles furent employées en Piémont et en Savoie. Il laissa de son mariage avec Louise de Tournemine de la Hunaudaye :

V. Guillaume DE CHEVIGNÉ, Ier du nom, chevalier, seigneur de Coymes, du Lauroux, du Plessis-Gatereux, etc., qui était de l'association faite par la noblesse de Bretagne au mois d'avril 1379, et fit son serment à Amaury de Fontenoy, chevalier, seigneur de la Motte-au-Vicomte, comme capitaine de la ville de Rennes; il est nommé le premier des vingt-deux compagnons pour la garde de ladite ville. Il eut de son mariage avec demoiselle N.... de Tournemine :

VI. Alexandre DE CHEVIGNÉ, chevalier, qualifié noble et puissant, seigneur de Coymes, de Noyal, du Blotereau, d'Anet, etc., marié avec Marie de Saffré, dame héritière de Henri, de laquelle il eut :

VII. Pierre DE CHEVIGNÉ, Ier du nom, chevalier, seigneur de Coymes, de la Hébaudière, d'Héridinant, etc., qui fut fait chevalier de l'ordre du Roi, pour avoir servi généreusement ce prince. Il épousa Guillemette de Clisson, dont est issu :

VIII. Roland DE CHEVIGNÉ, IIe du nom, chevalier, seigneur de Coymes, de Noyal, etc., marié avec Brionde de Rosmadec, dont il laissa :

IX. Jérôme DE CHEVIGNÉ, Ier du nom, chevalier, seigneur de Coymes, de Noyal, etc., qui épousa Jeanne d'Harambures, qui le rendit père, entre autres enfants, de :

X. Jean DE CHEVIGNÉ, Ier du nom, chevalier, seigneur de Coymes, de Noyal, etc., gouverneur de Rennes, marié avec Jeanne des Veaux. Ses enfants furent :

1.° Bertrand de Chevigné;
2.° Guillaume de Chevigné, qui eut ordre du duc de Bretagne de faire le dénombrement du comté Nantais. Il épousa Sainte de Goulaine, dont il eut un fils qui porta l'oriflamme devant François Ier, à la bataille de Pavie. Il ne laissa qu'une fille qui se maria dans la maison de Beaucaire, où sont passés les biens de cette branche.

## SECONDE BRANCHE.

IV. Morin DE CHEVIGNÉ, I^er^ du nom, écuyer, seigneur de Lessart, dans le duché de Retz, vivant en 1292, second fils de Roland de Chevigné, chevalier, seigneur de Coymes, et de Perrine de Lannion, épousa Jeanne des Forges, dont il eut :

V. Gilles DE CHEVIGNÉ, I^er^ du nom, qui fut père de:

1.° Gérard, dont l'article suit;
2.° Raoul de Chevigné, vivant en 1356. Son sceau paraît dans les Antiquités de Bretagne, par dom Morice, tome 1, planche 18, n° CCXLII; il représente *quatre fusées rangées en fasce, accompagnées en chef de trois mouchetures d'hermine.*

VI. Gérard DE CHEVIGNÉ, I^er^ du nom, chevalier, paraît dans divers actes des années 1373 et 1379, et plaidait contre Pérault, de Clervault, le lundi 7 septembre 1398. Il avait épousé Hublin du Châtaigner, sœur de Jean de Châtaigner, et mourut en 1407. Sa femme était remariée en 1462, qu'elle passa une transaction avec Gilles de Chevigné, son petit-fils. De son premier mariage est issu :

VII. Gérard DE CHEVIGNÉ, II^e^ du nom, chevalier, seigneur d'Anet, dont il rendit aveu, conjointement avec Isabeau le Comte, sa femme, en 1431. Il paraît encore dans la réformation de Bretagne en 1437. Leurs enfants furent :

1.° Gilles, dont l'article suit;
2.° Jeanne de Chevigné, mariée, en 1449, à noble homme Philippeaux de la Rochière;
3.° Marguerite de Chevigné, mariée, par contrat du 15 mai 1450, avec noble homme Jean Frequin, seigneur de différents domaines;
4.° Renée de Chevigné, qui épousa, en 1459, noble homme Jean de la Bergerie, seigneur de différents lieux.

VIII. Gilles DE CHEVIGNÉ, II^e^ du nom, chevalier, seigneur d'Anet, transigea avec Hublin du Châtaigner, son aïeule maternelle, en 1462. Il paraît dans des actes de 1455, du 23 avril 1483 et du 17 juin 1500. Il avait épousé, par contrat du 18 juin 1456, noble demoiselle Eustache Hay. Leurs enfants furent :

1.° René, dont l'article suit ;

2.° François de Chevigné, marié le 2 juin 1482 ;

3.° Anne de Chevigné, mariée, par contrat du 14 juin 1472 à noble François Chaperon.

IX. René DE CHEVIGNÉ, Ier du nom, chevalier, seigneur d'Anet, paraît dans un acte du 27 février 1505, et obtint la haute et basse justice de la terre de la Sicaudaïs, par lettres de Tannegui Sauvage, baron de Retz, du 10 mai 1519. Il avait épousé, par contrat du 2 juillet 1505, demoiselle Julie de l'Eperonnière, dont il eut :

X. Arthur DE CHEVIGNÉ, Ier du nom, chevalier, seigneur d'Anet et de la Sicaudais, qui reçut un aveu en 1541. Il avait épousé, par contrat du 29 avril 1528, demoiselle de la Touche-Limousinière, qui le rendit père de :

1.° Christophe, dont l'article suit ;

2.° Marguerite, mariée, en 1554, avec noble homme François de Loiselle.

XI. Christophe DE CHEVIGNÉ, Ier du nom, chevalier, seigneur de la Sicaudais, paraît dans le rôle de la montre de la noblesse de l'évêché de Nantes, en 1567 ; fut chevalier de l'Ordre du Roi, par brevet du 14 mars 1570. Il avait épousé Claude le Boutellier, dont il eut :

1.° Arthur, dont l'article suit ;

2.° Réné, qui forme la troisième branche, rapportée en son rang ;

3.° Claude de Chevigné, mariée, par contrat du 18 juillet 1580, avec noble homme Christophe de Pontoise.

XII. Arthur DE CHEVIGNÉ, IIe du nom, chevalier, seigneur de la Sicaudais, épousa, en 1594, demoiselle Aliénor Gautier, dont il eut :

XIII. Pierre DE CHEVIGNÉ, Ier du nom, chevalier, seigneur de la Sicaudais, chevalier de l'Ordre du Roi, gentilhomme ordinaire de sa chambre, marié, en 1611, avec Jeanne de la Touche-Limousinière. Il eut pour fils :

XIV. Olivier DE CHEVIGNÉ, Ier du nom, chevalier, seigneur de la Sicaudais, qui épousa, en 1643, Louise de Boishorand. Il fut père de :

XV. Christophe DE CHEVIGNÉ, IIe du nom, chevalier, seigneur de la Sicaudais, marié, en 1672, à demoiselle Robineau. Il eut entre autres enfants :

XVI. Christophe-Louis DE CHEVIGNÉ, chevalier, seigneur de la Sicaudais, qui épousa en 1695, demoiselle Marguerite Guilepiau, dont il eut pour fils et principal héritier :

XVII. Christophe-Guillaume DE CHEVIGNÉ, chevalier, seigneur de la Sicaudais, marié, en 1716, avec demoiselle Gaudier, dont naquit :

XVIII. Louis DE CHEVIGNÉ, chevalier, marié, en 1739, avec demoiselle Anne de Gaderant, dont il n'a eu qu'une fille qui a porté les biens de cette branche et la terre de la Sicaudais dans la maison de Tresset.

## TROISIÈME BRANCHE.

XII. René DE CHEVIGNÉ, IIe du nom, chevalier, second fils de Christophe de Chevigné, seigneur de la Sicaudais, et de Claude le Boutellier, paraît dans divers actes des 14 août 1595, de l'an 1599, 1613, 1629, et fut maintenu dans sa noblesse en 1622. Ce fut lui qui eut l'honneur de loger Henri IV pendant les guerres de la Ligue, dans sa terre de la Sicaudais. Il avait épousé, par contrat du 13 janvier 1595, demoiselle Guyonne de la Boucherie. De ce mariage sont issus :

1.° Christophe, dont l'article suit ;
2.° Pierre, auteur de la quatrième branche, rapportée en son rang ;
3.° N..... de Chevigné, mort sans postérité ;
4.° Marie de Chevigné, mariée en 1622 ;
5.° Suzanne de Chevigné, mariée en 1624.

XIII. Christophe DE CHEVIGNÉ, IIe du nom, chevalier, partagea avec ses frères et sœurs le 18 mars 1639, reçut un aveu le 18 juin 1640, et en rendit un en 1644. Il avait épousé, par contrat du premier avril 1635, demoiselle Renée le Febvre, qui le rendit père de :

1.° Charles, dont l'article suit ;
2.° Jacques, mort sans lignée.

XIV. Charles DE CHEVIGNÉ, IIe du nom, chevalier, fut maintenu dans sa noblesse en 1665 et le 24 janvier 1667, par MM. de Colbert et de Barentin ; partagea avec son frère en 1672 et le 14 février 1677. Il avait épousé, par contrat du 3 juillet 1667, Gratienne Boux, qui se remaria avec Pierre de Chevigné, cousin-germain de son premier mari, et dont il laissa :

1.° Christophe-Rolland, dont l'article suit ;

2.° Madeleine de Chevigné, mariée à Henri de la Touche.

XV. Christophe-Rolland DE CHEVIGNÉ, chevalier, obtint des lettres de bénéfice d'âge le 9 juin 1694, partagea avec Henri de la Touche, mari de Madeleine de Chevigné, sa sœur, le 13 mai 1705 ; rendit aveu du bois de Chollet en 1706, et épousa en 1707 Anne de Boishorand, dont il eut entre autres enfants :

XVI. René-Christophe-Henri DE CHEVIGNÉ, chevalier, seigneur des bois de Chollet, marié, par contrat du premier août 1736, avec demoiselle de Pâris de Soulanges. De ce mariage sont issus:

1.° René-Augustin, comte de Chevigné, chevalier de l'ordre royal et militaire de Saint-Louis, ancien page du roi, marié avec mademoiselle Titon de Villegenou, veuve de M. de Bragelongne ; il est mort lieutenant-général des armées du roi ;

2.° N.... de Chevigné, mort évêque de Séez ;

3.° N.... de Chevigné, mort officier de la marine, ancien page de la petite écurie du roi ;

4.° Armand, comte de Chevigné, chevalier de l'ordre royal et militaire de Saint-Louis ;

5.° Louise-Félicité de Chevigné, chanoinesse de Neuville, veuve de M. le comte de Bar ;

6.° Augustine de Chevigné, chanoinesse de l'Argentière, mariée à M. le comte de Châteaurenard, brigadier des armées du roi, dont postérité ;

7.° Henriette de Chevigné, aussi chanoinesse de l'Argentière, mariée à M. d'Espivent, conseiller au parlement de Bretagne.

## QUATRIÈME BRANCHE.

XIII. Pierre DE CHEVIGNÉ, Ier du nom, chevalier, second fils de René de Chevigné et de Guyonne de la Boucherie, partagea avec Christophe de Chevigné, son frère, en 1639, et avait épousé, en 1637, Olimpe Goeau, qui fit un partage en 1643. De leur mariage est issu :

XIV. Pierre DE CHEVIGNÉ, IIe du nom, chevalier, capitaine d'une compagnie d'infanterie, marié, par contrat du 6 avril 1690, avec Gratienne Boux, veuve de Charles de Chevigné, son cousin-germain; il fit un partage le 11 mai 1699, et eut de son mariage :

XV. Jean DE CHEVIGNÉ, Ier du nom, qui partagea avec les héritiers de Charles de Chevigné, le 8 avril 1720; fut capitaine, puis major d'infanterie, chevalier de l'ordre royal et militaire de Saint-Louis, et épousa, par contrat du 19 mars 1721, demoiselle N... le Houx, dont il eut :

XVI. Anne-Jean-Baptiste DE CHEVIGNÉ, chevalier, capitaine d'infanterie, marié, en 1744, avec Marie-Lucrèce Luzeau, de laquelle sont issus :

1.° Artur-Luc, dont l'article suit;

2.° Jacques-Antoine, vicomte de Chevigné, chevalier de l'ordre royal et militaire de Saint-Louis, qui a servi dans le régiment de Dauphiné, et a eu une compagnie dans le régiment de Chartres, dragons. Il a émigré en 1791, a fait la campagne dans les mousquetaires de l'armée des princes, et a été volontaire du lord Moyra, pour la descente à Quiberon; a servi dans l'armée de M. Mallet, comme lieutenant-colonel à l'armée royale de la Seine-Inférieure, depuis 1797 jusqu'à la pacification. Il a eu l'honneur de monter dans les carrosses du roi le 29 avril 1785, d'après les preuves faites par-devant M. Chérin. Il a épousé mademoiselle de Barral, veuve de M. le comte de Nadaillac, lieutenant-général des armées du roi;

3.° Louis-Marie, comte de Chevigné, chevalier de l'ordre royal et militaire de Saint-Louis, qui a servi dans le régiment de Dauphiné, a émigré en 1791, et a fait les campagnes dans l'armée des princes, en qualité d'aide-major dans la brigade d'Armagnac, a été colonel dans la divison royaliste de la Loire-Inférieure, commandée par M. le comte de Coislin, en 1815, contre l'usurpateur. Il a épousé mademoiselle Gaudin de la Berillais, dont il a :

a. Louis-Marie-Auguste de Chevigné;

b. Aristide-René-Marie de Chevigné;

c. Alphonse-Marie-Francois-de-Salles de Chevigné.

XVII. Artur-Luc, marquis DE CHEVIGNÉ, chevalier de l'ordre royal et militaire de Saint-Louis, ancien capitaine au régiment de Dauphiné, infanterie, a épousé mademoiselle de Neubourg, dont il a :

1.° Artur-Marie-Auguste-François-de-Salles de Chevigné ;

2.° Quatre demoiselles.

*Armes* : « De gueules, à quatre fusées d'or, accolées « en face, accompagnées de huit besants du même ».

*Nota.* Il existe encore de cette famille une branche établie en Poitou, dont quatre membres étaient au service du roi à l'époque de la révolution : deux ont péri dans la Vendée, un troisième en Allemagne, dans l'émigration, et l'autre, officier du génie, a commandé la sortie de Menin en 1793, servant dans l'armée anglaise. Il a passé aux Etats-Unis, où il existe encore. Louis de Chevigné, seul rejeton de la branche de la Grassière, était garde-du-corps en 1815.

---

CHAMBRE DU VAUBOREL (DE LA), en Normandie ; famille ancienne, qui a fait ses preuves de la cour, au mois de juin 1788, par-devant M. Chérin, généalogiste des ordres du roi, pour être admise à l'honneur d'entrer dans les carrosses de Sa Majesté et de la suivre à la chasse.

I. Jean DE LA CHAMBRE, I$^{er}$ du nom, est rappelé, avec Jeanne Bacon, sa femme, sœur germaine et héritière de Jean Bacon, seigneur du fief du Mesnil-Bacon dans une enquête faite sur la noblesse et extraction noble de Richard de la Chambre, leur petit-fils, du 20 juillet 1391, où il est dit qu'il s'était toujours porté pour noble. Il eut pour fils :

II. N.... DE LA CHAMBRE, dont l'existence n'est prouvée que par l'enquête mentionnée ci-dessus, du 20 juillet 1391. Il fut père de :

III. Richard DE LA CHAMBRE, Ier du nom, écuyer, seigneur du Mesnil, *aliàs* du Mesnil-Bacon, *aliàs* de la Baconnière, et de la Gauserdière demeurant à la Lande-Darou, paroisse de Saint-Germain de Tallevende, vicomté de Vire. Ayant été inquiété par les commis, sur le fait des nouveaux acquets qu'il tenait dans cette paroisse, *bien qu'il fût noble, né et extrait de noble génération, et que son fief du Mesnil-Bacon lui fût venu par succession de ses parents, nobles de temps immémorial*, il fit constater sa noblesse par une enquête du 20 juillet 1391, dans laquelle il est dit, entre autres choses, « qu'il était noble de père et de mère; » qu'il possédait le fief du Mesnil-Bacon du chef de son » aïeule Jeanne Bacon, sœur-germaine et héritière de » Jean Bacon; que ses armes étaient de gueules, à six » rosettes d'argent, et un bâton d'azur, l'écu bordé de » sable; que Jean de la Chambre, son aïeul, s'était » toujours porté comme noble; que lui, ses prédéces- » seurs et parents, s'étaient toujours maintenus et gou- » vernés comme nobles, et étaient nés en royal ma- » riage ». Il constitua une dot à Catherine de la Chambre, sa fille le 12 février 1404; fit aveu du fief de la Gauserdière, le 20 novembre 1407; reçut six reconnaissances, féodales les 10 et 11 février et 5 mars 1432; fit un échange le 3 mai 1439, et ne vivait plus, ainsi que Jeanne de Saint-Manvieu, sa femme, lors d'une enquête faite sur la noblesse et extraction noble de Richard de la Chambre, leur fils, du 18 mai 1449, où il est dit « qu'il était seigneur de Mesnil-Bacon, seigneurie » bien grande et noble; qu'il était allé au service du » prince, bien monté et armé, en la compagnie de mon- » seigneur de Coulonces, et qu'il était réputé pour vail- » lant homme d'armes autant que noble du pays ». De son mariage, contracté le dimanche après la Saint-Denis 1369, avec Jeanne de Saint-Manvieu, fille de Richard de Saint-Manvieu, écuyer, sieur de Saint-Manvieu, sont issus :

1.° Jean, écuyer, sieur du Mesnil-Bacon, que l'on croit père de Jeanne de la Chambre, dame en partie du Mesnil-Bacon, laquelle était veuve de Guillaume Mahéas le 4 juin 1493;

2.° Richard, dont l'article suit;

3.° Catherine de la Chambre, mariée avec Denis du Hamel.

IV. Richard DE LA CHAMBRE, II^e^ du nom, écuyer, seigneur de Saint-Manvieu, de la Clérelière, de la Gauserdière et autres lieux, demeurant au Mesnil-Gilbert, en la vicomté de Mortain, fit constater sa noblesse par une enquête juridique du 18 mai 1449, portant, entre autre choses, « qu'il était noble de nom et d'armes, tant » de père que de mère, ainsi que tous ses predécesseurs, » de temps immémorial, qui avaient toujours été réputés » nobles parmi les autres nobles du pays ; et qu'il tenait, » comme ses autres prédécesseurs les avaient tenues, » plusieurs notables et grandes seigneuries, savoir, la » seigneurie de la Chambre, en la vicomté de Falaise ; » le fief de la Baconnière, à cause de son père ; la sei- » gneurie de Saint-Manvieu, à cause de sa mère ». Il reçut, pour sa part dans la succession paternelle, la vavassorie de la Clérelière, par acte passé avec Jean de la Chambre, son frère aîné, le 19 août 1446 ; obtint avec demoiselle de Michelle de la Broise, sa femme, le 20 juin 1451, une commission du bailli de Mortain, pour assigner une restitution d'héritages ; donna procuration à Guillaume de la Chambre, son fils, le 20 juin 1452 ; fit aveu de son fief de la Gauserdière le 20 novembre 1453 ; obtint encore avec sa femme, le 18 février 1458, des lettres royaux portant relief d'appel des assises du comté de Mortain au prochain échiquier de Normandie, et testa le pénultième avril 1462. Il avait épousé, par contrat du 24 avril 1432, Michelle de la Broise, dont il eut :

1.° Guillaume, dont l'article suit ;
2.° Thomasse de la Chambre.

V. Guillaume DE LA CHAMBRE, I^er^ du nom, écuyer, seigneur du VAUBOREL, obtint une sentence du vicomte de Mortain, le 26 novembre 1453 ; fut commissionnaire d'héritages par lettres-patentes de Charles, comte du Maine, de Guise et de Mortain, du 12 avril 1458 ; eut main-levée de la saisie faite sur son fief du Vauborel, par ordonnance des commissaires pour les francs-fiefs, du 30 décembre 1460, ayant allégué et prouvé *qu'il était noble et extrait de noble et ancienne ligne ; que ses prédécesseurs avaient toujours fréquenté les armées, et qu'il ne devait conséquemment aucune finance ;* fit une acquisition le 17 mai 1467 ; consentit deux baux à fief par actes du même jour 9 mai 1471 ; reçut deux reconnaissances féodales le 15 juin 1473, et mourut avant le 27 juin 1475. Il avait épousé, 1.° Julienne du Vauborel, fille et héritière de Jean du Vauborel, écuyer, sieur du Vauborel ; 2.° Alliette Vivien, dont il n'eut point d'enfants. De ce premier lit sont issus :

1.° Jean, dont l'article suit ;
2.° Hélène de la Chambre ;
3.° Guillemine de la Chambre.

VI. Jean DE LA CHAMBRE, II^e du nom, écuyer, seigneur du VAUBOREL, de la Guellepière, *aliàs* Guéripière, etc., fit hommage au roi de son fief du Vauborel, le 16 juin 1485 ; reçut une reconnaissance faite à son fief de la Guellepière, le 14 avril 1494 ; obtint deux mainlevées, les 13 avril 1499 et 21 septembre 1515 ; passa un accord le 2 septembre 1504 ; consentit une vente le 25 octobre 1505 ; fut déchargé, par transaction du 24 juillet 1511, d'une taxe à laquelle il avait été imposé sur le rôle des tailles du Mesnil-Gilbert, *les habitants de cette paroisse ayant reconnu qu'il avait été indûment imposé, vu qu'il avait prouvé par titres qu'il était noble et extrait de noble ligne, et qu'il avait été déclaré exempt de toutes tailles, tant lui que feu Guillaume de la Chambre, son père ;* reçut, conjointement avec Gilles de la Chambre, son fils, la déclaration que leur firent les mêmes habitants, par une seconde transaction du 20 février 1529, par laquelle, en se désistant du procès pendant entre eux, pour raison de ce qu'ils les avaient imposés à la taille, *contre leur privilége de noblesse ils reconnaissent qu'ils étaient personnes nobles d'ancienneté, qu'eux et leurs prédécesseurs avaient toujours vécu noblement, et qu'ils n'avaient jamais rien payé.* Il ne vivait plus lors d'une constitution faite par demoiselle Marguerite de la Chambre, sa fille, et par son mari, le 19 mai 1534. Il avait épousé, par contrat du 8 juillet 1479, Catherine Malherbe, dont il eut :

1.° Gilles, dont l'article suit ;
2.° Marguerite, femme, par contrat du 15 octobre 1521, de René de Refuveille ;
3.° Catherine de la Chambre ;

VII. Gilles DE LA CHAMBRE, Ier du nom, écuyer, seigneur du VAUBOREL, de la paroisse du Mesnil-Gilbert, obtint du bailli de Mortain une sentence de clameur, le 2 mars 1517; fit un échange, conjointement avec Jean de la Chambre, son père, le 19 avril 1520; acquit avec lui le droit de gage-pleige, juridiction, cour et usage de la seigneurie du Vauborel, le 15 avril 1521; reçut quittance de François de Creux, sieur de la Guifardière, le dernier août 1523, de 70 sous qu'il lui avait payés pour avoir fait son service au ban et arrière-ban; rendit aveu au roi le 10 mai 1541; assista au traité de mariage de Gilles de la Chambre, son fils aîné, du 24 août 1552, et fut taxé à 9 livres 6 sous d'une part, et 54 sous de l'autre, pour le service de son fief du Vauborel à l'arrière-ban, de la même année 1552. Il avait épousé, 1.° Perrette du Mesnil-Adelée, dont il n'eut point d'enfants; 2.° par traité sous-seing privé du 27 décembre 1517, reconnu en justice le 6 juin 1518, Jeanne du Vauborel, fille de noble homme Léonard du Vauborel, dont il eut:

1.° Gilles, dont l'article suit;
2.° Robert, écuyer, avocat du roi à Tinchebray;
3.° Jacques, curé de Scelles;
4.° Jeanne de la Chambre.

VIII. Gilles DE LA CHAMBRE, IIe du nom, écuyer, seigneur du VAUBOREL, comparut à une montre qui fut faite des nobles et noblement tenants du bailliage de Mortain, le 24 avril 1555; reçut, tant pour lui que pour Robert de la Chambre, son frère, l'amortissement qui leur fut fait de 50 livres de rente, le 28 juin 1564; rendit aveu de son fief du Vauborel le 6 octobre 1565; délibéra comme parent paternel dans la tutelle des enfants mineurs de noble homme Jacques du Vauborel, seigneur de Louvigny et de la Chevrenaye, du 26 novembre 1567; fit condamner un de ses vassaux, par sentence des assises de Mortain du 12 octobre 1575, à lui faire la déclaration des biens qu'il tenait de lui; fut convoqué, avec les autres nobles du pays, pour nommer entre eux un député aux états de Normandie, en l'année 1579; obtint des lettres royaux le dernier septembre 1580. Dans un procès qu'il avait contre les commissaires des francs-fiefs, les commissaires députés pour le régallement des tailles et les paroissiens du Mesnil-Gilbert, qui l'avaient imposé à l'instigation du seigneur-baron de Saint-Paër, *son ennemi capital*, après avoir justifié *que lui et ses prédécesseurs étaient personnes nobles, extraits de noble ligne ; qu'ils avaient été employés au service de sa majesté et des rois ses prédécesseurs, et qu'ils avaient toujours vécu noblement*; et ne vivait plus lors d'un accord passé le dernier août 1584, entre Robert de la Chambre, son frère, et Guillaume de la Chambre, son fils aîné et principal héritier. Il avait épousé, par contrat du 24 août 1552, Françoise de Campront, fille unique de noble homme Michel de Campront, seigneur de la Trainpertière, et de Girette Nicolle. Leurs enfants furent :

1.° Guillaume, dont l'article suit ;
2.° Jean, curé de Periers ;
3.° Robert, tué à la bataille de Montcontour ;
4.° Jacques de la Chambre, écuyer, sieur de la Vallée, marié avec Charlotte le Vannier, qui le fit père de :

a. Richard, } dont on ignore la destinée ;
b. Jean, }
c. François de la Chambre, écuyer, sieur de la Vallée, qui servit dans l'armée commandée par M. de Longueville, suivant un certificat du baron de la Brisollière, du 23 octobre 1636. Il était âgé de soixante-dix ans, et sans enfants, le premier avril 1670, lorsqu'il fut maintenu dans sa noblesse par arrêt du conseil.

IX. Guillaume DE LA CHAMBRE, II$^{e}$ du nom, écuyer, seigneur du VAUBOREL, substitut du procureur-général du roi au siége de Périers et Beaufissel, passa un accord avec Jean, Robert et Jacques de la Chambre, ses frères, de l'avis et en présence de leur mère et de Jacques et Robert de la Chambre, écuyers, leurs oncles, le 26 janvier 1589, sur le partage de la succession de feu leur père ; partagea avec demoiselles Charlotte, Elisabeth, Jeanne et Marguerite Gueroult, ses belles-sœurs, par représentation de demoiselle Françoise Gueroult, sa femme, le 18 octobre 1591 ; rendit aveu de son fief du Vauborel le 2 juin 1599 ; eut acte, par arrêt de la cour des aides de Normandie, du 24 novembre 1604, de la déclaration de divers paroissiens du Mesnil-Gilbert, avec lesquels il était en procès, par laquelle, *en renonçant au contredit par eux mis, outre la qualité et privilége de sa noblesse et ceux de sa famille, ils les reconnaissent pour personnes nobles et pour avoir toujours vécu noblement, lui et ses prédécesseurs, sans avoir dérogé ;* obtint, avec le susdit Jacques de la Chambre, sieur de la Vallée, son frère, dans un autre procès qu'ils avaient contre la généralité des habitants de la même paroisse du Mesnil-Gilbert, un arrêt de ladite cour des aides, le 19 février 1609, qui *les maintient en leur privilége et qualité de noblesse ancienne, et ordonne qu'ils seront rayés et distraits des rôles et contrôles à tailles de cette paroisse ;* fit deux acquisitions, l'une le 3 février 1611, et l'autre en l'année 1615 ; reçut une reconnaissance féodale le 24 mars 1612, et ne vivait plus le 6 janvier 1617. Il avait épousé Françoise Gueroult, fille de noble homme Julien Gueroult, sieur du Mesnil-Rainfray et de Husson, et de demoiselle Jeanne de Bailleul. De ce mariage vinrent :

1.° Robert, dont l'article suit ;

2.° Jacques de la Chambre, curé de Périers ;

3.° Gilles de la Chambre, écuyer, sieur de la Fortaye, lequel avait soixante-dix ans et n'avait point d'enfants lorsqu'il fut maintenu dans sa noblesse, conjointement avec Georges de la Chambre, son neveu, et François de la Chambre, son cousin, le premier avril 1670.

X. Robert DE LA CHAMBRE, seigneur du VAUBOREL, passa un accord avec Jacques et Gilles de la Chambre, ses frères puînés, le 13 septembre 1630 ; obtint une sentence des assises de Mortain, le 7 octobre 1634 ; fut maintenu dans les priviléges de sa noblesse, conjointement avec Gilles de la Chambre dont on vient de parler, par jugement des commissaires pour le régallement des tailles et la réformation de la noblesse en la généralité de Caen, du 19 avril 1635, et mourut avant le 9 novembre 1640, que demoiselle Hélène le Breton, sa veuve, reçut une reconnaissance féodale, en qualité du tutrice de Georges de la Chambre, leur fils aîné, et deux autres enfants mineurs. De son mariage, contracté le 6 janvier 1617, avec Hélène le Breton, fille de noble homme

Jacques le Breton, sieur de la Motte, et d'Hélène de Malherbe, il eut :

1.° Georges, dont l'article suit ;
2.° Pierre, écuyer, sieur des Brounes ;
3.° Martin, écuyer sieur des Demaines, qui servit dans le régiment de la Ferté-Imbault, suivant un certificat du 20 octobre 1641, et eut pour fils Henri de la Chambre, dont on croit la postérité éteinte;
4.° Henri, curé du Mesnil-Gilbert ;
5.° Yvonne, mariée, par contrat du 18 septembre 1639, avec Henri du Mesnil, écuyer sieur de la Gondinière ;
6.° Isabeau de la Chambre, morte sans alliance.

XI. Georges DE LA CHAMBRE, écuyer, seigneur du VAUBOREL, l'un des gendarmes de la compagnie de la Reine, était, avec ses frères et sœurs sous la tutelle de leur mère, le 9 novembre 1640, et avait obtenu son âge de majorité le 14 avril suivant, qu'il intervint à une transaction passée par elle ; déclara, le 10 juillet 1643, qu'il prenait, par préciput et droit d'aînesse, le fief et domaine non fieffé du Vauborel, situé en la paroisse du Mesnil-Gilbert ; fut déchargé, par ordonnance de l'intendant de Caen, du 30 septembre 1645, d'une somme de 800 liv. à laquelle il avait été taxé, comme roturier, pour son même fief du Vauborel, *quoiqu'il eût amplement justifié sa qualité et extraction de noblesse ancienne, la représentation de ses titres, et qu'il eût été maintenu par le même intendant le* 24 *avril* 1642 ; reçut une déclaration féodale le 10 juin 1650 ; fut déchargé comme noble de race, conjointement avec Gilles de la Chambre, écuyer, sieur de la Fortaye, son oncle, par ordonnance de la chambre souveraine établie pour la liquidation des droits de francs-fiefs, d'une somme de 1200 liv. à laquelle ils avaient été taxés ; fut maintenu, en sa qualité d'écuyer, avec le même Gilles de la Chambre, son oncle, et François de la Chambre, son cousin, par arrêt du conseil du premier avril 1670, sur le vu d'un grand nombre de titres justificatifs de leur noblesse d'ancienne extraction, remontée par filiation à Richard de la Chambre, seigneur du Mesnil-Bacon, leur septième et sixième aïeul respectif, marié en l'année 1369, et en conséquence de cet arrêt ils furent déchargés, par autre arrêt du même conseil du 14 avril, d'une somme de 100 livres à laquelle ils avaient été taxés d'office au rôle des tailles de la province du Mesnil-Gilbert, et ne vivait plus le 13 septembre 1677. Il avait épousé, 1.° par contrat du 12 septembre 1647, Marguerite de la Broise, fille aînée de Jacques de la Broise, sieur de la Morinière, et d'Anne du Mesnil-Adelée; 2.° par contrat du 17 novembre 1675, Marie du Mesnil-Adelée, veuve de maître Pierre le Long, sieur de Hutambert, et fille de Gabriel du Mesnil-Adelée, écuyer, sieur de la Roussellière, et de Louise du Bois. Il eut pour fils:

XII. Thomas DE LA CHAMBRE, écuyer, seigneur du VAUBOREL et de Monbevon, ou Monbenon, ou Monbuon, ou Montbunon, ou Mondevon; il obtint une sentence du bailliage d'Avranches, le 10 novembre 1682, comme mari de Claude-Marie Davy, sa première femme; fit publier et afficher, par exploit du 7 octobre 1685, des lettres de gage-pleige qu'il avait obtenues pour sa seigneurie du Vauborel, du 18 août précédent; reçut quatre reconnaissances féodales les 22 août et 24 octobre 1699, et décéda avant le 17 juillet 1709, que Jean-Baptiste-Louis de la Chambre, son fils aîné, fit faire son inventaire, en présence de Jeanne Morin, sa veuve en secondes noces. Il avait épousé, 1.° le 23 septembre 1677, Claude-Marie Davy de Bénusson, fille de Jean Davy, écuyer, sieur de Bénusson et d'Yvonne de Vaufleury; 2.° Jeanne Morin, dont il n'eut point d'enfants. Ceux du premier lit furent:

1.° Jean-Baptiste-Louis, dont l'article suit;
2.° Nicolas, écuyer, sieur de Mondevon;
3.° René de la Chambre, écuyer;
4.° Henriette-Jeanne de la Chambre.

XIII. Jean-Baptiste-Louis DE LA CHAMBRE, écuyer, seigneur du VAUBOREL, né le 29 septembre 1682, servit dans le détachement de la noblesse du bailliage de Mortain, au mois de septembre 1703; fit l'inventaire des meublès et papiers de feu son père, en présence de noble dame Jeanne Morin, sa belle-mère, le 17 juillet 1709; fit deux amortissements, les 29 octobre 1710 et 12 octobre 1714; fut maintenu dans sa noblesse par jugement de

M. Guynet, intendant de la généralité de Caen, du 16 octobre 1716; fit un remboursement à Nicolas et René de la Chambre, ses frères puînés, le 24 juin 1720, et ne vivait plus le 9 octobre 1731. Il avait épousé, par contrat du 4 avril 1710, Hélène-Charlotte de Marsbodin, fille et héritière en partie de Charles de Marsbodin, écuyer, sieur de Saint-Moron, conseiller du roi, vicomte de Saint-James et de Pontorson, et de noble Françoise Artur. De ce mariage vinrent :

1.° Jacques-Julien, dont l'article suit :

2.° Catherine-Henriette de la Chambre, mariée, par contrat du 9 octobre 1731, avec Guillaume-Jacques du Vauborel, écuyer, sieur de Longuève, fils de Guillaume du Vauborel, écuyer, sieur de Louvigny, et de Jeanne du Vauborel.

XIV. Jacques-Julien DE LA CHAMBRE, écuyer, seigneur du VAUBOREL, rendit aveu de sa vavassorie de la Championnière, en la province de Saint-Patrice du Teilleul, le 15 décembre 1745; fut inscrit aux états de Bretagne sur la liste des gentilshommes de cette province, en vertu d'une déclaration du duc de Penthièvre, lieutenant-général de la même province, du 18 décembre 1746, passa une transaction le 10 mars 1749, et était mort, ainsi que noble dame Renée de la Chambre, son épouse, le 5 décembre 1765. Renée de la Chambre, qu'il avait épousée par contrat du 21 décembre 1734, était fille de Henri de la Chambre, écuyer, et de noble dame Jeanne-Charlotte Guesdon. Leurs enfants furent :

1.° Mathieu, dont l'article suit ;

2.° Jacques-Julien, mort sans alliance ;

3.° Elisabeth de la Chambre, morte sans alliance;

4.° Julienne-Charlotte de la Chambre. Elle fut mise en arrestation dans la révolution.

XV. Mathieu DE LA CHAMBRE, chevalier, seigneur du VAUBOREL, de la Championnière, du Mesnil-Ciboult, de Noirée, de Bénusson et autres lieux, né le 20 janvier 1746, mort en émigration, après avoir fait plusieurs campagnes; avait fait ses preuves au cabinet des ordres du roi, pour être admis à jouir des honneurs de la cour, en juin 1788, et avait épousé, par contrat du 4 octobre 1764, Marie-Renée le Harivel de Fresne, qui a émigré avec son mari, fille de messire Jacques-Louis-François le Harivel, seigneur, baron de Fresne, du Mesnil-Ciboult, de Beauchesne, de Noirée, etc., conseiller du roi, maître des eaux-et-forêts du comté de Mortain, et de noble Marie-Charlotte-Françoise le Lasseur. De ce mariage sont issus :

1.° Frédéric-Auguste, dont l'article suit ;
2.° Charles-Louis-Alexandre-Henri, rapporté ci-après ;
3.° Amarante-Elisabeth de la Chambre, né le 17 juin 1784.

XVI. Frédéric-Auguste DE LA CHAMBRE DU VAUBOREL, chevalier, né le 15 octobre 1779, servit dans l'armée royale de Normandie, sous les ordres de M. le général comte Louis de Frotté en qualité de capitaine. Avant le retour de S. M. Louis XVIII, en 1815, il arbora le drapeau blanc en la commune de Notre-Dame de Touchet, et avait chez lui vingt volontaires royaux pour défendre et maintenir sur le clocher l'étendard des lys. Il est marié avec demoiselle N..... de Juvigny, veuve en secondes noces de M. le chevalier de Gaalon de Dorière et de M. Hautmesnil.

XVI. Charles-Louis-Alexandre-Henri DE LA CHAMBRE DU VAUBOREL, chevalier, né le 11 mars 1782, servit, ainsi que son frère, en qualité de capitaine dans l'armée royale de Basse-Normandie, jusqu'à la fin des hostilités ; servit en outre sans interruption, en qualité de lieutenant, dans les gardes nationales mises en activité pour la défense des côtes de la Manche, port et chantier de Cherbourg, depuis leur formation en 1807, jusqu'à leur licenciement en 1810 ; a été appelé, lors de l'organisation des cohortes de la quatorzième division militaire, pour commander une compagnie dans la quarante-sixième cohorte, formant ensuite le cent trente-huitième de ligne ; fut reçu garde-du-corps du roi lors de l'organisation, a été fait chevalier de l'ordre royal et militaire de Saint-Louis, par ordonnance de Sa Majesté, du 9 novembre 1814 ; a été reçu peu de temps après par le prince Louis de la Tremouille ; a accompagné les princes à la frontière ; licencié à Béthune, est revenu en Normandie pour organiser un parti royaliste ; a rejoint le roi lors de son retour, et a fait son service jusqu'au premier novembre, époque à laquelle il a été mis à la disposition de S. Exc. le ministre de la guerre.

*Armes* : « De sable, à la fasce d'or, frettée de gueules » *et accompagnée de trois roses d'or* ».

---

BORNE DE GRAND-PRÉ (DE), famille noble, originaire du Nivernais, qui a fourni plusieurs officiers distingués à la maison du roi, et qui se trouve représentée aujourd'hui par :

BRANCHE AINÉE.

César DE BORNE DE GOUVAUT, écuyer, ancien capitaine au régiment de la Sarre, marié à mademoiselle Gudin du Pavillon, fille de M. Gudin du Pavillon, chevalier de l'ordre royal et militaire de Saint-Louis, et gendarme de la garde. De ce mariage sont issus :

1.° Etienne-Léon de Borne de Gouvaut, garde-du-corps du roi en 1814, lieutenant dans la légion de l'Arriége ;
2.° Philibert de Borne de Gouvaut ;
3.° Six demoiselles.

BRANCHE PUINÉE.

Philibert DE BORNE DE GRAND-PRÉ, cousin du précédent, écuyer, né le 2 août 1780, maire de la ville de Lorme, marié à mademoiselle Baudenet d'Annoux, fille de M. Baudenet d'Annoux, chevalier de l'ordre royal et militaire de Saint-Louis, ancien capitaine au régiment de Beaujolais. De ce mariage sont issus :

1.° Philibert-Edouard de Borne, âgé de dix ans ;
2.° Annette de Borne, âgée de onze ans ;
3.° Adélaïde de Borne, âgée de huit ans.

*Armes* : « De gueules, à la bisse ou couleuvre d'or ».

---

GINESTE DE NAJAC, famille noble et ancienne du Languedoc. L'inviolable attachement de ses membres à la cause de la monarchie et à la dynastie des Bourbons, leur a coûté la perte des traces de leur origine; les documents qui auraient pu la constater ont été brûlés à l'époque où eux-mêmes étaient enveloppés dans les proscriptions révolutionnaires; il ne leur reste que la preuve d'une filiation remontée au commencement du seizième siècle, suffisante pour établir leur noblesse de race, et celle d'une longue série de services, suffisants pour la mériter. C'est dans ces bornes que sera restreint cet article.

I. Jean DE GINESTE, écuyer, seigneur d'Apelle, connu par des actes de 1540, épousa, en 1543, demoiselle Marie de Salvignol, fille de noble Etienne. Il est ainsi qualifié dans ces actes, dans son contrat de mariage, et dans son testament du 23 octobre 1588, par lequel il institua héritier universel son fils, qui suit.

II. Etienne de GINESTE, seigneur d'Apelle, rappelé sous les mêmes qualifications que le précédent, son père, assista au contrat de mariage du suivant, son fils, et lui fit donation de ses biens.

III. Paul DE GINESTE, seigneur d'Apelle et de Najac, sous l'autorité de son père, des biens duquel il fut donataire, épousa en 1643, demoiselle N... de la Roque. Par son testament du 8 mai 1668, il institua héritier Philippe, son fils, qui suit:

IV. Philippe DE GINESTE, seigneur d'Apelle et de Najac, se voua de bonne heure au métier des armes. Il épousa par contrat du 25 août 1653, demoiselle Paule de Maury, fille de noble Bertrand, seigneur d'Airoux et de l'Espinasse, qui le rendit père de trois enfants, lesquels seront énoncés ci-après. Il fut fait lieutenant de cavalerie, au régiment de Sommières, compagnie de Verdalle, par brevet du roi du 1er avril 1667, et reçut sous la date du 6 juin suivant, un ordre de S. M. pour aller à Perpignan y servir à la suite de la compagnie des chevau-légers du sieur Des Brosses; le 30 juillet 1668 il présenta au roi en son conseil une requête dans laquelle il exposa, « qu'il est né gentilhomme, et que ses ancêtres » se sont toujours distingués dans les armées, par les » services qu'ils y ont rendus, etc. ». En 1670, il fut maintenu dans sa noblesse, par jugement de M. de Bezons, intendant de Languedoc; et en 1673, contracta un second mariage avec demoiselle Toinette Du Puy, de la maison du Puy Melgueil, fille de noble Samuel, dont il eut six enfants, mentionnés plus bas, après ceux du premier mariage. Il mourut à Puylaurens, le 25 mai 1694, laissant :

*Du premier lit :*

1.° Jean de Gineste,
2.° Marc-Antoine de Gineste,
} Qui émigrèrent pour cause de religion, en Angleterre, où ils prirent du service en qualité de capitaines de cavalerie, et dont le sort reste inconnu.

3.° Marguerite de Gineste, qui partageant les opinions religieuses de ses frères, les accompagna dans leur émigration, et dont le sort est pareillement ignoré.

*Du second lit :*

1.° Philippe de Gineste-Najac ;
2.° Antoine, qui suivra ;
3.° Etienne de Gineste-d'Apelle de la Barthe, chevalier, qui entra dès 1709, en qualité de lieutenant, au régiment Royal-des-Vaisseaux, y devint capitaine des grenadiers, se retira avec la croix de l'ordre royal et militaire de Saint-Louis, et une pension, se maria avec une demoiselle de Ranchin, et mourut, laissant deux fils;
a. Jacques de Gineste de la Barthe, décédé, en 1815, sans enfants mâles. Sa fille unique, actuellement vivante, est veuve de M. Mellier de la Barthe ;
b. N. . . de Gineste de la Barthe, mort capitaine au régiment de Bourgogne, infanterie, n'a point laissé de postérité.
4.° Marguerite;
5.° Louise;
6.° Jeanne.

V. Antoine de Gineste-Najac, chevalier, seigneur

d'Apelle, officier au régiment de Pujol, épousa, en 1711, mademoiselle de Pérols, et mourut le 19 mai 1755, laissant de ce mariage deux fils :

1.° Messire Marc-Antoine de Gineste-Najac, chevalier, seigneur d'Apelle, Berthe, Saint-Loup et Rouairet, né le 27 avril 1712, fut admis le 12 mars 1730, dans la compagnie des mousquetaires gris, avec laquelle il fit toutes les campagnes où la maison du roi fut employée. Le 26 avril 1738, il fut nommé par Sa Majesté capitaine de cavalerie, au régiment de Lévis, et devint en 1757 lieutenant colonel de ce régiment, alors Henrichmont, et depuis royal Normandie ; il le commandait en chef à la bataille de Minden, où il reçut douze coups de sabre sur la tête, pour lesquels il subit trois fois l'opération du trépan. Ces blessures énormes le forcèrent de quitter le service avec une pension de 3,000 fr., que le roi lui accorda ; il y survécut néanmoins onze ans, portant un crâne d'argent, que recouvrait un bonnet de velours, et mourut sans postérité le 11 octobre 1771, dans son château d'Apelle. Il était depuis longtemps chevalier de l'ordre royal et militaire de Saint-Louis.

2.° Etienne, qui suit :

VI. Etienne DE GINESTE-NAJAC, chevalier, seigneur d'Apelle, Perthe, Saint-Loup, Rouairet et Blan, né le 7 août 1714, entra le 18 décembre 1730, en qualité de lieutenant, dans le régiment de Richelieu, depuis la Tour-du Pin et Béarn, y devint capitaine le 1er janvier 1734, et successivement capitaine de grenadiers et chevalier de l'ordre royal et militaire de Saint-Louis. Il se maria en 1750 avec demoiselle Marguerite de Gineste, fille de noble Philippe de Gineste, dit Casselet, ancien officier au régiment de la Couronne, et se retira en 1756 avec le brevet de lieutenant-colonel, et 800 fr. de pension. Il avait fait toutes les campagnes de guerre qui ont eu lieu pendant la durée de son service, et avait reçu à la bataille de Lawfeld, un coup de feu qui lui avait cassé le bras, à celle de Dettingen, en 1747, un autre qui lui avait fracassé le pied, et dont il était resté estropié. Il hérita de son frère aîné en 1771, et mourut le 14 octobre 1790, laissant de son mariage six enfants :

1.° Antoine, qui suivra ;

2.° Marc-Antoine de Gineste-Najac, chevalier, né en 1753, nommé en 1768 sous-lieutenant au régiment d'infanterie de Béarn, où il devint successivement capitaine et chevalier de l'ordre royal et militaire de Saint-Louis. Il émigra en 1792, avec les princes français, servit à leur armée dans la légion de la Châtre, dont il fut fait major, et périt victime de son dévoûment, ayant été fait prisonnier à Bois-le-Duc, et fusillé à Nieuport ;

3.° Charles, dont l'article suivra celui de la postérité d'Antoine, son frère aîné ;

4.° Etienne-Marguerite-Anne, dont l'article suivra celui des enfants de Charles ;

5.° François-Marie de Gineste-Najac, chevalier, dit le chevalier de Blan, né en 1761, et sous-lieutenant au régiment d'infanterie de Béarn en 1777. Il émigra ainsi que son frère avec les princes français ; comme lui, servit dans leur armée en qualité d'officier de la légion de la Châtre ; comme lui, fut pris à Bois-le-Duc, et fusillé à Nieuport ;

6.° Jeanne-Philippe de Gineste-Najac, mariée en 1776 à noble N... de Lapierre, mousquetaire gris, et chevalier de l'ordre royal et militaire de Saint-Louis, dont elle n'a eu qu'un fils, Frédéric de Lapierre, marié à demoiselle Jeanne-Pauline de Gineste-Najac, sa cousine-germaine.

VII. Antoine de Gineste-Najac, chevalier, né le 20 janvier 1761, a possédé en toute justice, jusqu'à la révolution, les mêmes terres que son père, Entré dès 1766, en qualité de sous-lieutenant au régiment de Condé, cavalerie, il y a été nommé lieutenant en 1771 ; a été pourvu du gouvernement de la ville de Puy-Laurent par lettres-patentes de 1767 ; s'est marié en 1777 avec demoiselle Jeanne-Marie-Madeleine de Poyen, fille de noble Pierre-Claude, marquis de Sainte-Marie, et en 1776 s'est retiré du service. En 1790, il a été élu par ses compatriotes commandant de la garde nationale, mais ses opinions l'ont fait remplacer peu après. Il a été persécuté sous le règne de la terreur, arrêté comme noble, frère de deux émigrés, et royaliste, et n'a été rendu à sa famille qu'après avoir longtemps gémi dans les prisons de Lavaur, où il avait été transféré. Nommé fonctionnaire public, lorsque les honnêtes gens purent honorablement accepter un emploi, il a été créé *baron* par lettres patentes de S. M. Louis XVIII, et exerce encore aujourd'hui les fonctions de juge-de-paix du canton de Puy-Laurent, et de membre du conseil-général du département du Tarn, qui, lors des évenements de mars 1815, dénué de toute ressource, n'en a pas moins été un de ceux qui ont opposé la plus longue et la plus énergique résistance à l'usurpateur. Il continue d'exister avec son épouse et cinq enfants issus de leur mariage, savoir :

1.° Etienne-Jean-Anne, qui suivra ;
2.° Jean-Baptiste, dont l'article suivra celui de son frère ;
3.° Jeanne-Pauline de Gineste-Najac, mariée au Mas d'Azil, département de l'Arriége, à Frédéric de Laperre, son cousin-germain, dont elle a deux enfants, vivants ainsi qu'elle et son mari ;
4.° Philippine de Gineste-Najac, mariée à Puy-Laurent, avec M. David-Henri Fargues, dont elle a deux enfants, vivants ainsi qu'elle et son mari ;
5.° Jeanne-Charlotte de Gineste-Najac, vivante et non mariée.

VIII. Etienne-Jean-Anne DE GINESTE-NAJAC, né le 26 février 1777, était maire d'Apelle et membre du conseil de l'arrondissement de Lavaur, lors de l'usurpation de Buonaparte en mars 1815 ; il s'enrôla des premiers dans les Volontaires-Royaux à cheval du département du Tarn, fut ensuite proscrit comme tel par le général Gilly, commandant pour l'usurpateur dans le Midi ; seconda de tous ses moyens le retour de son roi légitime, et eut le bonheur de rapporter à Puy-Laurent, le 24 juillet 1815, le drapeau blanc qu'il y fit arborer. Le 26 juillet de la même année, il obtint de S. A. R. Monseigneur le duc d'Angoulême, l'agrément de lever une compagnie de chasseurs ; ce qu'il fit à ses frais, en amenant 130 hommes au régiment d'Angoulême, chasseurs à cheval, que l'on formait à Toulouse. Le roi, en récompense de son dévouement, a confirmé la promesse de S. A. R., et l'a nommé capitaine au régiment de la Vienne, chasseurs à cheval, par brevet du 13 décembre 1815.

VIII. Jean-Baptiste DE GINESTE-NAJAC, frère du précédent, maire de la commune de Bertre, s'inscrivit avec son frère dans les Volontaires-Royaux à cheval du Tarn. Il y a fait son service jusqu'à ce jour, quoique père de cinq enfants vivants, qu'il a eus de son mariage avec demoiselle de la Tour Déjean, aussi vivante. L'aîné des garçons se nomme Louis.

PREMIÈRE BRANCHE, établie à Garrevaques.

VII. Charles DE GINESTE-NAJAC, chevalier, dit le chevalier de Najac, troisième fils de messire Etienne, chevalier, seigneur d'Apelle, Bertre, Saint-Loup, Rouairet et Blan, et de Marguerite de Gineste du Castelet, naquit en 1754, entra sous-lieutenant au régiment d'infanterie de Béarn en 1770, et passa lors du dédoublement, au régiment d'Agénois, avec lequel il a fait toutes les campagnes de la guerre d'Amérique, et où il est devenu successivement capitaine et chevalier de l'ordre royal et militaire de Saint-Louis. Il commandait en 1791 les troupes de débarquement de l'expédition qui se préparait alors à Brest. Il a quitté le service en 1792, et s'est marié la même année, avec demoiselle Ninette Dumas. Après avoir partagé avec sa famille tous les dangers et les malheurs que la révolution n'a cessé d'attirer sur la caste dont il fait partie, il est aujourd'hui maire de Garrevaques, où il vit avec son épouse, qui l'a rendu père de trois enfants :

1.° Jean-Philippe, qui suivra ;
2.° N.., mariée à noble Henri de Bouffard de Madiane ;
3.° N... encore demoiselle.

VIII. Messire Jean-Philippe DE GINESTE-NAJAC, chevalier, officier d'artillerie, *vivant*.

SECONDE BRANCHE, établie à Puy-Laurent.

VII. Etienne-Marguerite-Anne DE GINESTE-NAJAC, chevalier, quatrième fils de messire Etienne, chevalier, seigneur d'Apelle, etc., et de Margeurite de Gineste du Castelet, naquit en 1759; il entra sous-lieutenant au régiment d'infanterie de Béarn en 1773, et passa en 1776, lors du dédoublement, en qualité de lieutenant, dans celui d'Agénois, qu'il suivit en Amérique, et avec lequel il y a fait toute la guerre. Il s'est trouvé à nombre d'actions et de siéges, entre autres à la prise de Saint-Christophe, et au combat de l'Anse des Salines. où deux compagnies de son régiment, qui étaient sous son commandement, forcèrent 1500 Anglais à un rembarquement honteux, laissant la plage couverte de leurs morts; il se trouva au combat naval du 9 avril et à celui du 12, sur le vaisseau *le César*, avec lequel il sauta, et ne fut sauvé que par une sorte de miracle. Sa bonne conduite pendant cette guerre lui valut une lettre extrêmement flatteuse de Sa Majesté, et une pension. La révolution l'ayant forcé de quitter le service en 1792, une réclusion honorable fut, en 1793, et pendant dix-huit mois, le prix de ses principes fortement prononcés. Lors de la restauration, il a été nommé commandant de la garde nationale; il a été Volontaire-Royal en mars 1815, il est maintenant chef de cohorte de la garde urbaine de Puy-Laurent, et chevalier de l'ordre royal et militaire de Saint-Louis. Il est marié depuis quelques années avec demoiselle Henriette de France, fille de seigneur de Mandoul, dont il a:

Deux demoiselles.

*Armes*: « D'azur, au genêt d'or terrassé de sinople, » accosté de deux lions affrontés du second émail; au chef » cousu de gueules, chargé de trois étoiles d'argent ».

---

MALGLAIVE (Joseph DE), avocat à Nancy, a obtenu, le 17 février 1815, des lettres d'anoblissement de S. M. Louis XVIII; a épousé, en 1785, Marie-Monique Thierry de Rembau, de laquelle il a:

1.° Claude-Joseph de Malglaive, né en 1786, capitaine-lieutenant des cuirassiers de la garde royale, chevalier de la Légion-d'Honneur, nommé par le roi. Il a épousé, en 1807, Pélagie-Adélaïde Jordy, de laquelle il a :

a. Joseph-Maurice-Christine, né en 1808 ;

b. Esprit-Victor, né en 1809.

*Armes* : « D'azur au chevron d'or, accompagné en » chef de deux molettes d'argent, et en pointe d'un » glaive de même ; l'écu sommé d'un casque d'écuyer ».

---

MONNIER (JEAN - CHARLES), comte, pair de France, lietenant-général des armées du roi, grand officier de la Légion d'honneur, chevalier de l'ordre royal et militaire de Saint-Louis, successivement sous-lieutenant au 7e régiment d'infanterie, nommé par le roi Louis XVI, le 1er juillet 1792 ; nommé adjoint à l'état-major de l'armée de l'intérieur, le 30 octobre de la même année ; à celui de l'armée d'Italie, le 3 février 1793 ; adjudant-général, chef de bataillon le 9 juillet suivant ; adjudant-général, chef de brigade le 12 décembre 1794 ; général de brigade le 23 mai 1797, général de division le 6 mars 1800 ; rappelé au service de S. M. Louis XVIII, le 12 juin 1814 ; chevalier de l'ordre royal et militaire de Saint-Louis, le 29 juillet commandant de la Légion d'honneur le 23 avril ; comte le 31 décembre ; grand officier de la Légion d'honneur le 3 avril 1815 ; pair de France le 17 août de la même année Il résulte par l'état des services de M. le comte Monnier, qu'il a fait treize campagnes, qu'il a pris de force onze villes de guerre, et trois citadelles rendues à discrétion, et que le 29 mars 1800, il a obtenu une armure d'honneur complète en récompense de sa belle défense d'Ancône. Il reçut à la prise de la ville de Naples, un coup de feu qui le traversa de l'épaule droite à la mâchoire gauche ; à la dernière campagne de 1815 il a commandé l'armée royale du midi, sous les ordres de S. A. R. monseigneur le duc d'Angoulême.

*Armes*: « Coupé, au 1 d'azur, à la couronne murale » de sable, adextrée d'une épée antique d'argent en pal, sé- » nestrée d'une ancre du même ; au 2 de gueules, un cavalier » armé de toutes pièces d'or, l'épée en arrêt. Cri de guerre : » *io la difesi*. L'écu sommé d'une couronne de comte, et » entouré d'un manteau de pair ».

---

BERNON DE MONTELEGIER (DE), famille ancienne, qui s'est divisée en plusieurs branches, dont l'une s'est établie en Languedoc et l'autre en Poitou ; elle est originaire de Languedoc ; a fourni plusieurs chevaliers à l'ordre de Malte, et contracté des alliances avec les meilleures familles du royaume.

Une reconnaissance de M. le comte de Vernon, député de la noblesse aux états de Languedoc, passée pardevant M. Besian, notaire à Montpellier, le 18 décembre 1770, déclare que :

Messire Jean-Gabriel de BERNON, seigneur de Montelegier, capitaine au régiment de Bourgogne, cavalerie, est un descendant de noble Pierre de Bernon, forestier d'Angles, qui vivait en 1396, lequel est la tige commune des branches de Vernon et Bernon ; et que la différence du nom provient de la seule prononciation du pays qui change le B en V, et le V en B. Jean-Gabriel de BERNON-DE MONTELEGIER est aujourd'hui (1816) maréchal des camps et armées du roi, chevalier de l'ordre royal et militaire de Saint-Louis. Il a épousé N..... Huvelin de Bavillier. De ce mariage est issu :

Gaspard-Gabriel-Adolphe de BERNON, baron de MONTELEGIER, maréchal des camps et armées du roi, chevalier de l'ordre royal et militaire de Saint-Louis, et de l'ordre du Mérite de Bavière, commandant de la garde royale, aide-de-camp de S. A. R. monseigneur le duc de Berry.

*Armes* : « D'azur, au chevron d'or, accompagné de » trois roses d'argent ; au chef cousu de gueules, chargé » de trois étoiles d'or ».

---

COLARDIN ou COLLARDIN, autrefois LE LARGE, maison originaire de Bretagne, établie depuis quatre siècles en Normandie.

Voici l'extrait fidèle, authentique et duement vérifié tant des instructions récentes que du travail préparé en 1789 pour être soumis au juge d'armes de France, au généalogiste de la cour et aux commissaires de l'association chapitrale d'ancienne noblesse sous le magistère du prince de Holstein-Limbourg.

Selon les actes de Bretagne recueillis successivement par les bénédictins de Lobineau, Morice et Taillandier, dans les preuves de l'histoire de cette province, 1.° Evrance le Large, fils de Raoul ou Radulfe le Large, fut un des barons de Conan, comte de Bretagne, qui signèrent une charte de ce prince d'environ l'an 1065 ; Bardouf ou Bardoul le Large se croisa pour la Terre-Sainte en 1172 avec plusieurs autres nobles Bretons. Mais, vu la dispersion, perte ou destruction de titres plus d'une fois arrivée depuis ces temps reculés, la filiation régulière était suffisante encore pour établir onze ou douze degrés et former les preuves exigées pour les honneurs de la cour, avant l'arrêt du conseil du 24 mars 1790, qui suspendit ou prohiba toute production noble. Elle commençait à l'époque et au sujet que nous allons rapporter.

Geoffroy le Large, écuyer, seigneur de Bourham, vivait en Bretagne, avant et depuis 1380, avec Anne du Plessis son épouse ; un acte de 1392 qui les mentionne et concerne tous deux est relaté dans l'arrêt de maintenue, rendu à Rouen le 8 mars 1672, par la cour des aides de Normandie, en faveur de Charles Collardin, seigneur de la Pinsonnière et de François Collardin, seigneur de la Jouardière. Pareil jugement de maintenue avait été rendu à Paris le 23 avril 1636 par les maîtres des requêtes de l'hôtel du roi, en faveur de Jacques Collardin, écuyer, sieur de la Pinsonnière, et de Jean Collardin, écuyer, sieur du Rocher, sur titres remontés à noble homme Adrien le Large, chevalier, seigneur de Bourham en 1430, par succession de Geoffroy son père, qui n'y est pas mentionné comme il l'est dans l'arrêt de la cour des aides.

Les discussions ou difficultés mal fondées qu'essuyèrent MM. de Collardin, provenaient en partie du changement de nom qu'avait fait, vers 1450, Jean le Large, chevalier, fils d'Adrien et petit-fils de Geoffroy. Tantôt il joignit, tantôt il substitua au nom patronimique le Large, celui d'un brave capitaine Collardin, auquel il s'était attaché par fraternité d'armes et par amitié, après avoir admiré sa valeur et ses exploits en différentes occasions sur mer et sur terre. A cette cause, au moins apparente, se joignirent quelques préventions de jalousie et d'animosité ; malgré la députation que la noblesse et bourgeoisie de Vire donnèrent successivement en 1580 et 1582 à un gentilhomme des races, nom et armes de Collardin ; malgré la maintenue décernée pour toute la famille en 1598, par le commissaire départi M. de Mesmes de Roissy ; malgré la notoriété des nobles services, alliances et possessions de MM. de Collardin ; malgré même le cordon de Saint-Michel, accordé vers 1640 à l'un des présidents de cour souveraine qu'ils ont donnés quand plusieurs d'entre eux suivirent comme beaucoup d'autres gentilshommes, la carrière de la magistrature et de la judicature, pendant qu'un plus grand nombre continuait la profession des armes. Quelques-uns, à la vérité, comme il est arrivé dans nombre d'autres races de bonne noblesse, avaient omis les qualités avantageuses dans quelques-uns de leurs actes, soit par ignorance ou négligence, soit par une modestie mal entendue, soit encore par la faute de quelques gens d'affaires ou de loi ; mais ces omissions passagères et partielles ne furent jamais assez étendues ni prolongées pour justifier les chicanes que leur bon droit et leurs bons titres surmontèrent. L'arrêt de la cour des aides de 1672 réparant pour François de Collardin une grave erreur d'un traitant et d'un intendant, est relaté dans les preuves de son arrière-petit-fils, certifiées au roi le 27 janvier 1786 par M. Antoine d'Hozier de Sérigny, juge d'armes de France. Marie-Charles-Louis de Collardin, né en 1775, élève de l'école royale militaire de Beaumont en Auge, est resté seul rejeton du mariage contracté, en 1772, sous la signature de S. A. S. monseigneur le prince de Conti, entre messire Nicolas-Jean-Baptiste de Collardin, chevalier, seigneur de Chanteloup, capitaine d'infanterie, commandant aux forts de la Hougue et de l'île Tatihou, cousin de M. le marquis de Guer-Pontkallec, ancien officier supérieur de gendarmerie, et de M. de Bellisle-Pépin, chef d'escadre, frère germain des marquises de Piennes et de Clamorgan, oncle maternel de mesdames Lecomte de la Varangerie, et de Baupte de Moon, et frère de M. de Collardin, chevalier, seigneur du Moutier, aussi capitaine d'infanterie, d'une part ; et noble dame Louise-Emilie de Toustain-Richebourg, des généraux, marquis, comtes et vicomtes de ce nom, d'autre part. *Voyez* TOUSTAIN-FRONTEBOSC.

Depuis sa sortie de l'école militaire, Marie-Charles-Louis de Collardin a été successivement capitaine des gardes nationales et officier de marine. Il est demeuré cinq années prisonnier en Angleterre. Il avait pour compagnon d'infortune son collègue et beau-frère M. Fleury, dont la sœur, M.ᵉ de Collardin, se noya par accident en 1808, ayant eu de son mariage cinq filles, dont il ne reste plus que deux : Françoise ou Fanni de Collardin, née et baptisée à Saint-Martin du Manoir, et Antoinette née et baptisée à Montivilliers. Leur père, Marie-Charles-Louis, est aujourd'hui le dernier rejeton mâle du nom. M. de Collardin de la Pinsonnière, chef de nom et d'armes de la famille, et garde du corps du roi, fut du nombre des victimes de Quiberon, après avoir fait plusieurs des campagnes de l'émigration. Ses deux sœurs ne sont pas mariées, et M. de Collardin des Bordes, ancien officier, vivait retiré dans ses terres, près Villedieu-les-Poëles, lorsqu'il fut persécuté et massacré par les brigands de la révolution. Il a laissé deux filles, dont une a épousé M. de Boisadam de la Luzerne, ancien gentilhomme de Normandie.

La manière dont l'histoire de la maison d'Harcourt, publiée en 1662 par la Roque, mentionne MM. de Collardin de 1520 à 1542, et surtout les titres de la famille, renversent ou rectifient la méprise de ceux qui ont regardé comme anoblissement une maintenue de 1544, en supposant toutefois l'existence de cette pièce dont la famille n'a point connaissance.

M. Alexandre Drude, de Rudes ou Drudas, chevalier, ci-devant seigneur de la Tour, chevalier de Saint-Louis et chef d'escadron, a rendu le service à M. de Collardin, son allié indirect, de déterrer dans le chartrier de mesdemoiselles de Collardin de la Pinsonnière, le contrat de mariage, notarié, de Geoffroy le Large, écuyer, seigneur de Bourham, avec Anne du Plessis, fille de Jean, écuyer, et d'Anne de Ruaut, original en parchemin, daté du 2 septembre 1374.

Les alliances immédiates et directes de MM. de Collardin, par les épouses et mères, tant données que reçues, sont avec MM. du Plessis-Grénédas, le Breton-de-Boisolivier, Dubosq, d'Escageul, Auxpoix, Odoard, Château-Vieux, Gouvest, Saint-Germain, le Doulcet-Pontécoulant, du Chemin-de-la-Tour, Germonville-l'Archant, Clamorgan, de Piennes, Toustain-Frontebosc, Boisadam, etc. Ces nobles alliances donnent de très-hautes consanguinités.

*Armes :* « D'azur, à la fasce d'or, accompagnée en chef » à dextre d'une fleur de lys, et à senestre d'un besant, » le tout du même ».

Voyez encore sur cette famille l'état de la noblesse de 1783, et le tome 5 du dictionnaire de la noblesse, in-4°.

IZARN DE VALADY, en Rouergue, seigneur de Fraissinet, de Cornac, Golinhac, Neyrac, Pruignes, Gailhac, Saint-Saturnin, Muret, titrés marquis et comtes de Fraissinet et de Valady.

Le nom de cette famille, une des plus anciennes du Rouergue, est patronimique, c'est-à-dire nom de baptême devenu surnom. Elle a fait ses preuves de la cour par-devant M. Chérin, généalogiste des Ordres du Roi en 1785, pour monter dans les carrosses de S. M.

Ugon IZARN signa un acte de donation faite à l'abbaye de Caunes, le 10 des calendes de septembre 1102. *Histoire du Languedoc, tome II, preuv., pag.* 360.

Raimond et Guillaume IZARN sont nommés, dans l'acte de soumission des nobles du comté de Carcassonne, rebelles au vicomte Bernard Aton, de l'an 1124. *Idem, preuv., pag.* 428.

Sicard IZARN paraît dans l'acte de fondation et réforme de l'église de Beaumont, en Rouergue, par la maison des Trencavel, en 1147; à la donation faite à l'abbaye de Salvanez, en la même province, par la même maison de l'an 1151. *Idem, preuv., pag.* 518 — 520. Il paraît encore dans un acte du vicomte Raimond Trencavel, de l'an 1165. *Idem, preuv., pag.* 600. Le même Sicard, sans doute, signa avec Ugo IZARN, son frère, une charte de Roger, vicomte de Béziers, de l'an 1185. *Idem, tome III, preuv., pag.* 160.

Arnaud IZARN est présent à un acte de Roger, vicomte de Carcassonne, de l'an 1150. *Id., tome II., preuv., pag.* 523.

Vilherme IZARN est nommé dans l'accord fait entre les chevaliers habitants de Castres et Raimond Trencavel, en 1160. *Id., preuv., pag.* 576.

Pierre IZARN est compris au nombre des chevaliers des vicomtés de Béziers et de Carcassonne, qui prêtèrent serment en faveur du fils du vicomte Roger, en 1191. *Id., tom., III, preuv., pag.* 170.

Guillem IZARN est du nombre des habitants de Moissac qui prêtèrent serment de fidélité à Raimond VI, comte de Toulouse, en 1197. *Id., preuv., pag.* 182. Le même, sans doute, est nommé dans le procès-verbal de la restitution du château de Saverdun, au comte de Foix, en 1243. *Id,. preuv., pag.* 430.

Guillaume Izarn se qualifie, en 1245, bailli de Raimond VII, comte de Toulouse, qualification qu'on donnait alors aux sénéchaux de ce comté. *Id.*, *pag.* 606.

Garnier Izarn est présent à une enquête faite sur les limites du comté de Foix en 1272. *Id.*, *tome IV*, *preuv.*, *pag.* 50.

Roger d'Izarn est nommé parmi les nobles et seigneurs qui composaient la cour de Roger Bernard, IIIe du nom, comte de Foix, dans une cause qu'il jugea lui-même, en 1293. *Idem.*, *pag* 109.

Suivant le certificat des preuves faites au cabinet des Ordres du roi, elle a pour auteur certain et prouvé :

I. Pierre Izarn, damoiseau, du lieu d'Antraigues, au comté de Rodès, lequel reçut, le 1er mai 1313, un aveu de biens mouvants de lui; fit, en 1327, une acquisition, et, en 1337, un échange avec Raimond, seigneur d'Estaing, et mourut avant la fin du mois de juin 1339, laissant de Huguette de Bessolles, sa femme, entre autres enfants :

II. Guillaume Izarn, damoiseau, qui reconnut, au mois de juin 1340, tenir en fief de Jean, premier comte d'Armagnac et de Rodès, ce qu'il possédait dans sa terre de Cabrespine; reçut, en 1346, un aveu de biens tenus de lui; fit un échange en 1347, et mourut avant le 6 mai 1382. Il fut père, entre autres enfants, de :

III. Arcambald Izarn, damoiseau, seigneur de Fraissinet, lequel fit un bail emphythéotique en 1382, et mourut avant le 27 octobre 1389, que Catherine de Pujols sa veuve, tutrice de leurs enfants, reçut un aveu d'un pré, chargé, entre autres droits, de douze deniers pour le cheval du comte de Rodès. Le seul de ses enfants dont le nom soit connu, est :

IV. Armand Izarn, damoiseau, co-seigneur de Fraissinet, qui fit hommage, le 5 décembre 1407, à Bernard, VIIe du nom, comte d'Armagnac et de Rodès, avec les cérémonies usitées entre les nobles, de ce qui lui appartenait dans cette terre, et d'autres biens-fonds ; il épousa, en 1409, Antoinette de Corbier, fille de Guy de Corbier, damoiseau, testa en 1417, et eut pour fils aîné :

V. Jean Izarn, damoiseau, seigneur de Fraissinet, qui était sous la tutelle de sa mère en 1429; reçut, en 1442, l'aveu d'un mas situé dans la paroisse d'Estaing, et mouvant de lui; fit une acquisition en 1467, et vivait encore le 9 janvier 1494 (1495). Il fut père de :

VI. François Izarn, écuyer, seigneur de Fraissinet, dont il rendit hommage à Charles, duc d'Alencon, comte d'Armagnac et de Rodès, en 1522. Celui-ci forma deux alliances, la première, en 1494 (1495), avec Jeanne Seguy, fille de Jean Seguy, seigneur d'Anglars; la seconde avec Marguerite de Montarnal, fille de François de Montarnal, seigneur de Severges. Il fut réglé par son contrat avec cette dernière, que, pour conserver son nom et ses armes dans la ligne masculine de sa famille, l'un de leurs fils aurait la terre et repaire de Fraissinet, et, pour assurer l'exécution de cette clause, il nomma pour en recueillir les fruits l'un des enfants mâles à naître de Guillaume, son fils aîné, par acte du 20 août 1506. Il ne paraît cependant pas qu'elle ait été remplie, quoique ce Guillaume ait eu trois fils, puisque la terre de Fraissinet passa à son frère, nommé :

VII. Antoine Izarn, premier du nom, chevalier, qui eut commission du roi François I^er^, en 1546, de conduire la compagnie d'ordonnance de Jacques de Genouillac, seigneur d'Acier, en Poitou, et de là en Languedoc; était, en 1556, guidon de celle de Terrides; fut gouverneur de Rodès, et ne vivait plus le 9 mars 1562. Il avait épousé, en 1531, Gabrielle d'Hérail, fille de Vidal d'Hérail, seigneur de Lugans; de ce mariage est issu, entre autres enfants :

VIII. Vital Izarn, seigneur de Fraissinet, de Cornac, de Golinhac, de Neyrac, de Pruignes, etc., qui servit avec distinction les rois Charles IX et Henri III, et était, en 1569, homme d'armes de la compagnie de M. le duc de Nemours, et fut depuis enseigne et lieutenant; eut ordre du premier de ces princes, le 22 juillet 1570, de rester en Rouergue, où il était nécessaire à son service. Il fit faire, en 1574, une enquête, dans laquelle dix témoins déposèrent que lui et ses prédécesseurs avaient fait fidèle et loyal service en personnes à leurs souverains, dans les guerres civiles; qu'ils s'étaient comportés vertueusement envers leurs sujets et ceux du roi de Navarre, comte de Rodès, les avaient tenus en paix en chassant les factieux. Le roi Henri III lui écrivit, le 6 octobre 1576, pour lui donner avis qu'il avait été élu chevalier de l'ordre de Saint-Michel, et qu'il en recevrait le collier des mains du seigneur de Caylus. (C'était trois ans avant l'institution de celui du Saint-Esprit.) Le duc de Nemours le chargea le 7 juin 1580, de se rendre à l'armée du roi en Dauphiné ; mais, le 22 juillet suivant, S. M. lui écrivit que sa présence était nécessaire en Rouergue, et lui ordonna d'y rester ; sa lettre contient les témoignages les plus flatteurs de la satisfaction qu'elle avait de son zèle. Devant faire, par ordre du roi, un voyage dont l'objet était de soutenir la religion, et se trouver exposé aux dangers de la guerre allumée en diverses provinces du royaume, il fit son testament le 9 mars 1584, et le 4 novembre suivant, les états du pays de Rouergue lui continuèrent la garde et gouvernement de la ville de Rodès, qu'il avait auparavant. Il avait épousé, le 29 janvier 1564, Jeanne de Thézan, fille d'Antoine de Thézan, baron de Merayrol et de Pujols, et de Marguerite de Combret. Il eut de ce mariage :

1.° Antoine, dont l'article suit ;

2.° Jean-Jacques, reçu chevalier de l'ordre de Saint-Jean-de-Jérusalem en 1591.

IX. Antoine d'Izarn, II^e du nom, chevalier de l'ordre de Saint-Michel, seigneur de Fraissinet, Cornac, Golinhac, Pruignes, Servières, Gailhac, etc., fut nommé, en 1595, capitaine d'une compagnie de cinquante chevau-légers, épousa, le 4 octobre 1604, Anne de Pestels, fille de Jean-Claude de Pestels, baron de Saliers, gentilhomme ordinaire de la chambre du roi, et de Jeanne de Levis, comtesse de Caylus, dame de Valady, et en eut :

X. Jean-Claude d'Izarn, baron de Valady, seigneur de Fraissinet Golinhac, Servières, Gailhac, etc., lequel fut invité par le prince de Condé, en 1639, à se rendre auprès de lui pour avoir part à l'honneur qu'il prétendait acquérir dans la bataille qu'il se proposait de livrer aux ennemis qui avaient tenté le siége de Salies. Le 20 novembre 1641, le grand-maître de Malte lui écrivit qu'il recevait une extrême satisfaction de voir son ordre se remplir de personnes bien nées, mais particulièrement de ceux dont les ancêtres avaient contribué à sa splendeur par leurs mérites et leurs vertus, que ces qualités se trouvaient en son rang, et qu'il lui accordait très-volontiers, pour un de ses enfants, la grâce de minorité qu'il lui demandait. Il fut fait capitaine d'une compagnie de chevau-légers en 1643, et mourut après le 6 octobre 1680. Il avait épousé, le 26 avril 1655, Jeanne de Corneillan, fille d'Hector, vicomte de Corneillan, et nièce de Bernardin de Corneillan, évêque de Rodès. Il eut, entre autres enfants :

1.° Bernardin, qui suit;
2.° Jean, seigneur de Golinhac et de Gailhac, tige d'un rameau dont le chef était, en 1785, Pierre-Antoine, titré marquis de Fraissinet ;
3.° Pierre, reçu chevalier de Saint-Jean-de-Jérusalem en 1660 ;
4.° Anne, mariée, 1.° à Jacques de Roquefeuil, baron de Pinet ; 2.° à Jean de Gontant, baron de Cabrères.

XI. Bernardin d'IZARN, titré comte de VALADY, seigneur de Saint-Saturnin, Servières, etc., fit son testament le 8 juillet 1693, et mourut avant le 29 novembre 1702, laissant de Marie de Loubeirac, fille de Louis, seigneur de Muret et de Saint-Saturnin, etc., et de Marthe de Solages :

1.° Jean-François-Godefroy, dont l'article suit ;
2.° Casimir, qui fonde la seconde branche, rapportée ci-après ;
3.° Jacqueline, femme de Henri, comte de Montvallat.

XII. Jean-François-Godefroy d'IZARN-DE-FRAISSINET, chevalier, marquis de VALADY, baron de Servières, seigneur de Golinhac, Saint-Saturnin, Saint-Laurent, de Murer, etc., vivait le 17 août 1737. Il avait épousé, en 1705, Marie-Elisabeth d'Escorailles, fille d'Annet-Joseph d'Escorailles, marquis de Roussilles, lieutenant de roi en Auvergne, et de Marie-Charlotte de Tubères-de-Levis-de-Caylus, et en eut, entre autres enfants :

1.° Jean-Claude-Urbain, dont l'article suit ;
2.° Antoine, baron de Puymorier, titré marquis de Roussilles, capitaine d'infanterie, et lieutenant de roi de la Haute-Auvergne ;
3.° Joseph-Melchior-Louis, chevalier de Malte.

XIII. Jean-Claude-Urbain d'IZARN-DE-FRAISSINET, chevalier, nommé marquis de VALADY, seigneur de Saint-Saturnin, baron de Servières, etc. On a ses soixante-quatre quartiers imprimés, dans lesquels se trouvent, indépendamment des noms rapportés ci-devant, ceux des maisons d'Aubusson, de Caraccioli-Melfs, à Naples ; de Cardaillac, de Chabot, de Clermont en Dauphiné, de Lauzières, de Montmorin, de Polignac, de la Rochefoucauld, de Roye-

Roucy, de la Tour-Turenne et de Urfé. De l'alliance qu'il avait contractée, en 1737, avec Charlotte-Marie de Guilhem-de-Clermont, fille de Philippe-Joseph de Guilhem-de-Clermont, marquis du Bosc, vint :

XIV. Louis-Joseph-Charles-Philippe d'Izarn-de-Fraissinet, titré comte de Valady, baron de Servières et de Muret, seigneur de six autres terres, lequel fut reçu, en 1755, chevau-léger de la garde du roi. Il a eu de son mariage avec Marie-Anne-Jeanne-Brigitte de Jurquet, fille de Jean-Baptiste, baron de Montjesien, vicomte de Gresès, de la Canourgue, etc.

1.° Jacques-Godefroy-Charles-Sébastien-François-Xavier-Jean-Joseph, dont l'article suit;

2.° Irène-Françoise-Ursule d'Izarn-de-Fraissinet-Valady, mariée en décembre 1784, à Grégoire-Alexandre, comte d'Izarn-Fraissinet-Valady, son cousin au troisième degré, mentionné plus bas au degré XIV de la deuxième branche.

XV. Jacques-Godefroy-Charles-Sébastien-François-Xavier-Jean-Joseph d'Izarn, appelé marquis de Valady, né le 23 septembre 1766, enseigne au régiment des Gardes-Françaises, a fait ses preuves de la cour en 1785, et fut admis à monter dans les carrosses du roi et à suivre Sa Majesté à la chasse. Le 21 mai de ladite année, il fut député du département de l'Aveyron à la convention nationale en 1792, et combattit les jacobins de cette assemblée avec la dernière fermeté. Il fut mis hors de la loi le 28 juillet 1793, surpris à Périgueux, et mis à mort le 5 décembre 1793. Il avait épousé, en 1783, Louise-Elisabeth-Charlotte-Marie de Rigaud, fille de M. le marquis de Vaudreuil, lieutenant-général des armées navales, commandeur de l'ordre de Saint-Louis, de laquelle il n'a point laissé de postérité.

*Seconde branche.*

XII. Casimir d'Izarn, seigneur de Saint-Jean, second fils de Bernardin d'Izarn, comte de Valady, et de Marie de Loubéirac, fut reçu chevalier de Saint-Jean-de-Jérusalem en mars 1685. Ayant quitté l'ordre, il épousa, par contrat du 30 juin 1716, Elisabeth de Roquefeuil-Vrézols, fille de Claude, seigneur de Vrézols, Bar et Converty, seigneur et baron de la Guépie, et de Marie de Pomerol. De ce mariage sont issus, entre autres enfants:

1.° Jean-Casimir, qui suit;

2.° Antoine-Godefroy, né en janvier 1730, reçu chevalier de Malte en 1741, capitaine dans le régiment de Brissac, infanterie;

3.° Hippolyte-Claude, né en juin 1717, marié à N.... de Clary, au diocèse d'Alby;

4.° Jeanne d'Izarn, appelée mademoiselle de Saint-Jean, née en juin 1719;

5.° Et Louise, née en 1723, religieuse à Nonenque.

XII. Jean-Casimir d'Izarn, né le 18 novembre 1720, institué héritier universel de son oncle Jean-François de Roquefeuil-Vrézols, seigneur et baron de la Guépie, à la charge de porter le nom et les armes de la maison de Roquefeuil-Vrézols; a épousé, le 29 octobre 1754, Anne de Vichet, fille de feu Jacques, chevalier, président, trésorier de France à Montpellier, et d'Anne de la Cassagne. Il a laissé pour fils:

1.° Antoine-Godefroy-Casimir, mort sans postérité;

2.° Grégoire-Alexandre, dont l'article suit;

3.° Gabriel, chevalier de Fraissinet, chevalier de Malte, page de la petite écurie du roi, marié à mademoiselle d'Icher de Villefort, de laquelle il a: 1.° Alexandre; 2.° Joseph; 3.° Joséphine; 4.° Sophie;

4.° René de Fraissinet, qui a émigré en 1791.

XIV. Grégoire-Alexandre, comte d'Izarn-de-Fraissinet, page à la grande écurie du roi, puis mousquetaire jusqu'à l'époque de la réforme en 1775, a émigré en 1791, a fait les campagnes dans l'armée des princes en qualité de mousquetaire et dans les compagnies nobles; il mourut en 1796. Il avait épousé, en décembre 1784, Irène-Françoise-Ursule d'Izarn-de-Fraissinet-de-Valady, sa cousine au troisième degré, qui le fit père de:

1.° Charles-Casimir, dont l'article suit:

2.° Louis, comte d'Izarn-de-Fraissinet-Valady, né le 16 mai 1787; chevalier de Malte, mousquetaire de la première compagnie ordinaire du roi; marié le 2 janvier 1810, à Jeanne-Victoire-Henriette du Viguier-de-Grun, fille de Louis-Eugène du Viguier-de-Grun, officier dans le régiment d'Angoulême, tué dans l'émigration à la bataille d'Obertemblack. De ce mariage sont issus: 1.° Henri-Louis-Honoré, né le 11 avril 1813; 2.° Marie-Joséphine-Aglaé, née le 12 janvier 1811.

XV. Charles-Casimir, vicomte d'IZARN-DE-FRAISSINET-VALADY, né le 20 octobre 1785.

*Armes:* « D'azur, au levrier d'argent; au chef du » même; chargé de trois étoiles de gueules. Couronne de » marquis; supports, deux griffons ».

---

PERRAULT-DE-MONTREVOST (*), ancienne famille noble en Bourgogne, originaire de Bretagne, divisée en deux branches. La branche aînée de Perrault *d'Allemogne* s'établit dans le pays de Gex en 1537, à cause des troubles occasionnés par les guerres de religion; elle réside encore de nos jours dans cette province. Il paraît que d'autres branches se dispersèrent en ces temps-là dans les pays étrangers, et passèrent en Hollande et en Angleterre. Elles descendent toutes de :

I. Collin PERRAULT, écuyer, seigneur des Fontaines, des Tourelles, la Morlaye, la Magnanne et autres lieux, dépendants des paroisses de Saint-Aubin, Chanay et Gahard, évêché de Rennes. Il vivait dès 1390, testa dans sa maison de Gahard le 12 mai 1432, et voulut être inhumé dans l'église de Gahard, sous la tombe de pierre de sa femme. Il avait épousé Bertranne Gouyon, morte avant lui, dont:

1.° Guillaume, recteur d'Effindic, nommé comme premier hoir dans le testament de son père;

2.° Jean, aussi rappelé dans ce testament, auteur de la branche des seigneurs de Launay, la Morlière, etc., au diocèse de Rennes, dont un rameau finit en 1680 dans la personne de Françoise Perrault, dame d'Andouillé, du Haut-Plessis, et de Romelin (fille de Christophe, seigneur desdits lieux, et d'Andrée d'Argentré), mariée à Robert de la Haye, seigneur du Rocher. Un autre rameau de cette branche subsistait encore, en septembre 1677, dans Charles Perrault, écuyer, seigneur de la Sablonière, résidant en la ville de Mamers, élection du Mans, comme il se voit dans

---

(*) C'est le nom d'une terre qui, au commencement du quatorzième siècle, fut porté, par une héritière de cette famille, dans la maison de Fay-la-Tour-Maubourg.

le renvoi de M. Voisin, maître des requêtes, commissaire lors de la recherche générale de la noblesse de France, par lui rendu le 7 septembre 1677;

3.° Et Étienne, qui suit :

II. Etienne Perrault, écuyer, seigneur de Chanay, Villemois, le Verger, etc., était absent de la province de Bretagne en 1432, suivant le testament de Colin son père, qui recommande à Guillaume, recteur d'Effindic, son premier hoir, de faire droiture ès autres, d'autant qu'Etienne Perrault (son troisième fils) était absent, et n'en avait point sçu de nouvelles depuis qu'il était à Vehement avec *François, duc de Bretagne*. Cet Etienne Perrault rendit foi et hommage le 2 juillet 1450, pour ses terres et seigneuries de Villemois et le Verger; vint s'établir en Bourgogne, et se maria à Saulieu, avec Simonne Bouchard, fille de noble homme Guillaume Bouchard. Il est rappelé dans le contrat de mariage d'Antoine son fils, qui suit :

III. Antoine Perrault, écuyer, seigneur de Chanay, fut conseiller de Charles le Hardi, duc de Bourgogne, en son parlement séant à Beaune et à Saint-Laurens de Châlons, selon Palliot, fol. 17, qui dit qu'il assista au parlement en 1474. Il épousa, par contrat du 24 septembre 1472, passé devant Breme, notaire à Givry, Catherine Despotot, fille de Guillaume, écuyer, seigneur de Surpois, Foudar et Villeine (d'une famille ancienne et distinguée, qui a donné un premier président des deux Bourgognes dans le XV^e^ siècle), et de demoiselle Jacqueline de Villers. Il eut de son mariage :

1.° Jean, qui suit ;

2.° Marie, laquelle fit une donation à ses deux neveux, enfants de Jean son frère, le 7 mars 1555, acte reçu par Augin, notaire.

IV. Jean Perrault, écuyer, transigea pour son père, le 8 mars 1507, au sujet de quelques dîmes ; testa le 1^er^ février 1515, et avait épousé, par contrat du 5 juin 1507, Philiberte de Saint-Julien, à laquelle il laissa la tutelle et garde-noble de ses enfants :

1.° Claude, qui suit ;

2.° Guillaume, souche de la deuxième branche, dite de Montrevost, qui sera rapportée plus bas.

V. Claude Perrault, écuyer, marié à Antoinette de Marterat ou de Materat, ainsi dénommée en 1558 dans le contrat de mariage de Claude son fils aîné. Leurs enfants furent :

1.° Claude, de qui descendait Jean Perrault, comte de Medilly, président en la chambre des comptes de Paris, dont l'article se trouve à la fin de cette généalogie ;
2.° Pierre, dont l'article suit;
3.° Jean-Baptiste, mort célibataire.

VI. Pierre de Perrault, sectateur zélé du calvinisme, se retira en l'année 1537 à Genève ; il épousa, le 24 août 1544, noble Claudine Gribald, fille de Mathieu de Gribald ou Gribaldi, seigneur de Farges, fille de la plus haute naissance, alliée à la maison de Savoye. De ce mariage vinrent :

1.° Abel, dont l'article suit ;
2.° Pierre, mort dans le pays de Vaud en Suisse, sans postérité ;
3.° Eléazar, mort de même sans postérité.

VII. Abel de Perrault, marié à *Damoiselle* Anne, fille de noble Claude de Gento, et de noble Stelphe de Sergier, par contrat du 4 juin 1566. (Ces deux familles de Gentod ou Gento et de Sergier, étaient reconnues de la plus ancienne et plus haute noblesse.) De ce mariage vinrent :

1.° Amos, mort en Suisse sans postérité ;
2.° Jean, mort célibataire en Suisse ;
3.° François, dont l'article suit :

VIII. François Perrault, seigneur de Jotemps, épousa le 24 octobre 1611, damoiselle Anne Farcy de Pont-de-Veyle, et mourut à Gex en 1657. De ce mariage vinrent :

1.° Josué, mort célibataire en Suisse ;
2.° Daniel, marié à damoiselle de la Cour, du pays de Vaud, mort sans postérité ;
3.° Lazare, dont l'article suit :

IX. Lazare de Perrault, chevalier, seigneur de Prignin et Jotemps, capitaine de cavalerie au régiment d'Epernon, après avoir fait abjuration, épousa, le 31 décembre 1608, Hélène de Poncet, fille de noble Pierre-

André Poncet, seigneur de Pitegny, et de damoiselle Balthazard de Perrissod. De ce mariage vint :

X. Jean-Antoine de Perrault, chevalier, seigneur de Bruel et Jotemps, marié à Claire-Charlotte de Fabry, le 27 novembre 1713, est mort dans son château d'Allemogne. De ce mariage vinrent :

1.° Louis-Gaspard, mort célibataire en 1776;

2.° Etienne-Gaspard, seigneur de Bruel, chancelier garde des sceaux du duché souverain de Bouillon, ayant été marié à Marie-Marguerite Dauphin, est mort en 1789 dans son château de Feuillasse près Genève, sans postérité;

3.° Pierre-Joseph, prêtre, promoteur du diocèse de Genève, curé d'Ornex;

4.° Charles-Antoine, qui suit;

5.° Claude-Joseph, chevalier de l'Ordre royal et militaire de Saint-Louis, officier des gardes du corps du roi Louis XVI, seigneur de Jotemps, est mort célibataire en 1802.

XI. Charles-Antoine de Perrault, chevalier, seigneur de Ruthet, de Matignin, Feuillasse, Cointrins, etc., officier de la noblesse du pays de Gex, épousa, en 1774, damoiselle Louise-Claudine Fabry, fille de messire Louis-Gaspard de Fabry, chevalier de l'Ordre du Roi, subdélégué de l'intendance de Bourgogne, et de damoiselle Hyacinthe de la Chapelle. De ce mariage vinrent :

1.° Joseph-Hyacinthe-Victor, chevalier de Ruthet, membre du collége électoral du département de l'Ain, propriétaire de la terre et château de *Peuillasse* (près Genève), dont il porte le nom, a été premier adjoint à la mission spéciale que le baron Othon de Monthoux, chevalier de Saint-Louis et de l'Ordre souverain de Malte, a eue, le 7 juillet 1815, au retour de sa majesté Louis XVIII, dans le département de l'Ain, dont les rapports sont déposés au secrétariat-général, *par ordre* de son excellence le comte de Vaublanc, ministre de l'intérieur;

2.° Alexandre-Gaspard, chevalier de Jotemps, ancien officier de la marine royale, membre du collége électoral du département de l'Ain;

3.° Louise-Claire-Eugénie, mariée à François-Antoine Pannissod, membre du collége électoral du département de l'Ain;

4.° Claudine-Henriette, mariée au seigneur de Budé de Fernex, famille ancienne descendant de Guillaume Budé, qui vivait sous François Ier, dont la famille a fourni plusieurs chevaliers de Malte, avant l'an 1400.

*Seconde branche*, dite *des seigneurs de Montrevost*.

V. Guillaume PERRAULT, auquel Marie, sa tante, fit une donation, est la tige des seigneurs de Montrevost et de Sailly. Il épousa Guie de Macheco, et est rappelé avec elle dans le contrat de mariage de Philibert leur fils, qui suit :

VI. Philibert PERRAULT, écuyer, seigneur DE LA CHAPELLE, et ensuite de MONTREVOST, capitaine au service du Roi, est compris au rôle ou catalogue des gentilshommes qui assistèrent aux états de Bourgogne, ès années 1572 et 1577, fol. 11 et 13, sous ces deux dénominations de Montrevost et de la Chapelle. Il épousa, par contrat reçu de Mucie, notaire, le 20 avril 1556, Marie Julien, fille de noble homme Nicolas Julien, de Givry, dont pour fils unique :

VII. Noble Humbert PERRAULT, seigneur DE VILLENEUVE, Marcy, la Chapelle et Montrevost qui rendit foi et hommage pour la seigneurie du Petit-Pont de Montrevost, à la chambre des comptes de Dijon, le 26 mars 1602; il fut homme d'armes de la compagnie d'ordonnance de cinquante hommes d'armes du seigneur de Nagu de Varennes, chevalier de l'ordre du Roi, et gouverneur des villes et comtés de Mâconnais. Ledit Humbert Perrault, et M. Julien, son cousin, comme principaux et les plus distingués de la ville de Châlons-sur- Saône, reçurent une lettre du roi Henri IV, datée du 8 octobre 1594, que l'on conserve dans la famille, par laquelle ce monarque les encouragea à maintenir la ville de Châlons dans le devoir qui lui était dû. Il avait épousé, par contrat reçu de Poncelet, notaire à Saint-Hengoux, le 1er juin 1592, Rose Bourgeois, d'une famille qui a donné des conseillers au parlement de Bourgogne, et dont les armes sont d'azur à trois annelets d'or entassés, deux et un. Il constitua la seigneurie et le fief de Montrevost à Charles, son fils, qui suit; et fit la recette du terrier de Montrevost, des années 1593, 94, 95 et 1596, signé de lui, qu'il remit à Rose Bourgeois sa mère.

VIII. Charles PERRAULT, seigneur de SAILLY en Mâconnais, Montrevost, Vergennes, la Chapelle, Bouis et Fortunet, rendit foi et hommage, en la chambre des comptes de Dijon, de la seigneurie de Montrevost, et en donna l'aveu et dénombrement, qui y fut reçu le 22 avril 1616. Il épousa, par contrat passé devant Chevane, notaire à Autun, le 4 septembre 1618, Elisabeth du Bourg, fille de noble Jean du Bourg, et d'Anne Tixier ; de ce mariage vinrent :

1.° Philibert, qui suit ;

2.° Anne, mariée à Jacques Armet, seigneur de la Motte-sur-Deune ;

3.° Et Rose Perrault, femme de Philibert Gravier; son père lui constitua en dot la terre de Vergennes. De ce mariage descendent :

a. Jean-Gravier chevalier, seigneur d'Orme et de Tenarre, président en la chambre des comptes de Bourgogne;

b. Et Charles, comte de Toulongeon, ambassadeur de France à la Porte, où il a résidé en cette qualité depuis 1755 jusqu'en 1769, et ambassadeur en Suède en 1771.

IX. Philibert Perrault, deuxième du nom, écuyer, seigneur de Sailly, Cherisset, Montrevost, Fortunet, gendarme de la garde dans la compagnie du duc d'Anjou, frère unique du roi, servit avec distinction, comme il appert par plusieurs certificats qui lui furent accordés, entre autres un du 8 décembre 1639, de monsieur de Vernoble, lieutenant des villes, châteaux et comtés de Saint-Amour, comme il avait été détaché avec quarante mousquetaires de la garnison de Candale, avec lesquels il dressa une embuscade aux ennemis, qu'il combattit avec tant de valeur et de jugement, qu'il leur fit quitter prise de quantité d'hommes et de bestiaux dont ils s'étaient emparés, en tua un bon nombre sur la place, et mit le reste en fuite. Dans cette action, il fut grièvement blessé d'une mousquetade; il eut la permission de se retirer chez lui pour se faire guérir. Il épousa, par contrat passé devant Rouger, notaire à Estivaux, le 25 janvier 1653, Elisabeth Gravier, fille de noble Théophile Gravier seigneur de Layé et de Drambon, et de Marie de Saumaise, fille de Benigne de Saumaise, conseiller au parlement de Bourgogne, et sœur du fameux docteur de Saumaise. Leurs enfants furent :

1.° Charles Perrault, seigneur de Sailly, qui sortit du royaume lors de la révocation de l'édit de Nantes, et s'établit en Angleterre ;

2.° Isaac, qui suit ;

3.° Lazare, lequel servit dans les gendarmes de la garde, et obtint du roi l'envoi de possession des biens de Charles, son frère aîné, par brevet du 24 novembre 1688. Il passa ensuite en pays étranger ;

4.°, 5.°, 6°. et 7.° et quatre filles, deux desquelles sortirent du royaume, et s'établirent à Genève lors de la révocation de l'édit de Nantes ; les deux autres furent mariées en Bourgogne ; savoir : Elisabeth Perrault, épouse de Claude-Marie, comte de Fourtières-Courcheval, capitaine de cavalerie au régiment du Plessis, baron d'Aloigné, dont postérité ; et Marie Perrault, femme d'Isaac le Sage, seigneur de Commune ; ils n'eurent qu'une fille, mariée à Henri de Truchis, écuyer, seigneur du Mosle, dont sont issus MM. de Muzy - Vozelle et Magnien de Chailly, chevaliers.

X. Isaac Perrault fit ses premières armes en Hollande, d'où il passa au service d'Angleterre, et y devint capitaine de grenadiers dans le régiment d'Armand de Bourbon, marquis de Miremont, par commission du 15 mars 1694 ; touché de se trouver engagé au service de l'étranger, et désirant rentrer dans la religion catholique, il repassa en France, fit abjuration entre les mains de M. Fyot, abbé de Saint-Etienne de Dijon, le 13 août 1695, et rentra dans la seigneurie de Montrevost, dont il reprit le fief à Dijon le 3 août 1697. Il avait épousé par contrat passé le 22 août 1696, devant Guinet, notaire à Parny, Marie de la Baille, fille de Philibert de la Baille, seigneur du Monceau, dont :

XI. Théodore - Philibert Perrault, écuyer, seigneur du Petit-Pont, de Montrevost, qui fit la reprise de fief de cette seigneurie en la chambre des comptes de Dijon le 19 juin 1731. Il a épousé, par contrat reçu de Charollet, notaire à Buxy, le 2 mai 1729, Anne Dalleray, de laquelle sont issus :

1.° Charles-Marie, dont l'article suit ;

2.° Claude-Charles-Philibert, né le 19 janvier 1739 ; marié, par contrat passé devant Pin-Chevalier, notaire à Cuisery, le 30 juillet 1767, à Marie-Madeleine Ernest, fille de Jean-Thomas Ernest, de Munster, capitaine au régiment de la Marck, chevalier de l'Ordre royal et militaire de Saint-Louis, tué à la bataille de Lawfeldt ; et de Madeleine Desmier-des-Essarts-d'Embrun. Il a laissé postérité ;

3.° Claude-Marie-Philippe Perrault, écuyer, seigneur du Petit-Pont-de-Montrevost, né le 15 janvier 1741, ancien lieutenant au régiment de Nice, est rentré et a été reçu aux états de Bourgogne, ainsi que son père, après une interruption occasionnée tant par les troubles, les guerres de la ligue et de la religion, que par les dispersions de quelques-uns de leur famille hors du royaume. Il a épousé, par contrat passé le 31 mars 1764, devant Naits et Décologne, notaires à Beaume, Catherine-Julienne-Henriette-Baptiste Loppin, fille d'Etienne-Elisabeth Loppin, écuyer, seigneur de Masse, et de Françoise de la Marre ;

4.°, 5.°, 6.°, trois filles, deux religieuses aux Ursulines de Beaune. La troisième, nommé Marie-Françoise, a épousé, par contrat passé devant Pin-Chevalier, notaire à Cuisery, le 20 juin 1761, Raimond de Thésut, chevalier, ancien capitaine d'infanterie au régiment d'Orléans, alcade de la chambre de la noblesse des états de Bourgogne, et élu de celle du Mâconnais en 1771.

XI. Charles-Marie Perrault, écuyer, né le 19 janvier 1730, lieutenant au régiment de Cambrésis, a épousé N..... de Sol, dont il a laissé postérité.

Jean-Perrault, comte de Milly, baron d'Angerville et de Chagny, président à la chambre des comptes de Paris, en 1663, s'acquit la plus haute réputation. Il a fait construire la superbe chapelle qui est aux Jésuites de la rue Saint-Antoine, pour honorer la mémoire de Henry de Bourbon, prince de Condé, son protecteur ; il n'a laissé qu'une fille, mariée, 1.° le 30 mars 1681, à Louis de Beaupoil, marquis de Lanmary, grand-échanson de France ; 2.° le 31 janvier 1704, à Gilbert-François de Rivoire, marquis du Palais, morte à Milly le 28 janvier 1719. — Le mausolée en bronze de Henry de Bourbon, prince de Condé, élevé aux frais du comte de Milly, l'illustre président, existe dans le jardin du Musée royal des Monuments français, rue des Petits-Augustins.

*Armes :* « Parti, au 1 d'azur, à la croix patriachale » d'or, accompagnée en pointe de trois annelets du même ; » au 2 d'azur, à trois bandes d'or ».

DE LALIS ou DELALIX (*), famille ancienne, de noble extraction, originaire d'Irlande. On ne connaît pas l'époque précise à laquelle cette famille s'est fixée en France; mais on ne peut douter qu'il n'y ait plus de quatre cents ans, puisque vers l'an 1440 elle habitait les Cévennes (haut Languedoc), où l'on trouve dans quelques actes, que plusieurs membres de cette famille avaient la qualité de *nobilis vir* et *d'escuder*, ou écuyer. Cette famille a constamment fourni des serviteurs à l'état dans les emplois militaires.

I. Noble George DE LALIS, écuyer, homme d'armes, vivait en 1490, et fut père de :

II. Raymond DE LALIS, chevalier, seigneur de Moncrabon, capitaine d'armes, reçu chevalier en 1504 par un prince de la maison d'Armagnac; s'établit en Périgord vers l'an 1320, et fut père de :

III. Noble Luc DE LALIS, sieur de Moncrabon, guidon d'une compagnie de gens d'armes. Il fut père de :

IV. Noble Blaise DE LALIS, écuyer, seigneur de Cantarane, Moncrabon, Redonespic et autres lieux. Il avait servi avec distinction dans les armées de Henri IV, et fut reconnu noble Irlandais en 1598, par lettre de ce grand roi, qui lui accordait, ainsi qu'à ses descendants, le titre et les priviléges de gentihomme français, et le droit de conserver ses armoiries irlandaises. Il fut père de :

V. Noble Jacques-Luc DE LALIS, damoiseau, seigneur de Cantarane, Moncrabon, Redonespic et autres lieux, seigneur châtelain de Vigogne, commandant d'une compagnie d'archers. Il eut, entre autres enfants :

VI. Pierre DE LALIS, seigneur de Cantarane, la Vignerie, Maraval, etc., capitaine de cavalerie, qui fut père, entre autres enfants, de :

VII. Bernard DE LALIS-DE-CANTARANE, écuyer, sieur de Maraval, officier de cavalerie Il éprouva de grands revers de fortune : un procès malheureux l'obligea d'aliéner

(*) Nous avions parlé succinctement de cette famille dans le Tome II de cet ouvrage; les renseignements que nous avons eus depuis, nous permettent d'entrer aujourd'hui dans de plus grands détails.

une grande partie de l'antique héritage de ses pères. Il fut père de :

1.° Pierre de Lalis, sieur de Cantarane, qui a formé une branche dont il ne reste plus que des femmes;
2.° Antoine de Lalis, sieur de Maraval, dont l'article suit;
3.° Pierre de Lalis, abbé de Maraval, prédicateur du roi;
4.° N. de Lalis, mariée à.....

VIII. Antoine de Lalis, sieur de Maraval, eut de son mariage avec Anne Grafeuil, entr'autres enfants :

1.° François, dont l'article suit;
2.° Pierre-Luc-Jacques de Lalis, officier d'infanterie, mort en 1775;
3.° N. de Lalis, mariée au sieur Bruyère.

IX. François de Lalis-de-Maraval, servit d'abord dans la marine, et fit deux campagnes en qualité de volontaire. Il étudia ensuite la médecine, fut reçu docteur, et quoique cet état honorable lui promît de la considération dans le monde, il renonça à l'exercer pour suivre l'exemple de ses ancêtres, en se livrant à la profession des armes. Il rentra volontaire en 1770 au régiment de La Fère, avec la promesse d'une sous-lieutenance dans très-peu de temps, mais il quitta ce régiment trois mois après. Il fut successivement, depuis 1770 jusqu'en 1775, sous-lieutenant dans la légion polonaise de Malaski, et dans un régiment de cavalerie allemande. En 1775 il revint en France, fut nommé sous-lieutenant par le roi, envoyé en Amérique où il fit la guerre, et fut fait prisonnier par les Anglais. En 1778 il passa sous-lieutenant dans le régiment français de Nassau, fut embarqué sur les vaisseaux du roi, prisonnier une seconde fois par les Anglais, et réformé en 1780.

M. de Lalis se distingua au siége de Gerzey, et fut promu au grade de lieutenant sur le champ de bataille, mais le brevet ne lui fut pas expédié à cause de la réforme du régiment de Nassau. En 1781, après avoir fait preuve de noblesse, il fut nommé lieutenant dans le régiment de Montmorency-Luxembourg, qui était envoyé aux Indes Orientales. En 1785 il fut capitaine; en 1788 il revint en France, et en 1789 il fut encore réformé, avec le régiment de Luxembourg. A cette époque, monseigneur le prince de Luxembourg, colonel propriétaire du régiment réformé, fit mettre le fils unique de M. de Lalis sur la liste des jeunes gentilshommes français qui devaient être élevés à l'école royale militaire, et recommanda à S. M. la demande que faisait M. de Lalis-de-Maraval, de la croix de Saint-Louis, et d'une place de lieutenant-colonel. Il avait déjà obtenu le bon de la croix, et le brevet de lieutenant-colonel allait lui être expédié lorsque la révolution arriva, et l'empêcha de jouir des bienfaits de son roi et du prix de ses services.

Il épousa, le 1er février 1786, à Colombo, île de Ceylan, noble demoiselle Marie-Catherine Van Búúren, hollandaise d'origine, de la famille des ancien comtes de ce nom, fille de noble Lambert Van Búúren, membre du conseil suprême des Indes à Jafenapaten; et de dame Sophie-Elisabeth Ravin. De ce mariage est venu :

X. François-Antoine-Lambert de Lalis, écuyer, né à Colombo, île de Ceylan, le 5 novembre 1786, décoré par le roi le 1er août 1814, de l'ordre du lys, marié en 1811 à demoiselle Catherine-Jeanne-Françoise-Adèle Souilhagon-de-Brüet, fille de M. Pierre-Philippe-Marie de Souilhagon, seigneur de Brüet, ancien conseiller référendaire au parlement de Bordeaux, et de dame Marthe-Julie Mimault-de-Lapeyrère. De ce mariage est né, le 13 décembre 1811, au château de Puy-Calvary, François-Jules-Edouard de Lalis.

Il y, avait avant la révolution une famille établie en Autriche, qui portait le nom de Delalis-de-Kantérané, et les même armes. Elle desendait de Jean de Lalis, chevalier de Kantérané, fils de noble Jacques-Luc de Lalis, damoiseau, seigneur de Kantérané et de Viregogué. En 1777, il y avait deux descendants de cette branche qui étaient officiers dans un régiment de cavalerie hongroise. Nous ignorons si cette branche subsiste encore.

*Armes :* « De sable, au chevron brisé d'or, acompagné » de trois fleurs d'argent, deux en chef, une en pointe : » couronne de marquis; deux lévriers pour supports. » Devise : *virtutis ingenuitus comes.* La franchise est » la compagne de la vertu ».

GROS (DE), famille originaire du Dauphiné. M. de Valbonnois, historien de cette province, *tom.* II, *pag. 355*, rapporte un acte d'Humbert Dauphin, fait le 11 mars 1338, dans lequel François et Georges de Gros sont qualifiés de *nobles*, le premier y est immédiatement nommé après le dauphin ; il venait d'obtenir du souverain une mission honorable. Cette famille est réprésentée par :

Louis-Prosper DE GROS de CONFLANS, écuyer, né en 1765, ancien conseiller en la chambre des comptes de Grenoble, officier de la grande louveterie. Il a épousé Madeleine-Alphonse Valleton de Gravillon. De ce mariage sont nés :

1.° Jules de Gros ;
2.° Amédée de Gros ;
3.° Prosper de Gros.

*Armes :* « De sable, à trois annelets d'or ; au chef cousu » de gueules, chargé d'une épée d'argent ».

---

LOUVENCOURT (DE), ancienne famille noble de Picardie, province où il en existe plusieurs de ce nom, qui n'ont, pour la plupart, aucun degré de parenté.

Celle dont nous rapportons la filiation a été maintenue dans son ancienne extraction et dans sa qualité de gentilhomme, en 1666, par M. Colbert, intendant de la province de Picardie, lors de la recherche des usurpateurs de noblesse.

On trouve une Agnès de Louvencourt, femme, vers l'an 1380, de Simon le Mareschal, chevalier, fils de Guy le Mareschal, franc-fieffé de l'évêché de Cambray, et gouverneur du château de Thun, et de Margote de Maucourt. Ces deux derniers furent tous deux inhumés au Beguinage, en 1390.

I. Charles DE LOUVENCOURT, Ier du nom, écuyer, seigneur d'Héancourt, paraît dans des actes de 1525, 1530, 1534, 1541 et 1542 ; et épousa Françoise de Bescot, dont il eut :

1.° Charles, dont l'article suit ;
2.° Jean, homme d'armes des ordonnances du roi en 1549.

II. Charles de Louvencourt, IIe du nom, écuyer, seigneur d'Héancourt, servit le roi dans ses armées, ainsi que son prédécesseur, et paraît dans divers titres des années 1542, 1543 et 1544. Il avait épousé, par contrat du 7 décembre 1542, Jacqueline Rohault, avec laquelle il acquit la terre de Pierrecluet, par acte du 4 juillet 1544. Leurs enfants furent :

1.° Charles, dont l'article suit ;

2.° François, } morts sans postérité ;
3.° Jacques, }

4.° Antoine de Louvencourt, seigneur de Bretencourt guidon de messire Emmanuel d'Ailly, vidame d'Amiens. Il épousa Isabeau Pingré, dont il n'eut que deux filles, Jacqueline et Marie de Louvencourt; la première fut mariée, 1.° à N..., seigneur de Boury ; 2.° à Jean de Carvoisin, seigneur de Vieufvillé, major de la ville d'Amiens : la seconde fut mariée à Géraud-Favier, seigneur de Domfront, trésorier de France en la généralité de Picardie ;

5.° Martin, dont la branche subsiste encore. Il fut seigneur de Lomprés, et épousa Marguerite de Couvreur, dont il eut :

a. Charles de Louvencourt, seigneur de Blangy, gentilhomme de la bouche du roi, qui épousa Marie de Bethizy-de-Meziers, d'une ancienne noblesse, dont il laissa Louis de Louvencourt, gentilhomme de la bouche du roi, qui fut père de Charles-Louis de Louvencourt, seigneur de Blagny, lieutenant-colonel au régiment de Pouzols, cavalerie ;

b. Marie de Louvencourt, femme de messire Antoine du Gard, seigneur de Suzenneville et de Lomprés ;

6.° Marie de Louvencourt, qui épousa Philippe du Bos, trésorier de France en la généralité de Picardie;

7.° Françoise de Louvencourt, mariée à Charles Gorguettes, seigneur du Bus, conseiller du roi et lieutenant en l'élection d'Amiens;

8.° Jacqueline de Louvencourt, femme de Nicolas du Bos, trésorier de France en la généralité de Picardie, dont descendent MM. de Drancourt et de Hurt.

III. Charles DE LOUVENCOURT, III$^{e}$ du nom, écuyer, seigneur de Pierrecluet, de Bretencourt, d'Héancourt, etc., servit dans les armées du roi, et y fut commissaire des guerres. Il épousa, par contrat du 2 janvier 1565, Catherine du Bos, dont il eut :

1.° Charles, dont l'article suit;
2.° Anne, épouse d'Antoine de Saint-Blimont, seigneur de Souplicourt, fils de Jean de Saint-Blimont, seigneur de Souplicourt et de Pincefalise, et Jeanne du Chausoy;
3.° Marie, femme de Jean d'Aguesseau, seigneur d'Ignocourt, receveur-général des finances de la généralité de Picardie, dont il eut entre autres enfants, Jean d'Aguesseau seigneur d'Ignocourt et d'Happeglesne, trésorier de France en la généralité d'Amiens, marié avec Marie de Louvencourt, fille de François de Louvencourt, seigneur de Vauchelles et de Bourseville, et Charlotte de Clapisson;
4.° Hélène de Louvencourt, femme de François de Fréancourt, seigneur de l'Isle et de Tully.

IV. Charles DE LOUVENCOURT, IV$^{e}$ du nom, écuyer, seigneur de Pissy, Pierrecluet, etc., gentilhomme ordinaire d'Henri IV, qu'il servit dans ses armées, épousa demoiselle Marguerite Picquet, fille d'Adrien Picquet, seigneur de Dourier, lieutenant particulier au présidial d'Amiens, le 5 octobre 1603, et en eut entre autres enfants :

1.° Jacques, dont l'article suit ;
2.° Charles, mort sans alliance ;
3.° Marguerite, morte religieuse aux dames Ursulines d'Amiens ;
4.° Marie, femme d'Artus de Boufflers, chevalier, seigneur de Bouverel et de Cuigny, fille de Jean de Boufflers, chevalier, et d'Aimée de Saint-Simon ;
5.° Catherine de Louvencourt, mariée à Charles de Cambray, seigneur de Villers aux Erables.

V. Jacques de LOUVENCOURT, I$^{er}$ du nom, écuyer, seigneur de Bissy, de Pierrecluet, d'Inval, de Gournay, du Saulchoy, etc., servit dans les guerres de son temps, et fut choisi par la noblesse de sa province, le 24 juillet 1651, pour assister aux états. Il épousa, par contrat du 12 juillet 1638, Marguerite de Conty, fille d'Antoine de Conty, seigneur de Roquencourt, d'une ancienne maison de Picardie, et d'Anne Lameth. Il eut, entre autres enfants :

1.° François, dont l'article suit ;

2.° N . . . . de Louvencourt, capitaine au régiment de Rambures, mort devant la ville de Rocroy, combattant un parti ennemi ;

3.° Louis, seigneur de Gournay et de Pierrecluet, lieutenant, puis capitaine au régiment de Picardie, où il servit plus de dix ans ; il a servi ensuite dans les milices en qualité de major, et a eu de son mariage avec Anne Cornet :

a. Louis,
b. Joseph,
c. Jean,
} morts sans postérité ;

4.° Charles de Louvencourt, sieur de Ville, d'abord lieutenant dans la compagnie de mestre-de-camp du régiment de Coteux, cavalerie, puis capitaine dans le régiment de la Rogue, même arme. Il épousa, à la paix, Anne Vrayet, dont il eut :

a. Jean-François, mort sans postérité ;
b. Charles,
c. Thérèse,
} morts sans alliance ;

5.° Marguerite de Louvencourt, femme de N . . . le Normand, seigneur de la Motte et d'Omatre ;

6.° Ursule de Louvencourt, mariée, avec dispenses du pape, avec François des Forges, seigneur de Caulières ;

7.° Trois filles religieuses.

VI. François de Louvencourt, écuyer, seigneur du Saulchoy, d'Inval, de Clairy, etc., servit dans le régiment de Picardie, et épousa Jeanne le Roy, sœur de messire Henri le Roy, marquis de Jumelles, de laquelle il eut entre autres enfants :

1.° François-Spiridion, prêtre, seigneur d'Inval ;

2.° Jean-François, mort jeune ;

3.° Jacques-Eustache, dont l'article suit ;

4.° Louise,
5.° Ursule,
} religieuses ;

6.° Jeanne-Henriette-Agathe, mariée, en 1711, à messire Charles de Cacheleu, chevalier, seigneur de Bouillencourt ;

7.° Françoise de Louvencourt, alliée en 1711, à messire N... de Dampierre, chevalier, seigneur de Millencourt et d'Isengremer.

VII. Jacques-Eustache de Louvencourt, Ier du nom, chevalier, seigneur du Saulchoy, de Clairy et autres lieux, servit en qualité de capitaine au régiment de Boufflers-Remiencourt, infanterie, par commission du 11 juin 1704, épousa, par contrat du 26 juillet 1711, demoiselle Anne de Romanet, fille de Jean de Romanet, écuyer, trésorier de France en la généralité d'Amiens, et de dame Anne Buquet. Il eut de ce mariage:

1.° Jacques, dont l'article suit;

2.° Claude-Henri, capitaine du régiment de Bourbonnais, chevalier de l'ordre royal et militaire de Saint-Louis, marié, par contrat du 25 mars 1757, avec Marie-Louise-Gabrielle de Tunes;

3.° François-Eustache, capitaine au même régiment, chevalier de l'ordre royal et militaire de St.-Louis, aussi marié;

4.° Jean-Baptiste, mort jeune, lieutenant au régiment de la Marche, après avoir été en Pologne, où son régiment a été envoyé prisonnier en Russie et en Sibérie.

VIII. Jacques de Louvencourt, IIe du nom, chevalier, seigneur du Saulchoy, de Clairy, d'Inval et autres lieux, servit dans la seconde compagnie des mousquetaires de la garde à cheval du roi, ainsi qu'il appert par le certificat de M. le marquis de Montboissier, capitaine-lieutenant de cette compagnie, du 31 décembre 1733; épousa, par contrat du 9 janvier 1740, Marie-Jeanne-Françoise-Louise de Saisseval, dame des terres et seigneuries des Barres, Beaucourt, Begaudet et autres lieux, fille de messire Jean de Saisseval, chevalier, seigneur de Merancourt et autres lieux, lieutenant des maréchaux de France au département d'Amiens, juge du point d'honneur, et de défunte dame Marie-Françoise de Feuquesolle. De ce mariage sont issus:

1.° Jacques-Eustache, dont l'article suit;

2.° Anne-Louise, née le 28 octobre 1741;

3.° Geneviève-Henriette, née le 19 juillet 1749.

IX. Jacques-Eustache de Louvencourt, IIe du nom, chevalier, né le 15 octobre 1765, seigneur du Saulchoy, d'Allegrin, de Clairy, de Gournay, d'Inval, du Boisrond, etc., ancien officier au troisième régiment des chevau-légers; a épousé, par contrat du 30 juillet 1782, Antoinette-Élisabeth de Campagne, fille de messire Anne-François de Campagne, chevalier, seigneur d'Avricourt, de Plancy, de Sallé en Ponthieu du fief de Saint-Georges et autres lieux, et de dame N... Huault de Bernay. De ce mariage sont issus :

1.° Jacques-Jules-Auguste de Louvencourt, né le 3 juillet 1783, capitaine au régiment des hussards de MONSIEUR, frère du roi, en 1816 ;

2.° Anne-François-Eugène de Louvencourt, né le 20 mai 1787, actuellement chef d'escadron dans le régiment de cuirassiers, d'Angoulême, décoré de la croix d'officier de la Légion d'honneur ;

3.° Athalie-Anne-Marie de Louvencourt, née en 1785, mariée en 1813, à M. Edouard de Briois, dont postérité.

*Armes:* « D'azur, à la fasce d'or, chargée de trois mer- » lettes de sable, et acccompagnée de trois croissants du » second émail. Couronne de comte ; supports, deux » lévriers. »

---

SAINT-DE-LYS (DE), famille ancienne, originaire de Picardie, qui a fait ses preuves de la cour en 1789.

I. Jean DE SAINT-DE-LYS, Ier du nom, écuyer, seigneur de Heucourt, d'Havrenas, de Saint-Germain, de Bernapré, etc., fut député avec Artus de Longueval, seigneur de Tenelles, par la noblesse de Picardie, pour aller aux états tenus par le roi Charles VIII, en la ville de Tours, en 1485. Il épousa Marguerite Vilain, dame de Bernapré, de laquelle il eut dix-neuf enfants, entre autres :

1.° Antoine de Saint-de-Lys, seigneur de Heucourt, lieutenant-général d'Amiens en 1505, marié avec Marie de May, vicomtesse de Valbonnemain, dame d'Allonville de Saint-Gratien, etc., dont il eut, entre autres enfants : 1.° Marguerite de Saint-de-Lys, femme de Porrus de Lannoy, seigneur de Blancfossé et de Cormeilles ; 2.° Pierre, seigneur de Bernapré, d'Allonville et de Courcelles, gouverneur de Saumur, père de Marie de Saint-de-Lys, mariée, le 18 octobre 1595, avec Charles Le

Comte-de-Nonant, seigneur de Sancourt et d'Apremont; 3.° Robert de Saint-de-Lys, seigneur de Heucourt, d'Havrenas, etc., vicomte de Valbonnemain, capitaine de mille hommes légionnaires de Picardie, et deux cents chevau-légers; gouverneur d'Ivoy et du comté de Chiny, puis d'Abbeville, qui a laissé, d'Anne de Liéval, son épouse, Robert de Saint-de-Lys, gentilhomme ordinaire de la chambre du roi, capitaine de cinquante hommes d'armes de ses ordonnances, allié avec Susanne de Susanne, dame de Hardois et de Seringes, fille de François, seigneur de Susanne, et de Marguerite, baronne de Cardaillac, dont sont issus les marquis d'Heucourt, vicomtes de Valbonnemain, barons de Wargnon et d'Havrenas, qui s'établirent en Normandie;

2.° Adrien, dont l'article suit;

3.° Robert de Saint-de-Lys, écuyer;

4.° Marie, femme de Nicolas le Rendu, lieutenant-général au bailliage d'Amiens.

II. Adrien DE SAINT-DE-LYS, écuyer, seigneur de la Morlière, épousa Antoinette de Fontaine-de-Ramburelles, fille de Claude de Fontaine-de-Ramburelles, écuyer, sieur de Montrelet, dont il eut :

1.° Josse, dont l'article suit;

2.° Marie de Saint-de-Lys, femme de Robert de Moncy, écuyer, sieur de la Montagne;

3.° Marguerite de Saint-de-Lys, mariée à Jean de Recourt, seigneur des Auteux, fils de Jean de Recourt, seigneur d'Alennes, et d'Antoinette d'Ostrel.

III. Josse DE SAINT-DE-LYS, écuyer, seigneur de la Morlière, épousa Claude de Louvet-de-Glizy, fille de François Louvet, sieur de Glizy, dont sont issus :

1.° Philippe, dont l'article suit;

2.° François de Saint-de-Lys, écuyer;

3.° Jacques, prévôt de l'abbaye de Saint-Pierre de Corbier;

4.° Antoinette, femme de Robert du Quesnoy, écuyer, sieur de Bauricart;

5.° Anne de Saint-de-Lys, mariée à Valentin Blondin.

IV. Philippe de SAINT-DE-LYS, écuyer, épousa Philippe Sauvage de Rhingrave, fille de Philippe Sauvage de Rhingrave, baron, vivant chevalier de l'ordre, et de Jeanne de Clabaut. De ce mariage vinrent :

1.° Charles, dont l'article suit ;
2.° Claude, écuyer, officier au service de France, mort en Hollande ;
3.° Charlotte, mariée à Philippe Auxcousteaux.

V. Charles DE SAINT-DE-LYS, Ier du nom, écuyer, épousa Charlotte Hannique-de-Conquerolles, fille de François Hannique, écuyer, sieur de Conquerolles. Leurs enfants furent :

1.° Charles, qui épousa Françoise d'Ailly, et qui fut père d'autre Charles de Saint-de-Lys, mort sans postérité ;
2.° Gilles de Saint-de-Lys, écuyer ;
3.° Jacques, dont l'article suit ;
4.° Marie de Saint-de-Lys ;
5.° Antoinette de Saint-de-Lys.

VI. Jacques DE SAINT-DE-LYS, écuyer, épousa Marie-Claire de Lesquevin-de-Raconval, fille de Charles de Lesquevin, seigneur de Raconval et autres lieux, et eut de ce mariage :

1.° Charles, dont l'article suit ;
2.° Marie-Marthe de Saint-de-Lys.

VII. Charles de SAINT-DE-LYS, IIe du nom, écuyer, lieutenant au régiment de Condé, cavalerie, épousa Marie-Christine Le Comte-de-Courcel, fille de Pierre Le Comte-de-Courcel, et de N. . . . de Vanderpol Leurs enfants furent :

1.° Léopold-Gabriel-Antoine-Joseph, dont l'article suit ;
2.° Elisabeth-Josèphe de Saint-de-Lys ;
3.° Jeanne-Gabrielle de Saint-de-Lys.

VIII. Léopold-Gabriel-Antoine-Joseph DE SAINT-DE-LYS, écuyer, né le 8 octobre 1706, capitaine de grenadiers au régiment de Chabrillant, mourut à Minorque en 1758. Il avait épousé Anne-Ursule de Tourelle-de-Verneuil, fille d'Alexandre-Philippe de Tourelle, écuyer, seigneur de Grand-Verneuil, et de Jeanne de Perrelle. De ce mariage sont issus :

1.° Charles-Nicolas-Antoine-Joseph, dont l'article suit ;
2.° Jean-Henri-Antoine-Joseph de Saint-de-Lys.

IX. Charles-Nicolas-Antoine-Joseph, comte DE SAINT-DE-LYS, chevalier, né le 7 avril 1751, lieutenant-colonel d'infanterie, a émigré en 1790, a fait les campagnes dans l'armée de monseigneur le prince de Condé et de M. le duc de Bourbon, et dans les corps anglais, ainsi qu'il appert par le certificat de M. le maréchal duc de Broglie, du 10 avril 1798, où il est dit que cet estimable officier a donné de grandes preuves d'attachement et de fidélité pour le service du roi, et qu'il s'est comporté à son service avec tant de zèle et de courage, qu'il a souvent été en danger de perdre la vie, danger qu'il n'a évité qu'en émigrant. Il est rentré en France avec le roi en 1814, et a suivi S. M. à Gand en 1815. Il est chevalier de l'ordre royal et militaire de Saint-Louis, et a épousé en 1772 Anne Hesdin-de-Belchamps, de laquelle il a eu, entre autres enfants :

1.° Charles-Louis-Joseph, dont l'article suit;
2.° Charles-Henri-François, comte de Saint-de-Lys, mort au service de l'empereur d'Autriche, pendant la guerre de l'émigration.

X. Charles-Louis-Joseph comte DE SAINT-DE-LYS, né le 29 mars 1773, et émigré avec son père en 1790; il est aujourd'hui chambellan de S. M. l'empereur d'Autriche, et capitaine de grenadiers à son service. Il est veuf d'Antoinette baronne de Dikoff, de laquelle il a :

1.° Gustave-Charles de Saint-de-Lys;
2.° Charles-Ferdinand-François de Saint-de-Lys.

*Armes :* « De gueules, à l'épervier d'argent, empiétant une perdrix d'or ».

*Extrait du certificat délivré à Charles-Nicolas-Antoine-Joseph* DE SAINT-DE-LYS, *formant le IX*[e] *degré.*

Nous soussignés, gentilshommes du ci-devant duché de Lorraine ou autres provinces y adjacentes, certifions, à titre d'indigènes contemporains et au défaut du roi et juges d'armes ici présents, à tous ceux qu'il appartiendra, et pour en être usé selon l'exigence des cas, que M. Charles-Nicolas-Antoine-Joseph de Saint-de-Lys, chevalier, ci-devant seigneur de Tillet, Mercy-le-Bas, Higny, Saint-Soupley, Hevry-le-Franc, etc., né à Tuquegneux, évêché de Trèves, le 7 avril 1751, et issu de la très-ancienne et très-noble maison des marquis de Heucourt-Saint-de-Lys, en Picardie;

a satisfait, en 1789, aux preuves exigées pour monter dans les carrosses du roi, lesquelles sont une série non interrompue et inexpugnablement documentée d'alliances nobles dans la filiation de ses ascendants paternels et maternels depuis l'an 1399, et qu'outre cela, tant dans une partie de ses titres et papiers originaux de famille dont exhibition nous a été faite, que dans une autre restée, lors de son émigration, entre les mains de MM. Chérin et d'Hozier de Sérigny, juges de la noblesse de France, on trouve les noms illustres de Rhingrave, Fontaine-Ramburelles, Vilain, Lesquevin, Vignacourt, d'Ailly, Béthisy, d'Amerval, Neelle, Montmorency, Brienne, Champagne, La Rochefoucault, Crévecœur, Breteuil, Clermont, etc.

En foi de tout quoi, ci nos noms et le cachet de nos armes ; à Vienne, en Autriche, le cinq du mois de juillet mil huit cent douze.

*Signé* Eugène-Eustache, comte de Bétizy, général-major au service d'Autriche, grand-croix de l'ordre royal et militaire de Saint-Louis, gentilhomme Picard.

*Signé* Jean-Baptiste, comte du Chilleau, évêque de Châlons-sur-Saône.

Le prince Charles de Lorraine-Lambesc, capitaine de la garde noble allemande, chevalier de la Toison d'or, commandeur de l'ordre militaire de Marie-Thérèse, et général de cavalerie.

Marie-Antoine-François-Joseph, baron de Fisson-Dumontet, chambellan actuel, chevalier de Marie-Thérèse, lieutenant-colonel retiré au service d'Autriche.

Le marquis de l'Estang, capitaine au service d'Autriche.

Le baron de Senleque, lieutenant-colonel pensionné au service d'Autriche, Alsacien.

Le comte de Bessou.

Anne-Louis, comte de la Fare, évêque de Nancy, primat de Lorraine.

Baron de Wacquant, Lorrain, lieutenant-général des armées au service d'Autriche.

Le Thueur de Frenois, capitaine au service de S. M. l'empereur d'Autriche, Lorrain.

Le chevalier de Bavier, Lorrain.

Le comte Ladislas Desseossy-de-Csernek et Tarko, chanoine de la cathédrale de Toul, examinateur synodal du diocèse.

Le prince Louis de Rohan.

Le comte de Saint-de-Lys.

CASTET, CASTETS, CASTETZ, CASTEX, CASTEL, noble et ancienne maison des Pyrénées, d'où elle s'est répandue et successivement établie dans le Béarn, le Comminges, le Couserans, le pays de Foix, le Languedoc, et les parties de la Gascogne qui en sont limitrophes, comme l'attestent plusieurs lieux de ce nom, situés dans ces différents pays. Ainsi, au diocèse d'Oléron, en Béarn, on trouve une montagne du nom de *Castet* et, à peu de distance de cette montagne, un village du même nom, sur le gave de Gabas, entre Brielle et Arudy. Dans le Couserans, le village de *Castet* se trouve entre Saint-Girons et Massat, sur la rivière d'Arac; et dans le pays de Foix, un village du même nom de *Castet*, est situé entre la Bastide et le Carla, près la rivière de Rize. Il serait inutile de rapporter tous les lieux du même nom qui se trouvent en Gascogne, et particulièremeut dans l'Armagnac, l'Astarac et les pays circonvoisins; et aussi peu intéressant de rechercher si cette maison a donné son nom à ces divers lieux, ou si elle en a tiré le sien.

*Castet* est un mot gascon, dont la véritable signification française est *château*. L'orthographe de ce mot gascon, employée dans les actes de cette maison, varie selon les idiômes en usage dans les lieux où ils ont été passés; car, dans aucun autre pays, on ne trouve autant de variations, surtout dans la finale des mots, que dans ceuxoù la langue gasconne est en usage, et cela de ville à ville, de village à village, quelque rapprochée que soit leur distance; ces peuples étant plus exacts à conserver la signification des mots, plutôt que l'orthographe primitive. C'est ainsi qu'à Toulouse, par exemple, on dit *capel*, *castel*, *coutel*, pour chapeau, château, couteau; et qu'à Muret en Comminges, qui n'en est qu'à trois lieues, ces mêmes noms s'écrivent et se prononcent *capet*, *castet*, *coutet*. Cependant, on dirait que l'usage cherche depuis quelque temps à adoucir ce que cette prononciation peut avoir de rude, en substituant l'*L* au *T* final; et que, pour cette raison, plusieurs nobles familles s'y sont soumises, comme celles de *Castelnau*, de *Castelbajac*, de *Castelbon*, etc., qui, dans les titres anciens et les vieux chroniqueurs, sont orthographiées *Castetnau*, *Castetbajac*, *Castetbon*; car tous ces noms sont dérivés de celui primitif de *castet*, ou *castel* (*château*). Il ne faut donc pas s'étonner si l'orthographe de la famille de *Castet* dont il est ici question, a souvent éprouvé la même variation Aussi, dans les actes qui la concernent, trouve-t-on indifféremment, celle de *Castet*, *Castets*, *Castetz*, *Castex*, *Castel*, d'el *Castel*, et même *Chastel*. Dans les actes latins, elle est dite de *Castello*, de *Castilio*, et aussi de *Castro*.

Cette maison paraît pouvoir réclamer une bien plus haute ancienneté que celle qui va être justifiée, n'ayant qu'une filiation prouvée de trois cents ans. Cependant *dom Vaissete*, dans son Histoire générale du Languedoc, cite des seigneurs et des chevaliers de ce nom dès l'an 1174; et des notaires résidens dans les pays que cette famille a habités, ont conservé des actes qui la concernent, d'une date très-reculée. Me *Gaultier*, notaire royal à Vic-Fezenzac, en possède plusieurs depuis 1391. Ces lacunes de temps et défaut de liaison dans les titres de cette maison avant le quinzième siècle, ont dû nécessairement résulter de ce que les chefs de cette famille, attachés tantôt à la maison de Toulouse, tantôt à celle de Foix, de Comminges, et tantôt à celles de Navarre et d'Armagnac, durent être alternativement établis dans les différents pays soumis à ces illustres maisons; et que ces déplacements, plus ou moins fréquents, purent occasionner la perte, l'égarement ou la dissémination de leurs anciens titres. D'ailleurs, les guerres cruelles de religion dans lesquelles une partie de cette famille s'était jetée, ayant embrassé chaudement la religion prétendue réformée, qu'elle n'a abjuré que sous Louis XIV, et qui depuis Henri II jusqu'à Henri IV, dévastèrent, par le pillage et l'incendie, les provinces méridionales de la France, purent aussi être cause de la perte ou de la destruction de ces titres primitifs; et cette maison n'est pas la seule qui ait droit à de pareils regrets. Que de riches chartres devinrent, dans ces temps horribles, la proie de la jalousie, des ressentiments et de la fureur! C'est pourquoi nous croyons juste de faire procéder la filiation de la maison *Castet*, par un exposé de courts extraits de *dom Vaissete*, et par les précis des actes retenus par Me *Gaultier*, notaire à Vic-Fezenzac.

Château de Foix. Cartul. Caisse 15. Extrait d'un acte de Roger, vicomte de Béziers, de l'an 1174, qui paraît être l'origine de la ville de Revel en Lauragais. Parmi les seigneurs qui furent témoins, on trouve : *Bernardus de Castello*, *Pontius de Castello*, Ferrandus de Cabareti, Pontius-Rogerius de Aquaviva; etc. Preuves, *page* 136, *tom.* 3.

M. d'Aubays, n° 252. Accord de Raymond, comte de Toulouse, et Pierre Bermond de Sauve, son petit-fils, de l'an 1219, par lequel le premier cède au second tous ses droits sur les vicomtés de Milhaud, et de Gévaudan. Parmi les témoins se trouve : *Augerio de Castilio*. Preuves, *pag. 263, tom. III.*

Château de Foix. Caisse 11. Promesse des seigneurs de Mirepoix au comte de Foix, qui rendit le château de Mirepoix aux seigneurs ci-après nommés, en 1223, qui en possédaient la seigneurie avant la croisade, et qui lui en firent hommage dans le château de Pamiers, en 1222. Ces seigneurs étaient : Ysarn son frère, Lupus de Fuxo, Bernardo de Durban, Raymondus-Saucius de Rabato, Bernardus-Batala de Mirapeix, Ato-Arnaldus de Castra-Verduno, *Ysarnus de Castello*, Bernardus de Artuinhano, Arnalduin de Lordato. Preuves, *page 279. tom III.*

Château de Foix. Caisse 19. Montre des gens d'armes du comte de Foix, reçue au Mont-de-Marsan en 1339. Dans cette montre se trouvent les noms suivants : Arnaldus de Yspania, Miles et Baro, Lubertus de Punctis, Bertrandus de Yspania, D. Pontius de Villamaro, Miles et Baro, Raymondus de Marcafaba, Sordanus de Castanhaco, Petrus de Benca, Joannes de Montepezato, D. Fortanerius de Durban, Sicardus de Laurac, *Guillelmus-Bernardi de Castet, Bertrandus de Castel*, Guillelmus de Singola, Bertrandus de Seyshes, Joannes de Mauleon, Arnaldus de Barbazan, Pontius de Castro-Novo, Bernardus de Bellomonte, Petrus de Galar, Arnaldus-Guillelmi de Lordato, Joannes, de Marsa, Guillelmus de Nogareto, Miles, Petrus de Navarra, Petrus de Fuxo, Guillelmus de Mirabeu, *Petrus de Biros*, Raymondus de Villanova, Jacques de Mirapisce, Joannes de Roccaforti, Johannes Batalla, Raymondus La Passa, Ysarnus de Cornilhano, Guillelmus Astorgii, etc. Preuves, *pages 182* et *183, tom.* IV.

Registre X, de la sénéch. de Nîmes, fol. 533. Assemblée du tiers-état de la province du Languedoc à Toulouse, en 1358, etc. Per consilium inquoerant, D.D. cancellarius franciæ et D. comites Pictaviensis Philibertus d'Espinatia, de Rupe et Insula, *de Castello*. Preuves, *page 248, tom.* IV.

Manuscrits de Baluze, n° 421. Extrait du compte des finances, payées par la province, pour le rachat du roi Jean, en 1360, etc. Sequantur solutiones factæ de dictis subsidiis, etc., item, *D. Gassiono de Castello*, capitanes unius ex societatibus pro complemento, C. M. Floren. Dictis societatibus ut a regno exirent, etc., item prædicto *D. Gassiono*, etc. Preuves, *page 267, tom.* IV.

*Garcion d'el Castel*, se trouve chef des Routiers avec Berard d'Albret, Séguin de Badefol, et Castelnau, lorsque ces corps marchèrent sur Narbonne, et s'avancèrent jusqu'aux portes de Perpignan en 1361. *Hist. gén., page 313, tom.* IV. Il se trouva à la bataille de Launac (diocèse de Toulouse, à deux lieues au nord de Lille-Jourdain), le 5 décembre 1362, entre le comte d'Armagnac et le comte de Foix, qui se disputaient la succession de la maison de Béarn. La victoire resta au comte de Foix, qui fit le comte d'Armagnac prisonnier avec neuf cents gentilshommes. Tous ces prisonniers qui se qualifiaient d'*alliés et valideurs du comte d'Armagnac*, donnèrent leur foi au vainqueur qui les fit conduire au château de Foix; et, les ayant assemblés devant ce château, il leur déclara, le 16 décembre suivant, qu'il voulait bien par grâce leur accorder une ampliation de leur arrêt, et les traiter favorablement comme nobles et gentilshommes. Il assigna ensuite aux uns la ville de Mazères, et aux autres celle de Pamiers, pour prison pendant un mois, en attendant qu'ils traitassent de leur rançon, avec promesse de ne pas découcher. Les principaux prisonniers qui firent cette promesse furent : Berard d'Albret, Géraud son frère, Berard d'Albret leur cousin, Jean d'Armagnac, vicomte de Fezenzaguet ; Jean de la Barthe, le seigneur de Pardaillan, Arsion de Montesquiou, *Garcion d'el Castel, chevalier ;* Pierre de Monteau, damoiseau ; Perducat d'Albret, chevalier ; Morin d'Albret, et le baron de la Lége. Le comte de Foix tira de tous ces seigneurs un million de livres. *Hist. gén., pages 320* et *321, tom.* IV.

Château de Foix, caisse 40. Actes de l'an 1362 touchant la paix conclue entre les comtes de Foix et d'Armagnac, et les conditions arrêtées sur la détention des seigneurs prisonniers, qui ne découcheront pas, sous les peines suivantes, savoir : Geraud Lebreto, (d'Albret) (son frère et son cousin), promiserunt tenere salvum arrestum, et salvum prisionem, in loco Maserüs, sub pœna, CCM. florem auri. Item, Joannes vicecomes Fezenzaguelli et Joannes de Bartha, eodem modo et per dictum tempus, in loco de Apam sub pœna C. M. florem auri, etc. Item *D. Garcio de Castello*, et P. de Montealto, eodem modo et per dictum tempus, in loco Maserüs, sub pœna L. X. M. floren auri. Item D. Berducatus de Lebreto (d'Albret), et Raymundus Lebreto, per dictum tempus in loco Maseriis, sub pœna L. X. M. floren auri. Preuves, *pages* 278 et 179. *tom.* 4.

Année 1374. Ce sont les gens d'armes qui sont aux gages de M. le duc d'Anjou, à la dépense de l'hôtel de Monsieur, M. lib. au comte de Luche, à messire Mingon-de-Roquefort V$^{e}$ f. *Messire Gayssiot-du-Castel*, III$^{e}$ fr., messire Jehan-de-Durfort II$^{e}$ fr. Le Sénéchal d'Agenois C. fr., à mons Beraudo-de-Faudoas, CLX frans.

Au sire d'Anthin, LXV fr. Item au vicomte de Carmaing CLXXIV. Item au sire de Fumel IIII ** XVI fr. Item à messire Jean de Durfort II XL. Item à *messire Gayssion du Chastel.* Item à messire Raymond de Lebret (d'Albret), pour la garde de Bazas. Item à *messire Gassion du Chastel,* sur ce qui lui est dû pour la garde de Marmande. Ils jureront qu'ils iront avec mondit seigneur. Preuves, *pages* 323, 324 et 325, *tom.* 4.

*Extrait des titres originaux de la Bibliothèque du Roi.*

1368. Lettres des maréchaux de France, contenant l'envoi de la montre de *Bonnet-de-Castet,* écuyer, seigneur de Labbesquau, et trois autres écuyers de sa compagnie, étant au pays de Gascogne pour le service du roi, (Charles V) et ordonnant qu'il soit payé de ses gages, signé *Mondinet.*

La montre de *Bonnet-de-Castet*, écuyer, seigneur de Labbesquau, et de trois autres écuyers de sa compagnie, sous le gouvernement de M. le duc d'Anjou, au pays de Gascogne, recue au château Jaloux, en Bourdeloys, le 27 mars 1368. *Ledit écuyer*, cheval bai obscur, étoile au front, Bertrand Dubois, chevalier, Vidalon de Lestange et Domengo de la Langue, signé *Mondinet.*

*Relevé des actes qui se trouvent au pouvoir de M$^{e}$ Gaultier, notaire royal, à Vic-Fezenzac, le 12 mars 1786.*

Du 20 janvier 1391. Arnaud Barta, notaire de Vic. Vente consentie par noble Lupac-de-Malartic, de tous et chacuns les fiefs, services et Alberges, qu'il avait au lieu de *Castillon*, paroisse de Notre-Dame-de-Serres, avec toutes entrées, ventes, impignorations, eausines, lois, clameurs, deffaits, incursions, connaissances, droits, devoirs, raisons et actions lui appartenant, en faveur de *Raymond de Castro* (*Castets*), *seigneur de La Mote*, appelée Ricorte (Ricourt), moyennant 25 florins d'Orbon. Fol. 125 Vº

Du 15 août 1391. Arnaud Barta, notaire à Vic. Vente consentie par noble Lupac-de-Malartic, de Xe Morlas de fief et cens, que Guillaume et Miramonde de Podio (Dupouy), frères de Castillon, lui faisaient annuellement, dans la salle de Suberbies, située près Castillon, pour raison de service de certain héritage appelé de Podio (Dupouy), situé audit *Castillon*, en faveur de *Raymond* de *Castro* (*Castets*), *seigneur de La Mote*, appelée Ricorte (Ricourt) en Castillon. Fol. 128, moyennant 4 florins d'Orbon.

Du 28 juillet 1392. Arnaud Barta, notaire à Vic. Vente consentie par noble Pierre, de Malartic, seigneur de Suberbier, de certains fiefs et dominations féodales, à prendre sur les dénommés audit acte, en faveur de *Raymond de Castro*, (*Castets*), *seigneur de La Mote* Ricourt en Castillon. Fol. 129.

Du 2 avril 1432. Arnaud Baquerion, notaire de Vic. Procuration consentie par *noble Manal de Castelis* (*Castet*) *aliàs de Mota*, pour gérer toutes ses affaires. Fol. 4 du registre nº 1.

Arnaud Baquerion, notaire de Vic. Vente consentie par *noble Manaud de Castellis* (*Castets*), *damoiseau*, tant pour lui, que comme tuteur des *nobles Addon et Edouard de Castellis* ses frères, en faveur de Mº Dieuzeyde de Liebrario, notaire de Vic, d'une maison audit Vic au Mercadieu, au fief du seigneur abbé de la Case-Dieu Fol. 90 Vº du reg. nº 1.

Du 31 décembre 1433. Arnaud Baquerion, notaire de Vic. Quittance de la somme de 62 florins, consentie par *noble Manaud de Castets*, tant pour lui, que comme gouverneur des fils et héritiers de *noble Jean de Castet*, en faveur de noble Manaud de Bilheria (Bilheres), lors seigneur de La Graulas, de laquelle somme, noble Bernard de Séailles, ci-devant co-seigneur de la Graulas, s'était constitué débiteur en faveur de *noble Raymond de Castets, seigneur de la Mote*, près Castillon. Fol, 95. du reg. nº 1.

Du 21 mai 1448. Arnaud Baquerion, notaire de Vic. Vente consentie par noble et puissant seigneur Bertrand de Montesquiou chevalier, seigneur de Lavezaet (Lauzaet), en faveur de noble Georges de Montesquiou, coseigneur de Belmont, de tous les fiefs, services, agréria, dîmes, paix, ventes, fruits, etc., qu'il a dans le territoire de Saint-Jean de Marast, aux appartenances de Lauzaet, excepté la justice haute et basse. Présent *noble Manaud de Castet*, de Castillon. Fol. 97 du registre n.° 4.

Du 26 septembre 1460. Dieuzeyde Baquerion, notaire à Vic, sur le registre d'Arnaud. Testament de *noble Manaud de Castet, damoiseau*, seigneur de La Mote, juridiction de Castillon ; dit être marié avec *noble Constance de Castet-Bajac*, parle de *noble Jeanne de Castet-Bajac*, sœur germaine de ladite Constance, et épouse de *noble Edouard de Castet*, neveu du testateur, présents noble Jean de Ferragut, seigneur de Hinhan ; Arnaud de Batz, damoiseau ; noble Oddon de Baulat, fils du seigneur de Préneron, dit que les héritiers sont fils de ladite *Jeanne de Castet-Bajac.*

Du pénultième mai 1463. Dieuzeyde Baquerion, notaire de Vic. Donation en transport, consentie par *noble dame Constance de Castelbajac*, et *noble Jeanne de Castelbajac* sœurs, héritières de feu *noble Manaud de Castets, seigneur de la Salle de La Mote*, et de *noble Addon de Castets*, fils et héritier de *noble Edouard de Castet*, son père, majeur de 14 ans; lesquelles de *Castet-Bajac* sœurs, et le *sieur Addon de Castets*, tous trois ensemble, transportent à titre de donation, en faveur de noble, discret et religieux homme, M.e Jean Bilhères, bachelier, moine de l'ordre de Saint-Benoît, prieur de La Graulet, et official de Condom, tous les droits qu'ils ont sur une pièce de pré située en Castillon, lors possédée par les héritiers de Dominique de Batz, de Belmont; lesquels tenaient ledit pré comme héritiers de M.e Bernard de Batz, prêtre, lequel pré confronte avec la rivière de l'Ausonne, etc., avec terres de la Salle de La Mote, appelées à la planche. Présent noble Arnaud de Batz, damoiseau. Fol. 68, V.a du reg. n. 3.

Du 2 mars 1488. Addon Fabri, notaire à Vic. Quittance consentie par Garcie Geraud, comme mari de Jeanne de Borrolhan, de la somme de cent écus. Présents noble Fortainer de Patau, seigneur de Brouquens ; noble Antoine de Lafite, seigneur d'Armatieu, noble Pierre de Villars, capitaine de Cassauhe. Fol. 15 du C n.° 2. A la suite est une reconnaissance dotale du 25 janvier 1490, consentie par ledit Geraud, en faveur de sadite femme, où sont témoins : noble Pierre de Gélas, capitaine de Cassauhe ; et *noble Oddon de Castet, seigneur de La Mote.* A la suite est une renonciation à droits, par ladite Jeanne, où sont présents les deux derniers.

Du 26 mars 1476. Oddon Fabri, notaire à Vic. Contrat de mariage entre noble Jean de Baulat, naturel, dit le bâtard de Préneron, et noble dame de Carget. Présent : *noble Addon de Castets.*

Du 20 novembre 14... Raymond Lascunio, notaire de Roquebrune. Transaction entre noble Arnaud de Baulat seigneur de Préneron, et les héritiers de *noble Manaud de Castex, damoiseau, en son vivant seigneur de La Mote,* à raison de certain bois voisin et contigu, appartenant aux parties ; et pour lesdits héritiers, sont présents : noble Jean de Bilhères, seigneur de La Graulas ; noble Oddon de Batz, seigneur de Batz ; *nobles Constance et Jeanne de Castelbajac,* mères desdits héritiers. Présents audit acte, noble Vidal de Borrolhan de Vic ; et noble Jean de Trabe, jeune, de Paudraguin.

Du 17 décembre 1434. Librario, notaire de Vic. Procuration donnée par noble et puissant seigneur Bertrand de Montesquiou, chevalier, seigneur de Lauzaet, en faveur de *noble Manaud de Castex, damoiseau,* pour présenter au parlement de Toulouse, à une cause qui y a eté portée par noble Séguine de Agraulet ( Laraulet ) ou ses héritiers ; ledit comparant ayant le droit de noble et puissant seigneur Ayzieu de Montesquiou son défunt père. Présents : noble Hermanon de La Roque, seigneur de Sieurac ; et noble Jean de Castet Bajac. Fol. 255 du reg. n.° 5.

Du 27 juillet. Quittance consentie par noble Condorine de Montlezun, femme de Jean Canin, en faveur de noble Arnaud-Guillaume de Montlezun, seigneur de Saint-Go, son frère ( Voyez l'acte qui suit. ) Présents : Vénérable Me Jean de Crescio, procureur royal d'Armagnac ; noble Pierre de Mont, seigneur de Pléhot ; noble Jean de Baulat, seigneur de Carget ; noble Bernard de Montclar, seigneur de Pauthian ; noble Antoine de Fite, seigneur de Saint-Jacques ; *noble Oddon de Castets, seigneur de La Mote ;* et noble Auger Canein, habitant de Vic. Fol. 25 du reg., n.° 21.

Du 16 février 1486. Addon Fabri, notaire à Vic. Vente consentie par Jean de Laurent, en faveur de *noble Oddon de Castet, seigneur de La Mote en Castillon*, de tous les droits qu'il a sur une pièce vendue ci-devant à Arnaud la Pomarède, située audit Castillon, paroisse de Serres, lieu dit à la Coste. Fol. 20 du reg. n° 30.

Du 19 août 1487. Addon Fabri, notaire de Vic. Donation et procuration donnée par noble Jean de Latran, co-seigneur de Preyssac, à noble Arnaud de Baulat, seigneur de Préneron, pour régir et percevoir tous les droits dudit constituant, qui partait pour le service du roi; lequel de Latran fait donation au sieur de Baulat, de 200 ducats, à prendre sur 300 qu'il a à exiger sur ledit lieu de Preyssac. Témoin, *noble Addon de Castets, seigneur de la Mote*. Fol. 9 du reg. n° 29.

Du 5 août 1489. Jean Ponsom, notaire à Vic. Procuration donnée à l'hôtel-de-ville de Vic-Fezenzac, par les nobles et propriétaires dans le comté de Fezenzac, où étaient parties, nobles et puissants seigneurs: Philippe de Bezenis (Bezins ou Voizins): de Pardaillan, seigneur dudit lieu; Oddon de Verduzan, seigneur dudit lieu; Jean de Laumont, seigneur de Puigailhard en Lomagne; Jean de Mansencomme, seigneur dudit lieu; Antoine de Montlezun, seigneur de Préchat, Jean de Montlezun, seigneur de Montastruc; Manaud de Lavardac, seigneur d'Aumensan; Jean de Laumont, seigneur de Sainte-Cristie; Carbonnet de Furnot, seigneur de Montastruc; tous lesquels, conjointement avec les consuls d'Auch, de Vic, de Nogaro, de Barrau, d'Aubiet, d'Orban, de Biran, sont leur procureur; *noble Bernard du Castris* (*Castets*), *seigneur de Pordeaco*. (*Pordiac*) Présent: *Noble Oddon de Castets, seigneur de la Mote*. Fol. 119 *bis* du reg. n° 10.

Du pénultième mars 1496. Jean Ponsom, notaire à Vic. Vente consentie par noble Jean de Serinhac, seigneur de Belmont, en faveur de *noble Addon de Castets, seigneur de la Mote*, de 12ˢ. de fief à prendre, savoir: 6ˢ. sur Dominique du Luc, *aliàs* Terso; 3ˢ. sur les héritiers de Vidal Duluc; et 3ˢ. sur Arnaud Duluc. Fol. 2 Vᵒ du reg. n° 12.

Du 7 février 1497. Jean Ponsom, notaire à Vic. Accord sur l'exécution du contrat de mariage de noble Pierre de Montesquiou, seigneur de Saint-Jean-d'Angles, avec noble

Adine de Bethous, sœur de noble Thibaut, et d'autre Thibaut de Bethous, *aliàs* de Boloys, etc., etc. Présent : *Noble Oddon de Castets, seigneur de La Mote.* Fol. 23 du reg. n° 13.

Du 17 février 1505. Jean Ponsom, notaire à Vic. Quittance par laquelle il conste, que noble Arnaud de Baulat, seigneur de Préneron, fut marié avec noble Miramonde de La-Barthe, fille de noble et puissant seigneur Jean de La-Barthe, seigneur de Montcorneil en Astarac, etc., dans lequel acte sont présents, noble Pierre-Jean de Carget ; noble André de Gélas, seigneur de Leberon ; et *noble François de Castets, seigneur de La Mote,* près Castillon. Fol. 24 V° du reg. n° 18.

Jean Ponsom, notaire à Vic. Vente d'un pré en Castillon, paroisse de Serres, lieu dit à La-Barthe, par Pierre Lacroix et Raimond Lacroix, etc., pour le prix de 12 écus, de 18 chacun, au fief de 30 deniers Morlas, valant 5s. bons, et d'un setier d'avoine, payable annuellement *au seigneur de La Mote,* ensuite est la lausine concédée à l'acquéreur par *Oddon de Castet, seigneur de La Mote.* Fol. 26 du reg. n° 19.

Du 5 février 1508. Jean de Lascunio, notaire. Substance du contrat de mariage de Raymond de Saint-Albin, du lieu de Nogaro, et de *noble Catherine de Castets, sœur de noble François de Castets, seigneur de la Mote.* Les témoins étaient : Nobles Pierre de Toyose, Me Carbonel de Toyose, archiprêtre de Montleau ; Bertrand de Podio (Dupouy), seigneur de Crémeneux ; Bertrand de Batz, seigneur de Batz ; Mathieu de Baulat. Fol. 23 du reg. n. 1.

Jean de Lascunio, notaire. Substance du contrat de mariage de *noble François de Castets, seigneur de La Mote en Castillon, et noble Catherine de Batz,* sœur de noble B. de Batz, seigneur de Batz, auquel il paraît que pour témoin était, noble Bertrand de Les-Podio (Dupouy), seigneur de Crémeno, Fol. 26 reg. n° 1. Même date que l'acte précédent.

Avril 1531. Raymond Ducasse, notaire. Dette en faveur de *noble Rose de Castex, demoiselle de Ginhan,* a été passée dans la métairie de La-Poste ; appelant noble Frix de Ferragut, seigneur de Ginhan-Saint-Hourens, et Pujos. Fol. 50. V° du reg. n° 1.

Du 22 septembre 1534. Annet Paulin, notaire à Vic. Nomination d'un tuteur à la personne et biens de noble François *de Sieurac,* fils de noble Bertrand de Sieurac, écuyer, seigneur de La-Mote, et *noble Rose de Castex*, *mariés*, et héritier de sadite mère, laquelle avait quelques droits sur la succession de *noble Jean de Castex*, *dans la judicature de Bruillois*; ledit tuteur nommé, tant pour la discussion desdits droits, que pour poursuivre un procès au parlement de Toulouse, entre noble Olivier de Faudoas, et noble Catherine de Teulas appelants, à noble Rose de Reinhan appelée. Fol. 102, du reg. n° 3.

Du 22 décembre 1446. Librario, notaire de Vic. Vente d'une maison en Vic, au Barri-du-Mercadieu, etc., consentie par *nobles Oddon et Edouard de Castex frères* fils et héritiers de *noble Jean de Castex*, en faveur de Jean Benos. Fol. 13, reg. n° 7. A la même page est une procuration consentie par lesdits sieurs de Castex frères, en faveur de *noble Manaud de Castex*, leur oncle.

Du 4 septembre 1448. Librario, notaire à Vic. Reconnaissance féodale, consentie en faveur de *noble Manaud de Castex*, *seigneur de La-Mote-de-Rieutort*, par Guillaume Maigné, d'une pièce de terre et vigne en Castillon, lieu dit à la Ninete, au fief de 4 deniers Morlas. Fol. 325 du reg. n° 8.

Du 14 février 1439. Trobat, notaire à Lanepax. Procuration donnée par noble et puissant seigneur Bertrand de Montesquiou, docteur en droit, archidiacre d'Angles, et chanoine de Saint-Etienne de Toulouse, *noble Manaud de Castex*, noble Maurin de Riqua, pour poursuivre une affaire au parlement de Toulouse, contre honorables et discrets hommes Gaillard de Soréac, et Jean de Cazes, lieutenants du sénéchal de Viguerre, Fol. 36 du reg. n° 1.

Pierre de Durfort, premier du nom, seigneur de Bonac et de Deyme, co-seigneur de Vasiége, fut accordé en mariage, par article du 11 novembre 1460, avec noble germaine Isalguier, fille du seigneur de Sabeves-de-Châteauneuf et autres lieux, et de *Condorne de Castet*. Annales de la ville de Toulouse, par du Rozoy, édit. 1772. Généalogie de la maison de Durfort, branche de Deyme, huitième degré.

La maison de *Castet* se divise aujourd'hui en deux branches, qui chacune a ses rameaux.

1.° Celle de *Castet-Biros*, établie à Saint-Lizier en Couzerans, et ayant des possessions au Cap-Français et au Quartier de Jaquezy, près le Fort-Dauphin, île Saint-

Domingue, que partagent avec elle les maisons du Chilleau, Dureau de la Malle, de la Jonquière-Taffanel, de Mont-Calm, ses proches alliées. De cette branche sont sortis les rameaux du *Bosqué* de *Lauabé* et de *Vareilhes*, dans lequel la maison de Lézat-Brugniac-Marquefave a pris alliance le 8 juin 1637, par le mariage de *noble Marc-Antoine de Lézat, seigneur de Brugniac et de la Prade*, avec noble demoiselle Anne de Castet, fille légitime de *noble Gaspard de Castet, seigneur de Vareilhes*, et de feue *noble Jeanne du Pac*.

2.° Celle de *Castet-Miramont*, établie sur sa terre de Miramont, qui, avec celle de Roquebrune, donnait, avant la révolution, entrée aux états de Foix. De cette branche sont sortis le rameau de *La-Boulbène*, établi à Rieux, ex-évêché, dans le Haut-Languedoc; à Ox, près Muret, dans le Comminges; et aussi possessionné à Saint-Domingue, dans la plaine du Port-au-Prince, paroisse de la Croix-des Bouquets, et autour de la baye de Samana, dans la partie espagnole de cette île; et le rameau de *Méras* établi à Lézat, au pays de Foix.

Cette maison dont les diverses branches ont dans tous les temps fourni à l'armée un grand nombre de bons officiers, s'est aussi dans tous les temps, rendue recommandable par un attachement inviolable à ses rois et à sa patrie, versant son sang et sacrifiant ses biens pour leur cause. *Claude de Castet, seigneur de Miramont*, tint chaudement, pendant la ligue, le parti de Henri IV dans le pays de Foix; et dans la mémorable révolution du règne de Louis XVI, *sept frères, oncle ou cousins du nom de Castet*, volèrent en Allemagne se réunir à leurs princes, en 1791: quatre de la branche de La-Boulbène, un de celle de Méras, et deux de celle de Lauabé. Les deux frères Castet-Lauabé furent tués en Flandres en 1794 en qualité de chasseurs-nobles, dans la légion émigrée de Béon, soldée par la Hollande. Des trois frères Castet-La-Boulbène, deux furent aussi tués à la même époque dans la West-Flandre, et dans la même qualité, dans la légion émigrée de La Châtre, soldée par l'Angleterre. Le chevalier de Castet, leur oncle, brigadier dans les Gardes du roi, de la compagnie Ecossaise, et chevalier de Saint-Louis, périt en 1795 dans les armées du roi d'Espagne, après s'être réuni à son corps à Coblentz, et avoir fait avec lui la campagne de 1792 sous les ordres des princes frères du Roi. Dans le cours de cette révolution, les branches de *Castet-La-Boulbène* de *Castet-Méras* et de *Castet-Lauabé* ont été toutes les trois entièrement dépouillées de leur patrimoine, qui a été confisqué et vendu, pour cause d'émigration.

Après ces préliminaires indispensables nous allons tracer la filiation généalogique de la maison *de Castet, pour la branche de La-Boulbène*, établie à Rieux, à Ox, et dans la plaine du Port-au-Prince, à Saint-Domingue, avec d'autant plus de raison, que cette branche représente aujourd'hui et fait suite à celle de Miramont, dont le dernier mâle, ancien mousquetaire de la Garde du Roi, est mort en 1789, sans laisser d'enfants de son mariage avec noble demoiselle N. *de Touille-du-Gabé*, et cela en attendant que nous ayons reçu les renseignements suffisants pour toutes les autres branches qui composent cette maison.

I. Raimond DE CASTET, seigneur de la vallée de Biros, de Castillon, Miramont, Sor, et autres fiefs nobles, mourut en 1500. D'après les preuves faites par Joseph-Amable de Castet-La-Boulbène, pour sa réception aux Pages du Roi, en 1746, noble Raymond de Castet avait épousé Henriette de Comminges, fille au vicomte de Péguilhan, branche cadette des souverains de Comminges. De ce mariage vint :

II. Vital DE CASTET, seigneur de la vallée de Biros, de Castillon, Miramont, Sor, et autres lieux. Il donna procuration à Azémar de Castet son fils, pour, en son nom, rendre foi et hommage au Roi (François I^er^), comme comte de Comminges, des seigneuries de Miramont, de la sixième partie de la vallée de Biros, la quarte partie du consulat de Castillon, à toute justice haute, moyenne et basse, et pour certaines oublies, rentes, censives et terres nobles qu'il tenait tant au consulat de Cappens, que Castillon, Bathelongue, Biros et Bethmale, lequel hommage fut rendu le 16 septembre 1541, pardevant Antoine de Rochechouart, baron de Faudouas, sénéchal de Toulouse et Albigeois, lieutenant du Roi. (Il tenait la seigneurie de la vallée de Biros et celle de Castillon en parité avec les vicomtes de Péguilhan, de la maison de Comminges.) Il testa le 17 septembre 1538, pardevant Grilhon, notaire à Dalmazan. Il avait épousé Charlotte de Méritens, fille au seigneur de Rosez. De ce mariage vinrent :

1.° *Raymond Bertrand*, qui épousa *Catherine de Roquemaurel*. En lui commença la branche aînée de *Castet-Biros*.

2.° Azémar ou Adhémar, dont l'article suit, qui commença la branche de *Castet-Miramont.*

III. Azémar ou Adhémar DE CASTET, seigneur de Miramont, de Castillon et autres fiefs. Il rendit hommage au Roi comme comte de Comminges, au nom de noble Vital de Castet son père, le 11 septembre 1541. Il acheta du vicomte de Péguilhan sa part de la seigneurie de Castillon, pour la réunir à la sienne, comme il est prouvé par son testament, passé le 12 mai 1550, par A. Sarrauta, notaire à Cazères. Ses exécuteurs testamentaires furent : Noble Rogier de Méritens, seigneur de Rozez ; et noble Jean de Marsolier, seigneur du Ceste. Il avait épousé noble Jeanne de Marsolier. De ce mariage vinrent :

1.° Joseph, seigneur de Saint-Valentin ;
2.° Rogier ;
3.° Claude, dont l'article suit ;
4.° François ;
5.° Catherine.

IV. Claude DE CASTET, seigneur de Miramont et autres lieux, commandant les troupes du Roi de Navarre dans le comté de Foix, gouverneur particulier de la place du Mas-d'Azil, et pourvu du commandement du château de Camarade par lettres scellées du grand sceau, du 22 septembre 1576. Il fut honoré d'une lettre d'Henri IV, du 9 février 1570, qui le dit son bon ami. Il testa le 21 novembre 1583, pardevant M. Ribayran, notaire à Saint-Lizier, en présence de noble Nicolas de Comminges, seigneur de Montlaur, vicomte de Péguilhan, son beau-frère ; et noble Jean de Casteras, seigneur de Saint-Blancat. Il avait épousé, par acte passé par Grilhon, notaire à Dalmazan, le 15 octobre 1574, Hélène de Sieuras, seconde fille à messire Pierre de Soulé, seigneur de Sieuras, gouverneur du comté de Foix, et chanbellan du Roi de Navarre. (Sa fille aînée, Jeanne de Sieuras, épousa, l'an 1580, Nicolas de Comminges, vicomte de Péguilhan, chevalier des ordres du Roi.) De ce mariage vinrent :

1.° Pierre, qui continua la branche de Miramont ;
2.° Jacques de Castet ;
3.° Jean, dont l'article suit :

V. Jean DE CASTET, seigneur de Méras, fut cornette dans la compagnie du seigneur de Léran, comme le prouve le certificat de ses services du 25 novembre 1641. Il testa le 10 septembre 1654, pardevant Dupias, notaire de la ville des Bordes. Il avait épousé, le 17 janvier 1631, par contrat passé par Bernard, notaire des Bordes, Suzanne de Léran, fille à messire Dodoun de Lévi-Léran, gouverneur du pays de Foix. De ce mariage vinrent :

1.° Pierre, dont l'article suit, qui prit le nom de La-Boulbène ;
2.° Jean-Paul, qui épousa par contrat passé par La-Tapie, notaire au Carla en Foix, le 11 juin 1666, Isabeau de Comminges-Sieuras, dont le rameau retint le nom de Méras ;
3.° Suzanne.

VI. Pierre DE CASTET, Ier du nom, seigneur de La-Boulbène, capitaine d'infanterie, avait épousé, par acte passé par Duthil, notaire au Carla en Foix, le 4 janvier 1641, Catherine de Cazals. Il fut assisté dans son mariage par noble Jean de Castet, seigneur de Méras, son père, et par Pierre de Castet, seigneur de Miramont, son oncle ; ladite demoiselle de Cazals assistée par noble Jean de Cazals, son oncle paternel, et par noble Nicolas de Comminges, son oncle maternel. De ce mariage vinrent :

1.° Jean de Castet, cornette de cavalerie, qui épousa, par contrat du 21 février 1686, noble Gérarde-Catherine de Roquefort, seigneuresse de Fossat en Foix. Il ne laissa qu'une fille ;
2.° Pierre, IIe du nom, dont l'article suit ;
3.° Jean-Paul, capitaine de cavalerie, tué à la bataille de Trèves, sous le maréchal de Créqui ;
4.° Nicolas, lieutenant au régiment du Roi, tué au siége de Maestricht ;
5.° Jacques, passé au service d'Autriche, où il servit avec distinction en qualité de colonel, sous le prince Eugène de Savoie.

VII. Pierre DE CASTET, IIe du nom, seigneur de La-Boulbène et de Saint-Genés, fut assigné avec ses frères pour présenter ses titres de noblesse, et leur validité fut confirmée par arrêt du 12 juillet 1698. Il fut d'abord lieutenant de la compagnie de *Clermont*, dans le régiment de cavalerie de Dalmain, et fut blessé au siége de Maestricht; il passa ensuite à la tête d'un régiment actif de milices de son pays, qui servit avec distinction dans les guerres de la succession d'Espagne, sous les ordres du maréchal de Noailles. *M. le duc de Gesvres, dans sa lettre du* 25 *juillet* 1691, *le qualifie de cousin et de commandant des troupes en Languedoc.* Il fit abjuration de la religion prétendue réformée dans la cathédrale de Rieux, entre les mains de l'évêque. Il épousa, par acte du 6 février 1685, passé par Labernardie, notaire de Rieux, *Françoise de Gavarret*, fille à feu noble Simon de Gavarret, seigneur de Clarette, et de demoiselle Catherine de Vigier. Il fut assisté dans ce mariage par noble Jean de Fauré de Niac, seigneur de Massabrac, son cousin-germain ; et ladite demoiselle de Gavarret, de noble Jean-Jacques de Gavarret, son oncle. (La maison de Gavarret, issue des anciens vicomtes de Gabardan, a donné, entre autres grands personnages, Sicar de Gavarret, grand prieur de Malte, au grand prieuré de Toulouse, en 1331 ; et le marquis de Gavarret, lieutenant-général des armées navales, commandant-général, sous Louis-le-Grand, des îles françaises d'Amérique, au vent et sous le vent.) De ce mariage vint :

VIII. Pierre-Louis de Castet, sieur de La-Boulbène, nommé lieutenant de la compagnie de Mouchy, dans le régiment de cavalerie de Vaudémont, le 22 novembre 1721. Il épousa, le 20 octobre 1724, dans le château seigneurial de Lastronques près Lézat en Foix, par acte passé par Barthe, notaire, *Marie-Appolonie de Gavarret*, de la même maison que sa mère, fille légitime de feu noble Jean-Rogier de Gavarret, sieur du Cambou, co-seigneur des lieux de Saint-Léon et Caussidières en Lauragais, et de demoiselle Françoise de Trébos. Ledit Pierre-Louis, assisté par noble Pierre de Castet, son père, et de messire Jean-Jacques de Gavarret, son oncle maternel ; et ladite Marie-Appolonie, assistée de messire Roger de Comminges, seigneur de Lastronques et autres lieux, de dame Jeanne-Honorée de Canals, épouse de messire Roger, ses oncle et tante, de noble Giles-François de Gavarret, co-seigneur des lieux de Saint-Léon et Caussidières, de Jean-François de Gavarret, chevalier de Cambou, ses frères, et de noble Arnaud de Durand, sieur de Nougarède, son oncle. De ce mariage vinrent :

1.° Joseph-Amable, dont l'article suit ;

2.° Pierre-Louis, dit le chevalier de Castet, brigadier des gardes-du-corps du roi, dans la compagnie écossaise, chevalier de Saint-Louis, mort pendant son émigration en 1795. Il avait épousé en 1784, demoiselle Marie-Pétronille de Cazeneuve, d'une noble et ancienne maison du pays de Foix, venue d'Espagne, en France et qui vers 1300, avait donné un évêque d'Elne. Il n'a laissé qu'une fille (Adèle);

3.° Honoré de Castet;

4.° Marie-Jeanne de Castet.

IX. Joseph-Amable de Castet, sieur de La-Boulbène, page de Louis XV, suivit le roi en cette qualité dans les campagnes de Flandres, assista aux batailles de Rocoux et de Lawfeld, pour lesquelles le roi, en considération de sa bonne conduite, lui fit délivrer une épée par le sieur Antoine son porte-arquebuse. Il passa capitaine dans le régiment de cavalerie de du Blaizel, par brevet du 1er juin 1753; il mourut le 29 mai 1789. Il avait épousé le 15 mars 1768, par acte passé par Cabissol, notaire à Toulouse, demoiselle Marie de Lézat-Brugniac-Marquefave, fille de noble Jean de Lézat-Brugniac baron de Marquefave, et de Françoise de Rachetin. Cette maison de Lézat a fourni un grand nombre de chevaliers à l'ordre de Malte, et possédait de temps immémorial le château de Brugniac, et la terre de Marquefave, qu'elle tenait en parité avec les comtes de Comminges et les rois de Navarre. Le père de Françoise de Rachetin avait épousé une demoiselle de Borderia, la dernière d'une noble et ancienne famille, qui a donné beaucoup d'excellents serviteurs de la couronne, et entre autres noble Jean-Jacques de Borderia, chevalier, gouverneur de Milhaud, chancelier de la reine Marguerite, chevalier des ordres du roi, mort en 1572. De ce mariage vinrent:

1.° Jacques-Rose-Honoré, dont l'article suit;

2.° Pierre-Louis, dit le chevalier de Castet, tué en Hollande en 1795, dans la retraite du duc d'Yorck, étant chasseur-noble dans la légion émigrée de la Châtre, soldée par l'Angleterre. Il avait fait la campagne de 1792, à l'armée royale du centre, sous les ordres des princes frères de Louis XVI, dans le corps des chevaliers de l'institution de Saint-Louis, commandé par le comte de Vergennes;

3.° Jean-Théodore de Ferreri, mort à Chelsea, près Londres, en 1794, des blessures qu'il avait reçues à la défense de Nieuport dans la West-Flandres, servant en qualité de chasseur-noble dans la légion émigrée de la Châtre. Il avait fait la campagne de 1792, à l'armée royale du centre, dans le corps de la coalition des gentilshommes du Languedoc;

4.° Joseph-Michel-Anne, sieur de Borderie, mort à Ox, en 1806.

X. Jacques-Rose-Honoré de Castet, sieur de la Boulbène, chevalier, né à Rieux, évêché du Haut-Languedoc, le 29 décembre 1768, maintenant chef d'escadron attaché à l'état-major-général de la dixième division militaire à Toulouse, a été élevé à l'école royale et militaire de Sorèze. Il suivit dans la révolution les princes français frères de Louis XVI, qu'il rejoignit à Coblentz, en 1791. Il y servit la cause du roi pendant huit campagnes dans les armées alliées, depuis le rang de simple chasseur-noble dans la légion émigrée de La Châtre, jusqu'au grade de lieutenant-colonel dans le régiment des chasseurs de la Reine, dont il fut revêtu à Saint-Domingue, dans l'armée anglaise, en 1797. Il fit la campagne de 1792, à l'armée du centre, sous les ordres de LL. AA. RR. frères du roi, en qualité d'agrégé aux gardes du corps du roi de la compagnie écossaise, brigade du Blaisel, où son oncle le chevalier de Castet, servait en qualité de brigadier. Il a été dépouillé de son patrimoine, confisqué et vendu à cause de de son émigration. Il a épousé au Port-au-Prince, île Saint-Domingue, par contrat du 7 décembre 1797, passé par Bernanofe, notaire, demoiselle Bonne-Renée-Madeleine-Louise Le Meilleur, fille légitime de messire Jacques-Vincent Le Meilleur, en son vivant propriétaire dans la paroisse de la Croix-des-Bouquets, capitaine des milices, chevalier de Saint-Louis, d'une ancienne famille de Bretagne, qui se glorifie d'avoir donné à l'église un cardinal de ce nom, camerlingue de l'église romaine, en 1184; et de feue demoiselle Marthe-Louise O-Gorman, ancienne maison d'Irlande, sœur au comte Arnold-Victoire-Martin O-Gorman, colonel d'infanterie, député de Saint-Domingue aux états-généraux de 1789, et qui avant la révolution, était monté dans les carrosses du roi. Ledit Jacques-Rose-Honoré, assisté par le vicomte de La Jonquière, major de vaisseau, son allié, et de M. Conégliano, conseiller au conseil supérieur; et ladite demoiselle Bonne-Renée-Madeleine-Louise, assistée par messire François-Charles-Laurent-Nicolas Le Meilleur, ancien capitaine de milices, oncle et tuteur de la future épouse; messire Arnold-Victoire-Martin comte O-Gorman, commandant du régiment des chasseurs-royaux, commandant pour le roi de la Croix-des-Bouquets, oncle maternel de la future épouse; demoiselle Marthe-Joséphine-Ursule-Victoire Le Meilleur, mineure émancipée, sœur aînée de la future épouse ; dame Marie-Madeleine Le Meilleur, veuve de noble N. De Mun, tante paternelle de la future épouse ; messire Julien-Joseph De Pestre, colonel, commandant pour le roi la place du Port-au-Prince, et demoiselle Juliette de Mun son épouse, cousin et cousine de la future épouse ; Fr. G. Lecun, préfet apostolique, etc. De ce mariage sont venus :

1.° Pierre-François Armand, élève de l'école royale et militaire de Saint-Cyr, né au Port-au-Prince, île Saint-Domingue, le 29 juin 1799 ;

2.° Jacques-Joseph-Alfred, élève du lycée royal de Versailles né à la Havane, île de Cuba, le 17 février 1804 ;

3.° Pierre, né à Paris, le 17 octobre 1806.

4.° François-Marie-Tancrède, né à Toulouse, le 27 août 1815 ;

5.° Ursule-Céleste, née au Port-au-Prince, île Saint-Domingue, le 22 octobre 1801.

*Lettre de MM. les commissaires de la noblesse de Languedoc, émigrée en Allemagne, à M. de Lastet-la-Boulbène (alors à Mayence).*

Lorck, sur le Rhin, vis-à-vis Bauharrat, le 7 juillet 1792.

Monsieur,

La noblesse de Languedoc, qui vient de se réunir sous les ordres de M. le maréchal de Castries, jalouse de soutenir la gloire d'une province distinguée depuis tant de siècles, par son amour et sa fidélité pour ses rois, se flatte que vous vous ferez un plaisir de venir augmenter le nombre des gentilshommes de cette province, réunis au cantonnement de Lorck, et prendre dans une des compagnies d'infanterie ou de cavalerie le rang qui vous y est assigné par le réglement des princes.

Elle vous prie de communiquer cette invitation à tous les gentilshommes de la province, qui se trouvent à portée de vous.

Signés, { Le maréchal de Castries.
Le comte de Toulouse, Lautrec.
Le marquis Dulac.
Le marquis de Panat.
Le marquis de Lajonquière.

Et M. de Castet-la-Boulbène,

*Armes :* « De gueules, au château à trois tours d'argent, » maçonné, ouvert et ajouté de sable; au chef d'or chargé » de deux corneilles affrontées du troisième émail, bec- » quées et membrées du champ. »

---

CUMONT (DE), maison ancienne, originaire du Périgord, divisée en plusieurs branches, répandues dans la Saintonge, le Poitou et l'Anjou.

I. Raimond DE CUMONT, I$^{er}$ du nom, chevalier, seigneur de Salleboeuf, vivant en 1330, commanda cinquante hommes d'armes pour le service du roi de France, contre les Anglais, auxquels il fit toujours la guerre. Il fut fait prisonnier et conduit au château de Fronsac, où il fut retenu quelque temps; ses biens ayant été pillés, Philippe de Valois, roi de France, par ses lettres patentes de l'année 1336, enjoignit au sénéchal de Saint-Jean-d'Angély et au capitaine de Saintes, de prêter main-forte audit sieur Raimond de Cumont, pour le remettre en possession de son château, d'où les Anglais l'avaient chassé avec son fils. Il avait épousé Charlotte de Faige, dont il eut :

II. Patrice DE CUMONT, I$^{er}$ du nom, chevalier, seigneur de Salleboeuf, qui remit la ville de Saint-Jean-d'Angély sous l'autorité du roi de France, en s'emparant de cette ville sur les Anglais, à la tête des habitants et de quelques troupes, en 1372, après un long et sanglant combat, où Patrice de Cumont fut si grièvement blessé, qu'il en mourut quelques jours après. Il laissa de son mariage avec Jacquette de la Personne :

III. Raimond DE CUMONT, II$^{e}$ du nom, écuyer, seigneur de Forgettes, qui fut élu maire de la ville de Saint-Jean-d'Angély, par l'invitation que lui en firent les habitants de cette ville, en 1397 et 1405. Il épousa Marguerite de Tutessant, fille de Guillaume de Tutessant, chevalier, seigneur de la Jarrie. Elle apporta en dot à son mari les seigneuries de Guillaume et de la Jourdinière. De ce mariage vint :

VI. Hugues DE CUMONT, Ier du nom, écuyer, seigneur de Forgettes, de Courjon et de la Jourdinière, qui épousa Béatrix de l'Étang, dame de Chantemerlière, et acquit la seigneurie de Vaussay en 1430. Il imita son père et son aïeul dans l'affection qu'il porta aux habitants de Saint-Jean-d'Angély, et fut maire de cette ville en 1440. Et la même année, il eut de son mariage :

V. Jean DE CUMONT, Ier du nom, écuyer, seigneur de Vaussay, de Chantemerlière, de Fief-Brun, de la Jourdinière, de Courjon et Forgettes, maire de Saint-Jean-d'Angély, ès années 1451, 1457 et 1463. Il rendit hommage au comte de Taillebourg, en 1462, et eut de son mariage avec Andrée Aufray :

1.° Elie, dont l'article suit ;
2.° Pierre de Cumont ;
3.° Jean de Cumont, bénédictin.

VI. Elie DE CUMONT, écuyer, seigneur de Vaussay, de Fief-Brun, de Chantemerlière, de Forgettes, de Courjon, etc., conseiller du roi, lieutenant particulier, à Saint-Jean-d'Angély, fut maire de cette ville en 1491. Il épousa Perrine Massé, dont il eut ;

1.° Patrice, dont l'article suit ;
2.° Jean, auteur de la cinquième branche, rapportée en son lieu ;
3.° Guillaume de Cumont, seigneur de la Jourdinière, lieutenant-général d'Angoumois.

VII. Patrice DE CUMONT, IIe du nom, écuyer, seigneur de Chantemerlière, épousa Louise de Livron, dont sont issus :

1.° Pardoux, dont l'article suit ;
2.° Placide de Cumont, écuyer, seigneur de Pierrebrune, marié avec Françoise Arthus. Il fut père de Joachim de Cumont, écuyer, seigneur de Maisonhaute ; marié, par contrat du 20 octobre 1601, avec Madeleine de Vivonne, d'une des plus anciennes maisons du Poitou, fille de Tobie de Vivonne, écuyer, seigneur d'Iteuil, et de Madeleine Coutel. Leur postérité n'est pas connue ;
3.° Joachim de Cumont.

VIII. Pardoux DE CUMONT, écuyer, seigneur de Chantemerlière, épousa Jeanne de Beauchamp-de-Savigny, et en eut :

1.° Hilaire, dont l'article suit ;

2.° Jean de Cumont, qui fonde la troisième branche, rapportée en son lieu ;

3.° David de Cumont, écuyer, sieur de Clion.

IX. Hilaire de Cumont, chevalier, seigneur de Chantemerlière, épousa Anne de Livenne-de-Verdilles, d'une ancienne famille du Poitou, dont sont issus :

1.° Jean, dont l'article suit ;

2.° Louis de Cumont, auteur de la seconde branche, rapportée ci-après.

X. Jean de Cumont, II$^{e}$ du nom, écuyer, seigneur de Chantemerlière, épousa Françoise Rousseau ; il eut de ce mariage :

1.° Hélie de Cumont, seigneur de Chantemerlière, mort sans enfants, de Jeanne d'Isle, sa femme ;

2.° Louis, dont l'article suit :

XI. Louis de Cumont, écuyer, seigneur des Tannières, épousa Louise-Maschinet, dont il eut :

XII. Jean de Cumont, III$^{e}$ du nom, écuyer, seigneur des Etières, marié avec Marguerite de Raimond, qui le fit père de :

XIII. Jacques de Cumont, seigneur des Etières, exempt des gardes-du-corps du roi, mort sans postérité.

*Seconde branche.*

X. Louis de Cumont, écuyer, seigneur de Puymarteau, second fils d'Hilaire de Cumont, chevalier, seigneur de Chantemerlière, et d'Anne de Livenne-de-Verdilles, épousa Hélène de Cumont, sa cousine, dont il eut :

XI. René de Cumont, I$^{er}$ du nom, écuyer, seigneur de Fief-Brun, lieutenant particulier et maire de Saint-Jean d'Angély, qui épousa Renée de Laire, et en eut :

1.° Gabriel, dont l'article suit ;

2.° Hyppolite de Cumont, mariée, par contrat du 19 septembre 1644, à Jérôme de Gondy, III$^{e}$ du nom, baron de Codun, capitaine de chevau-légers, fils de Jean-Baptiste de Gondy, chevalier de l'ordre du roi, gentilhomme ordinaire de sa chambre, puis conseiller d'état ; de la maison des ducs de Retz, pair de France, originaire de Florence, et de Polixène de Rossi.

XII. Gabriel de Cumont, écuyer, seigneur de Fief-Brun, épousa Charlotte Pellerin. Ses enfants furent :

1.° René, dont l'article suit;

2.° Madeleine de Cumont, mariée en 1707, à Jean de Salignac-de-la-Motte-Fénélon, d'une ancienne maison du Périgord, dont postérité :

XIII. René DE CUMONT, II^e du nom, seigneur de Fief-Brun, épousa Marie Gigon, dont il eut :

XIV. René-Benjamin DE CUMONT, chevalier, seigneur de Luchet, qui laissa de Suzanne de Malveau, sa femme :

1.° François-René, ⎫
2.° Jean-Gabriel, ⎬ morts sans postérité.
3.° François de Cumont, ⎭

4.° Angélique, religieuse à Puyberland;

5.° Suzanne-Françoise de Cumont ;

6.° Françoise de Cumont, mariée, en 1767, à N .... des Prés-de-Montpezat ;

7.° Charlotte de Cumont, mariée, en 17.., à N .... de Condé.

*Troisième branche.*

IX. Jean DE CUMONT, II^e du nom, écuyer, seigneur de Pansacre, second fils de Pardoux de Cumont, écuyer, seigneur de Chantemerlière, et de Jeanne de Beauchamp, épousa Claire de Robert, dont il eut :

X. Jean DE CUMONT, III^e du nom, écuyer, seigneur de Pansacre, marié avec Unixe Gohaut, dont sont issus :

1.° David, qui suit ;

2.° Thimotée, auteur de la quatrième branche rapportée ci-après.

XI. David DE CUMONT, écuyer, seigneur du Taillant, épousa Suzanne de Cumont, sa cousine, et en eut :

1.° David de Cumont, seigneur du Taillant, mort sans postérité ;

2.° Eraste, dont l'article suit :

XII. Eraste DE CUMONT, écuyer, seigneur de Longchamps, qui épousa Marie Esse, dont il n'eut que trois filles :

1.° Madeleine de Cumont ;

2.° Marie de Cumont;

3.° Jeanne de Cumont.

*Quatrième branche.*

XI. Thimotée DE CUMONT, écuyer, seigneur des Masselières, co-seigneur du Taillant, second fils de Jean de Cumont, III du nom, et d'Unixe Gohaut, épousa Marie de Rabaine, d'une ancienne maison de Saintonge, fille de de Paul de Rabaine, Ier du nom, seigneur de Tanzac et d'Usson, et de Diane de Stuern, dont il eut :

XII. Robaine-Gohaut DE CUMONT, écuyer, seigneur de Charmelevil, qui épousa, 1.° Madeleine de la Porte-aux-Loups, dont il n'eut point d'enfants; 2.° Judith Peaune, qui le rendit père de :

1.° Alexandre, mort au service sans avoir été marié ;
2.° Benjamin de Cumont ;
3.° Jean-Thimotée, dont l'article suit ;
4.° Anne-Paul, mort au service sans avoir été marié ;
5.° Marie de Cumont ;
6.° Marie-Anne de Cumont ;
7.° Benjamine-Judith de Cumont.

XIII. Jean-Thimotée DE CUMONT, chevalier, officier de la marine royale, épousa, par contrat reçu par Châteauneuf, notaire royal, le 3 septembre 1727, Susanne de Beaupoil de Saint-Aulaire, dont sont issus quatre garçons et deux filles, entre autres :

1.° Marc-Antoine, marquis de Cumont, mort en émigration, chevalier de l'ordre royal et militaire de Saint-Louis, major d'infanterie, et ayant commandé en second, la compagnie de la noblesse de Saintonge. Il avait épousé; 1.° en 1762, Hyppolite de la Barre ; 2.° en 1781, Marie-Félicité de Gombault ; ses enfants furent :

du premier lit :

a. Marie-Suzanne-Hyppolite de Cumont, mariée à M. de la Garigue, officier de la marine royale, mort à Quiberon ;

du second lit :

b. Joseph-Marc-Antoine-Thimotée, marquis de Cumont, qui est entré dans la marine, a fait plusieurs campagnes, a été plusieurs années prisonnier en Angleterre, et n'a dû sa liberté qu'au retour du roi en France. Il est aujourd'hui établi en Saintonge, et marié ;
c. Léopold de Cumont, élève à l'École militaire, mort capitaine de hussards, des suites de la campagne de Moskou ;

d Une demoiselle ;

2.° Charles, dont l'article suit ;

3.° Angélique de Cumont, mariée, en 1751, à Charles de Vallée, seigneur de Monsanson.

XIV. Charles, chevalier DE CUMONT, a servi dans la marine royale, et est mort en 1813, chevalier de l'ordre royal et militaire de Saint-Louis. Il avait épousé, par contrat du 6 septembre 1763, Jeanne-Marie-Modeste de Cumont, sa cousine, fille de Christophe-Louis-Henri de Cumont, seigneur de Froidefond, et de N... de Monteclcr. Il a laissé de son mariage :

XV. Louis-Thimotée-Charles-François, comte DE CUMONT, entré page de la petite écurie du roi en 1781, sous-lieutenant au régiment de Royal-Cravattes, cavalerie, le 23 décembre 1782. Il a émigré en 1791, a été nommé officier supérieur des hommes d'armes à cheval, commandés par M. le marquis d'Autichamp, et a fait dans ce corps les campagnes de 1792 et 1793 au siége de Maëstricht. Rentré en France, toujours fidèle au roi, il a attendu l'occasion de lui prouver son dévouement ; et dès l'arrivée de MONSIEUR, comte d'Artois, il est entré dans la garde à cheval de Paris, sous les ordres de M. le comte Charles de Damas, où il a été nommé capitaine, et fait chevalier de l'ordre royal et militaire de Saint-Louis, le 26 octobre 1814, il est lieutenant-colonel à prendre rang de 1791. Il a épousé, 1.° par contrat du 26 avril 1790, Anne-Marie-Adélaïde-Victoire le Grand-de-Marizy, fille du grand-maître des eaux et forêts de Bourgogne, Franche-Comté et Alsace ; 2.° en 1813, N... de Douhet de Fontette, veuve du comte de Vallon d'Ambrugeac. Du premier lit sont issus :

1.° Amédée, vicomte de Cumont, marié avec mademoiselle de la Tullaye, fille de l'ancien procureur-général de la chambre des comptes de Bretagne ;

2.° Sostène de Cumont, entré en 1814 dans les chevau-légers de la garde du roi ; il a fait en 1815, la campagne de trois mois dans l'armée royale, sous les ordres de M. le général d'Andigné, où il a obtenu le brevet de capitaine ; il est aujourd'hui sous-lieutenant, avec rang de lieutenant, dans le second régiment des cuirassiers de la garde royale ;

3.° Théophile de Cumont, garde-du-corps, surnuméraire dans la compagnie d'Havré.

*Cinquième branche.*

VII. Jean de Cumont, II$^{e}$ du nom, écuyer, seigneur de Fief-Brun et de Vaussay, second fils d'Élie de Cumont, chevalier, seigneur de Vaussay, et de Perrine Mascé, fut maire de Saint-Jean-d'Angély en 1526 ; épousa Catherine Brosset, dont il eut :

VIII. Christophe de Cumont, écuyer, seigneur de Fief-Brun, maire de Saint-Jean-d'Angély, en 1537, et lieutenant particulier du sénéchal, marié avec Françoise d'Aguesseau, qui le rendit père d'

IX. Olivier de Cumont, chevalier, seigneur de Fief-Brun et de Vaussay, maire de Saint-Jean-d'Angély, en 1560 et 1561, lieutenant particulier du sénéchal. Il épousa Mathurine Tesseron, dont est issu :

X. René de Cumont, I$^{er}$ du nom, chevalier, seigneur de Fief-Brun, de Vaussay, de la Barbotière et de Pluviault, conseiller d'état, mort en 1633 ; avait épousé 1.° Marie Marois de Saint-Vivien ; 2.° Suzanne Prévost de Saint-Cyr, fille de Guillaume Prévost de Saint-Cyr, écuyer, seigneur de Moulins-sur-Charente et Saint-Germain, et de Françoise Aubelin de la Rivière ; 3.° Renée Ribier des Bourdinières ; 4.° Madeleine de Montberon, fille de Christophe de Montberon, seigneur de la Crignolée, des Pierriauts, etc., d'une des plus anciennes maisons de l'Angoumois, et de N.... Pluveau-Cleveau ; 5.° Marie d'Auton. Ses enfants furent :

Du premier lit :

1.° Benjamin de Cumont, seigneur de Vassé et de Fief-Brun, marié avec Suzanne Hotman, fille de Jean Hotman, seigneur de Villiers-Saint-Pol, conseiller de Henri de Bourbon, roi de Navarre, depuis Henri IV, maître des requêtes de son hôtel, et de Jeanne de Saint-Martin-du-Vuvigne ;

2.° Louise de Cumont ;

Du second lit :

3.° Abimélech de Cumont, conseiller au parlement, marié avec Anne Guillemane ;

4.° René de Cumont, seigneur des Bourdinières, marié avec Hélène de Cumont, sa cousine ;

Du quatrième lit :

5.° Jean, dont l'article suit ;

Du cinquième lit :

6.° Marguerite de Cumont, religieuse à l'abbaye de Sainte-Croix de Poitiers.

XI. Jean DE CUMONT, III$^{e}$ du nom, écuyer, seigneur de la Barbotière, épousa Suzanne de Linières, dont est issu :

XII. René DE CUMONT, II$^{e}$ du nom, écuyer, seigneur de la Barbotière, mariée avec Clorine de Cumont, sa cousine.

*Sixième branche.*

V. Gilles DE CUMONT, chevalier, second fils de Hugues de Cumont, chevalier, second fils de Vaussay, de Chantemerlière, etc., et de Béatrix de l'Etang, épousa Perrine du Tillac, et ne vivait plus, ainsi que sa femme, le 2 avril 1484. Leurs enfants furent :

1.° Pierre, écuyer, seigneur de la Choletière ;
2.° Georges, dont l'article suit :

VI. Georges DE CUMONT, écuyer, seigneur de Saint-Philbert, partagea avec Pierre de Cumont, écuyer, seigneur de la Choletière, son frère aîné, les biens de leurs père et mère, le 2 avril 1484. Il épousa en 1504, Françoise Pionneau, qui le rendit père de :

VII. Antoine DE CUMONT, écuyer, seigneur de Saint-Philbert et de la Choletière, marié avec N.... de Richetot, dont est issu :

VIII. Jean DE CUMONT, I$^{er}$ du nom, écuyer, seigneur de la Choletière, qui épousa par contrat du 17 janvier 1600, Marguerite Boureau, et en eut :

IX. Jean DE CUMONT, II$^{e}$ du nom, écuyer, sieur de Poislière, qui fut maintenu dans sa noblesse par ordonnance de M. Amelot de Chaillou, maître des requêtes et commissaire départi dans la généralité de Poitou, du 6 septembre 1624, et ne vivait plus le 3 août 1667. Il avait épousé, par contrat du 2 mai 1618, Florence de la Grue, fille d'Hercule de la Grue, écuyer sieur du Buisson, et de René Guerin. Leurs enfants furent :

1.° René, dont l'article suit ;
2.° Mathurin de Cumont, sieur de la Guerinière ;
3.° Jean de Cumont, écuyer, sieur de Poislière.

X. René DE CUMONT, écuyer, seigneur du Buisson, partagea, par acte du 9 août 1667, avec Mathurin et Jean de Cumont, ses frères puînés, les biens qui leur étaient échus par la mort de Jean de Cumont, II$^{e}$ du nom, leur père, et fut maintenu dans sa noblesse, par ordonnance de M. Barentin, commissaire départi dans la généralité de Poitiers, du 3 septembre de la même année. Il épousa, par contrat du 7 janvier 1670, Madelaine du Puis-Bacher, fille de François du Puis, écuyer, seigneur du Puis, et de Froidefond, et de Marguerite de Lorme. De ce mariage est issu :

XI. Henri-Alexandre DE CUMONT, écuyer, seigneur du Puis et de Froidefond, au Maine, marié, par contrat du 5 juillet 1694, avec Jeanne Reverdi, fille de Philippe Reverdi, seigneur de Marcé, et de Suzanne d'Andigné. De ce mariage sont issus :

1.° Christophe-Louis-Henri, dont l'article suit ;

2.° Jean-Charles-Marie de Cumont, seigneur de Marcé, marié avec Marie-Madeleine Renon, dont il eut Jean-Charles de Cumont, écuyer, seigneur du Pruina, qui épousa en 17.., N.... de Saint-Pères, dont sont issus 1.° Christophe, mort en émigration à l'armée de Condé; 2.° Thimotée, marié avec N.... de Maillé ;

3.° François-Louis-Auguste de Cumont, commandeur de l'ordre de Saint-Jean-de-Jérusalem;

4.° Joseph-Meliton de Cumont, marié, par contrat du 2 mars 1756, avec Marie-Anne-Eulalie Gazeau, dont il a eu N... de Cumont, seigneur du Buisson, marié en 17.. avec N... de Barbezieres; de ce mariage est isssu un fils unique, capitaine au quatrième régiment de dragons ;

5.° Marie-Jeanne-Catherine de Cumont, mariée en 1719, avec Charles-Louis-François de Valory, seigneur de Lecé ;

6.° Marthe-Suzanne-Elisabeth de Cumont ;

7.° Louise-Madeleine-Henriette de Cumont, religieuse au Ronceray, à Angers.

XII. Christophe-Louis-Henri DE CUMONT, écuyer, seigneur du Puis et de Froidefond, né le 8 septembre 1695, fut reçu page du roi dans sa grande écurie, le 30 avril 1711, par ses preuves faites au cabinet des ordres de S. M. Il épousa, en 1722, demoiselle N... de Montecler, sœur de Joseph-François, marquis de Montecler, au Maine, et en eut:

1.° Hyacinthe, dont l'article suit:

2.° Jeanne-Marie-Aimée de Cumont ;

3.° Jeanne-Marie-Modeste de Cumont, mariée, par contrat du 6 septembre 1763, à Charles de Cumont, son cousin, fils de Jean-Thimotée de Cumont, chevalier, et de Suzanne de Beaupoil de Saint-Aulaire ;

4.° Anne-Henriette-Thérèse de Cumont, religieuse à l'Abbaye du Ronceray, à Angers,

XIII. Hyacinthe de Cumont, a épousé, en 1745, demoiselle N..., du Boul-de-Ceintré.

*Armes :* « d'azur, à la croix pattée d'argent ».

---

ARNAULD, famille originaire d'Auvergne, divisée en plusieurs branches, dont la plus ancienne qui est celle des d'Arnauld de Pomponne et d'Andilly, est éteinte ; une autre, qui s'est de nouveau subdivisée en deux rameaux, est représentée de nos jours, savoir :

*Branche d'Arnauld de la Ronzière.*

Charles-Guillaume Arnauld, écuyer, seigneur de la Ronzière, et de Chamasergues, chevalier de l'ordre royal et militaire de Saint-Louis, ancien capitaine au régiment d'Hainault; il a épousé damoiselle Rose de Vauchaussade-de-Chaumont, fille de haut et puissant seigneur N... de Vauchaussade, baron de Brousse, et de Marguerite de la Chapelle. De ce mariage sont issus :

1.° Pierre-Auguste Arnauld de la Ronzière, écuyer, officier de cavalerie, marié avec Marie-Rose de Ginestoux, fille de François, vicomte de Ginestoux, seigneur de Venise et autres lieux, et de Maric Coichon. De ce mariage sont nés :
a Joseph Arnauld de la Ronzière ;
b Marie-Charlotte Arnauld de la Ronzière ;

2.° Marguerite-Victoire Arnauld de la Ronzière ;

3.° Elisabeth-Jules Arnauld de la Ronzière ;

4.° Rosalie Arnauld de la Ronzière, mariée à M. le comte d'Antil, à Saint-Flour.

*Branche d'Arnauld d'Artonne.*

Charles-Gilbert Arnauld d'Artonne, écuyer, membre du collége électoral du département du Puy-de-Dôme, fils de Pierre-Gilbert Arnauld, écuyer, ancien chevalier de l'ordre royal et militaire de Saint-Louis, et capitaine au régiment de Beauvaisis, et de dame Catherine de Chacaton, a épousé damoiselle de Champs de Blot, fille d'Antoine, comte de Champs, haut et puissant seigneur, et de damoiselle de Chauvigny, comtesse de Blot, dont sont issus :

1.° Jean-Baptiste-Gilbert-Alphonse Arnauld d'Artonne;
2.° Pauline, mariée à M. Ferrand de Fontorte, écuyer;
3.° Camille Arnauld d'Artonne.

Jean-Baptiste-Nicolas Arnauld d'Artonne, frère du précédent, écuyer, officier dans le régiment de Beauvoisis, a émigré en 1791, et est mort au champ d'honneur, dans l'armée de Condé, en 1794.

Jean-Baptiste-Gilbert ARNAULD DE PROUVEREL, écuyer, frère des deux précédents, chevalier de la Légion d'Honneur, par ordonnance du roi, du 6 janvier 1815, maire, et membre du collége électoral du département du Puy-de-Dôme, est le premier qui se soit empressé de faire élever, dès le mois de juin 1814, dans l'église de la ville d'Artonne, un monument à la mémoire du vertueux Louis XVI, avec une inscription analogue, pleine d'amour et de sentiment. Il a épousé Louise du Bouys, de laquelle sont issus :

1.° Jean-Baptiste-Adolphe Arnauld;
2.° Charles-Gilbert Arnauld, nommé élève de Saint-Cyr en 1816, par ordonnance du roi.

Anne-Laurence ARNAULD, sœur du précédent, mariée à M. Peydière de Vèze, écuyer.

Camille ARNAULD, sœur de la précédente, mariée à M. Touret, dont la famille a été entièrement victime de son amour pour son roi.

*Armes* : « d'azur, au chevron d'or, accompagné en chef » de deux palmes adossées, et en pointe d'un rocher de six » coupeaux, le tout du même. »

---

HERSARD ou HERSART. Le chef de cette famille passa d'Angleterre en Bretagne, vers la fin du douzième siècle, avec beaucoup d'autres seigneurs anglais, pour aider au duc Conan à reconquérir ses états. Il en obtint pour prix de ses services la charge de forestier de Lamballe, et une concession de terre en Plédéliac près cette ville, où il bâtit le château de la Hersadaye.

### *Branche de la Hersardaye.*

I. Geoffroi HERSARD, seigneur de la Hersardaye, forestier de Lamballe en 1250, était fils du précédent. Il remit par son testament aux religieux de Saint-Aubin le droit d'usage qu'il avait dans tous leurs bois ; de lui vint :

II. Guillaume Hersard, seigneur de la Hersardaye, forestier de Lamballe. Il confirma, en 1294, à l'abbaye de Saint-Aubin des-Bois la donation faite par son père. Ce degré et le précédent sont rapportés par *Dupaz*, Hist. généal. des seigneurs de la Hunaudaye ; de lui vinrent :

1.° Geoffroi Hersart ou Hersard, qu'on croit avoir aussi été seigneur de la Hersardaye dont la ligne est périe. Il ratifia à Lamballe, le 28 avril 1380, le traité de Guerrande, conclu entre Jean V, duc de Bretagne, et Charles le Sage, roi de France ;

2.° Alain Hersart, écuyer de la compagnie de Pierre de Tournemine se trouva au siége de Brest le 1er juin 1374 ;

3.° Guillaume Hersart, écuyer de la compagnie de Bertrand Du Guesclin, reçue à Pontorson le 1er mai 1371. Il a fondé la branche de la Villemarqué ci-après ;

4.° Jehan Hersart, seigneur du Val-Couronné, dont l'article suit.

*Branche du Val-Couronné.*

III. Jehan Hersart, seigneur du Val-Couronné, ratifia à Lamballe, le 28 août 1380, le traité de Guerrande. Il avait épousé, vers 1340, Jeanne Du Cambout, sœur de Gilbert Du Cambout, auteur de la maison de Coislin. V. le P. Anselme, et les registres de la chambre des comptes. De leur mariage vint :

IV. Roland Hersart, seigneur du Val-Couronné, fut un des écuyers de la compagnie du sire de la Hunaudaye, reçue à Thérouanne, le 28 septembre 1383. De lui vinrent :

1.° Guillaume, dont l'article suit ;

2.° Jehan Hersart, seigneur de Guerrisays, employé au rang des nobles de l'évêché de Saint-Brieuc en 1426 ;

3.° Catherine Hersart, dame de la chapelle, nommée aussi en cette réformation.

V. Guillaume Hersart, II du nom, seigneur du Val-Couronné, commanda dans sa jeunesse une compagnie d'écuyers dont la montre se fit à Croisse-les-Bourges, le 24 juin 1418 : se trouve compris au rang des nobles de Saint-

Brieuc, paroisse de Quintenic, en 1426. Il épousa vers 1422, Marie de Teille. De leur mariage vinrent :

1.° Gilles Hersart, dont l'article viendra ;
2.° Pierre Hersart, qui comparut aux montres générales de l'évêché de Saint-Brieuc en 1479 ;
3.° Marie Hersart, qui épousa, vers 1480, le seigneur de Robien.

VI. Gilles Hersart, seigneur du Val-Couronné, est nommé ainsi que son père dans un acte du 4 mai 1479. Il épousa Jeanne Rouxel de Coaillé. De ce mariage vinrent :

1.° Gilles, II^e du nom, dont l'article viendra ;
2.° Jehan Hersart ;
3.° Louise Hersart ;
4.° François Hersart ;

VII. Gilles Hersart, II^e du nom, seigneur du Val-Couronné, épousa, par contrat du 7 juin 1508, Marguerite Le Felle de Guébrian. De ce mariage vint :

VIII. Jehan Hersart, II^e du nom, seigneur du Val-Couronné. Il épousa, par contrat du 16 octobre 1527, Gillette Goyon de Matignon, sous l'autorité de Geoffroi de Saint-Meleuc son tuteur. Il fit, le 26 juillet 1519, désignation de son douaire à sa mère. De ce mariage vinrent :

1.° Jehan Hersart, seigneur du Val-Couronné, mort sans postérité ;
2.° Gábriel, seigneur de la Ville-Gicquel, mort sans postérité ;
3.° Michelle Hersart, héritière des biens de sa maison par le décès de ses frères, dame du Val-Couronné, de l'Ile-Aval, etc., épousa Jehan Bernard, seigneur de Béluvien, dont les descendants actuels sont : messieurs de La Rivière, de Luzignan, de La Fayette, de La Tour-Maubourg, etc. Michelle Hersart obtint, le 7 août 1583, une sauve-garde du marquis de Coëtquen, commandant en Bretagne pour le roi, pendant la ligue. Elle était veuve en 1585.

*Branche de la Villemarqué.*

III. Guillaume Hersart, II^e du nom, seigneur de la Villemarqué, suivant d'anciens mémoires de famille, se trouve au nombre des écuyers de la compagnie de Bertrand Du Guesclin, dont la montre se fit à Pontorson le 1^er mai 1371, et dans celle de Jean de Tournemine, sire de la Hunaudaye, reçue à Dinan le 24 août 1378. *Voyez Dom Morice, Hist. de Bretagne.* De son mariage vint :

IV. Jean Hersart, seigneur de la Villemarqué, est porté au rôle des écuyers de la compagnie de Guillaume de la Goublaye, reçue à Saint-Cloud le 13 novembre 1415, et de celle d'Olivier Guehenneuc, reçue à Croisses-les-Bourges le 25 juin 1418. Il fut maintenu au rang des nobles de l'évêché de Saint-Brieuc, paroisse de Henau-Biheu en 1427. De son mariage vint :

V. Robert Hersart, seigneur de la Villemarqué, suivant les registres de la chambre des comptes de Bretagne, existait en 1450. De son mariage vinrent :

1.° Bertrand Hersart dont l'article viendra ;

2.° Olivier Hersart.

VI. Bertrand Hersart, seigneur de la Villemarqué, maintenu au rang des nobles à la réformation de 1476, parut aux montres générales l'an 1483 en *Bricaudine, Salade, épée, Rouge-cheval.* De son mariage vinrent :

1.° Jehan, II^e^ du nom, dont l'article viendra ;

2.° Geoffroi Hersart, nommé dans un aveu de 1531, avec ses filles Isabeau et Louise.

VII. Jehan Hersart, II^e^ du nom, seigneur de la Villemarqué, est employé dans la réformation de l'an 1535, le 2 mars *maison et personne nobles,* susdite paroisse de Henau-Biheu. Il fournit aveu à la juridiction de Plancoët le 20 août 1572. Il avait épousé Louise Collas de la Baronnaye. De leur mariage vinrent :

1.° Jehan Hersart, seigneur de la Villemarqué, partagea ses cadets le 30 décembre 1559, et fit son testament le 19 mars 1603 ;

2.° Pierre Hersart, sieur des Préaux, né le 12 mars 1546 ;

3.° Charles Hersart, sieur de Saint-Briac, capitaine du château de Verdelay en 1560 ;

4.° Olivier Hersart, prêtre-recteur d'Erquy, fonda une messe à Henau-Biheu, par son testament le 23 septembre 1613 ;

5.° Gilles Hersart, seigneur de Long-Champ, dont l'article suit ;

6.° Françoise Hersart, dame de Saint-Briac.

VIII. Gilles Hersart, seigneur de Long-Champ, et puis de la Villemarqué, par le décès de ses aînés, épousa en 1605 Marguerite Bertho de Trémiliac, et fournit en 1621 aveu à la seigneurie de Saint-Dénoual. De ce mariage vinrent :

1.° François Hersart, dont l'article viendra ;

2.° Marie Hersart, née en 1609. Elle épousa Alain Ouyer, seigneur de Carsugal ;

3.° Louise Hersart, dame Du Ronceray, inhumée à Henau, dans l'enfeu de Villemarqué, le 5 septembre 1680 ;

4.° Adrien Hersart, né en 1620 ;

5.° Jacques Hersart, né en 1622.

IX. François Hersart, seigneur de la Villemarqué, est porté dans la réformation au rang des nobles, par arrêt de la chambre du 24 mai 1669. Il avait épousé, par contrat du 13 juin 1637, Jeanne de Châteaubriand, dame de la Ville-Audré. De ce mariage vinrent :

1.° Jean Hersart, dont l'article viendra ;

2.° François Hersart, seigneur Des Préaux. Il épousa, par contrat du 22 août 1667, Élisabeth Main, veuve de Jacques le Normand, seigneur de la Ville-Heleuc, morte sans postérité ;

3.° Marguerite Hersart. Elle épousa Philippe-le-Corgne, seigneur de Launay.

X. Jean Hersart, Ier du nom, seigneur de Saint-Briac et de la Villemarqué, épousa, 1.° par contrat du 13 novembre 1668, Marie-Pétronille du Dresnay de Kerbolle ; 2.° le 29 mai 1680, Raoulette le Bouteiller de la Gaultraye, dame de la Villemour, morte sans postérité. De ce premier mariage vinrent :

1.° Toussaint-François, dont l'article viendra ;

2.° Godefroi Hersart, né en 1675 ;

3.° Jeanne Hersart, dame du Tertre-Charbonnet. Elle épousa, en 1697, Toussaint de la Goublaye, sieur de Créhen et de Nantois.

XI. Toussaint-François Hersart, seigneur de la Villemarqué, né en 1670, épousa, par contrat du 21 avril 1703, Emmanuelle-Jacquemine Lesné de Belleville, veuve de Claude-Joseph-Séraphin Chertier, seigneur de la Vieuxville. De ce mariage vinrent :

1.° Louis-Jacques-Toussaint-Emmanuel, dont l'article viendra ;

2.° François Hersart, gendarme de la garde du roi ;

3.° Jean Hersart, officier au régiment de Souvré, tué en Italie en 1750 ;

4.° Pierre Hersart, officier au régiment d'Eu, mort au Sénégal, commandant d'un fort ;

5.° Mathurin Hersart, officier de marine, mort en 1755, au Cap français, île Saint-Domingue;

6.° Marie-Françoise Hersart, religieuse Ursuline, à Lamballe, morte en 1779;

7.° Anne-Marie Hersart, dame du Marchais, morte en 1789.

XII. Louis-Jacques-Toussaint-Emmanuel Hersart, seigneur de Kerbolle et de la Villemarqué, né à Lamballe le 9 février 1704, épousa, par contrat du 2 mai 1724, Jeanne-Françoise Gascher de la Béguinaye. De ce mariage vinrent :

1.° Toussaint-Jean, dont l'article suit ;

2.° Allain, dit le chevalier Hersart, capitaine au régiment de Ségur, tué à la bataille de Lawfeld en 1747.

XIII. Toussaint-Jean Hersart, seigneur de la Villemarqué, né à Lamballe en 1725, capitaine des grenadiers au régiment de la Tour-du-Pin, en 1761, chevalier de l'ordre de Saint-Louis, commandant pour le roi au château du Taureau, avait épousé, 1.° en 1771, Claude-Perrine-Thérèse Salaün-du-Mesquéau ; 2.° Élisabeth-Philippe de Penhoadic, dame de Villamont, morte sans postérité. Du premier mariage vinrent :

1.° Catherine, morte au berceau ;

2.° Thérèse, morte en bas âge.

3.° Pierre-Michel-François-Marie-Toussaint, dont l'article viendra ;

4.° Jean-Baptiste-Marie Hersart, né en 1776. Il épousa 1.° en 1797, Eulalie-Louise-Marie-Thérèse de Kergariou, qui avait été tenue sur les fonts baptismaux par le duc d'Orléans et la princesse de Lamballe, et mourut sans postérité; 2.° en 1805, Sophie-Marie du Breil du Buron ;

5.° Charles-Jacques-Toussaint Hersart, capitaine d'un corps de volontaires royaux. Il épousa, en 1809, Henriette - François du Breil du Buron. De ce mariage sont issus :

a. Charles-Henri Hersart, né à Nantes le 7 décembre 1814 ;

b. Anatolie-Jeanne-Henriette Hersart, née à Nantes.

6.° Toussaint-René Hersart, lieutenant-colonel au corps du génie, chevalier de l'ordre d'Henri IV, né à Morlaix en 1780.

XIV. Pierre-Michel-François-Marie-Toussaint Hersart, seigneur de la Villemarqué, né à Morlaix le 15 mai 1775, nommé en 1815, membre de la chambre des députés par le département du Finistère, avait épousé le 6 novembre 1798, à Hennebond, Marie-Ursule-Claude-Henriette Feydeau de Vaugien, dame du Plessis-Nizon. De ce mariage sont issus :

1.° Cyprien-Pierre-Hyppolite, dont l'article viendra ;
2.° Théodore-Claude-Henri, né en 1815 ;
3.° Pauline-Henriette-Marie-Thérèse, née en 1799 ;
4.° Sidonie-Aline-Constance, née en 1801 ;
5.° Camille-Marie-Charlotte, née en 1803 ;
6.° Ermine-Renée-Sainte, née en 1805 ;
7.° Hortense-Claire-Armande, née en 1808 ;
8.° Justine-Thérèse-Marie, née en 1810.

XV. Cyprien-Pierre-Hyppolite Hersart, né à Quimperlé le 26 septembre 1812.

*Armes :* « D'or, à la herse de sable, et pour devise : *evertit* » *et æquat* ».

---

PONS DE LA CHERBASSIÈRE (de), famille ancienne, originaire du Poitou, établie maintenant en Angoumois, département de la Charente, représentée aujourd'hui par François-Alexandre de Pons, chevalier, né en 1735. Ancien capitaine d'infanterie au régiment provincial d'Angoumois, chevalier de l'ordre royal et militaire de Saint-Louis, marié le 27 janvier 1773 à Louise-Henriette d'Orfeuille, fille de feu Jean-Louis d'Orfeuille, écuyer, chevalier, seigneur de Tourtron et de dame Jeanne de Pidoux, de laquelle sont issus :

1.° Alexandre-Guillaume-Augustin, écuyer, né le 18 mai 1782, marié le 27 novembre 1811, à Jeanne-Pauline de Monys-d'Ordière. De ce mariage est issu Marie-Alexandrine-Azoline, née le 15 février 1814 ;
2.° Jean-Marie-Alexandre, écuyer, né le 27 septembre 1783 ;
3.° Marie-Jeanne-Louise, qui a épousé Pierre d'Angély, écuyer, dont une fille ;
4.° Sophie-Aimée, qui a épousé Claude-Alexandre d'Angély, chevalier, dont trois enfants.

*Armes :* « D'argent, à la fasce bandée d'or et de » gueules ».

IGONAIN DE MONTAURANT, famille ancienne, originaire du Limosin, établie maintenant à Blanzac, commune d'Anois près Civray en Poitou; elle est représentée aujourd'hui par:

François IGONAIN-DUMAZET, écuyer, seigneur de Blanzac, né à Saint-Barbant en Limosin, le 24 octobre 1748, officier dans le régiment du Cap, fils de Henry, décédé à Châtain en Poitou, en l'année 1769 (après avoir contracté un second mariage avec Marie de Masvallier, duquel il n'est point survenu d'enfants), et de Marie de Boislinard, décédée à Saint-Barbant; a épousé le 22 novembre 1785, Marie-Louise-Henriette de Fleury, fille de Louis-Charles de Fleury, écuyer, seigneur de Beauregard, et de Marie-Charlotte de Munfrebeuf, de laquelle sont issus:

1.° François-Julien-Pierre, né le 3 décembre 1788;
2.° Louis-Pierre-Gilbert, né le 25 octobre 1790, officier de cuirassiers;
3.° Louis-Célestin, né le 14 avril 1797, mort le 18 octobre 1815;
4.° Marie-Anne-Victoire, née le 14 juillet 1786;
5.° Marie-Hortense, née le 4 août 1802.

Cette famille a encore fourni les branches de Ribagnac et de Romanet, dont on ignore l'état actuel.

---

MONTET DE LA TERRADE (DU), ancienne famille de Bourgogne, établie à Besançon.

Il appert par les titres que nous ont été exhibés, que cette famille a fourni, depuis l'an 1529, sept capitaines de cavalerie, deux gentilshommes de la maison du roi, un brigadier de ses armées, deux lieutenants d'hommes d'armes, deux lieutenants de dragons, deux autres de cavalerie, et quatre officiers tués au champ d'honneur.

Elle a fourni des gentilshommes aux états-généraux de Bourgogne en 1639, 1642, 1645, 1648, 1654, 1659, 1662, 1665, 1668, 1671, 1677, 1682, 1691, etc., etc. Elle est représentée de nos jours par:

François-Simon-Augustin DU MONTET, chevalier DE LA TERRADE de Fayolle, écuyer, ancien membre et commissaire de la chambre de la noblesse de Bourgogne, grand bailliage d'Amont, député en l'an V au conseil des anciens, exclu au 18 fructidor comme royaliste prononcé, conseiller à la cour royale de Besançon, et président des assises de la Haute-Saône, fils de Deile du Montet de la Terrade, capitaine de cavalerie au régiment de Royal-Navarre, seigneur de Vergy; il avait cinq frères, dont un fut tué dans la guerre d'Amérique. Il a épousé, en 1778, Jeanne-Madeleine-Philippine de Mayrot-Leucourt, fille unique de M. de Mayrot-Leucourt, maréchal des camps et armées du roi, qui a servi glorieusement dans l'armée de monseigneur le prince de Condé. De ce mariage sont nés :

1.° Charles-Marcel du Montet de la Terrade, écuyer, né à Vesoul, le 15 janvier 1784;

2.° N... du Montet de la Terrade, mariée à M. le comte de Selve.

*Armes :* « D'argent, au chef d'azur, chargé de trois » fermaux d'or ».

---

SELVE, famille très-ancienne, dont Mezerai fait mention dans son Histoire de France, en parlant de la ville d'Ardres, bâtie au dixième siècle, sur les fondations du château du seigneur de Selve. Jean de Selve, chancelier de Milan sous Louis XII, premier président du parlement de Paris sous François I$^{er}$; un des ambassadeurs nommés pour le traité de la rançon de ce souverain, descendait de cette famille, encore fort nombreuse; le comte Georges de Selve, aujourd'hui existant, descend en ligne directe du premier président; il fit ses preuves, par devant M$^{e}$ Cherin, généalogiste des ordres du roi, fut présenté et monta dans les carrosses de S. M., en l'année 1784 (1).

*Armes :* « D'azur, à deux fasces ondées d'argent ».

---

(1) C'est par omission que M. le comte de Selve n'est pas compris dans la nomenclature des gentilshommes qui jouissaient des honneurs de la cour, publiée dans mon Almanach de cette année. (1816.)

BREMOY (DE), famille originaire de Normandie, qui acquit sa noblesse dans la carrière des armes, et dont la généalogie se trouve mentionnée dans le tome Ier de cet ouvrage, page 320; mais il faut rétablir ainsi le cinquième degré :

V. Charles-Michel-Marie DE BREMOY, né à Morlaix le 9 décembre 1763, capitaine des vaisseaux du roi, chevalier de l'ordre royal et militaire de Saint-Louis, a émigré en 1791, et a fait les campagnes des princes, pour soutenir la cause de son souverain légitime. Il a épousé, 1.° Hyacinthe le Gentil; 2.° le 9 février 1808, Marie-Jeanne-Adélaïde-Joseph-Artur de Keralio.

*Du premier lit :*

1.° Frédéric-Charles-Marie, né à Lannion le 10 mars 1792;
2.° Marie-Josèphe-Elianne, née à Lannion le 2 avril 1791, morte en bas âge;

*Du second lit :*

3.° Fernand-Charles-Marie, né le 10 août 1810;
4.° Jules-François-Louis-Marie, né le 20 mai 1815;
5.° Marie-Elianne, née le 11 février 1809;
6.° Alix-Sophie-Babilide, née le 12 juin 1812.

---

SALIGNAC. Cette maison, dont le nom se trouve écrit dans les anciens titres Salagnac, Salanhac et Salignac, est connue avant l'an 1000 dans le Périgord. Son berceau est la petite ville de Salignac, distante de deux lieues de Sarlat: c'était le chef-lieu d'une terre considérable, qui n'a jamais eu d'autres seigneurs que messieurs de Salignac, la première châtellenie du Périgord; elle a été érigée en baronnie, en 1460. Elle passa dans la maison de Gontaud, par le mariage de Catherine de Salagnac, la dernière héritière de la branche aînée; une clause de son contrat de mariage était que ses enfants ajouteraient le nom de Salignac à celui de Gontaud, et écartelleraient leurs armes de celles de leur mère. Illustre par les hommes qu'elle a produits et par ses grandes alliances, on peut la regarder comme une des maisons les plus distinguées de cette province. Elle a donné à l'église trois archevêques et neuf évêques ; le premier, Boson de Salignac, fut élu archevêque de Bordeaux, en 1296 ; on le voit stipulant dans des actes, en 1276, avec Aimeri de Salagnac son parent, qui avait pour femme une demoiselle de la maison d'Estaing. Un second Boson de Salagnac fut évêque de Comminges, en 1300 ; et Bordeaux eut encore pour archevêque, en 1361, Elie de Salagnac, qui avait été auparavant évêque de Sarlat. Cette église a eu six autres évêques du nom de Salignac, dont trois de la branche de Salagnac-Fénelon, et de cette même branche l'archevêque de Cambrai, qui a donné au nom de Fénelon tout le lustre dont il jouit. Un évêque de Pamiers, et un de Lombes, plusieurs abbesses d'un mérite distingué sont sortis de la maison de Salignac, dont l'éclat n'est pas moins grand dans la profession des armes. Les historiens mettent au nombre des seigneurs qui, sur la fin du règne de Charles VI, soutinrent le parti du dauphin, au delà de la Loire, Raimond de Salignac, seigneur de la Mothe-Fénelon, sénéchal du Quercy et du Périgord, et lieutenant-général du gouvernement de Guienne. Son fils, Antoine de Salignac, fut gouverneur du Périgord et du Limosin, pour Jean d'Albret, roi de Navarre ; son fils aîné épousa mademoiselle de Talleyrand, dont il n'eut que deux filles. L'aînée épousa son cousin-germain, le prince de Chalais, et l'autre François Odet Saisie, vicomte de Riberne, son frère cadet. Jean de Salignac fut père d'Elie de Salignac, seigneur de la Mothe-Fénelon, lequel épousa Catherine de Ségur de Léobon, dont il eut Armandée Bertrand de Salignac, seigneur de la Mothe-Fénelon, vicomte de Saint-Jalin, baron de Hubert, chevalier de l'Ordre du Roi, conseiller d'état, capitaine de cinquante hommes d'armes d'ordonnance, ambassadeur en Angleterre et en Espagne, fait chevalier de l'ordre du Saint-Esprit, à la première promotion, lors de son institution ; mort à Bordeaux, le 13 août 1549, sans avoir été marié. Armand de Salignac son frère, chevalier de l'Ordre du roi et gentilhomme ordinaire de sa chambre, mort en 1579, laissa pour fils Jean de Salignac, chevalier, qui eut pour femme une Pélagrue : ce Jean de Salignac, après la bataille de Coutras, vint se jeter dans la ville de Sarlat que les troupes du vicomte de Turenne étaient venues attaquer. Il la défendit avec tant de valeur que le siége fut levé. La ville de

Sarlat était dans l'usage de célébrer tous les ans l'anniversaire d'un événement, qui la préserva des désastres trop communs dans les guerres civiles; et on faisait toujours entrer dans le discours qu'on prononçait, un éloge de la maison de Salignac. Ce même Jean perdit glorieusement la vie au siége de la ville de Dome, qu'il était venu remettre sous l'obéissance du roi. Il eut pour fils François de Salignac, seigneur de la Mothe-Fénelon, marié le 12 mars 1599, à Marie de Bonneval, dame de Magnac, fille unique d'Horace de Bonneval, tué aux Barricades de Tours, en 1589. Pons de Salignac et Antoine de Salignac de la Mothe-Fénelon, furent les fruits de ce mariage; Antoine, lieutenant-général au gouvernement de la haute et basse Marche, obtint d'Anne d'Autriche un brevet de chevalier de l'ordre du Saint-Esprit; mais cette faveur n'eut point son effet, par les changements qui arrivèrent à la cour: c'est de lui que le grand Condé disait qu'il était également propre pour le cabinet, la conversation et la guerre. Cet éloge, décerné par le plus grand homme de son siècle, est plus flatteur pour le marquis Antoine de Fénelon, que toutes les dignités dont il aurait pu être honoré; il avait épousé l'héritière de la maison de Montbron, dont il eut deux enfants, un fils mort sans postérité, à la suite des blessures qu'il reçut au siége de Candie, et une fille, mariée en premières noces au marquis de Laval-Lezai, et en secondes au comte de Fénelon, son cousin-germain, dont elle n'eut point de postérité; elle était grand'mère de M. le maréchal de Laval et de M. le cardinal de Montmorency. Pons de Salignac, seigneur de la Mothe-Fénelon, frère du marquis Antoine, épousa en premières noces Ysabeau d'Esparbès de Lussan, fille du maréchal d'Aubeterre, et en eut une grande postérité; il se remaria à mademoiselle de la Cropte de St-Abre, sœur du marquis St-Abre, lieutenant-général des armées du roi; il en eut deux enfants, une fille qui entra dans la maison de Beaumont, et François de Salignac de la Mothe-Fénelon, précepteur des enfants de France, archevêque, duc de Cambrai, prélat plus recommandable par sa piété et son génie, que par les grandes dignités qui ont été la récompense de ses vertus. Son frère aîné, fils de mademoiselle d'Esparbès de Lussan, épousa mademoiselle du Lac de Laparede, dont il eut François de Salignac, marquis de la Mothe-Fénelon, qui laissa de son mariage avec mademoiselle de Beaupoil de Saint-Aulaire, un grand nombre d'enfants ; l'abbé de Fénelon, doyen de Tarascon et archi-diacre d'Avignon ; Gabriel-Jacques-Barthélemi, évêque de Pamiers ; Joseph, officier aux Gardes-Françaises ; François-Alexis, exempt des Gardes-du-Corps ; Jacques, ancien mestre-de-camp de cavalerie, chevalier de l'ordre royal et militaire de Saint-Louis, commandeur de l'ordre militaire de Saint-Lazare, Notre-Dame du Mont-Carmel et de Jérusalem, marié sans avoir eu de postérité, à Renée-Mathurine le Prevot de la Touche, dont le père était sous-doyen de la noblesse de Bretagne ; Armand, garde du Pavillon, mort fort jeune, lieutenant de la compagnie colonelle du régiment de Poitou ; Marie-Antoinette-Augustine et Élisabeth-Catherine, mariées à messieurs de Royere-Payreaux ; Marie-Anne, mariée au marquis de Saint-Viance ; Anne-Marie, femme du marquis de Boneguise, premier gentilhomme de son altesse sérénissime monseigneur le comte d'Eu ; et Gabrielle, abbesse de Tarascon, religieuse du plus grand mérite et douée de toutes les vertus de son état. Gabrielle-Jacques de Salignac, marquis de la Mothe-Fénelon, a été ministre plénipotentiaire au congrès de Soissons, ambassadeur extraordinaire en Hollande, lieutenant-général des armées du roi, chevalier de ses ordres, conseiller d'état d'épée et gouverneur du Quesnoy. Il avait toutes les vertus du grand archevêque, sous les yeux duquel il avait été élevé en habile négociateur, excellent militaire ; il perdit glorieusement la vie à la bataille de Raucourt, en combattant pour soutenir les droits de son roi. Il avait épousé Louise-Françoise le Pelletier, fille et sœur des deux premiers présidents de ce nom et petite-fille de M. le Pelletier, ministre de Louis XIV, magistrats également recommandables par leurs vertus et les talents qu'ils ont déployés dans les grandes places qu'ils ont occupées : c'est d'eux que descend M. le marquis de Rosambo, digne petit-fils du vertueux M. de Malesherbes, dont la conduite envers son auguste maître est une plus grande illustration pour la maison de Lamoignon, d'où il sortait, que toutes les grandes dignités dont elle est honorée depuis tant de siècles. Le marquis de Fénelon, de tant d'enfants qu'il a eus, en a eu sept qui lui ont longtemps survécu ; son fils cadet est mort chevalier non profès de l'ordre de Malte ; le troisième, d'abord chanoine de l'église de Paris, grand-vicaire d'Evreux, prieur de Cavenac, aumônier du roi Louis XV, est mort évêque de Cambrai. Leur frère aîné, François-Louis de Salignac, marquis de la Mothe-Fénelon, successivement guidon de gendarmerie, colonel du régiment de la Fère, à la tête duquel il fut grièvement blessé à la bataille de Lawfeld, a commandé sur les côtes maritimes de Provence, est mort lieutenant-général des armées du roi, à l'âge de quarante-quatre ans, peu de temps après son retour de la Martinique, où il avait été envoyé gouverneur général des Isles du Vent, pour en reprendre possession à la paix de 1763. Il avait épousé mademoiselle de Malon de Bercy, dont le père était capitaine au régiment des Gardes, d'une famille distinguée dans l'épée, et dans la magistrature; elle vient de s'éteindre dans la personne de M. Charles de Bercy, fils du marquis de Bercy, capitaine des gardes de la porte de MONSIEUR, frère du roi, et de mademoiselle de Simiane ; de ce mariage sont issus, Louis-François-Charles de Salignac, seigneur et marquis de la Mothe-Fénelon, officier au régiment du Roi, et depuis capitaine de cavalerie au régiment de Royal-Navarre ; il est mort depuis nombre d'années. Son frère cadet, Jean-Louis-Augustin de Salignac de la Mothe-Fénelon, baron de Loubert, lieutenant-colonel d'infanterie, chevalier de l'ordre royal et militaire de Saint-Louis, agrégé au régiment du Roi à la mort de son père, passa l'année d'après à celui des Gardes-Françaises, où il a servi nombre d'années ; en quittant ce corps, le roi Louis XVI voulut bien le conserver en activité de service ; l'un de ses plus fidèles serviteurs, il a mis toute sa gloire à servir la cause de son légitime souverain, partout où il a cru pouvoir lui être utile ; il a eu l'honneur de faire la campagne des princes, en qualité d'aide-de-camp de M. le marquis de Fumel, adjudant-général de la maison de MONSIEUR, aujourd'hui notre auguste monarque. Jean-Louis-Augustin de Salignac la Mothe-Fénelon n'est point marié. Sa sœur Charlotte-Louise-Adélaïde a épousé, en Normandie, M. le marquis de Campigny, ancien officier aux Gardes, colonel d'infanterie, chevalier de l'ordre royal et militaire de Saint-Louis, d'une famille ancienne et distinguée, dont les pères ont toujours, comme lui, parcouru honorablement la carrière militaire. Le vicomte de Fénelon, quatrième fils de Gabriel-Jacques, a d'abord servi dans la marine où il est arrivé au grade de capitaine de frégate, ayant eu l'honneur de commander la flotte ; chevalier de l'ordre royal et militaire de Saint-Louis ; des raisons de santé l'obligèrent de quitter la marine ; il fut employé à la Martinique comme colonel d'infanterie. Il y avait épousé mademoiselle de Boisfermé, d'une famille noble, originaire du Poitou, dont la sœur cadette avait pour mari le marquis de Tilli Blaru, digne rejeton de ses ancêtres. Il a péri victime de son attachement à la religion de ses pères et de son dévoûment sans bornes pour son roi ; il a été conduit à l'échafaud avec son cousin : ce respectable ecclésiastique qui s'était dévoué à l'instruction des Savoyards, avec qui il partageait tout ce qu'il possédait, et qui, a péri, âgé de quatre-vingts ans, n'a point voulu renoncer aux principes qu'il n'a jamais cessé de manifester hautement. Le vicomte de Fénelon a laissé deux fils et quatre filles : l'aîné, abbé de Josaphat et chanoine archidiacre et grand-vicaire de Metz, avait l'honneur d'être aumônier du roi Louis XVI, et est le dernier qui ait servi en cette qualité son infortuné maître. Retiré à la Martinique, il y est mort encore jeune, abreuvé des peines que lui ont fait éprouver l'attentat porté à la personne sacrée du roi, dont le résultat a été tous les maux dont la France est accablée depuis tant d'années. Son frère cadet, resté sans fortune et ayant atteint l'âge de la conscription, à laquelle il n'aurait pas pu soustraire, prit le parti des armes. Détestant la cause qu'il servait, il n'a jamais cessé de remplir avec honneur tout ce que lui imposait l'état qu'il avait embrassé. Envoyé pour porter un ordre, il avait un torrent rapide à traverser ; dans un âge où le devoir l'emporte sur les dangers, il ne calcula pas ceux qu'il avait à courir, il les brava ; et lui et seize hommes qui l'escortaient furent engloutis, sans qu'on ait pu retrouver aucune trace de leurs corps. Sa perte fut vivement sentie par les siens, qui auraient mis toute leur gloire à le rendre à son légitime souverain, avec un cœur brûlant de sacrifier sa vie pour le soutien du trône des fils de Saint-Louis. L'aînée de ses sœurs est mariée à M. le marquis de Valée, chevalier de l'ordre royal et militaire de Saint-Louis, d'une famille distinguée en

Franche-Comté; qui a donné à l'ordre de Malte, et à différents chapitres nobles, plusieurs personnes de son nom; les commandeurs de Valée et de Peterman étaient les frères de son père. La seconde est morte à la Martinique, peu de mois après son mariage. La troisième est femme de M. le comte de Granoux, chevalier de l'ordre royal et militaire de Saint-Louis, d'une famille noble et récommandable par ces qualités personnelles, qui ont toujours distingué ses pères. La quatrième, Laure de Fénelon, a pour mari M. le comte de Verdonnet, chevalier de l'ordre royal et militaire de Saint-Louis, capitaine attaché à l'état-major de la Garde Royale, famille ancienne et distinguée, originaire d'Auvergne, qui a donné plusieurs personnes de son nom au chapitre noble de Brioude et à l'ordre de Malte: ces quatre dames, au moment de la révolution, étaient chanoinesses du chapitre de Neufville-les-Dames. Trois filles du marquis de Fénelon et de mademoiselle le Pelletier, se sont mariées, l'aînée au marquis de Beauvais, guidon de gendarmerie, du nom de la Cropte et de la branche de Chanterac, dont était mademoiselle de Beauvais, qui eut l'honneur d'entrer dans la maison de Savoie, par le mariage qu'elle avait contracté avec M. le comte de Soissons. La seconde était mariée à M. le Normand de Mésy, d'abord intendant de la marine, mort conseiller d'état, après avoir été adjoint au ministère avec M. le comte de Massiac. La troisième est veuve de M. de Delay de Lagarde, maître des requêtes, dont le frère aîné avait épousé mademoiselle de Ligneville: cette respectable dame est retirée à Orléans, où, à l'exemple de ses père et mère, elle y donne celui de toutes les vertus chrétiennes, en consacrant les débris de sa fortune à venir au secours de la classe indigente. Le nom de Fénelon est celui d'une terre, qui était la propriété de la branche aînée, encore existante, de messieurs de Salignac; la gloire qui a illustré l'archevêque de Cambrai, étend ses rayons sur toutes celles de sa maison; et il ne reste plus de la branche de Fénelon, que ceux et celles qui descendent directement du marquis de Fénelon, tué à la bataille de Raucoux. Les autres branches de la maison de Salignac sont MM. de Salignac de la Ponsy dont sont sortis MM. de Salignac de Combaronie; des premiers, il ne reste plus que mademoiselle de Salignac, qui avait pour mère mademoiselle de Ladouse d'Abzac, et qui possède la terre de la Ponsy, située en Périgord, où elle réside. Le baron de Salignac, ancien capitaine de dragons, est le dernier de MM. de Combaronie; il est marié et n'a que des filles. Son frère, comte de Brioude, est mort il y a quelques années à Périgueux. Quatre autres branches de la maison de Salignac se sont établies en Angoumois. La première s'est éteinte dans la personne de M. de Salignac Leriere, marié à mademoiselle de la Boissière, dont il n'a point eu de postérité, chevalier de l'ordre royal et militaire de St-Louis; il avait servi honorablement dans la maison du roi, et a péri glorieusement, âgé de plus de 80 ans, ayant été fusillé à Quiberon. Il n'avait qu'une nièce, qu'il avait mariée à M. de Salignac du Manudau, colonel d'infanterie, chevalier de l'ordre royal et militaire de Saint-Louis; il est père de M. de Salignac, chargé d'affaires à Darmstadt, qui a épousé mademoiselle de Rainac, d'une très-ancienne et très-illustre famille, proche parente de son altesse monseigneur le prince Primat; elle laissera à ses enfants l'honneur et l'avantage d'appartenir à plusieurs maisons souveraines d'Alsace. M. son père remarié, n'a eu que deux filles qui vivent avec lui à Saint-Germain, où il s'est retiré. M. de Salignac de Picardie, ancien officier au régiment de Guienne, où il servait avant la révolution, a toujours suivi le chemin de l'honneur qu'il tenait de ses pères; après avoir fait la campagne des princes, il a servi dans l'armée de Condé, où il avait mérité l'estime des augustes princes de ce nom, sous l'étendard duquel il était venu se ranger pour concourir au rétablissement du roi sur le trône de ses pères : M. de Salignac de Picardie, le dernier de sa branche, n'est point marié. La quatrième branche, connue sous le nom de la Maingoterie, subsiste dans deux frères, dont l'un a fait la campagne des princes, dans la coalition de l'Angoumois, et l'autre comme volontaire, dans un régiment d'infanterie : ils sont tous deux sans postérité. MM. de Salignac ont l'honneur d'appartenir aux plus grandes maisons de France, par les alliances directes qu'ils ont contractées avec celle de Talleyrand Périgord; celles de la Trimouille, Gontaut-Biron, Durfort, Pierre Buffière, d'Aidie, Odet d'Escars, d'Estaing, de Caumont, la Roche-Aimon, de Gourdon, de Cardaillac, de Pardaillan, de Montausier, de Crussol, de Thémines, d'Aubusson, de Bonneval, de Beaupoil de Saint-Aulaire, d'Humières de Lanta, de Ruffec, de Pellagrue, Dulac de la Parède, de Montmorency Laval, d'Ébrard Saint-Sulpice, de Montberon, d'Esparbès de Lussan, et autres grandes familles des plus distinguées.

*Armes:* « D'or, à trois bandes de sinople. »

---

VOLONZAC (DE), maison d'ancienne chevalerie, originaire de Rouergue; M. Bosc, dans l'Histoire de cette province, note CXXVII, s'exprime ainsi:

« Le vrai nom d'Antoine et Etienne successivement » abbés de Locdieu, en 1542 et 1657, était Volonzac- » Malespina. La famille de Malespina possédait dès le » neuvième siècle le marquisat souverain de ce nom en » Toscane; elle s'allia dans la suite, comme on peut le » voir dans plusieurs écrivains, le Laboureur, Zarera, » Moreri, etc., avec les princes de Salione, les comtes » de Champagne et du Mans, les marquis de Mantoue » et de Ferrare, et avec d'autres maisons plus illustres; » car Isnard de Malespina qui vivait en 1108, épousa » Sichel Ganta, qu'on croit être fille d'un roi de Sar- » daigne; cette maison déchut un peu de sa splendeur » dans le quatorzième siècle lors des défaites fréquentes » qu'elle essuya dans certaines guerres qu'elle eut à sou- » tenir contre des seigneurs voisins. Spinetta de Males- » pina fut chassé de ses états par Castrueria, duc de » Lucques, en 1330. Sterr de Malespina, chevalier, » fils de Spinetta, étant réfugié en France, fut nommé » gouverneur de Cassagne, Begonez, l'une des quatre » châtellenies de Rouergue, et il épousa, en 1386, An- » glesi de Maudan, dame de Volonzac, *Anglesiam de* » *novo d'Ampno de Volonzaco*, à condition que leurs » enfants porteraient le nom et les armes de leur mère ».

Cette maison a fourni des comtes de Brioude, de Saint-Claude et de Macon, et a formé des alliances avec celles de Lévi, d'Espinchal, de Polignac, de Caylus, etc. Elle est représentée aujourd'hui par:

M. le comte de VOLONZAC-MALESPINA, ancien colonel de cavalerie, qui a eut l'honneur de monter dans les carrosses du roi, le 31 octobre 1785, après avoir fait des preuves par devant M. Chérin, généalogiste des ordres.

J'attends sur cette famille des détails plus étendus, que je transmettrai dans un volume suivant.

---

DION (DE), en Artois, famille très-ancienne et très-illustre, qui de temps immémorial a fait partie du corps de la noblesse des états de cette province, recommandable par les charges importantes qu'elles occupait dès le treizième siècle, par les services qu'elle a rendus à l'état, et par les alliances qu'elle a contractées avec les maisons de Warvre, de Lalain, d'Aremberg, de Crequy, de Montmorency-Robecque, de Merode, de Lens, de Hamar, de Trazegnies, etc. Nous allons en donner la filiation dressée sur les preuves faites par cette maison en 1783, pardevant M. Chérin, généalogiste des ordres du roi, pour jouir des honneurs de la cour et monter dans les carrosses de sa majesté.

I. Gilles DE DION, Ier du nom, seigneur de Dion, épousa Philippe de Warvre, petite-fille de Jean Ier, duc de Brabant. Il est rappelé comme défunt dans le dénombrement fourni par Philippe de Dion son fils, de la seigneurie de Dion, dont la moitié des biens, suivant les termes de ce dénombrement, sont tenus par *demoiselle* Philippe de Warvre, sa mère. Gilles de Dion laissa trois fils :

1.° Philippe, chevalier, seigneur de Dion, qui fournit le dénombrement précité. Philippe, de Dion, sa fille, épousa Marcel d'Aremberg, dont elle était veuve le 10 décembre 1440. Philippe, chevalier, seigneur de Dion, est rappelé dans une reconnaissance faite par Siger, son fils naturel, du 24 septembre 1437;
2.° Wuillaume ou Guillaume, dont l'article suit;
3.° Jean de Dion, vivant le 3 novembre 1437, était gouverneur de Cambrai.

II. Wuillaume ou Guillaume DE DION, chevalier, reçut, avec Philippe, son frère, une reconnaissance de

Siger de Sympoil-Saint-Vander Moten, de 1,000 livres de gros, le 27 avril 1390, comparut avec Philippe de Warvre, sa mère, Philippe et Jean de Dion ses frères, à la vente qu'ils firent au chapitre de Cambrai, du bois de Fa, le 3 novembre 1407, fit une reconnaissance conjointement avec Philippe, son frère aîné, Jacob, de Ferron, Arnoult Ardennois de Nethenen, de cent soixante-treize muids de seigle, à la demoiselle d'Aremberg, le 2 juillet 1418. Il laissa de Béatrix sa femme :

1.° Philippe, dont l'article suit ;
2.° Wuillaume ou Guillaume, vivant le 18 août 1468 ;
3.° Jean, vivant le 9 septembre 1476, marié à Isabelle Hardineck, qui étant veuve, épousa Gilles de Cambier en secondes noces ;
4.° Jacques, vivant le 20 mai 1488 ;
5.° Catherine de Dion, vivant en 1468, mariée à Jacob Lorrain.

III. Philippe de Dion, I^er du nom, chevalier, damoiseau, seigneur de Dion, passa un acte le 18 août 1468, dans lequel il rappelle Wuillaume de Dion, son frère. Il avait épousé demoiselle Hanard, dite de Troignies, fille d'Eustache de Hanard, dit de Roux, avant le 2 février 1449, qu'il fit une reconnaissance avec son beau-père. Il fit une reconnaissance, au nom du même, le 8 juin 1469, affirma tant en son nom qu'au nom dudit Eustache de Troignies, la cour ou cens de Noisière Bosck, le 10 janvier 1473, fit de la part du comte, la paix avec Jean de Dion, son frère, à raison des blessures que lui, Willem, et Luenendeur ont faites et infligées à Beaudouin et Jean Frans frères. Il ne vivait plus le 13 septembre 1499. Il eut pour fils :

IV. Philippe de Dion, II^e du nom, chevalier, damoiseau, seigneur de Dion, qui donna dénombrement de la cour de Noisiers-Bosck à la souveraine cour féodale de Brabant, et fournit autre dénombrement de la cour ou cens de Tenbroeck, en la paroisse d'Isque, le 17 septembre 1499, dans lequel acte il rappelle son père comme défunt. Il épousa Blanche de la Lain, dame de Coupelle de Wandonne, fille de Jean de la Lain, chevalier de la Toison d'or, et de Jeanne de Crequy, et en eut :

1.° Adrien, dont l'article suit ;
2.° Catherine de Dion, mariée par contrat de l'an 1512, avec François d'Allennes, écuyer.

V. Adrien DE DION, Ier du nom, chevalier, seigneur de Dion, de Wandonne, de Coupelle, etc., paraît avec son père, et Blanche de la Lain, sa mère, dans un acte du 21 janvier 1513 et dans un autre de la même année, fournit un dénombrement à Guillaume de la Lain, et Jeanne de Créquy, sa femme, de sa terre de Wandonne et de Coupelle ; reçut une reconnaissance de Louis Baillet, le 15 août 1524, et une autre le 6 juin 1529 ; reçut deux dénombrements où il est qualifié de *haut et puissant seigneur, monseigneur*, l'un 5 janvier 1539, et l'autre donné par Guillaume de Coix, le 16 janvier de la même année, en reçut un autre de Jacques de Wailly, le 15 novembre suivant ; donna une procuration le 17 juin 1541, mourut le 17 décembre 1542. Il avait épousé Adrienne d'Allenes, qui étant veuve, fit un arrangement le 8 janvier 1551, et mourut le 8 décembre 1567. De ce mariage sont issus :

1.° Adrien, dont l'article suit ;
2.° Marie de Dion, femme d'Antoine de Glismes, seigneur de Glimelette ;
3.° et 4.° Deux autres filles, chanoinesses à Mons.

VI. Adrien DE DION, IIe du nom, chevalier, seigneur de Dion, de Wandonne, de Coupelle, etc., donna une reconnaissance conjointement avec Adrienne d'Allennes, sa mère, le 9 mai 1543 ; paraît dans un acte du 2 septembre 1554, en qualité de lieutenant de cinquante hommes d'armes, sous la charge du seigneur de Bugnicourt (la Lain), son parent ; donna une procuration à Jean de Buissine, pour plaider au conseil d'Artois, contre le seigneur de Groesbeck ; reçut sept dénombrements de fiefs, entr'autres un de Jean Caron, et un autre de demoiselle Marguerite de Soissons, le 10 juin 1548, dans lesquels il est qualifié de *haut et puissant seigneur, monseigneur* ; reçut des lettres d'octroi de Philippe, roi de Castille, de Léon et d'Aragon, le 7 janvier 1565. Il fut gouverneur de Louvain ; rapporté avec ses lettres d'octroi à la tête de son testament conjonctif avec Anne de Lens, sa femme, fait le 6 juillet 1576, pour pouvoir disposer à sa volonté de tous ses biens, meubles et immeubles. Leurs enfants furent :

1.° Gilles, chevalier, seigneur de Dion-le-Val, de Farteau, de Gatuize, de Watessart, de Gautin, etc. par le testament de ses père et mère, du 6 juillet 1576, marié par contrat du 8 janvier 1590, avec Alix de Bailleul, fille de messire Antoine de Bailleul, chevalier, seigneur de Saint-Martin de Gaulin-le-Gal, etc. ; capitaine d'une compagnie d'hommes d'armes, marié à dame Marguerite de Merode. Ses enfants furent :

a. Jean, mort sans enfants ;
b. Gilles de Dion, mort sans postérité ;
c. Josine de Dion, épouse de Jean d'Hénin Lietard, baron de Fosseaux, à qui elle porta la terre de Dion, que possède encore cette famille ;
d. Anne de Dion, chanoinesse à Maubeuge, mariée à Ignace de la Tramerie, baron de Roisin ;
e. Marie de Dion, chanoinesse à Nivelles, puis à Saint-Omer ;

2.° Jean, dont l'article suit ;

3.° Anne de Dion, qui par testament conjonctif de ses père et mère, du 6 juillet 1576, fut léguée de tous les biens et héritages qu'ils avaient à Villers-Cotel, de trois cents florins sur la terre de Warlus, et de cent florins sur celle de Danselle-les-Braies. Elle épousa Jean de Bryas.

VII. Jean DE DION, I^er^ du nom, chevalier, seigneur de Wandonne, de Coupelle, de Saint-le-Noble, etc., par le testament du 6 juillet 1576, paraît dans divers actes du 12 mai 1583, du 18 mars 1589, du 12 mars 1594, du 15 juillet 1597, des 5 et 16 août suivants, du 2 juin 1601, du 8 novembre 1604, du 17 mai 1609 du 3 juillet 1618 et du 10 du courant, du 17 août 1620, de l'an 1622, du 26 mai 1639, du 22 mai 1645, et testa le 6 janvier 1651. Il avait épousé, par contrat du 26 novembre 1594, Marie de Somaing, dame de Louvignies, de Hantel, etc., fille et héritière universelle de messire Louis de Somaing, chevalier, seigneur desdits lieux, et de dame Catherine de la Hamaïde. Leurs enfants furent :

1.° Gilles de Dion, mort sans enfants, de son mariage avec Anne de Bryas ;
2.° Charles, dont l'article suit ;
3.° Jean-Baptiste de Dion, seigneur de Lannoy, mort sans postérité ;
4.° François de Dion, seigneur de la Vieuville, mort sans hoirs ;
5.° Louis de Dion, mort sans postérité ;
6.° Marie, femme de messire Antoine de Wingle, chevalier, seigneur de Wingle et de Mœuvre, dont elle était veuve le 6 janvier 1651.

VIII. Charles DE DION, Ier du nom, chevalier, seigneur de Wandonne, de Coupelle, du Vivier, etc., passa une procuration avec Jean-Baptiste-François, et Louis de Dion, en faveur de messire Gilles de Dion, leur frère aîné, le 26 mai 1639 ; paraît dans différents actes du 14 février 1640, 6 mai et 8 octobre 1660, 30 juin 1661, et ne vivait plus le 24 juillet 1664 que Françoise d'Embise sa veuve, morte le premier mai 1672, fit un acte de renonciation de douaire en faveur de Jean de Dion, son fils aîné. Leurs enfants furent :

1.° Jean de Dion dont l'article suit ;
2.° Narcisse de Dion, vivant le 5 août 1664.

IX. Jean DE DION, IIe du nom, chevalier, seigneur de Wandonne, de Coupelle, etc. ; paraît dans divers actes des 6 août 1670, 8 février 1677, par lequel il prête serment de fidélité au roi, dans les mains du comte de Montbron, du 18 mai de la même année, du 27 janvier 1679, du 19 août et 2 décembre 1689, du 17 octobre 1697, du 15 octobre 1699, du 7 février 1701, du 19 mars et 27 mai 1707. Il avait épousé, 1.° par contrat de mariage, du 25 novembre 1673, Isabelle de Lahaie ; 2.° par contrat du 6 juillet 1689, Marie-Jéromette de Hamel, fille de messire Gilles de Hamel, chevalier, seigneur de Grand-Rulcourt, et dame Marie de la Houssaye. De ce second mariage sont issus :

1.° Louis-François Tranquillain-Isidore, dont l'article suit ;

2.° Catherine-Constance-Eugénie de Dion, mariée, par contrat du 19 août 1720, avec messire Antoine-Joseph, marquis De Preud'homme-d'Hailly et de Werquigneuil, comte d'Haluin, fils de Charles Philippe De Preud'homme-d'Hailly, chevalier, et d'Isabelle de Croix de Hanchy;

3.° Françoise de Dion, abbesse du chapitre de Bourbourg ;

4.° Charlotte-Isbergue de Dion.

X. Louis-François-Tranquillain-Isidore DE DION, chevalier, seigneur de Wandonne, Coupelle, etc., né le 7 juillet 1698, épousa : 1.° Marie-Cécile de Salperwick, fille de François de Salperwick, chevalier, marquis de Grigny, et de Marie-Charlotte de Larchies 2.° par contrat du 10 octobre 1722, Françoise-Alexandrine de Bryas, fille de messire Louis-Joseph de Bryas, chevalier, marquis de Royon, et de dame Alexandrine de Bernard ; 3.° par contrat du 20 février 1726, Bonne-Marie-Claire-Josephe d'Ostrel, fille de messire Robert-Lamoral d'Ostrel, chevalier, baron de Flers, et de dame Marguerite Bouquel ; sa dernière femme, testa le 23 janvier 1758. Ses enfants furent :

*Du premier lit :*

1.° Marie-Louise-Charlotte de Dion, mariée en 1739, à messire Antoine-Constant de Hamel Belanglise, chevalier, seigneur de Grand-Rulcourt, dont sont issus le marquis de Hamel ; son frère chef de bataillon du régiment du roi, et l'abbé de Hamel, comte de Lyon ;

*Du second lit :*

2.° Louis-François-Jérôme, dont l'article suit ;

3.° Philippe-Alexandre de Dion, chevalier, ancien colonel au service de Sa Majesté Catholique, capitaine au régiment des gardes Wallonnes, s'est trouvé à toutes les campagnes d'Italie et de Portugal et à l'expédition d'Alger, mort en 1808 ;

*Du troisième lit :*

4.° Antoine-Joseph-Tranquillain, qui forme la branche

des barons de Ricquebourg, établie à Rheims, et que je rapporterai plus bas ;

5.° Henri de Dion, mort chanoine de la métropole de Cambrai ;

6.° Louis-François, qui forme la troisième branche rapportée plus bas ;

7.° Guillaume-Stanislas-Joseph de Dion, né au château de Wandonne, le 3 octobre 1737, religieux à l'abbaye de Saint-Wast, mort à Grand-Rulcourt ;

8.° Joseph-Constant de Dion, chevalier, né en 1741, ancien capitaine au régiment de la Vieille-Marine, chevalier de l'ordre royal et militaire de Saint-Louis ; il a émigré en 1791 et fait la campagne de 1792 dans la compagnie noble de sa province ;

9.° Alexandre de Dion, chanoine de la métropole de Cambrai, mort en 1809 ; il avait émigré en 1791 ;

10.° Claire-Rosalie-Albertine, chanoinesse au chapitre de la Reine à Bourbourg, née le 3 novembre 1722, morte audit chapitre ;

11.° Isabelle-Rufine-Josephe de Dion, née le 3 novembre 1732, morte à Tournay ;

12.° N..... de Dion, morte en 1780.

XI. Louis-François-Jérôme, chevalier, baron de Dion-Wandonne, seigneur de Wandonne, Coupelle, Laisselle, Brucq, etc., etc., né à Wandonne, le 26 septembre 1723, épousa, par contrat du 31 octobre 1747, Anne-Josephe-Nicolle de Preud'homme-d'Hailly, fille de messire Marc-Antoine-Albert de Preud'homme-d'Hailly, chevalier, baron de Gourgues, vicomte de Nieuport, seigneur de Neuville de la Carnoye de Schornenberghe, etc., et de dame Antoinette-Alexandrine d'Ongnies - de - Courière, dame de Cuneghem. De ce mariage sont issus :

1.° Louis-Constant-Joseph, dont l'article suit ;

2.° Charles-Louis-Joseph de Dion, chevalier, marquis de Dion-Malfiance, né le 7 avril 1752, ancien lieutenant-colonel d'infanterie au service de Sa Majesté Catholique, premier aide-major aux Gardes-Wallonnes. Il s'est trouvé à l'expédition d'Alger et aux siége et blocus de Gibraltar. Il a épousé, le premier août 1784, Marie - Anne - Emélie le

Sergeant, fille d'Emmanuel le Sergeant, écuyer, ancien maieur de la ville de Saint-Omer ; il n'a pas d'enfants ;

3.° Antoine-Alexandre-Joseph, chevalier de Dion, né à Hesdin, en janvier 1754, et mort au château de Wandonne, le premier décembre 1788, sans avoir contracté d'alliance.

XII. Louis-Constant-Joseph DE DION, chevalier, baron de Dion-Wandonne, seigneur de Wandonne et autres lieux, né le 30 janvier 1750 ; a épousé, Marie-Jéromette de Dion de Ricquebourg, sa cousine-germaine, fille d'Antoine-Joseph-Tranquillain de Dion, chevalier, seigneur de Ricquebourg, ancien capitaine d'infanterie au régiment de la Vieille-Marine, et de dame Josephe-Ulphe-Pélagie de Brunel de Bertrancourt. Il a de ce mariage :

1.° Philippe-Louis-Joseph, chevalier, baron de Dion-Wandonne, gendarme de la garde du roi en 1814, né le 4 novembre 1797 ;

2.° Charles-Edouard-Joseph, chevalier, baron de Dion, officier dans la garde nationale du Pas-de-Calais, frère jumeau du précédent ;

3.° Henri-Tranquillain-Joseph, chevalier de Dion, né le 25 octobre 1799 ;

4.° Sophie-Marie-Louise de Dion, née le 21 août 1800.

## SECONDE BRANCHE,

*Dite des barons de Ricquebourg, établie à Rheims.*

XI. Antoine-Joseph-Tranquillain DE DION, chevalier, seigneur de Ricquebourg, capitaine au régiment de la Vieille-Marine, fils de Louis-François-Tranquillain-Isidore de Dion, chevalier, seigneur de Wandonne, et de Bonne-Marie-Claire-Josephe d'Ostrel-de-Flers, sa troisième femme, épousa, Josephe-Ulphe-Pélagie de Brunel, fille de messire Joseph-François de Brunel, chevalier, seigneur de Bertrancourt, etc. Il eut de ce mariage :

1.° Joseph-Tranquillain de Dion, chevalier, né le 11

juin 1768, officier de la marine royale, mort en ...;

2.° Jean-Baptiste-Marie, dont l'article suit;

3.° Marie-Jéromette de Dion-Ricquebourg, mariée à Louis-Constant-Joseph de Dion, chevalier, seigneur de Dion-Wandonne, son cousin-germain, fils de Louis-François-Jérôme de Dion, chevalier, baron de Wandonne, de Laisselle et du Brucq, et d'Anne - Josèphe - Nicole de Preud'homme d'Hailly.

XII. Jean-Baptiste-Marie DE DION, chevalier, baron de DION-RICQUEBOURG, né le 28 septembre 1768, ancien officier au régiment d'Auxerrois, infanterie, a émigré en 1791, et a fait les campagnes dans l'armée de monseigneur le duc de Bourbon, jusqu'au licenciement ; de là il a servi dans l'armée anglaise, et a passé ensuite dans le royaume de Suède où a servi dans la marine ; a épousé, le 29 avril 1802, Madeleine - Françoise-Alphonsine de Miremont. Il a de ce mariage :

1.° Charles-François-Isidore de Dion, né le 9 avril 1803;

2.° Henriette-Delphine de Dion, née le 14 juillet 1806 ;

3.° Marie-Louise-Stéphanie de Dion, née le 27 mai 1804.

## TROISIÈME BRANCHE.

XI. Louis-François DE DION, Ier du nom, chevalier, comte de Dion, brigadier des armées du roi, gouverneur de la Guadeloupe et de la Désirade, né le premier octobre 1730, fils de Louis - François-Tranquillain-Isidore de Dion, chevalier, seigneur de Wandonne, et de dame Bonne-Marie-Claire-Joseph d'Ostrel-de-Flers, entra officier dans le régiment de la Marck, en 1743, fit toutes les campagnes de Bohême et de Flandres, et fut ensuite détaché au Cap Français ; il devint commandant des Iles de la Guadeloupe, de la Désirade, de Saintes, en 1771, et parvint au grade de brigadier des armées du roi, en 1776. Ce fut lui qui fit ses preuves par devant le généalogiste des ordres du roi, pour être admis à monter dans les carrosses de Sa Majesté, en février 1785; il émigra en 1791, et fit la campagne de 1792 dans la compagnie noble de la province; il mourut à Londres, le 11 novembre 1794, et avait épousé, par contrat passé au Port-au-Prince, le 13 janvier 1770, Geneviève-Elisabeth-Ursule de Saintard, fille de messire Louis-Pierre de Saintard, conseiller en la cour du conseil du Port-au-Prince, et dame Elisabeth de la Toison. De ce mariage sont issus :

1.° Louis-François, dont l'article suit;

2.° Ursule-Philippine-Elisabeth de Dion, mariée le 6 septembre 1796, à Charles-Louis, comte d'Espinville;

3.° Marie-Louise-Félicité de Dion, mariée le 6 septembre 1796, à Charles-Joseph, vicomte de Sibert-Cornillon.

XII. Louis-François DE DION, II^e du nom, comte DE DION, né le 15 mai 1771; entré dans la compagnie des gendarmes de la garde du roi, le 10 janvier 1787, puis officier à la suite du régiment du Roi, dragons; a émigré, et fait la campagne de 1792, à l'avant-garde de l'armée de monseigneur le duc de Bourbon; a servi à St-Domingue, où il a été major et lieutenant-colonel du régiment de chasseurs de la Reine, au service britannique; chevalier de l'ordre royal et militaire de Saint-Louis, le premier mars 1796; lieutenant-colonel de cavalerie au service de France, par brevet du 26 avril 1797, donné par S. A. R. MONSIEUR, lieutenant-général du royaume, au nom du roi; est entré en France après le roi, en 1814. Il a épousé, 1.° par contrat du 15 mars 1797, passé à Londres, demoiselle Marie-Louise-Adélaïde de Salmon du Châtellier, fille de messire Charles-Alexandre, marquis du Châtellier, et de dame Catherine-Aimée de Marin de Montmarin; 2.° par contrat du 19 août 1807, demoiselle Elisabeth-Joseph le Vaillant du Châstelet, fille de feu messire Marc-Antoine le Vaillant du Châstelet, écuyer, seigneur de l'Espargnerie, lieutenant-colonel d'infanterie, ancien commandant, pour le roi, de l'Ile de Saint-Vincent, et commandant en second d'une des compagnies nobles de la province de Flandres à l'armée des Princes, et de dame Marie-Françoise de Gosson. Ses enfants sont :

*Du premier lit :*

1.° Louis-Charles de Dion, né à Londres, le 3 février 1798;

*Du second lit :*

2.° François-Jules-Augustin de Dion, né à Londres, le 20 février 1809;
3.° Marie-Louise-Stéphanie de Dion, née le 27 septembre 1811;
4.° Ursule-Caroline de Dion, née le 28 juillet 1813;
5.° Joséphine-Athanaïs, née le 28 novembre 1814.

*Armes :* « D'argent, à l'aigle éployée ou de l'empire, » de sable, chargée sur l'estomac d'un écusson d'azur, » surchargé d'un lion d'or et bordé du même. Légende : » *Domine ad adjuvandum me festina.* Couronne de comte; » tenants, deux sauvages armés de massues hautes, cou- » ronnés et ceints de lauriers ».

---

POIX (DE), ville et terre considérable, avec titre de principauté, située dans la Picardie, à huit lieues d'Abbeville, qui a donné son nom à une ancienne maison, qui portait originairement celui de Tyrel, et dont les premiers seigneurs se qualifiaient *Princes de Poix*. Le plus ancien titre que l'on trouve, avec cette qualité, est de l'an 1159; et par un autre titre de l'an 1256, Vautier Tyrel, se qualifie *par la grâce de Dieu, seigneur de Poix*. La terre de Poix passa dans la maison de Soissons, dans le quinzième siècle, puis dans celle de Créqui, en 1497, ensuite dans celle de la Tremouille, en 1675, et enfin dans la maison de Noailles, qui la possède sous sa première dénomination de *Principauté*.

I. GAUTIER TYREL, Ier du nom, seigneur de Poix, vivant en 1030, suivant la Morlière, dans ses antiquités d'Amiens, fut père de :

II. GAUTIER TYREL, IIe du nom, seigneur de Poix, nommé dans la concession que Raoul de Crespy, comte d'Amiens, fit en 1069, à l'église de cette ville, des droits que les vicomtes avaient sur certains lieux. Il tua accidentellement, à la chasse, Guillaume II, dit *le Roux*, roi d'Angleterre, l'an 1100. Il eut pour fils :

III. Gautier Tyrel, III$^{e}$ du nom, seigneur de Poix, qui fonda le prieuré de Saint-Denis de Poix, en l'an 1118, du consentement d'Adélice, sa femme, et de son fils aîné, et fit encore bâtir, l'an 1131, l'abbaye de Saint-Pierre. Ses enfants furent :

1.° Hugues, dont l'article suit ;

2.° Foulque de Poix, apanagé des terres de Ribecourt et de Brouville, en Cambrésis. Il épousa Isabelle de Humières, dont il eut :

*a*. Simon de Poix ;

*b*. Regnier de Poix ;

*c*. Vion de Poix, surnommé *Mathusalem*, parce qu'il vécut cent quarante-deux ans.

3.° Wernon de Poix, nommé dans une charte de l'an 1139.

IV. Hugues Tyrel, I$^{er}$ du nom, seigneur de Poix, confirma, en 1146, les donations faites à l'abbaye de Selincourt, et quitta la même année, allant à la Terre-Sainte, à l'abbaye de Saint-Martin-aux-Jumeaux, les deux parts des dîmes de Saint-Pierre-outre-les-Ponts, qui relevaient de lui du consentement d'Ade, sa femme, et de son fils aîné. Ses enfants furent :

1.° Gautier, seigneur de Poix, qui confirma, comme son père, en 1159, les donations faites à l'abbaye de Selincourt ; et fut père de Gautier Tyrel, seigneur de Poix, dit *le Jeune*, vivant en 1195, et mort sans enfants ;

2.° Hugues, dont l'article suit :

V. Hugues Tyrel, II$^{e}$ du nom, vivant en 1161, eut pour fils :

VI. Gautier Tyrel, IV$^{e}$ du nom, qui succéda à son cousin en la seigneurie de Poix, fit quelques biens à l'abbaye du Gard en 1206, et à celle de Saint-Fuscien en 1207, donna les droits de commune à ses habitants de Poix, et quitta à l'abbaye de Saint-Denis, au mois de mai 1215, quelques redevances qui lui étaient dues sur des héritages à Herbelay. Il fut père de :

VII. Hugues TYREL, IIIe du nom, seigneur de Poix, lequel ratifia, comme ses prédécesseurs, en 1235, les donations faites par ses ancêtres à l'abbaye de Selincourt. Il eut pour enfants :

1.° Guillaume, dont l'article suit ;
2.° Henri de Poix, } vivants en 1284.
3.° Baudouin de Poix, }

VIII. Guillaume TYREL, Ier du nom, sire de Poix, ainsi qualifié dans son épitaphe à l'église de l'abbaye de Saint-Pierre de Selincourt, vendit, en 1284, à l'abbaye de Saint-Valléri, du consentement de son fils, de ses deux filles et de ses frères, la terre de Neufville-au-Marché. Ses enfants furent :

1.° Guillaume, dont l'article suit ;
2.° Marguerite, } vivantes en 1284.
3.° Alix Tyrel, }

IX. Guillaume TYREL, IIe du nom, seigneur de Poix, servait sous le comte de Saint-Pol en 1314, avec deux chevaliers et neuf écuyers. Il épousa Marguerite, fille du seigneur d'Azincourt, laquelle fut inhumée avec son mari en l'abbaye de Selincourt. Ils laissèrent :

1.° Jean, dont l'article suit;
2.° Guillaume, chevalier du roi de France et de Navarre, et son commissaire et réformateur aux sénéchaussées de Périgord et de Castres, suivant un certificat qu'il donna à Castres, le 28 mai 1327, scellé de son sceau, où paraît *une bande accompagnée de six croix* (1). Il épousa Isabelle, dame de Brimeu, fille et héritière d'Alerin, seigneur de Brimeu, de Hupy, de Neronville, de Bellefont et de Hucart, et d'Isabelle d'Araines, dame de Saint-Messant, en Vimeu, et en eut David de Poix, sei-

(1) Les armes des anciens seigneurs de Poix, étaient *de gueules, à la bande d'argent, accompagnée de six croisettes recroisettées et fichées d'or*. Celles que porte aujourd'hui cette maison n'y ont aucun rapport, mais on ne doit point en être surpris; ces changements ou altérations d'armoiries sont fréquents dans les grandes familles, pour distinguer les branches; et l'histoire des grands officiers de la couronne en fournit un grand nombre d'exemples.

gneur de Brimeu et de Saint-Messant, qui servait sous Guillaume des Bordes, chambellan du roi, en 1367 et 1368, avec trois chevaliers et neuf écuyers. Le roi, par ses lettres du 3 janvier 1383, lui ordonna quatre cents francs d'or, pour aider à payer les rançons de lui, et de ses deux fils; il avait épousé, 1.° par contrat du 11 août 1360, Mahaut de Ghistelles; 2.° en 1415, Marie de Montauban, demoiselle d'honneur de la reine Isabelle de Bavière, qui lui donna le jour de ses noces, la valeur de cinq cents livres de vaisselle d'argent, et monseigneur le Dauphin, trois pièces de velours broché de la valeur de cent trente-cinq livres pour lui faire une robe. Il eut de sa première femme, 1.° Louis de Poix, seigneur de Brimeu et de Saint-Messant, tué à la bataille d'Azincourt en 1415, laissant pour unique héritière Jeanne de Poix, dame de Brimeu, de Saint-Messant, de Hupy, etc., mariée à Jean, seigneur de Lannoy, gouverneur de Hollande, chevalier de la Toison d'Or; 2.° Jean de Poix.

3.° Marie Tyrel, morte sans alliance, et inhumée en l'abbaye de Selincourt, auprès de ses père et mère.

X. Jean Tyrel, Ier du nom, seigneur de Poix, chevalier, eut différend, en 1322, avec le couvent de Saint-Quentin, près Beauvais, au sujet de son prieuré de Poix, et contre Pierre de Sarcus, au nom de son fils, touchant le château de Friquans, et se battit en champ clos à Gisors, contre ce seigneur, le 6 mai 1227. Ses enfants furent:

1.° Jean, dont l'article suit;
2.° Guillaume de Poix, vivant en 1340;
3.° Jeanne de Poix, mariée à Jean, seigneur de Tilloy.

XI. Jean Tyrel, IIe du nom, seigneur de Poix et de Mareuil, eut différend, en 1343, avec Jean de Pequigny, et servit en Périgord, près le maréchal d'Audeneham, en 1352 et 1353. Il confirma la même année, les priviléges de la commune de Poix, qui avaient été brûlés lors de la prise de cette ville, et mourut en 1361. Il avait épousé Agnès de Sechelles, fille de Mathieu, seigneur de Sechelles, de Vierson, d'Arancourt, de Cuvillers et de Mezières; elle se remaria, en 1362, à Hugues de Châtillon, seigneur de Dampierre, grand-maître des arbalêtriers de France, qui eut l'administration de minorité de ses huit enfants, qui furent:

1.° Jean, dont l'article suit;

2.° Baudouin de Poix, seigneur de Bonney, père de Pierre de Poix, seigneur de Bonney (1);

3.° Guillaume de Poix, seigneur de la Verrière, l'un des douze archers armés de la compagnie d'Olivier de Porcon, chevalier, qui fit montre à Caen, le premier octobre 1370. Il épousa N...... d'Amiens, fille aînée de Guillaume d'Amiens, seigneur de Bachimont, dont il eut:

a. Daniot de Poix, seigneur de la Verrière, marié avec N........ de Banquetin, fille d'Aleaume;

b. Antoinette de Poix, femme de Louis de Lyrieux, seigneur de Villiers, qui testa le 11 mai 1461;

4.° Rogues de Poix, seigneur d'Ignaucourt, qui servait le roi en 1380, avec trois écuyers. Sa mère lui donna, le 10 avril 1396, les fiefs que Wautier d'Araines et son fils avaient en la terre de Warlus. Il fut gouverneur de Ponteaudemer, fit montre de lui, chevalier-bachelier, d'un autre chevalier bachelier, et de huit écuyers de sa compagnie, à Montreuil, le premier mai 1410 et périt à la journée d'Azincourt, en 1415. Il avait épousé Marguerite de Baillon, dame de Rainville, dont il eut:

a. Jean, dit Florimond, seigneur d'Ignaucourt, marié avec Anne de Biez de Basentin Fonsomme, qui le rendit père d'Antoine de Poix, seigneur d'Ignaucourt marié avec Jeanne de Folleville

---

(1) On trouve Baudrain de Poix, chevalier-bachelier, seigneur de Bonny, capitaine de la ville de Thérouenne, lequel il fit montre avec deux écuyers de sa compagnie, le premier mai 1410, et donna quittance de 60 livres, en prêt sur leurs gages, le 11 juin suivant, scellée de son sceau de Poix, la bande chargée de trois tourteaux, l'écu tenu du bras gauche par un homme d'armes, appuyé sur sa lance.

de Goulencourt, d'Ormeaux, de Dommartin, fille d'Antoine de Folleville, seigneur de Paillart, et de Jeanne de Bailleul, dont pour fille unique Jeanne de Poix, femme de Raoul de Lannoy-Améraucourt, seigneur de Mervilliers, bailli et gouverneur d'Amiens, dont elle était veuve en 1515. Elle acquit du duc de Bourbon, le 24 mai 1517, la terre de la Harelle;

b. Pierre de Poix, seigneur de Camps, de Warlus, d'Espeaumesnil, etc., par transaction passée avec son frère, en 1439. Il fut père de Charles de Poix, seigneur de Camps, homme d'armes sous le sire de Poix, auquel le roi Louis XI donna, le 9 février 1473, la terre de Camps, confisquée sur son père. Il ne vivait plus en 1512, et avait épousé, 1.° Jeanne de Lyon, qui testa le 20 octobre 1482, dont il eut Marguerite de Poix, morte sans alliance; 2.° Jeanne de Fontaines, fille de Louis de Fontaines, seigneur de Cerisy, et de Marie de Forcheville, dont il eut Jeanne de Poix, dame de Camps, mariée, le 11 mars 1519, à Jérôme de Mauny, seigneur de Billaye;

c. Antoinette de Poix, femme, en 1428, de Jean de Sorainville, dit Brunet.

5.° Pierre de Poix, dit le Baudran, souche de la branche des seigneurs de Sechelles, qui n'a fait que cinq degrés, et s'éteignit vers la fin du seizième siècle; elle a fait des alliances avec les maisons de Beaumont, de Montbertault, de Quehenguy, de Belloy, de Villiers, de Bourgogne, de Monceaux, de Bernets, de Brion, de Lannoy, de Cléry-de-Maurepas, de Proisy, de Cauchet-de-Beau-Mont, de Mazancourt, de Barat-de-Chanseaux, de le Borgne, de Villette, de Vieuxpont, de Dompierre, de Brouilly-de-Mesvilliers, de la Vespierre, du Pertuis-d'Eragny, etc., etc., etc.

6.° Jean de Poix, mort jeune;

7.° Marguerite de Poix, dame de Dondelainville, mariée avec Robert de Cresecques, seigneur de Longpré,

8.° Autre Marguerite de Poix, dame de Plumoison, femme d'Oudart de Nenti, seigneur de Carlu.

XII. Jean Tyrel, III^e du nom, seigneur de Poix et de Mareuil, fut pris par les Anglais, en 1369, leur paya une grosse rançon, et mourut en 1382. Il avait épousé Marguerite de Châtillon, fille de Jean de Châtillon, seigneur de Dampierre, et de Marie, dame de Rollaincourt. Il eut de ce mariage :

1.° Jean, seigneur de la Poix et de Mareuil, qui suit ;
2.° Jeannet de Poix, nommé amiral de France, qui mourut sans avoir exercé cette charge, et sans alliance ;
3.° Daniot de Poix, qui s'attacha comme ses frères à la fortune du duc de Bourgogne, et vivait encore en 1423 ;
4.° Marie de Poix, mariée à Gui, seigneur de Ghistelles ;
5.° Antoinette de Poix, dame de Warlus, qui fit quelques donations en 1428, aux Célestins d'Amiens.

XIII. Jean Tyrel, IV^e du nom, seigneur de Poix et de Mareuil, mourut vers l'an 1400. Il avait épousé Jeanne des Quesnes, qui, étant restée veuve vers l'an 1400, se remaria à Hugues Quieret, seigneur de Tours, en Vimeu. Du premier lit vinrent :

1.° Jean Tyrel, seigneur de Poix et de Mareuil, chevalier, conseiller et chambellan du roi, en 1413, mort à la bataille d'Azincourt, en 1415. Il avait épousé Marguerite de Braquemont, dame de Lambercourt, fille de Guillaume, sire de Braquemont, et de Marie de Campremy, dont il eut Philippe Tyrel, mort jeune, en 1417 ;
2.° Adam, dont l'article suit ;
3.° Geoffroi, destiné à être chevalier de Saint-Jean de Jérusalem ;
4.° Marguerite de Poix, mariée à Thibaut, de Soissons, seigneur de Moreuil et de Cœuvres, fils de Rogues de Soissons, seigneur de Moreuil, et d'Ade de Montigny ; elle recueillit, après la mort de Philippe, son neveu, en 1417, les terres de Poix et de Mareuil ;
5.° Jeanne de Poix, femme de Guy Quieret, dit Boort, seigneur de Tours.

XIV. Adam de Poix, seigneur de Vilmort et de Forges,

en Poitoux épousa, en 1403, Marie Savary de Lancosme. Dans son contrat de mariage, il fut stipulé entre les parties, *que la maison de Lancosme se chargerait de la dépense nécessaire pour conduire aux fêtes de Noël prochain, Geoffroi de Poix, frère dudit Adam, en l'Ile de Rhodes, outre mer, en l'hôpital de Saint-Jean de Jérusalem, et de le faire recevoir chevalier.* Adam de Poix rendit aveu et dénombrement à la baronnie d'Angle, à la fin du treizième siècle, au lieu et place de Jean Tyrel, seigneur de Poix, et Mareuil, son père (1), retenu au lit malade, et qui mourut vers l'an 1400. Il laissa entre autres enfants de son mariage :

XV. Jean DE POIX, Ve du nom, seigneur de Vilmort et de Forges, qui laissa de Jeanne de Saint-Sébastien, sa femme, trois enfants avec lesquels il partagea, le 26 mars 1484 :

1.° Pierre de Poix, } restés en Poitou ;
2.° Jean de Poix, }
3.° Florent, dont l'article suit :

XVI. Florent DE POIX, seigneur de Vilmort, de la Petite Borde, des grande et petite cours de Monchenin, épousa Catherine Duquartier, dame des deux dernières terres, dont il eut :

1.° François de Poix ;
2.° Joachim, dont l'article suit ;
3.° Marie de Poix.

XVII. Joachim DE POIX, seigneur de Monchenin, de la petite Borde, du fief des Bretons, de Montassaut, etc., épousa, le 11 février 1559, Jeanne Godelar, dont il eut :

1.° René dont l'article suit ;
2.° Baltazard, seigneur de Montassaut, dont la postérité s'éteignit en 1746.

XVIII. René de Poix, seigneur de Monchenin, de la Borde, etc., épousa, le premier août 1578, Louise de Fadast, d'une maison d'Italie qui suivit en France, où

---

(1) Ce titre a été donné à la maison de Poix, par M. d'Hozier de Sérigny.

elle fut naturalisée, Catherine de Médicis. De ce mariage vint :

XIX. Jacques DE POIX, qui épousa Olympe du Griffon, qui le rendit père de :

1.° Louis, dont l'article suit ;
2.° Jacques de Poix.

XX. Louis DE Poix, marié avec Anne de Boissé, eut pour fils :

1.° Louis, qui ayant fait des vœux de religion, mourut dans un couvent ;
2.° Vincent-François, dont l'article suit :

XXI. Vincent-François DE POIX, seigneur de Marécreux, de la Barre, de la Férandière, etc., chevalier de Saint-Jean de Jérusalem en 1701, faisait ses caravanes lors de la retraite de Louis de Poix, son frère aîné, et quitta l'ordre pour continuer la postérité de sa maison. Il fut adjoint par lettres du roi, à la commission de la recherche de la noblesse ; la souscription porte : *à M. le comte Poix de Marécreux*. Il épousa Agnès-Angélique Savart de Lancosme, dont sont issus :

1.° Louis-François-Vincent, dont l'article suit ;
2.° Louis-Alexandre, mort jeune, enseigne de vaisseau, au département de Rochefort ;
3.° Louis-François de Poix de Marécreux, d'abord grand-vicaire de Saintes, puis chanoine et comte de Lyon, sur ses preuves de seize quartiers, en remontant le côté paternel jusqu'à la maison Tyrel, prince de Poix. Il a été successivement nommé à la troisième et à la seconde dignité de cet illustre corps, et par le roi Louis XVI, à l'abbaye d'Aumale. Il est âgé de quatre-vingt-quatre ans.
4.° N.... de Poix, morte au berceau :
5.° Angélique-Blanche de Poix, dame de la Barre et de la Férandière, morte sans alliance.

XXII. Louis-François-Vincent DE POIX, chevalier, entra au service en qualité de sous-lieutenant au régiment de la Reine, infanterie, en 1741, et eut les pieds gelés à la retraite de Prague ; suivit ce régiment en Italie, et y leva à ses frais une compagnie nouvelle en 1745 ; fut nommé chevalier de l'ordre royal et militaire de Saint-Louis, puis major au même corps, avec lequel il fit l'avant-dernière campagne en Allemagne, et la dernière en qualité d'aide de camp de Monseigneur le prince de Condé, dont il obtint l'estime et la confiance. Il se retira du service en 1775, avec le titre de lieutenant-colonel, et assista à la première assemblée provinciale de son pays. Il avait épousé, en 1769, Marie-Charlotte de Pierre-Bufſière, dernier rejeton de ces anciens premiers barons du Limosin, dont sont issus :

1.° Louis-Jean-Baptiste-Charles, dont l'article suit ;

2.° Thomas-Louis-Benjamin de Poix, reçu de minorité chevalier de l'ordre de Saint-Jean de Jérusalem le 12 décembre 1773, enseigne de vaisseau au département de Brest, mort victime de la révolution. Il avait épousé Joséphine d'Andigné de la Chesse, dont il laissa des enfants ;

3.° Louis-Marie-Alexandre de Poix, reçu chevalier de Saint-Jean de Jérusalem de minorité, le 19 octobre 1775, mort au service du roi dans l'émigration ;

4.° Louis-Félix-Anne de Poix, reçu chevalier de Malte de minorité, le 20 octobre 1779, marié avec Alexandrine de Bonnefont, dont le père est mort en émigration. Ils ont des enfants ;

5.° Marie-Louise de Poix, mariée à messire N.... Guilloteau-Grandeffe.

XXIII. Louis-Jean-Baptiste-Charles de Poix, d'abord premier page de Marie-Antoinette d'Autriche, épouse du roi Louis XVI, a été nommé à une compagnie du régiment de Royal-Normandie, cavalerie, a émigré, et n'est rentré au service que depuis le retour du roi, en qualité d'officier des gardes-du-corps, de la compagnie de Noailles ; et n'ayant point quitté le roi, Sa Majesté, pour reconnaître son zèle et ses services, l'a décoré de la croix de l'ordre royal et militaire de Saint-Louis, avec le brevat de colonel. Il a épousé Françoise-Charlotte du Chesnau, fille de messire Charles-Armand-Louis du Chesnau, lieutenant-colonel d'infanterie, mort en émigration, et nièce de M. le marquis de Rivière, ambassadeur de France à Constantinople, dont postérité.

*Armes :* « De sable, à trois aiglettes d'or. Couronne » de comte, supports deux griffons ».

---

## NOTES SUR LE NOM DE POIX,

### *Extraites de l'Histoire des grands officiers de la couronne.*

Catherine de Poix, dame de Bienque, épousa Jean, seigneur du Bos, dont vinrent Philippe du Bos d'Annequin, marié avec Marguerite de la Tremoille, dame de Querdes, et un autre enfant, allié à la maison de Huchin; Hélène de Poix, fut mariée à Antoine le Sellier, chevalier, seigneur de Plouzel, dont il eut Antoinette le Sellier, mariée dans la maison de Boufflers.

### *Autres, tirées des annales d'Aquitaine.*

On trouve un Galiot de Poix, capitaine au service d'Angleterre, faisant des conquêtes sur la France. Ce surnom de Galiot, pris sans doute pour constater son origine française, se conserva dans sa branche. Un Jacques Galiot, sénéchal d'Armagnac, maître de l'artillerie, la fit si bien servir, qu'elle valut à François I^er^ le gain de la bataille de Marignan.

Parmi les seigneurs qui furent tués à la bataille de Pavie, on trouva Jacques Galiot, grand écuyer, Jean de Poix, fils du seigneur de Vilmort, et Louis de Poix, fils de messire Jean de Poix, chevalier, seigneur de Forges.

Dans l'inventaire général de l'histoire de France, par Jean de Serres, volume 3, commençant à François I^er^, année 1536, on trouve parmi ceux qui ont un commandement sous le lieutenant-général, comte de Buzançais, amiral de France, le seigneur de Forges, échanson du roi, dont les provisions existent ainsi que celles de chambellan de Sa Majesté, en faveur du seigneur de Vilmort, de la même maison de Poix.

---

ADHÉMAR, ADÉMAR ou AZÉMAR, en Languedoc.

Cette Maison a donné, au commencement du neuvième siècle, les premiers ducs souverains de Gênes; c'est le sentimement unanime des Historiens et de la République.

Guy Allard, dans son Nobiliaire du Dauphiné, remonte l'origine de la maison d'Adhémar, jusqu'au septième siècle. Honoré Bouche, dans sa Chorographie de Provence, a la même opinion, et donne une filiation de ces premiers ducs de Gênes, seigneurs souverains de Monteil, à laquelle on peut avoir recours, tome I, page 900, édition de 1664.

Nostradamus en pense de même, ainsi que François Rebattu et Louvet, dans son Histoire de Provence.

Jacques de Bergame, dans ses Chroniques, imprimées à Venise, en 1522, avance qu'un Giraud Adhémar fut créé duc de Gênes, par l'empereur Charlemagne, l'an 814, attendu qu'il était son parent, et qu'il avait chassé les Sarrasins de l'Ile de Corse.

L'Hermite de Souliers, dans sa Toscane française, à l'article d'Ornano, cite une transaction, dont il assure avoir vu l'original, passé à Barcelone le 6 juin 830, entre Lambert-Giraud Adémar, duc de Gênes, seigneur souverain de Monteil, et Charles, son frère, etc., par la médiation d'Aimar de Monteil, archevêque de Mayence, leur frère, etc.

Cette transaction est tout au long dans un ancien manuscrit qu'on a trouvé dans les archives de l'église cathédrale de Saint-Pol-Trois-Châteaux.

L'auteur des Révolutions de Gênes, Odo de Gissei, de *Diocesy Anicensy*, chap. 25, fol. 315; Féron, fol. 64; Chénu, page 98; Nogué, *Historia Tolosana* page 7; Author, *Diaconi Pauli tertii ad annum*, 1538; Sleidam, dans son Histoire: tous parlent de la maison d'Adémar, comme des premiers souverains de l'Etat de Gênes, de la principauté d'Orange, de la baronnie de Grignan et de la ville de Montélimart (1).

Il en est dit autant dans un Mémoire manuscrit qui paraît être de deux cents ans, et que l'on trouve à la Biblio-

(1) Voyez le Dictionnaire géographique de la Martinière, et celui de la France en 3 vol. in-fol., à l'article *Montélimart*.

thèque du Roi. On terminera ces citations par le témoignage de deux Ecrivains modernes. « Charlemagne » ayant rebâti Gênes, l'annexa à l'Empire français, sous » le gouvernement d'un Comte particulier. Le premier » nommé Adhémar défit les Sarrasins, et conquit l'Ile » de Corse (1). » Voyez l'Histoire de Louis XI, par M. Duclos, tome 1, page 100, etc.

« Charlemagne ayant défait les Sarrasins et chassé les « Lombards de l'Italie, où ils avaient régné cent trente » ans, fit rebâtir la ville de Gênes, et lui rendit son » premier lustre. Pepin, qui fut investi par son père, du » royaume d'Italie, donna la souveraineté de Gênes avec » la qualité de Comte, à son parent Adhémar, dont les » descendants le conservèrent sans aucun trouble pen» dant cent ans ». Histoire de la République de Gênes, trois volumes in-12, 1742, tome 1, page 7.

Les bandes d'Adhémar qui se trouvent en Corse sur les anciens monuments, mêlées à la croix de Gênes, paraissent encore appuyer ce sentiment.

Enfin, M. le marquis de Castellane-Esparron, qui a succédé à une partie des biens et des titres de la maison d'Adhémar, conserve dans ses archives de la Garde, plusieurs actes des dixième et onzième siècles, par lesquels il est prouvé que les Adhémar ont pris les titres de Ducs de Gênes, de Princes d'Orange, et de Vicomtes de Marseille.

Quelque forte que puisse être une opinion fondée sur tant de preuves, et si généralement adoptée, on ne s'y arrête point pour commencer cette généalogie, où l'on se propose seulement de faire connaître la branche du Languedoc, dont la filiation est justifiée par une suite non interrompue de titres originaux.

La maison d'Adhémar était illustre dès le neuvième siècle par ses possessions, ses titres et ses alliances.

Elle a contracté des alliances directes avec les maisons d'Adouart, d'Agnès, d'Agout, Albert, Albignac du Triadou, Albon, Allemand de Toligny, Amy, Anduse, Ansiaco, Aquitaine, Aspremont, Bachi, Barre, Barrière, Beaufort, Beaumont, Beauvoir, Beaux, des Beaux, Bel-

---

(2) Quelques auteurs ont prétendu que cette île avait été possédée par la maison d'Adhémar, à titre de royaume.

vèze de Mongirard, Berenger de Royans, Beziers, Besiers, Boissière, Bonne, Bourgogne, Brie, Brion, Cambis, Campobasso, Castellane, Châteauneuf, Clémence, Clermont, Combrette, Comminges, Corn-d'Ampare, Crussol, Deux Chiens, Dupuy, Durfort l'Etrange, Fay-Gerlande, Foix, Genève, Glandières, Glandevez, Graveson, Hebrard Saint-Sulpice, Herail de Lugan, Joyeuse, Laon, Latour, Laudun, Lautrec, Lille, Louveti, Marseille, Mevillon, Milliancourt, Montazet, Montdragon, Montecheau, Montfort, Montluel, Montpellier, Morges, Moretony, Narbonne, Narbonnes, Nogaret de Calvisson, Odoard, Orange, Peyrefort Ganges, Peyrusse, Poitiers, Pontevès, Pryest, Quiqueran, Ratier, Reybaud, Rie de Varembon, Rigaud-Vaudreuil, Robiac, Rohan, Romieux, Sabran-Usès, Saluces, Seguy, Selges, Senneterre, Solignac, Taulignan, Thubière Caylus, Thury, Toulouse, Tournon, Trans, nièce du Pape Jean XXII, Turenne, Valentinois, Ulan, Ure, Usès.

Giraud ADHÉMAR, vivant vers l'an 1100, est le chef prouvé de plusieurs branches de cette maison, entr'autres, celle des comtes d'Adhémar de Montfalcon, éteinte de nos jours; de celle des comtes de Panat; de celle des seigneurs de Cransac, des seigneurs de Lantagnac, et de celle des seigneurs de Saint-Maurice de Cazevielle, de Colombiers, barons de Suelhes, que nous rapporterons plus bas. L'aînée de toutes ces branches, connue sous les titres de co-seigneurs de Monteil, barons de Grignan, etc. (1), s'est éteinte en 1559, dans la maison de Castellane. C'est à cette époque qu'on a dit que la maison d'Adhémar était éteinte. En effet, les branches qui subsistaient en Languedoc, étaient trop pauvres pour être connues; séparées, comme on va le voir depuis le douzième siècle, il n'est pas surprenant qu'elles fussent ignorées; peut-être même ne connaissaient-elles pas leur origine. Le préjugé s'est établi, et madame de Sévigné, sans discuter un fait dont elle n'avait pas d'idée, a répété dans ses lettres ce qu'on avait dit avant elle.

Cette branche de Provence, qui avait beaucoup d'é-

---

(1) Voyez la noblesse d'Avignon, par l'abbé de Pithon-Court, tome IV, on y trouve la filiation de toutes les branches de la maison d'Adhémar.

clat, réunissait en elle toute l'existence de la maison d'Adhémar; elle s'était alliée avec plusieurs maisons souveraines (1); mais comme on ne veut s'arrêter ici qu'aux seules branches du Languedoc, on renvoie pour cette branche et pour les autres à l'Histoire de la Noblesse d'Avignon, par l'abbé Pithon-Court.

Giraud ADHÉMAR, était frère du fameux Hugues Adhémar de Monteil, évêque du Puy (2), légat du Saint-Siége, en Orient; il fut le premier croisé au Concile de Clermont, en 1095, et vainquit les Infidèles à la bataille d'Antioche, où il portait la lance sacrée, lance qui fait aujourd'hui le cimier des armes de la maison d'Adhémar. (Voyez *les Monuments de la Monarchie française*, par le P. Montfaucon; l'Histoire des Croisades, et plusieurs autres auteurs.

Giraud ADHÉMAR possédait le comté, depuis principauté d'Orange (3); toutes les terres, entre le Rhône et la Mer, appelées *Terres de l'Empire;* enfin, plus de trente villages ou villes, entre lesquelles celle de Monteil, en Dauphiné, depuis appelée *Monteil Adhémar*, et par corruption *Montelimart*, était une souveraineté, au rapport de Nostradamus, *Histoire de Provence*, page 162, art. 7, pag. 777, et de plusieurs autres auteurs.

On voyait encore avant la révolution, à l'hôtel de ville, une lame de bronze enchâssée dans la muraille, sur laquelle sont inscrits certains droits et priviléges que les Adhémar accordèrent à leurs sujets en l'an 1198, aux deux bouts de laquelle lame est gravé un homme à cheval armé, tenant de la main gauche l'écu de ses armes, et de l'autre une épée nue (4), qui se retrouve dans tous les sceaux de cette maison.

---

(1) Provence, Poitiers, Toulouse, etc.

(2) Transaction du 3 mai 1077; Noblesse d'Avignon, tome IV, article ADHÉMAR; partage de 1095, archives de la Garde; autre transaction de 1080, *idem*.

(3) Bouche, tome I, page 876, parle d'une charte de 1107, où l'on trouve *Assentiente Giralde Adhemario Aura Sice principe*. Voyez Pithon-Court, tome IV, page 9.

(4) Les seigneurs souverains portaient en témoignage de leur indépendance, une épée nue, pour signifier qu'ils ne tenaient leurs états que de Dieu et de leur épée. Voyez le Dictionnaire géographique

Les Adhémar ne relevaient que de l'Empire, ce qui est parfaitement énoncé dans une ratification de 1167, faite par l'empereur Frédéric Barberousse, des droits, priviléges, etc., de Giraud Adhémar. Cette charte scellée en lacs de soie rouge de la bulle d'or de l'Empereur, se conserve dans les archives du château de Grignan.

Cette terre, dont les habitants, avant la révolution, jouissaient encore de plusieurs priviléges, et dont le nom a été si connu par les lettres de madame de Sévigné, était possédée dès le onzième siècle, à titre de baronnie, par ce même Giraud Adhémar, cité ci-dessus.

I. Lambert D'ADHÉMAR, seigneur de la Garde, co-seigneur de Monteil, l'un des descendants de Giraud, et fils de Guillaume-Hugues d'Adhémar, et de Laure de Genève, fut déshérité par son père, suivant les archives du château de la Garde, et l'abbé Pithon-Court, tome III, pour l'avoir attaqué dans son château de la Garde. L'empereur Frédéric I^er^, approuva, le 20 août 1178, cet acte de sévérité et de justice. Il épousa, en 1190, Tiburge de Baux, fille de Bertrand de Baux, sire de Baux, et de Tiburge de Montpellier-Omelas, comtesse d'Orange, en partie, et sœur de Guillaume, prince d'Orange. La maison de Baux, selon Bouche, *Histoire de Provence*, in-folio, sect. 9, page 911, était une des plus puissantes de l'Europe; elle avait porté le titre de roi d'Arles, et celui d'empereur de Constantinople.

Pour donner une idée de la grandeur de la maison d'Adhémar, dans ces temps reculés, on fera observer qu'à peu près dans le même temps où la maison d'Adhémar s'alliait avec celle de Baux, Bertrand de Baux épousait Béatrix de Sicile, arrière-petite-fille de Louis VIII, et tante de Philippe VI, dit de Valois, roi de France. Du mariage de Lambert Adhémar et de Tiburge de Baux, sont issus:

1.° Hugues, qui continua la branche des seigneurs de la Garde, coseigneurs de Monteil, alliés aux maisons de Poitiers-Valentinois, de Rogier-Beau-

---

de la Martinière, et celui de la France, en 3 vol., à l'article Montélimart.

fort, de Turenne, de Sabran et autres, éteints en 1528;

2.° Lambert, dont l'article suit;

3.° Bertrand d'Adhémar, évêque de Saint-Pol-Trois-Châteaux, qui vivait encore en 1288;

4.° Brionde d'Adhémar, mariée 1.° à Lambert de Thury, chevalier, à qui Simon, comte de Montfort, de Narbonne et de Toulouse, avait donné en fief la baronnie de Lombers, en Albigeois, qui avait anciennement appartenu à la maison d'Adhémar, et que ledit Simon avait usurpée, lors de la conquête de cette province. La terre de Lombers revint à ses premiers possesseurs, par la donation que Lambert de Thury, mort sans laisser d'enfants, en fit à sa femme, qui en jouit quelque temps. Elle épousa, 2.° Guy de Montfort, seigneur de la Ferté-Allais, en Beauce, frère puîné de ce fameux comte Simon de Montfort, qu'elle rendit aussi père de Guy de Montfort, II^e^ du nom, mort sans postérité en 1254. Ces Montfort eurent des guerres continuelles contre les Adhémar, et les dépouillèrent d'une partie de leurs biens à la faveur d'un jugement rendu par le parlement d'hiver, séant à Paris en 1299. Cette époque peut être regardée comme celle de l'appauvrissement et de l'oubli de cette branche, qui n'en a pas moins contracté les plus grandes alliances.

II. Lambert D'ADHÉMAR, II^e^ du nom, chevalier, seigneur de Lombers, en Albigeois, et de quinze villes ou villages après la mort de Guy de Montfort, son neveu, et en partie de Clansayes (1) et de Châteauneuf sur le Rhône, en Dauphiné, par l'inféodation que son frère aîné lui en fit pour lui et ses descendants mâles, en 1233. Il est important de remarquer que dans cet acte passé entre les deux frères, l'un est nommé *Azémar* et l'autre *Adémar*, différence qui se trouve encore entre les deux sceaux attachés au corps de l'acte, et parfai-

(1) Sommation à lui faite, de rendre hommage pour la terre de Clansayes, qu'il tenait d'Hugues, son frère, seigneur de Monteil, de l'an 1292. (Cabinet de M. de Castellane.)

tement conservés. Lambert d'Adhémar est rappelé dans le testament de Hugues, son frère aîné; par cet acte du 17 des calendes d'octobre 1233, Hugues donne en fief à Lambert, son puîné, pour lui et ses descendants mâles à l'infini, tout ce que Lambert, leur père, avait tenu dans le château de Clansayes, etc., sous la condition, que ses seuls descendants mâles lui succéderont, lui rendront hommage (à lui Hugues), et que lui Lambert renoncera à tous ses droits sur la succession paternelle, maternelle, etc.

C'est l'effet de la renonciation stipulée dans cet acte, qui a laissé les branches du Languedoc dans la médiocrité, quand celle de Grignan faisait passer sa fortune dans une maison étrangère, par le mariage de Blanche d'Adhémar, avec N..... de Castellane, baron d'Entrecasteaux, contracté en 1559. Cet acte de 1233, est le nœud qui lie les branches de Provence et du Languedoc; on verra dans la suite Guigues, petit-fils de Hugues, demander à un autre Hugues, fils de Lambert, seigneur de Lombers, l'hommage qu'il lui doit en vertu des conditions stipulées dans l'accord de 1233, passé entre les deux frères. Enfin, c'est cette pièce qui fait connaître à la fois les branches du Languedoc et de Provence, et qui fixe l'époque de leur séparation, ainsi que le nom et les armes de chacune d'elles. Il profita de l'absence de Philippe de Montfort, qui était outre-mer, pour se faire donner la garde de la baronnie de Lombers, qu'on avait mise sous la main du roi saint Louis, et que la reine Blanche, sa mère, adjugea audit Lambert, comme oncle maternel de Guy de Montfort, IIe du nom. Il succéda en 1254, dans la baronnie de Lombers; histoire du Languedoc, tome 3, page 479. Mais ceci se trouve plus amplement détaillé dans les articles donnés en 1293, par Hugues d'Adhémar son fils, et par plusieurs lettres du roi saint Louis et du roi Philippe, déposées dans les archives de la chambre des comptes de Montpellier.

Lambert de Monteil-Adhémar rendit volontairement hommage de la terre de Clansayes, à Bertrand d'Adhémar, son oncle, surnommé de Clansayes, évêque de Saint-Pol-Trois-Châteaux. Hugues et Briand, ses deux fils, ratifièrent ce qu'il avait fait le 2 novembre 1274; il est encore nommé dans l'accord passé aux nones de mars 1240, entre Alasie, sa belle-sœur, veuve de Hugues Adhémar, seigneur de Monteil, son frère. Tous ces titres se trouvent dans les archives du château de Panat et dans celles de M. le marquis de Castellane, au château de la Garde, en Dauphiné.

Lambert de Monteil - Adhémar, chevalier seigneur, baron de Lombers, fut caution d'Aimar de Poitiers, comte de Valentinois, lorsqu'il promit de payer à Alphonse, comte de Poitiers et de Toulouse, fils du roi de France Louis VIII, la somme de mille livres tournois ; et lui Lambert scella de son sceau lesdites lettres d'obligation, le vendredi après la fête de Saint-Pierre et de Saint-Paul, de l'an 1270. Il en est parlé dans les preuves de l'Histoire de Languedoc, tome 3, page 596. Il ne vivait plus en 1302, qu'aux nones de décembre de la même année, Tiburge dite de Clansayes, sa fille, donna une quittance scellée de son sceau, en cire verte, conservée aux archives du château de Panat. On a de Lambert II de Monteil-Adhémar, un acte sur lequel on trouve son sceau, qui est parti des armes de France et de Toulouse, gravé avec légende, et très - bien conservé. Voyez l'Histoire du Languedoc, tome 5. Il laissa de son mariage avec Berengère de Lautrec :

1.° Hugues de Monteil Adhémar ou Azémar, seigneur de Lombers, qui fut sommé par Guigues, seigneur de la Garde, de lui rendre hommage pour la terre de Clansayes, conformément aux conditions stipulées dans l'accord passé le 17 des calendes d'octobre 1233, entre Hugues, seigneur de la Garde, grand-père du demandeur ; et Lambert de Monteil-Adhémar, père du défendeur. L'acte fut passé le jeudi d'après la fête de Saint-Michel, de l'an 1292. Hugues d'Adhémar vendit en 1302, au dauphin de Viennois, la baronnie de Montauban, qu'il tenait de la succession de Rousselin de Montauban, dont il était héritier, ainsi qu'on en peut voir les pièces dans l'Histoire du Dauphiné, par Chorier. Ledit noble et puissant homme messire Hugues Adhémari, chevalier, seigneur de Lombers, transigea le jeudi, veille de la Circoncision de Notre Seigneur, l'an

1304, avec noble et puissante dame Aliénor de Montfort, comtesse de Vendôme: voulant terminer les procès qui depuis longtemps causaient des brigues et des dissensions, ils se jurèrent une paix perpétuelle, et convinrent par cette transaction que Marguerite, fille unique du seigneur de Lombers, et de feue dame Helise, épouserait un des fils de la comtesse de Vendôme, et du feu comte Jean. Dans une transaction passée le 22 juillet 1305, en présence d'illustre Aimar de Poitiers, comte de Valentinois, entre magnifique et puissant seigneur messire *Adhemarii*, son petit-fils (*Nepos*), seigneur de *Montilio Adhemarii*, baron de la Garde, d'une part, et puissant seigneur Giraud *Adhemarii de Montilio*, seigneur et baron des baronnies de Grignan, son cousin, il est stipulé que l'on donnera la baronnie de *Monte-Albano*, possédée par Hugues *Adhemarii*, baron de la Garde, à magnifique et puissant homme messire Hugues *Adhemarii-Montilio*, seigneur et baron de Lombers, son cousin (*consanguineus*), pour toutes ses prétentions sur la maison de Monteil de la Garde Adhémar; ainsi cette baronnie fut transportée, du consentement des parties contractantes, et de celui dudit comte de Valentinois. C'est pour la seconde fois que les branches du Languedoc ont renoncé à la succession des branches de Provence et de Dauphiné. Hugues, seigneur de Lombers, passa un bail à fief, sous le seul nom d'Azémar, à Albi, le vendredi après la translation de Saint-Martin de l'an 1306. Cet acte se trouve dans les archives des manuscrits de la bibliothèque du roi, vol. in-fol., n° 108, page 176, en copie légale tirée de son original en parchemin, qui se trouve dans les archives de l'église cathédrale de Sainte-Cécile d'Albi. Hugues d'Adhémar, chevalier, seigneur, baron de Lombers mourut en 1307. Il avait épousé, 1.° Hélise de Lautrec; 2.° Agnès de Penna. Il laissa de sa première femme, Marguerite d'Adhémar, fiancée en 1304, comme on l'a dit plus haut, à l'un des fils de Jean V, comte de Vendôme, mais mariée, par contrat du 8 des ides de janvier 1309, avec noble homme Guy de Comminges, fils de magnifique homme et puissant seigneur Bernard VI, par la grâce de Dieu, comte de Comminges. Il descendait des anciens ducs de Gascogne, établis, en 602, par Théodoric, roi de Bourgogne. Dans ledit contrat qui est à la bibliothèque du roi, Marguerite stipule en présence et du consentement d'Agnès de Penna, sa belle-mère, et d'Adhémar de Clansayes, son cousin-germain paternel *consangninei mei germani*. Entr'autres parents qui signèrent au contrat, paraissent tous les grands de la province, on remarque un Pierre Colonna, et un Bertrand de Got, signés en qualité d'oncles, tous deux cardinaux. Le dernier fut ensuite pape sous le nom de Clément V. Marguerite mourut en 1313, laissant la baronnie de Lombers et des procès à Guy de Comminges, son mari;

2.° Briand, dont l'article suit;

3.° Tiburge, dit de Clansayes, vivant en 1304.

4.° Vacquerie de Monteil Adhémar, mariée 1.° avec Pierre, vicomte de Lautrec, mort sans enfants en 1270. Ce premier contrat se trouve dans les manuscrits de la bibliothèque du roi, vol. 39, fol. 194; 2.° Jourdain IV, baron de l'Isle, chevalier, surnommé le Vieux, qu'elle rendit père de trois filles, mariées dans les maisons de Narbonne, d'Astarac et de Colonne en Italie. Ils ne vivaient plus tous les deux au mois d'août 1332, que leurs enfants furent condamnés par arrêt de la cour du roi, qui se trouve dans les archives de Montpellier, à rendre à Aliénor de Montfort, comtesse de Vendôme, ce qui était convenu par la transaction passée entr'elle et messire *Adhemarii*, chevalier, seigneur de Lombers.

III. Briand de Monteil-Adhémar, chevalier, co-seigneur de Lombers, avec Hugues, baron de Lombers, son frère aîné, dans l'acte du 2 novembre 1274, dont il a été question au degré précédent, et soutint avec lui la fameuse querelle mue entre les Adhémar et les Montfort, prouvée par ce que contiennent les *olim* du parlement, qui sont les plus anciens registres, et par le mémoire que Hugues, baron de Lombers, donna au parlement d'hiver, séant à Paris en 1293. Ce titre déjà cité plusieurs fois, est un rouleau de parchemin immense, qui jette une très-grand jour sur ces degrés. Il y est dit entr'autres choses :

Art. 85. *Que ledit seigneur* Lambert, *baron de Lombers, mourut, laissant après lui lesdits seigneurs* Hugues, Briand, Adhémar, *et dame* Vacquerie, *ses enfants.*

Art. 86. *Que ledit seigneur* Hugues *se mit dans le droit et place de* Briand et d'Adhémar, *ses frères, qui prêtèrent hommage audit seigneur Philippe, père du roi vivant.*

*Que Philippe de Montfort le jeune, voulant le troubler dans sa possession, assembla une armée pour le déposséder à force ouverte ; qu'en ayant porté sa plainte au roi Louis, Philippe de Montfort lui en fit réparation et promit, en sa présence, de restituer tout ce qu'il avait usurpé sur le Lomberrois, etc., etc.*

Cependant ils perdirent leur procès, et furent de plus condamnés à rendre hommage à Begue de la Barrière, pour la terre Villelongue, autrefois nommée Malemort, située au diocèse de Rhodès ; hommage qu'ils voulaient bien rendre à Alphonse, comte de Poitiers et de Toulouse, mais non à ceux qui en avaient acheté la terre. Les parties ayant comparu devant le sénéchal de Rhodès, Briand appela de sa condamnation au jugement du roi ; la sentence du sénéchal fut confirmée par arrêt rendu en ladite cour du roi, au mois d'août 1279. Cet acte en parchemin, scellé d'un grand sceau de cire verte, sur lacs de soie de même couleur, est dans les archives du château de Panat.

Briand d'Adhémar, chevalier, co-seigneur de Villelongue, étant mort avant Hugues d'Adhémar, son frère aîné, il lui laissa ses droits sur la terre de Lombers à soutenir. Une enquête présentée au sénéchal de Carcassonne, par les héritiers de Montfort, contre messire Hugues Adhémar, chevalier ; Briand, damoiseau, son frère, et dame Vacquerie, leur sœur, porte qu'ils tiennent injustement lesdites ville et château de Lombers. Cette requête est énoncée à la tête d'un arrêt qui fut rendu en conséquence au mois d'août 1332, où il est dit que la susdite requête avait été présentée il y a long-temps (*dudùm*) ; et effectivement elle doit être antérieure à l'année 1278, puisque Briand Adhémar n'y est qualifié que damoiseau, et qu'il est qualifié chevalier dans les lettres à grand sceau de cette année, rapportées ci-dessus. Il était mort en 1293, et avait eu de son mariage avec N..... Adhémar de Clansayes :

IV. ADHÉMAR dit DE CLANSAYES, qui fut ainsi que Briand, son père, et Hugues, son oncle, co-seigneur de Villelongue, autrefois Malemort. On ne voit point qu'il ait pris la qualité de co-seigneur de Lombers ; à peine eut-il le temps d'établir ses prétentions sur cette terre, dont Marguerite, sa cousine-germaine, avait porté les droits à la maison de Comminges, ainsi qu'il est prouvé par son contrat de mariage de 1309, auquel on a vu qu'Adhémar de Clansayes signa. On trouve des lettres-patentes du roi Philippe V, données en son parlement le 5 juin 1318, dans lesquelles il est dit que le procès s'étant mû au sujet de la baronnie de Lombers, entre Hugues *Adhemarii*, etc., Guy de Comminges, plaidant pour une part, demanda un ajournement des héritiers dudit Hugues, ce qui lui fut accordé ; et en effet, il fit ajourner Jeanne de Narbonne, Gaucerande de Colonne, et Adhémar de Clansayes, qui se dit cousin-germain et le plus proche héritier de Marguerite d'Adhémar, fille unique dudit Hugues *Adhemarii*, son oncle, etc. L'original en parchemin est dans les archives de Montpellier.

On trouve dans un autre acte, à la suite de ces lettres du roi, toute l'histoire du procès de la baronnie de Lombers et la manière dont il fut suivi, jusqu'à la mort de ladite Marguerite Adhémar; *que la dame de Narbonne et sa sœur, ses cousines-germaines, d'une part, et Adhémar de Clansayes, son cousin-germain, comme mâle et héritier plus prochain, et institué par le testament de la même Marguerite d'Adhémar, d'autre part, se portèrent pour ses héritiers devant le sénéchal de la cour du roi à Carcassonne.* Original tiré des archives de Montpellier, armoire des titres de Castres, liasse de Lombers, n.° 20.

Guy de Comminges se fondait sur ce qu'il avait été

mari de Marguerite et sur une cession à lui faite par Adhémar de Clansayes. Archives de Montpellier.

Enfin, la cour du roi, rendit un dernier arrêt à Paris, au mois d'août 1332, dans lequel il est dit : *Vû que la comtesse de Vendôme a mieux prouvé son droit, toutes les parties de la baronnie de Lombers lui sont adjugées, etc.*

C'est à la perte de ce grand procès, qu'on peut fixer l'époque du peu d'aisance et de l'oubli de cette branche du Languedoc ; la baronnie de Lombers comportait plus de trente villes ou villages. Il ne resta à Adhémar de Clansayes, que la seigneurie de Villelongue, et sans doute aussi la terre de Clansayes ; fondé sur la donation qui en fut faite à Lambert, son grand-père, pour lui et ses descendants mâles à l'infini ; acte de 1233, motivé entre les deux frères, et dont voici le passage littéral : *Notum sit omnibus hominibus modernis hominibus et futuris, quòd ego* Hugo Adzemarius, *dominus Montilii filius quondam domini* Lamberti, *domini Montilii, dono, concedo et trado per me et successores meos tibi* Lamberto, *fratri meo, et filiis tuis masculis, qui de te ex legitimo matrimonio fuerint procreati ; et filiis masculis qui ex filiis tuis masculis fuerint de legitimo matrimonio procreati usque in infinitum in feudum, salvis conditionibus infra scriptis omnibus, quidquid dominus* Lambertus, *pater meus et tuus, habebat vel alius, vel alii pro eo, in castro de Clarensayis, etc., etc.* S'il ne posséda pas cette terre, du moins il en porta le nom ; ce nom de Clansayes n'était pas nouveau dans sa famille. Lambert II, son grand-père, le prit souvent ; Bertrand, évêque de Saint-Pol-Trois-Châteaux, son grand-oncle, et Tiburge, sa tante, n'en portèrent jamais d'autres. Il signa sous ce nom au mariage de Marguerite Adhémar, qui contracta en présence et du consentement d'Adhémar de Clansayes, son cousin-germain (*consanguinei mei germani*), (c'est elle qui parle). Le notaire se sert dans le même acte du terme *consobrinus*, pour exprimer la qualité de cousin maternel, que la future épouse, fille d'Hélise de Lautrec, y donne à Guillaume, vicomte de Lautrec. Ceux qui voudront juger par eux-mêmes, trouveront ce contrat de mariage en forme légale dans les manuscrits de la bibliothèque du roi, vol. 38, fol. 240. L'original est au château de Foix.

Adhémar de Clansayes ne vivait plus en 1355, qu'il est rappelé dans une quittance donnée à noble dame Fines de Rattier, sa femme, tutrice de Galvan Adhémar, son fils, qui suit; cette quittance a pour objet un legs pie qu'Adhémar de Clansayes fit dans son testament à l'intention que Dieu lui remît ses péchés, ceux de Briand, Hugues, et tous autres morts de sa lignée, *de genere suo*.

V. Galvan d'Adhémar ou Azémar, mineur lors du décès d'Adhémar de Clansayes, son père, fut, comme lui, co-seigneur du château de *Villâ longâ*, aliàs *Malâ morte*. Il existe une réquisition faite, en 1384, par Galvan d'Adhémar, appelé quelquefois Azémar, à Lambert Adhémar, seigneur de la Garde-Monteil, etc., des biens et terres qu'Adhémar de Clansayes, son père, avait dû posséder dans ce pays-là; sans doute qu'il ne fut pas plus heureux dans ses prétentions que ne l'avait été son père dans celles qu'il avait sur la baronnie de Lombers; du moins l'on n'entend plus parler de la terre de Clansayes, qu'il redemandait par cet acte de 1384. Il assista comme témoin au contrat de mariage passé le 10 juillet 1396, devant Guillaume Guiberti, notaire, entre noble Giraud de Barreria, seigneur de Firmy, *de Firminio*, et noble marquise de Servieyra. Le même Galvan d'Adhémar, seigneur parcelier du château de Villelongue, au diocèse de Rhodès, fit hommage le lundi 14 juillet 1399, à noble Guillaume de Barreria, ou de la Barrière, seigneur de Châteauneuf-de-Perre Lezio, de ce qu'il tenait dans ledit château de Villelongue, en exécution de l'arrêt de la cour du Roi rendu en 1278, contre Hugues, son grand-oncle, et Briand, son grand-père, dont on a parlé ci-dessus. Cette terre de Villelongue, appelée autrefois *Malemort*, vint en entier à Galvan, par son mariage avec Hélène Bérenguières, dame du château de Malemort; mais comme ils n'eurent point de postérité, elle retourna aux héritiers de cette dame, à la suite d'un grand procès qui fut intenté en 1419, contre Rigal d'Adhémar, qui suit, fils et héritier du susdit Galvan et d'Hélipse d'Adhémar, avec laquelle ledit Galvan s'était remarié en secondes noces; Hélipse d'Adhémar fit donation de tous ses biens à Rigal d'Adhémar, son fils, en 1424, suivant un acte original, au château de Panat.

VI. Rigal D'ADHÉMAR, fils de Galvan et d'Hélipse d'Adhémar damoiseau, seigneur, ainsi que son père le fut, de Villelongue, de la Roque-Rocosel, en Albigeois, de Ponts et de quelques autres terres, fit hommage, le 23 février 1420, des château et forteresse de Villelongue, avec ses faubourgs, ville, mandements et dépendances; ratifia, le 22 février 1428, une donation de quelques pièces de terre, faite à Hugues et à Jean de Cossinhiegres. Il est encore nommé dans une donation qui lui avait été faite par Hélipse d'Adhémar, sa mère, veuve de Galvan d'Adhémar, le 2 janvier 1424. Le même Rigal Adhémar, nommé Azémar dans un acte qui se trouve dans les archives de Villelongue, et Adhémar dans tous les autres, soutint un procès considérable contre les héritiers de sa belle-mère, qui redemandèrent la terre de Villelongue, portée à Galvan, son père, par Hélène Bérenguières, dame de Malemort, décédée sans postérité. La perte de ce procès et la très-nombreuse famille que Rigal laissa, ne contribuèrent pas peu à appauvrir ses descendants. Il épousa, par contrat du 13 août 1411, noble Cébélie de la Barrière, dame de Firmy, petite-nièce de révérendissime seigneur Pierre de la Barrière, cardinal évêque d'Autun, vivant en l'an 1283, ce qui se prouve par une réquisition de Rigal Azémar, à l'effet de faire exécuter l'accord ancien passé entre les sieurs de la Barrière, pour raison de la terre de Firmy, qui revenait à sa femme. Cette terre avait été donnée à son grand-père maternel, en 1283, par le révérendissime seigneur Pierre de la Barrière, cardinal évêque d'Autun.

Rigal d'Adhémar testa le 12 mai 1473; il fit une fondation remarquable dans une chapelle de l'église paroissiale de Trebas, pour la rédemption de tous ses péchés, et de ceux de noble Fines de Rattier, son aïeule. En suivant le testament, on trouve: *plus, ledit Pierre, un de ses enfants, Fines, son aïeule, enterré dans le cimetière de Notre-Dame de Cabres, dans le tombeau de la maison.* Titre important qui fait une nouvelle preuve pour le quatrième degré et le suivant, puisqu'il nous fait connaître la femme d'Adhémar de Clansayes, et la mère de Galvan Adhémar. Cébélie de la Barrière, dame de Firmy, testa le 11 décembre 1461, et laissa de son mariage avec Rigal d'Adhémar, douze enfants, entre autres:

1.° Jean d'Adhémar, qualifié haut et puissant seigneur, chevalier, seigneur de Firmy, marié, 1.° à Borguine d'Herail-de-Lugan. Il fut père de Gaspard d'Adhémar, chevalier, seigneur de Firmy, marié, 1.° avec noble Marguerite d'Hébrard-de-Saint-Sulpice, dont il n'eut point d'enfants; 2.° avec Delphine de Durfort, laquelle attira dans sa maison les biens de Jean d'Adhémar, son fils unique, qui mourut sans postérité, faisant sa mère héritière; Jean épousa en secondes noces, le 21 janvier 1457, Marguerite de la Tour, dont il eut Galvan, qui plaidait contre Delphine de Durfort, le 5 avril 1530, sa belle-sœur, pour la succession paternelle; il testa le 10 septembre 1531, et mourut sans postérité;

2.° Pierre, le Vieux, qui eut la terre de la Roque-Rocozel, et dont la postérité finit dans la personne d'Isabeau d'Azémar, laquelle épousa, en 1582, noble Jean-Pierre de Montazet, seigneur de la Motte, à qui elle porta ses biens, que ses descendants possédaient encore avant la révolution;

3.° Guillaume, dont l'article suit;

4.° Pierre, le Jeune, auteur de la quatrième branche, rapportée en son lieu.

VII. Guillaume d'Adhémar ou Azémar, chevalier, seigneur de la Garinie, fut institué légataire de la Barrière, par le testament de Cébélie de la Barrière, sa mère, du 11 décembre 1461, et par celui de son père du 12 mai 1473. Il épousa, par contrat du 29 décembre 1475, Souveraine de Salgues, fille de Jean, seigneur de Salgues, et dame de la Garinie, terre qui, par ce mariage, est entrée dans la maison d'Adhémar. La minute originale de ce contrat est dans le château de Panat. De ce mariage vinrent:

1.° Raimond, dont l'article suit;

2.° Marc d'Azémar, chevalier de l'ordre de Saint-Jean de Jérusalem, qui dans son certificat de noblesse, donné par la vénérable langue en 1506, et déposé dans les archives d'Arles, en Provence, est reconnu de très-ancienne et très-bonne maison, tant du côté paternel que maternel. Marc Azémar fit une donation à Raimond d'Adhémar, son frère, le 4 mai 1506, à condition de payer son passage, et de lui fournir les vêtements et harnais nécessaires, un hoqueton, appelé *soubreveste*, de satin cramoisi, avec les manipules, pour l'ornement des chevaliers (*ad decorem militum*); il fut reçu chevalier, sous le nom d'*Azémar*, tandis que son frère se maria sous celui d'Adhémar, contradiction qu'il est essentiel de remarquer. L'original en parchemin se trouve dans les archives du château de Panat.

VIII. Raimond D'ADHÉMAR, seigneur de la Garinie, prit ainsi que ses ancêtres le nom d'Adhémar, dans son premier contrat de mariage avec Claire de Peyrusse, du 23 novembre 1491; mais dans le testament qu'il fit le 4 mai 1506, et qui se trouve dans les archives du château de Panat, il changea l'orthographe de ce nom en celui d'Azémar, que depuis, ses descendants ont plus particulièrement adopté, et dont Hugues, seigneur de Lombers, ainsi que quelques autres rappelés ci-dessus, avaient déjà fait usage : variation fréquente dans les branches de Montelimart, de Grignan, de la Garde, dans les sceaux et les anciens titres, où, comme on l'a déjà dit, des noms des anciennes maisons se trouvent écrits dans la même page de deux et trois façons différentes. Voyez le nouveau Traité de diplomatique, tome IV, page 503, et l'Armorial général de M. d'Hozier, article *Pracomtal*, où les sceaux de la maison d'Adhémar, sont légendés des noms d'Adémar et Azémar, ce qui en prouve bien l'identité. Raimond d'Adhémar n'eut point d'enfants de Claire de Peyrusse, sa première femme; il épousa, en secondes noces, Hélix Seguy, dont il eut Baltazard, qui suit, et fit son testament le 12 mars 1542.

IX. Balthazard D'AZÉMAR, seigneur du château de la Garinie, de la Roque-Rocozel, en Albigeois, de Ponts, etc., transigea pour lui et pour dame Hélix Seguy, sa mère, et pour dame de Glandières, sa femme, le 14 avril 1538, avec dame Delphine de Durfort, veuve de Gaspard d'Adhémar, seigneur de Firmy, pour raison de la substitution des biens de Rigaud d'Azémar, etc. La grosse de cette transaction en parchemin, signée du notaire recevant, est dans les archives du château de Panat. Balthazard épousa, par contrat du 21 juin 1526 (mêmes archives), Catherine de Glandières, fille d'Antoine de Glandières, seigneur de Prades et de Balzac. Il fit son testament au château de la Garinie, le premier mai 1553, dans lequel on reconnaît neuf enfants, quatre garçons et cinq filles, entr'autres :

1.° Antoine seigneur de la Garinie, qui servit, en 1569, dans la compagnie d'ordonnance du duc de Genevois ;
2.° Marc, dont l'article suit ;
3.° Pierre, écuyer du roi Henri IV.

X. Marc d'Azémar, seigneur de la Garinie et autres terres, fut institué héritier universel par le testament de dame Catherine de Glandières, sa mère, le 21 février 1571, qui avait survécu à Balthazard, son mari. Il épousa, par contrat passé le 6 novembre 1572, demoiselle Françoise de Narbonne, fille de feu Balthazard de Narbonne, seigneur et baron de Puylones, et de demoiselle de Saint-Gerry. Il ne vivait plus le 5 novembre 1592, que ladite demoiselle de Narbonne, administratrice de la personne de Jean, leur fils unique, qui suit, fit une donation de cinq cents livres, insinuée le 20 février 1593, en la sénéchaussée de Rouergue. Cet acte, ainsi que les autres cités précédemment, se trouve dans les archives du château de Panat.

XI. Jean d'Azémar, seigneur de la Garinie, épousa, en 1603, Isabeau de la Garde de Sagnes, et en eut quatre fils :

1.° Pierre, dont l'article suit ;
2.° Marc-René, tige de la troisième branche, rapportée en son rang ;
3.° Jean d'Azémar, capitaine, ainsi que Balthazard, son frère, qui suit, au régiment de Vailhac, qui servirent au siége de Villefranche en 1664, et moururent tous deux au service du roi, sans postérité ;
4.° Balthazard d'Azémar.

XII. Pierre d'Azémar, Ier du nom, seigneur de la Garinie et de Montfalcon, gouverneur pour Sa Majesté de la citadelle de Perpignan en 1662, épousa, par contrat, du 21 septembre 1642, Dorothée de Thubières-de-

Caylus, fille de Jean de Thubières, tige de la branche des comtes de Caylus. De ce mariage sont issus :

1.° René, dont l'article suit ;

2.° Balthazard d'Azémar, qui fonde la seconde branche, rapportée ci-après.

XIII. René D'AZÉMAR, seigneur de la Garinie et de Montfalcon, épousa, le 29 janvier 1671, Jeanne de Séguy, dont il eut entr'autres enfants :

1.° Pierre, dont l'article suit ;

2.° Balthazard d'Azémar, marié, par contrat du 6 février 1723, avec Louise de Sausoc, de Montblanc, née le 21 juin 1695, fille de Jacques de Sausoc de Montblanc, et de Gabrielle Fabret ; il mourut le 9 mars 1744, et elle le 12 juin de la même année, laissant :

a. François, né le 26 décembre 1723, garde-du-corps du roi, compagnie de Noailles, en 1770 ;

b. Louis, né le 20 septembre 1728, mort volontaire dans le régiment d'Aubigny, dragons ;

c. Marc-Antoine, né le 23 juillet 1730, major dans le régiment de Chartres, infanterie ;

d. Antoine, né le 8 août 1733, garde-du-corps du roi, compagnie de Noailles, en 1770.

XIV. Pierre D'AZÉMAR, IIe du nom, seigneur de la Garinie, né en 1676, capitaine d'infanterie, épousa, le 7 juillet 1719, Anne de Bonnes, née le 26 août 1691, fille de feu noble Sébastien de Bonnes, seigneur de Ronel, et de demoiselle Marie-Madeleine de Penel de Parlan. Il mourut le 2 décembre 1744, laissant de son mariage :

1.° Louis, dont l'article suit ;

2.° Joseph d'Azémar, né le premier avril 1730, chanoine de l'église cathédrale de Rodès ;

3.° Pierre, né le 7 juin 1731, volontaire au régiment de Bourbonnais, en 1770 ;

4.° Marie-Anne d'Azémar de la Garinie, née le 18 mai 1720, mariée ;

5.° Louise d'Azémar de la Garinie, née le 19 mai 1726 ;

6.° Jeanne d'Azémar de la Garinie, née le 20 décembre 1732, mariée à noble François d'Orsal, seigneur de la Soulière ;

7.° Catherine d'Azémar de la Garinie, née le 29 avril 1734, religieuse à l'abbaye du Buis, près Aurillac.

XV. Louis D'ADHÉMAR, seigneur et propriétaire des fiefs et terres de la Garinie et de Montfalcon, entra au service en 1745, à l'âge de vingt ans, se trouva à la bataille de Fontenoy, et entra la même année, au mois d'octobre, dans les gardes-du-corps du roi, compagnie de Noailles, où il fit toutes les campagnes, depuis 1745 jusqu'en 1770, étant connu dans ce corps sous le nom de *Montfalcon.*

SECONDE BRANCHE.

*Vicomtes d'Adhémar-de-Montfalcon, éteints.*

XIII. Balthazard D'AZÉMAR, Ier du nom, seigneur de Montfalcon, second fils de Pierre d'Azémar, et de Dorothée de Thubières de Caylus, servit le roi pendant plus de soixante-quinze ans, et mourut âgé de quatre-vingt-dix-sept ans, commandant les ville et château de Nîmes, où il établit sa postérité. Il avait épousé, en 1679, Jeanne d'Agneau, qui le fit père de huit enfants, dont trois filles, reçues à Saint-Cyr, sur les preuves de leur noblesse, et cinq garçons, dont un mort ecclésiastique, grand-archidiacre de l'église cathédrale de Nîmes, deux morts au service du roi ; le quatrième, François d'Azémar de la Borie, exempt des gardes-du-corps, mourut sans postérité ; et le cinquième :

XIV. Balthazard d'AZÉMAR DE MONTFALCON, seigneur de la Barbin et de Vagnerolles, mourut en 1761 après avoir servi le roi plus de cinquante ans. Il avait épousé, 1.° N.... du Bousquet, dont il eut un fils qui fut tué à la bataille de Rosback, servant en qualité de capitaine au régiment de Saint-Chamans, ci-devant Noailles ; 2.° en 1735, demoiselle Marie de Cambis, fille de Louis de Cambis, baron de Fons, d'une des meilleures maisons du Languedoc, originaire d'Italie, dont est issu :

XV. Jean Balthazard, vicomte D'ADHÉMAR DE MONTFALCON, seigneur de Vagnerolle et de la Barbin, colonel du régiment de Chartres, infanterie. Il fit ses preuves sur les titres originaux que nous avons cités, pour monter dans les carrosses du roi en remontant sa descendance à l'ancienne maison d'Adhémar. Voyez la gazette de France du 8 mars 1765, à l'article Versailles. Il est mort sans postérité de N.... de Boutillier, veuve du comte de Valbelle.

## TROISIÈME BRANCHE.

### *Seigneurs, comtes de Panat.*

XII. René-Marc D'AZÉMAR, I^er^ du nom, second fils de Jean, seigneur de la Garinie, et d'Isabeau de la Garde de Sagnes, fut aide-de-camp des armées du roi, ensuite lieutenant-colonel du régiment de Vailhac, après avoir fait vingt-deux campagnes en qualité de capitaine, pour avoir défendu Villefranche contre les Croquants, et avoir maintenu cette place sous l'autorité du roi. Il avait épousé, en 1648, Delphine de Fontanges, fille de noble Pierre-Jean de Fontanges d'Aubrognes, seigneur de Panat et de Cap-de-Naguet. Il en eut six garçons, dont quatre sont morts sans postérité au service du roi; le troisième, Pierre d'Azémar, seigneur de la Sère, qui servait dans le même régiment que ses frères, avait formé un rameau éteint dans la personne du comte de la Sère, lieutenant-général des armées du roi, inspecteur-général d'infanterie, grand'-croix de l'ordre royal et militaire de Saint-Louis, gouverneur des invalides. L'aîné des fils de René-Marc fut :

XIII. Pierre-Jean D'AZÉMAR, I^er^ du nom, seigneur de Panat, Cap-de-Naguet, Bruejouls, etc., qui fut major d'infanterie, et épousa, par contrat du 29 novembre 1680, Marie de Sennectere, fille de messire François de Sennecterre, dont sont issus :

1.° René-Marc, dont l'article suit;
2.° Charles d'Azémar, dit le chevalier de Panat, capitaine au régiment du roi, dragons, mort sans postérité;
3.° Pierre-Jean, mort jeune;
4.° Louis d'Azémar, prieur-commandataire de Saint Pantaléon, et chanoine de Rodès, vivant en 1769.

XIV. René-Marc D'AZÉMAR, II^e^ du nom, chevalier, seigneur de Panat, Cap-de-Naguet et Bruejouls, fut mousquetaire du roi, dans sa seconde compagnie, et ensuite capitaine au régiment de Gondrin, ci-devant Crussol, dans lequel cinq de ses oncles, dont trois étaient morts les armes à la main, avaient servi en qualité de capitaines. Il épousa, le 27 février 1713, Claudine d'Albignac, fille de messire Jean-François d'Albignac, marquis de Triadou et de Saint-Gervais, gouverneur pour S. M. de la ville de Meyruès, en Languedoc, et de Lucrèce de Lastic de Saint-Jal. Il est mort en 1751, laissant de son mariage :

1.° Pierre-Jean, dont l'article suit ;

2.° François-Louis, dit le chevalier de Panat, d'abord page du roi dans sa grande écurie, successivement cornette, lieutenant, aide-major, capitaine d'un régiment de cavalerie, nommé Royal-Navarre ; lieutenant colonel par commission du mois de mai 1748 ; nommé par S. M., au mois de juillet 1764, commandant en chef de l'école de cavalerie établie à Metz ; lieutenant-colonel du régiment Royal, cavalerie, et brigadier des armées du roi ;

3.° René-François, prêtre et docteur de Sorbonne, aumônier de Madame Adélaïde, et abbé de l'abbaye royale et séculière de Sainte-Foy de Conques ;

4.° Elisabeth, religieuse à l'abbaye royale de Saint-Cernin, près Rodès.

XV. Pierre-Jean d'Adhémar, IIe du nom, chevalier, comte de Panat, seigneur de Bruejouls, Saint-Georges-de Grandval, de Radels, Abbas, Cavignac, Saint-Christophe, Cap-de-Naguet du Cailleret, etc., etc., élevé page du roi dans sa grande écurie, servit dans le régiment d'infanterie du Dauphin, et épousa, le 6 avril 1737, Marie-Jeanne-Félice de Corn-d'Ampare, fille de Louis-Armand de Corn, chevalier, marquis d'Ampare, baron de Lieucamp, la Chapelle-Saint-Gerend, lieutenant des maréchaux de France, et de dame Anne-Françoise de Bar, marquise d'Ampare. Pierre-Jean d'Adhémar a été pourvu successivement de la charge de lieutenant des maréchaux de France, et de celle de commissaire de la noblesse en Rouergue. Il a eu de son mariage :

XVI. Louis-Elisabeth d'Adhémar, d'abord page du roi dans sa petite écurie, et ensuite mousquetaire de la seconde compagnie.

## QUATRIÈME BRANCHE.

### *Seigneurs de Cransac et de Lantagnac* (1).

VII. Pierre Adhémar, Ier du nom, surnommé le Jeune, co-seigneur de Cransac, quatrième fils de Rigal d'Adhémar et de noble Cébélie de la Barrière, fut institué légataire de ladite noble Cébélie de *Barreira*, dame de *Firminio* et de *Auzitio*, diocèse de Rodès, par son testament du 11 décembre 1461; fut fait légataire de quatre cents moutons d'or, au coin de Montpellier, par le testament de noble homme Rigaud Adhémar, son père, damoiseau, seigneur de *Firminio* et de *Auzitio*, et de

---

(1) Toute la filiation de cette branche est extraite des preuves faites en 1764 par devant M. Beaujon, et en 1782 par devant M. Chérin, généalogiste des ordres du Roi pour les honneurs de la cour. Je crois devoir rapporter ici la lettre du premier à M. le comte de Noailles.

*Copie d'une lettre écrite par M. de Beaujon, généalogiste des ordres du Roi, à M. le comte de Noailles.*

A Paris, le 4 décembre 1764.

Monsieur,

La lettre que vous m'avez fait l'honneur de m'écrire pour M. d'Adhémar, m'engage à avoir celui de vous faire part de l'examen que j'ai fait de ses titres, et dont je n'aurais pas autant différé de vous instruire, si mon devoir ne m'eût obligé à suspendre mon jugement jusqu'à ce qu'il m'eût rapporté les originaux des titres qu'il ne m'avait d'abord produits qu'en expéditions, qui étaient, à la vérité revêtues des plus grandes formalités, mais que je n'ai pu admettre, parce que ce n'est alors juger que par les yeux d'autrui. M. d'Adhémar a satisfait à ma demande, et il est maintenant si parfaitement prouvé qu'il descend de l'ancienne maison d'Adhémar, originaire du Dauphiné, qu'il n'est plus possible d'en former aucun doute, et qu'on ne pouvait sans injustice lui en refuser le témoignage. Je l'ai prié de communiquer les titres des divers rameaux qu'a formés sa branche, afin de les rappeler dans le mémoire qui sera donné à sa majesté, et comme ce nouvel ouvrage demandera encore quelque temps, je ne prévois pas pouvoir le composer que dans le courant du mois prochain; je souhaite par l'intérêt que vous prenez à M. d'Adhémar, et qu'il m'a aussi inspiré par son esprit et par son honnêteté, qu'il en retire le fruit qu'il en peut désirer.

J'ai l'honneur d'être avec respect,

*Signé* BEAUJON.

*Rupe* de *Roquesello*, au diocèse d'Albi, du 12 mai 1473; donna quittance, le 17 septembre 1473, à noble et puissant homme messire Jean Adhémari, chevalier, seigneur dudit lieu de Firmy, son frère, de la somme de 100 ducats d'or, de bon or, qu'il lui paya en déduction du legs que noble homme Rigal Adhemari, leur père, lui avait fait par son testament passé devant discret homme maître Jean Bro, notaire d'Albin : cet acte passé au même lieu de Firmy, devant Hugues de *Solo*, notaire; céda, le 29 décembre 1474, au même Jean Adhemarii, son frère, chevalier, co-seigneur du château de *Auzitio* et du lieu de Lauhau, les droits qu'il pouvait prétendre dans les biens de Cébélie de la *Barrieyra*, leur mère, tant à raison de sa légitime, qu'à quelque titre que ce fût, sous la réserve d'une somme d'argent à lui due, énoncée dans un acte passé devant Hugues de *Solo*, notaire : cet acte passé devant le même. Il avait fait une transaction et un compromis avec ledit Jean d'Adhémar, chevalier, son frère, touchant le même objet, le 28 juin et 17 décembre 1473. Pierre Adhémarii, co-seigneur de Cransac, est rappelé comme défunt dans le testament de Galvan Adhémari, son cousin germain, du 10 septembre 1531, et l'est encore, sous le nom de Pierre Azémar, seigneur de Cransac, dans une transaction passée entre Gaspard, son neveu, et Balthazard Azémar, seigneur de la Garinie, son petit neveu, du 14 avril 1538. Il eut pour fils :

VIII. Gaspard D'ADHÉMAR, écuyer, seigneur de Cransac, qui était sur le point de se marier avec noble Louise de Valette, fille de défunt noble messire Antoine de Valette, chevalier, seigneur de Touloujac, le 23 janvier 1523, qu'il donna quittance à noble homme Guillot de Valette, seigneur dudit lieu de Touloujac, fils et héritier universel dudit défunt seigneur de Touloujac, de la somme de 1000 liv., qu'il lui paya pour le premier terme et en déduction de la dot que ledit seigneur de Touloujac, avait faite à ladite demoiselle sa sœur, future épouse dudit seigneur de Cransac, par acte passé peu avant le présent acte, devant Pierre *Agregii* notaire. Gaspard Azémar, écuyer, seigneur de Cransac, est ainsi nommé dans l'arrêt du parlement de Toulouse, obtenu par Galvan, son cousin germain, du 5 avril 1530; et fut institué héritier universel dudit Galvan, par son testament du 10 septembre 1531, dans lequel il lui confirme la donation qu'il lui avait précédemment faite; fit un accord, le 5 juillet 1532, avec noble Balthazard Azémar, seigneur de la Garinie, son neveu à la mode de Bretagne, par lequel ils conviennent de poursuivre à frais communs le procès qu'ils avaient conjointement au parlement de Toulouse, avec demoiselle Delphine de Durfort et demoiselle Loise Azémar, pour raison des biens et de la place de Firmy, qui avaient appartenu à feu Rigailh Azémar, et Cébélie de la Barrière, aïeux dudit seigneur de Cransac, et bisaïeux dudit seigneur de la Garinie; obtint des lettres royaux, le 23 février 1537, relativement à son procès avec Delphine de Durfort; est rappelé dans une transaction du 4 avril 1538, et dans une autre transaction passée entre Guillot son fils, et l'héritier de la veuve de Gaspard, son oncle, du 22 mars 1563, dans laquelle il est dit qu'il avait obtenu un arrêt du parlement de Toulouse, le 13 septembre 1532, qui la subrogeait aux droits de Galvan, son cousin germain, et ordonnait que l'arrêt rendu en faveur de ce dernier, le 5 avril 1530, serait exécuté à son profit, pour raison des biens contenus dans la donation faite par feu Rigal Azémar, et Cibile de la Barrière, ses aïeux, dans le contrat de mariage de Jean, leur fils, du 21 janvier 1457, que ledit Gualvain lui avait fait donation desdits biens, le 17 octobre 1527, et que lui-même avait donné par son contrat de mariage avec Loyse de Valette, du 23 janvier 1523, au premier enfant mâle qui naîtrait de leur mariage.

IX. Guillot Adhémars, écuyer, seigneur de Cransac, fut substitué à son père, dans les biens de Galvan, son oncle, par son testament du 10 septembre 1532, transigea, le mercredi 23 mars 1563, avec noble Jacques de Gayrac, sœur de Montégral, héritier universel de feue dame Delphine de Durfort, sur le procès mû entre eux, et pendant au grand conseil; fit faire une enquête, le 15 février 1565, par laquelle il appert qu'il servit sous la charge de M. le comte de Tantes, de M. de Cipières, de M. le baron de Bournazel, et d'autres capitaines, dans les guerres de son temps; obtint des lettres-patentes du roi, au mois de mai 1567, par lesquelles S. M. lui fit don des biens meubles et immeubles de feu son père, à elle adjugés, et des amendes contre lui prononcées par arrêt par défaut du grand conseil, du 18 septembre 1532, en considération des bons et fidèles services qu'il lui avait rendus depuis son avénement à la couronne et que ses prédécesseurs avaient rendus aux rois prédécesseurs de S. M.; et est rappelé dans une transaction passée par Charles et Antoine, ses fils, du 26 juillet 1601. Il avait épousé, par pactes passés en la ville d'Albiuh, au château du seigneur de Mirabel, le 22 février 1567, devant Bernard Dufau, notaire royal de ladite ville, demoiselle Antoinette d'Albade, dite de la Motte, fille de noble Arnauld d'Albade dit de la Motte, et de demoiselle Antoinette de la Garde; ladite demoiselle Antoinette assistée de noble Charles d'Albade, son frère, lequel en son nom et en celui de ses père et mère, lui donna en dot 1000 livres; ledit seigneur de Cransac lui fit donation d'une métairie et d'un moulin situés en la paroisse de Saint-Alause. De ce mariage sont issus :

1.° Charles, dont l'article suit ;

2.° Antoine d'Adzémar, rappelé dans un acte du 24 février 1638.

X. Charles d'Azémar, seigneur de Cransac, paraît dans un acte du 17 octobre 1599, avec la qualité de neveu et héritier de feu Galvan Azémar, seigneur de Firmy. Il transigea, le 26 juillet 1601, avec Antoine son frère, et dame Marie de Luzignan, dame de Pilles, et ne vivait plus le 14 février, 1638. Il avait épousé, par pactes passés à Montjoire, au diocèse de Toulouse, le 2 janvier 1595, devant Pierre Carrery, notaire royal, demoiselle Jeanne du Bousquet, fille de noble Jean du Bousquet, coseigneur de Montastruc, et de demoiselle Marguerite de Jagot, nièce de Jean de Jagot, évêque de Lescars. Sa veuve garantit, le 14 février 1638, à Jean, son fils, la moitié des biens donnés par ledit feu Charles, son mari et elle, à un de leurs enfants, dans leurs pactes de mariage du 3 janvier 1595, et fit son testament au château de la Roquette du Puy d'Escarpy, le 3 mai 1643. Leurs enfants furent :

1.° Jean d'Azémar, sieur de Cransac, qui était sur le point de se marier avec demoiselle Claude Milanès, le 14 février 1638. Il l'épousa, et en eut

Joseph Azémar, qui fut maintenu dans sa noblesse le 13 janvier 1670 ;

2.° François, vivant le 3 mai 1643 ;

3.° Pierre, dont l'article suit ;

4.° Guillaume,
5.° Madeleine,
6.° Marguerite,
7.° Jeanne,
8.° Dauphine.
} légataires de leur mère, le 3 mai 1643.

XI. Pierre D'AZÉMAR, IIe du nom, écuyer, sieur des Caves, fut fait légataire de sa mère par son testament du 3 mai 1643 ; fut maintenu dans sa noblesse, ainsi que ses fils, Guillaume, son frère, et Joseph, son neveu, par jugement de M. de Bezons, intendant du Languedoc, du 13 janvier 1670 ; était capitaine au régiment de Languedoc, infanterie, le 6 septembre 1678 ; assista au contrat de mariage de noble Joseph d'Adémar, écuyer, sieur de Cransac, son neveu, le 16 novembre 1680 ; avait fait son testament le 31 mars 1677, et mourut le 2 avril 1683. Il avait épousé, par contrat du 13 octobre 1647, demoiselle Anne de Rigaud (1) fille de messire Jean-Louis de Rigaud, seigneur, baron de la ville d'Auriac, du Cabaniol, de Vaudreuil, etc. ; et de demoiselle Marie de Château-Verdun. Ladite Anne de Rigaud fit son testament le 10 mars 1670, et est rappelée avec son mari, dans le contrat de mariage de Joseph, leur fils, du 15 avril 1693, et dans le testament de Jean, leur autre fils, du 27 août 1720. Leurs enfants furent :

1.° Jean, né le 30 octobre 1651 ;

2.° Antoine, dont l'article suit ;

3.° Jean-Pierre, qui forme la cinquième branche, rapportée ci-après ;

4.° Arnaud-Ambroise, né le 7 avril 1662 ;

5.° Joseph, né le 11 octobre 1665 ;

---

(1) Maison dont l'ancienneté est consacrée par une chanson connue de toute la province :

Les Rigauds et les Voisins
Ont chassé les Sarrasins,
Les Voisins et les Rigauds
Ont chassé les Visigots.

6.° Thomas-Balthazard, né le 8 octobre 1668;
7.° Marie-Anne d'Adhémar;
8.° N.....d'Adhémar, morte le 5 juin 1713.

XII. Antoine D'ADHÉMAR de Lantagnac, dit le chechevalier de Lantagnac, né le 11 février 1656, fut compris dans un jugement confirmatif de la noblesse de Pierre, son père, du 13 janvier 1670, et institué légataire de sa mère, par son testament du 10 mars de la même année; fut capitaine au régiment de Languedoc, infanterie, en 1677, commandant des tronpes de la ville et fort de Menton, par ordre du roi, daté de Marly, le 6 mai 1707; nommé capitaine réformé à la suite de la compagnie franche du prince de Monaco, par commission du roi du 24 juin 1719; puis en qualité de gouverneur de la ville de Menton pour le même prince, consentit un accord le 5 juin 1713, avec la veuve de son frère Joseph, sur le partage de ses biens; paraît dans divers actes des années 1719, 1728, 1729, 1737, 1739, et mourut le 5 août 1744. Il avait épousé, par contrat du 6 septembre 1678, demoiselle Jeanne-Marie de Truchi, morte le 20 septembre 1739, fille de messire François de Truchi, procureur-général du prince de Monaco. Leurs enfants furent:

1.° Antoine-Louis, dont l'article suit;
2.° Catherine d'Adhémar de Lantagnac, qui reçut une donation de son père, le 26 février 1737.

XIII. Antoine-Louis D'ADHÉMAR, seigneur de Lantagnac, né le 3 octobre 1702, capitaine d'une compagnie franche de Monaco en 1728, épousa, par contrat du 16 février 1729, demoiselle Marie-Françoise de Voisins, d'une des plus anciennes maisons du Languedoc, citée dans le quatrain précédent, fille de feu Eustache de Voisins, écuyer, seigneur de Chaussepoix et autres lieux, et de dame Marie-Françoise Alexandre; fut gouverneur de la ville de Menton, sur la démission de son père, par brevet du 2 février 1737; ratifia le 27 suivant la donation que son dit père fit le même jour à Catherine, sa sœur, et mourut le 13 décembre 1759. Il est rappelé dans divers actes du 15 février 1760, 22 novembre 1764, et avec sa veuve dans le partage de leurs biens, du 16 décembre 1765. Leurs enfants furent:

1.° Pierre-Antoine-Alexandre, dont l'article suit;

2.° Pierre-Antoine d'Adhémar de Lantagnac, né le 4 février 1732;

3.° Antoine-Philippe-Louis d'Adhémar de Lantagnac, né le 25 février 1733;

4.° Marie-Catherine d'Adhémar de Lantagnac, née le 17 juillet 1744, élevée à la maison royale de Saint-Cyr.

XIV. Pierre-Antoine-Alexandre d'Adhémar de Lantagnac, né le 25 octobre 1730, fut pourvu de la charge de gouverneur de la ville de Menton, vacante par le décès de son père, par lettres du prince de Monaco, le 22 novembre 1764; servit en qualité de capitaine au régiment de Belzunce; fut fait chevalier de l'ordre royal et militaire de Saint-Louis le 26 février 1759, partagea avec Antoine-Philippe d'Adhémar, son frère, la succession de leurs père et mère, le 16 décembre 1765, et épousa, par traité du premier octobre 1766, demoiselle Anne-Marie-Rose Daniel, fille d'illustrissime seigneur Jean-Balthazard Daniel. Pierre-Antoine-Alexandre d'Adhémar fut nommé adjoint d'Antoine, chevalier de Grimaldi, dans la charge de gouverneur-général de la principauté de Monaco, par lettres provisoires du prince, du 10 août 1773, en marque particulière de sa satisfaction du zèle avec lequel il avait dirigé l'éducation de son cher et bien-aimé fils aîné, le duc de Valentinois, en qualité de son gouverneur. De son mariage sont issus :

1.° Maurice, dont l'article suit;

2.° Antoine-Pierre-Louis d'Adhémar de Lantagnac, né le 6 mai 1774; il a émigré et fait les campagnes dans l'armée des princes, capitaine de cavalerie chevalier de l'ordre royal et militaire de Saint-Louis;

3.° Joseph-Louis, vicomte d'Adhémar de Lantagnac, né le 9 février 1778, chevalier de la Légion d'honneur;

4.° Charles-Joseph-Antoine-Camille d'Adhémar de Lantagnac, né le 9 février 1779; il a émigré et fait les campagnes de l'armée des princes; officier dans les Gardes de roi, de la prévôté de l'hôtel.

XV. Maurice, comte d'Adhémar de Lantagnac, né le 12 juin 1772, officier de la Légion d'honneur, chevalier de l'ordre royal et militaire de Saint-Louis, était page du roi Louis XVI en 1789. Il ne voulut point quitter ce prince, lors des événements des 5 et 6 octobre, et y courut risque de la vie. Il émigra ensuite, devint officier de la cavalerie noble de l'armée royale, commandée par S. A. S. monseigneur le prince de Condé, et se fit remarquer par sa bravoure en plusieurs occasions; rentré en France quelques années avant S. M. Louis XVIII, il se refusa à toutes les avances qui lui furent faites pour entrer au service de Napoléon, et fut un des premiers qui arborèrent la cocarde blanche, au premier mars 1814, et à provoquer hautement l'expression des sentiments du peuple en faveur du roi. Il fut récompensé quelques mois après de son dévoûment constant, par le grade de colonel, et la croix de Saint-Louis. Pendant l'absence momentanée de S. M. Louis XVIII, en 1815, il suivi ce prince à Gand et est revenu avec lui, après la seconde chute de Buonaparte.

### CINQUIÈME BRANCHE.

XII. Jean-Pierre D'ADHÉMAR DE LANTAGNAC, né le 12 août 1658, troisième fils de Pierre d'Azémar, II^e^ du nom, et d'Anne de Rigaud de Vaudreuil, épousa, par contrat du 11 février 1683, demoiselle Françoise de Montredon, dont il eut :

1.° Charles, dont l'article suit;
2.° Hyacinthe d'Adhémar de Lantagnac, marié le premier juin 1711.

XIII. Charles D'ADHÉMAR DE LANTAGNAC, seigneur de Pueche-Peyrou, né le 27 juillet 1687, marié, par contrat du 26 janvier 1716, avec demoiselle Marianne de Fonclamoux de Cahusac. De ce mariage vint :

XIV. Antoine-Joseph d'Adhémar de Lantagnac, né le 15 décembre 1740, porte-drapeau au régiment de Poitou, par lettres du premier février 1763. Il épousa, par contrat du 4 mai 1768, demoiselle Marguerite de Verdun de Fontés, dont sont issus :

1.° Jean-Joseph, né le 5 mai 1769;
1.° Guillaume-Alexandre, né le 6 juillet 1770;
3.° Jacques-Charles-Auguste, né le 10 juillet 1771;

4.° Charlotte Adhémar de Lantagnac, née le dernier août 1772.

Jean d'Adhemar, lieutenant-colonel au régiment de Cambrésis, chevalier de l'ordre royal et militaire de Saint-Louis, issu d'une famille ancienne et ilustrée par une foule d'exploits dont l'histoire fait mention, suivit la route qui lui était tracée par ses aïeux, entra de bonne heure au service du Roi, il se trouvait déjà un des officiers supérieurs de son régiment, à l'époque de nos troubles politiques. Attaché au sol qui l'avait vu naître, et persuadé qu'il y aurait bientôt des occasions de servir le roi, Adhémar resta en France, maintenant le plus qu'il fut possible, la discipline et l'esprit d'ordre parmi les soldats du régiment qu'il commandait. Il était en garnison à Perpignan, en 1791, lorsque la révolution prit tout à coup un caractère des plus alarmants. Le départ ne fit qu'irriter les révolutionnaires; Adhémar qui ne pouvait professer leurs principes, devint, par sa position, un ennemi dangereux; et soit qu'il eût correspondu avec les Espagnols dans l'intention de servir son prince, soit que ce fût un prétexte inventé pour le perdre, il n'en fut pas moins accusé par les autorités civiles de la ville de Perpignan, d'avoir voulu livrer la citadelle aux Espagnols. Un décret d'accusation fut rendu contre lui, le 9 janvier 1792, et il fut en conséquence, traduit dans les prisons de la haute cour, à Orléans; les deux fils qui servaient dans le même corps, et qui n'avaient pas voulu quitter leur père, partagèrent aussi sa proscription. Ils furent massacrés tous trois à Versailles, le 9 septembre 1792, avec d'autres prisonniers. Un autre Adhémar, accusé d'attachement au Roi, mourut sur l'échafaud révolutionnaire à Paris, dans le courant du mois de juin 1794. Cette famille fut de tous temps attachée à la maison de Bourbon, et plusieurs de ses membres en ont donné des preuves non équivoques pendant le cours de la révolution; on peut citer parmi ceux-ci.

*Branche des seigneurs de Saint-Maurice de Cazevielle, de Colombiers, d'Euzet, barons de Suelhes, vicomtes d'Héran, au diocèse d'Uzès.*

I. Guillaume-Pons d'Adémar, l'un des descendants de Giraud d'Adhémar, mentionné page 483, eut en partage la ville de Marsillan, avee son château, le village de Pisan, et plusieurs autres domaines dans le diocèse d'Agde et de Maguelonne, il vendit conjointement avec Guillaume et Raymond ses fils, en 1138, la ville de Marsillan et le village de Pisan, avec toutes leurs dépendances, à Raymond de Trincavel leur cousin, par contrat écrit en latin. Voyez l'Histoire générale du Languedoc, tome 2, preuves, page 486. Il eut entre autres enfants:

1.° Guillaume d'Adémar, qui signa avec plusieurs autres seigneurs, en 1165, une controverse entre

Jean, évêque de Maguelonne, et Pierre du Tirol, et est mentionné dans les nécrologes du prieuré de Cassan-les-Béziers, où il est dit *Guillelmus Asemarii domicellus obiit* VIII. *cal. vuli 1167*. Voyez, Ibid, tome 2, preuves, pages 15 et 599 ;

2.° Raymond, dont l'article suit :

II. Raymond D'ADÉMAR, Ier du nom, signa, en 1138, avec Guillaume, son frère, au contrat de vente des biens de son père, à Raymond de Trencavel leur cousin. Voyez ibid. tome 2, preuves, page 427. Il suscita plusieurs querelles aux comtes de Barcelone pour certains droits qu'il prétendait avoir sur le comté de Carcassonne. Il est cité dans la soumission des nobles dudit comté, rebelles au vicomte Bernard-Aton, de l'an 1124. Ses enfants furent :

1.° Bernard d'Adémar, qui fut présent avec plusieurs évêques, un cardinal et plusieurs autres seigneurs, à une promesse faite entre Raymond comte de Toulouse, et Bernard Aton, vicomte de Nîmes, l'an 1174. Voyez, ibid. tome 3, preuves, page 135 ;

2.° Guiraud d'Azémar (*Guiraldi Azemarii*), qui fut du nombre des chevaliers et seigneurs qui signèrent la donation du comté de Melgueil, par la comtesse Béatrix, au comte de Toulouse en 1172. Il est aussi cité dans un accord, entre ledit comte et l'évêque de Viviers, en 1210, où il a signé Geraldo Ademarii ; il est encore fait mention de lui dans l'histoire de la guerre des Albigeois, écrite en vieux langage du pays, où il est dit que Guiraud d'Azémar fut du nombre des amis et des alliés de Raymond, comte de Toulouse, qui furent le joindre à Avignon en 1216, pour lui donner aide et secours, ainsi qu'au jeune comte son fils. Voyez, ibid, tome 3, preuves, pages 65, 130 et 227.

3.° Guillaume d'Adémar, fut un des principaux seigneurs qui dictèrent les coutumes de Mirepoix, données, par les chevaliers et seigneurs de ce château, en 1207. Il est également cité, ainsi que Guillaume d'Adhémar son fils, dans diverses procédures touchant le meurtre des inquisiteurs d'Avignon, faites en 1244. Les vicomtés de Bruniquel et de Montclar passèrent, en 1224, dans la maison des comtes de Toulouse. Voyez, *ibid.*, tome 3, preuves, pages 207, 438 et 610.

4.° Pons, dont l'article suit.

III. Pons d'Adémar se rendit garant d'une ligue offensive et défensive, faite entre les comtes de Toulouse et de Foix contre l'Eglise, le roi de France et leurs alliés en 1226. Il est cité dans la confession du comte de Foix devant les inquisiteurs, en 1240, sous le nom de Poncio Ademarii ; il est encore question de lui dans un acte touchant Roger IV, comte de Foix, au bas duquel il est dit : *Testis hujus rei sunt R. de Luros, miles ; A. d'Agremont, miles, et Bernardus Caparacii, et A. de Gaja, et Poncius Azemarii*, *milites*, en 1243. Voyez, *ibid.*, tome 3, preuves, pages 361 et 392. Il eut entr'autres enfants :

1.° Bernard d'Adémar (Bernardi Azemarii) qui signa, comme parent, une transaction faite en 1246, entre Raymond de Roquefeuille et Isabelle sa sœur, comtesse de Rodès ; il fut la tige des Adémar, seigneurs de l'Escure et de Rosières, en Albigeois, pour lesquelles terres Gaillard d'Adémar, son fils, rendit hommage au comte de Toulouse, en 1250. Voyez, *ibid.*, tome 3, preuves, pages 457 et 471 ;

2.° Pierre, II.e, du nom, dont l'article suit :

IV. Pierre d'Adémar, IIe du nom, fut très-attaché au service et aux intérêts de Pierre II, roi d'Aragon, surnommé le Catholique, dont il était la favori. Ce prince fut tué au siége de Muret, près Toulouse, en 1213, où Pierre d'Azémar combattit avec la plus grande valeur, et y fut grièvement blessé. Quand Jacques Ier, successeur de Pierre II, fut devenu majeur, Pierre d'Adémar l'aida de ses conseils et le servit avantageusement contre ses ennemis. Quelque temps après, il se retira sur ses terres du Languedoc. On prétend que Marie de Montpellier, du consentement du roi son époux, lui avait donné une partie du château et de la baronnie de Montarnaud. Il fut du nombre des barons et chevaliers qui, en 1249, prêtèrent serment de fidélité au comte Alphonse et à Jeanne sa femme. Il est nommé dans cet acte Petrus Ademarus, etc. Voyez, *ibid.*, tome 3, page 475. Il avait épousé, vers l'an 1234, Marie-Elisabeth de Mandagot, dont il eut, entr'autres enfants :

1.° Pierre, qui suivit en 1270, avec Raymond son frère, le roi saint Louis, au siége de Tunis, où ils donnèrent des preuves de leur valeur. Après la mort de ce prince, arrivée le 25 août de la même année 1270, Pierre et Raymond son frère, revinrent en France, au commencement de 1271. Pierre s'allia dans l'Andalousie, avec Ermirarde de Carpio, fille de Gaston, marquis de Carpio, et fut la tige des comtes d'Azémar, répandus par la suite, tant en Espagne qu'en Portugal;

2.° Raymond, dont l'article suit.

V. Raymond D'AZÉMAR, II° du nom, damoiseau coseigneur de Montarnaud, seigneur de Londres et de plusieurs autres terres acquises par son père en 1269; en rendit hommage, ainsi que de la juridiction de Montarnaud, à Jacques, roi de Mayorque, en 1312; il rendit également hommage la même année aux seigneurs de Montpellier, de la portion qu'il avait au château dudit Montarnaud (cet hommage se trouve dans les archives du bureau des finances de Montpellier, dont l'inventaire fut fait en 1679). Il avait suivi en 1270, avec Pierre son frère, le roi saint Louis au siége de Tunis, où ils donnèrent des preuves de leur valeur. Après la mort de ce prince, il revint en France, et s'allia en Languedoc, en 1287, avec Antoinette de Trencavel, fille de Raymond de Trencavel, comte et souverain de Carcassonne, dont il eut entr'autres enfants :

1.° Jean, dont l'article suit;

2.° Guillaume, prévôt, de l'église de Maguelonne;

3.° Bernard, damoiseau, coseigneur de Montarnaud et seigneur de Saint-Georges, qui fut père d'Ermirarde d'Azémar, laquelle, en 1300, fit une vente aux habitants de Saint-Georges. (Voyez les mêmes archives de Montpellier), et d'Isabeau d'Azémar, mariée, en 1360, à Gaston d'Azémar, son cousin-germain.

VI. Jean D'AZÉMAR, I^er du nom, damoiseau, seigneur

de Saint-Martin de Londres, co-seigneur de Montarnaud et de Brignac, fit cession en l'an 1330, au roi de Mayorque, de la quatrième partie d'une directe achetée de Guillaume d'Azémar, son oncle. Voyez *ibid*. Il vendit aussi un jardin en 1371, habitant alors son château de Londres. Voyez, *ibid*. Il avait épousé, en 1320, Brigite du Terrail, d'une ancienne maison du Dauphiné. Il en eut cinq garçons, dont quatre morts sans postérité, et Gaston, qui suit :

VII. Gaston D'AZÉMAR, damoiseau, seigneur de Saint-Martin de Londres, co-seigneur de Montarnaud et de Brignac, eut pour femme, en 1360, Isabeau d'Azémar, sa cousine-germaine, dont il eut :

VIII. Jean D'AZÉMAR, IIe du nom, damoiseau, seigneur de Saint-Martin de Londres, co-seigneur de Montarnaud et de Brignac. Il fut marié, en 1403, avec Diane-Delphine de Bargeac, fille de sire de Bargeac, baron de Rochegude, au diocèse d'Uzès. Il eut de ce mariage, entre autres enfants :

IX. Jean D'AZÉMAR, IIIe du nom, damoiseau, seigneur de Saint-Martin de Londres et de Saint-Martin du Vigogne, co-seigneur de Montarnaud et de Brignac ; il épousa Mengette, dame de Cornonterail. Elle fit, par son testament, reçu par Blanchi, notaire audit lieu de Cornonterail, en 1464, une fondation en l'église du même lieu, et institua pour son héritier universel, Pierre d'Adhémar, IVe du nom, leur fils, dont l'article suit :

X. Pierre D'ADHÉMAR, IVe du nom, damoiseau seigneur de Cornonterail, de Saint-Martin de Londres, de Saint-Martin du Vigogne, co-seigneur de Montarnaud et de Brignac, donna quittance de lods, comme procureur de dame Mengette sa mère, à un habitant de Cornonterail, par acte passé devant Jean Blanchi, notaire audit lieu, en 1446, et fit l'inféodation d'une maison à un habitant du même lieu, par acte passé devant le même notaire, le 25 décembre 1480, dans lequel il dit : *Ego Petrus Adhemarius*, *domicellus Dominus Sancti-Martini de Vignalogo*, etc. Il avait été institué héritier universel de sa mère, par son testament, passé devant le même notaire, en 1464, et avait épousé

Gabrielle d'Auriac, de l'ancienne et illustre maison d'Auriac en Dauphiné, de laquelle il eut :

1.° Bertrand, auteur des Azémar, seigneur de Mont-Réal, de Mézérac, de Milhau en Rouergue, dont Jean-Louis d'Azémar, chevalier, seigneur de Mont-Réal, de Mézérac, de l'Issiron, de la Garrigue et autres terres en Rouergue, né le 23 juin 1722, et chef de sa branche, issu de Bertrand, au septième degré, en comptant lui Bertrand pour un Jean Louis d'Azémar, chef de sa branche, épousa, par contrat du premier août 1765, Anne Adélaïde Roger, fille de Philippe- Vincent Roger, écuyer, seigneur de Plessis-Glain et de la terre de la Mouchetière, en Bretagne, lieutenant de l'amirauté au pays Nantais, et d'Anne de Laurencin, dont un garçon, nommé Louis-Philippe-Marie d'Azémar, chevalier, né le 11 juillet 1767, est mort le 14 avril 1768; et une fille, nommée Marie-Blanche-Henriette d'Adhémar, née le 5 mai 1770, et baptisée le lendemain dans la paroisse de Saint-Nicolas de la ville et évêché de Nantes en Bretagne;

2.° Anglez d'Adhémar, dont l'article suit;

3.° Hector, prieur de Riviès et du Bousquet;

3.° Arnaud, qui signa le contrat de mariage de son frère Anglez.

XI. Anglez d'Adhémar, baron de Suëlhes, épousa noble Isabeau de Roque de Saint-Césaire de Gausignan; son acte de mariage commence ainsi : *Anno Domini millesimo quadrigentesimo septuagesimo septimo et die decimâ quintâ mensis junii, etc. Nobilem Anglicum Adhemarii, filium nobilis Petri Adhemarii, mansi de Suelhas, parrochia Beatæ Mariæ de Lundris, Magalonensis diocesis, ex unâ parte; et nobilem Isabellem de Roca, filiam condam nobilis Firmini de Roca, mansi de Colobrinis, parrochia Sancti Cesari de Gausinhano, ucessiencis diocesis, etc.* De ce mariage vint :

XII. Pierre d'Adhémar, V^e^ du nom, baron de Suëlhes, seigneur de Colombiers, paroisse d'Euzet, diocèse d'Uzès; il épousa noble Louise de Bringuier; son acte de mariage commence ainsi : *Anno Domini millesimo quingentesimo vigesimo, et die ultima mensis septembris, etc. Nobilem Petrum Adhemarum, filium, nobilis Henglesi Adhemari, loci de Euzeto, diocesis ucessiensis ex una parte et nobilem Ludovicum Bringaire filiam, nobilis Petri Bringaire de Lieuco, etc.* De ce mariage vint :

XIII. Thibaud D'AZÉMAR DE SAINT-MAURICE DE CAZEVIELLE, seigneur de Colombier, baron de Suëlhes, qui épousa, le 29 mai 1558, noble Jeanne de Rey de Maruéjol. De ce mariage vinrent :

1.° Jacques, dont l'article suit ;
2.° Jean; 3.° Etienne ; 4.° Pierre; 5.° Louise ; 6.° Catherine ;
7.° Pierre, } Nonobstant ces noms, c'étaient des
8.° Philippe, } filles ;

Il se maria en secondes noces et eut encore quatre filles, savoir :

9.° Philippe; 10.° Susanne; 11.° Catherine; 12.° Diane.

XVI. Jacques D'AZÉMAR DE SAINT-MAURICE DE CAZEVIELLE, seigneur de Colombiers, d'Euzet, au diocèse d'Uzès, et baron de Suëlhes, épousa, le premier juillet 1601, noble Elisabeth de Recolin, fille de sire Jacques de Recolin, et de demoiselle de la Vallette de la ville d'Anduze. Jacques d'Azémar prit le parti des armes, et fut lieutenant-colonel du régiment d'Auvergne. Il obtint du roi Louis XIII, le 2 juin 1626, des exemptions considérables pour tous ses domaines en récompense des services qu'il avait rendus à ce monarque, dont les lettres-patentes existent encore dans la famille. De son mariage vinrent :

1.° Pierre ; 2.° Jacob; 3.° Gaspard ; 4.° Jean ;
5.° Guerin, dont l'article suit ;
6.° Bernardine, morte sans alliance ;
7.° Jeanne, mariée à noble Pierre de Castelviel.

XV. Guerin D'AZÉMAR DE SAINT-MAURICE DE CAZEVIELLE, seigneur de Colombiers, d'Euzet, baron de Suëlhes, épousa, 1.° le 2 novembre 1658, noble Marguerite de Faucon, et fut maintenue dans sa noblesse par jugement de M. de Bezons, intendant de Languedoc, le 11 janvier 1669, dont copie légale se trouve entre les mains de ses descendants ; 2.° le 27 avril 1680, noble Dode de Saint-Christol. Ses enfants furent :

*Du premier lit :*

1.° Claude, marié à une demoiselle de Ladevèze, mort sans postérité ;
2.° Jean, dit de Colombiers, mort célibataire ;
3.° Françoise, mariée avec M. de Chabert ;

*Du second lit :*

4.° Melchior, dont l'article suit ;
5.° Françoise.

XVI. Melchior D'AZÉMAR DE SAINT-MAURICE DE CAZEVIELLE, seigneur de Cauvillargues, de Colombiers, d'Euzet, et baron de Suëlhes, né le 25 juin 1681 ; épousa, le 14 juillet 1707, Marguerite de Pelegrin, fille de Pierre de Pelegrin, seigneur d'Ussel, et de Claude de Thomas de Montclus. De ce mariage vinrent :

1.° Claude, dont l'article suit ;
2.° Françoise d'Azémar, mariée avec noble Louis de Pelegrin, son cousin-germain.

XVII. Claude D'AZÉMAR DE SAINT-MAURICE DE CAZEVIELLE, seigneur de Colombiers, d'Euzet et baron de Suëlhes, épousa Madeleine Bousquet, morte en 1749. De ce mariage vinrent :

1.° Pierre-Melchior, dont l'article suit ;
2.° Louis-Guerin d'Adhémar, auteur de quelques petites œuvres dramatiques ; il commença à servir dans le régiment de Touraine, puis il passa dans l'Ile de France où il continua le métier des armes. Dans la guerre d'Amérique terminée en 1783, il se distingua en plus d'une occasion, et surtout par la prise du fort d'Ostenbourg, dont il fut nommé à la paix lieutenant de roi, ayant été précédemment reçu chevalier de l'ordre royal et militaire de Saint-Louis. Il se maria avec madame veuve de M. Jauret de Lonchamp, et en eut plusieurs enfants, tous morts en bas âge ;
3.° Jean-David d'Azémar, dit le baron de Suëlhes, mort en bas âge ;

4.° Catherine d'Azémar, mariée le 15 juin 1758, au seigneur de Seynes, dont postérité.

XVIII. Pierre-Melchior D'AZÉMAR DE SAINT-MAURICE DE CAZEVIELLE, seigneur de Colombiers, d'Euzet, de Saint-Jean de Serre-Argues, du château du Grand-Teillan, baron de Suëlhes et vicomte d'Héran, homme d'un grand mérite et d'une rare vertu, fut d'abord militaire, et servit en qualité d'officier dans le régiment de Flandre.

Il fut l'un des commissaires de la noblesse pour l'examen des titres lors de l'assemblée de la sénéchaussée de Nîmes. Son dévoûment à l'auguste famille des Bourbons, le fit incarcérer pendant un an. Il fut nommé, en 1806, préfet du Var, à Draguignan; l'intégrité, avec laquelle il exerça cet emploi, lui mérita des récompenses honorables, lui a acquis la plus grande estime et la plus haute considération. Il se maria, le 27 décembre 1762, avec très-noble et très-puissante dame Marie-Charlotte de Montolieu, vicomtesse d'Héran, ainsi qu'il appert par les lettres-patentes scellées du grand sceau de cire verte en lacs de soie rouge et verte, délivrées à noble Simon de Bornier, son trisaïeul maternel, qui sont au pouvoir des descendants de ladite Marie-Charlotte, fille de très-noble messire Jacques-Philippe, marquis de Montolieu, seigneur de Sainte-Hypolite, de Caton, de Sainte-Croix, de Montredon, etc., et de Marie, baronne d'Albénas. De ce mariage vinrent:

1.° Jacques-Philippe, dont l'article suit;
2.° Antoine-Frédéric-Louis, qui forme la deuxième branche rapportée plus bas;
3.° Catherine-Magdeleine-Charlotte-Christine, morte en bas âge;
4.° Adélaïde-Jeanne-Louise;
5.° Alix-Sophie-Magdelaine, morte le 11 février 1805;
6.° Justine-Jeanne-Catherine, morte en bas âge.

XIX. Jacques-Philippe D'AZÉMAR, seigneur de Saint-Jean, de Serre-Argues et de Bagard, servit en qualité de lieutenant des vaisseaux du roi dans le Corps royal de la marine; fut aide-de-camp de l'amiral Villaret de Joyeuse, et eut le commandement de la frégate l'Hirondelle; il fut obligé, par les effets de la révolution, de quitter ce service, mais il ne tarda pas à reprendre le métier des armes ; car il fut contraint, en 1792, de faire la campagne de Savoie, comme simple cavalier, de même que celle des Pyrénées, où il mourut en novembre 1793. Il avait épousé, le 13 août 1789, noble dame Rose de Boisson de Bagard, fille de noble Jean-Louis de Boisson, seigneur de Bagard, et de dame Elisabeth-Flore de la Farelle. De ce mariage vinrent :

1.° Louis-Pierre-Alexis, comte d'Adhémar, dont l'article suit ;

2.° Louis-Frédéric-Gaston, dit le chevalier d'Adhémar, garde du corps du roi, compagnie du prince de Poix.

XX. Louis-Pierre-Alexis, comte D'ADHÉMAR, chevalier de la Légion d'honneur, sert en qualité de lieutenant au régiment de la Reine, hussards (autrefois Chamboran), âgé de vingt-cinq ans seulement ; il a déjà dix ans de service et fait neuf campagnes, pendant lesquelles il a reçu sept blessures. A la surprise du fort de Figuères, il eut l'honneur de soustraire au pouvoir des ennemis le drapeau du second régiment Suisse, ainsi qu'il conste par l'état de ses services, et un certificat dont il est porteur. Son altesse royale MONSIEUR, comte d'Artois, instruite du mérite de ce brave jeune homme, le décora publiquement à Nîmes, en 1814, de la croix de la Légion d'honneur.

## SECONDE BRANCHE.

XIX. Antoine-Frédéric-Louis, comte D'ADHÉMAR DE COLOMBIERS, baron de Suëlhes, fut capitaine au régiment de Metz, dans le Corps royal d'artillerie ; il fit deux campagnes dans l'armée du Rhin, et fut obligé de quitter son poste ayant été suspendu provisoirement de ses fonctions le 30 novembre 1793, pour avoir manifesté ouvertement son attachement à la famille des Bourbons ; il fut nommé chef de bataillon de la garde nationale de Nîmes en mai 1791, et commandant pour le roi de la ville d'Anduze, le 17 juillet 1815. Etant commandant de la garde nationale d'Anduze, il protégea, dans la nuit du 2 au 3 avril 1815, le passage du corps d'armée royale que commandait M. de Roussy du Vigan, à son retour de Mende, d'où il avait été repoussé, et ce fut uniquement à lui et à son extrême vigilance que cette troupe royale dut d'éviter l'embuscade qu'on lui avait dressée.

Dans la nuit du 20 au 21 juillet 1815, passant par Lézan, à son retour de Lédignan, où il avait été faire une reconnaissance en sa qualité de commandant d'armes pour le roi de la ville d'Anduze, il fut arrêté par sept à huit huit cents brigands ennemis de Sa Majesté, qui l'insultèrent et le menacèrent au point de l'obliger à se retrancher chez M. Valcre, maire dudit Lézan. Voulant s'évader par une issue particulière, il fut encore arrêté par une autre troupe de ces forcenés qui, s'étant postés tout exprès pour le massacrer, firent sur lui, presque à bout portant, trois décharges de mousqueterie.

Il se maria, en juillet 1796, avec la veuve de son frère aîné, Jacques-Philippe. De ce mariage vinrent:

1.° Jean-Maurice-Melchior, mort en bas âge;
2.° Antoine-Gabriel-Henri, né à Anduze, le 3 avril 1815;
3.° Frédéric-Marc-Maurice, né à Anduze, le 9 mars 1802;
4.° Charlotte-Elisabeth-Françoise, morte le 2 décembre 1809.

Antoine-Frédéric-Louis, comte D'ADÉMAR DE COLOMBIERS, baron de Suelhes, second fils de Pierre-Melchior d'Azémar ci-dessus, porte mi-parti (ou écartelé) de France et de Toulouse, à la bordure engrêlée d'argent, chargée de huit billettes d'or (qui est la brisure des cadets des maisons du nom d'Adhémar), sur le tout d'azur à la bande d'argent, chargée de trois croissants de sable, et en chef, d'un lion d'or, armé et lampassé de gueules. Pour cri de guerre, les mots *lancea sacra*, écrits sur une bannière d'argent, attachée au fer d'une lance que tient le lion d'or; couronne comtale issant au sommet du casque, lequel casque est posé de face et à demi-ouvert. — Pour devise: *plus d'honneur que d'honneurs*; le tout décoré d'un manteau de gueules et de sable, fourré d'hermine.

Les armoiries des maisons du nom d'Adhémar, Azémar ou Adémar se composent toutes du mi-parti ou écartelé de France et de Toulouse, ainsi que les portait au treizième siècle Lambert de Monteil-Adhémar ou

Azémar, baron de Lombers, en Albigeois, et chef des branches établies dans le Languedoc et le Rouergue. (Voyez l'Hist. du Languedoc. t. 5, pl. 7, n° 100.) Cet écusson, qui leur est commun, est augmenté dans plusieurs familles d'un autre brochant sur le tout, dans lequel on remarque, entr'autres pièces honorables, des fasces ou des bandes ; ces dernières, qui sont au nombre de trois dans certaines familles, se sont réduites à une dans l'écusson de plusieurs branches, et entre autres dans celle établie aux lieux de Saint-Maurice et d'Euzet, au diocèse d'Uzès ; mais ç'a été pour mettre à leur place le lion d'or dont celle-ci est accompagnée, et qui est chargée en outre de trois croissants de sable, tandis que toutes sont nues dans les autres écussons. Il est encore une chose particulière aux branches établies en Languedoc, c'est la devise, *plus d'honneur que d'honneurs*. En effet, ces branches toujours sans fortune, à raison des renonciations dont on a déjà parlé, sont plus connues par la continuité de leurs services que par des illustrations. Enfin, le cri de guerre : *lancea sacra*, est commun à toutes les branches généralement.

Il en est de même du manteau de gueules et de sable fourré d'hermine ; de la bordure d'argent chargée de huit billettes d'or, qui est la brisure des cadets ; du casque, qui est posé de front et à demi-ouvert ; de même encore que du lion d'or, couronné d'une couronne comtale, issant du sommet dudit casque, et qui tient la lance sacrée. Voyez pour cela les livres d'histoire de la ville de Toulouse, conservés dans les archives de ladite ville ; de l'Armorial général de France, par M. Charles d'Hozier de Sérigny, et les Monuments de la monarchie française, par le père Montfaucon.

---

LAUGIER, famille noble du comté de Provence, et dont l'origine paraît se rattacher à une maison fort ancienne. Des lettres-patentes et arrêts du conseil du dix-septième siècle, ont été rendus en faveur d'une branche collatérale ; des reconnaissances ont été faites à diverses époques, et entre autres par un contrat de mariage de 1732 ; de plus, la possession d'une terre qui a été longemps dans cette famille, confirment son identité avec 'ancienne maison de son nom.

Nous ne commençons ici la généalogie de cette branche ju'à l'époque de son établissement dans la Basse-Provence.

I. Charles DE LAUGIER, servit dans sa jeunesse; il fut o-seigneur de Rousset, et épousa Jeanne d'Ailhaud, l'une famille noble du comté de Provence. De ce maiage vinrent :

1.° Claude-Joachim, dont l'article suit;

2.° Bernardin, officier d'infanterie, qui a fait la branche de LAMANON. Il avait épousé Marie de Barlatico, des seigneurs de Mas, sœur de la femme de son frère aîné. De ce mariage vinrent : a. Charles, qui épousa, 1.° N.... de Lamanon, demoiselle de bonne maison de Provence, et s'allia en secondes noces en Bretagne, duquel mariage il eut deux filles, mortes sans postérité; b. Antoine-Bernardin, officier au régiment d'Auvergne, jésuite et ensuite chanoine de Noyon; c. Jean, jésuite et prieur de Champs, massacré dans l'église des Carmes, dans un âge très-avancé; d. N....., prêtre; e. Deux filles religieuses.

II. Claude-Joachim DE LAUGIER, seigneur de Beaureueil, Roqueshautes et Rousset, président des finances u comté de Provence, épousa Catherine de Barlatico, es seigneurs de Mas. De ce mariage vinrent :

1.° Jean-Joseph, dont l'article suit;

2.° Pierre, chevalier de l'ordre royal et militaire de Saint-Louis commandant de bataillon au régiment de la Tour-du Pin, commandant de la ville d'Ostende, tué à la bataille de Crevelt;

3.° Charles-Bernardin, nommé à l'évêché de Bethléem. Les troubles de l'Eglise l'éloignèrent de France aussitôt après. Il devint depuis le doyen de MM. les curés de Paris. C'est ce vénérable ecclésiastique qui, pressé par les premières autorités de la capitale de prêter le serment, leur répondit, en découvrant sa tête : *Voyez ces cheveux blancs; vous pouvez les rougir, mais vous ne les souillerez point;*

4.° Antoine, chanoine et vicaire général du diocèse de Senez;

5.° Une fille, mariée à messire de Bougerel, des seigneurs de Fontienne, conseiller en la cour des comptes de Provence;

6.° Une fille, mariée à messire de Faudran-Taillades, d'une bonne et ancienne maison de Provence;

7.° Une autre fille, religieuse.

III. Jean-Joseph DE LAUGIER, seigneur de Beaurecueil, Roqueshautes et Rousset, conseiller en la cour du parlement de Provence, honoré de la bienveillance particulière de sa majesté la reine, auguste épouse de Louis XV, et de monseigneur le Dauphin, épousa Marie-Françoise de Jouffrey de Châteaubon, héritière de sa branche, et d'une ancienne maison de Provence. De ce mariage vinrent :

1.° François-Joachim-Serge, dont l'article suit;

2.° Antoine, mort garde de la marine;

3.° Bruno, mort au séminaire de Saint-Sulpice;

4.° Marius, chanoine de Chartres et vicaire général du diocèse de Lombez;

5.° Martin-Balthasar-Just, un des pages envoyés à Parme à madame l'infante, fille de sa majesté Louis XV, écuyer et gentilhomme de dom Philippe, duc de Parme, depuis chevalier de Saint-Louis et colonel de cavalerie, a commandé aux Pays-Bas la cavalerie des émigrés français, dans les dernières affaires de la guerre de 1792; a épousé, 1.° Julie d'Allemagne de Simiane; 2.° Françoise-Hélène Aurée, sa nièce, chanoinesse du noble chapitre de Troarn, en Normandie;

6.° Marie, chanoinesse non professe de Montfleuri, mariée à messire marquis de Buffevent, de bonne et ancienne maison du Dauphiné;

7.° Justine, mariée à messire de Vaucances, gentilhomme du Dauphiné, neveu de l'évêque de Senez;

8.° Eulalie, grande-prieure de la Trinité de Poitiers;

9.° Françoise, mariée à messire marquis de Clapiers, des seigneurs de Collongues, d'une bonne et ancienne maison de Provence.

IV. François-Joachim-Serge DE LAUGIER, dit le comte de BEAURECUEIL, seigneur de Roqueshautes, Rousset, Pringy et Dampmart-sur-Marne, mousquetaire, officier aux Gardes-Françaises, chevalier de l'ordre royal et militaire de Saint-Louis, et commandant des Gardes-côtes en Provence, électeur de la noblesse de la ville de Paris en 1789, et de l'assemblée de la noblesse de la vicomté de Paris. Ses preuves ont été vérifiées par M. Chérin, généalogiste, lequel en a délivré certificat. Il a épousé, 1.° Henriette-Louise-Philippine Orry de Fulvy, fille de messire Philibert Orry de Fulvy, conseiller d'état, fils du ministre du roi Philippe V, et frère du contrôleur général Orry et de Hélène de la Pierre de Bouzies, d'une ancienne et illustre maison de chevalerie de Flandres; 2.° Marie-Anne d'Albert de la Fagette, d'une famille noble, originaire du Languedoc. Ses enfants furent :

*Du premier lit ;*

1.° Louis-Philippe, mort jeune ;

2.° Philibert-Charles-Félicien, dont l'article suit ;

3.° Françoise-Hélène Aurée, chanoinesse du noble chapitre de Troarn, mariée à son oncle Martin ;

*Du second lit :*

4.° Joseph-Gabriel-Just, seigneur des Mignères, a épousé Hélène de Laurencin, d'une bonne et ancienne maison de Franche-Comté, mort sans postérité ;

5.° Charles-François-Just, a épousé Justine de Montginot, d'une famille noble originaire de Normandie. De ce mariage vinrent : a. Marie-Charles-Maximilien ; b. Marie-Frédérique-Blanche ; c. Marie-Paule.

V. Philibert-Charles-Félicien, comte DE LAUGIER-BEAURECUEIL, gouverneur de la ville de Belleville en Beaujolais, capitaine de cavalerie, chevalier de l'ordre royal et militaire de Saint-Louis. Il a émigré en 1791, fait cinq campagnes dans l'armée des princes, a reçu deux blessures, et s'est trouvé au siége de Maëstricht. Il a épousé Aglaé-Augustine de Viart Desfrant, d'une ancienne noblesse d'extraction, originaire du Blaisois. De ce mariage :

Marie-Hélène-Philippine.

La présente filiation est établie d'après plusieurs nobiliaires et la Chenaye des Bois, des pièces authentiques et des renseignements particuliers.

*Armes :* « Ecartelé, au 1 d'argent, au lion de gueules, » qui est DE LAUGIER ; au 2 d'or, à la bande d'azur, » chargée de trois demi-vols d'argent, qui est DE BEAU- » RECUEIL ; au 3 d'azur, au croissant d'argent ; au chef » d'or, chargé de trois étoiles de sable, qui est de JOUF- » FREY ; au 4 d'azur, à la croix d'argent, qui est de » BOUZIES. Devise : *Vicit leo* ».

---

LEJAY DE BELLEFOND, ancienne famille noble du Berry, province où elle réside encore de nos jours. François Lejay épousa à Blois, le 13 avril 1441, demoiselle Marie-Anne de Guimène.

I. Pierre LEJAY, Ier du nom, écuyer sieur de Bretagne, près Levroux en Berry, ne vivait plus en 1595, et avait épousé demoiselle Marie de Rivière, ainsi qu'il est constaté par le contrat de mariage de son fils Emé Lejay, qui suit.

II. Emé LEJAY, écuyer sieur de Bretagne, épousa, 1.° par contrat du 2 février 1595, demoiselle Catherine de Grasset, fille d'Antoine de Grasset, écuyer, sieur de la Taizaudière, et de demoiselle Madeleine Martin ; 2.° par contrat du 16 mai 1634, demoiselle Anne Didoiniers, dont il n'eut point d'enfants. Ceux du premier lit furent :

1.° François, dont l'article suit ;

2.° Jean Lejay, écuyer, sieur des Caves, qui épousa, par contrat du 6 février 1634, demoiselle Marie Bonnin, fille de Pierre Bonnin, écuyer, sieur de l'Hérault, et de demoiselle Marie de Boisbertrand, dont est issu Michel Lejay, écuyer, sieur de Bretagne, marié, par contrat du 5 septembre 1660, avec demoiselle Gabrielle de Patoufleau, fille de messire Louis de Patoufleau, chevalier, seigneur de Laverdin, et de dame Marguerite de Launay. Il eut deux fils : 1.° Louis Lejay, écuyer, sieur de Roy et du Buisson, à cause de sa première femme, dame Anne-Angélique de Thiville, veuve de messire Charles de François, chevalier, seigneur de Beauvais et de Vilenne, qu'il avait épousée par contrat du 12 octobre 1709; marié en secondes noces, par contrat du 13 novembre 1710, avec demoiselle Marguerite de Baillon ;

2.° Jean Lejay, écuyer, seigneur de Chateslier ;

3.° Madeleine, } mentionnées au contrat de mariage
4.° Marthe, } de Franç. Lejay, leur frère aîné.

III. François Lejay, Ier du nom, écuyer, sieur des Ormeaux et de Bretagne, épousa, 1.° par contrat du 9 mai 1623, demoiselle Marie du Breuil, fille de Jean du Breuil, écuyer, sieur dudit lieu, et de demoiselle Catherine de Piedgu; 2.° par contrat du 29 mai 1634, demoiselle Emée de Marthel, fille d'Antoine de Marthel, écuyer, sieur de Laleuf, et de demoiselle Silvaine de la Touche. Du premier lit sont issus :

1.° Jean-Pierre, dont l'article suit;

2.° Catherine Lejay, mariée à messire Noel de Rolland, écuyer, sieur de Bois-de-Mesne.

IV. Jean Pierre Lejay, écuyer, sieur de Bretagne, épousa, 1.° par contrat du 9 janvier 1651, demoiselle Marguerite de Fouquet, fille de François de Fouquet, écuyer, seigneur de Courcelles, et de demoiselle Marge Dupuy; 2.° Jeanne de Patoufleau. Ses enfants furent :

*Du premier lit :*

1.° Pierre, dont l'article suit;

2.° Madeleine Lejay;

*Du second lit :*

3.° Charles Lejay, écuyer, sieur des Sainsons, né le 30 janvier 1676, qui eut pour fils François Lejay, écuyer, sieur des Sainsons, mort sans enfants.

V. Pierre Lejay, IIe du nom, écuyer, sieur de Bretagne, épousa, par contrat du 5 novembre 1690, demoiselle Marie Guyot, de la maison d'Asnières, fille de Louis Guyot, écuyer, sieur de la Perelle, et de demoiselle Madeleine de Lanet, dont il eût :

VI. Jean-Baptiste Lejay, sieur de Bretagne et de Bellefond, né en 1693, marié, par contrat du 11 février 1721, avec demoiselle Anne de Rachepelle, fille de Pierre de Rachepelle, écuyer, sieur des Bordes, et de demoiselle Catherine de Berthelot. De ce mariage vinrent :

1.° Jean, dont l'article suit;

2.° Louis Lejay de Bellefond, curé de Gournay, près Argenton en Berri, à l'époque de la révolution;

3.° François Lejay, écuyer, sieur de Bellefond, officier au régiment de Commissaire-Général, cavalerie, chevalier de l'ordre royal et militaire de Saint-Louis;

4.° Joseph, qui fonde la seconde branche, rapportée ci-après;

5.° Marie-Anne Lejay de Bellefond, née le 12 mars 1735.

VII. Jean Lejay, écuyer, sieur de Bellefond, épousa, par contrat du 11 janvier 1751, demoiselle Marguerite Matheron de Lestang, fille de François Matheron, sieur de Lestang, et de demoiselle Catherine de Boislinard. Il a eu de ce mariage:

1.° Louis-Madelon, dont l'article suit;

2.° Charles, } morts sans alliance;
3.° Joseph, }

4.° Casimir Lejay, écuyer, sieur de Bellefond, mort sous-lieutenant dans le régiment de Commissaire-Général, cavalerie;

5.° Catherine Lejay de Bellefond, née le 10 mai 1754;

6.° Louise-Emélie Lejay de Bellefond, mariée à Sulpice Mazière de Chambor, le 20 octobre 1800, sans enfants;

7.° Marie-Marguerite Lejay de Bellefond, née le 12 octobre 1769.

VIII. Louis-Madelon Lejay, sieur de Bellefond, a eu

de son mariage avec demoiselle Alexandrine-Philippine-Sophie Grajon :

1.° François-Louis Lejay de Bellefond ;
2.° Alexandre Lejay de Bellefond;
3.° Louis-Charles-Casimir Lejay de Bellefond ;
4.° Alexandrine-Athénaïs-Mélanie Lejay de Bellefond, née le 21 janvier 1808.

## SECONDE BRANCHE.

VII. Joseph Lejay, écuyer, sieur de Bellefond, quatrième fils de Jean-Baptiste Lejay et d'Anne de Rachepelle des Bordes, épousa, par contrat du 19 mai 1771, reçu par Lorin, notaire à Vendôme, demoiselle Marie-Marguerite Thierry, fille de Jacques-Louis Thierry et de Marie-Françoise Loiseau. De ce mariage sont issus:

1.° Marie-Joseph-Nicolas, dont l'article suit;
2.° Louis-Casimir Lejay, sieur de Bellefond, marié, par contrat du 19 mars 1800, passé devant Pasquier et Cheroute, notaires à Vendôme, avec Marie-Louise-Victoire Minet. Ses enfants sont :

a. Louis-Auguste-Lazare Lejay de Bellefond, né le 4 février 1802;
b. Marie-Louise Lejay de Bellefond, née le 3 mai 1800 ;

3.° Emélie Lejay de Bellefond, mariée à Claude Giraudeau, écuyer, sieur de Lanoue, ancien officier vendéen. De ce mariage sont issus :

a. Marie-Emélie-Noémie Giraudeau de Lanoue, née à Blois le premier juin 1806 ;
b. Adélaïde-Cécile-Natanie Giraudeau de Lanoue, née à Blois le 6 novembre 1809 ;
c. Emélie-Alexandrine-Eulalie Giraudeau de Lanoue, née à Blois le 22 février 1812 ;

4.° Emélie-Suzanne-Adélaïde Lejay de Bellefond, mariée, le 29 septembre 1807, à René-Jean-Alexandre de Fontenay, écuyer, chevalier de l'ordre royal et militaire de Saint-Louis, émigré, ayant fait toutes les campagnes des armées des princes de Condé et de Bourbon. De ce mariage vinrent :

a. Alexandre-Claude-François-Hypolite de Fontenay, né le 13 août 1811 ;
b. Adélaïde-Adrienne-Emélie de Fontenay, née le premier août 1808;
c. Anne-Françoise-Alexandrine de Fontenay, née le premier octobre 1809.

VIII. Marie-Joseph-Nicolas Lejay, écuyer, sieur de Bellefond, né le 29 juillet 1772, capitaine de cavalerie, a émigré en 1792, a servi à l'armée de S. A. S. monseigneur le prince de Condé, depuis 1792 jusqu'en 1801, époque de son licenciement, et y a reçu deux blessures graves. Le 31 mars 1814, lors de l'entrée des alliés dans la capitale, lui quatrième, après avoir rassemblé plus de cinq cents personnes auxquelles il avait fait arborer la cocarde blanche, il promena avec elles dans Paris le premier drapeau blanc qui y ait paru. Il a été reçu chevalier de l'ordre royal et militaire de Saint-Louis le 8 septembre 1814, pour ses services militaires et pour deux blessures reçues à l'armée de Condé, et fut nommé par le roi, le 14 février 1815, chevalier de la Légion d'honneur, pour récompense du dévoûment qu'il avait montré le 31 mars 1814. Il a fait partie de la compagnie des gardes de la porte du roi, depuis le 17 jusqu'au 20 mars 1815, dans l'intention de défendre sa personne sacrée. Il a épousé, le 7 février 1803, demoiselle Anne-Bonne-Victoire Guérin de Villiers, fille de messire Charles Guérin de Villiers, et de demoiselle Jeanne-Thérèse de Fonteny. De ce mariage sont issus :

1.° Joseph-Charles-Désiré Lejay de Bellefond, élève de l'école royale et militaire de la Flèche, né le 30 juin 1806 ;
2.° Laurent-Raoul-François Lejay de Bellefond, né le 27 avril 1813 ;
3.° Anne-Thérèse-Emélie Lejay de Bellefond, née le 9 janvier 1805.

*Armes :* « De sinople, à trois fasces d'or, au lambel du même ; couronne de comte ; supports, deux lions.

POUGNY DE GUILLET (DE), baron de Monthoux, comte de Marcossey, seigneur d'Annemasse, de Sale, de Colonge, de Romagny, co-seigneur de Villagrand; famille ancienne et très-illustre, originaire de la ville de Limoges, connue par les preuves de ses ancêtres, chevaliers de l'ordre de Saint-Jean de Jérusalem et de Malte, à commencer par Michel de Pougny, en 1481, mort à Rome en 1489, chargé des affaires de son ordre. Cette famille a eu des alliances avec des princes d'Allemagne, des premières familles de France, de Piémont et de Suisse. Nous rappellerons seulement l'époque où cette famille, se perdant dans les siècles passés, se fit connaître; nous citerons quelques faits glorieux de ses aïeux, de notoriété publique, appuyés d'ailleurs de titres originaux, dont plusieurs relatés dans ses preuves à Malte.

En 1056, Jean de Pougny, de la ville de Limoges, possédait la terre de Pougny, dans le pays de Gex; il épousa la même année Marie, fille d'Aimar, vicomte de Limoges, et de Sara de Cornuaille. De ce mariage vint:

François, né en 1057, qui se croisa et se rendit à la Terre-Sainte, sous les ordres de Philippe-Auguste. Ruiné par cette expédition, il se maria, en 1092, avec Sibille, fille de Thierry de Bar et d'Ermentrude de Bourgogne. Il se retira dans la terre de Pougny, pays de Gex. De ce mariage vint:

Pierre, né le 20 juin 1093, écuyer et favori d'Albert Ier, duc d'Autriche, qui lui donna, en récompense de ses hauts services, plusieurs terres dans le pays des Vaudois, le maria avec Louise, fille de Jean II de Coucy, le 14 decembre 1252.

Depuis 1295 on voit cette famille faisant la guerre, à la tête de ses vassaux, contre les seigneurs de Berne, pour soutenir l'auguste famille d'Autriche, possédant des terres et châteaux dans la Suisse, dans le Chablais, dans le Faucigny; major du château fort de Crans, dans le pays des Vaudois, donné à perpétuité à cette famille, pris et repris jusqu'en 1529, que Michel et Jean de Pougny de Guillet (1) se partagèrent leurs biens. Jean eut

---

(1) Le nom de Guillet fut ajouté à celui de Pougny par le mariage de

la terre de Crans, ainsi que le titre de major du château fort, la terre de Pierraresin, celle de Mons, les maisons de Fribourg et Zurich ; Michel, le château fort de Monthoux, les terres du Chablais, les maisons de Thonon, les terres du Faucigny, le titre de conseiller de Fribourg. Ce partage fut fait par contrat du 10 juin 1529, passé devant Jean Levrat, notaire à Saconex, diocèse de Genève. (Titre original relaté dans les preuves de Othon de Pougny, page 38.) Michel et ses successeurs soutinrent avec intrépidité les droits des comtes de Maurienne, du Chablais, du Faucigny et du duc de Savoie. Enfin, Michel fut assiégé à Monthoux par les Genévois qui le prirent de vive force, après plusieurs attaques, et le firent sauter. (Page 28 desdites preuves.)

Le château fort de Monthoux, situé au-dessus de la colline dudit nom, distante d'une heure et un quart de Genève présente encore des débris considérables ; il est dans la situation la plus pittoresque des environs de Genève. Cette colline, isolée au pied de la montagne des Voirons, semble, au nord du château, y être adossée ; au midi, le contraste du beau et riche tableau des belles situations de Genève et de son territoire, du lac Léman, du cours de plusieurs rivières serpentant dans la plaine, des contrées de Suisse, de Savoie et de France, forment un ensemble surprenant.

Le château d'Annemasse, où ladite famille s'établit après la destruction du château de Monthoux, est au pied de cette colline, et fut vendu par l'ancienne famille des barons de Viry, aux sieurs de Pougny de Monthoux.

Il existe le titre original auprès de cette famille d'une patente impériale signée par l'empereur Charles Quint, en date du 10 juin 1529, produite aux preuves de Malte de Othon de Pougny, page 36, qui reconnaît l'ancienne noblesse de la famille de Pougny de Guillet de Monthoux, leurs services rendus à l'empire, et leur confirme leurs armoiries faisant partie de l'écusson de Mathias II, archiduc d'Autriche (1). *Idem*, titre original de cinq arbitres

---

Guillaume de Pougny, arrière-grand-père de Michel et de Jean, avec Jeanne, fille unique du seigneur chevalier de Guillet, conseiller de Fribourg, et de Françoise, fille du seigneur chevalier de Châtillon, engagement pris par contrat de mariage du 7 octobre 1454.

(1) Les armes de cette famille ont toujours été : « Trois têtes de

nommés; qui condamnèrent les seigneurs de Berne à rendre les châteaux forts de Monthoux, d'Alinge, de Mons, aux nobles Michel et Jean de Pougny frères, que les Bernois leur avaient pris pendant la guerre contre le duc de Savoie, ayant promis de part et d'autre de s'en tenir à leur jugement, qui a eu lieu à Berne le 18 février 1551, et fut de suite exécuté. (Page 36 desdites preuves.)

*Idem*, plusieurs lettres autographes de divers princes, particulièrement des comtes de Maurienne, des ducs de Savoie; des anciennes monnaies d'or, d'argent, de cuivre, trouvées dans les débris du château de Monthoux, pages 71 et 72.

Passons aux père et mère des personnes de cette famille présentement existantes.

François DE POUGNY, baron de Monthoux, comte de Marcossey, etc.; marié, en premières noces, à demoiselle de Seyssel, passant pour la plus ancienne famille noble du Bugey. De ce mariage vinrent :

Deux filles : la première mariée au seigneur de Livron; la seconde, au comte de Mornais d'Hériac en Bugey, dont il existe deux enfants. La fille mariée au seigneur de Seyssel ayant plusieurs enfants mâles.

Ledit François a épousé, en secondes noces, Catherine, fille du comte de Loras Dusex, chevalier de l'ordre royal et militaire de Saint-Louis, lieutenant des maréchaux de France, veuve du seigneur d'Arestel. De ce mariage vint :

Louise, fille unique, mariée au seigneur de Lauzière, chevalier de l'ordre royal et militaire de Saint-Louis, colonel au service de France. De ce mariage vinrent :

Quatre filles, toutes mariées; et deux garçons qui se sont distingués. L'aîné officier supérieur dans les gardes Wallonnes. Le second au service du roi de France. Du mariage de François de Monthoux avec demoiselle de Loras, veuve d'Arestel, vinrent :

---

» léopards d'or, arrachées et couronnées d'argent; lampassées de » gueules; ayant au-dessus un paon avec sa queue, se pavoyant; sa tête » tournée à droite; l'écusson soutenu par des trophées militaires ». Ces armes font partie de l'écusson de Mathias II, archiduc d'Autriche, roi de Bohême, dont une pièce d'or, de l'année 1612, large d'un écu de six livres, est auprès de cette famille.

Trois filles, chanoinesses en France; Louise, chanoinesse du chapitre de Malthe, en Dauphiné; et deux garçons. L'aîné, François, premier page de la reine défunte de Sardaigne, présentement chef d'état-major de l'armée de réserve commandée par le Roi, directeur en second du bureau de la typographie, chevalier des ordres de Saint-Maurice et de Saint-Lazare (1).

Le cadet, Othon, perdit son père à l'âge de trois mois, fut élevé par le frère de sa mère le bailli de Loras, maréchal de l'ordre de Malthe, fut reçu chevalier de Malthe au berceau dans la langue d'Auvergne, entra au service militaire à douze ans; à dix-huit ans il fit ses caravanes, à vingt-deux fut fait maréchal-des-logis dans la compagnie des gentilshommes archers du roi de Sardaigne. Il fut appelé plusieurs fois auprès du bailli de Loras, dans ses missions diplomatiques à Rome, Naples, etc.

En 1792 et 1793, il lui fut confié diverses missions, dont une pour Sa Majesté Louis XVIII, ce qui le mit en rapport d'affaires avec M. le duc de Sérent; d'après la demande de Sa Majesté le roi de Sardaigne, et du duc de Sérent de la part de S. A. R. MONSIEUR, comte d'Artois, il lui fut promis le généralat des galères de Malthe; mais la révolution le priva de toute carrière quelconque.

Le roi de Sardaigne obligé de se rendre en Sardaigne, ne put emmener avec lui aucun officier militaire de sa maison. Il suivit le sort de l'armée piémontaise, auquel le gouvernement dut accéder; perdit ses oncles fusillés à Lyon; sa mère leur survécut peu de mois, son frère émigré, ses sœurs mariées emprisonnées, ses sœurs chanoinesses sans existence quelconque, travaillant chez une lingère à Lyon pour se soustraire aux recherches; et ledit sans aucune ressource, fut classé adjoint dans l'état-major général de l'armée française, avec rang de capitaine au lieu de celui de major qu'il avait.

Il passa ensuite premier adjoint à l'état-major de la division du Piémont, fut dénoncé plusieurs fois comme noble, royaliste et aristocrate; mais toujours pro-

(1) Ce qu'il y a de remarquable dans cette famille, c'est qu'il n'y a jamais eu aucune mésalliance.

tégé par les généraux français dont il dépendait, il rendit tous les services qui dépendaient de lui aux personnes attachées au roi.

Il fut fait prisonnier de guerre à Turin ; le comte de Bussy, allié de sa famille, officier général et chambellan de l'empereur d'Autriche, à qui il avait rendu service pour l'organisation des chevaliers de la Couronne, obtint des généraux Swarow et Melas qu'il serait envoyé chez lui sur parole.

Peu de jours après son arrivée à Annemasse sous Monthoux, il fut accusé de royalisme auprès du général Grillon qui l'envoya chercher par la gendarmerie pour le mettre dans les prisons de Genève ; il obtint de se rendre à Paris d'où il ne revint chez lui qu'une année après ; il y fut remis en possession des biens de famille qui n'avaient pas été vendus, lesquels lui furent cédés par son frère lors de son mariage avec demoiselle de Budé, fille du seigneur de Ferney - Voltaire, ancienne famille noble originaire de l'Isle de France (1).

Au renouvellement de la guerre du consulat de France contre les alliés, les circonstances lui firent prendre le commandement d'un corps faisant partie de l'expédition secrète aux îles des Antilles ; son corps se distingua à la prise de la Dominique et coopéra par son débarquement à Santo - Domingo à la levée du siége par les Nègres. Rapport favorable de la conduite militaire de ce corps par le général en chef comte de la Grange ; *idem*, du général Ferrand ; *idem*, lettre du maréchal Berthier à cet égard.

Revenu en France après avoir passé quelque temps au continent d'Amérique avec permission, il demanda aussitôt son arrivée à Paris de se retirer du service, en l'an 1806, et n'occupa plus aucun emploi.

En l'an 1814, à l'entrée du roi, il fut aussitôt décoré du lys, reçu chevalier de l'ordre royal et militaire de Saint-Louis, par M. le comte d'Artois, il obtint la permission de prendre la croix de Malthe, et fut peu de jours après fait chevalier de la Légion d'honneur.

Le 13 mars 1815, il lui fut confié une mission spé-

---

(1) C'est la famille de Budé de Boisy qui avait vendu cette terre à Voltaire, et qui l'a rachetée après sa mort.

ciale pour les intérêts du roi, par S. Exc. l'abbé de Montesquiou, ministre de l'intérieur, dont il transmit les rapports à Gand, soit par M. le comte de Talleyrand, ministre du roi auprès de la diète suisse, soit par un de ses neveux, le chevalier de Lauzière, rejoignant la maison militaire du roi. Domicilié à Ferney-Voltaire, il fut en rapport d'affaires avec M. le comte de Chastellux, qui était en mission secrète pour le roi à Genève.

Il fut nommé, le 5 juillet, président de la première députation de l'arrondissement de Gex, par toutes les administrations et principaux propriétaires. Cette députation composée de MM. le chevalier de Perrault de Feuillasse, du comte Vincy de la Batie, de Louis Fabry, fils du sous-préfet, pour être remis au roi une adresse de repentir et de fidélité, par S. Exc. le comte Roger de Damas. Le 6, il obtint par un mouvement spontané l'arboration du drapeau du roi dans tout l'arrondissement.

Le 7, nommé délégué spécial du comte Roger de Damas, avec pouvoir de s'adjoindre les membres de sa députation pour obtenir le même résultat dans tout le département, il partit de suite avec M. le chevalier de Perrault de Feuillasse, son premier adjoint, et obtint par des mouvements spontanés des autorités et des habitants, que le 13 juillet au soir, le drapeau blanc flottât dans tout le département de l'Ain, avant qu'on sût l'entrée de Sa Majesté à Paris. Il fut accompagné à Bourg, dans les arrondissements de Bellai et de Trévoux, par deux de ses neveux, le comte de Saint-Julie, chevalier de l'ordre royal et militaire de Saint-Louis, ancien officier supérieur dans la maison militaire du roi, et par le chevalier de Gallien de la Chaux, maire à Saint-Jean-le-Vieux.

Rapport de ses missions appuyé des pièces justificatives, ont été déposées par ordre de S. Exc. le comte de Vaublanc, ministre de l'intérieur, au secrétariat du ministère, et donnent tous les détails de cette réussite en un temps où les départements riverains de celui de l'Ain, étaient si fortement travaillés par les partis contraires.

CORMETTE (DE), famille originaire du Boulonnais et de l'Artois.

I. Ambroise DE CORMETTE, écuyer, épousa Jacqueline Postel du Clivet, et ne vivait plus le 6 décembre 1601, qu'il est rappelé dans une quittance de relief faite à César de Cormette, écuyer, son fils, au nom du seigneur de Belloy. Leurs enfants furent :

1.° César, dont l'article suit;
2.° Louise de Cormette, vivante en 1608.

II. César DE CORMETTE, écuyer, lieutenant d'une compagnie d'infanterie sous la charge du seigneur de Vaillacq, passa une transaction avec Louise de Cormette, sa sœur, au sujet de la succession d'Ambroise leur père, le 7 avril 1608; épousa, par contrat du 21 octobre 1611, passé devant Jacques du Buir et Pierre Poitevin, notaires, Antoinette Heurteur, avec laquelle il passa un bail à rente devant Després et Patte, notaires à Montreuil, le 20 janvier 1626, au profit de Gratien Parent et de Péronne Barbier, sa femme. Ils eurent pour fils :

III. Samson DE CORMETTE, écuyer, seigneur de Saint-Michel, brigadier des Gardes-du-Corps du roi, capitaine de cavalerie, marié, par contrat passé devant Rimbert, notaire royal à Samer, le 28 janvier 1655, avec Marthe du Crocq. Il passa un bail à loyer devant Ricouart, notaire, le 5 décembre 1660, au profit d'Adrien Feutry, d'une ferme et terres sises à l'Esdre, paroisse de Samer; fit une sommation, signifiée par le même notaire audit Adrien Feutry, son fermier, le 13 mars 1669, et régla de compte par devant Monsigny, notaire, avec Robert Vasseur, son autre fermier, en 1659. Il avait obtenu, le 10 septembre 1657, des provisions d'archer dans les Gardes-du-Corps du roi. Il eut pour fils :

IV. Jean DE CORMETTE, écuyer, seigneur de Saint-Michel, brigadier des Gardes-du-Corps du roi, lieutenant-colonel de cavalerie, commandant pour le roi de la tour d'Ambleteuse, chevalier de l'ordre royal et militaire de Saint-Louis, marié, par contrat passé devant Pasquier et Després, notaires à Montreuil, le 4 juillet 1683, avec demoiselle Claude du Crocq du Teil. Il obtint deux sentences, l'une de la sénéchaussée du Boulonnais, du 11 avril 1709, contre François Clabaut, et l'autre des officiers du bailliage royal de Desurenne, du 27 mars 1710, par laquelle lui et sa femme obtiennent main-assise et mise de possession d'une ferme située à Doudeauville. De leur mariage sont issus :

1.° François-Samson, dont l'article suit;
2.° Gabrielle-Françoise, mariée à Louis de Montheuwis.

V. François Samson DE CORMETTE, écuyer, seigneur de Senlèque, lieutenant-colonel commandant les dragons du Boulonnais, épousa, 1.° par contrat passé par devant le Riche, notaire à Samer, le 25 février 1721, Catherine de Crendalle ; 2.° par contrat passé devant Dupont et Martin, notaires à Marquise, le 21 juin 1751, Marie-Antoinette de Bodart de Buire, et fit diverses acquisitions de terres, par contrats des 17 avril 1727 et 9 juillet 1735. Du second lit est issu :

VI. Louis-Charles DE CORMETTE, écuyer, seigneur d'Henneveux, du Crocq, d'Escomble, etc., garde du corps du roi, chevalier de l'ordre royal et militaire de Saint-Louis, par lettres du 27 juin 1814. Il a épousé, par contrat du 26 octobre 1786, passé devant Baudeloque et son confrère, notaires à Paris, demoiselle Adélaïde-Charlotte Pingré. De ce mariage sont issus :

1.° Charles-Amédée, dont l'article suit :
2.° Louis-François de Cormette, capitaine de grenadiers dans la légion du Pas-de-Calais ;
3.° Daniel-Antoine-Samson de Cormette, garde du corps du roi ;
4.° Marie-Françoise-Béatrix de Cormette, mariée à messire François de Saint-Just ;
5.° Adrienne-Iris de Cormette.

VII. Charles-Amédée DE CORMETTE, écuyer, capitaine de cavalerie, chevalier de la Légion d'honneur, brigadier des Gardes-du-Corps du roi, a épousé, par contrat du 25 septembre 1815, passé devant Lemaire et son confrère, notaires à Calais, demoiselle Suzanne-Claudine-Aimée du Tremblay.

Cette famille a obtenu des lettres de confirmation de noblesse en 1719.

*Armes* : « D'azur, à l'épée d'argent, garnie d'or, et » une palme de sinople, passées en sautoir; cantonnées » de quatre molettes d'éperon du troisième émail ».

---

BATIE (DE LA), famille ancienne, originaire du Velay, où elle réside encore de nos jours. Elle est représentée par :

Charles-Joseph DE LA BATIE DE LARZALIER, juge de paix du canton de Vorey, marié à Marie-Madeleine Chabannes. De ce mariage sont issus :

1.° Adolphe, 2.° Auguste, 3.° Léon, 4.° Jules, 5.° Joséphine, 6.° Emma.

Il y a une branche de cette famille à Avignon et une autre à Montbrison.

*Armes:* « D'azur, à l'aigle éployée d'argent, accom- » pagnée en chef de trois étoiles du même ».

FIN DU TOME SEPTIÈME.

# ADDITIONS ET CORRECTIONS.

TOME II, page 377, ligne 9, *supprimez* messire.

*Id.*, page 447, article de VIOT DE MERCURE, degré I, au lieu de Mathilde de Barres, *lisez :* de Barry. — Page 448, degré VII, au lieu de Marie-Marguerite Beaulu, *lisez :* Marie-Marguerite-Pauline Baulu, *et ajoutez* qu'il est né de ce mariage une seconde fille, nommée Marie-Antoinette-Adélaïde, le 13 janvier 1816. — Degré V, Florent-Charles-Jean Viot de Mercure, *ajoutez* qu'il était capitaine dans le régiment de Languedoc, infanterie. — Un officier du nom de MERCURE se fit remarquer par son courage et sa valeur au siége de Jargeau, en 1652, sous le duc de Beaufort.

*Id.*, page 479, ligne 23, après du Parc, *effacez* de Barville.

*Id.*, page 492, ligne 19 après du Parc, *effacez* de Barville.

TOME III, page 138, article GIVÈS, degré X, a épousé Louise de Bernou, *lisez :* de Bernon, dame de la Bremaudière, fille de Pierre-Frédéric-Benjamin de Bernon, chevalier, seigneur de la Barre, et de Louise Jallais de la Jallaisserie.

TOME IV, page 142, ligne 7, au lieu de ces mots, le 2 août 1508, *mettez :* le 19 janvier 1501. — Ligne 7, après chevalier, *ajoutez :* baron des Cresnays. — Ligne 10, au lieu de Marie du Naz, *lisez :* Roberde du Maz.

*Id.*, page 35 de la chronologie des chevaliers de Malte, ligne 35, après Clermont Chatse, au lieu de Cressans, *lisez :* Gessan.

*Id.*, page 206, Godard d'Aucour; c'est ainsi qu'il faut rétablir les armes : « De gueules, à cinq fusées d'argent, rangées en » bande, et accompagnées de deux bars d'or, en pal ».

TOME V, page 144, ligne 10, au lieu de 7 décembre 1759, *lisez :* 7 décembre 1776. — Ligne 27, au lieu de 4 août, *lisez :* 5 août.

TOME VI. GIRARD DE CHARNACÉ, page 65, à la pénultième ligne, marquis DE GNER, *lisez :* DE GUER. — Page 66, première ligne Kermerieu, *lisez :* Kermerien. — Ligne 4, Rose-Madeleine de Cosnoul, *lisez :* de Cosnoal. — Même page, au degré XI, après demoiselle Charlotte-Antoinette-Julie de Turpin : *ajoutez :* chanoinesse de Neuville, et supprimez tout à fait la dernière ligne de ladite page 66.

*Id.* page 183, ligne 5, Gresnay, *lisez :* Crenay.

*Id.* page 246 et 249, dans l'état des seigneurs normands qui accompagnèrent Robert à la Terre-Sainte, au lieu de Cambray, *lisez :* Chambray.

TOME VII. BETHUNE-HESDIGNEUL, maison dont la généalogie est rapportée dans ce volume ; il faut rétablir l'article nº 3 du degré XXI, page 167, à l'occasion de Georges-Léonard-Bonaventure, marquis de Tramecourt, né le 7 janvier 1776, *lisez:* 1766.

*Id.* GITTARD (DE), famille mentionnée dans ce volume, page 252, degré IV, ligne 7, il a été pourvu en 1771, de la charge de contrôleur-général de la chambre aux deniers, etc., etc., *lisez ainsi :* contrôleur-général de la maison, chambre aux deniers et écuries de S. A. R. MONSIEUR, comte de Provence, aujourd'hui roi de France.

# TABLE ALPHABÉTIQUE

## DES MATIÈRES

## ET DES FAMILLES

### CONTENUES DANS CE VOLUME.

## A



## B

## C



## D

## E



## F



## G

## H



## I



## L



## M

N



O



P



R

## S



## T



## V



## W



FIN DE LA TABLE DU SEPTIÈME VOLUME.

CHATILLON-SUR-SEINE. — IMPRIMERIE E. CORNILLAC.

www.ingramcontent.com/pod-product-compliance
Lightning Source LLC
Chambersburg PA
CBHW070712280326
41926CB00087B/1781
*9782012591011*